周禮正義

四部備要

經部

上海中華書局據清光緒乙巳本校刊

桐鄉　陸費逵總勘
杭縣　高時顯
杭縣　吳汝霖輯校
杭縣　丁輔之監造

瑞安孫詒讓學

山虞掌山林之政令物爲之厲而爲之守禁物爲之厲每物有蕃界也爲之守禁爲守者設禁令也守者謂其地之民占伐林木者也鄭司農云厲遮列守之【疏】掌山林之政令者山林之地有任農授地取卝伐材及田獵征賦此官皆掌其政令也賈疏云案下文林自有衡官掌之今山虞兼云林者彼林是竹木生平地者林衡掌之此山林幷云者自是山內之林即山虞兼掌之云物爲之厲而爲之守禁者明山林等皆設守也林衡川衡並云平其守澤虞云使其地之人守其財物即大司徒小司徒均人土均所謂地守也江永云凡山林川澤皆國所有使其地之人各占其地種蓺草木長養魚鼈即九職中虞衡之民是謂之守而官爲之禁令當取物之時各入其物以爲地職之貢閭師所謂任衡以山事貢其物任虞以澤事貢其物者也入貢之餘即是民所自有猶必令其取物有時取之有節若官自取物不在禁限此二虞二衡之通法也　注云物爲之厲每物有蕃界也者蕃藩之借字每物各就其地爲蕃籬界限使人不得妄入國語晉語韋注云蕃籬落也賈疏云但山內林木金玉錫石禽獸所有不同每物各有蕃界設禁亦不同云爲之守禁爲守者設禁令也者謂侵蕃界違時日及焚萊諸事並有誅罰設爲禁令也管子立政篇云脩火憲敬山澤林藪積草天財之所出以時禁發焉使民於宮室之用薪蒸之積虞師之事也荀子王制篇說略同云守者謂其地之民占伐林木者也者賈疏云案下澤虞職云使其地之人守其財物以時入之于玉府頒其餘于萬民使是其地之民占取澤物者守之明此山虞所守亦然是

以此下文亦令萬民時斬材有期日明是守山林之人也詒讓案占即大宰注所謂占會百物占伐林木謂民有隱度林木之多少入賈於官伐賣之而取其贏者也官既以林木授占伐之民因使自守其地是謂之守鄭司農云厲遮列守之者惠士奇云厲古列字玉藻所謂山澤列而不賦也古厲列同音列山氏一作厲山氏詩垂帶如厲左傳鞶厲游纓康成皆訓厲為裂漢郊祀歌泄萬里晉灼曰泄古迾字讀為厲阮元云說文辵部作迾迾者遮也列厲皆叚借字案惠阮二說是也續漢書輿服志云遮列出入文選赭白馬賦李注引通俗文云天子出虎賁伺非常謂之遮迾後鄭玉藻注亦云列之言遮列也典祀墓大夫注並訓厲為遮列司隸注又作遮例列字亦作烈詩鄭風大叔于田火烈具舉毛傳云烈列也孟子滕文公篇云益烈山澤而焚之迾厲列例烈並通

仲冬斬陽木仲夏斬陰木鄭司農云陽木春夏生者陰木秋冬生者若松柏之屬玄謂陽木生山南者陰木生山北者冬斬陽夏斬陰堅濡調

【疏】仲冬斬陽木仲夏斬陰木者仲當作中凡經注四中字例皆作中不作仲輪人注約此經亦作中可證石經及各本並誤以下斬木材之法即山虞之官法林衡亦受焉檀弓注云斬伐也　注鄭司農云陽木春夏生者陰木秋冬生者者文選閒居賦李注引神農本草云春夏為陽秋冬為陰後鄭王制注說同故先鄭以春夏生為陽木秋冬生為陰木云若松柏之屬者據秋冬生之木而言賈疏云後鄭不從者案月令十一月日短至伐木取竹箭竹箭秋冬生不用仲夏斬之故知先鄭之義非也云玄謂陽木生山南者陰木生山北者者柞氏注義同此破先鄭以四時分陰陽之說穀梁僖二十八年傳云水北為陽山南為陽范注云日之所昭曰陽說文𨸏部云陰闇也水之南山之北也山海經南山經郭注云山南為陽山北為陰爾雅釋山云山西曰夕陽山東曰朝陽若然生山南及東西通得為陽木唯生山

北者爲陰木矣云冬斬陽夏斬陰堅濡調者阮元云釋文堅濡戚如兗反又音柔案據戚袞音如兗反則濡本作耎考工記需字如兗反陸氏皆本戚音又音柔則仍濡字之音案阮說是也此濡與偄同說文人部云偄弱也其字俗又作輭戚音得之詩大雅桑柔箋亦有柔濡之語則濡不當讀柔明矣弓人厚其帑則木堅薄其帑則需彼需當作耎此云堅濡猶彼云堅耎也凡從需聲耎聲字經注多互譌詳鞠人鮑人疏後鄭意冬夏斬木違其時則木或過堅強或過濡弱恐不任用惟各依時斬之則堅濡適調呂氏春秋仲冬紀高注謂是月竹木調物

凡服耜斬季材以時入之季猶穉也服與耜宜用穉材尚柔刃也服牝服車之材

疏凡服耜斬季材者耜即車人所爲耒也耒長六尺六寸以木爲之耜爲耒頭之金則不用木而云斬季材者通言之耒亦得稱耜也耒與服用材大小同故於考工同屬車人互詳彼疏云以時入之者入之工官車人等也賈疏云以其須堅故須依上文仲冬仲夏之時也注云季猶穉也者說文子部云季少偁也禾部云穉幼禾也廣雅釋詁云季稚少也穉稚古今字云服與耜宜用穉材尚柔刃也者服與耜材小而用勞故尚柔刃也賈疏云二物皆須堅刃故斬季材少木爲之刃釋文作忍段玉裁云刃韌古今字賈疏作堅刃是賈本作刃也岳本因之陸本作忍考工記注則刃白且明也亦疏作刃釋文作忍詁讓案輈人車人注堅刃字亦作刃與此同一切經音義引字林云韌柔也詩鄭風釋文以韌爲正字但說文無此字漢人皆段忍刃字爲之鄭此注今本刃忍錯出月令注云柔刃詩小雅白華大雅抑箋並云柔忍又易革王弼注作堅仞呂氏春秋仲冬紀高注作調韌蓋本無正字故諸書互異矣云服牝服車之材者車人牝服二柯有參分柯之二注云牝服長八尺謂較也鄭司農云牝服謂車箱服讀爲負詩小雅大車云不以服箱毛傳云服牝服也既夕禮賓奠幣於

棧左服注云服車箱是牝服可省稱服卽大車較閒木其圍徑蓋當與輿人駟馬車較圍略同故亦以稱材爲之亦詳車人疏令萬

民時斬材有期日時斬材斬材之時也有期日入出有日數爲久盡物疏注云時斬材斬材之時也者賈疏云案禮

記王制云草木零落然後入山林彼據萬民伐木之時謂十月之中此云萬民時斬材亦謂十月時云有期日入出有日數爲久盡物者

謂依其所用木之多少爲其出山入山之日數恐其逾期多采則財物罄盡故爲期限以節之凡邦工入山林而掄

材不禁掄猶擇也不禁者山林國之有不拘日也疏凡邦工入山林而掄材不禁者邦工謂國之工事若匠人建國營國之屬

須用木材者也賈疏云上文云仲冬斬陽木仲夏斬陰木彼據堅刃之極時但國家須材不要在仲冬仲夏故此邦工入山林不禁又不

言時節須卽取足之故也注云掄猶擇也者說文手部云掄擇也擇柬選也國語齊語論比協材韋注云論擇也論與掄通案注云猶

則鄭以擇爲引申叚借之義非其本義蓋與許異云不禁者山林國之有不拘日也者釋文云拘本亦作佝案說文人部云佝務也於義

無取或本非賈疏云此對萬民不得非時入入又有日數春秋之斬木不入禁非冬夏之時不得入所禁之中斬木

也斬四野之木可疏春秋之斬木不入禁者禁卽上文之厲謂山林遮列之處以其地有守禁因稱之爲禁也注云非冬夏之時

不得入所禁之中斬木也者周書大聚篇云禹之禁春三月山林不登斧以成草木之長謂春不斬木也月令孟春禁止伐木季夏樹木

方盛乃命虞人入山行木毋有斬伐注云爲其未堅刃也案此經秋斬木不入禁中夏得斬陰木彼季夏禁斬伐者季夏與秋時相接秦

法與周略同賈疏云上經云邦工入山林不禁此又云春秋之斬木不入禁與上違者上文據國家使工取擇木故非冬亦得入山林此

據萬民取木故十月入山春秋之斬木不入禁云斬四野之木可者四野平地所生之木旣無厲禁故春秋亦得入斬也賈疏云雖斬四野木至於三月不得伐桑柘故月令季春云無伐桑柘彼注愛蠶食也 凡竊木者有刑罰竊盜也 疏 凡竊木者有刑罰者賈疏云此謂非萬民入山之時而民盜山林之木與之以刑罰詒讓案萬民入山之時占伐林木者各有部界越界私伐者亦爲竊也 注云竊盜也者廣雅釋詁同說文穴部云盜自中出曰竊書微子陸氏釋文引馬融書注云往盜曰竊 若祭山林則爲主而脩除且蹕爲主主辦護之也脩除治道路場壇 疏 若祭山林則爲主者卽大宗伯以貍沈祭山林川澤是也此山虞爲主者謂就山林而祭之其四望總祭五嶽四鎭兆於四郊自有祭有司主之非山虞所職賈疏云此山林在畿內王國四方各依四時而祭主謂主當祭事者也云而脩除且蹕者賈疏云謂掃除糞灑且復蹕止行人也注云爲主主辦護之也者賈疏云案中候握河紀堯受河圖云帝立壇磬折西向禹進迎舜契陪位稷辦護注云辦護者供時用相禮儀則此云辦護者亦謂共時用相禮儀者也案賈引中候注義尚未晐辦卽今之辦治字漢書李廣傳顏注云護謂監視之此辦護亦謂辦治監視其事不定供用相禮也墨子號令篇云養吏一人辦護諸門公羊宣十五年何注云其有辯護伉健者爲里正辦辯字同說文辡部云辯治也於義亦通是辦護並辦治監視之謂也云脩除治道路場壇者檀弓注云脩猶治也又曲禮注云除治也是脩除並有治訓賈疏云案守祧職云其廟則有司脩除之鄭云有司恆主脩除謂掃除糞灑場謂墠卽除地之處壇神位之所也詒讓案祭山林亦爲壇壝營兆管子侈靡篇云若樊神山祭之是也若大田獵則萊山田之野及弊田植虞旗于中致禽而珥焉萊除其草

萊也弊田田者止也植猶樹也田止樹旗令獲者皆致其禽而校其
耳以知獲數也山虞有旗以其主山得畫熊虎其仞數則短也鄭司
農云珥者取禽左耳以效功若大田獵則萊山田之野者賈疏云
也大司馬職曰獲者取左耳【疏】言大田獵者謂王親行若田在山則
山虞芟萊草木於可陳之處云及弊田植虞旗于中致禽而珥焉者
此與獸人甸祝爲官聯也依鄭義此旗不注羽與澤虞虞旌異今攷
虞旌亦當爲熊旗則此旗或亦有注羽兩經互文見義耳　疑不必以
山澤異物也賈疏云使民得禽牲者望見之致禽於其所　注云萊
除其草萊也者王制釋文引庾氏云萊草也引申之凡芟草焚草通
謂之萊詳縣師疏山田之野其地廣博山虞於其外芟草以爲田之
大界毛詩小雅車攻傳云田者大芟草以爲防阜也其防之中擬田
獵處不芟惟於防南別除地三四百步其中爲四表之地南北二百
五十步東西廣各容三軍以爲教戰列陳之頭此萊野葢兼彼二者
而言之賈疏偏據除教戰之地爲釋疏矣詳大司馬疏又此萊野謂
芟草與焚萊別其焚萊亦山虞兼掌之故牧師凡田事贊焚萊注云
焚萊者山澤之虞是也澤虞職同云弊田田者止也者獸人注云弊
仆也仆而田止詳大司馬疏云植猶樹也者田僕注義同說文木部
云植戶植也引申爲凡樹立之義方言云樹植立也燕之外郊朝鮮
洌水之閒凡言置立者謂之樹植云田止樹旗令獲者皆致其禽而
校其耳以知獲數也者即獸人云及弊田令禽注于虞中田僕云及
獻比禽是也既通注虞中不知所獲孰多故又各校其所取之左耳
以知其數而計其功云山虞有旗以其主山得畫熊虎其仞數則短
也者賈疏云案司常云師都建旗大夫士建物此山虞是士不建物
而建旗者以其主山山多熊虎故得有旗禮緯旌旗之杠天子九仞
諸侯七仞大夫五仞士三仞若軍吏是卿大夫則杠長五仞今山虞
是士雖有熊虎爲旗仞數則短宜三仞案賈兼據大司馬治兵軍吏

載旗爲釋也蓋鄭意此官既非帥都又非軍吏而得建旗者特取畫熊虎之義今攷大司徒注旗與期聲義同故令虞官樹之田處以表獲因謂之虞旗猶鄉師以司徒之大旗致衆庶遂人起野役亦然蓋義取表事與乘車建旗敘爵不同又今攷定擅物爲諸旗通制則此虞旗當卽熊旗之物鄭賈說似未塙又賈引禮緯說旌旗之杠天子以下仞數亦難信詳節服氏輿人疏鄭司農云珥者取禽左耳以效功也者獸人注義同說文刀部云刵斷耳也刵珥音義相近賈疏云必取左耳者以其聽鄉任左故皆取左耳也又云珥當爲衈案賈蓋以此珥與肆師小子羊人士師司約犬人諸珥字同然彼爲衈禮之事故鄭讀爲衈此經珥爲斷耳則與衈別且刵有羊犬則用家畜不用野牲與田事之祭亦迥不相涉也賈失之引大司馬職曰獲者取左耳者證珥爲取禽左耳之事

林衡掌巡林麓之禁令而平其守平其守者平其地之民守林麓之部分【疏】掌巡林麓之禁令者麓釋文作蔍案蔍卽麓之古文詳敘官疏賈疏云此林衡兼麓者以爾雅山足曰麓雖連於山山虞不掌以麓上有林故屬林衡也案山足曰麓今爾雅無此文賈敘官及載師柞氏疏引並同未詳所據注云平其守者平其地之民守林麓之部分者與均人土均均地守義同賈疏云部分謂部伍有多少遠近之分也

以時計林麓而賞罰之計林麓者計其守之功也林麓蕃茂民不盜竊則有賞不則罰之【疏】以時計林麓而賞罰之者此林衡之官計也注云計林麓者計其守之功也者林麓蕃茂民不盜竊則有賞不則罰之者據山虞云凡竊木者有刑罰明不盜竊者有賞也賈疏云林衡之官既平民之守護林麓而會計民有功者賞之損麓之財者罰之

若斬木材則受灋于山虞而掌其政令法萬民入出時日之期【疏】若斬木材

則受灋于山虞而掌其政令者賈疏云上山虞官尊故設之是以此林衡若斬木材期於虞虞邊受焉 注云法萬民入出時日之期者此亦注用今字作法也賈疏云案山虞云仲冬仲夏春秋是時之期號令萬民斬材有期日是日之期也

川衡掌巡川澤之禁令而平其守以時舍其守犯禁者執而誅罰之

舍其守者時案視守者於其舍申戒之【疏】掌巡川澤之禁令者荀子王制篇云汙池淵沼川澤謹其時禁故魚鼈優多而百姓有餘用也卽所謂川澤之禁也賈疏云川注瀆者皆是也水鍾曰澤澤與川不同官今川衡兼云澤者澤與川連者則川衡兼掌之謂若濟水溢爲滎澤滎澤則與濟連則管濟川者兼滎澤掌之如此之類皆是云而平其守者亦謂平其地之民守川澤者之部分也 注云舍其守者時案視守者於其舍申戒之者鄭意舍卽守者止宿之處以案視守者於其舍卽謂舍其守也賈疏云此舍其守謂川衡之官時復巡行所守之民當案視其所守守人當於其舍申重戒勑之也俞樾云如注義則當云以時戒其守不當云以時舍其守注義非也舍猶置也廣雅釋詁捨置也舍捨古通用襄十四年左傳曰秦人竊與鄭盟而舍戍焉此經舍字與彼同義舍戍卽置戍以時舍其守猶以時置其守也 案俞說亦通

祭祀賓客共川奠

川奠籩豆之實魚鱻蜃蛤之屬【疏】祭祀賓客共川奠者與獻人鼈人爲官聯也說文丌部云奠置祭也引申之凡薦羞通謂之奠故賓客饗食亦得有川奠國語魯語云水虞講罛罶取名魚登川禽而嘗之寢廟韋注云水虞掌川澤之禁則卽謂川衡也 注云川奠籩豆之實魚鱻蜃蛤之屬者謂川中所產之物可以共奠者此官則共與籩人醢人實之賈疏云鄭此注皆據醢人及籩人而言案籩人職云朝事之籩有膴鮑魚鱐醢人云饋食之豆有蜃醢蠯醢蜃蠯是蛤則魚鱐

及蜃皆川中所生之物故引證川衡也具有嬴蠯亦是川衡故云之屬

澤虞掌國澤之政令爲之厲禁使其地之人守其財物以時入之于玉府頒其餘于萬民其地之人占取澤物者因以部分使守之以時入之于玉府謂皮角珠貝也入之以當邦賦然後得取其餘以自爲也入出亦有時日之期

【疏】掌國澤之政令者賈疏云案上山虞林衡川衡皆不言國獨澤虞云國澤者周公設經二虞二衡文有不同皆是互見爲義故也云爲之厲禁者亦謂遮列守之而設其禁也云以時入之于玉府頒其餘于萬民者賈疏云亦據中所出入玉府者多故特言之無妨山虞川衡之等亦入玉府亦是互見其義也注云其地之人占取澤物者因以部分使守之者謂近澤之人隱度澤中所產財物而取之澤虞因別其部分使各守其所占之界不得相侵越也云以時入之于玉府謂皮角珠貝也者于注例當作於各本並誤據獸人云皮毛筋角入于玉府鼈人云凡屬者斂其皮角筋骨入于玉府又玉府云掌王之金玉玩好此四者皆澤物之中器用者故入之也賈疏云但萬民入澤雖無正文案王制獺祭魚然後虞人入澤梁草木零落然後入山林則萬民入澤可同時皮謂犀皮角麋角犀角珠出於蜯蛤在澤其貝亦出澤水故知之也云入之以當邦賦者據角人羽人掌葛皆以所征當邦賦即大宰九賦八曰山澤之賦亦即遂師入玉府之野賦此官國澤財物入玉府不云當邦賦角人等以所征當邦賦不云入玉府亦皆互文見義故鄭取彼爲釋但依鄭大宰九賦注義賦爲口泉彼注云各入其所有穀物以當賦泉之數是也實則九賦當爲地稅非口泉此經所云當邦賦者賦又當兼地稅及力征言之二者通得稱賦也詳大宰疏王制云名山大澤不以封注云與民同財不得障管亦賦稅而

已月令云孟冬乃命水虞漁師收水泉池澤之賦是山澤有常賦玉藻云年不順成關梁不租明成年澤梁有租與關市同租即賦也大戴禮記王言篇云入山澤以時有禁而無征荀子王制篇亦云山林澤梁以時禁發而不稅王制則又云林麓川澤以時入而不禁諸文錯異皆與此經不合非周制也云然後得取其餘以自爲也者謂入賦之餘所占取之人乃得取以自爲也云入出亦有時日之期者賈疏云亦如山虞職所云也

凡祭祀賓客共澤物之奠 澤物之奠亦籩豆之實芹茆菱芡之屬 疏 注云澤物之奠亦籩豆之實芹茆菱芡之屬者此冢上川衡川奠而言亦共與籩人醢人實之賈疏云案籩人職加籩之實有菱芡醢人朝事之豆有茆菹加豆之實有芹菹是皆澤中所出故引證澤物之奠也兼有深蒲昌本之等故云之屬

喪紀共其葦蒲之事 葦以闉壙蒲以爲席 疏 喪紀共其葦蒲之事者共葦與稻人爲官聯也周書文傳篇云潤溼不穀樹之竹葦莞蒲月令季夏命澤人納材葦注云蒲葦之屬此時柔刃可取作器物也彼謂歲時之常共故有定時此喪紀則據用時納之不必季夏也 注云葦以闉壙者稻人注同云蒲以爲席者既夕禮云抗木横三縮二加抗席三鄭傳云旣虞卒哭苄翦不納注云苄今之蒲苹也又雜記云士輤蒲席以爲裳帷司几筵有蒲筵乃吉席非喪紀所用然亦當澤虞共之經止舉喪紀者文不具也蒲詳醢人疏

若大田獵則萊澤野及弊田植虞旌以屬禽 屬禽猶致禽而珥焉澤虞有旌以其主澤澤鳥所集故得注析羽 疏 若大田獵則萊澤野者凡王大田獵必於大澤藪若西都則於弦蒲岐陽石鼓文是其事也東都則於圃田詩小雅車攻吉日二篇是其事也將田之前此官則於澤田之野芟除野草爲田之大防又於防中別除草爲教戰之地詳山虞疏云及弊田植虞旌以屬禽者此與獸人甸祝

爲官聯也　注云屬禽猶致禽而珥焉者賈疏云案山虞致禽之義謂輸之於公當致之於虞旗之中而珥焉以效功此云屬禽者謂百姓致禽訖虞人屬聚之別其等類每禽取三十焉若然則致禽與屬不同而鄭云屬禽猶致禽者鄭欲明山虞澤虞文皆不足故互見爲義案賈說是也甸祝致禽于虞中乃屬禽彼注云致禽於虞中使獲者各以其禽來致於所表之處屬禽別其種類是屬與致義小異鄭言此者明致屬事相因各舉一事足以相晐耳若大司馬注釋獻禽與致禽屬禽爲一則失之詳彼疏云澤虞有旌以其主澤澤鳥所集故得注析羽者析羽爲旌據司常文鄭意此澤虞用旌與上山虞用旗不注羽異明以澤是鳥之所集故依其事類使建析羽之旌又案此旌亦以熊虎之旗而注析羽凡五旗皆有注羽不注羽之別詳司常疏

迹人掌邦田之地政爲之厲禁而守之田之地若今苑也疏掌邦田之地政者掌公私田獵之地之政令也與均人地政政爲征之借字異云爲之厲禁而守之者賈疏云有禽獸之處則爲苑囿以材木爲藩羅使其地之民遮厲守之　注云田之地若今苑也者此謂小田獵在近郊山澤多禽獸之處與山虞澤虞所掌大田獵之地異也敘官囿人注云囿今之苑漢時養鳥獸之地通名爲苑詳彼疏

凡田獵者受令焉令謂時與處也疏凡田獵者受令焉者亦通公私小田獵者言之凡王四中大田獵皆在四孟時祭之後蓋止以給乾豆不能給鮮也其四時大祭祀大賓客有用鮮者則臨時必於郊內苑囿田取禽獸公卿大夫以逮庶民等亦有小田獵之事月令云仲冬山林藪澤有能田獵禽獸者野虞教道之彼野虞即山虞澤虞蓋此官與彼同令之也方苞云春秋傳鄭申豐將祭請田子產曰唯君用鮮衆給而已則公卿王子弟宜得用鮮凡田獵者或王子弟公卿有宗祧之

事而王賜以田或喪紀賓客春秋之膳獻有司時取亦如斬材之有期日凡此類皆迹人令之疏謂夏官主田獵者受令非也四時鄉師
出田法致衆庶以聽令於司馬先期虞人萊所田之野無受令於迹人之義案方說是也 注云令謂時與處也者時謂田獵所宜及禽
獸茁壯之時與大司馬大田定在四中月者異處亦謂苑囿所在之地也**禁麛卵者與其毒矢射者**爲其夭物
且害心多也麛麑鹿子【疏】禁麛卵者者賈疏云此謂四時常禁案月令孟春云不麛不卵又曲禮云國君春田不圍澤大夫不掩羣
士不取麛卵者彼以春時生乳特禁之案賈說是也庖人禽獻秋行犢麛士相見禮注亦云禮有秋獻麛則麛非不得取但非時及它獸
之麛則有禁耳云與其毒矢射者者賈疏云其月令季春云餧獸之藥毋出九門者彼亦崇其春時彼鄭注云凡諸罟及毒藥禁其出九
門明其常有時不得用耳 注云爲其夭物且害心多也者王制云不麛不卵不殺胎不殀夭注云重傷未成物殀斷殺此夭與王制殀
義同賈疏云且害心多釋毒矢射者也云麛麑鹿子者說文鹿部云麛鹿子也爾雅釋獸云麋其子麇鹿其子麛是麇子別名麇此以麛
爲麋鹿子者對文則麛爲鹿子散文則麋鹿子通稱麛曲禮孔疏云麛乃鹿子之稱而凡獸子亦得通稱是也
丱人掌金玉錫石之地而爲之厲禁以守之錫鈏也【疏】掌金玉錫石之地者江永云丱
人與秋官職金聯事丱人掌金玉錫石之守禁而職金受其入征以入於諸府也此不言丹青者文不具詒讓案金五金之總名詳職金
疏彼職又有丹青卽染石也又凡磬石砭石及美石可飾佩器者經言石皆足以晐之矣地其所產之處若職方氏揚州金錫荊州丹銀
雍州玉石及書禹貢青州岱畎鉛怪石徐州泗濱浮磬揚荊金三品又揚州瑤琨荊州厲砥砮丹豫州磬錯梁州鏐鐵銀鏤砮磬雍州球

琳琅玕之屬是也云而為之厲禁以守之者亦有藩界禁令管子地數篇云山有鐵有銀者謹封而為禁有動封山者罪死而不赦有犯令者左足入左足斷右足入右足斷此所謂厲禁也賈疏云亦謂使其地之民遮護守之　注云錫鈏也者丁晏云爾雅釋器錫謂之鈏郭注白鑞職方氏注錫鑞也說文金部錫銀鉛之閒也鈏錫也急就篇顏注錫在銀鉛之閒卽今白鑞也

若以時取之則物其地圖而授之物地占其形色知鹹淡也授之教取者之處 疏 注云物地占其形色知鹹淡也者淡釋文作啖云本亦作淡案啖卽淡之譌陸本不足據占其形色與載師物地事草人掌土化之灋以物地義同知鹹淡似言地土之鹹淡然未詳其說云何管子地數篇云伯高對黃帝曰上有丹沙者下有黃金上有慈石者下有銅金上有陵石者下有鉛錫赤銅上有赭者下有鐵此山之見榮者也惠士奇云榮者山之精神徵為形色占其氣知其味謂之物地知鹹淡卽知金玉金鹹而玉淡故洗金以鹽案惠以鹹淡為金玉亦未知是否云授之教取者之處者管子地數篇山海經中山經廣雅釋地並云出銅之山四百六十七山出鐵之山三千六百九山此取之之處也丱人既物地而知金玉錫石所生之處乃以圖授其徒教使取之

巡其禁令行其禁明其令 疏 注云行其禁明其令者掌固注云巡行也禁謂厲禁及禦止爭奪令謂采取之政法丱人主巡行其地誅其違禁令者使無失用而病民也

角人掌以時徵齒角凡骨物于山澤之農以當邦賦之政令山澤出齒角骨物大者犀象其小者麋鹿 疏 掌以時徵齒角凡骨物于山澤之農者山澤亦有可耕之土其近地之民亦以率受田是為山澤之農大宰先鄭注以平地山澤為三農卽據此經為釋山澤之農受田而耕或就地田獵畜牧則有齒角骨物等之征也賈疏云角人止應徵角

物兼言齒骨者以其齒骨並是角類以細小之事因類兼掌之云以當邦賦之政令者賈疏云言農則皆有夫田出稅令以此農近山澤山澤有此骨角及齒此三者國之所須故使以時入採而稅之以當地稅也江永云此為三農之職別於虞衡閭師言貢九穀者正賦也有他物亦可代之案江說是也賈以經云山澤之農故專據田稅言之即九賦之地征也實則此邦賦當兼有九職之力征閭師注云賦謂九賦及九貢是也而地征則夫田之外或兼有占會山澤之地者亦別科租稅此數者或征泉穀或貢其物大總言之通謂之賦矣下羽人掌葛邦賦義並同至大宰九賦注以賦為口泉則非經義詳彼疏　注云山澤出齒角骨物者明經徵齒角骨物必於山澤之農因是其所出之地也云大者犀象其小者麋鹿者犀及麋鹿皆有角象則有齒四者皆有骨物可用者故特數之

以度量受之以共財用骨入漆浣者受之以量其餘以度度所中　疏　注云骨入漆浣者受之以量者段玉裁云浣當作垸字之誤也說文土部云垸以桼和灰丸而髹也從土完聲許云灰者謂骨灰也通俗文燒骨以漆曰垸巾車注杜子春曰軟讀為桼垸之桼直謂髹桼也案段說是也王聘珍會釗黃丕烈說同桼垸蓋取碎骨以燒灰故以量受之較其多少而已不度其長短也云其餘以度度所中者齒角骨物長大者中為大器短小者中為小器故必以度度之若弓人所云角長二尺有五寸之類是其度也

羽人掌以時徵羽翮之政于山澤之農以當邦賦之政令翮羽本　疏　掌以時徵羽翮之政于山澤之農者政亦當讀為征賈疏云此羽人所徵羽者當入於鍾氏染以為后之車飾及旌旗之屬也　注云翮羽本者爾雅釋器云羽本謂之翮郭注云鳥羽根也說文羽部云羽鳥長毛也翮羽莖也案翮即鳥翼閒長羽有莖者韓詩外傳云夫鴻鵠一

舉千里所恃者六翮耳背上之毛腹下之毳益一把飛不爲加高損一把不爲加下是也凡受羽十羽爲審百羽爲摶十摶爲縳審摶縳羽數束名也爾雅曰一羽謂之箴十羽謂之縳百羽謂之緷其名音相近也一羽則有名蓋失之矣

【疏】凡受羽者山澤之農以羽來入此官則受之也　注云審摶縳羽數束名也者羽無度量可計故入羽時以束計而受之引爾雅曰一羽謂之箴十羽謂之縳百羽謂之緷者釋器文郭注云別羽數多少之名云其名音相近也者段玉裁云謂箴與審縳與摶緷與縳皆相近也洪頤煊云穆天子傳郭璞注十羽爲箴百羽爲縳十縳爲緷見周官廣韻注引周禮百羽爲摶十摶爲緷是箴審同聲字摶當作縳縳當作緷釋文縳劉音古本反劉昌宗本字作緷李鍾倫說同俞樾云就本經論之摶縳並從專聲古音相同乃以爲百羽千羽之異名殊不可解疑周禮原文本作十摶爲揮蓋摶即爾雅之縳揮即爾雅之緷爾雅並從系周禮並從手也鄭公孫揮字子羽其義即取諸此後人因爾雅緷字從系因改此經揮字作緷而傳寫又誤爲縳耳案洪俞說並通未知孰是爾雅之緷說文橐部作[illegible]穆天子傳云天子於是載羽百緷字與爾雅同竊疑此經劉昌宗音讀縳爲緷從爾雅讀耳所據本未必果作緷也郭注穆傳亦似依爾雅以改此經依鄭說則爾雅與此經字異而音相近各從其舊可也云一羽則有名蓋失之矣者以其一羽不能成束也爾雅釋文云孫同鄭意云蓋誤郭云凡物數無不從一爲始以爾雅不失周官未爲得也案今郭注無此語蓋郭音義之佚文依鄭及孫炎義則爾雅當云十羽謂之箴百羽謂之縳千羽謂之緷今本十羽誤爲一羽以下積數遂遞誤郭則謂一羽亦得有名說雖可通但一羽古謂之翭九章算術粟米篇云買羽二千一百翭劉注云翭羽本也若然一羽不名箴足證鄭義矣

掌葛掌以時徵絺綌之材于山農凡葛征徵草貢之材于澤農以當
邦賦之政令草貢出澤萯紵之屬可緝績者疏掌以時徵絺綌之材于山農者詩周南葛覃毛傳云葛所以爲絺綌精曰
絺麤曰綌說文艸部云葛絺綌艸也糸部云絺細葛也綌粗葛也周書文傳篇云礫石不可穀樹之葛木以爲絺綌以爲材用是葛爲絺
綌之材也賈疏云所以徵絺綌于山農者以其葛出于山故也其徵絺綌之材卽葛是也云凡葛征者江永云葛之材惟中絺綌而又言
凡葛征蓋蔓草之類如葛者亦征之云徵草貢之材于澤農者此卽閭師八貢任虞以澤事貢其物也農當貢九穀而貢草木者澤農兼
樹蓺之事與常農不同也　注云草貢出澤萯紵之屬可緝績者典枲掌布緦縷紵之麻草之物注云草葛萯之屬是草貢之材卽謂
萯紵諸草皆澤所生故於澤農征之萯紵並詳典枲疏　以權度受之以知輕重長短也故書受或爲授杜子春云當爲受
疏注云以知輕重長短也者賈疏云上角人齒角不須稱直言度量此經葛草不須量故以權度受之便知斤兩長短也詳大司徒疏
云故書受或爲授杜子春云當爲受者段玉裁云當爲受之爲當作從案段說是也杜蓋以角人羽人及掌染草掌炭諸職並云受故定
從之詳大司徒疏

掌染草掌以春秋斂染草之物染草茅蒐橐蘆豕首紫茢之屬疏掌以春秋斂染草之物者染草種類
不一或以春或以秋各隨其時斂之也王安石云掌染草至掌蜃所徵亦必當邦賦之政令而不言者則以角人羽人掌葛見之　注云
染草茅蒐橐蘆豕首紫茢之屬者首舊本誤目今據宋本正敘官注云染草藍蒨象斗之屬此別言茅蒐等者染草衆多故鄭錯互舉之

茅蒐卽蒨詳敘官疏櫜蘆者說文木部云櫨一曰宅櫨木出弘農山也文選南都賦李注引郭璞注上林賦云櫨櫜蘆玉篇木部又作杔櫨櫜宅杔蘆盧櫨聲竝相近皆卽一物櫜蘆蓋木類其葉可染故通謂之染草敘官注之象斗亦木也劉向列仙傳云陸通食櫜盧木實是爲木類之證史記司馬相如傳索隱云櫨今黃櫨木也證類本草引陳藏器日華子云黃櫨堪染黃生商洛山谷葉圓木黃疑卽是木矣豕首者賈疏云爾雅云茢薽豕首郭注云本草曰彘蘆一名蟾蠩蘭今江東呼豨首可以𤏚蠶蛹郭氏雖有此注不言可染何色未審鄭之所據也詒讓案神農本草經云天名精一名蝦蟇藍一名豕首鍾褱謂豕首卽染藍之草是也紫茢者爾雅云藐茈草郭注云可以染紫一名茈䓞廣雅釋草云茈䓞茈草也神農本草經云紫草一名紫丹一名紫芙陶注云今染紫者案紫茈茢䓞並音近字通說文草部別說染騮黃之草單名䓞與茈䓞異物續漢書輿服志劉注引徐廣云綟草名也以染似綠又似紫此合茈䓞與䓞爲一誤

以權量受之以待時而頒之權量以知輕重多少時染夏之時 疏 以待時而頒之者莊有可云頒之於染人也注云權量以知輕重多少者染草又不訃長短故不用度也云時染夏之時者據染人云夏纁玄秋染夏夏爲五色以草染故知以其染之時頒之不言染纁玄之時者彼注謂纁玄以石染不用草染故也

掌炭掌灰物炭物之徵令以時入之灰炭皆山澤之農所出也灰給澣練炭之所共多 疏 掌灰物炭物之徵令以時入之者月令云季秋草木黃落乃伐薪爲炭此炭物之徵蓋亦以季秋入之此徵令專據徵斂之令而言詳宰夫疏注云灰炭皆山澤之農所出也者灰炭皆燒草木爲之故出於山澤之農賈疏云灰炭旣出山澤不云徵於山澤之農者義可知經略

而不言也云灰給澣練者說文水部云澣濯衣垢也澣卽𤄊之俗謂以灰濯布縷若雜記說緦加灰爲錫深衣注謂用十五升布鍛濯灰治是也練謂以灰湅絲帛若㡛氏湅絲以涚水注謂用灰泲水又湅帛以欄爲灰是也詳染人㡛氏疏云炭之所共多者若宮人共鑪炭之屬其待用者衆故所共者亦多也

以權量受之以共邦之用凡炭灰之事

疏以共邦之用者惠士奇云掌炭掌灰物炭物以共邦用掌荼掌聚荼及疏材之物以待邦事掌蜃掌斂互物蜃物以共闉壙之蜃蓋皆畜聚之物一時不可猝辦故平時聚而斂之以待邦用邦事兼以共喪

掌荼掌以時聚荼以共喪事

共喪事者以著物也既夕禮曰茵著用荼

疏掌以時聚荼者依大戴禮記夏小正說取茅荼以四月取萑葦荼以七月是其時也 注云共喪事者以著物也者士喪禮注云著充之以絮也案凡衣服茵席之複者中空而以物充之並謂之著夏小正四月記茅秀之荼云取荼荼也者以爲君薦蔣也又七月記萑葦之荼云灌荼荼萑葦之莠爲蔣褚之也褚與著義同蔣卽茵也據小正說則二者之荼皆可以著物矣引既夕禮曰茵著用荼者證喪紀用荼著物之事賈疏云案既夕禮爲茵之法用細翦布謂淺黑色之布各一幅合縫著以荼柩未入壙之時先陳於棺下縮二於下橫三於上乃下棺於茵上是也

徵野疏材之物以待邦事凡畜聚之物

荼茅莠疏材之類也因使掌焉徵者徵於山澤入於委人

疏徵野疏材之物以待邦事者明此官別掌徵斂野生疏材以共祭祀賓客及王以下之庶羞也云凡畜聚之物者委人文同彼注云瓜瓠葵芋禦冬之具也詳彼疏江永云醫師聚毒藥以共醫事藥物草木爲之多蔬材畜聚中當有藥物入於醫師 注云荼茅莠者敘官注

一 珍倣宋版印

同云疏材之類也因使掌焉者以荼是草亦疏材之類故幷使掌野疏材之徵也云徵者徵於山澤者謂亦徵之於山澤之農也云入於委人者賈疏云以其委人掌斂野之賦凡疏材木材所斂者衆故知此掌荼所徵亦入委人也

掌蜃掌斂互物蜃物以共闉壙之蜃互物蚌蛤之屬闉猶塞也將井椁先塞下以蜃禦濕也鄭司農說以春秋傳曰始用蜃炭言僭天子也【疏】掌斂互物蜃物者斂之於澤漁與𩵋人鼈人為官聯也賈疏云以其互物是蜃之類故因類使兼掌之蜃物者共百事之蜃與下共闉壙之蜃別　注云互物蚌蛤之屬者蚌鼈人注作蜯同蚌蛤並詳彼疏賈疏云案鼈人云掌取互物先鄭云互物謂有甲𧒽胡龜鼈之屬此後鄭互物為蚌蛤者彼下文別有蠯蠯即蛤故從先鄭為龜鼈至此別為蚌蛤亦是有甲𧒽胡故也云闉猶塞也者說文門部云闉城曲重門也土部云堊塞也此闉即堊之借字淮南子兵略訓斥闉要遮許注云闉塞也云將井椁先塞下以蜃禦濕也者禦釋文作御云本亦作禦案御禦字通稻人注亦作禦則陸本非是井椁者士喪禮既井椁注云匠人為椁刊治其材以井構於殯門外也賈疏云案士喪禮筮宅還井椁於殯門之外注云既哭之則往施之竁中是未葬前井椁材乃往施之壙中則未施椁前已施蜃灰於椁下以擬禦濕也云鄭司農說以春秋傳曰始用蜃炭言僭天子也者左成二年傳云宋文公卒始厚葬用蜃炭杜注云燒蛤為炭以瘞壙賈疏云雖二王之後不得純如天子亦用蜃故被譏引之者證天子之宜也

祭祀共蜃器之蜃飾祭器之屬也鬯人職曰凡四方山川用蜃器春秋定十四年秋天王使石尚來歸蜃蜃之器以蜃飾因名焉鄭司農云蜃可以白器令色白【疏】注云飾祭器之屬也者賈疏云鄭總云祭器則宗廟社稷皆用蜃飾之知義然者左氏石尚來歸蜃是祭社之器為

蜃也大行人云歸脤以交諸侯之福彼則宗廟社稷之器物謂之爲脤是其宗廟社稷之器皆蜃灰飾之事也案後鄭說蜃器不以蜃灰飾賈說未審引鬯人職曰凡四方山川用蜃器者彼文無器字鄭彼注引杜子春云蜃水中蜃也又自爲說云蜃畫爲蜃形則不爲蜃飾此注引以證飾蜃之器則仍從杜說與本職注義小異引春秋定十四年秋天王使石尚來歸蜃者三家經蜃並作脤大宗伯司士兩注引亦並作脤與此異者蓋鄭因脤肉盛以蜃器遂改字引之詩大雅緜箋云春秋傳曰蜃宜社之肉彼引左氏說亦改脤爲蜃與此同左傳杜注云脤祭社之肉盛以蜃器以賜同姓諸侯親兄弟之國與之共福此引以證祭祀用蜃之事云蜃之器以蜃飾因名焉者嫌蜃器卽以全蜃之甲爲器故釋之明以蜃甲爲飾也爾雅釋器云弓以蜃者謂之珧說文玉部云珧蜃甲也所以飾物也禮云佩刀天子玉琫而珧珌又云珕蜃屬禮佩刀士珕琫而珧珌蜃器之蜃卽珧珕之屬取其甲以綴祭器爲文飾也鄭司農云蜃可以白器令色白者先鄭直謂以蜃灰飾器令白不爲蜃甲飾器後鄭不從故引其說於後

共白盛之蜃 盛猶成也謂飾牆使白之蜃也今東萊用蛤謂之叉灰云

【疏】注云盛猶成也者盛成聲同義通匠人注云盛之言成也以蜃灰堊牆所以飾成宮室義與此同丁晏云易繫辭傳成象之謂乾蜀才作盛公羊莊八年傳成者盛也云謂飾牆使白之蜃也者爾雅釋宮云牆謂之堊守祧先鄭注云堊白也王廟寢悉爲堊牆卽用此蜃灰爲飾也云今東萊用蛤謂之叉灰云者蛤卽蜃之小者鼈人簎魚鼈龜蜃先鄭注云簎謂以杈刺泥中摶之叉杈字同續漢書郡國志東萊郡屬青州賈疏云蜃蛤在泥水之中東萊人又取以爲灰故以蛤灰爲叉灰也

囿人掌囿游之獸禁 囿游囿之離宮小苑觀處也養獸以宴樂視之禁者其蕃衛也鄭司農云囿游之獸游牧之獸

疏注云囿游囿之離宮小苑觀處也者天官敘官注云囿御苑也游離宮也敘官注云囿今之苑蓋鄭意囿本爲大苑於大苑之中別築藩界爲小苑又於小苑之中爲宮室是爲離宮以其是囿中游觀之處故曰囿游也賈疏云言離宮者謂於王宮之外於苑中離別爲宮故名離宮以宮外爲客館亦名離宮也案孟子文王之囿七十里芻蕘者往焉天子之囿百里並是田獵之處又書傳云鄉之取於囿是勇力取今之取於澤是揖讓取是爲蒐狩之常處也今此云禁故知非大囿是小苑觀處也案賈說非鄭意也此囿自在郊內靈囿言之唯游別爲小苑與囿不同耳委人別有野囿在六遂以外則似非此官所掌詳天官敘官疏云養獸以宴樂視之者宴釋文作燕字通明此獸非徒共祭祀喪紀賓客俎豆之實亦以備王宴樂觀視之也云禁者其蕃衞也者謂囿游皆有藩籬爲禁衞使內獸不得奔逸外人亦不得私入文選西京賦薛注云禁禁人妄入也委人注亦謂苑囿有藩羅蕃藩字通賈疏云卽非守門者也其守門則墨者故閽人云王宮每門四人囿游亦如之鄭云墨者使守門是也鄭司農云囿游之獸游牧之獸者賈疏云此與後鄭義異謂獸之游非人游觀詒讓案先鄭以游爲游散繫牧爲義然天官敘官閽人囿游不言獸則游不主謂獸可知

牧百獸備養衆物也今掖庭有鳥獸自熊虎孔雀至於狐狸鳧鶴備焉疏牧百獸者與服不氏爲官聯也賈疏云此於小囿中牧養百獸言百者舉成數而言注云備養衆物也者經言百獸明其種物衆多云今掖庭有鳥獸自熊虎孔雀至於狐狸鳧鶴備焉者釋文云鶴又作鸖太平御覽居處部引漢官典職云宮中苑育麋鹿麑麂鳥獸百種賈疏云雖以百獸爲主其中亦有飛鳥故鄭注引漢之掖庭有鳥獸爲證也

祭祀喪紀賓客共其生獸死獸之物疏祭祀喪紀賓客共其生獸死獸之物者獸謂庖人之六獸中膳羞者白虎通義

諫諍篇說王者凶荒減膳之事引禮云四穀不升損囿獸是王共膳
之獸取之囿也獸人亦云凡祭祀喪紀賓客共其死獸生獸蓋囿人
主牧養獸人主搏取或囿中所無則
獸人別共之二官相與爲官聯也

場人掌國之場圃而樹之果蓏珍異之物以時斂而藏之果棗李之
屬蓏瓜瓠
之屬珍異蒲
桃枇杷之屬疏掌國之場圃而樹之果蓏珍異之物者卽載師云以
場圃任園地是也其地在郭門之內凡種樹蔬菜麻
枲果木以共食用者咸萃於是經唯言樹果蓏者舉其一端互文以
見義果蓏爲蔬材之屬此官掌樹郭內場圃之蔬材與甸師共四郊
之果蓏委人斂六遂以外之疏材職掌皆互相備也賈疏云場圃連
言場圃同地耳春夏爲圃秋冬爲場其場因圃而爲之故並言之也
案賈據敘官注義也凡園地種時則爲園收刈之後則爲場與田首
之場圃異詳敘官及載師疏云以時斂而藏之者賈疏云案閭師云
任圃以樹事貢草木此場人又掌之者此據祭祀喪紀賓客者場人
徵斂藏之其餘則閭師徵斂之也案賈說非也閭師總掌九職之貢
場人則爲掌園地之專官草木之貢當閭師以法使場人斂之非場
人唯掌共祭祀喪紀賓客之物也呂氏春秋仲秋紀云乃命有司趣
民收斂務蓄菜多積聚高注云有司於周禮爲場人場協入也案場
協入國語周語文韋注亦云場人掌場圃委積之珍物斂而藏之卽
本此經爲說　注云果棗李之屬蓏瓜瓠之屬者甸師注云果桃李
之屬蓏瓜瓞之屬說文瓜部云瓠瓢也棗亦木實瓠與瓞同爲瓜類
此注與彼義同云珍異蒲桃枇杷之屬者皆果中之珍貴者文選上
林賦云櫻桃蒲陶枇杷橪柿李注引郭璞云蒲陶似燕薁可作酒又
引張揖云枇杷似斛樹長葉子如杏漢書西域
傳云大宛左右以蒲陶爲酒蒲桃卽蒲陶也

凡祭祀賓客共其果

𦵦享亦如之享納牲 疏 凡祭祀賓客共其果𦵦者與甸師爲官聯也共之以與籩人爲籩實也 注云享納牲者賈疏云享納牲謂祭祀宗廟二灌後君迎牲納之於庭時后夫人薦朝事之豆籩豆籩中有果𦵦之物故云享亦如之若然上言祭祀餘祭祀也案此注可疑依賈說則經云享者專指宗廟之祭卽大宗伯之六享也然上云祭祀廟享當已晐於其中至祭有納牲宗廟及天地大祭所同大宰云祀五帝納亨贊王牲事祀大神示亦如之鄭彼注亦以納牲釋享是也今此注但云納牲則無以見其必爲宗廟況廟享后夫人薦朝事之豆籩雖正在迎牲之時然薦豆籩與納牲自是二事今但云納牲亦無以見朝事之有豆籩又籩人四籩之實朝事之籩無果𦵦用果𦵦者乃是饋食之籩則與納牲節次尤不相當注說究不可通所未詳也今以經文攷之祭祀之外別有所謂享疑專指宗廟薦新言之亦卽大宗伯六享之以饋食享先王也凡果𦵦珍異新出或薦於寢廟若月令仲夏嘗黍羞以含桃是也其禮殺於祭祀無迎尸祼獻之事故經云享亦如之明所共與祭祀同而禮則異爾薦新亦通稱享互詳大宗伯疏

稟人掌九穀之數以待國之匪頒賙賜稍食 匪讀爲分分頒謂委人之職諸委積也賙賜謂王所賜予給好用之式也稍食祿稟 疏 掌九穀之數者總計一年穀入之數爲簿書若月令云舉五穀之要但此官總掌九穀之數要而所藏則爲米故明堂位魯有米稟少牢饋食禮注亦云稟人掌米入之藏者是也賈疏云稟人掌米倉人掌穀今稟人云九穀者以稟人雖專主米亦兼主穀故以九穀言之也云以待國之匪頒賙賜稍食者國語周語云稟協出韋注云稟人掌九穀出用之數案此以待匪頒賙賜稍食者卽協出之事也沈彤云穀爲米粟委積之通稱凡官所食與之田而令自取惟封邑頒掌地爲然其餘則皆收其穀而

給之廩人掌九穀之數以待國之匪頒賙賜稍食倉人掌粟入之藏辨九穀之物以待邦用邦用即匪頒賙賜稍食之屬匪頒中祿居大半稍食則食之小者是藏米於廩藏粟於倉積委積於場以待分給也楚語觀射父云天子之田九畡以食兆民王取經入焉以食萬官正謂是也　注云匪讀爲分者段玉裁云匪頒字始見於大宰九式注鄭司農云匪分也此則徑讀匪爲分與仲師說小異亦令互相足也非字有分背之義微與文二韻字多互轉亦得讀爲分猶豐分聲得讀爲微也案段說是也匪即棐之叚借字詳大宰疏云分頒謂委人之職諸委積也者大宰匪頒之式注云王所分賜羣臣也江永沈彤金榜曾釗並謂匪頒當爲羣臣之祿是也蓋匪頒本以頒祿爲最大而稍食及委積賜賚之有常秩者亦通含於其中此經雖別出稍食而祿賜則不容略注唯舉委積者似鄭誤以百官之祿屬稍食義殊不及大宰注之賅又注云委人之職諸委積江永曾釗並謂委人無粟米疑其未塙沈彤則謂委人當爲遺人之誤沈校是也遺人云掌國之委積以待施惠有鄉里門關郊里野鄙縣都諸委積鄭彼注云委積者廩人倉人計九穀之數足國用以其餘共之與此注義相應彼職末又云凡委積之事以時頒之故鄭據以釋此匪頒若委人之委積既無粟米文又不及遺人之備鄭不當舍彼而取此矣又案遺人諸委積首云鄉里之委積以恤民之囏阸則於此經當在賙賜之科又委人云凡其余聚以待頒賜賜爲好賜與頒爲常賜不同則此匪頒賙賜二者之內通有委積注專以委積釋匪頒於義亦未析也云賙賜謂王所賜予者賙與鄉師云賙萬民之囏阸義同謂臣民有不足則王賙給之賜謂以恩澤賜之即大府之賜予內饔之好賜是也孟子萬章篇云周之則受賜之則不受何也趙注云周者謂周急稟貧民之常科也賜者謂禮賜橫加也周與賙同若然賙賜二事小異鄭通釋之耳呂氏春秋季春紀高注云周賜也亦以賜釋周與

鄭義略同經凡二云賜者並爲好賜詳大宰膳夫疏二云給好用之式也者謂賙賜當入好用之式賈疏云此卽九式之中九曰好用之式是也故彼注好用燕好所賜予也二云稍食祿稟者宮正注同賈疏云此卽司士以功詔祿又王制云下士視上農夫九人祿中士倍下士之類是也江永云統言匪頒則稍食在其中分言之則諸臣之祿爲匪頒在官正役之稟爲稍食案江說是也稍食猶言稟食與祿異孟子萬章篇云廩人繼粟此卽廩人掌稟食之證鄭賈說並非是詳宮正疏

以歲之上下數邦用以知足否以詔穀用以治年之凶豐數猶計也【疏】以歲之上下數邦用以知足否者禮器云禮之厚薄與年之上下注云用年之豐凶也案周書糴匡篇有成年年儉年饑大荒四等登降之法卽以年上下數邦用之事賈疏云上下卽豐凶廩人之官以歲之豐凶得稅拘多少之帳計國之用以知足否若歲凶稅物少而用多則不足云以詔穀用以治年之凶豐者賈疏云廩人既知多少足否乃詔告在上用穀之法以治年之凶豐此則王制云制國用必於歲之杪者是也注云數猶計也者說文攴部云數計也此云猶者鄭蓋以數本爲算數引申爲計算之義與許少異

凡萬民之食食者人四鬴上也人三鬴中也人二鬴下也此皆謂一月食米也六斗四升曰鬴【疏】凡萬民之食食者者此卽上文所謂以歲之上下數邦用以知足否邦用之豐殺與民食之足否事常相因也賈疏云此謂給萬民糧食之法食食謂民食國家糧食者江永云通計萬民之食非謂國家之糧食者也疏誤案江說是也曾釗說同云人四鬴上也人三鬴中也人二鬴下也者賈疏云上謂大豐年也中謂中豐年下謂少儉年此雖列三等之年以中年是其常法孔廣森云漢食貨志曰一夫挾五口治田百畝歲收畝一石半爲粟百五十石食人月一石半五

人終歲爲粟九十石歲有上中下孰上孰其收自四中孰自三下孰自倍此經月食二鬴者爲粟一石二斗八升尚未能及月一石半故謂之下歲矣　注云此皆謂一月食米也者膳夫食用六穀注云食飯也此經通計民每口一月所食米之數也賈疏謂須祿古今皆月給請故知此皆一月食米失之云六斗四升曰鬴者㮚氏陶人注義並同說文鬲部云鬴鍑屬也重文釜鬴或从金父聲左昭三年傳晏子曰齊舊四量豆區釜鍾四升爲豆各自其四以登于釜釜十則鍾陳氏三量皆登一焉杜注謂齊舊量釜六斗四升陳氏新量釜八斗鄭以齊舊量即周量故據以爲釋一釜凡爲區者四爲豆者十六通六斗四升也以此計之則月食四鬴者二石五斗六升以三十日除之日食八升五合又三分合之一月食三鬴者一石九斗二升日食六升四合靈樞經云人食一日中五升與此相近月食二鬴者一石二斗八升日食四升二合又三分合之二既夕記說喪食歠粥朝一溢米夕一溢米鄭注云二十兩曰溢爲米一升二十四分升之一是喪食日二升一合弱此下歲之食倍於彼也沈彤云律呂新書漢量與周同而漢量有容二斗七升者當今五升四合有容六升者當今一升二合是古之十當今之二也閻若璩說同案依沈說則此經上歲人日食一升七合有奇中歲人日食一升二合有奇下歲人日食八合有奇也至左傳陳氏新量之釜杜云容八斗實當爲十斗管子海王篇云鹽百升而成釜即十斗之釜與石同故國蓄篇云中歲之穀糶石十錢大男食四石大女食三石吾子食二石與此經四鬴三鬴二鬴差數雖巧合然以漢志李悝說人食月一石半計之大男月食必無四石之多管子之說殆不可信非徒釜數與此經不相應也詳㮚氏疏若食不能人二鬴則令邦移民就穀詔王殺邦用就穀就都鄙之有者殺猶減也【疏】若食不能人二鬴者謂不及下歲則當治荒政而節法用

云則令邦移民就穀者卽大司徒大荒令移民之事云詔王殺邦用者謂殺九式之用若十二荒政之眚禮及士師荒貶之法皆是也注云就穀就都鄙之有者者大司徒注云辟災就有是也逸周書文酌篇云因親就年亦此義賈疏云此據天子畿內六鄉六遂及公邑純屬天子與三等采地不同若民有不能人二鬴之歲移民就賤當先嚮都鄙三等采地之中都鄙亦凶乃出嚮畿外也故知就都鄙者也云殺猶減也者廣雅釋詁云殺減也此亦引申之義故云猶**凡邦有會同師役之事則治其糧與其食**行道曰糧謂糒也止居曰食謂米也疏凡邦有會同師役之事則治其糧與其食者與遺人委人爲官聯也師役謂軍旅起徒役大會同百官六軍從行故皆須治糧食晏子春秋問下篇孟子梁惠王篇並云師行而糧食是也王昭禹云莊子逍遙游篇曰適百里者宿舂糧適千里者三月聚糧謂計日而爲之糧食也注云行道曰糧謂糒也者說文米部云糧穀也糒乾飯也釋名釋飲食云干飯飯而暴乾之也孟子梁惠王篇云詩云乃積乃倉乃裹餱糧于橐于囊故居者有積倉行者有裹囊也然後可以爰方啓行趙注云裹盛乾食之糧於橐囊也賈疏云尚書費誓云峙乃糗糧卽糒也程瑤田云方言凡以火乾五穀之類關西隴冀以往謂之僃公羊傳魯昭公走之齊高子執簞食與四脡脯國子執壺漿曰吾寡君聞君在外餕饔未就敢致糗於從者何休注糗糒也疏云若今之糒米屈原賦播江離與滋菊兮願春日以爲糗芳王逸注糗糒也說文糒乾也蓋卽方言火乾之僃也云止居曰食謂米也者賈疏云案書傳云行而無資謂之乏居而無食謂之困是止居曰食謂此廩人米也**大祭祀則共其接盛**接讀爲一扱再祭之扱扱以授舂人舂之大祭祀之穀藉田之收藏於神倉者也不以給小用疏大祭祀者亦謂天地宗廟之等云則共其接盛者釋文出則接二字

云依注音扱盧文弨云陸所見本當是則接盛無共其二字觀注云扱以授舂人舂之舂人職云祭祀共其齍盛之米然則非廩人共之明矣注疏本係誤衍案盧說近是賈疏云此即廩人兼掌御廩所藏藉田之收以共祭祀之用者也　注云接讀爲一扱再祭之扱者一宋婺州本嘉靖本作壹各本並作一與釋文合今據正惠士奇云祭醴始扱一祭又扱再祭士昏禮記文賈疏謂讀如特牲少牢誤段玉裁云及聲在古音侵鹽添部妾聲在古音覃談咸銜嚴凡部聲類同也云扱以授舂人舂之者賈疏云此麤米與舂人舂之當須扱與舂人詒讓案說文手部云扱收也廣雅釋詁云扱取也謂扱取穀粟於倉以授舂人公羊文十三年傳說魯祭周公盛魯公燾羣公廩何注云盛者新穀燾者故上一新也廩者連陳於新上財令半相連爾此王國大祭祀之盛當皆用新者其舂亦尤精絜詩大雅召旻鄭箋云米之率糲十粺九鑿八侍御七然則祭祀之盛其侍御米與云大祭祀之穀藉田之收藏於神倉者也者月令季秋乃命冢宰農事備收舉五穀之要藏帝藉之收於神倉祗敬必飭鄭彼注云重粢盛之委也帝藉所耕千畝也藏祭祀之穀爲神倉是也國語周語虢文公說藉田之禮云廩於藉東南鍾而藏之而時布之于農韋注云廩御廩也一名神倉鍾聚也謂爲廩以藏王所藉田以奉粢盛也穀梁桓十四年傳云甸粟而納之三宮三宮米而藏之御廩范注云三宮三夫人也宗廟之禮君親割夫人親舂此經無三宮舂米之文依穀梁說則御廩所藏者亦已舂之米鄭云穀者穀與米散文則通御廩既藏米又與舂人者或當如賈說廩藏麤米將用復與舂人更精舂之與云不以給小用者明它小用之穀別廩藏之不入御廩神倉也賈疏云祭義云天子藉田千畝諸侯藉田百畝以事天地社稷先公敬之至也是不給小用也

舍人掌平宮中之政，分其財守，以灋掌其出入。政謂用穀之政也。分其財守者，計其用穀之數，分送宮正內宰使守而須之也。而行出於廩人，其有空缺則計之還入。

【疏】掌平宮中之政者，莊存與云：舍人有米有粟平宮中之政，王宮也，北宮也，外內朝宂食也。司祿則給百官百執事之分須稍食也，其廩膳各不同。賈疏云：舍人總主給米之事，而掌平王宮中之政，謂平其給米多少，不得特多特少也。云分其財守者，賈疏云：財卽米也，故喪大記云納財朝一溢米，亦謂米爲財。謂分米與宮正內宰，守禁之所使須與所使守之人。云以灋掌其出入者，灋卽大宰九式匪頒之式，此官所掌以爲官法者也。賈疏云：出謂米出於廩人以出給，入謂其有空缺則還入廩人，皆當以法，不可虛也。注云政謂用穀之政也者，卽後注云用穀之多少是也。謂計其人數多寡、爵秩高下，以定祿食用穀多少之法數。云分其財守者，計其用穀之數，分送宮正內宰使守而須之也者，大宰注云：財，泉穀也。沈彤云：古者穀幣貨賄通謂之財，此則專指穀也。賈疏云：必送米與宮正內宰者，此二官皆有宿衞之人，須米料之數故也。案鄭賈以宮正掌宮中衆寡之稍食，內宰掌王正內之稍食，亦各有府藏，故知分送二官使守而須之。云而行出於廩人者，以廩人掌匪頒稍食之穀，宮正內宰特依數爲書契須之，其穀則出於廩人也。云其有空缺則計之還入者，謂官吏有遷黜物故更代者，未上則爲空缺，不須給祿食，舍人則計其數收還，仍入於廩人也。

凡祭祀，共簠簋，實之，陳之。方曰簠，圓曰簋，盛黍稷稻粱器。

【疏】凡祭祀共簠簋實之陳之者，賈疏云：天地宗廟大次小祭皆有黍稷於簠簋實之陳之，故云凡以廣之也。江永云：簋盛黍稷爲正饌，簠盛稻粱爲加饌。天子八簋，諸侯六簋，簠之數未聞。凡賓客之禮，簠皆少於簋，則祭時宜亦放此，天子蓋四簠，諸侯蓋二簠。天子用六粢，有麥苽，蓋亦盛之於簠。案江說甚覈但祭統說天子祭禮詩小雅伐木說天子饋食皆云八簋而盛穀無文唯秦風權輿說諸侯食禮每食四簋毛傳云四簋黍稷稻粱玉藻注說諸侯朔月四簋義同孔疏謂天子朔月當六簋黍稷稻粱麥苽若盛食則八簋當加以稻粱也依毛鄭孔說則六穀通盛於簋玉藻疏引皇侃說則謂稻粱宜盛於簠與掌客注義合江氏略本皇義兩說並通未知孰是也　注云方曰簠圓曰簋者賈疏云皆據外而言案孝經云陳其簠簋注云內圓外方受斗二升者直據簠而言若簋則內方外圓知皆受斗二升者旊人云爲簋實一㲉豆實三而成㲉豆四升三豆則斗二升可知但外神用瓦簋宗廟當用木故易損卦云二簋可用享損卦以離巽爲之離爲日日圓巽爲木木器圓簋象是用木明矣案賈所述易損象義並據鄭易注文論語公冶長皇疏說同凡器方圓並當據外言錢亦內方外圓而稱圜法是其比例賈說深得鄭恉毛詩小雅伐木篇陳饋八簋傳云圓曰簋是鄭所本說文竹部云簠黍稷圜器也簋黍稷方器也又淮南子泰族訓許注云器方中者爲簠圓中者爲簋也是許君謂外圓內方者爲簠內圓外方者爲簋其說與鄭正相反蓋師說不同陸氏詩秦風釋文從鄭義禮聘禮釋文從許義案聘禮二竹簋方注云器名也以竹爲之狀如簋而方依禮經文則鄭義塙不可易否則竹簋不當特言方爲殊異之詞矣聶氏三禮圖引舊圖云外方內圓曰簠內方外圓曰簋足高二寸挫其四角漆赤中此說亦與鄭同至御覽器物部引三禮圖云簠受一升下足高一寸中方外圓漆丹中蓋龜形諸侯飾以象天子玉飾盛黍稷簋受一升足高一寸中圓外方挫其四角漆赤中蓋亦龜形其飾如簠盛稻粱案此所說簠簋形制既違鄭義又與禮經不合或御覽傳寫互譌其云蓋象龜形尤誤戴震云禮器管仲鏤簋注云鏤簋謂刻而飾之大夫刻爲龜爾諸侯飾以象天子飾以玉雜記注云鏤簋刻爲蟲獸也少牢饋食禮敦皆南首注云敦有

首者尊者器飾也飾蓋象龜周之禮飾器各以其類龜有上下甲歐
陽氏集古錄曰簋容四升其形外方內圓而小似龜有首有尾有足
有甲有腹今禮家作簋亦外方內圓而其形如桶但於其蓋刻爲龜
形與眞古簋不同案集古所云但於其蓋刻爲龜形者卽三禮圖之
敦與簠簋皆以蓋頂作一小龜是也其說始於儀禮疏誤解鄭注飾
蓋象龜一蓋字蓋之爲言意儗未定之辭無正文也案戴說極精足
正舊說之誤胡培翬說同云盛黍稷稻粱器者掌客注云簠稻粱器
也簋黍稷器也此總言之故云黍稷稻粱器許說與鄭亦相反鄭是
也詳掌
客疏 賓客亦如之共其禮車米筥米芻禾禮致饔
餼之禮 疏 賓客亦如之者賈疏云亦
有簠簋實之陳之事言實之陳之則據饔餼及饗食之時也 注云
禮致饔餼之禮者據聘禮記以致饔餼爲歸大禮故知禮卽致饔餼
也又掌客注以飧積爲致賓客之小禮亦有車米芻禾此禮內當亦
晐之矣賈疏云案聘禮曰致饔使卿韋弁歸饔餼米百筥設於中庭
車米三十車陳於門外禾三十車芻薪倍禾又案掌客上公米百有
二十筥車米四十車禾五十車芻薪倍禾侯伯米百筥車米三十車
禾四十車芻薪倍禾子男米八十筥車米二十車禾三十車芻薪倍
禾皆言陳是其饔餼車米筥米芻禾所陳多少之事詒讓案國語周
語云周之秩官曰敵國賓至廩人獻餼司馬陳芻韋注云生曰餼禾
米也案饔餼之禾米本舍人共致之彼云廩人者以舍人卽廩人之
屬故通言之也芻亦此官共之司馬但主其陳設
之事凡賓客車米筥米芻禾陳數並詳掌客疏 喪紀共飯米熬穀
飯所以實口不忍虛也君用粱大夫用稷士用粱皆四升實者唯盈
熬穀者錯于棺旁所以惑蚍蜉也喪大記曰熬君四種八筐大夫三
種六筐士二種 疏 喪紀共飯米熬穀者與典瑞大祝小祝爲官聯也
四筐加魚腊焉 凡大喪共飯米與大祝共熬穀與小祝飯米謂生

米故荀子禮論篇云飯用生稻明天子用黍米亦生可知熬穀則未
春之穀說文火部云熬乾煎也　注云飯所以實口不忍虛也者檀
弓云飯用米貝弗忍虛也不以食道用美焉爾鄭彼注云尊之也食
道褻米貝美白虎通義崩薨篇云所以有飯含何緣生食今死不欲
虛其口故云所以實口不忍虛也凡喪禮有飯有含二者不同天子
飯用玉襍米不用貝並詳典瑞疏云君用粱大夫用稷士用粱者據
喪大記云君沐粱大夫沐稷士沐粱爲說也賈疏云彼據沐時所用
今引證飯者但飯米沐米與重鬲所盛用米皆同是以士喪禮云貝
三實于笄稻米一豆實于筐據飯含所用下鄭云祝淅米管人受潘
煮于垼外御者沐又云鬻餘飯盛以二鬲是其三者用米同故引沐
法以證飯也但喪大記注士沐粱蓋天子之士以其士喪禮諸侯之
士沐稻喪大記注又云差率而上天子沐黍與則天子飯用黍也案
賈據喪大記注及士喪禮謂天子士與諸侯士所用米異是也檀弓
孔疏說同穀梁隱元年楊疏謂大夫士同用稷非鄭義也云皆四升
者一豆之實也士喪禮云稻米一豆實于筐鄭彼注云豆四升鄭意
飯米雖貴賤所用不同然其實筐則無貴賤並用一豆故云皆四升
也云實者唯盈者其實之以盈口爲度不必盡四升也士喪禮云主
人左扱米實于右三實一貝左中亦如之又實米唯盈鄭彼注云唯
盈取滿而已是也云熬穀者錯于棺旁所以惑蚍蜉也者于注例當
作於各本並誤小祝注義同鄭喪大記注云熬者煎穀也將塗設於
棺旁所以惑蚍蜉使不至棺也孔疏云謂火熬其穀使香欲使蚍蜉
聞其香氣食穀不侵尸也詒讓案錯於棺旁者論語爲政篇集解引
包咸云錯置也謂大斂後殯棺於西階而置此熬於棺之四旁也引
喪大記曰熬君四種八筐大夫三種六筐士二種四筐加魚腊焉者
賈疏云見尊卑用筐穀多少不同之意鄭彼注引士喪禮曰熬黍稷
各二筐又曰設熬旁一筐大夫三種加以粱君四種加以稻四筐則

首足皆一其餘設於左右若然天子當加麥苽六種十筐首足亦各一筐其餘亦設於左右也詒讓案籩人有麷蕡白黑卽熬麥臬稻黍若然天子熬穀或當有蕡與

以歲時縣穜稑之種以共王后之春獻種

縣之者欲其風氣燥達也鄭司農云春王當耕于藉則后獻其種也后獻其種見內宰職

疏以歲時縣穜稑之種以共王后之春獻種者賈疏云內宰注云先種後孰謂之穜後種先孰謂之稑彼內宰上春后獻種亦不敗壞且助王耕事此云歲時縣者從納禾治得子卽縣之以至春獻之 注云縣之者欲其風氣燥達也者凡穀種得溼鬱則萌蘖而黴敗故必高縣之使其風氣燥達則種艮而易生也齊民要術收種篇云凡五穀種子浥鬱則不生生者亦尋死粟黍穄粱秫常歲歲別收選好穗純色者劁刈高縣之至春治取別種以擬明年種子卽縣種之事鄭司農云春王當耕于藉則后獻其種也者于亦當作於各本並誤此釋經春獻種之義明王所耕於藉田者卽此舍人所縣后所獻之種也云后獻其種見內宰職者內宰云上春詔王后帥六宮之人而生穜稑之種而獻之于王是也

掌米粟之出入辨其物

九穀六米別爲書

疏掌米粟之出入者謂諸穀米粟出入之事也已舂者爲米未舂者爲粟說文米部云米粟實也鹵部云㮚嘉穀實也孔子曰㮚之爲言續也米粟本專屬粱段借爲諸穀之通稱程瑤田云以粟主九穀因爲諸穀之總名義與倉人職同賈不知乃云正言㮚卽粢也夫粢稷也以粟爲粢是以㮚爲稷此說蓋据爾雅郭注云江東呼粟爲稷孫炎注亦云稷卽粟也乃漢世訓詁相承之語孔穎達於曲禮稷曰明粢亦釋之曰稷粟也蓋承其誤矣又云說文秠字注稻一秠爲粟二十升禾黍爲一秠爲粟十六升大半升稻黍之實亦曰粟假借通稱也案程說足正賈疏之誤粟之本義卽九穀之粱非稷也詳大宰及倉人疏 注云九穀六米別爲書

者賈疏云九穀之名已見大宰注今云六米者九穀之中黍稷稻粱
苽大豆六者皆有米麻與小豆小麥三者無米故云九穀六米別爲
書釋經辨其物也程瑤田云考小宗伯及舂人注並以麥爲簠簋實
是麥有米明矣光武自無蔞亭至南宮馮異復進麥飯菟肩飯則米
爲之也說文記陳楚之閒相謁食麥飯曰餥方言亦曰陳楚之內相
謁而食麥𩟄謂之餥說文言麥飯方言言麥𩟄蓋皆言麥有米也但
今世麥皆礦之爲麪其舂米炊飯則久失其節度矣若豆大小雖異
其無米則一余以爲穀中無米者或指麻與大小豆耳六米斷指食
醫之六穀賈釋鄭義恐未得其審案程說是也後鄦人六食注云六
穀之飯膳夫食用六穀先鄭注亦依食醫爲釋有麥無大豆則賈說
之誤
明矣

歲終則會計其政

政用穀
之多少

疏歲終則會計其政者正米粟之歲
會亦卽此官之官成也　注云政
用穀之多少者此官掌穀用出入之政故
歲終總會計之則知其多少之凡目也

倉人掌粟入之藏

九穀盡藏焉
以粟爲主

疏掌粟入之藏者謂凡入粟於國者
並藏於倉人也莊存與云倉藏粟
不藏米　注云九穀盡藏焉以粟爲主者以下文云辨九穀而此云
掌粟入之藏偏舉其一故釋之也程瑤田云禾實曰粟粟實曰米米
名曰粱鄭注大宰九穀中無粟此言九穀以粟爲主則是粱卽粟矣
史記索隱載三倉云粱好粟其證也案程說是也賈疏亦以粟爲稷
誤詳舍
人疏

辨九穀之物以待邦用若穀不足則止餘灋用有餘則藏之以待凶而頒之

止猶殺也殺餘法用謂道路
之委積所以豐優賓客之屬

疏以待邦用者卽匪頒
賙賜稍食之用詳廩
人疏　注云止猶殺也者猶廩人殺邦用之殺謂減省之也云殺餘
法用謂道路之委積所以豐優賓客之屬者此亦注用今字作法也

賈疏云案上遺人注委積者廩人倉人計九穀之數足國用以其餘共之所謂餘法用也則彼委積是法用以此餘者爲之是豐優賓客者今倉人穀不足故止彼餘法用故鄭據遺人而言焉彼遺人注云職內邦之移用亦如此也今穀不足亦止之故云之屬惠士奇云凶年則鄉里門關郊里野鄙縣都皆不入委積蓋凶荒札喪則國無征故止餘法用而以豐年之所藏頒之詒讓案法用之正者即外府云邦之用凡有法者是也鄭以經云止餘法用明邦用之正者不殺與廩人食不能二鬴殺邦用異也

凡國之大事共道路之穀積食飲之具大事謂喪戎

疏 共道路之穀積食飲之具者穀積謂九穀之委積國語周語云野有庾積韋注云庾露積穀也此官掌倉庾故共穀積別於委人所共爲芻稾之積遺人掌道路之委積十里廬有飲食三十里路室有委五十里候館有積此官與彼爲官聯也 注云大事謂喪戎者賈疏云案左氏成公傳國之大事在祀與戎不言喪事今此喪戎不言祀者此經云共道路惟軍戎及喪在外行於道路故據而言焉祭祀遠無過在近郊之內無在道共糧之事故不言祭祀也

司祿闕

司稼掌巡邦野之稼而辨穜稑之種周知其名與其所宜地以爲灋而縣于邑閭周猶徧也徧知種所宜之地縣以示民後年種穀用爲法也

疏 掌巡邦野之稼者程瑤田云詩伐檀傳云種之曰稼斂之曰穡此對文稼穡異也司稼云巡野觀稼則兼種與斂言之詩甫田曾孫之稼如茨如梁箋云稼禾也謂有稾者也是斂亦可曰稼蓋散文則通矣案程說是也說文禾部云稼禾之秀實爲稼一曰在野曰稼許亦據斂時言之云周知其名與其所宜地者穀

類衆多大總言之大宰謂之九穀每穀又各有物色種別之異此官皆徧知其名吳越春秋云稷相五土之宜青赤黃黑陵水高下粢稷黍禾粱麥豆稻各得其理是也云以爲灋而縣于邑閭者法謂稼法亦此官之官法也秋官敘官脩閭氏注云閭謂里門此邑閭亦卽邑中之里門與小司徒四井爲邑大司徒五比爲閭並異 注云周猶徧也者司會注同云徧知種所宜之地縣以示民後年種穀用爲法也者此亦注用今字作法也下同種所宜之地若大司徒五地十有二壤及職方氏九州凡水陸鹹淡堅柔各有所宜之種故縣以示之用爲種植之法縣卽謂縣法與舍人縣穜稑之種事異月令孟春王命布農事命田舍東郊皆脩封疆審端徑術善相丘陵阪險原隰土地所宜五穀所殖以教道民必躬親之注云田謂田畯主農之官巡野官也案此經無田畯疑是冬官之屬此官蓋亦與彼爲官聯也 巡野

觀稼以年之上下出斂灋斂法者豐年從正凶荒則損若今十傷二三實除減半

疏巡野觀稼以年之上下出斂灋者賈疏云此觀稼亦謂秋熟時觀稼善惡則知年上下豐凶而出稅斂之法詒讓案斂法謂賦斂之正供亦此官之官法又卽周之徹法也載師任地之法近郊十一遠郊二十而三甸稍縣都皆無過十二此以地之遠近爲稅法之差也司稼以年之上下出斂法此又以年之豐歉爲稅法之差也二官蓋互相備依漢書食貨志引李悝說百晦平歲收百五十石十一之稅十五石以此率準之則平歲百晦之斂近郊十五石遠郊二十二石五斗甸稍縣都約三十石而歲豐所收增於平歲則所斂亦增歲歉所收減於平歲則所斂亦減蓋皆以地遠近與年上下互劑之此周徹法雖不及殷助法而實善於夏之貢法也徹爲周賦斂之正法自來說者皆止援孟子爲釋而不知求其義於此遂多誤解互詳載師匠人疏 注云斂法者豐年從正者賈疏云年雖豐與中平一皆從正法十一而稅之也案正

法卽載師所說十一至二十三等法是也依鄭賈說蓋謂豐歲亦依平歲所斂之數不增也然此經斂法有定率而無定數與夏貢法不同則豐年之斂似宜增於平歲穀梁宣十五年傳云古者稅什一豐年補敗孟子滕文公篇龍子亦謂樂歲粒米狼戾多取之而不爲虐是也依漢志李悝說上孰百晦收六百石則十一之斂宜六十石中孰收四百五十石則斂宜四十五石下孰收三百石則斂宜三十石然所斂雖倍增而於十一之率則固無所溢是亦不得謂之非正法也管子大匡篇云案田而稅二歲而稅一上年什取三中年什取二下年什取一歲飢不稅此雖非周法然亦可證稅法隨年上下不無增減矣云凶荒則損者大司徒十二荒政二曰薄征先鄭注云薄征輕租稅是也賈疏云凶荒謂年穀不孰則減於十一而稅之案依漢志李悝說小饑百晦收百石則十一之斂宜十石中饑收七十石則斂宜七石大饑收三十石則斂宜三石然則饑年所斂雖大損而於十一之率則亦無所減惟大饑或當弛征不必有三石之斂耳鄭賈謂歉歲減於十一之率是小饑收百石而斂不及十石似非周之本法也云若今十傷二三實除減半者賈疏云鄭舉漢法以況義十傷二三者謂漢時十分之內傷二分三分餘有七分八分在實除減半者謂就七分八分中爲實在仍減去半不稅於半內稅之以凶荒所優饒民法也孔廣森云前漢成帝紀曰郡國被災十四已上毋收田租後漢和帝永元四年詔郡國秋稼爲旱蝗所傷其什四已上勿收田租芻稾有不滿者以實除之不滿卽謂傷十分之二三者就其餘見減半稅之也何武爲清河太守坐郡中被災害什四已上免至安帝永初七年蝗災傷稼十五已上乃得勿租是則漢之末造征斂稍稍重矣

掌均萬民之食而賙其急而平其興均謂度其多少賙稟其艱阨興所徵賦

疏正掌均萬民之食者亦冢上以年之上下爲文均食者謂平民閒糶糴與積

之法與上斂法爲賦稅異周書大匡篇云數口以食食均有賦卽凶荒均民食之事也漢食貨志引李悝云一夫治田百晦歲收晦一石半爲粟百五十石善平糴者必謹觀歲有上中下孰上孰其收自四餘四百石中孰自三餘三百石下孰自倍餘百石小饑則收百石中饑七十石大饑三十石故大孰則上糴三而舍一中孰則糴二下孰則糴一使民適足賈平則止小饑則發小孰之所斂中饑則發中孰之所斂大饑則發大孰之所斂而糶之故雖遇饑饉水旱糴不貴而民不散取有餘以補不足也李悝平糴之法亦此官均民食之一也云而賙其急而平其興者此卽旅師與積之事凡民食不足則以所積者賙貸之其有贏餘者則案法數平其興發之政使無不均之患　注云均謂度其多少者釋文度下有平字疑今本誤稅內宰均其稍食注云均猶調度也此義與彼同多少若稟人所云四鬴三鬴二鬴之屬云賙稟其艱阨者鄉師云賙萬民之囏阨是也稟謂給其食賙與周同詳鄉師稟人疏云興所徵賦者旅師注云縣官徵聚物曰興今云軍興是也江永云興起也發也謂賙急之時平其所與發之稟食猶旅師平頒其興積也注謂與所徵賦非也案江說本王與之是也方苞說同賈疏謂當各計十一而稅不得特多特少則仍是出斂法之事非所謂平興矣

舂人掌其米物米物言非一米【疏】掌共米物者謂舂穀成米而共之也　注云米物言非一米者舍人注九穀有六米此舂人並共之也

祭祀共其齍盛之米齍盛謂黍稷稻粱之屬可盛以爲簠簋實【疏】祭祀共其齍盛之米者共謂舂人共生米與饎人炊之也釋文云齍音粢注同本亦作粢案經當作齍注當作粢陸賈本經注並作齍或本經注並作粢皆非也詳甸師小宗伯疏　注云齍盛謂黍稷稻粱之屬可盛以爲簠簋實者阮元云當作粢盛案阮校是也凡經作齍注並讀爲粢甸師小宗伯

肆師大祝注並同粢稷也因以爲祭穀之通稱亦詳甸師疏賈疏云器實曰齍則黍稷稻粱是也在器曰盛則簠簋是也故鄭總言齍盛謂黍稷稻粱之屬屬中兼有麥苽可盛以爲簠簋之實也

賓客共其牢禮之米 謂可以實筐筥 疏 賓客共其牢禮之米者賓客至致禮有牢者也牛人云凡賓客之事共其牢禮積膳之牛注云牢禮飧饔也此經牢禮則有饔而無飧以飧無筐筥之米也其積有筐米則亦舂人共之　注云謂可以實筐筥者凡禮之通例致禮於賓客等孰食並實於簠簋生米並實於筐筥實筥者即舍人之筥米致饔餼時所陳者也實筐者掌客注說致積云簠簋之實米實於筐是也賈疏云鄭云實筐筥知非車米者以其公車米四十侯伯車米三十子男車米二十非舂人所供故知惟謂筐筥者也若然車米出於民稅故禹貢云五百里納米是也

凡饗食共其食米 饗有食米則饗禮兼燕與食 疏 凡饗食共其食米者此亦謂共與饎人炊之　注云饗有食米則饗禮兼燕與食者謂若大行人上公饗禮九獻食禮九舉食禮無獻饗則兼有食蓋大饗與祭祀同亦有饋食之節是九獻之外兼有食之九舉矣其燕禮尤輕則唯有獻而無食也鄭以饗禮今亡故據此文推之賈疏云燕禮無食米食禮無飲酒若饗禮有飲酒有食米故云饗禮兼燕與食也

掌凡米事 疏 掌凡米事者謂凡舂抌之事舂人悉掌之也

饎人掌凡祭祀共盛 炊而共之 疏 饎人者饎饎字同敘官故書亦如是而鄭從今書作饎此古今書蓋同作饎故鄭亦從之嘉靖本依敘官改饎非也槁人注亦作饎可證詳敘官疏　注云炊而共之者對舂人祭祀共其齍盛之米爲生米不炊者也凡祭祀之齍盛皆於饎爨炊之士虞禮特牲饋食禮謂之饎爨少牢饋食禮謂之廩爨是也此官既於饎爨炊米爲食則共與舍人實之

共王及后之六食六食六穀之飯【疏】共王及后之六食者亦炊而共之也此官亦掌共世子之食經不言者文略注云六食六穀之飯者膳夫云食用六穀注云食飯也詳彼疏

凡賓客共其簠簋之實謂致飧饔【疏】注云謂致飧饔者賈疏云下云饗食亦如之故知此是飧饔也

饗食亦如之

槁人掌共外內朝冗食者之食外朝司寇斷獄弊訟之朝也今司徒府中有百官朝會之殿云天子與丞相舊決大事焉是外朝之存者與內朝路門外之朝也冗食者謂留治文書若今尚書之屬諸直上者【疏】槁人者槁嘉靖本作稾今從釋文唐石經宋本余本嶴本正岳本作犒尤非敘官作稾人先鄭讀爲槁師之槁此作槁人與彼異者此故書本不誤故二鄭不著其改讀之說唐石經敘官作稾此作槁兩文不同自是鄭本之舊凡本職字與敘官不必皆相應若上饎人敘官作饍人即其比例嘉靖本蓋後人依敘官改非其舊也若鄭本作稾則注不宜無稾讀爲槁之文足以明之今定從石經爲正詳敘官疏注云外朝司寇斷獄弊訟之朝也者即小司寇掌外朝之政朝士掌邦外朝之法是也朝士注云外朝在庫門之外皋門之內詳彼疏賈疏云天子三朝路寢庭朝是圖宗人嘉事之朝大僕掌之又有路門外朝是常朝之處司士掌之又有外朝在皋門內庫門外三槐九棘之朝是斷獄弊訟之朝朝士掌之今言外內朝明據三槐與路門外二者以其路寢庭非常朝之處也云今司徒府中有百官朝會之殿云天子與丞相舊決大事焉是外朝之存者與者鄭舉漢法爲況朝士注云今司徒府有天子以下大會殿亦古之外朝哉說與此同王應麟云續漢曆志熹平四年馮光陳晃言曆元不正詔以羣臣會司徒府議注蔡邕集載三月九日百官會府公殿下東面校尉南面侍中郎將大夫千石六百

石重行北面議郎博士西面戸曹令史當坐中而讀詔書公議蔡邕前坐侍中西北近公卿與光晃相難問是非焉又百官志注蔡質漢儀曰司徒府與蒼龍闕對厭於尊者不欲號府應劭曰丞相舊位在長安時府有四出門明帝本欲依之迫於大尉司空但爲東西門耳國每有大議天子車駕親幸其殿殿西王侯以下更衣并存每歲州郡聽採長吏臧否民所疾苦還條奏之是爲舉謠言者掾屬令史都會殿上主者大言某州郡行狀周禮外朝干寶注曰禮司徒府中有百官朝會殿天子與丞相決大事是外朝之存者詒讓案據劉昭所引則干注說與鄭同疑晉時猶沿漢制也鄭言此者謂漢亦有外朝與宮內之朝爲二故舉以與周制外內朝相況實則周外朝無宮室與漢大會殿小異也云內朝路門外之朝也者即大宰宰夫之治朝也對庫門外之朝則爲內朝詳大宰及朝士疏云宂食者謂留治文書若今尚書之屬諸直上者者說文宀部云宂散也从宀人在屋下無田事周書曰宮中之宂食段玉裁云周書蓋周禮轉寫之誤宮中之宂食似涉校人宮中之稍食而誤賈疏云亦引漢法說之謂以次當直留在朝宿不還須以食供之宂食者宂散也外內朝上直諸吏謂之宂吏亦曰散吏以上直不歸家食稾人供之因名宂食者孔廣森云尚書散屬漢時號宂官申屠嘉傳曰外堧垣故宂官居其中是也官無常員其給食亦無常例就謂之宂食成帝河平四年詔避水它郡國在所宂食之文穎注宂散也案孔說是也此宂食即在官府服公事之人以事留外內朝者故官共其食以其爲散吏故謂之宂食也其公卿大夫等以事留宮中不遑退食者則內饔共之非槀人所掌詳內饔疏

若饗耆老孤子士庶子共其食 士庶子卿大夫士之子弟宿衛王宮者

疏 若饗耆老孤子士庶子共其食者此與外饔爲官聯也共其食者亦饗兼食禮之證耆老通四等之老言之賈疏謂專指死王事者之父說未晐詳

外饔疏　注云士庶子卿大夫士之子弟宿衛王宮者者明士庶子衆多不宿衛者無饗禮也宮伯掌王宮之士庶子先鄭注云庶子宿衛之官後鄭注云王宮之士謂王宮中諸吏之適子也庶子其支庶也此注云卿大夫士之子弟亦卽指諸吏之適子庶子也今案凡卿大夫士之子已命者爲士未命而在官者爲庶子後鄭以適庶分士庶子非也詳宮伯疏

掌豢祭祀之犬養犬豕曰豢不於饎人言者共至尊雖潘瀾戔餘不可褻也

疏掌豢祭祀之犬者此亦謂將祭之前別繫者與充人爲官聯也　注云養犬豕曰豢者說文豕部云豢以穀圈養豕也又口部云圂豕廁也豢卽豢之隸變少儀云君子不食圂腴注云周禮作豢謂犬豕之屬食米穀者也史記夏本紀集解引賈逵左傳注云豢養也穀食曰豢孟子告子篇趙注云草食曰芻穀食曰豢是豢本爲養豕之名通言之凡穀食之牲皆謂之豢以對草食之牲謂之芻故養犬亦稱豢墨子天志上篇云莫不犓牛羊豢犬彘絜爲粢盛酒醴以祭祀上帝鬼神是也此不言豢豕者司空奉豕疑冬官別有豕人豢之云不於饎人言者共至尊雖其潘瀾戔餘不可褻也者釋文云潘本或作藩戔本亦作殘案內則云燂潘請靧鄭注云潘米瀾也說文水部云潘淅米汁也瀾潘也廣雅釋器云泔潘瀾也瀾與蘭通戔餘者易賁爻辭束帛戔戔釋文引子夏傳作殘殘呂覽權勳篇高注云殘餘也說文歺部云𣧠禽獸所食餘也戔殘並𣧠之借字賈疏云以其饎人所炊米爲祭祀及共王與后並是至尊故雖米之潘瀾戔餘亦不得褻之與犬故於此言之也

周禮正義卷三十二

瑞安孫詒讓學

春官宗伯第三

鄭目錄云象春所立之官也宗尊也伯長也春者出生萬物天子立宗伯使掌邦禮典禮以事神爲上亦所以使天下報本反始不言司者鬼神示人之所尊不敢主之故也

疏春官宗伯第三者 阮元云第三唐石經作第五非 鄭目錄云象春所立之官也者宗伯於六官爲第三於四時當春故象之而稱春官云宗尊也者大宗伯注同說文宀部云宗尊祖廟也白虎通義宗廟篇云宗者尊也書周官僞孔傳訓宗伯爲宗廟官長與鄭義異亦通云伯長也者天官敘官注同云春者出生萬物者獨斷云春爲少陽其氣始出生養云天子立宗伯使掌邦禮典禮以事神爲上亦所以使天下報本反始也者郊特牲說祭社云所以報本反始也又祭義云天下之禮致反始也致鬼神也致反始以厚其本也致鬼神以尊上也鄭注云反始謂報天之屬也是郊社以下諸祭祀悉爲報本反始之事故法春生萬物之義以名官也云不言司者鬼神示人之所尊不敢主之故也者謂地夏秋冬四官並以司爲名是取典主之義春官掌鬼神示之事以人所尊敬不可以人主之故獨變其名不言司而言宗也

周禮 鄭氏注

惟王建國辨方正位體國經野設官分職以爲民極乃立春官宗伯使帥其屬而掌邦禮以佐王和邦國禮謂曲禮五吉凶賓軍嘉其別三十有六鄭司農云宗伯主禮之官故書堯典曰帝曰咨四岳有能典朕三禮僉曰伯夷帝曰俞咨伯女作秩宗宗官又主鬼神故國語曰使名姓之後能知四時之生

犧牲之物玉帛之類采服之宜彝器之量次主之度屏攝之位壇場之所上下之神祇氏姓之所出而率舊典者爲之宗春秋禘于大廟躋僖公而傳曰夏父弗忌爲宗人又曰使宗人釁夏獻其禮禮特牲曰宗人升自西階視壺濯及豆籩然則唐虞歷三代以宗官典國之禮與其祭祀漢之大常是也

疏 使帥其屬而掌邦禮以佐王和邦國者大宰六典云三曰禮典以和邦國是也 注云禮謂曲禮五者賈疏云案禮序云禮者體也履也一字兩訓蓋有以也統之於心名爲體周禮是也踐而行之名曰履儀禮是也既名儀禮亦名曲禮故禮器云經禮三百曲禮三千鄭云經禮謂周禮也曲猶事也事禮謂今禮也其中事儀三千若然則儀禮爲曲禮今此鄭云禮謂曲禮五者對文則儀禮是曲禮周禮是經禮散文此周禮亦名曲禮案賈說非鄭恉鄭釋邦禮爲曲禮者正謂今禮經宗伯特掌之耳非謂宗伯掌此周禮鄭儀禮目錄每篇並云於五禮屬某禮即所謂曲禮五也若周禮則古經六篇不當云五矣然鄭以周禮對儀禮爲經曲其說亦不塙詳天官目錄疏云吉凶賓軍嘉其別三十有六者據大宗伯職吉禮之別十有二凶禮之別五賓禮之別八軍禮之別五嘉禮之別六總三十有六也鄭司農云宗伯主禮之官者據經云掌邦禮引書堯典者阮元云釋文出女秩二字則此注本云女秩宗也詒讓案鄭所引書僞孔本入舜典又女作秩宗女作汝並非其舊史記五帝本紀集解引鄭書注云天事地事人事之禮秩宗主次秩尊卑賈疏云案彼虞書云脩五禮下又云典朕三禮三五不同者鄭義上云脩五禮與下五玉連文五玉是諸侯所執玉則五禮非吉凶賓軍嘉之五禮故鄭云五禮公侯伯子男之禮是以禮論云唐虞有三禮至周分爲五禮若然云三禮不言五禮則三禮中含有五禮矣今案曲禮孔疏云鄭注大宗伯云唐虞有三禮至周分爲五禮今注無此文疑孔誤以禮論之文爲鄭注也云宗官又主鬼神者即本職掌吉禮

是也引國語者楚語文賈疏云是楚昭王問於觀射父觀射父對此辭云使名姓之後能知四時之生犧牲之物玉帛之類者賈疏云孔服注以爲聖人大德之後生謂粢盛犧謂純毛色牲爲牛羊豕玉帛孔服皆以爲禮神玉帛謂若宗伯云蒼璧黃琮牲幣各放其器之色是也案韋注並與賈引孔服義同云采服之宜者宜韋本作儀賈疏引服氏云祭祀之所服色謂若司服袞冕以下是也云彝器之量次主之度者賈疏引服云量數也祭祀之器皆當其數次大廟主之尊卑先後遠近之度云屏攝之位者賈疏云服氏云屏猶并也謂攝主不備并之其位不得在正主之位卽引曾子問云若宗子有罪居于他國庶子爲大夫其祭也祝曰孝子某使介子某執其常事又云攝主不厭祭不旅不假不綏祭不配是其攝主并之事左氏昭十八年夏五月宋衞陳鄭災時鄭子產使子寬子上巡羣屏攝彼鄭司農云東茅以爲屏蔽祭神之處草易然故巡行之此屏攝義與國語異案韋注引周氏說屏攝與賈引服說同又云昭謂屏屏風也攝形如今要扇皆所以明尊卑爲祭祀之位近漢亦然韋義與左傳先鄭注義略同較服爲長云壇場之所者賈疏引孔云去廟爲祧去祧爲壇去壇爲墠又云場祭道神曾子問道而出是也案韋注云除地曰場義較孔爲長云上下之神祇者韋本無祇字賈疏引孔氏云上謂凡在天之神天及日月星下謂凡在地之神謂地山林川谷丘陵也云氏姓之所出而率舊典者爲之宗者賈疏引孔氏云既非先聖之後又非名姓之後伯氏姓所出之後子孫而心常能循舊典者則爲大宗大宗者於周爲宗伯案韋本作氏姓之出而心率舊典者云所自出也與賈引孔說異漢書郊祀志亦約此文顏注釋氏姓所出云謂神本所出及見所當爲主者也此說得之孔以爲大宗所出之氏姓非其義也宗卽禮官之通稱魯語又云夏父弗忌爲宗宗卽宗伯也書顧命云大宗麻冕彤裳又云上宗奉同瑁孔疏引鄭書注以爲上宗猶

大宗卽大宗伯是也曾子問祭統亦並有大宗周書嘗麥篇又謂之
大宗義並同云春秋禘于大廟躋僖公而傳曰夏父弗忌爲宗人者
釋文躋作隮云本又作躋案說文足部云躋登也無隮字文二年經
八月丁卯大事于大廟躋僖公三家經並作躋左傳云逆祀也於是
夏父弗忌爲宗伯尊僖公杜注云大事禘也躋升也僖公閔公庶兄
繼閔而立廟坐宜次閔下今升在閔上故書而譏之先鄭此引宗伯
作宗人孔繼汾謂涉下文而譌今攷後鄭禮器注引亦同疑所見本
與杜異也此經有都宗人家宗人則宗人爲卑者之稱然經典多通
稱宗伯爲宗人襍記云大夫之喪大宗人相小宗人命龜孔疏謂卽
大小宗伯書顧命云授宗人同孔疏亦以爲小宗伯是宗伯宗人可
互稱故先鄭引以爲證國語魯語載夏父弗忌自云我爲宗伯是實
爲宗伯之官諸侯三卿五大夫無大小宗伯蓋雖立此官爵則卑也
云又曰使宗人釁夏獻其禮者亦左哀二十四年傳文彼云公子荊
之母嬖將以爲夫人使宗人釁夏獻其禮杜注云宗人禮官也亦引
證宗人典禮之事又引禮特牲者賈疏云此特牲饋食禮是宿賓之
明夕視濯主人與衆兄弟及賓入卽堂下位宗人升自西階視壺濯
及豆籩反降東北面告濯具注云東北面告緣賓意欲聞也引此者
亦證宗人主禮也詒讓案士冠禮亦云宗人告事畢鄭注云宗人有
司主禮者先鄭不引彼文者欲見宗人主祭祀之事故別引特牲爲
證云然則唐虞歷三代以宗官典國之禮與其祭祀者據上引書禮
及春秋內外傳諸文知自唐虞至周並以宗官典禮及祭祀也曲禮
天子六大其二曰大宗鄭注以爲殷制云漢之大常是也者賈疏述
注作則漢時大常是也疑誤國語楚語韋注云秩宗之官於周爲宗
伯漢爲太常說與先鄭同漢書百官公卿表云奉常秦官掌宗廟禮
儀景帝中六年更名大常顏注引應劭云常典也掌典三禮也是漢
大常亦典禮及祭祀故以況周之宗伯漢書王莽傳莽改大常曰秩

宗義亦同也

禮官之屬大宗伯卿一人小宗伯中大夫二人肆師下大夫四人上士八人中士十有六人旅下士三十有二人府六人史十有二人胥十有二人徒百有二十人肆猶陳也肆師佐宗伯陳列祭祀之位及牲器粢盛【疏】大宗伯卿一人者禮官之正也書顧命成王召六卿僞孔傳謂彤伯爲宗伯詩淇奧孔疏引鄭書注又謂芮伯爲宗伯即此大宗伯卿也云小宗伯中大夫二人者禮官之貳也周書嘗麥篇又謂之少宗又王會篇有彌宗蓋亦即此官也云肆師下大夫四人者禮官之攷也　注云肆猶陳也者掌戮注同說文長部云肆極陳也肆即肆之隸變云肆師佐宗伯陳列祭祀之位及牲器粢盛者賈疏云案小宗伯云掌建邦之神位肆師云立大祀用玉帛牲牷之等故知佐宗伯列陳祭祀之位也知亦陳牲器粢盛者案其職云大祭祀展犧牲繫于牢頒于職人又云祭之日表齍盛告絜展器陳告備是其陳牲器粢盛之事者也

鬱人下士二人府二人史一人徒八人鬱鬱金香草宜以和鬯【疏】鬱人者鬱正字作鬱說文林部云鬱木叢生者與鬱義別經典皆段鬱爲鬱賈疏云鬱人爲首者祭祀宗廟先灌灌用鬱其職云掌祼器故宜先陳也云府二人史一人者王引之謂當作府一人史二人是也詳天官敘官疏　注云鬱鬱金香草者郊特牲孔疏引馬氏說鬱草名以鬱金香草合爲鬯也說文鬯部云鬱芳艸也一曰鬱鬯百艸之華遠方鬱人所貢芳草合釀之以降神鬱今鬱林郡也水經溫水注引應劭地理風俗記云周禮鬱人和鬱鬯鬱芳艸也百草之華煮以合釀黑黍以降神者也或說今鬱金香是也一曰鬱人所貢因氏郡矣許謂芳草應謂鬱金

香並與此注義同其百草之華鬱人所貢別爲一說王燭寶典云萬
震南州異物志云鬱金香唯罽賓國人種之色正黃而細後漢朱穆
南陽宛人鬱金賦乃云歲朱明之首月步南園以迴眺覽草木之紛
葩美斯花之英妙韋曜雲陽賦云草則鬱金勺藥然則南方自有此
草非必罽賓案據杜說則古中原自有鬱艸故以和酒而今無之猶
古以薑桂爲常食今北方絕無桂也今藥中別有鬱金根無香出蜀
中與香草鬱金華異古鬱鬯用葉不用根華互詳本職疏云宜以和
鬯者郊特牲云周人尚臭灌用鬯臭鬱合鬯臭陰達於淵泉所謂鬱
和鬯也賈疏云鬯人所掌者是秬米爲酒不和鬱者若祭宗廟及灌
賓客則鬯人以鬯酒入鬱人鬱人得之築鬱金香煑之以和鬯酒則
謂之鬱
鬯也

鬯人下士二人府一人史一人徒八人 鬯釀秬爲酒芬香條暢於上下也秬如黑黍一稃二米

【疏】鬯人者掌共秬鬯與鬱人職掌相成故次其後 注云鬯釀秬爲
酒芬香條暢於上下也者本職注云秬鬯不和鬱者也詩大雅江
漢篇秬鬯一卣鄭箋云秬黑黍酒也謂之鬯者芬香條鬯也易震卦
辭不喪匕鬯李氏集解引鄭易注云鬯秬酒芬芳條鬯因名焉白虎
通義攷黜篇說秬鬯云芬香條鬯以通神靈案條暢卽條鬯鬯暢字
通說文鬯部云鬯以秬釀鬱艸芬芳攸服以降神也攸服亦當作條
鬯說苑脩文篇云鬯者上暢於天下暢於地無所不暢故天子以鬯
爲贄所謂條暢於上下也云秬如黑黍一稃二米者說文鬯部云𩰪
黑黍也一稃二米以釀重文秬𩰪或从禾又禾部云稃穭也穭穅也
秠一稃二米案𩰪經典皆作秬賈疏云案爾雅云秬黑黍秠一稃二
米此爾雅上文云秬黑黍是一米之秬直以秬爲名下文云秠一稃
二米亦是黑黍但無黑黍之名但二米之秬貴此鬯酒用二米者故

鄭云秬如黑黍此據爾雅下文一米之秬其狀如上文黑黍者若然爾雅云秠一稃二米不言黑黍者爾雅主為釋詩案生民詩云維秬維秠爾雅云秬黑黍即是維秬者云秠一稃二米即是維秠者也若然爾雅及詩云秠者即黑黍之皮以皮而見秬是以鄭志張逸問云鬯人職注云秬如黑黍一稃二米案爾雅秠一稃二米未知二者同異鄭荅云秠即其皮稃亦皮爾雅重言以曉人更無異稱也鄭云重言者秠既是皮復云稃亦皮是重言也恐人不知稃是皮故重言稃秠是一還是秬故云更無異稱也詩大雅生民孔疏云秬是黑黍之大名秠是黑黍之中有二米者別名之為秠故此經異其文而爾雅釋之若然秬秠皆黑黍矣而春官鬯人注云釀秬為酒秬如黑黍一秬二米言如者以黑黍一米者多秬為正稱二米則秬中之異故言如以明秬有二等也秬有二等則一米亦可為酒鬯人之注必言二米者以宗廟之祭唯祼為重二米嘉異之物鬯酒宜當用之故以二米解鬯其實秬是大名故云釀秬為酒爾雅云秬一稃二米鬯人注云一秠二米文不同者鄭志荅張逸云秠即皮其稃亦皮也爾雅重言以、曉人然則秠稃古今語之異故鄭引爾雅得以稃為秠也程瑤田云賈所疏及引鄭志問荅之意未見分曉檢生民疏乃知孔所見鬯人注作秬如黑黍一秠二米以秠字易爾雅之稃字也據此則是秬原包一稃二米者而秠即秬之皮耳但一稃二米不能不異其名故義取諸皮之含米者異而名之為秠也然鄭釋鬯用一稃二米者若但云釀秠為酒則其義不顯故必須見秬字而又解之云如黑黍一秠二米者言如一米之秬而一秠二米也是爾雅釋詩之意欲見秠為稃故以稃解秠既上承秬字可不復更見秬字鄭意欲見秠亦秬既直見秬字而秠稃皆皮則不妨易稃為秠也此屬文之法孔氏得其義矣案孔程述注義是也鄭注本作一秠二米故張逸以發問詩江漢孔疏引孫毓毛詩異同評亦云鬯是酒名以黑黍一秠二米者作之正本鄭此注爲說今本此注並作一稃陸音孚賈述注及引鄭志亦作稃並誤黑黍即黑稃齊民要術引廣志云稃有赤白黑青黃凡五種是也秠爲其別種故爾雅釋艸郭注云此亦黑黍但中米異耳漢和帝時任城生黑黍或三四實實二米爾雅釋文引或云今蜀黍米白穀黑蓋以黍爲高粱非也古九穀之黍即今之穄詳大宰疏

雞人下士一人史一人徒四人 疏 雞人者賈疏云案雞人職云共雞牲大祭祀夜呼旦雞又屬木在春故列職於此也詒讓案此亦以五行義類屬春官也庖人注云雞屬宗伯木也月令注云雞木畜孔疏引洪範五行傳云貌之不恭則有雞禍注云雞畜之有冠翼者屬貌賈子胎教篇云雞東方之牲也風俗通義祀典篇引青史子書說同並賈說所本

司尊彝下士二人府四人史二人胥二人徒二十人 彝亦尊也鬱鬯曰彝彝法也言爲尊之法正 疏 司尊彝者此官與司几筵天府典瑞四職並掌五禮器物之官故亦屬宗伯司尊彝亦謂之犧人故國語周語云犧人薦醴韋注云犧人司尊也即指此官云府四人史二人者王引之謂當作府二人史四人是也詳天官敘官疏 注云彝亦尊也鬱鬯曰彝者說文糸部云彝宗廟常器也从糸糸綦也廾持米器中實也互聲此與爵相似周禮六彝雞彝鳥彝黃彝虎彝蜼彝斝彝以待祼將之禮又酋部云尊酒器也周禮六尊犧尊象尊箸尊壺尊大尊山尊以待祭祀賓客之禮重文尊尊或从寸案六彝盛鬱鬯六尊盛五齊罍尊盛三酒尊與彝對文則異散文亦通故禮器云黃目鬱氣之上尊也明堂位亦以雞彝斝黃目爲灌尊又曰鬱尊爾雅釋器云彝卣罍器也郭注云皆盛酒尊彝其總名是也云彝法也者爾雅釋詁云彝法常也是彝法同義云言爲尊之法正者正各本並作也賈疏

云祭宗廟在室先陳後乃向外陳齊酒之尊以彝爲法故名此鬱鬯曰彝也是以鄭云言爲尊之法也案據疏似賈所見本亦作法也嘉靖本作法正彝誤

司几筵下士二人府二人史一人徒八人筵亦席也鋪陳曰筵藉之曰席然其言之筵席通矣

疏司几筵者說文几部云几踞几也釋名釋牀帳云几庪也所以庪物也云府二人史一人者王引之謂當作府一人史二人是也詳天官敘官疏　注云筵亦席也鋪陳曰筵藉之曰席者鋪陳釋文作鋪之𣪠涉下藉之而誤燕禮賈疏引此注亦作鋪陳說文竹部云筵竹席也又巾部云席藉也禮天子諸侯席有黼繡純飾釋名釋牀帳云筵衍也舒而平之衍衍然也席釋也可卷可釋也祭統云鋪筵設同几是鋪陳曰筵藉之謂人所坐履則曰席賈疏云設席之法先設者皆言筵後加者爲席故其職云設莞筵紛純加繅席畫純假令一席在地或亦云筵儀禮少牢云司宮筵於奧是也是先設者爲鋪陳曰筵藉之曰席也云然其言之筵席通矣者凡對文則筵長席短筵鋪陳於下席在上爲人所坐藉散文則筵亦爲席故本職云掌五席賓兼筵言之士冠禮蒲筵注云筵席也蓋席亦有鋪陳之義鄉飲酒禮注云席敷陳也是也

天府上士一人中士二人府四人史二人胥二人徒二十人府物所藏言天者尊此所藏若天物然

疏注云府物所藏者說文广部云府文書藏也賈疏云府聚也凡物所聚皆曰府官人所聚曰官府在人身中飲食所聚謂之六府詩云叔在藪火烈具舉注藪澤禽之府也天府玉府外內府泉府皆是藏財貨鄭云藏財貨曰府亦是物所藏也

案賈引鄭義論語先進篇注文互詳天官敘官疏云言天者尊此所藏若天物然者謂天府所藏在大祖廟故特尊其名大戴禮記禮三本篇云王者天太祖儀禮經傳通解續引鄭洪範五行傳注云受命之君承天制作猶天之教令也故掌祖廟之藏者謂之天府也義與此注同

典瑞中士二人府二人史二人胥一人徒十人瑞節信也典瑞若今符璽郎 疏 典瑞者此官掌玉瑞玉器之藏與天府職掌相備故次其後 注云瑞節信也者本職注云瑞符信也說文玉部云瑞以玉爲信也白虎通義文質篇云何謂五瑞謂珪璧琮璜璋也左文十二年傳秦西乞術荅魯辭玉云不腆先君之敝器使下臣致諸執事以爲瑞節杜注云節信也云典瑞若今符璽郎者舉漢官爲況續漢書百官志云尚符璽郎中四人在中主璽及虎符竹符之半者

典命中士二人府二人史二人胥一人徒十人命謂王遷秩羣臣之書 疏 典命者此官掌禮命之事故亦屬宗伯 注云命謂王遷秩羣臣之書者賈疏云凡言命者皆得簡策之命秩次也命出於王故云命謂王遷秩羣臣之書書即簡策是也

司服中士二人府二人史一人胥一人徒十人 疏 司服者冠服與禮命相將故司服亦屬宗伯賈疏云案其職云掌王之吉凶衣服公羊傳云命者何加我服也再命已上得命即得服故司服列職於典命之下也云府二人史一人者王引之謂當作府一人史二人是也詳天官敘官疏

典祀中士二人下士四人府二人史二人胥四人徒四十人疏典祀者此與守祧皆掌兆廟之官故亦屬宗伯先典祀者以其掌外祭祀有二郊五帝之兆尊於宗廟故也

守祧奄八人女祧每廟二人奚四人遠廟曰祧周爲文王武王廟遷主藏焉奄如今之宦者女祧女奴有才知者天子七廟三昭三穆奚女奴也疏守祧者此掌內祭祀宗廟之官故次典祀金鶚云對文則祧與廟別散文則祧與廟通聘禮不腆先君之祧左氏襄九年傳以先君之祧處之昭元年傳其敢愛豐氏之祧祧卽廟也守祧職兼廟祧而官以祧名是廟祧通稱爲祧也天子有二祧而通稱七廟亦猶是也案金說是也祭法孔疏引襄九年左傳服虔注云曾祖之廟曰祧然則祧之名通於四親廟矣云奄八人者賈疏云以其與女祧及奚婦人同處故須奄人通姜嫄爲八廟廟一人故八人也案賈本張融評聖證論說詳後云女祧每廟二人奚四人者沈彤云女祧每廟二人天子七廟通姜嫄爲八廟則十六人每廟奚四人則三十二人注云遠廟曰祧者別於四親廟爲近廟也說文示部新附云祧遷廟也御覽禮儀部引五經異義云禮祭法云天子有祧遠廟曰祧將祧而去之故曰祧鄭祭法注云祧之言超也超上去意也許宗彥云遠廟者遠於廟自正廟而遷之於祧謂之遷故祧曰遷廟去祧而壇則無廟矣故謂之毀壇墠鬼皆毀廟云周爲文王武王廟者鄭以二祧爲卽文武世室也明堂位云魯公之廟文世室也武公之廟武世室也鄭注云世室者不毀之名也漢書韋玄成傳玄成等四十四人奏議曰周之所以七廟者以后稷始封文王武王受命而王是以三廟不毀與親廟四而七非有后稷始封文武受命之功者皆當親盡而毀王制孔疏引石渠論白虎通並云周以后稷文武特七廟又引盧植云二祧謂文武案此

皆鄭義所本公羊成六年何注說同賈疏謂鄭以二祧爲祭法之祖宗今攷祖宗之祭固是祭文武然鄭祭法注云祭五帝五神於明堂曰祖宗則鄭雖以二祧爲文武廟實不以祖宗爲二祧之祭明矣但鄭以周二祧專爲文武廟其說亦非也文武世室不遷不毀與二祧迭毀不同周七廟二祧爲遷廟當從王肅說謂王之高祖之父及祖以次遞遷非不遷不毀之廟也通典吉禮載王肅非鄭云祭法云遠廟曰祧親盡之上猶存二廟也文武百代不遷者祭法不得云去祧爲壇又引馬昭非王云肅言文武不得稱遠廟不得爲二祧者凡別遠近以親爲限親內爲近親外爲遠文武適在親外當毀故言遠廟自非文武親外無不毀者又引孔晁申王云夫無功德則以親遠近爲名文武以尊重爲祖宗廟何取遠近故后稷雖極遠以爲太祖不爲遠也許宗彥云韋玄成鄭康成等皆以文武爲不遷之廟旣以文武爲不遷廟而周制止五廟不得不以二祧當之祧者遷廟乃以爲不遷之廟名實乖矣若依鄭義是周制本止五廟因文武不遷始有二祧是周人尊事文武之創典且爲周七廟之制所由來經傳不容無一語及此也且謂文武不遷者謂文王受命武王始有天下宜加尊禮異於常制今二祧享嘗乃止其禮旣簡祧有廟而無寢其制亦殺況鄭謂二祧者遷主所藏之廟文武以親盡而爲祧凡先王亦親盡而祧其主亦藏於祧廟是文武仍與凡先王等豈爲尊禮哉又鄭解祧云祧之言超也超上去意也使文武長居二祧凡祧主皆藏祧廟則何超上之有祭法去祧爲壇南史臧燾曰尋去祧之言則祧非文武之廟矣文武周之祖宗何云去祧爲壇乎明遠廟爲祧者無服之祖也所駁甚確金鶚云成王之時文武在四親廟中安得以爲二祧乎文武居二祧必在共王之世去周公制禮時甚遠何可以解周官乎明堂位有文武世室之說其制在懿王孝王之時周于是有九廟然則文武爲二祧不過在穆王共王之時未幾而爲世室矣何得

謂文武常爲二祧乎案許金二說申王義是也明堂位以魯公之廟放文世室武公之廟放武世室明以魯伯禽及武公特立廟放周文武廟則文武於二祧之外別立廟明矣且姜嫄爲先妣尚特立閟宮之廟文武受命刱業其特立廟不亦宜乎要之七廟之制定於周初文武去祧則在懿孝以後無論別立廟與否皆不可以淆七廟之初制則固較然無疑耳云遷主藏焉者本職注亦云遷主所藏曰祧鄭祭法注云天子遷廟之主以昭穆合藏於二祧之中諸侯無祧藏於祖考之廟中聘禮曰不腆先君之祧是謂始祖廟也賈疏云以其顯考以下其廟毀不可以藏遷主文武既不毀明當昭者藏於武王廟當穆者藏於文王廟可知故云遷主藏焉若文武已上父祖不可入下子孫之廟宜藏於后稷之廟但文武既爲二祧后稷爲大祖廟不可復稱祧故不變本名稱大祖也案鄭賈說亦非也凡遷主當從韋玄成許慎說並藏大祖廟不藏二祧無天子諸侯之異聘禮之祧卽廟之通稱非謂諸侯遷主藏大祖廟遂名大祖廟爲祧也金鶚云祧遷廟也大祖百世不遷豈可以遷主所藏遂名爲祧乎其說是矣詳本職疏云奄如今之宦者者天官序官注云奄精氣閉藏者今謂之宦人義與此同云女祧女奴有才智者者賈疏云亦若天官女酒女漿女祝女史之類皆女奴有才智者爲之無才智者卽入奚類也云天子七廟三昭三穆者王制云天子七廟三昭三穆與大祖之廟而七鄭注云此周制七者大祖及文王武王之祧與親廟四大祖后稷殷則六廟契及湯與二昭二穆夏則五廟無大祖禹與二昭二穆而已祭法云王立七廟一壇一墠曰考廟曰王考廟曰皇考廟曰顯考廟曰祖考廟遠廟爲祧去祧爲壇去壇爲墠去墠曰鬼王制疏云鄭氏之意天子立七廟唯謂周也鄭必知然者按禮緯稽命徵云唐虞五廟親廟四始祖廟一夏四廟至子孫五殷五廟至子孫六鈎命決云唐堯五廟親廟四與始祖五禹四廟至子孫五殷五廟至子孫六

周六廟至子孫七鄭據此爲說故謂七廟周制也周所以七者以文王武王受命其廟不毀以爲二祧幷始祖后稷及高祖以下親廟四故爲七也若王肅則以爲天子七廟者謂高祖之父及高祖之祖廟爲二祧幷始祖及親廟四爲七故聖證論肅難鄭云周之文武受命之王不遷之廟權禮所施非常廟之數殷之三宗宗其德而存其廟亦不以爲數凡七廟者皆不稱周室禮器云有以多爲貴者天子七廟孫卿云有天下者事七世又云自上以下降殺以兩今使天子諸侯立廟並親廟四而止則君臣同制尊卑不別禮名位不同禮亦異數況其君臣乎又祭法云王下祭殤五及五世來孫則下及無親之孫而祭上不及無親之祖不亦詭哉穀梁傳云天子七廟諸侯五家語云子羔問尊卑立廟制孔子云禮天子立七廟諸侯立五廟大夫立三廟又云遠廟爲祧有二祧焉馬昭難王義云按喪服小記王者立四廟又引禮緯夏無大祖宗禹而已則五廟殷人祖契而宗湯則六廟周尊后稷宗文王武王則七廟自夏及周少不減五多不過七禮器云周旅酬六尸一人發爵則周七尸七廟明矣今使文武不在七數旣不同祭又不享嘗豈禮也哉故漢侍中盧植說云二祧謂文武曾子問當七廟無虛主禮器天子七廟堂九尺王制七廟盧植云皆據周言也穀梁傳天子七廟尹更始說天子七廟據周也漢書韋玄成四十八人議皆云周以后稷始封文武受命石渠論白虎通云周以后稷文武特七廟又張融謹按周禮守祧職奄八人女祧每廟二人自大祖以下與文武及親廟四用七人姜嫄用一人適盡若除文武則奄少二人曾子問孔子說周事而云七廟無虛主若王肅數高祖之父高祖之祖廟與文武而九主當有九孔子何云七廟無虛主乎故云以周禮孔子之言爲本穀梁說及小記爲枝葉韋玄成石渠論白虎通爲證驗七廟斥言玄說爲長是融申鄭之意且天子七廟者有其人則七無其人則五若諸侯廟制雖有其人不得過五則

此天子諸侯七五之異也王肅云君臣同制尊卑不別其義非也又王下祭殤五者非是別立殤廟七廟外親盡之祖禘祫猶當祀之而王肅云下祭無親之孫上不及無親之祖又非通論且家語云先儒以爲肅之所作未足可依按周禮惟存后稷之廟不毀按昭七年傳云余敢忘高圉亞圉注云周人不毀其廟報祭之似高圉亞圉廟亦不毀者此是不合鄭說故馬融說云周人所報而不立廟詒讓案禮緯及孝經緯謂唐虞夏殷本制皆始祖廟一與四親廟爲五周以文武不毀爲二祧故七廟鄭從其說王肅則謂周本七廟內含二祧文武別立廟在七廟之外二說不同王是也漢書韋玄成傳太僕王舜中壘校尉劉歆議云禮記王制及春秋穀梁傳天子七廟諸侯五大夫三士二天子七日而殯七月而葬諸侯五日而殯五月而葬此喪事尊卑之序也與廟數相應其文曰天子三昭三穆與太祖之廟而七諸侯二昭二穆與太祖之廟而五故德厚者流光德薄者流卑春秋左氏傳曰名位不同禮亦異數自上以下降殺以兩禮也七者其正法數可常數者也宗不在此數中宗變也苟有功德則宗之不可預爲設數故於殷太甲爲太宗太戊曰中宗武丁曰高宗周公爲毋逸之戒舉殷三宗以勸成王繇是言之宗無數也或說天子五廟無見文又說中宗高宗者宗其道而毀其廟名與實異非尊德貴功之意也案劉歆謂天子七廟是正法宗不在數中即王肅所本通典吉禮載唐岑文本議謂孔安國班彪父子孔晁虞喜干寶之徒咸以爲然金鶚亦申王難鄭云王制祭法禮器曾子問穀梁僖十五年傳皆言天子七廟諸侯五廟大戴禮三本篇亦云有天下者事七世有國者事五世此自上而下降殺以兩百王不易之制也若天子諸侯皆親廟四何尊卑之無別乎王制孔疏謂天子七廟有其人則七無其人則五若諸侯雖有其人不得過五以此爲等殺然凡禮之等殺必有一定之制何獨於廟制而不然設使天子無人可宗竟無異於諸

侯乎且卽有其人亦必待親盡當祧然後立廟以宗之則四世之中廟制皆與諸侯無別矣聖人制禮而顧若是乎王制祭法諸書明言七廟此經文之確然可據者惟喪服小記有云王者禘其祖之所自出以其祖配之而立四廟蓋天子三昭三穆其二昭二穆爲四廟一昭一穆爲二祧祧不得爲廟則止四廟而已二祧不尊不親故略而不言非謂天子無七廟也周官爲周公所作在成王時則自武王至大王爲四親廟諸盩亞圉爲二祧大王王季文王武王皆先王也亞圉諸盩皆先公也故守祧有先王先公之說雅頌之作亦在成王之時天作序云祀先王先公也天保篇云禴祠烝嘗于公先王中庸亦言周公上祀先公以天子之禮夫禴祠烝嘗時祭也時祭及先公則廟不止於四矣中庸言祀先公以天子之禮天作序言祀先王先公亦謂時祭植祀若禘祫則先公與先王並列自必祀以天子之禮天作序亦不必別言之但言祫祭宗廟可矣又司服云享先王則衮冕享先公則鷩冕此亦謂時祭植祀先公之尸服鷩冕故祭者亦服鷩冕不以卑臨尊也若禘祫之祭先王先公同在一處祭者只應服衮冕何得殊服乎由此觀之成王之時先王已有四廟又有先公之廟非七廟而何天作孔疏謂周初只五廟先公爲后稷則諸書所言先公皆后稷矣不知后稷爲周大祖推以配天雖不追王亦得稱先王國語云我先王后稷是稷稱王也其尸必服衮冕祭者豈得以鷩冕享之乎思文頌后稷則祭后稷之廟當歌思文不歌天作也若天作所祭有后稷后稷爲周始祖其功甚大何無一言及之乎大祖尊於羣廟未有不祀以天子之禮者何必特言之乎則先公非后稷明矣

許宗彥云周禮五廟二祧五廟者一祖四親服止五廟亦止五先王制禮有節仁孝無窮於親盡之祖限於禮不得不毀而又不忍遽毀故五廟外建二祧使親盡者遷焉行享嘗之禮由遷而毀去事有漸而仁人孝子之心亦庶乎可已故五廟禮之正二祧仁之至此周人

宗廟之大法也夫五廟二祧禮有正文不容增減祧爲遷廟必非與寢廟同制若祧猶是廟何爲別立此名循其通稱忘其殊義親親之殺追遠之意胥失之矣案鄭及馬昭張融孔穎達等之誤金許兩家難之詳矣馬昭引禮器旅酬六尸一人發爵以明七廟七尸文武亦與祭若文武不在七數則不同祭爲非禮不知此乃懿孝以前禘祫之禮其時文武未去祧故止六尸若孝王以後二世室已立則旅酬當有八尸矣又此宮奄八人以七廟通姜嫄廟爲八廟廟一人金鶚以爲此在周公制禮時已有七廟之明證是也張融乃疑除文武則奄少二人此亦不悟文武去祧在懿孝以後此經作於成王初文武尚在親廟又何疑於奄八人之不足配哉又天子宗廟在雉門內路門外及廟制異同詳小宗伯及本職疏其祧之所在經注無文焦循云廟制同於路寢每堂東西九雉得四十五步七乘之得三百十五步[illegible]櫜在西堂下則堂下至壁有餘地也士冠禮適東壁注云時母在闈門之外婦人入廟由闈門是闈門在壁而闈門之外必有巷道以居兩廟之夾中也然則此四十五步外又加以堂下餘地及牆之厚巷之廣每廟至少約得十步共七十步並之已三百八九十步治朝之左僅廣四丈得四百步去七廟之三百八九十步此外宿衞官舍壼涂豈十餘步所可受者考隸僕職掌五寢之埽除糞洒之事注云五寢五廟之寢也周天子七廟唯祧無寢詩云寢廟繹繹相連貌也前曰廟後曰寢若祧與五廟並列而祧獨無寢何以成制則二祧與五廟必非一地也惟祧與廟不一地故廟有寢祧無寢五廟共廣三百步於朝左爲可置案焦謂祧當與廟別立塙不可易今依王義說之蓋路門外惟有五廟其祧與文武世室姜嫄廟皆當別立但無正文未能定其所在要皆在宮內而不與五廟並列則固無疑也云奚女奴也者謂女奴之少才智者詳天官敘官疏

世婦每宮卿二人下大夫四人中士八人女府二人女史二人奚十有六人世婦后宮官也王后六宮漢始大長秋詹事中少府大僕亦用士人女府女史女奴有才知者【疏】世婦者此官與內外宗並婦官以禮事佐后者故亦屬宗伯而次守祧之後互詳天官敘官疏云每宮卿二人下大夫四人中士八人者賈疏云王后有六宮每宮卿二人則十二人也案王之六卿皆六命十二小卿皆四命此六宮十二卿不言命數亦可當小宰小司徒等十二小卿同用四命中大夫爲之以其同十二人故也沈彤云婦官而以卿大夫士名之何也白虎通云卿之言章夫之言扶士之言事婦人有是德則亦以是爵爵之也下大夫每宮四人凡二十四人中士八人凡四十八人詒讓案經凡言卿者並六命卿無言小卿者賈謂此宮卿是中大夫之小卿蓋隱據昏義二十七世婦當二十七大夫爲說但此官備卿大夫士三等自與彼不同賈說與經例不合非也此世婦宮卿以下並以婦人爲之與天官世婦職掌略同王與之魏校柯尚遷方苞孫志祖並謂彼世婦爲內命婦此世婦爲外命婦其說甚塙蓋天官世婦爲內命婦故與九嬪女御爲次而屬大宰以大宰兼掌宮政也此世婦爲外命婦故與內外宗並列而屬宗伯以宗伯掌禮事也外命婦爵尊者比於卿而終不得稱嬪故與大夫士同家世婦之稱矣本職云凡內事有達於外官者世婦掌之明其非內命婦蓋世婦自有內外命婦之別經亦分列兩職其異同分合自有精意而說者不悟強爲推測鄭以此官爲士人賈馬又以爲奄人其說皆不可通互詳天官敘官疏云女府二人女史二人奚十有六人者沈彤云六宮女府女史凡十二人奚九十六人注云世婦后宮官也者據經云每宮卿二人鄭意此與二十七世婦異乃后宮之官以士人爲之也云王后六宮者詳內宰疏云漢始大長秋詹事中少府太僕亦用士人

者丁晏云漢書百官公卿表將行秦官景帝中六年更名大長秋或用中人或用士人師古曰秋者收成之時長者恆久之義故以爲皇后官名又詹事秦官掌皇后太子家有丞又中長秋私府永巷倉廄祠祀食官令長丞諸宦官皆屬焉長信詹事掌皇太后宮景帝中六年更名長信少府中太僕掌皇太后輿馬不常置也賈疏云此士婦人則卿大夫士並奄人爲之若然天官云內小臣奄上士四人鄭云奄稱士異其賢似卿大夫不用奄人者案彼天官之內職內有婦人者皆用奄人獨此宮卿大夫士與下女府女史奚同居不用奄非其宜但此經不言奄故鄭亦不言奄其實是奄可知是以賈馬皆云奄卿也然鄭云漢始大長秋亦見周時用奄之義也但天官惟有小臣是上士用奄人鄭即云奄稱士異其賢也若然小臣上士言奄此不言奄者但上天官共婦人同職皆已言奄於此略而不言耳孔廣森云賈馬舊說世婦爲奄卿故鄭君辨之言漢初皇后宮官尚用士人則周宮卿是士人非奄可知疏乃以爲見周時用奄之義適與注反矣後漢宦者傳曰漢興仍襲秦制置中常侍官然亦引用士人以參其選中興之初宦官悉用奄人不復雜調它士然鄭引漢法以說此經則非也官以婦名不但施諸士人不可即施諸奄人亦不可愚謂此等必諸臣之妻老而有德者選令治宮廟之內禮卿之妻即命爲宮卿大夫之妻爲宮大夫士之妻爲宮士玉藻曰唯世婦命於奠繭其它則皆從男子正謂此世婦也后妃獻繭於太廟時命世婦與君因祭而命卿大夫者同禮下文女府女奚冠以女字而卿大夫之等不言者正因號稱世婦其必非男子無疑耳沈夢蘭云此閹人所謂命婦亦云卿大夫士者婦人無爵從夫之爵也鄭注謂如漢之大長秋是以男子官世婦矣或疑奄人爲之亦非周官奄人至上士止也案孔沈說是也其謂從夫之爵說本王與之孫志祖說亦同但此經六官之正及六鄉大夫男卿止有十二人未必其妻盡爲宮卿如十

二鄉之中有無妻或有妻而老病不任宮事者又將闕其數乎竊意此當兼有致仕諸鄉之妻抑有非鄉妻而以賢加命取備員數者固不容泥也云女府女史女奴有才知者者亦對奚爲女奴少才知者也與前女祧義同又此女史爲府史之屬與天官女史爲內官異

內宗凡內女之有爵者內女王同姓之女謂之內宗有爵其嫁於大夫及士者凡無常數之言

疏注云內女王同姓之女謂之內宗者別於後外宗爲不同姓之女雜記云外宗爲君夫人猶內宗也注云內宗五屬之女也與此注小異服問孔疏引熊氏云內宗有二案周禮云內女之有爵謂其同姓之女悉是一也襍記云內宗者是君之五屬之內女是二也詒讓案此經內宗止取有爵者不論有服無服故鄭以同姓之女廣言之雜記內宗亦當與此同彼注謂止五屬之女熊氏遂謂內宗有二非也穆天子傳說葬盛姬事云女主即位王臣姬姓之女倍之郭注云疑同姓之女爲大夫士妻者所謂內宗也亦依此注義互詳後疏又春秋莊二十四年八月丁丑夫人姜氏入戊寅大夫宗婦覿用幣左傳杜注云宗婦同姓大夫之婦穀梁范注義同杜范二家蓋謂同姓大夫之婦稱宗婦與宗女異稱故鄭此注專以同姓之女爲說詩小雅常棣箋云王與族人燕則宗婦內宗之屬亦從后於房中蓋亦以內宗內無宗婦故二者並舉竊謂以服問注義覈之外宗得關外親之婦則內宗不當專屬同姓之女祭統說諸侯祭禮云宗婦執盎從夫人薦涗水諸侯之祭宗婦得從夫人則天子之祭宗婦亦宜得從后矣左桓六年傳子同生公與文姜宗婦命之杜注云蓋同宗之婦彼宗婦從夫人與內宗職王后有事則從之文相應則宗婦即內宗也又襄二年傳齊姜薨齊侯使諸姜宗婦來送葬孔疏謂諸姜同姓之女宗婦同姓之婦彼使婦人越竟送葬雖不合禮然與內宗職凡鄉大夫之喪掌其弔臨之文亦可相比例然則內宗兼同宗之女婦言之經止云內

女者言婦不可以晐女言女則可以晐婦肆師職以內外命婦爲內外命女卽其例矣又案特牲饋食禮主婦亞獻尸則宗婦贊設籩主婦致酌於主人則宗婦贊豆主人致酌於主婦則宗婦薦豆祭畢則宗婦徹祝豆籩徹主婦薦俎此與內宗職掌宗廟之祭祀薦加豆籩及以樂徹則左傳豆籩事略相類蓋天子官備故祭禮贊后者有九嬪世婦女御內外宗等衆官士禮略則祭禮贊主婦者唯有宗婦而傳之宗婦並謂君同宗之女婦與內則宗子宗婦別公羊莊二十四兩相比例亦可知內宗內之必有宗婦矣至此內宗與祭統春秋經年何注以大夫宗婦爲大夫爲宗子者之妻非也云有爵其嫁於大夫及士者者賈疏云但婦人無爵從夫之爵今言內女有爵明嫁與卿大夫及士周之法爵亦及士故兼言士也案周爵下及士詳大宰疏云凡無常數之言者一切經音義引三蒼云凡數之總名是凡者舉其最目無一定之常數故經亦不言數後凡以神士者無數與此義同此不云無數者文不具也

外宗凡外女之有爵者外女王諸姑姊妹之女謂之外宗疏凡外女之有爵者者賈疏云有爵亦是嫁與大夫及士言凡亦是無常數之言也案賈說是也通典凶禮引王肅云外宗外女之嫁於卿大夫者也王蓋謂不及士妻非鄭義也注云外女王諸姑姊妹之女謂之外宗者喪大記外命婦率外宗哭于堂上北面注云外宗姑姊妹之女與此注同孔疏云姑姊妹必嫁于外族其女是異姓所生故稱外宗案周禮外宗外女之有爵者若其有爵則爲外命婦此別云外宗容無爵者又襍記云外宗爲君夫人猶內宗也注云外宗謂姑姊妹之女舅之女及從母皆是也又服問云君爲天子三年夫人如外宗之爲君也注云外宗君外親之婦也孔疏引熊氏云凡外宗有三案周禮外宗之女有爵通卿大夫之妻一也襍記云外宗爲君夫人猶內宗是君之姑姊妹之女舅之女從母

之女皆爲諸侯服斬爲夫人服期是二也此文外宗是諸侯外宗之婦也若姑之子婦從母之子婦其夫是君之外親爲君服斬其婦亦名外宗爲君服期是三也陳立云宗卽宗族之宗外此者皆不得與宗之名故知內宗包有同姓外宗專指有服者言如姊妹之子爲甥姑之子爲外昆弟女子之子爲外孫皆在緦麻女子在室應與子同記者曰外宗爲君夫人猶內宗明皆不得以本服服之也而內宗何知不專指五屬內者以大夫士之制無服族人有爲宗子齊衰三月之制諸侯以上奪宗明五屬內外皆不得服本服也既曰君夫人則皆指有爵者可知蓋無爵則入庶人爲國君章且周禮內外宗皆與王后祭事更非無爵者所能矣何知外宗無從母及舅之女者古者諸侯不內娶大夫不外娶故宋殺大夫春秋譏其三世內娶逆婦娶于齊譏其略知舅與從母皆在他邦其女不得嫁于本國之大夫案陳說是也但此外宗當兼有外親之婦於服制外親緦麻婦則無服而得爲外宗者諸侯以上奪宗五屬內外皆不得服其本服是外親之女已不得以服通則外親之婦亦不必據本服之有無爲論要之內外宗並女婦兩有固當據服問注補此注之義矣

冢人下大夫二人中士四人府二人史四人胥十有二人徒百有二十人 冢封土爲丘壠象冢而爲之 疏 冢人者以下三官並掌冢墓喪葬之事於五禮屬凶禮故亦屬宗伯士喪禮云筮宅冢人營之又記云冢人物土注云冢人有司掌墓地兆域者卽此官也注云冢封土爲丘壠象冢而爲之者說文勹部云冢高墳也又土部云壠丘壠也方言云冢秦晉之間謂之墳或謂之壠自關而西謂之丘小者謂之塿大者謂之丘爾雅釋山云山頂冢釋名釋喪制云冢腫也象山頂之高腫起也曲禮注云壟冢也案冢本義爲山頂山頂必高起凡丘墓封土高起爲壠與山頂相似故亦通謂之冢也賈疏

二云案其職云以爵等為丘封之度注云王公曰丘諸臣曰封此直云丘不言封亦有封可知案禮記云適墓不登壟是聚土亦為壟故兼云壟也又禮記云古者墓而不墳又有墳稱秦漢已下天子之丘亦謂之陵也案爾雅山頂曰冢故云象冢而為之也若然云丘陵亦是象丘陵為之也

墓大夫下大夫二人中士八人府二人史四人胥二十人徒二百人墓冢塋之地孝子所思慕之處 疏 墓大夫者亦謂之司墓左昭十二年傳云司墓之室有當道者杜注云鄭之掌公墓大夫徒屬之家孔疏謂卽此墓大夫是也 注云墓冢塋之地者說文土部云墓丘也塋墓地檀弓云古者墓而不墳注云墓謂兆域今之封塋也又曲禮注云墓塋域方言云凡葬而無墳謂之墓案據鄭說則兆域內平地謂之墓於墓中封土為壟則謂之冢二名迥別渾言之則冢墓亦得通稱故廣雅釋丘云墓冢也賈疏云不云冢云墓者禮記云庶人不封不樹故不言冢而云墓墓卽葬地云孝子所思慕之處者墓慕聲類同釋名釋喪制云墓慕也孝子思慕之處也

職喪上士二人中士四人下士八人府二人史四人胥四人徒四十人職主也 疏 職喪者周書大聚篇云立職喪以卹死卽此官也 注云職主也者亨人注同

大司樂中大夫二人樂師下大夫四人上士八人下士十有六人府四人史八人胥八人徒八十人大司樂樂官之長 疏 大司樂者說文木部云樂五聲八音總名此官

至司干二十職並掌樂事之官賈疏云大司樂掌國子六樂六舞等在此者以其宗伯主禮禮樂相將是故列職於此但樂師教國子小舞與大司樂職別而同府史亦謂別職同官者也詁讓案大司樂樂師又謂之大樂正小樂正亦通謂之樂正鄉飲酒禮注云正長也王制云樂正崇四術立四教順詩書禮樂以教士將出學大胥小胥小樂正簡不帥教者以告于大樂正注云樂正樂官之長掌國子之教又文王世子云大樂正學舞干戚語說命乞言皆大樂正授數又云小樂正學干注以為樂師大射儀亦有小樂正彼注義同凡諸樂官亦通謂之泠官毛詩邶風簡兮敘云衛之賢者仕於泠官箋云泠官樂官也泠氏世掌樂官而善焉故後世多號樂官為泠官以下樂官之屬燕禮大射儀亦通謂之樂人詳本職疏　注云大司樂樂官之長者賈疏云以其與樂師已下至鞮鞻氏已上為長者案典庸器司干當亦屬大司樂賈說未備

大胥中士四人小胥下士八人府二人史四人徒四十人胥有才知之稱禮記文王世子曰小樂正學干大胥佐之疏大胥中士四人者大宰八職云胥掌官敘以治敘本職云以六樂之會正舞位以序出入舞者小胥亦云正樂縣之位二官並掌位敘之事故以胥名官云小胥下士八人者賈疏云小胥掌樂縣之法亦與大胥別職而同官者也注云胥有才知之稱者地官敘官注同引禮記文王世子曰小樂正學干大胥佐之者佐記作贊義同鄭彼注云小樂正樂師也周禮樂師掌國學之政教國子小舞大胥掌學士之版以待致諸子春入學舍菜合舞秋頒學合聲彼大胥即此官故引以為證

大師下大夫二人小師上士四人瞽矇上瞽四十人中瞽百人下瞽

百有六十人眡瞭三百人府四人史八人胥十有二人徒百有二十人

凡樂之歌必使瞽矇爲焉命其賢知者以爲大師小師晉杜蒯云曠也大師也眡讀爲虎眡之眡瞭目明者鄭司農云無目眹謂之瞽有目眹而無見謂之矇有目無眸子謂之瞍

【疏】大師下大夫二人小師上士四人者此官爲樂工之長故禮經通謂之工大射儀有大師少師論語微子篇有大師摯少師陽集解引孔安國云魯哀公時樂人史記周本紀作大師疵少師彊以爲商紂時樂官漢書古今人表顏注引鄭論語注以爲周平王時人則亦王官少師卽此小師也云瞽矇上瞽四十人中瞽百人下瞽百有六十人者此皆樂工也以其材藝高下分爲三等禮經亦通謂之工大射儀說工升歌大師少師之下有上工蓋卽此上瞽又有羣工卽此中瞽以下也云眡瞭三百人者爲瞽矇之相如上中下瞽之數是每瞽一相也其大師小師官尊員少蓋自別有相之者不使眡瞭若燕禮小臣相工大射儀僕人相工與云府四人史八人胥十有二人徒百有二十人者乾隆石經無此十七字賈疏云此下直云瞽矇三百人無府史胥徒者以其無目不須人使是以有眡瞭三百人而已又云案其職大師小師及瞽矇眡瞭四者皆別職又無府史而并言之者以其大師小師爲長故連類言之馮登府謂賈疏兩言無府史胥徒此十七字爲後人所補阮元則謂四官分職府史胥徒統屬於四官故經文合併爲一條如大司樂樂師之例案前後諸樂官並有府史胥徒不宜此四職獨無阮說是也但數官同屬此經常見疏例並止云別職同官共府史胥徒而已此疏特詳釋之與它職不同似所見本實無此四句然唐石經及宋以來版本並有賈本實未盡舍今未敢據刪　注云凡樂之歌必使瞽矇爲焉者國語晉語云矇瞍修聲韋注云無目於聲音審故使修之案本職云大祭祀帥瞽登歌令奏擊拊下管播樂器

令奏鼓𣝣又小師掌教鼓鼗柷敔塤簫弦歌注云教教瞽矇亦歌器兼掌故大師以下及三等之瞽員數至二百餘人之多鄭惟云歌舉其重者言之耳云命其賢知者以爲大師小師者明大師小師亦以瞽矇爲之以其賢知使爲瞽官之長故殊異之而稱師也引晉杜蒯云曠也大師也者檀弓文彼文作杜蕢注云或作屠蒯大師典奏樂案左昭九年傳作屠蒯曠卽師曠鄭意師曠亦瞽矇以賢知而爲大師故引以爲證云眂讀爲虎眂之眂者賈疏云易頤卦六四云虎眂眈眈其欲逐逐旡咎是也段玉裁云說文目眂古文視可無注而言其讀者周禮一經凡眂字多以此類爲訓嫌此與彼同故明之詒讓案虎眂今易作虎視李鼎祚集解本作眎鄭注此經例用今字作視則此疑亦當作讀爲虎視之視今本作眂者或後人以經改之云瞭目明者者釋文引字林云明也賈疏云以其扶工故使有目者爲之也胡匡衷云眂瞭職云凡樂事相瞽瞽之於相不可須臾離周公設官使眂瞭專其職因兼習樂事庶作樂之際工與相兩相諳熟而器數之用亦從而不亂此相工所以使眂瞭之意也官名眂瞭當卽取爲瞽眂之義鄭司農云無目眹謂之瞽者釋文云眹本又作眀或作眏劉又音睫賈疏云案詩有矇瞍尚書有瞽瞍於此文有瞽矇據此三文司農參取而解之無目眹謂無目之眹脈詒讓案說文目部云瞽目但有眹也又新附云眹目精也廣韻十六軫云眹目童子也集韻十六軫云眹目兆也釋名釋疾病云瞽鼓也瞑瞑然目平合如鼓皮也案許鄭說雖異而所謂眹者則皆非目精之謂眹字許書所無古蓋通用𡘋字集韻訓目兆得之先鄭云無目眹者蓋謂目縫黏合絕無形兆卽劉氏所云平合如鼓皮是也一切經音義引三蒼云無目謂之瞽國語周語韋注書堯典僞孔傳義並同無目兆故直謂之無目新序襍事篇云晉平公閒居師曠侍坐平公曰子生無目眹足證先鄭之義矣許謂有目眹與釋名三蒼說並不同非也

賈疏釋注謂無眹脈亦非眹釋文載本又作䀖眹二字䀖字亦說文所無集韻十六軫云䀖一曰目精音義並與眹同釋湛然輔行記弘決引玉篇云有瞳無䀖曰瞽正作此字眹者說文目部云目旁毛也目旁毛有無不足爲病作眹者蓋誤本劉昌宗依以發音不足據也眹嘉靖本又作眹黃丕烈云玉篇眹與瞔同䀖瞔同字案眹字見公羊文七年傳云眹晉大夫使與公盟疏云用目視之今案嘉靖本蓋偶誤而合於釋文或本實不足據也今從各本校正云有目眹而無見謂之矇者說文目部云矇童矇也一曰不明也詩大雅靈臺矇瞍奏公毛傳云有眸子而無見曰矇國語周語韋注同釋名釋疾病云矇有眸子而失明蒙蒙無所別也賈疏云謂矇矇然有眹脈而無見也詁讓案詩矇瞍即此瞽矇先鄭亦同毛義文選演連珠李注引韓詩章句云無珠子曰矇與毛鄭說異云有目無眸子謂之瞍者釋文云瞍本又作瞍案瞍即瞍之俗體此兼釋詩義也說文目部云瞍無目也又盲目無牟子也釋文引字林云目有眹無珠子也毛詩大雅靈臺傳云無眸子曰瞍國語周語韋注同釋名釋疾病云瞍縮壞也賈疏云謂目精黑白分明而無眸子人者謂之瞍詁讓案眸亦俗字小司寇注作牟子與說文合孟子離婁趙注云眸子目瞳子也依毛鄭說瞍爲無眸子則即說文所謂盲說文以瞍爲無目則又即先鄭所謂無目眹之瞽二說互異劉韋沈並從毛鄭說文選演連珠注引韓詩章句云珠子具而無見曰瞍與毛鄭許諸家說又異陳奐謂韓詩矇瞍二字訓義疑誤易其說近是又案依二鄭此注則大師小師及上中下瞽並即以瞽矇爲之瞽矇亦即詩之矇瞍鄭詩箋義亦同蓋凡樂官及工專事耳治要取其目無所見而已奚辨其目眹與眸子之有無乎而國語周語召公曰瞽獻曲又曰師箴瞍賦矇誦又曰瞽史教誨韋注云瞽樂大師又云師小師而於瞍則無說依彼文則瞽師瞍矇四者不同官實即此大師長屬隨文錯舉耳故呂氏春秋

達鼗篇亦載此語唯云矇箴師誦無瞽瞍之文明不必實有瞍官矣

典同中士二人府一人史一人胥二人徒二十人同陰律也不以陽律名官者因其先言耳書曰協時月正日同律度量【疏】典同者通掌調樂器之官故次衡大師職曰執同律以聽軍聲大師小師等官之後注云同陰律也者據大師云掌六律六同以合陰陽之聲漢書律曆志云陽六爲律陰六爲呂同即呂也亦詳大司樂疏云不以陽律名官者賈疏云謂其官不名典律而云典同也云因其先言耳者即據堯典及大師文並言同律也王制孔疏謂以同平聲爲發語之本謬說不足據引書曰協時月正日同律度量衡者堯典文史記五帝本紀集解引鄭書注云協正四時之月數及日名備有失誤者同音律度丈尺量斗斛衡斤兩也又書釋文引鄭書注云同律陰呂陽律也賈疏云案孔注尚書律爲法制當齊同之則同不爲陰律與鄭義別也又引大師職曰執同律以聽軍聲者亦證同先律言之義

磬師中士四人下士八人府四人史二人胥四人徒四十人【疏】磬師者此官與鍾師笙師鎛師皆分主教奏樂器之官以其各有專掌之器不通掌衆樂故冡典同而次之磬師燕禮注謂之磬人國語晉語云蘧篨蒙璆韋注云蒙戴也璆玉磬也不能俛故使之戴磬蓋即此磬師之工也論語微子篇有擊磬襄亦即此云府四人史二人者王引之謂當作府二人史四人是也詳天官敘官疏

鍾師中士四人下士八人府二人史二人胥六人徒六十人【疏】鍾師者說

文金部云鍾酒器也鐘樂鐘也秋分之音物穜成古者垂作鐘經典通叚鍾爲鐘釋名釋樂器云鍾空也內空受氣多故聲大也案鍾師禮經謂之鍾人燕禮賓醉北面坐取其薦脯以降奏陔賓所執脯以賜鍾人于門內霤注云鍾人掌以鍾鼓奏九夏今奏陔以節之用賜脯以報之明雖醉不忘禮是也

笙師中士二人下士四人府二人史二人胥一人徒十人【疏】笙師中士二人下士四人者鄉射記云三笙一和而成聲注云三人吹笙一人吹和凡四人爾雅釋樂云笙小者謂之和又鄉飲酒禮笙入主人獻之于西階上一人拜注云一人笙之長者也然則此笙師中士二人者卽其長王樂笙和之數無文中下士六人通掌之與

鎛師中士二人下士四人府二人史二人胥二人徒二十人鎛如鍾而大

【疏】鎛師中士二人者燕禮注謂之鎛人國語晉語云咸施直鎛韋注云直主擊鎛卽此鎛師之工也陳奐云大射陳設諸侯軒縣東西有鑮北無鑮疑天子宮縣鑮亦東西有之南北否周禮序官磬師中士四人鍾師中士四人此編縣設四面故四人也鎛師中士止二人或卽東西二鎛與案賈小胥疏說軒縣有三鎛則宮縣當有四鎛矣陳說與賈不合而義亦得通　注云鎛如鍾而大者大射儀鎛注同說文金部云鑮大鐘淳于之屬所以應鐘磬也堵以二金樂則鼓鑮應之从金薄聲鎛鎛鱗也鐘上橫木上金華也一曰田器从金尃聲詩曰庤乃錢鎛此經通借鎛爲鑮初學記樂部引三禮圖云鎛鍾之大者也形如鍾但大耳其在虡亦一枚而已左傳襄十一年孔疏引鄭君禮圖及賈疏說並同案鄭云如鍾而大者鍾謂編鍾言鎛形如編鍾而度特大梟氏所謂大鍾是也爾雅釋樂云大鍾謂之鏞其中

謂之剽小者謂之棧郭注云書曰笙鏞以閒亦名鑮案書咎陶謨之鏞據大司樂賈疏引鄭書注卽禮經之頌鍾實編鍾也郭引以證大鍾爲失攷而以鏞鎛爲一則墒不可易此經及儀禮皆有鎛無鏞詩及爾雅則皆有鏞無鎛實一鍾明矣江永云鄭注鎛如鍾而大國語細鈞有鍾無鎛韋注鍾大鍾鎛小鍾當以鄭說爲正大射儀東方笙鍾與笙磬並陳而鎛在其南西方之鎛亦在頌鍾頌磬之南豈非笙鍾笙磬頌鍾頌磬爲編縣而鎛爲特縣與左傳鄭賂晉侯歌鍾二肆及其鎛磬國語作寶鎛其云歌鍾必是應歌之鍾云二肆必是編縣十六枚者而於鎛則言及以殊之豈非特縣者爲鎛與磬師掌教擊磬擊編鍾鍾師掌金奏鎛師掌金奏之鼓豈非登歌用編鍾金奏用鎛鍾鍾小者應人聲鍾大者應鼓聲與卽國語伶州鳩之言亦是以鎛爲大鍾其云細鈞有鍾無鎛昭其大也大謂金聲卽細鈞之鍾也若奏細鈞而兼用鎛鍾則鎛又大于鍾鍾聲爲鎛所陵不得昭故不用鎛所以使鍾聲之昭也大鈞有鎛無鍾兩大相配爲宜若不甚大則鎛不可用用鎛則絲竹細聲爲所抑如不鳴故亦不用鎛所以使絲竹之鳴也韋注未細繹其言而誤解耳案江說是也周語云細鈞有鍾無鎛鍾卽指編鍾鎛亦謂大鍾與此注義正同鎛爲特縣之大鍾故大射儀軒縣東西各一鎛說文云堵以二者卽據大射儀爲說也又云金樂則鼓鑮應之者謂金奏奏鼓鎛鍾師金奏注云擊金以爲奏樂之節金謂鍾及鎛是也詩大雅靈臺云賁鼓維鏞毛傳云鏞大鍾也商頌那云庸鼓有斁庸與鏞同二詩皆以鏞與鼓同舉此與說文鼓鑮應樂之文正同亦卽鍾師所謂以鍾鼓奏九夏也韋注周語晉語並以鎛爲小鍾殊誤

鎛師下士二人府一人史一人舞者十有六人徒四十人鄭司農說以明堂位

曰昧東夷之樂讀如昧食飲之昧杜子春讀韎爲蔝荎著之蔝玄謂讀如韎韐之韎【疏】韎師者此官與旄人籥師並掌舞事故次諸奏樂官之後賈疏云案鞮鞻氏掌四夷之樂今此特掌韎樂是周以木德王又見樂爲陽春是陽長養之方故特建此一官也 注云鄭司農說以明堂位曰昧東夷之樂讀如昧食飲之昧者此先鄭據明堂位文改韎爲昧也讀如昧者釋其音也說文韋部韎從末聲與昧諧末聲異故必破爲昧而後可讀如味明堂位注引周禮昧師掌教昧樂正從先鄭讀後鄭此注則不破字與先鄭及明堂位注異詩小雅毛傳白虎通義禮樂篇公羊昭二十五年何注及徐疏引樂緯注說韎樂並作昧明堂位孔疏引樂元語藝文類聚樂部引五經通義又並作昧諸書說其義並以暗昧爲訓則先鄭此讀乃古義也詩傳諸文並詳鞮鞻氏疏云杜子春讀韎爲蔝荎著之蔝者段玉裁改爲爲如案此釋音不釋字段校是也蔝荎著者爾雅釋草云蔝荎藸又釋木云味荎著爾雅釋文味作蔝兩文小異未知杜所舉爲草爲木也杜讀韎字蓋與先鄭同而音微異云玄謂讀爲韎韐之韎者後鄭不破字故不從杜及先鄭讀詩小雅瞻彼洛矣孔疏引鄭駁異義云齊魯之閒言韎聲如茅蒐字當作韎詳鄭意齊魯方言韎聲如茅蒐蓋與末聲尤近然韎字實從末聲則不當如此讀故正之曰字當作韎駁異義說與此注可互證

旄人下士四人舞者衆寡無數府二人史二人胥二人徒二十人旄旄牛尾舞者所持以指麾【疏】旄人者此官掌教舞散樂而兼教舞夷樂與後鞮鞻氏專掌夷樂及聲歌異賈疏謂此官教而不掌鞮鞻氏掌而不教故二官共其事非也云舞者衆寡無數者賈疏云其職云凡四方之以舞仕者屬焉以其能爲四夷之舞者即爲之故無數

也　注云旄旄牛尾者山海經北山經云潘侯之山有獸焉其狀如牛而四節生毛名曰旄牛郭璞注云今旄牛背膝及胡尾皆有長毛此旄卽旄牛尾之長毛也旄牛樂師先鄭注作氂牛正字當作犛並詳彼疏云舞者所持以指麾者謂以旄牛尾爲舞者之翳也說文㫃部云旄幢也廣雅釋器云幢謂之翿賈疏云案樂師掌小舞有旄舞是舞者所持以指麾則此旄人舞夷樂而云旄是亦舞者所持以指麾者

籥師中士四人府二人史二人胥二人徒二十人　籥舞者所吹春秋宣八年壬午猶繹萬入去籥傳曰去其有聲者廢其無聲者詩云左手執籥右手秉翟　【疏】籥師中士四人者亦掌舞事官尊於韎師旄人而列其後者以欲與籥章相次也文王世子云籥師學戈籥師丞贊之案此籥師止中士四人無丞或文有闕脫抑或四人雖同爵亦以一人爲正三人爲丞文王世子孔疏又謂或諸侯之禮或異代之法未知是否籥師逸周書世俘篇又稱籥人又喪大記云君喪狄人出壺又云狄人設階注以爲樂吏書顧命亦云狄設黼扆綴衣狄祭統作翟云翟者樂吏之賤者也注云翟謂教羽舞者也胡匡衷黃以周並謂翟人卽籥師近是書僞孔傳云狄下士則似以爲旄人恐不塙也　注云籥舞者所吹者呂飛鵬云說文竹部云籥書僮竹笘也龠部云龠樂之竹管三孔以龢衆聲也案籥師之籥當從龠龠爲正字籥爲假字詒讓案吹籥三孔舞者所吹之籥則六孔詳笙師疏引春秋及傳者宣八年經六月辛巳有事于大廟仲遂卒于垂壬午猶繹萬入去籥公羊傳云繹者何祭之明日也萬者何干舞也籥者何籥舞也其言萬入去籥何去其有聲者廢其無聲者何注云干謂楯也聖王以爲武樂萬者其篇名武王以萬人服天下民樂之故名之云爾籥所吹以節

舞也吹籥而舞文樂之長去其有聲者不欲令人聞之也廢置也置者不去也齊人語賈疏引鄭志張逸問籥師注春秋傳曰去其有聲者廢其無聲者何謂鄭荅廢置也於去者爲廢故曰廢案鄭訓去廢義與何同此引之者證籥爲文舞所吹也依公羊何注義則萬爲武舞與籥爲文舞相對爲文鄭文王世子注及詩邶風簡兮商頌那箋並同其說而簡兮毛傳則云以干羽爲萬舞是萬爲舞之總名不專爲武舞孔疏引孫毓說以傳爲失陳奐云干舞武舞羽舞文舞曰萬者又兼二舞以爲名也干舞以舞大武羽舞以舞大夏逸周書世俘篇籥人奏武王入進萬孔晁注云武以干羽爲萬舞也正本毛義初學記樂部引韓詩萬大舞也以干羽舞故萬舞爲大舞韓傳亦同毛義宣八年春秋經萬入去籥此萬之有籥者也公羊傳萬籥對文故以萬爲干舞籥爲籥舞其實萬則未有不籥也孔疏引其義公羊說樂萬舞以鴻羽取其勁輕一舉千里此乃西京嚴彭祖顏安樂兩家舊說以萬爲羽與公羊傳以萬爲干互相發明最爲得恉又引韓詩說以夷狄大鳥羽則萬舞有羽古無異說萬舞兼干羽或省言干謂干爲萬其說本自可通武功者必有武舞非有武舞者卽去文舞也自何邵公不從嚴顏舊說後儒遂以萬舞爲干舞之專稱而不爲羽舞之兼號夏小正傳萬也者干戚舞也鄭箋亦同公羊何說孫毓從鄭駁毛於古未審矣黄以周云五經通義云王者之樂各當其德以文得之先文樂持羽毛而舞以武得之先武樂持朱干玉戚而舞云先必有後是則文樂亦有武舞武樂亦有文舞特分先後而已故舜樂曰韶箾文王樂曰象箾箾者武舞也以其先文樂故曰韶曰象耳禹以文得亦先文樂故大夏爲文舞而公羊傳云朱干玉戚以舞大夏是則六樂皆文武舞備也詩簡兮曰方將萬舞又曰左手執籥右手秉翟明萬雖武舞亦用文舞也故傳云以干羽爲萬舞是則萬者干舞羽舞之總名也宣八年春秋經萬入去籥正以萬兼羽籥故別

言之隱元年傳考仲子之宮將萬焉公問羽數于衆仲尤爲萬有羽
舞之顯證案陳奐說是也蓋萬爲大舞文武兼備卽大司樂雲門大
卷以下六代舞之通名夏小正之萬用入學謂大夏也商頌那之萬
舞有奕謂大濩也詩春秋及周書之萬謂大武及大夏也蓋小舞或
用羽籥或用干戚不得兼備惟大舞則文舞以羽籥爲主而亦有干
戚武舞以干戚爲主而亦有羽籥故祭統云朱干玉戚以舞大武八
佾以舞大夏而公羊昭二十四年傳則兩易其文謂干戚舞大夏八
佾舞大武是卽大舞文武兼備之證然則夏小正及公羊傳以干戚
釋萬者明文舞而有干戚見其爲大舞耳說者遂據彼以萬專爲武
舞則膠柱之論也至萬之名所起甚古故夏正商頌並言之何氏謂
爲武王樂名抑又謬之甚矣引詩者邶風簡兮篇文毛
傳云籥六孔翟翟羽也引之者亦證文舞吹籥之事

籥章中士二人下士四人府一人史一人胥二人徒二十人籥章吹
籥以爲
詩【疏】籥章者掌野樂之士鼓豳籥與常樂不同故冡籥師而次之
章注云籥章吹籥以爲詩章者明與上籥師掌籥舞事異也賈疏
云案其職有豳詩豳雅豳頌是
吹籥以爲詩章故官名籥章也

鞮鞻氏下士四人府一人史一人胥二人徒二十人鞻讀爲屨鞮屨
四夷舞者所屝
也今時倡蹋鼓【疏】鞮鞻氏者此官亦掌夷樂故次韎師旄人籥師籥
沓行者自有屝章之後注云鞻讀爲屨者各本並譌作鞻讀如
屨也今依岳珂本删正段玉裁云下文云鞮屨是知其必作讀爲矣
鞮屨謂革屨也又云鞻字當是本作婁而從鞮字加革旁說文走部
作趧婁是古本也賈疏云此鄭讀從屨人之屨也案鄭注曲禮云鞮
屨無絇之屝也此鞮鞻亦是無絇之屝彼爲大夫欲去國行喪禮之

屨此為四夷舞者所屝其屨無絇一也案賈說非也曲禮注謂鞮屨無絇者因大夫去國用喪禮故去飾非謂常用之鞮屨悉無絇也此舞者鞮屨不必無絇互詳屨人疏云鞮屨四夷舞者所屝也者段玉裁云屝上所字文選魏都賦注引無說文曰屝屨屨儀禮曰繩菲者繩屨也不當有所字案段說是也四夷舞者屝猶言四夷舞者屨也然據疏則賈所見本已衍此字釋文云鞮許慎云屨也呂忱云鞮革屨也鞻者鞈鞻案鞮屨蓋以韋為屨方言云屝屨麤履也徐兗之郊謂之屝自關而西謂之屨禪者謂之鞮郭注云今韋鞮也釋名釋衣服云齊人謂韋屨曰屝屝皮也以皮作之說文走部云提提婁四夷之舞各自有曲革部云鞮革屨也段玉裁云說文革部無鞻字釋文引字林鞻者鞈屨是則字林乃有鞻字革部之鞮是常用之屨走部之提婁乃四夷舞者之屨曲當作屨聲之誤也許與鄭注說同案段說是也說文足部云躧舞履也重文䩮或從革蓋凡舞履皆用革而四夷舞屝尤殊異故以名官也字林以鞻為鞈鞻說文革部云鞈鞮也則鞈鞻亦革屨之別制云今時倡蹋鼓沓行者自有屝者賈疏云謂漢時倡優作樂蹋地之人弁擊鼓沓沓作聲者行自有屝屨引之者證四夷舞者亦自有屝與中國不同也案三國志楊阜傳曹洪置酒大會令女倡著羅縠之衣蹋鼓漢書禮樂志顏注云沓沓疾行也蹋鼓沓行蓋謂蹋鼓疾行不當如賈所說

典庸器下士四人府四人史二人胥八人徒八十人庸功也鄭司農云庸器有功者鑄器銘其功春秋傳曰以所得於齊之兵作林鐘而銘魯功焉

【疏】典庸器者此與司干二官一掌藏樂器一掌藏舞器故列諸樂官之末云府四人史二人者王引之謂當作府二人史四人詳天官敘官疏　注云庸功也者大司徒注同鄭司農云庸器有功者鑄器銘其

功者先鄭說與後鄭同器謂鍾鼎盤盂之屬引春秋傳曰以所得於齊之兵作林鍾而銘魯功焉者左襄十九年傳文杜注云林鍾律名鑄鍾聲應林鍾因以爲名此引之者證鑄器銘功之事

司干下士二人府二人史二人徒二十人干舞者所持謂盾也春秋傳曰萬者何干舞也疏注云干舞者所持謂盾也者謂武舞也盾釋文作楯宋余仁仲本及宋注疏本並同阮元云盾者正字楯俗字詒讓案說文戈部云戰盾也經典通叚干爲戰小爾雅廣器云干盾也公羊宣八年何注云干謂楯也能爲人扞難而不使害人故聖王貴之以爲武樂書大禹謨舞干羽于兩階僞孔傳云干楯也孔疏云釋言云干扞也孫炎曰干楯自蔽扞也以楯爲人扞通以干爲楯名故干爲楯賈疏云謂若樂師云干舞則小舞也其夏官司兵云掌五兵祭祀授舞者兵則五兵俱掌但無干耳然彼注云謂朱干玉戚者鄭連言朱干耳案司干所掌者即朱干玉戚司兵所掌者無飾之干戚賈謂彼授舞兵無干誤也詳本職及司兵疏引春秋傳者公羊宣八年傳文引之者證武舞持干也案公羊以萬爲干舞者對籥爲籥舞也實則萬當爲干舞籥舞之通名詳前疏

大卜下大夫二人卜師上士四人卜人中士八人下士十有六人府二人史二人胥四人徒四十人問龜曰卜大卜卜筮官之長疏大卜者此官至筮人七職並掌卜筮之官以卜筮爲問鬼神之事故亦屬宗伯大卜亦曰卜正左隱十一年傳滕侯曰我周之卜正也杜注云卜正卜官之長孔疏謂即大卜蓋周初滕叔繡嘗爲此官又曰易祭義云易抱龜南面鄭彼注云易官名周禮曰大卜云卜御上士四人卜人中士八人者賈疏云

此大卜有卜師及卜人皆士官而卜人無別職者以其助大卜卜師行事故也其卜師則與大卜別職亦是別職同官　注云問龜曰卜者說文卜部云卜灼剝龜也曲禮云龜爲卜筴爲筮孔疏云師說云卜覆也以覆審吉凶筮決也以決定其惑劉氏以爲卜赴也赴來者之心筮問也問筮者之事赴問互言之白虎通義蓍龜篇云龜曰卜卜赴也爆見兆也云大卜卜筮官之長者賈疏云謂與下龜人菙氏占人筮人等爲之長也

龜人中士二人府二人史二人工四人胥四人徒四十人工取龜攻龜

疏龜人者此官掌藏六龜凡邦國都家蓋並有藏龜以俟卜左昭五年傳云卜之以守龜是也國語晉語韋注以守龜爲卜人龜人之官非是　注云工取龜攻龜者賈疏云案其職云取龜用秋時甲成之時也攻龜用春時風氣燥達之時故也詒讓案此工於考工記五工無所屬疑或當用刮摩之工如雕人兼治骨角此工攻龜亦治龜骨也

菙氏下士二人史一人徒八人燋焌用荊菙之類

疏注云燋焌用荊菙之類者賈疏云案其職云掌共燋契卽士喪禮云楚焞是也楚卽荊故云用荊菙所以揗笞人馬用荊竹爲之此亦用荊故云菙之類也阮元云此釋官名菙氏之故也說文竹部箠擊馬也疏云箠用荊竹爲之然則賈本作從竹之箠轉寫誤從艸釋文序官菙是誤字而集韻因分從竹從艸爲兩字案阮說是也菙卽箠之譌變漢隸从竹从艸字多互易字又作垂詳本職疏本職燋契注引士喪禮而云楚焞卽契所用灼龜也燋謂炬其存火又云遂龡其焌契注云焌謂以契注燋火而吹之也是燋爲炬焌爲焌契鄭意二物皆以荊爲之而士喪禮云楚焞不云楚燋者蓋

焞以灼龜不可用它木故白虎通義蓍龜篇引禮三正記云灼龜以荆藝文類聚木部引三禮圖云楚焞以荆爲之然以灼龜正以荆者凡木心圓荆心方也是焞必用荆若爇則所以然火爇焞或以荆或以它木皆可爲之故無楚爇之稱漢書韓延壽傳云民無箠楚之憂顏注云箠杖也楚荆也是箠亦多以荆爲之與楚焞略同故此官掌爇焌謂之箠氏也

占人下士八人府一人史二人徒八人占蓍龜之卦兆吉凶 疏 注云占蓍龜之卦兆吉凶者易繫辭云極數知來之謂占說文卜部云占視兆問也案許專據古龜爲訓鄭則據本職兼蓍占卦龜占兆二者言之凡卜筮各使占人占之故襍記大夫卜宅與葬日占者皮弁筮則占者朝服書洪範云立時人作卜筮三人占則從二人之言士喪禮卜日云占者三人是凡卜筮無貴賤皆三人占之故人數獨多也白虎通義蓍龜篇云或曰天子占卜九人諸侯七人大夫五人士三人此漢人之異說不足據互詳大卜疏

簭人中士二人府一人史二人徒四人問蓍曰筮其占易 疏 簭人者筮官在卜官之後者亦筮短龜長之義士冠禮士喪禮特牲饋食禮並有筮人又有卦者注云筮人有司主三易者卦者有司主畫地識爻者胡匡衷謂卦者亦筮人之屬筮人亦稱筮史詳占人疏 注云問蓍曰筮者說文竹部云簭易卦用蓍也从竹从𢍰𢍰古文巫字又艸部云蓍蒿屬生千歲三百莖易以爲數天子蓍九尺諸侯七尺大夫五尺士三尺案筮即簭之隸省簭爲梓人攫閷援簭字蓋噬之別體此段爲蓍筮字經作簭注並作筮亦經用古字注用今字之例也曲禮云蓍爲筮特牲饋食禮注云筮問也取其所用問神明者謂蓍也白虎通義蓍龜篇云

筮也者信也見其卦也賈疏云鄭意以筮爲問故易蒙卦云初筮告再三瀆瀆則不告是筮爲問也云其占易者謂通占三易也賈疏云卽易之九六爻辭是也

占夢中士二人史二人徒四人【疏】占夢者漢書藝文志云衆占非一而夢爲大故周有其官案左哀十六年傳有衛侯占夢嬖人侯國亦有此官也此亦占驗之官故次卜簭官之後

眡祲中士二人史二人徒四人祲陰陽氣相侵漸成祥者魯史梓愼云吾見赤黑之祲【疏】眡祲者賈疏云案其職云掌十煇之法以觀妖祥辨吉凶亦是陰陽鬼神之事故列職於此 注云祲陰陽氣相侵漸成祥者者本職先鄭注義同說文示部云祲精氣感祥從示侵省聲釋名釋天云祲侵也赤黑之氣相侵也漢書匡衡傳顏注引李奇云祲氣也言天人精氣相動也師古云祲謂陰陽氣相侵漸以成災祥也荀子王制篇云占祲兆楊注云祲陰陽相侵之氣春秋繁露如天之爲篇云天地之間有陰陽之氣常漸人者若水常漸魚也書禹貢僞孔傳云漸入也淮南子泰族訓云精祲有以相蕩也許注云精祲氣之侵入者也侵漸與侵入義同云魯史梓愼云吾見赤黑之祲者左昭十五年傳文杜注云祲妖氛也孔疏引服虔云水黑火赤水火相遇引以證祲爲陰陽之氣也

大祝下大夫二人上士四人小祝中士八人下士十有六人府二人史四人胥四人徒四十人大祝祝官之長【疏】大祝下大夫二人者說文示部云祝祭主贊詞者大祝至詛祝

五職並祝官祝所以事鬼神故同屬宗伯周書王會篇云阼階之南祝淮氏榮氏次之又大戴禮記公冠篇成王冠周公使祝雍祝王盧注云雍大祝亦卽此官也云小祝中士八人者周書嘗麥篇謂之少祝賈疏云大祝與小祝別職而同官故共府史胥徒　注云大祝官之長者賈疏云以其與下小祝喪祝甸祝等爲長也詒讓案大祝亦作泰祝晏子春秋內篇諫上齊有泰祝子游是也凡祝官亦通稱祝史燕禮祝史立于門東北面東上賈彼疏以爲祝及大史胡匡衷云祝史卽祝官祝謂之史者周禮大祝掌六祝之辭以事鬼神示作六辭以通上下親疏遠近古者通謂掌文辭之官爲史故祝稱祝史金縢云史乃冊祝是也卜筮之官亦稱史以兆卦亦有籀詞故也大射司射獻釋獲者大史既受獻於其位下又云祝史小臣師亦就其位而薦之則祝史不兼有史可知左傳多謂掌祝者爲祝史昭十七年魯祝史請所用幣十八年鄭使祝史徙主祏於周廟哀二十五年衞侯因祝史揮以侵衞是可證也左傳又謂祝史爲祭史昭十七年晉荀吳帥師涉自棘津使祭史先用牲于雒祭史亦卽祝史也

喪祝上士二人中士四人下士八人府二人史二人胥四人徒四十人

疏 喪祝上士二人中士四人下士八人者此官有夏殷周三代之祝此上士二人疑卽周祝中士四人則夏殷祝也樂記云商祝辨乎喪禮故後主人士喪禮有商祝夏祝祝三者不同鄭彼注云商祝祝習商禮者商人教之以敬於接神宜夏祝祝習夏禮者也夏人教以忠其於養宜祝習周禮者也賈彼疏云雖同是周祝仰習夏禮則曰夏祝仰習商禮則曰商祝也此篇及既夕以夏人教忠從小斂奠大斂奠及朔半薦新祖奠大遣奠皆是夏祝爲之殷人教以敬但是接神皆商祝爲之此篇及既夕言夏祝商祝周禮以喪祝行事皆

當喪祝者也胡匡衷云周禮無夏祝商祝之官而喪大記君大斂有商祝鋪絞紟衾衣與士禮同蓋使喪祝兼晝二代之禮因别其名以分主喪事

甸祝下士二人府一人史一人徒四人甸之言田也田狩之祝 疏 注云甸之言田也田狩之祝者小宗伯若大甸則帥有司而饁獸于郊注云甸讀曰田又職方氏甸服注云甸田也治田入穀也是甸有治田之義故引申爲田狩之稱亦以聲兼義也

詛祝下士二人府一人史一人徒四人詛謂祝之使沮敗也 疏 注云詛謂祝之使沮敗也者詛沮聲類同釋名釋言語云詛阻也使人行事阻限於言也義亦略同賈疏云言盟者盟將來詛者詛往過故云祝之使沮敗也

司巫中士二人府一人史一人胥一人徒十人司巫巫官之長 疏 司巫者說文巫部云巫祝也女能事無形以舞降神者也古者巫咸初作巫公羊隱四年何注云巫者事鬼神禱解以治病請福者也司巫男巫女巫並巫官亦掌事鬼神與祝官事相因故亦屬宗伯而次祝官之後 注云司巫巫官之長者賈疏云案其職云掌羣巫之政令與下男巫女巫神士等爲師故云巫官之長

男巫無數女巫無數其師中士四人府二人史四人胥四人徒四十人巫能制神之處位次主者 疏 男巫無數女巫無數其師中士四人者國語楚語云在男曰覡在女曰巫此男女皆曰巫者散文通

也檀弓魯穆公問縣子曰吾欲暴尪而奚若曰天則不雨而暴人之
疾子虐毋乃不可與又曰吾欲暴巫而奚若曰天則不雨而望之愚
婦人毋乃已疏乎女巫職先鄭注引彼暴巫爲釋則檀弓巫卽女巫
其尪乃男巫也鶡冠子環流篇云積尪生跛巫以爲師蓋巫師爲男
女巫之長以男巫之有才智者爲之故亦用尪矣左傳僖二十一年
杜注以巫尪爲女巫又引或說以爲尪非巫瘠病之人並非是　注
云巫能制神之處位次主者者
據國語楚語文詳前及神士疏

大史下大夫二人上士四人小史中士八人下士十有六人府四人
史八人胥四人徒四十人　大史史官之長　疏　大史下大夫二人者此官與小史掌典法禮籍兼司星曆之官
故亦屬宗伯案史官之設蓋始於黃帝下迄殷周職掌尤備左襄四
年傳辛甲爲武王大史周書王會篇有大史魚史記周本紀有大史
伯陽鄭世家有大史伯老子傳有大史儋漢書藝文志有周宣王大
史籀並卽此官也云小史中士八人者小史大史之副貳左襄二十
五年傳齊有南史孔疏謂是小史周易集解引尚書大傳云乃命五
史以書五帝之蠱事五史不知何官或當以大史小史內史外史分
列四方與御史爲五史與賈疏云小史與大史別職而同官故共府
史也　注云大史史官之長者賈疏云謂與下內史外史御史等爲
長若然內史中大夫大史下大夫大史得與內史爲長者以大史知
天道雖下大夫得與內史中大夫爲長是以稱大也案賈說非也大
史與小史馮相氏保章氏爲長若內史則爵尊於大史一等蓋與大
史相左右外史御史則內史之屬官皆不屬大史也大史對內史亦
稱左史周書史記篇穆王時有左史戎夫大戴禮記盛德篇云內史
太史左右手也盧注云太史爲左史內史爲右史玉藻云動則左史

書之言則右史書之孔疏云熊氏云按周禮大史之職云大師抱天時與大師同車又襄二十五年傳曰大史書曰崔杼弑其君是大史記動作之事在君左廂記事則大史爲左史也按周禮內史掌王之八枋其職云凡命諸侯及孤卿大夫則策命之僖二十八年左傳曰王命內史叔興父策命晉侯爲侯伯是皆言誥之事是內史所掌在君之右故爲右史是以酒誥云矧大史友內史友鄭注大史內史掌記言記行是內史記言大史記行也此論正法若其有闕則得交相攝代故洛誥史逸命周公伯禽服虔注文十五年傳云史佚周成王大史襄三十年鄭使大史命伯石爲卿皆大史主爵命以內史闕故也以此言之若大史有闕則內史亦攝之按覲禮賜諸公奉篋服大史是右者彼亦宜行王命故居右也此論正法若春秋之時則特置左右史官故襄十四年左史謂魏莊子昭十二年楚左史倚相藝文志及六藝論云右史記事左史記言與此正反於傳記不合其義非也詒讓案據盛德玉藻諸文則內史非大史之屬官益信矣申鑒時事篇亦作左史記言右史記動與漢志及六蓺論同蓋皆所聞之異孔廣森據國語晉語文王訪於辛尹與左傳辛甲爲大史證尹佚當爲內史其說甚塙若然通言之內史亦得稱大史若史逸及鄭以大史命伯石皆是孔氏謂內史闕大史攝之非也覲禮之大史或亦卽內史左傳之左史則卽大史故襄十四年杜注亦云左史晉大史孔氏謂春秋時特立左右史左傳敘疏又謂諸侯無內史疑亦非也

馮相氏中士二人下士四人府二人史四人徒八人 馮乘也相視也世登高臺以視天文之次序天文屬大史月令曰乃命大史守典奉法司天日月星辰之行宿離不貸 【疏】馮相氏者此官與保章氏並日曆之官左襄二十七年傳有司曆疑卽此大戴禮記千乘篇云曰曆巫祝執伎以守官俟命而作此馮相保章皆掌日曆故屬大史而次諸祝諸巫

之後　注云馮乘也者廣雅釋言云馮登也左傳宣十二年杜注云
乘登也是馮乘義同云相視也者爾雅釋詁文說文目部云相省視
也云世登高臺以視天文之次序者賈疏云以其官有世功則以官
名氏故云也其天子有靈臺諸侯有觀臺皆所以視天文故云登高
臺也云次序者馮相氏掌天文不變保章氏掌天文之變變則不依
次序不變則如常有次序故以次序言之也案依鄭賈義凡官稱氏
者並為世守是職曲禮孔疏引干寶說亦同以全經攷之官名氏者
地官春官各三夏官十有四秋官二十有三如師氏保氏之類既非
世守之事至考工諸工皆世事而稱氏者又止十有一工然則凡以
氏名官者無由決其必為世官矣況此經甸師大史諸官本不名氏
而禮記左傳亦稱甸師氏大史氏此又不必世官而後可以稱氏之
證也鄭干說並未塙互詳天官敘官疏又案視天文必登臺者國語
楚語云先王之為臺榭也臺不過望氛祥詩大雅靈臺敘箋云天子
有靈臺者所以觀祲象察氣之妖祥也文王受命而作邑于豐立靈
臺春秋傳曰公既視朔遂登觀臺以望而書雲物為備故也案鄭據
僖五年左傳文詩孔疏引異義公羊說天子三臺諸侯二天子有靈
臺以觀天文有時臺以觀四時施化有囿臺觀鳥獸魚鼈諸侯當有
時臺囿臺諸侯卑不得觀天文無靈臺皆在國之東南二十五里東
南少陽用事萬物著見用二十五里者吉行五十里朝行暮反也左
氏說天子靈臺在太廟之中壅之靈沼謂之辟廱諸侯有觀臺亦在
廟中皆以望嘉祥也毛詩說靈臺不足以監視靈者精也神之精明
稱靈故稱臺曰靈臺稱囿曰靈囿稱沼曰靈沼謹案公羊傳左氏說
皆無明文說各有以無以正之又引鄭駁云大雅靈臺一篇之詩有
靈臺有靈囿有靈沼有辟廱其如是也則辟廱及三靈皆同處在郊
矣囿也沼也同言靈於臺下為囿為沼可知案左氏觀臺當即雉門
兩觀之臺詩之靈臺不當與太廟明堂辟廱同處異義引左氏說未

珍倣宋版印

允但天子宮廟明堂大學蓋皆爲臺門故古書多傳合爲一鄭謂靈臺不在太廟其說甚塙而謂與辟廱同在國之西郊則仍未安今攷靈臺當在靈囿之中靈囿與辟廱並在南郊其地相近而非同處至諸侯無靈臺辟廱而有觀臺囿臺其廟門或亦有臺然皆非靈臺此官掌視天文或卽於觀臺或別於官寺爲臺以便觀象要與靈臺咸不相涉也靈臺疏引袁準正論辯賈逵等說亦甚覈互詳大司樂諸子匠人疏云天文屬大史者國語魯語云少采夕月與大史司載糾虔天刑韋注云載天文也司天文謂馮相氏保章氏與大史相儷偶也賈疏云案周語單子謂魯成公曰吾非瞽史焉知天道是大史知天道之事引月令曰乃命大史守典奉法司天日月星辰之行宿離不貸者孟春令文貸釋文作貳云吐得反或音二阮元謂貳是案今月令仍作貸依釋文或音則本文作貳尤誤鄭彼注云典六典法八法也離讀如儷偶之儷宿儷謂其屬馮相氏保章氏掌天文者相與宿偶當審候伺不得過差也引之者證大史率馮相氏等次序天文之事

保章氏中士二人下士四人府二人史四人徒八人保守也世守天文之變 疏 注云保守也者淮南子主術訓高注云保猶守也詩鳧鷖孔疏引鄭易注云持一不惑曰守此保章氏亦謂守持察視不差失也云世守天文之變者本職云掌天星以志日月星辰之變動是也鶡冠子王鈇篇云列星不亂各以序行故小大莫弗以章此保章之義也賈疏云以其稱氏也故稱世守天文之變也月令孔疏云馮相保章雖俱掌天文其事不同馮相氏主日月五星年氣節候推步遲疾審知所在之處若今之司曆主其算術也保章者謂守天之文章謂天文違變度數失其恆次妖孽所在吉凶所生若今之天文家惟主變異也

此其所掌別也

內史中大夫一人下大夫二人上士四人中士八人下士十有六人

府四人史八人胥四人徒四十人【疏】內史中大夫一人者宮正注謂其官府在宮中故曰內史又與大史相左右亦曰右史而與外史御史爲長故次大史諸屬官之後詩小雅十月之交云棸子內史又左傳莊三十二年有周內史過僖二十八年有內史叔興父文元年有內史叔服並即此官也周初尹佚亦嘗爲此官互詳前疏又此官即唐虞之納言詳本職疏

外史上士四人中士八人下士十有六人胥二人徒二十人

御史中士八人下士十有六人其史百有二十人府四人胥四人徒

四十人御猶侍也進也其史百有二十人以掌贊書人多也【疏】御史者此官亦掌藏書所謂柱下史也北堂書鈔設官部引漢官儀云侍御史周曰柱下史老聃爲之秦改爲御史史記張蒼傳云秦時爲御史主柱下方書索隱云周秦皆有柱下史謂御史也所掌及侍立恆在殿柱之下故老子爲周柱下史案史記老子傳止云周守藏室史曾子問孔疏引史記云老聃爲周柱下史或爲守藏史與今本史記不合莊子天道篇云孔子西藏書於周室子路謀曰由聞周之徵藏史有老聃者免而歸居夫子欲藏書則試往因焉皆不云柱下史惟莊子逍遙遊釋文引世本云籛鏗在商爲守藏史在周爲柱下史一云即老子也孔穎達司馬貞或即本於彼然則老子爲柱下史即爲御史也但爲中下士或爲百二十人之史則無可攷耳曾子問疏引鄭論語注云老聃周之大史疑非柱下蓋中祕藏書之所

御史掌之與小史外史所掌內外相備故史特多本職不言掌藏書者文不具也左哀三年傳云命周人出御書杜注云周人司周書典籍之官御書進於君者也彼御書疑卽御史所掌之書凡周代文籍並掌於史官詳小史疏又案通典職官云戰國時亦有御史秦趙澠池之會各命書其事又淳于髡謂齊王曰御史在前則皆記事之職也依杜說則此官又掌記事與外史掌贊又戰國策趙策張儀曰秦王使臣敢獻書於大王御史是又掌受書蓋晚周之制與此經不盡相應也　注云御猶侍也進也者天官序官注同云其史百有二十人以掌贊書人多也者賈疏云其職云凡治者受法令焉并掌贊書故其史特多復在府上也

巾車下大夫二人上士四人中士八人下士十有六人府四人史八人工百人胥五人徒五十人巾猶衣也巾車車官之長

疏巾車者此官與典路車僕司常並掌王以下車旗禮衣之官故亦屬春官大射儀云命巾車張三侯左襄三十一年傳云巾車脂轄則侯國亦有此官又詩唐風彼汾沮洳有公路孔疏謂卽此官胡匡衷則謂當是下典路二說並通未知孰是云府四人者掌藏公車樂記云車甲衅而藏之府庫說文广部云庫兵車藏也云工百人者卽輪人輿人輈人車人四工之給事於官者胡匡衷云國語周語云敵國賓至工人展車疑卽此　注云巾猶衣也者大射儀注云巾車於天子宗伯之屬掌裝衣車者華嚴經音義引珠叢云以衣被車謂之巾也賈疏云謂玉金象革等以衣飾其車故訓巾猶衣也詒讓案巾以幪被器物故裝衣車亦謂之巾車云巾車車官之長者賈疏云謂與下典路車僕等爲長也

典路中士二人下士四人府二人史二人胥二人徒二十人路王之所乘車

【疏】注云路王之所乘車者巾車注云王在焉曰路案路為車之尊名自王以下通於侯國之卿鄭舉尊者言之耳詳巾車疏

車僕中士二人下士四人府二人史二人胥二人徒二十人

司常中士二人下士四人府二人史二人胥四人徒四十人 司常主王旌旗

【疏】注云司常主王旌旗者大行人注云常旌旗也是對文則日月為常總言之則常為九旗之通稱故主旌旗者謂之司常賈疏云九旗之別自王已下尊卑所建不同不專主於王鄭云司常主王旌旗者以王為主何妨尊卑皆掌

都宗人上士二人中士四人府二人史四人胥四人徒四十人 都謂王子弟所封及公卿所食邑

【疏】都宗人者以下二官皆都家之臣主祭祀之禮者故次宗伯之末賈疏云此既掌祭祀不云伯而云宗人者避大官名胡匡衷云宗伯諸侯以下通謂之宗人左傳晉范文子反自鄢陵使其祝宗祈死鄭公孫黑肱有疾召室老宗人立段魯叔孫昭子齊於其寢使祝宗祈死國語魯公父文伯之母欲室文伯饗其宗老韋注宗宗人主禮樂者楚屈到嗜芰有疾召其宗老而屬之韋注宗老為宗人者據此則大夫有宗人也詒讓案宗伯宗人亦通稱王小宗伯書顧命謂之宗人是其證也詳前疏此都宗人家宗人與夏官都司馬家司馬秋官都士家士同蓋亦都家自使其臣為之但受命於王猶侯國上卿亦王命之也以其受命於王而掌禮事本職又有王命禱祭之事有事則更迭聽政於王國故以職事附屬宗伯之末鄭於都家諸官唯以都司馬都士家士為家臣此注不辨家臣王臣未詳其恉夏官敘官都司馬注則直以為王臣賈彼疏遂以此都家宗人及都士家士並為王臣皆非經義與鄭秋官敘官注義

亦不合不足據也云上士二人中士四人者夏官敘官云都司馬每都上士二人中士四人秋官敘官云都士中士二人下士四人注云亦當言每都此都宗人與都司馬都士同則此上士以下至胥徒之數亦當每都如是經注不言者文不具也　注云都謂王子弟所封及公卿所食邑者賈疏云案載師云家邑任稍地小都任縣地大都任畺地則大夫采地不得稱都故據大都小都而言之下文家據大夫而說也詒讓案大宰注云都鄙公卿大夫之采邑王子弟所食邑彼都鄙兼有大夫采邑此都家宗人別官故知都內不兼大夫采邑也

家宗人如都宗人之數 家謂大夫所食采地 **疏** 家宗人如都宗人之數者亦謂每家如是也少牢饋食禮云宗人奉槃東面于庭南一宗人奉匜水西面于槃東一宗人奉簞巾西面于槃北彼卽侯國家宗人蓋亦有上中士等人數匪一也　注云家謂大夫所食采地者地余本注疏本並作邑卽載師之家邑是也

凡以神士者無數以其藝爲之貴賤之等 以神士者男巫之俊有學問才知者藝謂禮樂射御書數高者爲上士次之爲中士又次之爲下士 **疏** 凡以神士者無數者士本職作仕孫志祖云旄人云凡四方之以舞仕者屬焉則當作仕沈彤孔繼汾說同案載師士田注云士讀爲仕曲禮說天子六大鄭注以爲殷制其五曰大士鄭云大士以神仕者其說雖不塙然可證仕士聲同字通敘官與本職字不必盡同如地官稾人本職作槁人饎人本職作饎人是也此士字似本用叚字與本職不同注不云讀爲仕者亦以互見載師注略之賈疏云此神士還是上羣巫中有學問者抽入神士以其能處置神位故以神爲名無數者有卽入

之故無常數在都家之下者欲見都家神亦處置之案據此知賈本
亦止作士但此神士非官名賈似忘士爲仕之叚字而誤釋不足據
也右春官之屬卿一人中大夫五人下大夫二十四人上士四十九
人中士百五十人下士二百七十五人府百八人史二百六十三人
胥百五十八人徒千七百六十人工百四人凡正官自卿至庶人總
二千七百九十七人又瞽矇上瞽四十人中瞽百人下瞽百六十人
眡瞭三百人韎師舞者十六人凡樂工等無爵者總六百十六人又
奄八人又世婦宮卿十二人下大夫二十四人中士四十八人鄭以
爲士人今定爲女官女府十二人女史十二人奚九十六人又女祧
十六人奚三十二人凡女官女庶人總二百五十二人此外內宗外
宗旄人舞者男巫女巫以神仕者並無員數又都宗人每都上士二
人中士四人府二人史四人胥四人徒四十人家宗人每家上士二
人中士四人府二人史四人胥四人徒四十人皆有員數無總數不
可計大凡可計者總三千六百七十三人　注云以神士者男巫之
俊有學問才知者者以巫有男女女巫止掌祓除釁浴及舞雩諸事
不識他事此神士掌三神之法其事繁要故知選男巫之俊有學問
才知者充之也賈本職疏云知是巫者此中掌三辰之法以猶鬼神
祇之居按外傳云在男曰覡在女曰巫使制神之處位次主之度與
此文合故知此神仕是巫云藝謂禮樂射御書數者據大司徒六藝
文御疑當從保氏作馭詳彼疏案此藝當謂技能卽指事神之事不
涉六藝也文王世子云凡曲藝皆誓之以待又語三而一有焉乃進
其等以其序注云曲藝爲小技能也王制以祝史爲執技以事上者
此神仕爲巫亦祝史之類故亦通謂之藝注義未允云高者爲上士
次之爲中士又次之爲下士者鄭以意推之以其藝爲貴賤之等貴
賤據爵等言之當有此三科也但司巫爲巫官之長不過中士則凡
以神仕者似不宜有上士竊謂此貴賤之等當指班敘稍食言之前

賫賸無爵而分上賫中賫下賫夏官稾人則云書其等以饗工乘其事試其弓弩以上下其食皆其比例也鄭說亦未允

周禮正義卷三十二

周禮正義卷三十三

瑞安孫詒讓學

大宗伯之職掌建邦之天神人鬼地示之禮以佐王建保邦國建立也立天神地祇人鬼之禮者謂祀之祭之享之禮吉禮是也保安也所以佐王立安邦國者主謂凶禮賓禮軍禮嘉禮也目吉禮於上承以立安邦國者互以相成明尊鬼神重人事

疏掌建邦之天神人鬼地示之禮者說文示部云神天神引出萬物者也人鬼者祭法云人死曰鬼爾雅釋訓云鬼之言歸也說文鬼部云人所歸爲鬼地示者釋文云示或本作祇案說文示部云示天垂象見吉凶所以示人也祇地祇提出萬物者也此經例用古字通借示爲祇注例則用今字作祇陸所載或本與全經字例不合非也太平御覽地部引物理論云地者其神曰祇祇成也百生萬物備成也云以佐王建保邦國者佐釋文云本或作左阮元云依說文左者正字佐者今俗字案阮說是也但經例凡佐助字並作佐不作左大宰大司徒大司馬大司寇職同或本亦非 注云建立也者天官序官注同云立天神地祇人鬼之禮者謂祀之祭之享之者天神爲祀地祇爲祭人鬼爲享見下文賈疏云經先云人鬼後云地祇鄭則先云地祇後云人鬼者經欲見天在上地在下人藏其閒鄭據下經陳吉禮十二先地祇後人鬼据尊卑爲次故也云禮吉禮是也者明此三者專屬吉禮不通五禮也云保安也者地官序官注同云所以佐王立安邦國者主謂凶禮賓禮軍禮嘉禮也者明建保邦國乃通晐五禮不專承上所建之吉禮爲文也云目吉禮於上承以立安邦國者互以相成明尊鬼神重人事者目舊本譌自今據余本注疏本正賈疏云互相成者王國

云吉禮亦有凶禮已下邦國云四禮明亦有吉禮矣詒讓案尊鬼神謂先特舉吉禮重人事謂凶禮以下宗伯通建之

以吉禮事邦國之鬼神示

事謂祀之祭之享之故書吉或爲告杜子春云書爲告禮者非是當爲吉禮書亦多爲吉禮吉禮之別十有二

疏 以吉禮事邦國之鬼神示者以下五禮至六器等並禮官之官法也說文士部云吉善也示部云禮履也所以事神致福也文選東京賦薛注云吉福也案祭祀之禮取以善得福是謂之吉禮大祝吉祝注云祈福祥也亦此義禮以事神致福爲本義故五禮首吉禮祭統云禮有五經莫重於祭注亦云莫重於祭謂以吉禮爲首也 注云事謂祀之祭之享之者亦據下文云故書吉或爲告者謂故書有兩本一本作吉一本作告也杜子春云書爲告禮者非是當爲吉禮書亦多爲吉禮者段玉裁云此字之誤也禮記緇衣尹吉卽尹告之誤周易后以施命誥四方王肅本作誥四方亦是字誤云吉禮之別十有二者賈疏云天地各有三享人鬼有六故十二也阮元云注詳言此者以證敘官注所云其別三十有六也

以禋祀祀昊天上帝以實柴祀日月星辰以槱燎祀司中司命飌師雨師

禋之言煙周人尚臭煙氣之臭聞者槱積也詩曰芃芃棫樸薪之槱之三祀皆積柴實牲體焉或有玉帛燔燎而升煙所以報陽也鄭司農云昊天天也上帝玄天也昊天上帝樂以雲門實柴實牛柴上也故書實柴或爲賓柴司中三能三階也司命文昌宮星風師箕也雨師畢也玄謂昊天上帝冬至於圜丘所祀天皇大帝星謂五緯辰謂日月所會十二次司中司命文昌第五第四星或云中能上能也祀五帝亦用實柴之禮云

疏 以禋祀祀昊天上帝者賈疏云此祀天神之三禮以尊卑先後爲次謂歆神始也詒讓案說文示部云祀祭無已也此經通例天神云祀地示云祭人鬼云享三者對文則異

散文亦通御覽禮儀部引五經異義云王者一歲七祭天地仲春后妃郊高禖亦祭天也郊特牲孔疏云皇氏云天有六天歲有八祭冬至圜丘一也夏正郊天二也五時迎氣五也通前爲七也九月大饗八也雩與郊禖爲祈祭不入數崔氏以雩爲常祭九也案曲禮疏說同而月令注則謂郊禖祠禖官不祭天崔氏不數郊禖蓋從月令注天歲有九祭亦與崔同詩大雅生民箋云禋祀上帝於郊禖說與許義但此九祭之中圜丘祭昊天南郊祭受命帝迎氣大饗大雩皆祭五帝雖同爲祭天禮之隆殺亦自不同要其用禋祀則一也云以實柴祀日月星辰者郊特牲疏云凡祭日月之禮崔氏云一歲有四迎氣之時祭日於東祭月於西故小宗伯云兆五帝於四郊四望四類亦如之是其一也春分朝日秋分夕月是其二也此等二祭日之與月各祭於一處日之與月皆爲壇而祭所謂王宮祭日夜明祭月皆爲燔祭也夏正郊天之時而主日配以月祭義云大報天而主日配以月是其三也孟冬大蜡之時又祭日月故月令孟冬祈來年于天宗是其四也此二祭并祭日月共在一處則祭日於壇祭月於坎壇則實柴坎則瘞埋也今案日月之祭有五崔氏所舉四祭惟二分朝日夕月爲天子之正祭其主配南郊祈年天宗爲從祭它如左昭元年傳云日月星辰之神則雪霜風雨之不時于是乎禜之則因禜而祭也覲禮拜日于東門之外禮日于南門之外禮月與四瀆于北門外則因會同而祭也此二祭無定時崔氏亦未舉至祭義所云祭日于東祭月于西卽是二分之正祭小宗伯兆四類則又天神之別祭並不在迎氣時詳小宗伯疏又凡祭月皆於壇所謂夜明是也其禮皆與日同用實柴覲禮鄭注謂祭地瘞卽祭月說殊不塙崔氏遂謂郊蜡祭月於坎用瘞埋非也云以槱燎祀司中司命飌師雨師者釋文云槱本亦作楢案說文木部云槱積木燎之也周禮以槱燎祠司中司命重文禉柴祭天神或從示楢柔木也非此義羊人注亦作楢

燎別本誤正與彼同孔繼汾謂釋文槱疑禉之譌亦通風俗通義祀典篇亙引此文其一作柳柳蓋禉之誤酉古文作丣故禉或作⿰示丣又譌為⿰示丣也又此云祀說文引作祠者蓋亦傳寫之誤說文火部云尞柴祭天也燎放火也經典通叚燎為尞漢書郊祀志作燔尞用正字也飌師者九經字樣虫部云釋古文風全經六篇風雨字皆作風惟風師字作飌說文無此字从雚與六書例亦不合所未詳也凡祭星辰尊者亦以實柴卑者則以槱燎爾雅釋天云祭星曰布郭注云布散祭於地爾雅釋文引李巡云祭星者以祭布露地故曰布又引孫炎云既祭布散於地似星辰布列也釋天又云祭風曰磔公羊僖三十一年傳徐疏引李巡云祭風以牲頭蹏及皮破之以祭故曰磔又引孫炎云既祭披磔其牲以風散之又公羊僖三十一年何注云日月星辰布風磔雨升說與釋天又小異其云雨升者蓋卽此經祭雨師槱燎升煙之義此經不云布磔者約舉大端不詳縟節也 注云禋之言煙者賈疏云案尚書洛誥予以秬鬯二卣明禋注云禋芬芳之祭又案周語云精意以享謂之禋義並與煙得相叶也但宗廟用煙則郊特牲云臭陽達於牆屋是也天神用煙則此文是也鄭於禋祀之下正取義於煙故言禋之言煙也案書堯典禋于六宗通典吉禮引鄭注云禋煙也取其氣達升報於陽也御覽時序部引尚書大傳述書作煙于六宗鄭注云煙祭也字當為禋蓋禋煙聲類同故升煙以祭謂之禋祀對實柴槱燎言之也散文則禋通為祭祀爾雅釋詁云禋祭也說文示部云禋絜祀也一曰精意以享為禋是也詩大雅生民孔疏引王肅云外傳曰精意以享曰禋禋非燔燎之謂也又引袁準云禋者煙氣煙熅也天之體遠不得就聖人思盡其心而不知所由故因煙氣之上以致其誠外傳曰精意以享禋此之謂也難者曰禋于文王何也曰夫名有轉相因者周禮云禋祀上帝辨其本言煙熅之體也書曰禋于文武者取其辨精意以享也先儒云凡絜

祀曰禋若絜祀爲禋不宜别六宗與山川也凡祭祀無不絜而不可謂皆精然則精意以享宜施燔燎精誠以假煙氣之升以達其誠故禋祀鄭箋二云禋祀四方之神祈報是地示亦有禋祀矣此皆散文通也案袁說是也洛誥禋於文武是人鬼可稱禋詩小雅大田二云來方言禮節實不同也二云周人尚臭煙氣之臭聞者者郊特牲二云周人尚臭灌用鬯臭彼文本指宗廟祼鬯此天神無祼而升气亦尚臭之意故引之證禋之取義於煙也二云禋積也者與說文禋訓積木燎之同風俗通義祀典篇二云槱者積薪燔柴也文選東京賦薛注二云槱之言聚也謂聚薪焚之揚其光炎使上達於天也槱聚疊韻聚積亦同義引詩曰芃芃棫樸薪之槱之者大雅棫樸文毛傳亦二云槱積也鄭彼箋二云白桵相樸屬而生者枝條芃芃然豫斫以爲薪至祭皇天上帝及三辰則聚積以燎之此引之者亦證槱訓積薪也二云三祀皆積柴實牲體焉或有玉帛者續漢書祭祀志劉注引吳商說同說文木部二云柴小木散材月令注二云大者可析謂之薪小者合束謂之柴柴以給燎此三祭皆燎故知皆積柴也賈疏二云此司中司命等言槱燎則亦用煙也於日月言實柴至昊天上帝言煙祀則三祀互相備矣但先實柴次實牲後取煙事列於卑祀義全於昊天作文之意也但云或有玉帛則有不用玉帛者肆師職二云立大祀用玉帛牲牷立次祀用牲幣立小祀用牲彼雖總據天地宗廟諸神今以天神言之則二大小次祀皆有也以肆師言之煙祀中有玉帛牲牷三事實柴中則無玉唯有牲幣槱燎中但止有牲故鄭二云實牲體焉據三祀有其玉帛惟昊天具之實柴則有帛無玉是玉帛於三祀之內或有或無故鄭二云或耳郊特牲疏二云其圜丘之祭崔氏二云其初先燔柴及牲玉於丘訖次乃埽丘下而設正祭若夏正及五郊初則燔柴及牲玉於壇故祭法二云燔柴於泰壇祭天也次則於壇下埽地而設正祭又云皇氏二云祭日之旦王立丘之東南西嚮燔柴及牲玉於丘上升壇以

降其神故韓詩內傳云天子奉玉升柴加於牲上詩又云圭璧既卒
是燔牲玉也案崔皇二家並依鄭義推定通典吉禮說亦略同公羊
僖三十一年何注云天燎地瘞燎者取俎上七體與其珪寶在辨中
置於柴上燒之呂氏春秋季冬紀高注云燎者積聚柴薪置璧與牲
於上而燎之升其煙氣亦並謂祭天神有燔牲玉之事與鄭及韓詩
傳同金鶚云大宗伯於昊天上帝言禋祀日月星辰言實柴司中司
命風師雨師言槱燎皆類敘而別言之其禮必各異禋之言煙又為
精意以享故知其但以幣帛加柴上而燔之不貴多品又取其氣之
絜清也實柴謂以牲體加於柴上祭日月非全烝當取其體之貴者
燔之爾雅釋天云祭星曰布謂以牲體分析而布於柴上以象星辰
之布列日月星辰亦燔幣然所以異於禋祀者在牲不在幣也槱燎
則有柴有牲無幣而用柴獨多此祀天神之等殺也詒讓案郊丘及
日月諸天神之祀禮經無專篇此職三禮之別鄭賈所釋並未詳析
無可推校王氏訂義引崔靈恩云三牲俱足以禋為名稱若少其一
則但云實柴若少其二則以積薪為名此謂以牲牢多少異名今攷
昊天上帝本用特牲而小司徒云凡小祭祀奉牛牲則王國大小祭
祀咸用大牢崔氏所云正與禮反其不足據明矣竊以意求之禋祀
者蓋以升煙為義實柴者蓋以實牲體為義槱燎者蓋以焚燎為義
禮各不同而禮盛者得下兼其燎柴則一故鄭小子注以此三祀通
為積柴又覲禮及爾雅釋天並云祭天燔柴大傳云柴于上帝祭法
云燔柴于泰壇說文示部云祡燒柴樊燎以祭天神又火部尞亦訓
為柴祭天是禋祀亦可以言柴亦可以言燎也然祭天禋祀升煙之
節據崔靈恩皇侃熊安生說在正祭之前則尚未薦血腥安得便取
牲燔燎郊特牲疏云郊唯特牲得供正祭燔燎二處所用者熊氏皇
氏等以為分牲體供二處所用此乃知其不可通而曲為之說不知
國語周語云郊禘之事則有全烝全烝全體薦之本不肆解若如皇

能說分體以供燔燎則正祭時所薦體已不全安得謂之全烝乎何氏公羊注謂取俎上七體燎之攷之禮經七體者乃豚解之法是房烝非全烝也且即如其說既取七體以燎則俎爲虛俎矣正祭時復用何體乎然則升煙之燎蓋無燔牲但祭天升煙歆神之後疑當復有實柴之禮實柴則有燔牲故韓詩內傳有升柴加牲之文書舜典至于岱宗柴釋文引馬融云柴祭時積柴加牲其上而燔之是禋祀亦兼實柴之證也蓋祭天升氣之後有薦血禮器郊特牲所謂郊血大饗腥是也薦血之時蓋殺牲而不解是之謂全烝既薦血又薦腥則牲已解爲七體禮運注所謂豚解而腥之也於是復有實柴之禮於七體中取其貴者加於柴上而燔之猶廟享薦孰之前有爇蕭之節也蓋升煙之初無燔牲故薦血得有全烝薦腥之後已豚解故實柴得燔牲體但所燔者乃七體中之一體何邵公以爲盡取七體而燎之蓋所聞之誤至實柴主於實牲體槱燎與實柴禮蓋隆殺小異然亦有燔牲但二者既不用全烝則無升煙之節此經天神地示人鬼三祭每祭之中皆先言大祀次及中小祀禮亦由隆而殺其隆者得以下兼殺者則不能上儗若祭天神則禋祀亦兼實柴實柴槱燎不能兼禋祀也地示則血祭亦兼有埋埋沈不能兼血祭也人鬼則肆獻祼亦兼饋食饋食不能兼獻祼也等次甚明可以例推而鄭賈並謂大小司禮互文見義則無復隆殺之差賈疏又謂先實柴次實牲後取煙則節次尤淆掍矣至祭天地燔瘞之玉與禮神之玉亦異郊特牲疏引皇侃說圜丘之祭先燔柴及牲玉以降神及設正祭就坐乃置蒼璧於神坐以禮神通典說亦同足證燔瘞之玉非即禮神之玉蓋禮神之玉有一定之制度祭畢則藏之燔瘞之玉但取備物其形制必枯而小若左昭三年傳王子朝以成周之寶珪沈于河此則妄干大位媚神求福非常法也又案圜丘南郊禮神之玉依典瑞文皆當用四圭有邸其燔玉經無文疑當用一圭而小皇氏依後鄭

注義謂圓丘禮神以蒼璧又云其在先燔者亦蒼璧也並非是通典引許敬宗等奏謂燔柴當用蒼璧正祭當用四圭有邸說亦未允蒼璧非祀天之玉詳後疏又此祀天神禋祀實柴及下文祭地示埋沈等賈疏以爲皆歆神始郊特牲疏引崔靈恩熊安生說略同又引皇侃說則謂燔柴在作樂降神之前說雖未是而謂在正祭之前亦同崔熊義唯爾雅釋天郭注云燔柴既祭積薪燒之瘞埋既祭埋藏之詩大雅鳧鷖孔疏引孫炎義同此並與崔熊皇說異通典及舊唐書禮儀志載許敬宗等奏云謹按祭祀之禮必先降神周人尚臭祭天則燔柴祭地則瘞血祭宗廟則焫蕭灌鬯皆貴氣臭同以降神禮經明白義釋甚詳燔柴在祭初禮無所惑是以三禮義宗等並云祭天以燔柴爲始然後行正祭祭地以瘞血爲先然後行正祭又禮論說晉太常賀循上言積柴舊在壇南燎祭天之牲用犢左胖漢儀用頭今郊用脅之九之太宰令奉牲脅太祝令奉圭璧俱奠燔薪之上此卽晉代故事亦無祭末之文賀循既云用祭天之牲左胖復云今儀用脅九介足明燔柴所用與升俎不同是知自在祭初則燔牲體非於祭末燒神餘饌此則晉氏以前仍遵古制唯周魏以降妄爲損益緣告廟之幣事畢瘞埋因改燔柴將爲祭末事無典實禮闕降神又載張說徐堅康子元等駁許議云按禮迎神之儀樂六變而天神降八變而地祇出九變則人鬼可得而禮矣則降神以樂周禮正文非謂燔柴以降神也惠士奇申崔許等義云燔燎升煙以達精意當在祭初天神之柴猶人鬼之祼郭注爾雅謂既祭而燎是宗廟亦當既祭而祼也可乎蓋奏樂致神而人鬼禮之以玉而祼鬯地示禮之以玉而薦血天神禮之以玉而燎柴張說謂宜先祭後燔非通論也今案孫郭說非經注義惠氏駁之是也此經天神地示人鬼三祭並舉祭初之重節而言如地示之血祭人鬼之肆獻祼饋食皆不在祭末何獨於天神之禋柴及地示之瘞貍獨舉祭末之禮言之乎且鄭注

於地亦血祭二云陰祀自血起貴氣臭此言血祭之在祭始也於天神
二云周人向臭煙氣之臭聞者又二云燔燎而升煙所以報陽也陰祀旣
云自血起明陽祀亦自氣臭起矣二注蓋互文見義是鄭意亦不以
柴瘞爲祭末之節可知況司巫守瘞注明有祭禮未畢之文乎唯覲
禮祭天燔柴祭山川丘陵升祭川沈祭地瘞注云燔柴升沈瘞祭禮
終矣備矣賈彼疏云燔柴等在作樂下神之後是下神之禮終又謂
或可周禮此二者爲歆神至祭祀之後更有此祭瘞升沈之事若今
時祭祀訖始有柴瘞之事者也賈此說卽兼采漢魏以後祭禮不知
下神之後不可以言終若云祭後更有柴瘞則亦非祭之重節不過
如廟享旣祭藏隋之例乃祭之餘事經安得特舉爲諸祭殊別之禮
乎彼注云終矣備矣者乃通燔柴升沈瘞五者而言謂歷數祭事終
盡於此終之義與備蓋略同非謂柴瘞等在祭終也賈誤會鄭意乃
自生岐迕非也至於郊祀燔牲當在升煙之後於用全烝之文本不
相迕前已辯之賀循用左胖之說本於漢制漢書郊祀志王莽奏天
地用牲一燔燎瘞薶用牲一天用牲左及黍稷燔燎南郊地用牲右
及黍稷瘞于北郊是謂用左用右並別殺牲故通典許敬宗奏謂燔
用蒼犢正祭用騂犢一祭遂用兩犢說實大謬不足據也又案凡祀
天皆用騂犢鄭後注謂圜丘別用蒼犢亦非也云燔燎而升煙所以
報陽也者升煙尚氣臭氣臭卽陽也賈疏云案郊特牲云升首於室
以報陽彼論宗廟之祭以首報陽今天神是陽煙氣上升亦是以陽
報陽故取特牲爲義也鄭司農云昊天天也者說文夰部云昦春爲
昦天元气昦昦昊卽昦之隸變先鄭以昊天爲天之大名不依四時
異名之說詩周頌昊天有成命鄭箋亦云昊天天大號也云上帝玄
天也者典瑞注同賈疏云案廣雅云乾玄天易文言云夫玄黃者天
地之襍也天玄而地黃以天色玄故謂玄名天先鄭蓋依此而讀之
則二者異名而同實也若然則先鄭與王肅之等同一天而已似無

六天之義故以天解昊天上帝爲一也孫星衍云司農上帝爲玄天蓋謂北極上帝玄北方也故明堂北出稱玄堂即是康成所云北極
大帝賈以先鄭與王肅同一天非也案孫說是也呂氏春秋有始覽云北方曰玄天高注云北方十一月建子水之中也水色黑故云玄
天素問天元紀大論云玄天之氣經于張翼婁胃開元占經天占引尚書考靈曜說天有九野亦云北方玄天先鄭此注以天釋昊天而
別以玄天釋上帝者蓋謂昊天天之大名上帝爲北方之帝天北高而南下故獨專上帝之稱禮經凡言上帝者皆玄天也與後鄭北極
天皇大帝之說亦略相類然則先鄭說雖與後鄭小異究不同王肅一天之說疏說甚誤云昊天上帝樂以雲門者據大司樂文即冬至
圜丘所祀者也云實柴實牛柴上也者亦謂實柴取實牲體爲義日月星辰不用犢故云實牛但先鄭唯釋實柴爲實牛柴上則似禋祀
櫄燎並不實牛矣說與後鄭異又案天神唯圜丘五郊明堂用犢餘日月星辰以下皆用大牢故小司徒云凡小祭祀奉牛牲是也其祈
禱則用少牢祭法祭日月等並冢祭時埋少牢爲文是也郊特牲疏引崔靈恩說謂日月用犢又引皇侃說謂日月合祭用犢分祭用少
牢孔氏又謂日月以下常祀用羊王親祭則用牛並與禮不合不足據也互詳小司徒羊人疏云故書實柴或爲賓柴者實賓形近而誤
二鄭並不從也云司中三能三階也者北堂書鈔設官部開元占經石氏中官占引春秋元命苞云魁下六星兩兩而比曰三能主闓德
宣符德立題西近文昌二星曰上台爲司命主壽次二星曰中台爲司中主宗室東二星曰下台爲司祿主兵書鈔引宋均注云能今之
台字也占經又引黃帝占云三能近文昌宮者曰太尉司命爲孟次星曰司徒司中爲仲次星曰司空司祿爲季賈疏引武陵太守星傳
云三台一名天柱上台司命爲大尉中台司中爲司徒下台司祿爲司空漢書東方朔傳願陳泰階六符顏注引孟康云泰階三台也又

應劭引黃帝泰階六符經云泰階者天子之三階上階上星爲男主下星爲女主中階上星爲諸侯三公下星爲卿大夫下階上星爲士下星爲庶人是司中即三能又即三階也云司命文昌宮星者賈疏引星傳云文昌宮第四曰司命第五曰司中史記天官書云斗魁戴匡六星曰文昌宮一曰上將二曰次將三曰貴相四曰司命五曰司中六曰司祿開元占經引黃帝占云文昌六星從斗魁第一星爲上將建威武第二星爲次將臨左右第三星爲貴相主文理第四星爲司命主賞功進賢第五星爲司中主司過詰咎第六星爲司祿佐理寶風俗通義祀典篇云周禮司命文昌也司中文昌上六星也義與司農同太平御覽天部引石氏星經以司命爲文昌第五星疑非祭法王立七祀別有司命鄭彼注謂小神居人閒主督察三命者白虎通義壽命篇云司命舉過說文示部亦引漢律有祠祉司命彼並非天神祭法孔疏引皇侃說亦以爲文昌宮星非也楚辭九歌有大司命少司命大司命疑即此天神少司命即祭法小神矣云風師箕也者此注用今字作風也書舜典孔疏引後鄭書注說同風俗通義祀典篇云周禮風師者箕星也箕主簸揚能致風氣鼓之以雷霆潤之以風雨養成萬物有功於人王者祀以報功也獨斷云風伯神箕星也其象在天能興風御覽天部引荊州星占云箕舌一星動則大風至不出三日又云箕宿四星第二星一名風后開元占經東方七宿占引石氏云箕大星一名風星月宿之必有大風是箕爲風師也風俗通義又引楚辭說云飛廉風伯也案此本離騷王逸注漢書郊祀志顏注同此秦漢以後之異說不可以證禮也云雨師畢也者舜典疏引後鄭書注說同風俗通義祀典篇云周禮雨師者畢星也詩云月離於畢俾滂沱矣易師卦也土中之衆者莫若水衆者師也雷震百里風亦如之至於泰山不崇朝而徧雨天下異於雷風其德散大故雨獨稱師也獨斷云雨師神畢星也其象在天能興雨義並與司

農同風俗通義又引春秋左氏說云共工之子爲玄冥鄭大夫子產禳於玄冥雨師也案玄冥爲地示五神之一不可以濟天神楚辭天問王注又謂雨師名蓱翳漢郊祀志顏注亦云屏翳一曰屏號顏又據秦祀二十八宿復祀風伯雨師證非箕畢二星此亦秦漢後異說不可以證禮也云玄謂昊天上帝冬至於圜丘所祀天皇大帝者冬至圜丘祭天神詳大司樂職公羊宣三年何注云帝皇天大帝在北辰之中主總領天地五帝羣神也御覽天部引五經通義云神之大者曰昊天上帝卽耀魄寶也又云天皇大帝亦曰太一開元占經甘氏中宮占引黃帝占云天皇大帝名耀魄寶主天子象下出命符賈疏云元命包云紫微宮爲大帝又云天生大列爲中宮大極星星其一明者大一常居傍兩星巨辰子位故爲北辰以起節度亦爲紫微宮紫之言此宮之言中此宮之中天神圖法陰陽開閉皆在此中又文耀鉤云中宮大帝其精北極星下一明者爲大一之先含元氣以斗布常是天皇大帝之號也又案爾雅云北極謂之北辰鄭注云天皇北辰耀魄寶又云昊天上帝又名大一常居以其尊大故有數名也其紫微宮中皇天上帝亦名昊天上帝得連上帝而言至於單名皇天單名上帝亦得故尚書君奭云公曰君奭我聞在昔成湯旣受命時則有若伊尹格于皇天鄭注云皇天北極大帝又掌次云張氈案設皇邸以旅上帝上帝卽大帝堯典云欽若昊天皆是上帝單名之事月令更無祭五帝之文故季夏云以供皇天上帝鄭分之皇天北辰耀魄寶上帝大微五帝亦是大帝單號之事若然大帝得單稱與五帝同五帝不得兼稱皇天昊天也異義天號第六今尚書歐陽說曰春曰昊天夏曰蒼天秋曰旻天冬曰上天總爲皇天爾雅亦然古尚書說云天有五號各用所宜稱之尊而君之則曰皇天元氣廣大則稱昊天仁覆愍下則稱旻天自上監下則稱上天據遠視之蒼蒼然則稱蒼天謹案尚書堯命羲和欽若昊天總勑四時知昊天不

獨春春秋左氏曰夏四月己丑孔子卒稱旻天不弔時非秋天玄之
聞也爾雅者孔子門人作以釋六藝之文言蓋不誤矣春氣博施故
以廣大言之夏氣高明故以遠言之秋氣或殺或生故以閔下言之
冬氣閉藏而清察故以監下言之皇天者其尊大號六藝之中諸稱
天者以己情所求言之非必正順於時解浩浩昊天求天之博施蒼
天蒼天求天之高明旻天不弔則求天殺生當得其宜上天同雲求
天之所爲當順於時此之求天猶人之說事各從主耳若察於時所
論從四時天各云所別故尚書所云者論其義也二者相須乃足此
名非必紫微宮之正直是人逐四時五稱之鄭云皇天者其尊大之
號不逐四時爲名似本正稱詒讓案爾雅釋天云春爲蒼天夏爲昊
天郭注云言氣晧旰詩王風黍離孔疏引李巡云夏萬物盛壯其氣
昊大故曰昊天又引孫炎本亦同許鄭所據作春昊夏蒼與李孫郭
本異白虎通義四時篇載爾雅有二說是也釋名釋天云夏曰昊天
其氣布散灝灝也與今本爾雅同廣雅釋天云東方昊天與今尚書
及許鄭所據爾雅同毛詩王風黍離傳云尊而君之則稱皇天元氣
廣大則稱昊天說與古尚書說同此經昊天月令別稱皇天既非東
方之帝又祀於冬至則毛詩及古尚書說庶得其正矣金榜云大宗
伯以禋祀祀昊天上帝司服祀昊天上帝則服大裘而冕祀五帝亦
如之典瑞四圭有邸以祀天旅上帝明昊天與上帝殊掌次大旅上
帝則張氈案設皇邸祀五帝則張大次小次設重帟重案明上帝與
五帝殊榜謂昊天垂象之天也上帝祈穀之帝也冬至禘者爲昊天
啓蟄郊者爲上帝後鄭合昊天上帝爲一誤案金說是也此職及司
服之昊天上帝並當分爲二昊天爲圜丘所祭之天天之總神也上
帝爲南郊所祭受命帝五帝之蒼帝也大司寇小司寇並云禋祀五
帝則五帝皆同禋祀此經唯云上帝者以受命帝即五帝之一義得
互見也典瑞云四圭有邸以祀天旅上帝彼云祀天即此昊天旅上

帝卽此上帝二者別文明其非一帝可知而鄭賈說昊天上帝並合爲一爲專指圜丘之天帝非也凡此經及禮記單云上帝者並爲受命帝典瑞注以爲統晐五帝掌次注又以爲專指圜丘天帝亦非也月令注以皇天爲北辰上帝爲大微五帝彼皇天卽此昊天注分釋義較長但以上帝爲通五帝則仍未析耳互詳掌次及後疏又案鄭以昊天上帝爲北辰賈所引春秋緯並據北極大星言之卽今之北極帝星也然五行大義論諸神篇引甘公星經晉書天文志並謂天皇大帝名耀魄寶一星在鉤陳口中則北極帝星之外別有天皇大帝之星史記天官書及漢書天文志並無之今天官家所測星圖則帝星外又別有北極與天皇大帝兩星然古說北極四星或云五星皆不兼鉤陳及其口內之星據賈引鄭說謂昊天上帝一曰大一常居與元命包說同則鄭所謂天皇大帝者自指北極帝星非後世所測鉤陳口中星也互詳匠人疏又案鄭謂周圜丘祭天皇大帝猶漢郊祀大一卽本漢制爲說據史記封禪書漢武帝時以公孫卿公玉帶言祠太一又亳人謬忌奏祠太一方云天神貴者太一太一佐曰五帝古者天子以春秋祭太一東南郊蓋西漢人謂天神最貴者爲太一與緯候說同但云以春秋祭之東南郊則時地與禮不合蓋方士之妄也金鶚云鄭注大宗伯昊天上帝以爲天皇大帝注大司樂以爲天神主北辰注月令皇天以爲北辰耀魄寶本於春秋緯謬也古尚書說云元氣廣大曰昊天有曰皇天者說文皇大也天道至大故稱皇天合而言之曰昊天上帝或言皇天上帝分而言之曰昊天曰上帝或曰皇天或單言天單言帝一也要不可以星象爲天北辰天皇大帝皆星名未可以爲天也案金說是也大戴禮記公冠篇附載祀天祝辭云維予一人某敬拜皇天之祜不稱北辰天皇大帝則鄭說未可信矣云星謂五緯者保章氏注云星謂五星說文晶部云曐萬物之精上爲列星重文星曐或省案總言之則五星二十八宿

及恆星通稱列星析言之則有謂五緯者此職及保章氏之星辰並對二十八宿而言是也有謂二十八宿者馮相氏硩蔟氏之二十八星是也五星謂之五緯者史記天官書云紫宮房心權衡咸池虛危列宿部星此天之五官坐位也爲經不移徙大小有差闊狹有常水火金木塡星此五星者天之五佐爲經緯見伏有時所過行贏縮有度是也賈疏云五緯卽五星東方歲星南方熒惑西方太白北方辰星中央鎭星言緯者二十八宿隨天左轉爲經五星右旋爲緯星備云五星初起牽牛此云星明是五緯又案星備云歲星一日行十二分度之一十二歲而周天熒惑日行三十三分度之一三十三歲而周天鎭星日行二十八分度之一二十八歲而周天太白日行八分度之一八歲而周天辰星日行一度一歲而周天是五緯所行度數之事云辰謂日月所會十二次者保章氏注同辰依字當作⿱辰會說文會部云日月合宿爲⿱辰會十二次者月令鄭注云孟春者日月會於諏訾而斗建寅之辰也仲春者日月會於降婁而斗建卯之辰也季春者日月會於大梁而斗建辰之辰也孟夏者日月會於實沈而斗建巳之辰也仲夏者日月會於鶉首而斗建午之辰也季夏者日月會於鶉火而斗建未之辰也孟秋者日月會於鶉尾而斗建申之辰也仲秋者日月會於壽星而斗建酉之辰也季秋者日月會於大火而斗建戌之辰也孟冬者日月會於析木之津而斗建亥之辰也仲冬者日月會於星紀而斗建子之辰也季冬者日月會於玄枵而斗建丑之辰也書堯典孔疏云日行遲月行疾每月之朔月行及日而與之會其必在宿分二十八宿是日月所會之處辰時也集會有時故謂之辰賈疏云尚書堯典云曆象日月星辰洪範五紀亦云星辰鄭皆星辰合釋者餘文於義不得分爲二故合釋此文皆上下不見祭五星之文故分星爲五緯與辰別解若然辰雖據日月會時而言辰卽二十八星也案昭七年左氏傳晉侯問伯瑕曰何謂六物對曰歲

時日月星辰是謂也公曰多語寡人辰而莫同何謂辰對曰日月之會是謂辰故以配日是其事但二十八星面有七不當日月之會直謂之星若日月所會則謂之宿謂之辰謂之次亦謂之房故尚書胤征云辰弗集於房孔注云房日月所會是也金鶚云辰爲日月所會所會卽在二十八宿如孟春日在營室是會於室宿也五星爲緯二十八宿爲經故與日月列而爲四左傳以歲時日月星辰爲六物周語以歲日月星辰爲五位是辰與星別不得以星辰爲一物也堯典言厤象日月星辰僞孔傳云星四方中星辰日月所會孔疏此星辰共爲一物鄭注亦以星辰爲一果爾則左傳何以稱六物周語何以稱五位乎星辰之解當以大宗伯注爲最確然對文則別五星非辰二十八宿非星散文則通五星亦可言辰二十八宿亦可言星案金說是也此辰卽二十八宿因日月所會分爲十二次以星土言之則以祭十二州之分星也卽此十二次之星也云司中司命文昌第五爲分星儀禮經傳通解續引尚書大傳兆十有二州鄭注云爲營域第四星或曰中能上能也者並詳前賈疏云此破先鄭也何則先鄭以爲司中是三台司命是文昌星今案三台與文昌皆有司中司命文昌第四云司命第五云五云司中此經先云司中後云司命後鄭何得分之故後鄭云文昌第五第四星必先言第五後云第四者案欲先說司中故先引第五證司中後引第四證司命故文倒也詒讓案二鄭說司中司命雖不同而皆以爲星蓋古天官家說如是司中左襄十一年傳又謂之司愼詳司盟疏又月令孔疏引石氏星經云司命二星在虛北司中二星在司危北此別爲小星史記天官書及漢書天文志並無之與文昌宮星異也云祀五帝亦用實柴之禮云者賈疏云案禮記祭義云大報天而主日配以月祭天以日爲主故知五帝與日月同用實柴也若然五帝與昊天其服同大裘其牲同繭栗於燔柴退與日月等者禮有損之而益亦如社稷服絺冕及其

血祭卽在五嶽之上亦斯類也金鶚云五帝爲五行之精佐昊天化育其尊亞於昊天天神有禋祀實柴槱燎三等以禋祀爲首地亦有血祭貍沈疈辜三等以血祭爲首正自相當五祀尙得與地同血祭豈五帝爲天之亞而不得與天同禋祀乎案五帝用禋祀大小司寇兩職有明文鄭說與彼經啎金氏駁之是也五帝名號詳小宗伯疏賈疏又云此經星辰與司中司命風師雨師鄭君以爲六宗案尙書堯典禋于六宗但六宗之義有其數無其名故先儒各以意說鄭君則以此星也辰也司中也司命也風師也雨師也六者爲六宗案異義今尙書歐陽夏侯說六宗者上不及天下不及地傍不及四時居中央恍惚無有神助陰陽變化有益於人故郊祭之古尙書說六宗天地神之尊者謂天宗三地宗三天宗日月北辰地宗岱山河海日月屬陰陽宗北辰爲星宗岱爲山宗河爲水宗海爲澤宗祀天則天文從祀祀地則地理從祀謹案夏侯歐陽說云宗實一而有六名實不相應春秋魯郊祭三望言郊天日月星河海山凡六宗魯下天子不祭日月星但祭其分野星國中山川故言三望六宗與古尙書說同玄之聞也書曰肆類于上帝禋于六宗望于山川徧于羣神此四物之類也禋也望也徧也所祭之神各異六宗言禋山川言望則六宗無山川明矣周禮大宗伯曰以禋祀祀昊天上帝以實柴祀日月星辰以槱燎祀司中司命風師雨師凡此所祭皆天神也禮記郊特牲曰郊之祭也迎長日之至也大報天而主日也兆於南郊就陽位也埽地而祭於其質也祭義曰郊之祭大報天而主日配以月則郊祭幷祭日月可知其餘星也辰也司中司命風師雨師此之謂六宗亦自明矣禮論王莽時劉歆孔昭以爲易震巽等六子之卦爲六宗漢安卽位依虞書禋于六宗禮同大社至魏明帝時詔令王肅議六宗取家語宰我問六宗孔子曰所宗者六埋少牢於大昭祭時相近於坎壇祭寒暑王宮祭日夜明祭月幽禜祭星雩禜祭水旱孔安國

注尚書與此同張融評從鄭君於義爲允案月令孟冬云祈來年於天宗鄭云天宗日月星辰若然星辰入天宗又入六宗其日月入天宗即不入六宗之數也以其祭天主日配以月日月既尊如是故不得入宗也案六宗之義自賈所舉外其異說見於呂氏春秋孟冬紀高注晉書魏書禮志續漢書祭祀志劉注漢書郊祀志顏注通典諸書者復有數家如以爲天地四時者伏生高誘崔靈恩也以爲月令之天宗者盧植摯虞也以爲天宗地宗四方宗者司馬彪也以爲三昭三穆者張髦也以爲六地數主祭大社及五地者虞喜劉昭也以爲天皇大帝及五帝之神者後魏孝文帝杜佑也以爲六代帝王者張迪也餘如王充李郃孟康劉劭則從歐陽夏侯說賈逵則從古尚書說顏師古則從劉歆孔光說孟康范甯吳商裴駰則從鄭君說王莽則兩取劉歆及尚書馬融則兩取書古今文說今討覈四禮知周本無六宗之祭而後文以玉作六器以禮天地四方實即古六宗之遺典亦即禮經所謂方明諸家聚訟並未得其義今附著其略於此

以血祭祭社稷五祀五嶽以貍沈祭山林川澤以疈辜祭四方百物

不言祭地此皆地祇祭地可知也陰祀自血起貴氣臭也社稷土穀之神有德者配食焉共工氏之子曰句龍食於社有厲山氏之子曰柱食於稷湯遷之而祀棄故書祀作禩疈爲罷鄭司農云禩當爲祀書亦或作祀五祀五色之帝於王者宮中曰五祀罷辜披磔牲以祭若今時磔狗祭以止風玄謂此五祀者五官之神在四郊四時迎五行之氣於四郊而祭五德之帝亦食此神焉少昊氏之子曰重爲句芒食於木該爲蓐收食於金修及熙爲玄冥食於水顓頊氏之子曰黎爲祝融后土食於火土五嶽東曰岱宗南曰衡山西曰華山北曰恆山中曰嵩高山不見四竇者四竇五嶽之匹或省文祭山林曰埋川澤曰沈順其性之舍藏疈牲胸也疈而磔之謂磔禳及蜡祭郊特

牲曰八蜡以記四方四方年不順成八蜡不通以謹民財也又曰蜡之祭也主先嗇而祭司嗇也祭百種以報嗇也饗農及郵表畷禽獸仁之至義之盡也

疏以血祭祭社稷五祀五嶽者賈疏云此一經言祭地示三等之禮尊卑之次亦是歆神始也社稷五祀五嶽此皆地之次祀先薦血以歆神已下二祀不復用血也又云五嶽歆神雖與社稷同用血五嶽四瀆山川之類亦當貍沈也案依賈說則血祭卽謂薦血通典吉禮引三禮義宗則云祭地以瘞血爲先然後行正祭杜氏說方丘北郊社稷之祭並云奏樂致神訖牽牲取血幷玉瘞之以求神謂之二始是則瘞而不薦與賈說不同今攷地示血祭與天神禋祀相儗疑當先薦神後灌祭使其氣下達與郊特牲說宗廟血祭略同賈唯云薦則於義未備至地示大祭唯有貍牲玉而血則灌而不貍崔杜說亦未當也詩大雅鳧鷖孔疏云鄭志張逸問曰以血祭祭五嶽以埋沈祭山川不審五嶽亦當埋否荅曰五嶽尊祭之從血腥始何嫌不埋如鄭此言祭五嶽有埋明社稷亦埋矣案孔說是也此地示三祭血祭得兼貍猶前天神三祀禋祀得兼實柴唯疈辜自爲一祭它祭不兼此法耳凡瘞貍爲祭地示之通法覲禮云祭地瘞祭法云瘞埋於泰折祭地也爾雅釋天云祭地曰瘞埋呂氏春秋任地篇云有年瘞土無年瘞土是大地與社稷五祀並有貍可知賈疏謂血祭中唯五嶽四瀆兼有貍沈說亦未晐但據鄭志說則大地示之有瘞貍乃下兼之縟節不可以當血祭之正禮此亦足證崔杜說之未足馮矣又案凡王國有三社三稷祀之並用血祭晉書禮志引摯虞奏謂血祭者專指大社非也社稷春祈秋報歲凡二祭五祀正祭蓋當在中秋與報社同時詳後及肆師疏五嶽爲四望之一則四鎮四瀆及海當亦用血祭其禮秩同也經唯擧五嶽注補其義亦唯及四瀆皆文不具也四望正祭當在孟春南郊之後詳小宗伯疏云以貍沈祭山林川澤者貍沈兼牲玉幣言之祭法云埋少牢

于泰昭祭時也山海經北山經說祠山神二云用一雄雞彘瘞小子二云
凡沈辜侯禳飾其牲是貍沈有牲也山海經說瘞祠之禮用玉者尤
多南山經二云用一璋玉用一璧西山經二云用百瑜用一吉玉北山經
二云用一珪中山經二云用一藻玉左傳襄十八年二云沈玉以濟昭二十
四年二云王子朝以成周之寶珪湛于河定三年二云蔡侯歸及漢執玉
而沈管子形勢篇亦有淵深沈玉之文是貍沈有玉也穆天子傳說
禮河有沈璧沈牛馬豕羊亦沈祭牲玉兩有之證禮運二云瘞繒注二云
埋牲曰瘞幣帛曰繒是貍有幣則沈亦有幣可知故鄭司巫注二云瘞
謂若祭地祇有埋牲玉者也鄭彼注不言幣者文偶不具耳此經地
示三祭血祭與天神禋祀相儗貍沈與天神實柴相儗凡貍沈者無
血祭而血祭則兼有貍血祭薦血之時雖不貍牲而薦血之後復有
瘞貍之禮則貍牲亦猶禋祀升煙時不燔牲而升煙之後復有實柴
之禮則燔牲祭地用全烝者亦據薦血之時言之其後仍有解肆之
法既解肆乃取其體之貴者貍之與祭天用全烝而實柴之燔牲則
用解肆之體亦正同也互詳前疏又案此五嶽四瀆已入血祭則貍
沈之山川當爲中小山川其林澤則通大中小言之祭之時月經注
並無文月令孟春二云乃脩祭典命祀山林川澤又仲冬二云天子命有
司祈祀四海大川名源淵澤井泉注二云順其德盛之時祭之也二文
既不同禮器又二云齊人將有事於泰山必先有事於配林注二云配林
林名則似祭山林與四望同月諸文舛迕未能定也　注二云不言祭
地此皆地祇祭地可知也者賈疏二云社稷亦土神故舉社以表地而
鼓人職亦二云靈鼓鼓社祭亦舉社以表地此其類也若大地方澤當
用瘞埋與昊天禋相對金鶚二云血祭自社稷始不言祭地者祭地與
社稷同用血祭也賈疏謂大地方澤當用瘞埋與昊天禋祀對不知
瘞埋可與燔柴對不可與禋祀對其說似是而非郊特牲二云社所以
神地之道故方丘亦通稱社鼓人以靈鼓鼓社祭大司樂奏大蔟歌

應鍾舞咸池以祭地示此社兼地地亦兼社地與社稷同樂典瑞云兩圭有邸以祀地旅四望四望卽五嶽亦于社稷而與地同圭則社稷亦與地同圭可知而地與社稷同血祭從可知矣案金說是也賈疏謂經舉社以表地說本不誤然又謂祭地當用瘞埋以對祭天之禋祀則似瘞埋尤重於血祭果爾則經備舉地示祭法安得獨遺其最重之禮乎蓋由不知瘞埋卽貍沈之貍乃祭地血祭後之節非其最重者也賈又謂此血祭下仍有貍沈與疈辜二祀三祀具得與上天神三者相對故闕大地亦非鄭恉今並不取又案大地示雖與社同血祭而禮秩尊卑迥殊其祭儀亦有同有異金鶚云禮運云天子祭天地諸侯祭社稷是社卑於地可知且祭地專於天子而祭社下達於大夫士至於庶人亦得與祭蓋祭地是全載大地社則有大小天子大社祭九州之土王社祭畿內之土諸侯國社祭國內之土侯社祭藉田之土與全載之地異又地有上中下上爲山嶽中爲平原下爲川瀆社雖兼五土而爲農民祈報當以平原穀土爲主是社與嶽瀆各分地之一體與全載之地尤異此社神與地神所以分也然對文則別散文則通凡經典郊社並稱者皆祭地之通名爲社洛誥言社而不言祭地以地統於天其祭已該於郊之中孔疏言告天不言告地從省文也舜典言類于上帝而不言祭地亦猶是也周官祭地與社多互見血祭祭社稷則祭地亦血祭可知兩圭咸池祀地則社稷可知豈社與地無二祭乎社爲地之屬故祭社之禮有與地同者求神用血祭玉用兩圭有邸樂用咸池是也然地尊於社故祭社之禮多與祭地殊祭地以夏至及孟秋祭社以春秋二仲祭地於方澤及北郊祭社於國中及藉田祭地以后稷配祭社以句龍配祭地七獻祭社五獻祭地用一犢祭社用大牢祭地服衮冕十二章祭社服毳冕五章其不同如此案金說是也云陰祀自血起貴氣臭也者賈疏云對天爲陽祀自煙起貴臭也金鶚云血祭蓋以血滴於地如

鬱鬯之灌地也血祭與禋祀正對氣爲陽血爲陰故以煙氣上升而
祀天以牲血下降而祭地陰陽各從其類也然血爲氣之凝血氣下
達淵泉亦見周人尚臭之意又云賈疏謂薦血何能使氣臭下達於
地郊亦薦血而不謂之血祭可知血祭非薦血矣通典以血祭爲瘞
血不知牲幣有形質故須瘞埋血有氣無質何必瘞乎案金說亦近
是但祭地示用血疑當先薦而後灌祭賈說亦未嘗不可通也云社
稷土穀之神者依今文孝經說也賈疏引孝經援神契云社者五土
之總名稷者原隰之神五穀稷爲長五穀不可偏敬故立稷以表名
漢書郊祀志王莽奏云社者土也稷者百穀之主所以奉宗廟共粢
盛人所食以生活也白虎通義社稷篇云王者所以有社稷何爲天
下求福報功人非土不立非穀不食土地廣博不可偏敬也五穀衆
多不可一一而祭也故封土立社示有尊也稷五穀之長故立稷而
祭之也稷者得陰陽中和之氣而用尤多故爲長也是社稷爲土穀
之神也云有德者配食焉者即下句龍柱稷等是也鄭言此者亦從
孝經說破古文左氏說以社稷即祭此配食之神不祭地示也通典
吉禮及引崔靈恩說並同許君五經異義則依古文左氏說以社稷
即祭句龍稷等爲鄭所駁王肅又申其說與鄭學諸儒相難郊特牲
孔疏云異義今孝經說曰社者土地之主土地廣博不可偏敬封五
土以爲社古左氏說共工氏有子曰句龍爲后土后土爲社許君謹
案亦曰春秋稱公社今人謂社神爲社公故知社是上公非地祇鄭
駁之云郊特牲云社祭土而主陰氣又云社者神地之道謂社神但
言上公失之矣今人亦謂雷曰雷公天曰天公豈上公也異義稷神
今孝經說稷者五穀之長穀衆多不可偏敬故立稷而祭之古左氏
說列山氏之子曰柱死祀以爲稷稷是田正周棄亦爲稷自商以來
祀之許君謹案禮緣生及死故社稷人事之既祭稷穀不得但以稷
米祭稷反自食同左氏義鄭駁之云宗伯以血祭祭社稷五嶽四瀆

社稷之神若是句龍柱棄不得先五嶽而食又引司徒五五土名又引大司樂五變而致介物及土示土示五土之總神卽謂社也六樂於五地無原隰而有土祇則土祇與原隰同用樂也又引詩信南山云畇畇原隰下云黍稷彧彧原隰生百穀稷爲之長然則稷者原隰之神若達此義不得以稷本祭稷爲難孔疏又云社稷之義先儒所解不同鄭康成之說以社爲五土之神稷爲原隰之神句龍以有平水土之功配社祀之稷有播五穀之功配稷祀之若賈逵馬融王肅之徒以社祭句龍稷祭后稷皆人鬼也非地神故聖證論王肅難鄭云禮運云祀帝於郊所以定天位祀社于國所以列地利社若是地應云定地位而言列地利故知社非地也爲鄭學者馬昭之等通之云天體無形故須云定位地體有形不須云定位故唯云列地利肅又難鄭云祭天牛角繭栗而用特牲祭社用牛角尺而用大牢又祭天地大裘而冕祭社稷絺冕又唯天子令庶民祭社社若是地神豈庶民得祭地乎爲鄭學者通之云以天神至尊而簡質事之故牛角繭栗而用特牲服著大裘天地至尊天子至貴天子祭社是地之別體有功於人報其載養之功故用大牢貶降於天故角尺也祭用絺冕取其陰類庶人蒙其社功故亦祭之非是方澤神州之地也肅又難鄭云召誥用牲于郊牛二明后稷配天故知二牲也又云社于新邑牛一羊一豕一明知唯祭句龍更無配祭之人爲鄭學者通之云是后稷與天尊卑既別不敢同天牲句龍是上公之神社是地祇之別尊卑不甚懸絕故云配同牲也肅又難鄭云后稷配天孝經有配天明文后稷不稱天也祭法及昭二十九年傳云句龍能平水土故祀以爲社不言祀以配社明知社卽句龍也爲鄭學者通之云后稷非能與天同功唯尊祖配之故云不得稱天句龍與社同功故得云祀以爲社而得稱社也肅又難云春秋說伐鼓于社責上公不云責地祇明社是上公也又月令命民社鄭注云社后土也孝經注云社后

土也句龍爲后土鄭既云社后土則句龍也是鄭自相違反爲鄭學者通之云伐鼓責上公者以日食臣侵陵之象故以責上公言之句龍爲后土之官其地神亦名后土故春秋傳曰君戴皇天而履后土地稱后土與句龍稱后土名同而無異也鄭注云后土者謂地神也非謂句龍也故中庸云郊社之禮注云社祭地神又鼓人云以靈鼓鼓社祭注云社祭祭地祇也是社爲地祇也案風俗通義祀典篇亦據左氏說難孝經其稷米祭稷反自食之難與許略同獨斷及書召誥僞孔傳唐郊祀錄引劉向說並同賈馬許王義續漢書祭祀志劉注引漢仲長統答荀彧說社神則以後鄭爲正侍中鄧義又依賈馬等說難之金鶚申鄭難王云大宗伯天曰神地曰示人曰鬼而血祭祭社稷與五祀五嶽並列於地祇社稷爲地神甚明又左昭二十九年傳亦以社稷與五祀並列考五祀是五行之神五行質具于地故爲地示五祀非人鬼則社稷亦非人鬼可知且古之祀典人鬼特祀者如先嗇先蠶先炊先聖先師之類皆爲小祀而郊特牲云家衆主中霤而國主社社稷是國之主諸侯所首重天子之祭亦亞於天地更可知其非人鬼矣王說誤甚金又糾許鄭說稷神之誤云五經異義今孝經說稷爲穀神許氏駁之謂既祭稷穀不得以稷米祭反自食因取左氏說以稷爲田正許氏又駁之以稷爲原隰之神不得以稷米祭稷稷爲難案社字從土明是社神稷字從禾明是穀神易云百穀艸木麗乎地故稷亦爲地示之屬猶日月星辰皆爲天神也穀爲土所生故社尊于稷而穀與土則故稷可與社對若原隰則已在五土之中既總祭五土之神何必又別祭原隰原隰又何可與五土總神對乎至許氏以自食爲疑其說尤謬夫祭稷者祭稷之神非祭稷也物必有神主之其神既主是物正宜用是物以祭報其生育之恩安得謂自食乎左氏謂稷田正也此言稷之所配食者爲田正之官以其播殖百穀有功於世故配食於穀神猶句龍能平水土故配食

於土神也許氏卽以田正爲稷與賈逵等同誤案金說亦致塙足以折衷許鄭王諸家之論稷爲五穀之神白虎通義說最允鄭此注雖亦以穀神爲釋然實本援神契說以爲原隰之神則仍是五土之一與社無大區別固不若班說專屬穀神之允也云共工氏之子曰句龍食於社有厲山氏之子曰柱食於稷湯遷之而祀棄者釋配食社稷之人也釋文云厲本或作烈案厲烈一聲之轉左昭二十九年傳云共工氏有子曰句龍爲后土后土爲社稷田正也有烈山氏之子曰柱爲稷自夏以上祀之周棄亦爲稷自商以來祀之祭法云厲山氏之有天下也其子曰農能殖百穀夏之衰也周棄繼之故祀以爲稷共工氏之霸九州也其子曰后土能平九州故祀以爲社鄭注云厲山氏炎帝也起於厲山或曰有烈山氏棄后稷名也共工氏無錄而王謂之霸在大昊炎帝之閒案左氏祭法並不言湯遷柱而祀棄此云湯遷者漢書郊祀志云湯伐桀欲遷夏社不可作夏社逎遷烈山子柱而以周棄代爲稷祠故賈疏引鄭尚書夏社序注云犧牲旣成粢盛旣潔祭祀以其時然而旱暵水溢則變置社稷當湯伐桀之時旱致災明法以薦而猶旱至七年故湯遷社而以周棄代之欲遷句龍以無可繼之者於是故止此注與書序注義並本漢志至祭法言稷繼柱在夏衰夏衰卽湯與時代相接故紀載偶異賈謂遷柱由旱欲見旱從夏起故據夏而言非也云故書祀作禩疈爲罷鄭司農云禩當爲祀書亦或作祀者作禩釋文作爲禩盧文弨云此與爲罷一例作爲字是詒讓案小祝保郊祀于社注亦云故書祀或作禩杜子春讀禩爲祀書亦或爲祀小子先鄭讀同徐養原云說文示部祀或从異作禩然則祀禩一字也而司農讀此經子春謂小祝並稱禩當作祀者蓋禩字唯周禮故書有之他經罕見讀者或未之識杜鄭校勘諸本知卽祀字猶疑而未敢決故曰當爲祀至許君乃始決之此與司徒序官饎饌一例皆同字而疊故書者也段玉裁云司農以

正字改或字故云當爲祀說文刀部云副判也引周禮副辜祭又云
禩籀文副許亦從今書蓋本賈侍中與案段說是也上天神諸祀故
書不作禩而此五祀字獨作禩小祝郊祀小子五祀故書亦並作禩
全經唯此三祀字故書與今書不同然則故書寫定者謂此三祀字
與泛言祭祀者不同矣杜及二鄭則謂禩卽祀經字不宜互異故並
校定從祀許書亦與杜鄭同疈辜犬人先鄭注引作罷辜從故書也
牧人杜注作副辜則從篆文山海經中山經云其祠泰逢熏池武羅
皆一牡羊副字亦作副並與許同云五祀五色之帝於王者宮中曰
五祀者掌次先鄭注云五帝五色之帝先鄭意五祀卽五郊明堂所
祭之五帝以祀於宮中特稱五祀也影宋本北堂書鈔禮儀部引聖
證論述鄭衆說帝作官則與後鄭義同未知足據否攷五帝之祭無
在宮中之法唯儀禮經傳通解續引尚書大傳祀六沴之禮云於中
庭祀四方從東方始卒於北方鄭注云中庭明堂之庭也或曰朝廷
之廷也此祀五精之神案五精之神卽五帝大傳注引或說正在宮
中先鄭此說或隱據六沴之禮與賈疏云先鄭意此五祀卽掌次云
祀五帝一也後鄭不從者案司服云祀昊天與五帝皆用大裘當在
圜丘與四郊今退在社稷之下於王者宮中失之遠矣且五帝天神
當在上陽祀之中退在陰祀之內一何陋也金鶚云五帝爲天神何
得血祭又何得祭於宮中司農說謬云罷辜披磔牲以祭者惠士奇
云文選西京賦置互擺牲薛注謂破磔懸之古文擺作罷段玉裁云
司農從故書作罷故以披釋罷古音罷讀如婆披讀如坡二同聲類
故鄭君從今書作疈釋以疈牲胷披疈雙聲說文桀部曰磔辜也與
二鄭皆以磔釋辜詒讓案說文冎部髀別也讀若罷故書作罷先鄭
訓爲披蓋謂卽髀之叚字小子羊人犬人並有沈辜辜義與此同疈
辜蓋用特牲披磔以祭小子先鄭注亦以辜謂磔牲以祭也云若今
時磔狗祭以止風者爾雅釋天祭風曰磔郭注云今俗當大道中磔

狗云以止風此其說是漢晉閒有磔狗止風之法故先鄭舉以爲況云玄謂此五祀者五官之神在四郊者破先鄭五色帝之說也左昭二十九年傳蔡墨曰有五行之官是謂五官實列受氏姓封爲上公祀爲貴神社稷五祀是尊是奉鄭據彼文謂五祀卽奉五官之神御覽禮儀部引漢舊儀云祠五祀謂五行金木水火土也木正曰句芒火正曰祝融金正曰蓐收水正曰玄冥土正曰后土皆古賢能治成五行有功者也主其神祀之是漢五祀亦祭五官與鄭說同但此五祀所祭者爲五行之示國語魯語展禽說祀典云地之五行韋注云五行五祀金木水火土是也左氏之五官乃五人神五示與五官名同而實異故左傳杜注云五官之君長能脩其業者死皆配食於五行之神孔疏亦引國語晉語說虢公夢蓐收人面白毛虎爪證五行之神非卽重該等其說皆致塙蓋重該等五人官雖亦配食五祀而五祀主神實非五人官鄭混爲一非也又謂在四郊者此謂特祭五神所謂四方之祭也曲禮云天子祭四方諸侯方祀歲徧鄭彼注云祭四方謂祭五官之神於四郊也句芒在東祝融后土在南蓐收在西玄冥在北詩云來方禋祀方祀者各祭其方之官而已孔疏云案宗伯云疈辜祭四方百物知此方祀非四方百物者以大宗伯血祭社稷五祀五嶽五祀在五嶽之上此四方亦在山川之上故知是五官之神詒讓案五祀祭於四郊故又謂之四方凡大饗明堂及五時迎氣五示皆從食於五帝非其正祭也五示特祀惟有四方之祭其時月經無明文詩小雅甫田云以社以方鄭箋云秋祭社與四方爲五穀成熟報其功也孔疏謂秋功報成總祭四方依其說則祭四方當在仲秋與社同時淮南子天文訓云涼風至則報地德祀四郊高注云立秋節農乃登穀嘗祭故報地德祀四方神也御覽天部引易緯通卦驗亦云立秋涼風至報土功祀四鄉白虎通義八風篇說同四鄉卽四方也二書所言當亦指四方之正祭然謂在孟秋則與詩方

社同時不合蓋所傳之異也大司馬中秋獮田羅弊致禽以祀礿注
云礿當爲方秋田主祭四方報成萬物彼乃因田而祭四方其禮略
殺非此五祀之正祭詳彼疏祭法云埋少牢於泰昭祭時也注云時
四時亦謂陰陽之神也埋之者陰陽出入於地中也彼用埋則亦地
示而主四時與此五祀略同五祀血祭亦兼瘞埋但彼以祈禳降用
少牢耳又鄭說此五祀與月令五祀門戶中霤竈行異彼五祀卽祭
法王立七祀而去司命泰厲小祝云分禱五祀是也此天子之禮既
不云七祀則非祭法所云可知又此文在五嶽上若是月令五祀其
神不當尊於五嶽故二鄭說雖不同而皆不援月令五祀爲釋而左
傳昭二十九年杜注謂后土在家則祭中霤又禮器孔子曰臧文仲
安知禮燔柴於奧夫奧老婦之祭也盛於盆尊於瓶注云奧或作竈
孔疏云按異義竈神今禮戴說引此燔柴盆瓶之事古周禮說顓頊
氏有子曰黎爲祝融祀以爲竈神許君謹案同周禮鄭駁之云祝融
乃古火官之長猶后稷爲堯司馬其尊如是王者祭之但就竈陘一
何陋也祝融乃是五祀之神祀於四郊而祭火神於竈陘於禮乖也
案據孔引異義是周禮舊說有謂此五祀卽以五官食於月令之五
祀者史記孝武本紀索隱引說文亦云周禮以竈祠祝融是也通典
吉禮引馬融及袁準正論說左傳昭二十九年孔疏引賈逵說呂氏
春秋孟冬紀高注及風俗通義祀典篇說竈神並同既與祭法天子
祭七祀不合又以五官貴神下配戶竈等尤違禮意故鄭並不從也
金鶚云此五祀列社稷五嶽之中必非戶竈等五祀可知五帝屬天
五神當屬地故以血祭祭之國語魯語云天之三辰民所以瞻仰也
地之五行所以生殖也地之五行卽五神云四時迎五行之氣於四
郊而祭五德之帝亦食此神焉者謂迎氣分祀五帝時五人神亦從
食也此非五祀之正祭因釋四郊之祭并及之賈疏云月令四時四
立之日迎氣在四郊并季夏迎土氣是五迎氣故鄭云四時迎五行

之氣於四郊也但迎氣迎五方天帝不言祭人帝案月令四時皆陳五德之帝大昊炎帝黃帝少昊顓頊等五德之帝幷五人神於上明知五人神爲十二月聽朔及四時迎氣而陳故鄭此注及下青圭赤璋之下注皆云迎氣幷祭五人帝五人神也案五時迎氣所迎者五天帝而兼及五行之示若五人帝五人神則配食焉鄭賈皆不及五行之示亦誤云少昊氏之子曰重爲句芒食於木該爲蓐收食於金脩及熙爲玄冥食於水顓頊氏之子曰黎爲祝融后土食於火土者卽上云五官也鄭誤以爲卽五行之示故引以爲釋左昭二十九年傳云魏獻子問蔡墨曰社稷五祀誰氏之五官也對曰少皡氏有四叔曰重曰該曰脩曰熙實能金木及水使重爲句芒該爲蓐收脩及熙爲玄冥世不失職遂濟窮桑此其三祀也顓頊氏有子曰犂爲祝融共工氏有子曰句龍爲后土此其二祀也后土爲社稷田正也有烈山氏之子曰柱爲稷詩小雅甫田孔疏及賈疏引鄭志云趙商問春秋昭二十九年左傳曰顓頊氏之子犂爲祝融共工氏有子曰句龍爲后土祭法曰共工氏之霸九州也其子曰后土能平九州故祀以爲社社卽句龍今云五官之神在四郊其二祀合爲犂食火土者何荅曰犂爲祝融句龍爲后土左氏下言后土爲社謂暫作后土后土轉爲社無有代者故先師之說犂兼之因火土俱位南方案據鄭志所引先師說黎爲祝融本專食於火句龍爲后土本專食於土而左傳言后土爲社疑句龍先爲后土後轉作社不宜後爲后土因謂黎兼代句龍爲后土故兩食火土是鄭此注與左傳差互之故也賈則蔡墨所謂后土爲社以后土土神社是地示職位略同句龍旣爲后土又兼配社非謂爲社之後遂不復爲后土鄭所引先師說強爲遷代不足據也金鶚云五行氣行於天質具於地故在天有五帝在地亦有五神五神分列五方佐地以造化萬物天子祀之謂之五祀月令云春神句芒夏神祝融中央后土秋神蓐收冬神玄冥卽五祀

之神也左傳重爲句芒該爲蓐收脩及熙爲玄冥犂爲祝融句龍爲后土此五官有功於世故配食於五神若月令句芒等則非人神也鄭注以爲五人神誤矣對文天曰神地曰示散文示亦曰神故月令五者皆曰神左傳以五祀與社稷並稱是地示非天神也大宗伯列五祀於社稷五嶽之閒而以血祭祭之其爲地示尤明鄭注謂五祀者五官之神因引重該等解之然此乃人神安得列於社稷五嶽之中而血祭之也抑又誤矣小宗伯言兆五帝于四郊四望四類亦如之兼舉天神地示而不及五祀蓋以五帝該五祀省文也五祀亦當兆於四郊其壇與五帝同而其制小而且卑皆可推而知矣案金氏謂五祀爲地示卽月令句芒祝融等五神又謂左傳顓頊四叔及句龍等皆人神之配食於五示者其說皆是也春秋繁露求雨篇說五時之神云春祭共工夏祭蚩尤季夏祭后稷秋祭少昊冬祭玄冥此與月令說復異非古制也又御覽禮儀部引禮含文嘉云五祀南郊北郊西郊東郊中北正謀又引舊注云東郊去都城八里南郊七里西郊九里北郊六里中郊西南去城五里此五祀亦於四郊爲兆位之證然緯注所說距國里數並與皇覽逸禮說迎氣郊堂同與鄭月令注不合疑不足據詳小宗伯疏云五嶽東曰岱宗南曰衡山西曰華山北曰恆山中曰嵩高山者史記封禪書云岱宗泰山也南嶽衡山也西嶽華山也北嶽恆山也中嶽嵩高也漢書郊祀志同詩大雅嵩高孔疏引孝經鉤命決云五岳東岳岱南岳衡西岳華北岳恆中岳嵩高並同鄭義案南嶽衡山衡亦作霍爾雅釋山云泰山爲東嶽華山爲西嶽霍山爲南嶽恆山爲北嶽嵩高爲中嶽說文山部云嶽東岱南霍西華北恆中泰室王者之所以巡狩所至白虎通義巡狩篇云嶽之爲言埆也埆功德也東方爲岱宗南方爲霍山西方爲華山北方爲恆山中央爲嵩高風俗通義山澤篇云五嶽東方泰山尊曰岱宗南方衡山一名霍西方華山北方恆山中央曰嵩高此並以

南嶽爲霍山說苑辨物篇說同詩崧高疏引孫炎爾雅注以霍山爲
誤當作衡山水經釋禹貢山水澤地所在云霍山爲南岳在廬江灊
縣西南衡山在長沙湘南縣南通典吉禮引三禮義宗云唐虞衡山
爲南嶽周氏霍山爲南嶽斯並以衡霍爲二山與孫叔然說同據應
仲遠說則衡霍爲一山而有二名釋地郭注亦云霍山在衡陽湘南
縣南今在廬江灊縣西即天柱山灊水所出也漢武帝以衡山遼曠
因讖緯皆以霍山爲南嶽故移其神於此今其土俗人皆呼之爲南
岳南岳本自以兩山得名非從近也而學者多以霍山不得爲南岳
又言從漢武帝始乃名之如此言爲漢武在爾雅前乎斯不然矣依
郭說則南嶽本爲衡陽之衡山衡山一名霍山漢武移南嶽於廬江
之天柱天柱本不名霍山因漢武移祀遂稱天柱爲霍山故崧高疏
引尚書大傳虞夏傳云霍山爲南嶽此與爾雅並在武帝移祀以前
已以衡爲霍則霍山本不爲天柱之名可知漢武號天柱爲南嶽事
亦見史記封禪書崔靈恩謂周以霍山爲南嶽尤肊說不爲典要應
郭說塙不可易故孔氏書舜典詩崧高左傳昭四年疏賈大司樂疏
並從其義然釋山別有河南華河西嶽河東岱河北恆江南衡之文
大司樂注據之與此異者鄭因釋山五嶽有二文故兩存之據詩崧
高疏引鄭雜問志則鄭謂周五嶽有吳嶽無嵩高金鶚謂以吳嶽爲
中嶽者周初之制以嵩高爲中嶽者東遷後從殷制其說甚塙封禪
書亦謂三代之君皆在河洛之閒故嵩高爲中嶽是中嶽隨王都遷
易之證此經作於周初則凡五嶽皆當如大司樂注數吳嶽而無嵩
高此注爲鄭君未定之論賈疏謂大司樂注據災異尤誤詳大司樂
疏云不見四竇者四竇五嶽之匹或省文者釋文云竇本亦作瀆下
同案後注作四瀆阮元云竇者瀆字之假借也丁晏云小宗伯注四
望五嶽四鎮四竇大司樂注同左傳襄十九年執公子牙於句瀆之
丘史記齊世家作句竇莊九年傳遂殺子糾於生竇齊世家作笙瀆

詒讓案史記殷本紀引尚書逸湯誥云東爲江北爲濟西爲河南爲淮四瀆已修爾雅釋水云江河淮濟爲四瀆四瀆者發原注海者也風俗通義山澤篇云尚書大傳禮三正記江河淮濟爲四瀆瀆者通也所以通中國垢濁民陵居殖五穀也鄭以四瀆爲五嶽之匹者明祭四瀆與五嶽禮等亦用血祭故以五嶽該四瀆也風俗通義又云四瀆禮祠與五嶽同是漢祭四瀆五嶽亦同禮四瀆之濟正字當作泲四水源流詳職方氏疏云祭山林曰埋川澤曰沈順其性之含藏者說文艸部云薶瘞也水部云湛沒也經貍沈卽薶湛之叚借字貍注例又並作埋卽薶之俗詳鼈人疏賈疏云經山林川澤總言不析別而說故鄭分之以其山林無水故埋之川澤有水故沈之是順其性之含藏也詒讓案爾雅釋天云祭山曰庪縣祭川曰浮沈覲禮云祭山丘陵升祭川沈公羊僖三十一年何注亦云山縣水沈諸書說祭川與此經合而祭山則異詩大雅鳧鷖孔疏云鄭志釋天云祭山曰庪縣不言埋張逸引以問而鄭荅曰爾雅之文襍非一家之注不可盡據以難周禮而於校人玉人之注有庪沈之言是鄭意亦以祭山有庪縣之法鄭雖不解庪縣之義要祭山庪縣而復埋也今案管子形勢篇云山高而不崩則祈羊至矣淵深而不涸則沈玉極矣祈羊卽庪縣沈玉卽此沈祭也但釋天祭山庪縣之文與此貍祭不同孔謂祭山庪縣而復貍是也鄭荅張逸不從爾雅而校人玉人注又據以爲說者蓋謂山嶽正祭以貍告祭以庪縣與鄭志說微異要孔說足以通之賈疏謂爾雅庪縣或異代法鳧鷖疏引孫炎說又謂庪縣卽貍形異爾雅疏遂合庪縣與此貍沈爲一則不徒於經義不合幷非鄭意矣至鳧鷖疏又誤解鄭箋義謂祭川亦沈而復埋則尤失鄭恉惠士奇云左傳昭二十四年冬十月癸酉王子朝用成周之寶珪于河甲戌津人得之河上沈而自出言神不歆其祭也安得有沈而復埋之說乎案惠說是也庪縣浮沈互詳校人犬人疏云疈疈牲

胸也者後鄭從今書作疈釋之山海經中山經郭注云副謂破羊骨磔之以祭也案郭注骨字疑當爲胸之誤云疈而磔之謂磔禳者此亦釋辜爲磔與先鄭同禳余本及注疏本並作攘字通月令季春命國難九門磔攘以畢春氣小子注引亦作磔禳鄭月令注云磔牲以攘於四方之神所以畢止其災也又月令季冬命有司大難旁磔注亦釋爲磔攘漢書地理志左馮翊雲陽有越巫䣈鄭祠孟康注云䣈音辜磔之辜辜鄭亦卽磔攘疈辜亦謂之列大戴禮記曾子天圓篇云割列禳瘞盧注云割割牲也列疈辜也金鶚云磔禳四方皆有百物之神或有爲癘者故磔牲以禳之四方百物當以四字連讀案金說是也此疈辜所祭蓋四方之小神若左昭十八年傳鄭祓禳於四方之屬故在山林川澤之下舞師羽舞舞四方之祭祀注云謂四望也祭法云四坎壇祭四方也注云四方卽謂山林川谷丘陵之神也彼廣該四望山林川澤之亓與此四方小神異又上文五祀及詩小雅甫田毛傳說迎氣祭五帝尚書大傳說六沴祀五精並稱四方則與此四方之祭尊卑尤縣絕互詳舞師大司馬疏云及蜡祭者蜡亦索祭四方百物之神也引郊特牲曰八蜡以記四方四方年不順成八蜡不通以謹民財也者證蜡祭四方鄭彼注云四方方有祭也其方穀不孰則不通於蜡焉使民謹於用財蜡有八者先嗇一也司嗇二也農三也郵表畷四也貓虎五也坊六也水庸七也昆蟲八也此注記字明注疏本並作祀案賈所見別本作祀故疏云彼云八蜡以記四方不作祀作祀者誤孫志祖云祀字亦可通觀注云四方方有祭也擬鄭所據本爲祀字與唐初疏家所據本有不同賈氏不達乃以爲誤耳引又曰蜡之祭也主先嗇而祭司嗇也祭百種以報嗇也饗農及郵表畷禽獸仁之至義之盡也者證有百物也彼文又云古之君子使之必報之迎貓爲其食田鼠也迎虎爲其食田豕也迎而祭之也祭坊與水庸事也鄭彼注云先嗇若神農者司嗇后稷是也

嗇所樹藝之功使盡饗之農田畯也鄭表畷謂田畯所以督約百姓於井閒之處也詩云爲下國畷郵禽獸服不氏所教擾猛獸也案鄭釋大蜡八神獨斷及國語楚語韋注說並同孔疏引王肅說則分猫虎爲二無昆蟲陳祥道又據記報嗇之文謂當去昆蟲而增百種案陳說近是江永金鶚說並同八神依鄭說先嗇司嗇農爲人鬼郵表畷坊水庸爲地示其猫虎昆蟲則此經百物之鬽也故國語楚語云天子徧祀羣臣品物韋注云品物謂若八蜡所祭猫虎昆蟲之類也章亦從鄭義先嗇司嗇即籥章之田祖田畯詳彼疏惠士奇云百物者五地之物神仕職所謂以夏日至致地示物鬽物鬽者羽物贏物鱗物毛物介物之鬼是爲百物之精而以夏日至致之則非蜡祭明矣案惠說足補鄭義蓋蜡祭雖兼及百物而物鬽之祭固不止大蜡也

以肆獻祼享先王以饋食享先王以祠春享先王以禴夏享先王以嘗秋享先王以烝冬享先王

宗廟之祭有此六享肆獻祼饋食在四時之上則是祫也禘也肆者進所解牲體謂薦孰時也獻獻醴謂薦血腥也祼之言灌灌以鬱鬯謂始獻尸求神時也郊特牲曰魂氣歸于天形魄歸于地故祭所以求諸陰陽之義也殷人先求諸陽周人先求諸陰灌是也祭必先灌乃後薦腥薦孰於祫逆言之者與下共文明六享俱然祫言肆獻祼禘言饋食者著有黍稷互相備也魯禮三年喪畢而祫於大祖明年春禘於羣廟自爾以後率五年而再殷祭一祫一禘

疏以肆獻祼享先王以饋食享先王者賈疏云此一經陳享宗廟之六禮也此六者皆言享者對天言祀地言祭故宗廟言享享獻也謂獻饌具於鬼神也從禋祀已下至此吉禮十二皆歆神始何者案大司樂分樂而序之云乃奏黃鍾歌大呂舞雲門以祀天神已下下復云圜鍾爲宮若樂六變天神皆降若樂八變地示皆出若樂九變人鬼可得而禮鄭云

天神則主北辰地祇則主崑崙人鬼則主后稷先奏是樂以致其神
禮之以玉而祼焉彼先奏是樂以致其神則天神地祇人鬼皆以樂
為下神始也彼鄭云禮之以玉據天地而祼焉據宗廟則此上下天
神言煙地言血此宗廟六享言祼是其天地宗廟皆樂為下神始
煙血與祼為歆神始也又案禮器與郊特牲皆言郊血大享腥三獻
爓一獻孰者皆是薦饌始也以其郊是祭天而言用血大享是祫祭
先王而言用腥三獻是社稷而言用爓一獻是祭羣小祀而言用孰
與此是其先後是其後後為薦饌可知故郊言血大享言腥三獻言
爓一獻言孰也吳紱云肆獻祼者享先王之隆禮饋食者享先王之
殺禮以二者統冒於上而以四時之祭分承於下肆獻祼饋食不專
一祭隨所值而當之者也案吳說是也江永說同凡禘祫及時祭皆
兼有肆獻祼饋食諸節故司尊彝說祠禴嘗烝及閒祀追享朝享皆
有祼彝明二祼九獻禮無不備鄭賈以肆獻祼饋食分屬禘祫殆非
經義鄭鬯人注謂始禘自饋食始於經亦無可徵竊謂此云肆獻祼
者亦兼有饋食此統含祫禘及時祭也云饋食者則唯自饋孰始特
牲饋食禮注云祭祀自孰始曰饋食饋食者食道也士虞禮云特豕
饋食注云饋猶歸也少牢特牲饋食禮為大夫士祭禮皆三獻因以
饋孰為始謂之饋食若然天子諸侯亦當有大牢饋食禮饋食雖有
酳尸之獻然在食後與祼獻在祭前不同也凡王禮廟享皆九獻而
告祭及祈禱禮殺容有自饋食始者故此經以為六享之一也又江
永謂天子諸侯每月朔朝廟之祭當用饋食禮方苞莊有可又以此
饋食為薦禮經亦宜含此諸義凡天子諸侯獻新物皆用薦禮故公
羊桓八年何注云無牲無祭謂之薦天子四祭四薦諸侯三祭三薦
大夫士再祭再薦月令仲春天子鮮羔開冰季春薦鮪孟夏以彘嘗
麥仲夏以雛嘗黍孟秋農乃登穀天子嘗新仲秋以犬嘗麻季秋以
犬嘗稻季冬嘗魚皆云薦寢廟是也薦不用成牲則不成肆解又不

迎尸則無祼獻之節直饋新物而已大戴禮記曾子天圓篇云大夫之祭牲羊曰少牢士之祭牲特豕曰饋食無祿者稷饋稷饋者無尸無尸者厭也彼所謂饋食者卽指特牲饋食禮所謂稷饋者則無尸之饋也此經饋食蓋兼彼饋食稷饋二禮言之禮既夕云朔月若薦新不饋于下室注云以其殷奠有黍稷也是薦新無尸之厭亦有黍稷故通謂之饋食矣凡庶人無祭禮止有薦而已士以上有祭禮而獻新物則用薦禮其禮雖殺而獻於祖考則一故亦謂之享詩周頌潛序云季冬薦魚春獻鮪也而其詩云以享以祀此薦亦得爲享之證也又天子諸侯每月朔朝廟當亦用薦禮詳司尊彝疏云以祠春享先王者此辨周時祭之異名爾雅釋天云春祭曰祠郭注云祠之言食說文示部云春祭曰祠品物少多文詞也春秋桓八年公羊傳云春曰祠何注云祠猶食也猶繼嗣也春物始生孝子思親繼嗣而食之故曰祠因以別死生云以禴夏享先王者禴與礿同爾雅云夏祭曰礿郭注云礿新菜可汋說文云礿夏祭也公羊傳云夏曰礿何注云礿麥始熟可汋故曰礿云以嘗秋享先王者肆師注云嘗者嘗新穀爾雅云秋祭曰嘗郭注同公羊傳云秋曰嘗何注云嘗者先辭也秋穀成者非一黍先熟可得薦故曰嘗云以烝冬享先王者爾雅云冬祭曰烝郭注云烝進品物也春秋桓八年春正月己卯烝公羊傳云烝者何冬祭也冬曰烝何注云烝衆也氣盛貌冬萬物畢成所薦衆多芬芳備具故曰烝御覽禮儀部引白虎通義說同案烝國語魯語大戴禮記千乘篇並作蒸聲同字通以上說時祭並與此經同王制云天子諸侯宗廟之祭春曰礿夏曰禘秋曰嘗冬曰烝注云此蓋夏殷之祭名周則改之春曰祠夏曰礿以禘爲殷祭詩小雅天保孔疏引鄭禘祫志亦謂祠禴嘗烝爲周公制禮所改郊特牲祭義又有春禘秋嘗注以禘爲禴之誤又以爲夏殷之禮以其與此經不合知非周法也又此經時祭不言何月王制注云祭以首時薦以仲月

孔疏云晏子春秋云天子以下至士皆祭以首時故禮記明堂位云季夏六月以禘禮祀周公於大廟周六月是夏四月也又雜記云七月而禘獻子爲之也譏其用七月明當用六月是也魯以孟月爲祭魯王禮也則天子亦然大夫士無文從可知也其周禮四仲祭者因田獵而獻禽非正祭也服虔注桓公五年傳云魯祭天以孟月祭宗廟以仲月非鄭義也此薦以仲月謂大夫士也既以首時祭故薦用仲月若天子諸侯禮尊物熟則薦之不限孟仲季故月令孟夏薦麥孟秋薦黍季秋薦稻是也大夫既薦以仲月而服虔注昭元年傳祭人君用孟月人臣用仲月不同者非鄭義也南師解云祭以首時者謂大夫士也若得祭天者祭天以孟月祭宗廟以仲月其禘祭祫祭時祭亦用孟月其餘諸侯不得祭天者大祭及時祭皆用孟月既無明據未知孰是按春秋桓八年正月己卯烝夏五月丁丑烝書者左氏見其瀆桓十四年八月乙亥嘗書以御廩災左氏公羊以爲不應嘗此等皆不用孟月者以春秋亂世不能如禮故參差不一難以禮論也案孔說是也國語楚語云日月會於龍豵羣神頻行國於是乎烝嘗韋注云豵龍尾也謂周十二月夏十月也烝冬祭也嘗嘗百物也春秋繁露四祭篇云祠者以正月始食韭也礿者以四月食麥也嘗者以七月嘗黍稷也烝者以十月進初稻也公羊桓八年何注云祭必於夏之孟月者取其見新物之月也通典吉禮引高堂隆云天子諸侯月有祭事其孟則四時之祭也其仲月季月皆薦新之祭也此並與鄭孔說同左桓五年傳云始殺而嘗閉蟄而烝杜注以始殺爲建酉之月閉蟄爲建亥之月孔疏引賈服則以始殺爲孟秋是亦以孟月也唯蔡邕集月令問荅云宗廟之祭以中月說與鄭異而杜氏春秋釋例烝嘗例云周禮祀號曰以四時仲正之也又云周禮祭宗廟以四仲蓋言其下限也斯又誤據大司馬中夏中冬礿烝之文不知其爲告祭獻禽非正禮也其天子薦新無常月月朔之薦則比

月行之不必在孟仲月管子輕重己篇云夏至而麥熟天子祀於大宗其盛以麥以夏日至始數四十六日夏盡而秋始而黍熟天子祀於大祖其盛以黍依其說則祭大宗在中夏祭大祖在孟秋不皆在首時或亦據薦新言之又大司馬獻禽祀礿祀烝嘗亦用薦禮詳彼

疏 注云宗廟之祭有此六享者說文亯部云亯獻也孝經曰祭則鬼亯之篆文作亯享卽亯之隸變以此六者並云享先王故知爲宗廟之祭經例凡祭享字作享饗燕字作饗儀禮禮記則祭享字亦通借饗爲之與此經字例不同也國語魯語云嘗禘烝享韋注云春祭曰享享獻物也彼以享專屬春祭非此經之義云肆獻祼饋食在四時之上則是祫也禘也者鄭以此文在四時之上則其禮宜大於時享故以爲禘祫然其說非也此肆獻祼爲廟享之隆禮凡殷祭時祭所同雖中含禘祫而非專據禘祫言之至饋食爲廟享之殺禮則牲告祭祈禱及薦新朝朔時行之不關時祭殷祭也禮書引陸佃云禘以肆獻祼爲主猶生之有饗也祫以饋食爲主猶生之有食也案陸說亦以此首二享爲殷祭而與鄭義正相反並非經義云肆者進言解牲體謂薦孰時者賈疏云薦孰當朝踐後爓祭時故禮運云腥其俎孰其殽鄭云孰其殽謂體解而爓之是其饋獻獻以盎齊之節故云薦孰時但體解之時必肆解以爲二十一體故云肆也詒讓案小子羊肆注云肆讀爲鬄羊鬄所謂豚解也此訓肆爲解牲體蓋亦讀爲鬄大司徒祀五帝奉牛牲羞其肆注義略同惟禮經有豚解又有體解二者不同士虞記豚解注云豚解解前後脛脊脅而已孰乃體解升於鼎也凡豚解者爲七體體解者爲二十一體解肆雖同體數則異廟享二解兼有但薦腥則豚解薦孰則體解小子注以羊肆爲豚解典瑞祼圭以肆先王注云謂肆解牲體以祭因以爲名彼注亦不專屬薦孰則是兼腥孰二解矣而此注專舉薦孰者鄭以經云肆獻祼爲逆言則肆當獻後而薦腥在二祼之後三獻之前於次不合

故以四獻之後薦孰爲釋然則鄭意豚解體解通謂之肆而此經之肆則專屬豚解無體解賈疏謂肆解爲二十一體是也但此經肆獻祼爲祭祀之隆禮文次先後蓋無定例此肆亦當爲豚解體解之通名不必專屬體解也任啓運謂肆爲薦血腥與薦孰對文黄以周亦據郊特牲記用牲有六節」血腥肆爓腍謂腥肆爲一類經凡云肆者皆專屬薦腥義亦得通豚解體解詳內饔疏又案典瑞肆先王御覽珍寶部引馬融注訓肆爲陳書牧誓商王紂昏棄厥肆祀僞孔傳同詩周頌雝於薦廣牡相予肆祀箋云陳祭祀之饌馬意蓋亦謂陳饌以祭然是內外大小羣祀之常法不宜與獻祼並舉故鄭不從也云獻獻醴謂薦血腥也者以上下文例校之薦血腥下當有時字此謂當三獻四獻之節也賈疏云此是朝踐節當二灌後王出迎牲祝延尸出戶坐於堂上南面迎牲入豚解而腥之薦於神坐以玉爵酌醴齊以獻尸后亦以玉爵酌醴齊以獻尸故云謂薦腥也詒讓案鄭以經文逆言則獻在祼後肆前故惟據朝踐三獻四獻爲釋實則經文通晐朝踐饋獻朝獻再獻等爲文鄭說亦非經意云祼之言灌者小宰注同云灌以鬱鬯謂始獻尸求神時也者司尊彝注義同謂當初獻二獻之節獻尸凡九以二祼爲始故云始獻尸也賈疏云凡宗廟之祭迎尸入戶坐於主北王以圭瓚酌鬱鬯以獻尸尸得之瀝地祭訖啐之奠之不飲尸爲神象灌地所以求神故云始獻尸求神時也言始獻對後朝踐饋獻酳尸等爲終故此稱始也論語八佾皇疏云郊特牲鄭注云灌謂以圭瓚酌鬯始獻神也又祭統云君執圭瓚灌尸鄭注云天子諸侯之祭禮先有灌尸之事乃後迎牲案鄭二注或神或尸故解者或云灌神是灌地之禮灌尸是灌人之禮而鄭注尚書大傳則云灌是獻尸尸得獻乃祭酒以灌地也案此注及司尊彝注並云獻尸與祭統及書傳注同賈申鄭義以獻尸尸祭之即爲灌地求神皇氏及禮運孔疏引崔靈恩說書洛誥孔說說並同皇引

或解則謂灌地與灌人不同與鄭義異論語八佾集解引孔安國云灌者酌鬱鬯灌於大祖以降神也周易集解引馬融易注亦以灌爲進爵灌地以降神孔馬說似並專屬灌地降神與灌尸別王鳴盛云祼有二郊特牲云周人尚臭灌用鬯臭鬱合鬯臭陰達於淵泉既灌然後迎牲論語既灌孔安國注酌鬱鬯灌以降神此皆言始時灌地降神之祼祭統云君執圭瓚祼尸鄭注司尊彝云祼謂以圭瓚酌鬱鬯始獻尸此皆言獻尸之灌江聲黃以周說並同今案王說與皇引或解同於義得通竊謂士虞禮未迎尸陰厭時有祭酒於苴之節王祭禮尸未入以前或亦先以鬱鬯灌茅以降神而後迎尸二祼故說文艸部亦有束茅灌鬯爲莤酒之說但禮經無正文未能質定也引郊特牲曰魂氣歸于天形魄歸于地故祭所以求諸陰陽之義也殷人先求諸陽周人先求諸陰者郊特牲孔疏引熊氏以爲殷人先求諸陽謂合樂在灌前周人先求諸陰謂合樂在灌後與降神之樂別賈疏義同云灌是也者釋郊特牲所云先求諸陰卽指灌言故彼上文說灌鬯云臭陰達於淵泉又云既灌然後迎牲致陰氣也卽求諸陰之義也云祭必先灌乃後薦腥薦孰於祫逆言之者與下共文明六享俱然者賈疏云如向所說具先灌訖王始迎牲次腥其俎腥其俎訖乃爓爓祭訖始迎尸入室乃有黍稷是其順也今此經先言肆肆是饋獻節次言獻獻是朝踐節後言灌灌是最在先之事是於祫逆言之也言與下共文明六享俱然者既從下向上爲文卽於下五享與上祫祭皆有灌獻肆三事矣故云六享俱然詒讓案經言肆獻祼以別於饋食耳本非逆言肆獻祼爲隆禮固祫禘時享所同然經實不專據祫言饋食之享則無肆獻祼之節鄭謂六享所同亦非也云祫言肆獻祼禘言饋食者著有黍稷互相備也者祭義云薦黍稷羞肝肺首心鄭彼注云薦黍稷所謂饋食也鄭意此經肆獻祼饋食四者實止三節祼爲一節獻爲一節薦孰與薦黍稷同在一時則肆

與饋食共爲一節禘祫同爲大祭則二節皆備肆獻祼爲祫明禘亦
有之饋食爲禘而祫亦有黍稷二者錯舉明互相備然依鄭說則肆
獻祼饋食祫禘所同何以經文分屬二享其說殆不可通今以經文
攷之肆獻祼亦非無黍稷實兼祫禘時享而饋食則爲殺禮本不屬
禘又饋食雖亦有肆獻而與盛禮不同鄭說並非也云魯禮三年喪
畢而祫於大祖者此釋周祫禘之通制王制注及詩商頌玄鳥箋義
並同賈疏云此亦周衰禮廢無文可明春秋左氏傳云周禮盡在魯
即以春秋爲魯禮今言魯禮者指春秋而言也春秋二年喪畢而祫
於大祖謂若文公二年秋八月大事於大廟躋僖公以僖三十三年
薨至文二年秋八月於禮雖少四月猶是三年喪畢而爲祫祭也大
祖謂周公廟云明年春禘於羣廟者據春秋閔二年書吉禘于莊公
彼在夏不在春者鄭禘祫志謂因懼難而速非禮也云羣廟者謂大
祖及四親廟各分祭詩商頌長發孔疏引鄭禘祫志以爲禘祭各就
其廟是也王制孔疏云按閔二年五月吉禘于莊公昭十五年禘于
武宮昭二十五年將禘于襄公禘皆各就廟爲之故云羣廟云自爾
以後率五年而再殷祭者舊本無率字賈疏述注同余本及注疏本
有與釋文合今據增五年而再殷祭公羊文二年傳文賈疏云殷大
也除明年春從四年以後四年五年六年七年八年八年之中四年
五年六年爲三年祫七年八年添前爲五年禘是五年再殷祭也詩
玄鳥禮記王制曾子問孔疏並引鄭禘祫志云魯莊公以其三十二
年秋八月薨閔二年五月而吉禘此時慶父使賊殺子般之後閔公
心懼於難不得時葬葬則去首絰於門外乃入務自尊成以厭其禍
若已練然免喪又速至二年春其間有閏二十一月禫除喪夏四月
則祫既祫又即以五月禘於其廟比月大祭故譏其速譏其速者明
當異歲也經獨言吉禘于莊公閔公之服凡二十一月於禮少四月
又不禫云吉諦譏其無恩也魯閔公二年秋八月公薨僖二年除喪

而祫大廟明年春禘于羣廟自此之後乃五年再殷祭六年祫故八年經曰秋七月禘于大廟用致夫人然致夫人自魯禮因禘事而致哀姜故譏焉僖公八年春當禘以正月會王人于洮故七月而禘魯僖公以其三十三年冬十二月薨文二年秋八月祫僖喪至此而除事于大廟躋僖公於文公之服亦少四月不刺者有恩也以其逆祀閔有閏積二十一月從閔除喪不禫故明月即祫經云八月丁卯大故特譏之魯文公以其十八年春二月薨宣二年除喪而祫明年春禘於羣廟自此之後亦五年而再殷祭與僖同六年祫故八年禘經曰夏六月辛巳有事于大廟仲遂卒于垂說者以為有事謂禘為仲遂卒張本故略之言有事耳魯昭公十一年夏五月夫人歸氏薨十三年夏五月大祥七月而禫公會劉子及諸侯於平丘公不得志八月歸不及祫冬公如晉明十四年春歸乃祫故十五年春乃禘經曰二月癸酉有事于武宮傳曰禘于武公及二十五年傳將禘于襄公此則十八年祫二十年禘二十三年祫二十五年禘於兹明矣儒家之說禘祫也通俗不同學者競傳其聞是用訩訩爭論從數百年來矣竊念春秋者書天子諸侯中失之事得禮則善違禮則譏可以發起是非故據而述焉從其禘祫之先後考其疏數之所由而粗記注焉魯禮三年之喪畢則祫于大祖明年春禘于羣廟僖也宣也八年皆有禘祫祭則公羊傳所云五年而再殷祭祫在六年明矣明堂位曰魯王禮也以此相準況可知也案此鄭所考魯禮禘祫疏數之說二疏所引互有刪易今參合校補著之於此鄭依春秋經傳所書禘祫之年互相參校以其所書推其所不書雖不甚塙然所定三年禘五年祫之說則不誣也詳後云一祫一禘者賈疏及詩魯頌閟宮孔疏並謂是禮讖文漢書韋玄成傳亦有此說謂自終喪之禘數之吉禘後三年則有祫吉禘後五年又有禘是謂三年祫五年禘其實祫禘更迭而行自相距各有五年也案宗廟之祭莫大於禘祫而自漢

以來羣儒聚訟鄭說禘祫之義見於諸經注及禘祫志者王制云天子犆礿祫禘祫嘗祫烝諸侯礿則不禘禘則不嘗嘗則不烝烝則不礿諸侯礿犆禘一犆一祫嘗祫烝祫鄭注云犆猶一也祫合也天子諸侯之喪畢合先君之主於祖廟而祭之謂之祫後因以爲常天子先祫而後時祭諸侯先時祭而後祫凡祫之歲春一礿而已不祫以物無成者不殷祭周改夏祭曰礿以禘爲殷祭也詩周頌雝禘太祖也鄭箋云禘大祭也大於四時而小於祫王制疏引鄭禘祫志云王制記先王之法祫爲大祭祫於秋於夏於冬周公制禮祭不欲數又閟宮疏引禘祫志云周改先王夏祭之名爲礿故禘以夏先王祫於三時周人一焉則宜以秋宋書禮志載朱膺之議引鄭云禘以孟夏祫以孟秋王制疏云鄭祫禘及四時祭所以異者此祫謂祭於始祖之廟毀廟之主及未毀廟之主皆在始祖廟中始祖之主於西方東面始祖之子爲昭北方南面始祖之孫爲穆南方北面自此以下皆然從西爲上禘則太王王季以上遷主祭於后稷之廟其坐位乃與祫相似其文武以下遷祖若穆之遷主祭於文王之廟文王東面穆主皆北面無昭主若昭之遷主祭於武王之廟武王東面其昭主皆南面無穆主又祭親廟四其四時之祭惟后稷文武及親四廟也通典吉禮引禘祫祭說禘位悉同是孔義亦本禘祫志也綜此諸文則鄭說周之禘祫並爲殷祭其異者禘小而祫大禘分而祫合其年之疏數則吉禘之後三年祫五年禘禘祫自相距各五年其祭之時則吉禘以春大禘以夏祫以秋其祭之儀法祫則毀廟未毀廟之主皆升合食於大祖禘則文武以前遷主於后稷之廟文武以後遷主穆祭於文王之廟昭祭於武王之廟未遷之主各自祭於其廟此其辜較也今博稽經典及羣儒之說其與鄭同者如齊書禮志引禮緯稽命徵云三年一祫五年一禘後漢書張純傳純奏云禮說三年一閏天氣小備五年再閏天氣大備故三年一祫五年一禘說苑脩文篇

唐書禮儀志開元二十七年太常議引白虎通五經通義許愼異義賀循祭議說並同初學記禮部引五經異義云三歲一祫五歲一禘此周禮也三歲一禘疑先王之禮也又說文示部云禘諦祭也周禮曰五歲一禘祫大合祭先祖親疏遠近也周禮曰三歲一祫蓋據周禮說文此並與鄭三年祫五年禘之說同者也明堂位云季夏六月以禘禮祀周公於大廟季夏卽夏正之孟夏毛詩閟宮傳云諸侯夏禘則不礿秋祫則不嘗唯天子兼之通典吉禮引崔靈恩云禘以夏者以審諦昭穆序列尊卑夏時陽在上陰在下尊卑有序故大次第而祭之故禘者諦也第也祫以秋者以合聚羣主其禮最大必秋時萬物成熟大合而祭之祫者合也此與鄭夏禘秋祫之說同者也曾子問云祫祭於祖則祝迎四廟之主公羊文二年傳云大事者何大祫也大祫者何合祭也其合祭奈何毀廟之主陳于大祖未毀廟之主皆升合食于大祖穀梁傳說同漢書韋玄成傳云祫祭者毀廟與未毀廟之主皆合食於太祖父爲昭子爲穆孫復爲昭古之正禮也

御覽禮儀部引五經通義云祫皆取未遷廟主食大祖廟中又引白虎通義云祫者合也毀廟之主皆合食於大祖也此與鄭祫合祭已毀未毀之主於太祖廟之說同者也至其說之異者尤衆綜而論之約二十一家鄭以禘祫爲一祭而或合爲一通典吉禮引賈逵劉歆說禘祫一祭二名禮無差降魏書禮志引王肅云禘祫一名也合而祭之故稱祫審諦之故稱禘非兩祭之名論語八佾集解引孔安國說王制疏引杜預說左傳僖三十三年疏引劉炫說並同此與鄭義異者一也鄭以祫大禘小而王制疏云王肅張融孔晁皆以禘爲大祫爲小唐郊祀錄引馬融云禘大祫次之公羊閔二年徐疏述何休義亦云禘大於祫此與鄭義異者二也鄭謂三年祫五年禘而穀梁閔二年楊疏推范寗義云禘旣三年祫則五年此與鄭義異者三也又閟宮疏引禘祫志云或云歲祫終禘漢書韋玄成傳匡衡云

閒歲而祫又劉歆以爲壇墠則歲貢大禘則終王通典吉禮晉徐禪虞喜議引春秋左氏說亦有歲祫終禘之文此與鄭義異者四也鄭以禘祫自相距各五年而諸儒以禘祫爲一則禘自相距各三年而無五年之祫故閟宮疏引禘祫志云或云三年一禘五年再禘左傳僖八年禘于大廟用致夫人杜注謂禘者三年大祭之名又謂僖公歷三禘乃致哀姜蓋謂五年再禘則八年三禘也唐書禮志引晉陳舒議亦謂三年一殷此與鄭義異者五也又或謂禘與禘自相距三年祫與祫自相距五年公羊閔二年徐疏云何氏之意以爲三年一祫五年一禘謂諸侯始封之年禘祫並作之但夏禘則不礿秋祫則不嘗而已一祫一禘隨次而下其閒三五參差亦有禘祫同年時矣此與鄭義異者六也鄭以禘祫既夏秋不同則相距月數不得均齊而或謂殷祭相距各三十月通典吉禮引徐邈議云禮五年再殷凡六十月分中每三十月殷也此與鄭義異者七也鄭以吉禘在春大禘在夏而或謂禘無常月杜氏春秋釋例云凡三年喪畢然後禘於是遂以三年爲節仍計除喪卽吉之月卜日而後行事無復常月也此與鄭義異者八也鄭以大祫在秋而或以祫爲在冬續漢祭祀志張純奏云禘之爲言諦諦禔昭穆尊卑之義以夏四月陽氣在上陰氣在下祫以冬十月五穀成熟故骨肉合飲食唐志開元太常議亦云秋冬爲祫此與鄭義異者九也鄭以周祫既在秋則王制祫禘祫嘗祫烝非周法而或據彼文謂祫三時皆可通典引徐邈云祫三時皆可者蓋喪終則吉而祫服終無常故祫隨所遇惟春不祫故曰特礿非殷祀常也又引宋周景遠議亦謂夏秋冬三時皆殷此與鄭義異者十也鄭以一年之中祫禘不並行而或以禘祫同年而異時穀梁楊疏云或以禘祫同三年但禘在夏祫在秋直時異耳此與鄭義異者十一也鄭以三年喪畢而祫明年春禘以後三年祫五年禘悉以是爲根數而公羊閔二年何注云禮禘祫從先君數三年喪畢遭

禘則禘遭祫則祫是謂建國定制歷世積推不斷自新君除喪之年
爲始此與鄭義異者十二也鄭以祫合禘分而諸儒或以禘祫爲一
而禘爲合祭論語八佾集解引孔安國云禘祫之禮爲序昭穆也故
毀廟之主及羣廟之主皆合食於太祖通典引王肅云曾子問唯祫
于太祖羣主皆從而不言禘臣以爲禘祫殷祭羣主皆合舉祫則禘
可知也此與鄭義異者十三也鄭以禘文武以前遷主祭於后稷廟
以後遷主分祭於文武廟而或謂毀廟之主皆升合食於大祖廟御
覽引五經通義云禘者諦也取已遷廟主合食大祖廟中通典吉禮
引韓詩內傳說同又王制疏載王肅祫云賈逵說吉禘於莊公禘者
遞也審諦昭穆遷主遞位孫居王父之處又引禘于大廟逸禮其昭
尸穆尸其祝辭稱孝子孝孫則是父子並列逸禮又云皆升合于其
祖所以劉歆賈逵鄭衆馬融等皆以爲然此與鄭義異者十四也或
以禘祫爲一而合祭爲禮之常特祭爲禮之變春秋釋例云禘於大
廟禮之常也各於其宮時之爲也雖非三年大祭而書禘用禘禮也
此與鄭義異者十五也或分禘祫爲二而禘仍合祭續漢志張純奏
引元始五年始行禘禮父爲昭南嚮子爲穆北嚮父子不並坐而孫
從王父此與鄭義異者十六也鄭以祫爲毀廟未毀廟皆合食於大
祖而或謂祫止毀廟合食續漢志張純奏舊制三年一祫毀廟主合
食高廟存廟主未嘗合此與鄭義異者十七也鄭以禘祫皆徧及已
毀未毀之主而祫合禘分而或以禘則毀廟合食祫則不及毀廟通
典引王肅議云漢光武時言祭禮以禘者毀廟之主皆合於太祖祫
者惟未毀之主合而已矣此與鄭義異者十八也鄭以祫禘皆盡及
毀廟之主而通典引徐禪虞喜議據左氏說歲祫及壇禪終禘及郊
宗石室又引袁準正論說同則謂雖及毀主而有遠近之殺此與鄭
義異者十九也鄭司勳注以冬大烝祭功臣而公羊文二年何注云
禘所以異於祫者功臣皆祭也此與鄭義異者二十也鄭以喪畢先

祫後禘以後三年祫五年禘是自除喪以後皆祫先禘後而公羊何注謂三年喪畢遭禘則禘遭祫則祫則禘祫先後無定此與鄭義異者二十一也以上諸說岐迕襍出無所折衷今博攷諸經審繹鄭義推周制毀廟之主並藏大祖廟不藏文武廟則禘祭遷主亦當如祫通合食於大祖廟逸禮韓詩五經通義諸家之說實爲允愜鄭誤以文武爲二祧凡文武以後遷主藏焉故謂禘祭亦取文武後遷主以昭穆祭於文武廟此與禮制不合詳敘官及守祧疏此外諸義則並綜貫經傳塙不可易葢春秋有禘有吉禘而文二年大事于大廟左傳不云何祭公穀則以爲大祫明禘之外別有此大祫之祭則謂禘祫一祭二名者非也昭十五年有事于武宮左傳以爲禘而祫經獨書大事明祫大而禘小則謂祫小於禘者非也通典亦申鄭說云以禮經及春秋所書皆祫大於禘按春秋公羊傳云大事于大廟大事者祫也至於禘則云禘於莊公禘於僖公既不於大祖則小於祫也又按禮記禘於大廟之禮云毀廟之主升合食而立二尸又按韓詩內傳云禘取毀廟之主皆升合食於大祖則禘小於祫也祫則羣廟之主悉升於大祖廟禘者於其廟而行祭禮二祭俱及毀主禘之與祫同得爲殷禘則小於祫而大於四時也曾子問主夫子云自非祫祭七廟五廟無虛主而不言禘小於祫明矣案杜說詳覈足輔鄭義國語周語云日祭月祀時享歲貢終王漢人因而爲歲祫終禘之說然日祭月祀之說煩數不合禮典且云歲貢終王不云歲祫終禘終禘即三年喪畢之吉禘而歲祫之說於經無徵且依彼說則世唯一禘禘既太疏比歲有祫祫又太數於理尤未安則謂歲祫終禘者非也禘祫既爲二祭則當分年迭行公羊說大祫而云五年再殷是無五年再禘之說則謂三年一禘五年再禘者非也何氏公羊注說五年而再殷祭云三年祫五年禘蓋以五年再殷二祭通數與鄭說略同徐彥不達誤謂禘三祫五各自計年實非何意唐制亦沿斯誤故

通典吉禮載開元太常議據鄭義駁之云今大廟禘祫名自數年兩岐俱不通計或比年頻合或同歲再序或一禘之後併爲再祫或五年之內驟有三殷法天象閏之期既違其度五歲再殷之制數又不同蓋深中其失則徐彥之說非也季夏魯禘有明堂位明證則杜預謂禘無常月者非也春秋文二年八月大祫此祫在秋之明證王制三時之祫與禮不合比時殷祭尤爲煩瀆鄭以爲夏殷法雖無塙證然其非周制固無可疑則漢以後制以冬祫及徐邈三時皆祫之說非也禘夏祫秋時既不同則無中分各三十月之理況以六十月再殷爲定限而其閒有閏積十二閏則五年再殷之數必有超越尤不可通則徐邈每三十月殷之說非也三年終喪必有吉禘明禘後有祫自是三年祫後復有禘距前禘自是五年則謂禘三年祫五年者非也五年再殷公羊有明文斷無同年再殷之理則謂禘祫同三年者非也春秋閔二年吉禘于莊公昭十五年有事于武宮左傳昭二十五年禘于襄公定八年禘于僖公並特祭於其廟則謂禘合祭於太祖者非也祫迎四廟之主曾子問有明文則漢制祫止毀主合食祖廟不及未毀主之說非也祫毀主合食逸禮亦有明文則漢光武時議者謂祫不及毀主者非也司勳凡有功者祭於大烝烝爲冬祭既不在夏秋則非禘祫可知況功臣配食乃禮之小者不容禘祫二祭專以此爲區別則何休禘惟功臣與祭之說非也禘祫之祭聚訟已久今以鄭義爲本而條列唐以前諸家之說辯證其是非宋以後異說尤繁並不復論其郊丘明堂之禘與廟享不同別詳大司樂疏

周禮正義卷三十四

瑞安孫詒讓學

以凶禮哀邦國之憂 哀謂救患分裁凶禮之別有五 疏 以凶禮哀邦國之憂者五禮之二也說文凶部云凶惡也釋名釋言語云凶空也就空亡也裁喪皆凶惡之事故哀弔之禮謂之凶禮 注云哀謂救患分裁者裁注例用今字當作災下並同詳膳夫疏說文口部云哀閔也救患分裁據左僖元年邢遷于夷儀齊師宋師曹師城邢傳文彼以邢被狄伐諸侯救之與此後經禬恤事相類鄭以五凶禮通有救患分災之義故據以爲釋云凶禮之別有五者目具下文

以喪禮哀死亡 哀謂親者服焉疏者含禭 疏 以喪禮哀死亡者說文哭部云喪亡也白虎通義崩薨篇云喪者亡也人死謂之喪何言其喪亡不可復得見也生者哀痛之亦稱喪禮目喪服斬衰易曰不封不樹喪期無數孝經曰孝子之喪親也是施生者也鄭喪服注云不忍言死而言喪喪者棄亡之辭若全存居於彼焉已亡之耳 注云哀謂親者服焉疏者含禭者釋文云含本亦作琀案琀卽含之俗詳大宰疏賈疏云據上文云哀邦國之憂則此亦據諸侯邦國之內而言但天子諸侯絕傍期傍期已下無服若始封之君不臣諸父昆弟亦有服今云親焉服焉者鄭廣解哀義不專據天子諸侯之身也案士喪禮親者不將命注云大功已上有同財之義無歸含法鄭云親者服焉據大功親以上直有服無含法若小功已下有含弁有服也若然此據大夫以下而說天子諸侯雖無服其含禭則有之故春秋王使榮叔歸含且賵士喪禮君使人禭明天子諸侯於臣子皆有含禭也詒讓案諸侯雖絕傍期然諸侯於其諸父及兄弟之爲諸侯者則有服喪服傳云尊同則得服其

親服義亦通於此也通典凶禮引譙周云諸侯降旁親旁親若爲諸侯及女子嫁於諸侯服如國人此卽鄭所謂親者服焉之義賈說未憭含糅詳小宰疏

以荒禮哀凶札

荒人物有害也曲禮曰歲凶年穀不登君膳不祭肺馬不食穀馳道不除祭事不縣大夫不食粱士飲酒不樂札讀爲截截謂疫癘

疏 以荒禮哀凶札者遭凶札貶損振救之禮謂之荒禮若大司徒十二荒政及周書大匡糴匡二篇所紀是其略也　注云荒人物有害也者賈疏云經云荒以爲目下云凶札則荒中有凶是物有害荒中兼有札是人有害案司服云大札大荒則素服注云札疫病荒飢饉者彼不以荒爲目以荒替凶處故彼注荒爲飢饉不爲物有害也引曲禮者鄭彼注云登成也皆爲自貶損憂民也禮食殺牲則祭先有虞氏以首夏后氏以心殷人以肝周人以肺不祭肺則不殺也不治道爲妨民取蔬食也縣樂器鍾磬之屬也粱加食也不樂去琴瑟此並遇荒自貶損之禮故引以爲證據小行人云國札喪則令賻補之國凶荒則令賙委之是當有賙補之事注不具也云札讀爲截截謂疫癘者癘舊本作厲今據毛晉本校改賸夫注云大札疫癘也大司樂注亦作癘阮元云札者古文假借字也故注易其字作截截者斷也至字林乃有殀字从歺乚聲丁晏云札截聲相近釋名釋天札截也氣傷人如有斷截也段玉裁云札字已屢見矣此乃云讀爲截者互見也

以弔禮哀禍烖

禍烖謂遭水火宋大水魯莊公使人弔焉曰天作淫雨害於粢盛如何不弔廄焚孔子拜鄉人爲火來者拜之士一大夫再亦相弔之道

疏 以弔禮哀禍烖者說文人部云弔問終也案弔之本義爲弔喪引申爲弔烖之通語公羊昭二十五年何注云弔亡國曰唁弔死曰弔弔喪主曰傷弔所執紼曰綍彼弔死以下三事並謂問終於此經當入喪禮之科與此弔禮異也通言之五凶禮並得稱弔詳大府疏　注云禍烖謂遭水火者小行人注義同烖注

例亦當作災宮正注可證說文示部云禍害也又火部云天火曰烖水火皆爲人之患害故通稱禍烖掌客禍烖殺禮注云禍烖新有兵寇水火也此下文別云以恤禮哀寇亂故注不兼兵寇也云宋大水魯莊公使人弔焉曰天作淫雨害於粢盛如何不弔者據左莊十一年傳文此引證弔水烖之事云廏焚孔子拜鄉人爲火來者拜之士一大夫再亦相弔之道者並雜記文鄭彼注云言拜之者爲其來弔己此引證弔火烖之事

以禬禮哀圍敗同盟者合會財貨以更其所喪春秋襄三十年冬會于澶淵宋烖故是其類

疏以禬禮哀圍敗者賈疏云此經本不定若馬融以爲國敗正本多爲圍敗謂其國見圍入而國被禍敗喪失財物則同盟之國會合財貨歸之以更其所喪也洪頤煊云小行人若國師役則令槁禬之字當作國敗鄭注不釋圍字亦當作國敗包愼言云經下文以恤禮哀寇亂圍可包於寇亂之中此當從馬融作國爲當案洪包說是也依賈說蓋唐時鄭注本亦有作國敗者與馬本正同賈大行人疏及蜀石經小行人注引此經並作國敗可證也國敗猶左哀十三年傳云國勝蓋據國爲敵所勝言之則曰國勝據國見敗於敵言之則曰國敗義實同也 注云同盟者合會財貨以更其所喪者謂禬之義猶言合會也禬會聲類同小行人槁禬注亦云使鄰國合會財貨以與之廣雅釋言云更償也賈疏云必知禬是會合財貨非會諸侯之兵救之者若會合兵當在軍禮之中故知此禬是會合財貨以濟之也故大行人云致禬以補諸侯之災小行人亦云若國師役則命犒禬之是其有財貨相補之驗詒讓案此禬與女祝大祝神仕庶氏諸職之禬文同而義異詳女祝疏云春秋襄三十年冬會于澶淵宋烖故者春秋經文公羊傳云諸侯相聚而更宋之所喪曰死者不可復生爾財復矣穀梁傳云更宋之所喪財也此引以證會合財貨更其所喪之事也云是其類者澶淵之會爲宋火災雖非圍敗然歸財與

禬禮事類相同故云是其類

以恤禮哀寇亂

恤憂也鄰國相憂兵作於外爲寇作於內爲亂

疏 注云恤憂也者爾雅釋詁文云鄰國相憂者賈疏云亦上云哀邦國之憂據諸侯爲說故鄭以鄰國解之哀之者既不損財物當遣使往諮問安不而已云兵作於外爲寇作於內爲亂者約左傳文七年魯叔仲惠伯語

以賓禮親邦國

親謂使之相親附賓禮之別有八

疏 以賓禮親邦國者五禮之二也說文貝部云賓所敬也賓客之禮主於敬故謂之賓禮 注云親謂使之相親附者謂舊本作者蓋涉後以飲食之禮親宗族兄弟章注而誤今據宋本正謂制朝聘之禮使諸侯親附王亦使諸侯自相親附也云賓禮之別有八者目亦具下文

春見曰朝夏見曰宗秋見曰覲冬見曰遇時見曰會殷見曰同

此六禮者以諸侯見王爲文六服之內四方以時分來或朝春或宗夏或覲秋或遇冬名殊禮異更遞而偏朝猶朝也欲其來之早宗尊也欲其尊王覲之言勤也欲其勤王之事遇偶也欲其若不期而俱至時見者言無常期諸侯有不順服者王將有征討之事則既朝覲王爲壇於國外合諸侯而命事焉春秋傳曰有事而會不協而盟是也殷猶衆也十二歲王如不巡守則六服盡朝朝禮既畢王亦爲壇合諸侯以命政焉所命之政如王巡守殷見四方四時分來終歲則偏

疏 春見曰朝夏見曰宗秋見曰覲冬見曰遇者別歲時諸侯見王之異名也王制疏引五經異義云朝名公羊說諸侯四時見天子及相聘皆曰朝以朝時行禮卒而相逢於路曰遇古周禮說春曰朝夏曰宗秋曰覲冬曰遇許慎案禮有覲經詩曰韓侯入覲書曰江漢朝宗于海知有朝覲宗遇之禮從周禮說鄭駁之云此皆有似不爲古昔案覲禮曰諸侯前朝皆受舍于朝朝通名案異義相聘聘當爲朝不爲古昔義不可通疑當作不爲左背鄭意散文則朝覲亦可通稱

禮說與春秋說義不相違也云時見曰會殷見曰同者金鶚云會同之禮有四一是王將有征討會一方之諸侯時見曰會是也一是王不巡守四方諸侯皆會京師殷見曰同是也此二者皆行於境內者也一是王巡守諸侯會於方岳書周官篇所謂王乃時巡諸侯各朝於方岳也禹會諸侯於塗山亦是巡守會同一是王不巡守而殷國諸侯畢會於近畿此二者皆行於境外者也時見時巡所會皆止一方諸侯殷見殷國所會則四方六服諸侯畢至故曰殷會同對文則別散文則通同亦可言會會亦可言同總之皆曰會同諸侯亦曰會同林喬蔭云會同之禮掌舍云掌王之會同之舍設梐枑再重設車宮轅門爲壇壝宮棘門爲帷宮設旌門無宮則共人門牛人云凡會同共其兵車之牛與其牽徬以載公任器縣師云若將有會同之戒則受法於司馬以作其衆庶及馬牛車輦會其車人之卒伍皆備旗鼓兵器以帥而至稍人云若有會同行役之事則以縣師之法作其同徒輂輦帥而以至廩人云凡邦有會同則治其糧與其食遺人至凡會同掌其道路之委積大祝云大會同造於廟宜於社過大山川則用事焉反行舍奠大司馬云大會同則帥士庶子則掌其政令司士云凡會同作士從諸子云會同賓客作羣子從凡其居從有官有兵其在道有次舍有委積其出入所經皆有告祭若如舊說會同皆在京師則諸侯來朝天子未嘗外出何以有此諸儀詒讓案會同禮蓋有常變不同鄭賈所釋並據常典言之故壇宮受王不出郊甸若其變禮則多與巡守並行或在方岳或在東都如周公朝諸侯於東都之明堂宣王亦有東都之會詩小雅車攻云會同有繹是也其殷國則又或在侯國道里遠近不可豫定故六軍羣子從行而委積館舍之煩亦與大師無異司馬法仁本篇云興甲兵以討不義巡守省方合諸侯攷不同鄭指巡守之會同而言也金氏所舉四者最爲詳析林氏據掌舍諸職以明會同之不必皆在畿內亦足補鄭義互詳

大行人疏　注云此六禮者以諸侯見王爲文者賈疏云案此經文皆云見是下於上稱見故云諸侯見王爲文也秋官大行人云春朝諸侯之等皆云朝覲諸侯是王下見諸侯爲文故彼注云王見諸侯爲文二者相對爲文不同以彼是天子見諸侯之義圖天下之事比邦國之功皆據天子爲主故以天子見諸侯爲文此則諸侯依四時朝天子故以諸侯見天子爲文云六服之內四方以時分來或朝春或宗夏或覲秋或遇冬者依大行人文九州之外夷鎮蕃三服世一見無分年朝覲之法故專據九州以內侯甸男采衛要六服言之四時分來謂六服每服各分四方每方又分四部依四時更迭而來也詩大雅韓奕篇韓侯入覲箋云諸侯秋見天子曰覲孔疏云駁異義云朝通名也秋之言覲據時所用禮是鄭意以韓侯秋來見王時行覲禮也下文奄受北國則韓侯是北方諸侯而得秋覲王者諸侯之朝天子四方時節其文不明說周禮者賈逵以爲一方四分之或朝春或覲秋或宗夏或遇冬藩屏之臣不可虛方俱行故分趣四時助祭也馬融以爲在東方者朝春在南方者宗夏在西方者覲秋在北方者遇冬是由經無正文故先儒爲此二說鄭於大宗伯注云六服之內四方以時分來或朝春或宗夏或覲秋或遇冬名殊禮異更遞而偏秋官大行人注云六服以其朝歲四時分來更遞而偏二注並言分來則是從賈之說一方而分爲四時也韓侯雖是北方諸侯其在北方爲西偏蓋於時分之使當秋覲也若然明堂位注云魯在東方朝必以春似東方諸侯皆朝春者正以彼記魯之祭禮云夏礿秋嘗冬蒸獨無春祀明爲朝王闕之故云朝必以春魯在東方尤爲東偏蓋亦分之使春朝故嘗闕春祭也案孔說是也大行人注云其朝貢之歲四方各四分趨四時而來或朝春或宗夏或覲秋或遇冬依彼注云四方各四分之則鄭意於六服之中分爲四方一方之中又分爲四部以四時分來部近東者則朝春部近南者則宗夏部近西

者則覲秋部近北者則遇冬是東方亦可以秋覲西方不必無春朝蓋與賈說正同賈疏釋四時分來謂春東方六服當朝之歲盡來朝夏南秋西冬北皆然是則一方盡來無四分之事與韓奕疏引馬融說正同實非鄭恉又大行人賈疏謂馬氏之義六服當面各四分之假令東方侯服四分之東方朝春南方宗夏西方覲秋北方遇冬餘方皆然是馬季長亦主四方各四分趨四時而來之說則賈馬鄭三君義本不異與韓奕疏所述馬說不同未知孰得其實又公羊桓元年傳何注說五年一朝之制云分四方諸侯爲五部部有四輩輩主一時蓋謂於四方諸侯之中分爲五部部主一年五年而徧又於一部之中分爲四輩輩主一時四時而徧此則與經注之義並異不足取證者也陳汲謂朝覲不分方分時云以春來則曰朝以夏來則曰宗以秋來則曰覲以冬來則曰遇猶漢律春曰朝秋曰請吳王濞春不朝使人爲秋請是也又書康王之誥大保率東方諸侯入應門左畢公率西方諸侯入應門右則是康王初卽位四方諸侯以朝適皆在京師也王與之說同金鶚云諸侯朝覲經典並無分方分時之說蓋朝覲之年有定若東方諸侯春時或有故則至夏秋皆可朝苟必拘其時將廢朝乎案陳金說亦通但漢人說朝禮者並謂分方分時旣無正文未敢輒易謹附其說於此其四時朝覲之月經注亦無文御覽禮儀部引白虎通云朝用何月皆以夏之孟四月因留助祭則謂以夏正四孟月詩周頌臣工箋云周之季春於夏爲孟春諸侯朝周之春故晚春遣之孔疏亦謂諸侯之朝皆用孟月與班義同也云名殊禮異者覲禮目錄云朝宗禮備覲遇禮省曲禮云天子當依而立諸侯北面而見天子曰覲天子當宁而立諸公東面諸侯西面曰朝鄭注云諸侯春見曰朝受摯於朝受享於廟生氣文也秋見曰覲一受之於廟殺氣質也朝者位於內朝而序進覲者位於廟門外而序入王南面立於依宁而受焉夏宗依春冬遇依秋春秋時齊侯唁

魯昭公以遇禮相見取易略也孔疏引崔靈恩說朝宗之禮云諸侯春夏來朝各乘其命車至臯門外陳介也天子車時在大門內傳辭既訖則乘車出大門下車王迎入至文王廟門天子還服朝服立於路門之外諸侯更易服朝服執贄而入應門而行禮故王當宁以待諸侯次第而進謂入應門諸公東面諸侯西面案以上並鄭據曲禮解朝覲名殊禮異春夏與秋冬不同之說六朝諸儒及唐人經疏說並略同然鄭覲禮記注則云四時朝覲受之於廟是鄭亦有兩解公羊隱十一年何注亦云禮朝受之於太廟不別朝覲之異與曲禮文不同萬斯大淩廷堪並謂將覲之時或先行常朝之禮故有東面西面之位金鶚又駁鄭說云朝宗覲遇特以時而異其名其禮必不有異均是諸侯乃春夏來者寬以待之秋冬來者嚴以接之果何義邪凡諸侯見天子無論何時皆謂之覲書言肆覲東后於春時言之詩言韓侯入覲左傳言晉侯出入三覲郊特牲言覲禮天子不下堂而見諸侯此皆諸侯見天子稱覲不必在秋否則天子春夏皆下堂而見諸侯有是禮乎朝亦四時之通稱不必在春然諸侯相見亦稱朝君臣每日常見亦稱朝惟覲則專屬諸侯見天子不可混稱故覲禮一篇特名曰覲所以別於常朝也鄭乃謂此諸侯秋見天子朝宗禮備覲遇禮省誤矣凡朝聘皆必受摯於廟者謙不敢當也必無受摯於朝之禮且諸侯奠摯必北面而此云東西面其非受摯甚明崔氏謂諸侯春夏乘命車天子出迎君臣皆服皮弁其謬尤甚總之朝覲天子必無迎賓之禮諸侯亦必無不乘墨車者也皮弁每日常朝之服乃諸侯初見天子受摯而以此服相接可乎竊謂諸侯既入廟行覲禮次日天子視朝諸侯又行朝禮蓋覲以正君臣之分故北面朝以通上下之情故東西面案萬淩金三家並謂四時朝覲禮當不異足正鄭賈之誤曲禮所謂天子當依諸侯北面者與覲禮合自是朝覲宗遇之通禮而所謂天子當宁諸公東面諸侯西面者則於經無

徵萬淩金並謂王每日常朝之禮於義得通而萬淩謂先朝後覲金謂先覲後朝說又互異未能決定考司士常朝之位止云孤東面卿大夫西面無諸侯射人朝位與司士同而云諸侯在朝則皆北面朝士三詢外朝之位則五等諸侯並東面此皆與曲禮必不能強合者故江永以曲禮爲記人之異說黃以周亦謂覲禮同姓西面北上異姓東面北上是尚左也曲禮諸公東面諸侯西面則是尚右疑其爲異代禮賈疑戴疑不敢曲爲傅合也云更遞而偏者謂一歲而當朝之服偏六歲而六服偏卽大行人注云六服以其朝歲四時分來更迭如此而偏是也云朝猶朝也欲其來之早者賈疏述注作朝之言朝也爾雅釋詁云朝早也是朝取來早之義也御覽禮儀部引白虎通云朝者見也因用朝時見故謂之朝說與鄭小異云宗尊也欲其尊王者宗尊義詳目錄疏御覽引白虎通云所以制朝聘之禮何所以尊君父重孝道也夫臣之事君猶子之事父欲全臣子之恩一統尊君故必朝聘也是朝有尊君之義云覲之言勤也欲其勤王之事者覲勤聲類同說文見部云諸侯秋朝曰覲勞王事鄭覲禮目錄云覲見也彼據字義此據聲訓義亦相成也云遇偶也欲其若不期而俱至者遇偶爾雅釋詁文春秋隱四年公及宋公遇于清公羊傳云遇者何不期也一君出一君要之也此卽異義公羊說所謂卒而相逢於路曰遇者雖亦取不期之義而與冬見天子之禮迥異左傳隱四年孔疏引劉歆賈逵說並以彼亦用冬遇之禮則杜氏釋例已難之矣云時見者言無常期者謂有大事之時則來見不依六服疏數之節及春秋朝覲之期也射義云貍首者樂會時也諸侯以樂會天子爲節左襄二十八年傳子産曰小適大共其職貢從其時命杜注云從朝會之命此時見義與彼同云諸侯有不順服者王將有征討之事則既朝覲王爲壇於國外合諸侯而命事焉者明時見亦先行朝覲常禮既朝覲乃行會禮但時會人衆必於國外爲壇與常朝在

廟異也國外謂王城之外近郊爾雅釋詁云會合也故合諸侯謂之
會禮詳司儀疏賈疏云此司儀及覲禮所云爲壇合諸侯是也又云
既朝覲者若不當朝之歲則不須行朝覲於國中直壇朝而已其當
朝之歲者則於國中朝案賈意蓋謂時見會當方六服諸侯其適當
朝歲者則先朝於國復朝於壇其不當朝歲專爲時見而來者則無
先朝國中之事覲禮疏亦同此說然依後注說殷同雖不當朝歲亦
先朝國中復朝壇則此時見當方諸侯當朝歲與不當朝歲疑皆先
行常朝之禮惟時見止合當方其當朝歲而不當征討之方者則不
與命事之列或但朝國中不復更特見於壇耳賈說恐非鄭意又案
時會殷同並先朝國中後朝於壇則有兩次將幣其致享及禮裸亦
然故司儀經注說享及禮並於壇以五爵分爲三等是其證也命事
謂命以征討之事即大行人云時會以發四方之禁禁是九伐之法
也論語先進皇疏云時見曰會亦隨其方若東方不服則命與東方
諸侯共征之曲禮疏說亦與皇同又云朝覲王乃爲壇於國外與之
會盟春於國東夏南秋西冬北會則隨事無有定期有時而然故曰
時見曰會也案依皇孔二說則時見亦分方會盟之壇隨四時而異
金鶚云鄭不言一方諸侯文略也云春秋傳曰有事而會不協而盟
是也者左昭三年傳鄭子太叔語引以證時會即爲有征伐之事云
殷猶衆也者大宰注同會子問云諸侯旅見天子注云旅衆也殷旅
義亦同云十二歲王如不巡守則六服盡朝朝禮既畢王亦爲壇合
諸侯以命政焉者大行人殷同注義同說文门部云同合會也賈疏
云案大行人云十二歲王乃巡守殷國若王無故則巡守王國及尚
書所云者是也若王有故則此云殷見曰同及大行人云殷國是也
云殷同者六服衆皆同來言殷國者衆來見於王國其事一也詒讓
案十二歲侯甸男采要五服皆當朝歲其衞服雖不當朝歲亦因王
不巡守而來見則六服當同先朝於廟後朝於壇其禮與時見大同

但時見無常期殷見則必在十二年王不巡守時時見合當方諸侯殷見則六服四方萃於一年以此爲異耳殷見大行人謂之殷同至大行人又有殷國雖亦十二歲因王不徧巡守而行其禮然與殷見正禮迥異鄭賈說並未析詳職方氏及大行人疏云所命之政如王巡守者賈疏云巡守命政則王制所云命典禮考禮命市納價之類又尚書所云歲二月東巡守已下修五禮五玉及協時月正日之等皆是也云殷見四方四時分來終歲則徧者大行人注義同亦謂六服分爲四方每方又四分之四時分來與朝覲法同但朝覲各以其朝歲四時分來六服六歲乃徧殷同則皆於不巡守之年四時六服分來一歲則徧以此爲異也賈疏謂與上同爲四方方各總一時來王制疏亦云每當一時一方總來不四分也通典賓禮引崔靈恩說同並非鄭意

時聘曰問殷覜曰視 時聘者亦無常期天子有事乃聘之焉竟外之臣既非朝歲不敢瀆爲小禮殷覜謂一服朝之歲以朝者少諸侯乃使卿以大禮衆聘焉一服朝在元年七年十一年

【疏】時聘曰問殷覜曰視者經例凡視字並用古字作眂唯此獨從今字作視未詳其例賈疏云此二經者是諸侯遣臣聘問天子之事詒讓案此經無聘覜年數依注說聘無常期覜則十二年三覜王制云諸侯之於天子也比年一小聘三年一大聘五年一朝鄭彼注云此大聘及朝晉文霸時所制也蓋鄭意比年小聘五年大聘爲諸侯邦交之法聘義注據大行人歲問殷聘證小聘大聘是也諸侯於天子則不用是法故王制注庰爲霸主所制明非周公所制禮也而王制孔疏引五經異義春秋公羊說及公羊桓元年何注則並依王制說說文見部亦云諸侯三年大相聘曰覜覜視也視瞻也段玉裁謂許以周禮之覜卽三年大聘故大行人曰王之所以撫邦國諸侯者歲偏存三歲偏覜五歲偏省省與覜同閒歲而舉所謂三年大聘下於上上於下皆得曰覜許說與周禮不相違也

案段說亦得通但王制三年大聘與此經殷覜究不相應蓋五年一朝之文既與大行人不合則聘年亦不足取證可知互詳大行人疏

注云時聘者亦無常期者冢上時見而言大行人注同云天子有事乃聘之焉者大行人注云天子有事諸侯使大夫來聘天子無事則已是也賈疏云上時是當方諸侯不順服其順服者當方盡朝無遣臣來之法其餘三方諸侯不來諸侯聞天子有征伐之事則遣大夫來問天子故云天子有事乃聘之焉云竟外之臣既非朝歲不敢瀆爲小禮者賈疏也瀆數也天子無事不敢數遣大夫聘問天子以是故有事乃遣大夫問也必知時聘遣大夫不使卿者以其經稱問案聘禮小聘曰問使大夫此經云曰問眀使大夫也案小聘使大夫亦詳大行人疏云殷覜謂一服朝之歲以朝者少者大行人注義同一服朝之歲謂惟有侯服來朝之歲也曲禮孔疏云覜亦見也爲來見王起居故曰覜也案孔訓覜爲見與許訓爲覗同覜亦作眺國語齊語云重爲之皮幣以驟聘眺於諸侯覜眺聲類同云諸侯乃使卿以大禮衆聘焉者此亦釋殷爲衆與殷見義同六服皆來聘故謂之衆賈疏云鄭知使卿以大禮者見聘禮大聘使卿此既諸侯使臣代己來眀不得使大夫故知使卿以大禮衆聘焉使卿爲大禮對使大夫爲小禮也曲禮疏云殷覜亦並依時春東夏南秋西冬北各隨方逐時但不每方分爲四耳所以殷覜不須分見四時者小聘不須更見四時法也云一服朝在元年七年十一年者此三年唯有侯服朝餘五服並不朝也賈疏云鄭約大行人要服之內諸侯服數來朝一服朝當此三年以其侯服年年朝甸服二年朝四年朝六年朝八年朝十年朝十二年朝從天子巡守是甸服於元年七年十一年無朝法是使卿殷覜也男服三年朝六年朝九年朝十二年從天子巡守於元年七年十一年亦無朝法是亦使卿以大禮聘天子也采服四年朝八年朝十二年從天子巡守則元年七年十一年亦無朝天子

之法是亦使卿以大禮聘天子也衞服五年朝十年朝則元年七年十一年亦無朝天子法是亦使卿以大禮聘天子也要服六年朝十二年從天子巡守則元年七年十一年亦無朝法是亦使卿以大禮聘也故知一服朝在元年七年十一年也

以軍禮同邦國同謂威其不協僭差者軍禮之別有五

【疏】以軍禮同邦國者五禮之四也夏官敘官注云軍衆名也軍旅田役皆與起徒衆故謂之軍禮　注云同謂威其不協僭差者者爾雅釋詁云協和也左昭三年傳云不協而盟僭差者謂僭越差貸史記禮書云奢溢僭差威而同之所以和其爭競一其制度賈疏云既云同邦國則使諸侯邦國和同故鄭云同謂威其不協僭差者使之和協不僭差僭差謂若禮記郊特牲云宮縣白牡朱干設錫之類皆是諸侯之僭禮也云軍禮之別有五者卽下大師大均大田大役大封五者是也

大師之禮用衆也用其義勇

【疏】大師之禮用衆也者大司馬注云大師王出征伐也賈疏云大師者謂天子六軍諸侯大國三軍次國二軍小國一軍出征之法用衆　注云用其義勇者謂因其義勇之志率勸而用之

大均之禮恤衆也均其地政地守地職之賦所以憂民

【疏】大均之禮者校比戶口以均平征賦之事事止於畿內賈疏謂此大均亦據邦國徧天下皆均之非也邦國雖亦有大均之事然皆諸侯自主之非王官所掌　注云均其地政地守地職之賦者賈疏云鄭約地官均人云掌均地政均地守均地職彼注云政讀爲征謂地守地職之稅也地守衡虞之屬地職農圃之屬若然地征者與下地守地職爲目也此云之賦卽彼注之稅一也詒讓案均人云三年大比則大均注云有年無年大平計之此主王國而言蓋欲均地政地守地職之等須屬聚衆庶大平計其事故屬軍禮疏謂諸侯僭濫無道賦稅不均則合衆以均之故在軍禮非也云所以憂民者前注云恤憂也地政地守地職等不

均則民病故大均以憂恤之 **大田之禮簡衆也** 古者因田習兵閱其車徒之數 【疏】大田之禮者賈疏云此謂天子諸侯親自四時田獵案春蒐夏苗秋獮冬狩通謂之田禮具大司馬職 注云古者因田習兵者小司徒注云田猶獵也大司馬注云兵者凶事不可空設因蒐狩而習之左傳隱五年孔疏引白虎通云王者諸侯所以田獵者何為田除害上以共宗廟下以簡集士衆也案習兵謂春振旅夏茇舍秋治兵冬大閱皆因田而習之亦具大司馬職云閱其車徒之數者其釋文作衆小宰注云簡猶閱也公羊桓六年傳云大閱者何簡車徒也簡閱義同 **大役之禮任衆也** 築宮邑所以事民力強弱 【疏】注云築宮邑者大司馬大役與慮事注云大役築城邑也此宮謂王宮不云城者各舉一隅為釋邑謂都邑築宮邑即匠人建國營國之事大與徒役亦以軍法部署之故屬軍禮也云所以事民力強弱者大司馬注云任猶事也事以其力之所堪謂因民力之強弱任之以立其功賈疏云論語云為力不同科是事民力之強弱也 **大封之禮合衆也** 正封疆溝塗之固所以合聚其民 【疏】注云正封疆溝塗之固所以合聚其民者賈疏云知大封為正封疆者謂若諸侯相侵境界民則隨地遷移者其民庶不得合聚今以兵而正之則其民合聚故云大封之禮合衆也鄭兼言溝塗者古境界皆有溝塗而樹之以為阻固則封人云為畿封而樹之者是也詒讓案大卜注云卜大封謂竟界侵削卜以兵征之若魯昭元年秋叔弓帥師疆鄆田是也左昭三十年傳云吳二公子奔楚楚子大封而定其徙注云大封與土田定其所徙之居與此義同但據鄭大卜注則是大封者謂邦國疆界有侵越者當帥師以定之如左傳文元年云晉侯疆戚田襄八年云莒人伐我東鄙以疆鄫田皆正封疆而用師故屬軍禮經云合衆疑亦兼關軍旅之事大卜注校此為審當據以補其義溝塗即五溝五涂

見遂人司險職經注例皆作涂此作塗者涂之俗疑傳寫之誤詳小司徒疏又後經云王大封則先告后土彼疏以爲封建邦國蓋邦國初建容亦有封疆溝塗錯互不正當合軍以治之此經與彼事小異而實相因此疏與大祝注境界侵削之說則專據建國後言之耳

以嘉禮親萬民 嘉善也所以因人心所善者而爲之制嘉禮之別有六【疏】以嘉禮親萬民者五禮之五也賈疏云餘四禮皆云邦國獨此云萬民者餘四禮萬民所行者少故舉邦國而言此嘉禮六者萬民所行者多故舉萬民其實上下通也 注云嘉善也者爾雅釋詁文云所以因人心所善者而爲之制者謂飲食昏冠等禮並人心所嘉善者故順而制設其禮使相親樂也賈疏謂設禮節以裁制之非鄭恉云嘉禮之別有六者即下飲食昏冠賓射饗燕脤膰賀慶六者是也

以飲食之禮親宗族兄弟 親者使之相親人君有食宗族飲酒之禮所以親之也文王世子曰族食世降一等大傳曰繫之以姓而弗別綴之以食而弗殊百世而昏姻不通者周道然也【疏】以飲食之禮親宗族兄弟者此飲食賓射燕饗之禮皆宗族兄弟故舊朋友四方之賓客所通有宰夫云凡賓客掌其飲食掌客云上公三食侯伯再食子男壹食是四方賓客亦有飲食也射人小臣注以賓射爲與來朝諸侯射是四方賓客亦有賓射也國語周語云親戚宴饗則有殽烝又毛詩小雅伐木序云燕朋友故舊也是宗族兄弟故舊朋友通有飲食饗燕之禮也經各舉一耑互文以見義耳賈疏云此經云飲食亦尊卑通有下文別有饗燕則經云飲者非饗燕是私飲酒法其食可以通燕食俱有以其下不別云食故也 注云親者使之相親者前注義同云人君有食宗族飲酒之禮所以親之也者人君與宗族飲食之禮今亡蓋與燕禮及公食大夫禮略同王制孔疏引皇侃云食禮者有飯有殽雖設酒而不飲其禮以飯爲主故曰食也其禮有二種一是

禮食故大行人云諸公食之禮有九舉及公食大夫禮之屬是也二是燕食者謂臣下自與賓客旦夕共食是也案人君以下族食蓋亦當用禮食故皇氏不數也飲酒者蓋謂族燕燕與飲酒亦通稱文王世子云若公與族燕則異姓為賓膳宰為主人公與父兄齒特牲饋食禮祝告利成徹庶羞設于西序下注引尚書傳云宗室有事族人皆侍終日大宗已侍於賓奠然後燕私燕私者何也已而與族人飲也彼注又云自尸祝至於兄弟之庶羞宗子以與族人燕飲於堂內賓宗婦之庶羞主婦以燕飲於房毛詩小雅湛露傳云夜飲燕私也宗子將有事則族人皆侍不醉而出是不親也醉而不出是渫宗也鄭箋云夜飲之禮在宗室同姓諸侯則成之於庶姓其讓之則止依詩書傳義則天子四時祭及禘祫疑並有族燕之法國語周語云時宴不淫韋注云一時之閒必有宴禮宴燕字通蓋即指時享後之燕言之其鄉大夫以下則宗子主其禮又月令季冬命樂師大合吹而罷注云歲將終與族人大飲作樂於大寢以綴恩也王居明堂禮季冬命國為酒以合三族君子說小人樂然則歲終又有合族大飲於寢之禮不徒時祭矣引文王世子曰族食世降一等者賈疏云鄭彼注云親者稠疏者稀假令親兄弟歲四度從父昆弟歲三度從祖昆弟歲二度族昆弟歲一度是其一世降一等又引大傳曰繫之以姓而弗別綴之以食而弗殊百世而昏姻不通者周道然也者弗別釋文作不別今禮記作弗鄭彼注云姓正姓也始祖為正姓高祖為庶姓繫之弗別若今宗室屬籍也賈疏云引之者證此經以飲食相親之事鄭注引文王世子據人君法引大傳據大夫士法則萬民亦有此飲食之禮也

以昏冠之禮親成男女親其恩成其性

疏以昏冠之禮親成男女者若士冠士昏禮是也天子諸侯昏禮亡其冠禮惟大戴禮記有公冠篇即諸侯之冠禮云公冠四加玄冕盧注云四當為三玄當為袞字之誤依盧說則公冠亦止

三加蓋始加緇布冠玄端服再加皮弁三加衮冕也士冠禮賈疏則云公冠四加者緇布冠皮弁爵弁後加玄冕天子亦四加後當加衮冕矣家語冠頌篇王注冠義孔疏又謂天子當四加玄冕五加衮冕與賈說不同案盧說公冠三加本不塙而玉藻說始冠緇布冠自諸侯下達明不上達於天子爵弁於天子爲吉凶參半之服則不宜列加服之數玄冕衮冕異服同冠又不可分爲兩加王孔賈諸家之義亦並錯互難通未能定也賈疏云此一節陳昏姻冠笄之事上句直言昏冠專據男而言亦有姻笄故下句兼言男女也若然則昏姻之禮所以親男女使男女相親二十之男二十之女配爲夫妻是也冠笄之禮所以成男女男二十而冠女子許嫁十五而笄不許亦二十而笄皆責之以成人之禮也詒讓案男女必冠笄而後昏嫁二禮相因故以親成合言之　注云親其恩者謂昏禮也哀公問云大昏既至冕而親迎親之也又昏義云降出御婦車而婿授綏御輪三周先俟於門外婦至婿揖婦以入共牢而食合巹而酳所以合體同尊卑以親之也親其恩言合其恩誼云成其性者謂冠禮也士冠禮士冠始加祝曰棄爾幼志順爾成德鄭彼注云既冠爲成德又冠義云已冠而字之成人之道也成人之者將責成人禮焉也責成人禮焉者將責爲人子爲人弟爲人臣爲人少者之禮行焉白虎通義情性篇云性者生也成其性言成其生之德也

以賓射之禮親故舊朋友射禮雖王亦立賓主也王之故舊朋友爲世子時共在學者天子亦有友諸侯之義武王誓曰我友邦冢君是也司寇職有議故之辟議賓之辟

疏以賓射之禮親故舊朋友者王與諸侯射於朝也鄉射記云惟君有射于國中賈彼疏謂天子賓射在朝是也其禮士蓋當與大射禮略同詳射人疏賈疏云謂若射人王以六耦射三侯三獲三容五正是賓射之侯也以此賓射之禮者謂行燕飲之禮乃與之射所以申歡樂之情故云親故舊朋友

也案射人所說乃大射禮彼注以爲賓射非也賈疏亦沿其誤詳彼疏 注云射禮王亦立賓主也者賈疏云案大射禮以大夫爲賓主

案此云王以賓射之禮既行燕飲之禮明知王亦立賓主也云王之故舊朋友爲世子時共在學者者賈疏云若據即位爲王以後亦有

以臣爲朋友不得云故舊今云故舊朋友明據未爲王時案文王世子周公居攝成王與伯禽在學與學子同居又王制有王太子是爲

世子時共在學者也云天子亦有友諸侯之義者欲見此賓射內兼有諸侯之賓小臣注云賓射與諸侯來朝者射是也云武王誓曰我

友邦冢君是也者書牧誓文僞孔傳云同志爲友言同志滅紂又僞古文泰誓亦襲此文非鄭所見賈引泰誓爲釋非也賈疏云言此者

欲見經云朋友亦含諸侯在其中案洛誥周公謂成王云孺子其朋彼以成王以臣爲朋友則此朋友之中可以兼之矣云司寇職有議

故之辟議賓之辟者小司寇八辟之二彼注云故謂舊知賓謂所不臣者三恪二代之後與然則彼賓謂賓恪諸侯與故舊朋友義不相

涉此牽連引之證天子有友諸侯之義非謂此朋友專指三恪二代之後也 以饗燕之禮親四方之賓客

賓客謂朝聘者 疏 以饗燕之禮親四方之賓客者說文食部云饗鄉人飲酒也引申爲饗食賓客之饗又說文宀部云宴安也案燕飲

正字當作宴經通借燕爲之燕即今燕禮是也饗又盛於燕故大行人注云饗設盛禮以飲賓也左宣十六年傳云晉侯使士會平王室

定王享之王曰王享有體薦宴有折俎公當享卿當宴國語周語亦云王公立飫則有房烝親戚宴饗則有殽烝案左傳享亦即饗假借

字周語立飫亦即饗禮也其禮今亡互詳酒正疏 注云賓客謂朝聘者者賓謂來朝諸侯客謂其來聘卿大夫燕禮記有與四方之賓

燕之禮彼賓爲聘使司几筵國賓注亦兼朝聘賓客言之散文通也賈疏云此經饗燕並言殊食於上者食無獻酢之法故别言於上與

私飲同科此饗燕謂掌客云上公三饗三燕侯伯再饗再燕子男一饗一燕饗亨大牢以飲賓獻依命數在廟行之燕者其牲狗一獻四舉旅降脫屨升坐無筭爵以醉爲度行之在寢此謂朝賓若聘客則皆一饗其燕與時賜無數是親四方賓客也陳壽祺云考儀禮聘禮曰公於賓壹食再饗燕與羞俶獻無常數賓介皆明日拜於朝上介壹食壹饗據此則聘賓再饗聘介壹饗王禮與侯禮宜同禮記聘義大戴禮朝事儀皆云壹食再饗燕與時賜所以厚重禮也賈疏謂聘客皆一饗失之

以脤膰之禮親兄弟之國

脤膰社稷宗廟之肉以賜同姓之國同福祿也兄弟有共先王者魯定公十四年天王使石尚來歸脤

【疏】以脤膰之禮親兄弟之國者孔廣森云與以賀慶之禮親異姓之國互文異姓亦有脤膰其兄弟之國當有賀慶益可知矣且歸脤雖諸侯於異姓大夫通有之故子以膰俎不至去魯論語記祭於公不宿肉案孔說是也公羊定十四年何注云禮諸侯朝天子助祭於宗廟然後受俎實亦通同異姓言之 注云脤膰社稷宗廟之肉者說文示部云祳社肉盛以蜃故謂之祳天子所以親遺同姓春秋傳曰石尚來歸祳又炙部云䊩宗廟火熟肉春秋傳曰天子有事䊩焉以饋同姓諸侯案說文肉部無脤膰二字而別有脣字訓口耑非此義此脤膰即祳䊩之俗量人又作燔疑當爲䊩詳彼疏賈疏云鄭總云脤膰社稷宗廟之肉分而言之則脤是社稷之肉膰是宗廟之肉是以左成十三年公及諸侯朝王遂從劉康公成肅公會諸侯伐秦成子受脤于社不敬注云脤宜社之肉也盛以蜃器故曰脤劉子曰國之大事在祀與戎祀有執膰戎有受脤注云膰祭肉又案異義左氏說脤社祭之肉盛之以蜃宗廟之肉名曰膰以此言之則宗廟之肉曰膰社稷之肉曰脤之驗也而公羊穀梁皆云生居俎上曰脤熟居俎上曰膰非鄭義耳對文脤爲社稷肉膰爲宗廟肉其實宗廟社稷器皆飾用蜃蛤故掌蜃云祭

祀共蜃器之蜃注云飾祭器是其祭器皆飾以蜃也案賈說是也脤膰之義公穀與左氏說不同公羊定十四年傳云脤者何俎實也腥曰脤熟曰燔穀梁傳文略同此並謂脤膰爲腥熟異名無廟社之別其左氏說則以脤爲祭社肉膰爲祭宗廟肉故閔二年傳梁餘子養曰帥師者受命于廟受脤于社又襄二十二年傳鄭公孫僑曰公孫夏從寡君以朝于君見于嘗酎與執燔焉是並以脤膰爲廟社異名許鄭及國語晉語韋注漢書五行志服虔注並從其說惟昭十六年傳子產曰孔張爲嗣大夫喪祭有職受脤歸脤傳無祭社之文杜注則云受脤謂君祭以肉賜大夫歸脤謂大夫祭歸肉於公皆社之戎祭也孔疏云先儒皆以脤爲祭社之肉劉炫以爲脤亦祭廟之肉以規杜氏今案脤膰對文則廟社有異散文祭廟亦通稱脤劉炫說不誤惠士奇亦云受脤歸脤似非指社杜預謂大夫祭社歸肉于公孔疏乃云大夫奉君命攝祭於社皆臆說也大行人歸脤以交諸侯之福掌蜃祭祀共蜃器亦非獨盛社肉則脤膰兼廟社互舉通稱審矣互詳量人疏云以賜同姓之國者聘禮記云若兄弟之國則問夫人注云兄弟謂同姓若昏姻甥舅有親者則兄弟之國亦兼有異姓此昏姻甥舅別入下文異姓中故知惟據同姓諸姬之國也云同福祿也者少牢饋食禮祝嘏主人云皇尸命工祝承致多福無疆于女孝孫來女孝孫使女受祿于天宜稼于田是祭祀本以受福祿於神今同姓諸侯與王同祖故以脤膰致之明與彼同受此福祿也云兄弟有共先王者者釋同姓之國有稱兄弟之義賈疏云謂若魯與周同承文王鄭與周同承厲王如此之輩與周同立廟是共先王也此文雖主兄弟之國至於二王後及異姓有大功者得與兄弟之國同故僖九年夏王使宰孔賜齊侯胙曰天子有事于文武使孔賜伯舅胙注云胙膰肉周禮以脤膰之禮親兄弟之國不以賜異姓敬齊侯比之賓客又僖二十四年宋成公如楚還入于鄭鄭伯將享之問禮於

皇武子對曰宋先代之後也於周爲客天子有事膰焉有喪拜焉是二王後及異姓有大功者亦得脤膰之賜是以大行人直言歸脤以交諸侯之福不辨同姓異姓是亦容有非兄弟之國亦得脤膰也云魯定公十四年天王使石尚來歸脤者春秋經文引以證共先王之國有歸脤之事詳掌蜃疏

以賀慶之禮親異姓之國異姓王昏姻甥舅【疏】以賀慶之禮親異姓之國者廣雅釋詁云賀嘉也說文貝部云賀以禮相奉慶也又心部云慶行賀人也月令注云慶謂休其善也賈疏云言賀慶者謂諸侯之國有喜可賀可慶之事王使人往以物賀慶之可施及異姓之國所以親之也雖主異姓其同姓有賀慶可知故舉異姓包同姓也是以大行人云賀慶以贊諸侯之喜不別同姓異姓則兼同姓可知 注云異姓王昏姻甥舅者爾雅釋親云婿之父爲姻婦之父爲婚婦之父母婿之父母相謂爲婚姻婦之黨爲婚兄弟婿之黨爲姻兄弟又云母之晜弟爲舅母之從父晜弟爲從舅謂我舅者吾謂之甥也又云妻之父爲外舅郭注云謂我舅者吾謂之甥然則亦宜呼壻爲甥孟子曰帝館甥於貳室是也賈疏云若據男女身則男曰昏女曰姻若以親言之則女之父曰昏壻之父曰姻言甥舅者嫁女與之則爲甥王娶女來則爲舅總是昏姻之國也

以九儀之命正邦國之位每命異儀貴賤之位乃正春秋傳曰名位不同禮亦異數【疏】以九儀之命正邦國之位者此與大小行人爲官聯也大行人云以九儀辨諸侯之命等諸臣之爵注云九儀謂命者五公侯伯子男也爵者四孤卿大夫士也此九儀與彼略同但彼專據侯國賓客之禮此則通晐內外諸臣諸侯言之所包尤廣也此亦即小宰所云聽祿位以禮命先鄭彼注云禮命九賜也後鄭不從曲禮孔疏云案含文嘉九賜一曰車馬二曰衣服三曰樂則四曰朱戶五曰納陛六曰虎賁七曰斧鉞八曰弓矢九曰秬鬯鄭司農以周禮九命與

九賜是一也康成以九命與九賜不同九賜謂八命作牧九命作伯之後始加九賜異義許慎說九賜九命鄭康成以爲不同案依孔引異義則許與先鄭義同今攷九命與九賜迥不相涉兩漢諸儒或合爲一漢書王莽傳張純等曰謹以六藝通義經文所見周官禮記宜於今者爲九命之錫顏注引張晏云周禮上公九命九命九錫也是西漢時已有是說卽許君所本公羊莊五年何注亦以九錫說九命穀梁莊元年楊疏辟其非是至先鄭雖以九賜說禮命而此職注絕無一語涉九賜者其說與許何諸家蓋又小異互詳小宰疏　注云每命異儀貴賤之位乃正者若典命九命禮儀以九爲節七命禮儀以七爲節五命禮儀以五爲節各依命數爲差所以正貴賤之位次使不淆掍差僭也引春秋傳曰名位不同禮亦異數者左莊十八年傳文彼上文云王命諸侯故引以證每命異儀明彼云禮卽此經九儀也

壹命受職始見命爲正吏謂列國之士於子男爲大夫王之下士亦一命鄭司農云受職治職事

【疏】壹命受職者職與爵相兼故曲禮注云凡仕者一命而受爵通典職官云周禮爵及命士故云一命而受爵有受爵有受命者命必有職故周禮云一命受職明一命之士職爵俱有也一命而受職再命不言自明耳案杜說是也此經自一命至九命咸上得兼下下不得僭上皆宗伯正之　注云始見命爲正吏者賈疏云對府史胥徒非正吏以其府史胥徒皆官長所自辟除未得王之命故以士得王命者爲正吏也案賈謂正吏對府史胥徒者蓋據御僕小司寇朝士注並以羣吏爲府史實則此注當對不命之士而言若大宰達吏注云小吏則通命士及不命之士言之不盡正吏也云謂列國之士者賈疏云謂公侯伯爲列國下云七命賜國鄭注孝經云列士封疆謂之諸侯亦據公侯伯七命賜國則子男不得爲列國也典命公侯伯之士一命故鄭以列國之士解之也云於子男爲大夫者賈疏云典命子男大夫一命是

也云王之下士亦一命者凡經例積絫數皆作壹注例用今字通作一詳酒正疏典命無王朝士命數但王之大夫四命以次差之則三命二命一命宜爲上中下士也鄭此及下注皆先舉侯國之臣次及王臣者欲先見卿大夫而後及士也賈疏謂以上云正邦國之位故以諸侯爲首以王臣亦之非鄭恉也鄭司農云受職治職事者謂始受王之官職治其所掌之事也先鄭義與後鄭略同但以此一命爲王之中下士與後鄭異

再命受服鄭司農云受服受祭衣服爲上士玄謂此受玄冕之服列國之大夫再命於子男爲卿卿大夫自玄冕而下如孤之服王之中士亦再命則爵弁服

疏再命受服者通典職官云再命受服於君不自爲也然則一命者其服自爲也

注鄭司農云受服受祭衣服爲上士者賈疏云祭衣服雖不指斥服名以義推之先鄭云爲上士則服爵弁服也此言再命爲上士則王之中士下士同一命可知也詒讓案受祭衣服謂受助祭於君之服亦即錫爵時所受命服曾子問云天子賜諸侯大夫冕弁服於大廟是也蓋命服必受於君乃得有之故禮運以冕弁藏於私家爲非禮明未受命及黜退者不得有也其自祭及朝服則自作之故國語魯語云命婦成祭服列士之妻加之以朝服詩周南葛覃毛傳亦云孔疏云大夫助祭服玄冕受之於君故大宗伯再命受服是也妻所成者自祭之服少牢禮朝服玄冠緇布衣素裳韋昭云祭服玄衣纁裳謂作玄冕之服非也又月令孟夏后妃獻繭乃收繭稅注云收繭稅者外命婦雖就公桑蠶室而蠶其夫亦當有祭服以助祭孔疏引皇氏云外命婦既就公家之桑而養蠶惟稅其繭餘得自入以其夫當有祭服以助王祭故令繭得自入以供造也孔氏謂夫助祭之服當公家所爲故禮再命受服所以有繭稅者以其夫亦當有祭服官家所給故輸繭稅以供造之案依皇侃說則助祭服外命婦自作孔則謂外命婦入稅於公官以其絲織作祭服還以授卿大夫士

其妻不自織二說不同孔氏爲允二云玄謂此受玄冕之服者以玄冕爲諸侯卿大夫之上服助祭服之明此再命受服皆據受上服言也二云列國之大夫再命於子男爲卿者並據典命爲說此列國亦專指公侯伯故別出子男也二云卿大夫自玄冕而下如孤之服者賈疏二云此亦據司服之文案玉藻注二云諸侯之臣皆分爲三等其妻以次受此服則公之有孤之國孤絺冕卿大夫同玄冕若無孤之國則公侯伯子男卿絺冕大夫玄冕士皆爵弁若然此注二云於子男爲卿卿當絺冕矣鄭二云卿大夫自玄冕而下如孤之服者據司服之成文而言也案賈據玉藻注謂鄭意無孤之國卿不與大夫同玄冕大戴禮記諸侯遷廟篇盧注糾鄭之誤謂卿大夫同玄冕不以有孤無孤而異其說甚允竊謂此注直引典命文無分別無孤國卿服之義疑鄭君自易其說與玉藻注不必同也互詳內司服司服疏二云王之中士亦再命者亦典命無文以次推之也二云則爵弁服者賈疏述注則上有士字二云凡言士者無問天子士諸侯士則皆爵弁以助祭也若然司服不見爵弁者以其王吉服有九自公以下轉相如其爵弁於天子諸侯非吉所用故不言案士冠禮皆有爵弁服是士之助祭服故士以爵弁爲正也任大椿二云卿大夫以玄冕爲命服爵弁以下其次也士以爵弁爲命服皮弁以下其次也大宗伯注謂大夫玄冕士爵弁蓋專以大夫士之上服爲命服也次服所施等殺或眡乎命數如天子大夫四命則以爵弁家祭諸侯大夫再命則以朝服家祭以爵弁朝服皆大夫次服故也若命服高下則惟眡乎爵不眡命數如天子之士雖三命與諸侯之卿同而三命之士惟得爵弁子男之大夫一命與天子之下士同而一命之大夫得服玄冕於此見命服從爵不從命數大夫士命服惟助祭得服之雖朝朔及家祭皆用命服之次又二云據注則再命受服兼含士受爵弁服但攷玉藻一命縕韍幽衡注謂公侯伯之士一命疏謂縕韍當爵弁韎韐大宗伯疏謂無問天

子士諸侯士例皆爵弁以助祭據此則諸侯之上士一命天子之下士一命皆得服爵弁矣又何待再命之士也今攷月令疏謂禮再命受服其夫亦當有祭服官家所給故輸繭稅以供造之然則爵弁郊廟之服必再命之士乃得受其一命之士雖得服爵弁不得受服內司服凡命婦共其衣服注臣之命者再命以上受服則下士之妻不共也然則不受服者公家不供其服非不得服也案任述注義深得鄭恉依鄭此注及士冠禮注詩周頌絲衣箋說是天子及五等諸侯之士命數不同皆以爵弁爲上服則雖三命上士亦不得服冕而禮器說冕旒云士三是士有服冕矣鄭彼注以爲夏殷禮殊無塙證鄭鍔陸佃並謂天子上士三命玄冕鍾文烝黃以周說同王昭禹孫希旦則謂天子中士再命亦玄冕吳廷華孔廣森金鶚則謂天子上中下士並得服玄冕以尊卑之等論之王臣陪臣服有隆殺而士獨一同爵弁非其差也說苑脩文篇云士服黻此與玄冕一章之服適合但上士三命服章視命數則宜得有希冕三章之服是又不止玄冕矣若然王臣命服蓋不以爵爲別異而兼以命爲差次弁師諸侯及孤卿大夫之冕各以其等爲之言冕之等不及士司服士服自皮弁而下如大夫之服及士冠禮士以爵弁爲三加之尊服並專據侯國之制不得以概天子之士也說文冃部云冕大夫以上冠荀子富國篇及大略篇皆云大夫裨冕白虎通義紼冕篇云諸侯九旒大夫七旒士爵弁無旒言冕皆不及士者以唯天子士乃得服冕不服冕者多亦容據侯國制言之也互詳典命司服疏

三命受位鄭司農云受下大夫之位玄謂此列國之卿始有列位於王爲王之臣也王之上士亦三命

疏注鄭司農云受下大夫之位者賈疏云先鄭意以上士二命下大夫三命上大夫四命案王制云次國之下卿位當大國之上大夫小國之下卿位當大國之下大夫則諸侯之五大夫有上下案序官有中大夫下大夫則中大夫亦得名爲上

大夫矣故先鄭以下大夫三命上大夫四命卽典命大夫四命者是上大夫也後鄭不從者以侯伯子男名位不同侯伯猶同七命子男猶同五命況中大夫下大夫名位旣同何嫌不得同命也是以典命唯見大夫四命是兼中下大夫故不從先鄭也云玄謂此列國之卿始有列位於王爲王之臣也者典命云公之卿三命侯伯之卿亦如之子男之卿再命此云列國之卿卽指公侯伯之卿也左成二年傳說晉鞏朔未有職司於王室杜注云非命卿名位不達於王室是命卿以上乃受位於王也賈疏云諸侯之卿大夫皆得聘天子今於三命乃云始有列位於王爲王之臣者以其再命已下卑雖得聘天子不得言位於王朝是據列國之卿而言故曲禮云列國之大夫入天子之國曰某士注引春秋晉士起亦據晉國之卿三命而於天子稱士與天子三命之士同稱士卽爲王臣也詒讓案依此注說則小國之卿再命未得受位卽不命於天子故王制云小國二卿皆命於其君而白虎通義封公侯篇引王度記則云小國三卿一卿命於天子王制注依其說謂彼記文似誤脫是鄭謂小國亦三卿一卿命於天子今玫典命注引王制依其元文絕無改易以相參證疑此注義乃鄭君後定與王制注說自不同也黃以周云王制二當作三小國三卿皆命於其君不列位於天子王制所言命於天子皆謂受位於王國大宗伯三命受位子男之卿再命未受位於王一卿固命於其君一卿亦非命於天子也列國之大夫必受位於天子而後可謂之卿其未受位者於其國雖曰卿其實大夫也故晏子曰惟卿爲大夫小國三卿皆未受位於天子故叔孫穆子曰諸侯有卿無軍自伯子男有大夫無卿韋注國語有卿有命卿也案黃說亦通但此注依典命侯伯之卿同四命爲已受位而魯語謂伯無卿下同子男則與此經義究不合古籍岐互未能決定也云王之上士亦三命者上注以王之下士一命中士再命以次推之則王之上士當三命與列國之卿

同故詩衛風褰裳箋云大國之卿當天子之上士是也

四命受器鄭司農云受祭器爲上大夫玄謂此公之孤始得有祭器者也禮運曰大夫具官祭器不假聲樂皆具非禮也王之下大夫亦四命

疏注鄭司農云受祭器爲上大夫者鄉師注云祭器者簠簋鼎俎之屬先鄭以器爲祭器與後鄭說同而云爲上大夫者先鄭上注以王之下大夫三命差而上之則四命者當爲上大夫與後鄭說中下大夫同四命異也沈夢蘭云上大夫卽序官中大夫康成謂中下大夫皆四命按司士大夫以其等旅揖中下大夫不同等非皆四命可知先鄭是也案沈申先鄭說亦通云玄謂此公之孤始得有祭器者也者典命云公之孤四命通典職官云謂公之孤卿受祭器於公四命始受器三命以下皆自爲之也賈疏云曲禮云大夫有田者先爲祭服後爲祭器則儀禮少牢用成牲皆是有地大夫則自得造祭器今云公之孤四命始得有祭器者但未四命已前有地大夫雖得造祭器祭器未具猶假之使足至四命卽具有言始有祭器者據始得具祭器而言案受器義與受服同蓋器之大者受之於官其小者則自造之杜說最允但受器者受大造小則無不具矣未受器者唯得自造小器而大器不具是具器卽受器猶之六命賜官而後得具官賈疏與杜義亦足相輔也引禮運者鄭以彼云大夫卽指侯國卿大夫三命以下者而言明未受器者器既不具則須假不假而自具則爲非禮故曲禮云無田祿者不設祭器有田祿者先爲祭服鄭注云祭器可假祭服宜自有孔疏云若大夫及士有田祿者乃得造器猶不具唯天子大夫四命以上者得備具若諸侯大夫非四命無田祿則不得造故禮運云大夫祭器不假非禮也據諸侯大夫言之也熊氏以禮運據天子大夫得造不得具非也又王制大夫祭器不假孔疏引皇侃云此謂有地大夫故祭器不假若無地大夫則當假之禮運謂無地大夫也案孔說足申鄭義云王之下大夫亦四命者

典命云王之大夫四命注云四命中下大夫然則王之中大夫亦四命此及下注止云下大夫者文不具也

五命賜則

鄭司農云則者法也出為子男玄謂則地未成國之名王之下大夫四命出封加一等五命賜之以方百里二百里之地者方三百里以上為成國王莽時以二十五成為則方五十里合今俗說子男之地獨劉子駿等識古有此制焉

疏注鄭司農云則者法也者大宰注義同先鄭之意蓋謂此賜則與大司馬九法均守平則以安邦國義同謂賜以土地并受任土之法也天問云地方九則王注云謂九州之地凡有九品漢書敘傳云坤作墬埶高下九則顏注引劉德云九則九州土田上中下九等也大司徒土均之法有九等則鄭均平差等之法矣云出為子男者據典命云子男五命又云王之大夫四命及其出封加一等是也云玄謂則地未成國之名者賈疏云對下文七命賜國是成國則五命子男言則是未成國但成國之賦有三若以出軍言之春秋襄公傳云成國不過半天子之軍謂據公五百里而言以其侯伯為次國二軍故也若以執圭為成國而言可及伯卽下經七命賜國者是也若以千乘為成國言之惟公及侯以其伯三百里不得出千乘故鄭注論語云公侯之封乃能容之是也詒讓案王制注云方五百里者謂之大國方四百里方三百里者謂之次國方二百里及方百里者謂之小國然則男方百里以上已得為國故典命大行人以子男為小國之君此注謂侯以上乃成國者以下文七命賜國及左傳成國半天子之軍諸文參互定之故與彼異云王之下大夫四命出封加一等五命者賈疏云亦是典命文案此亦當兼中大夫言云賜之以方百里二百里之地者者謂賜爵為子男也大司徒云諸子方二百里諸男方百里云方三百里以上為成國者賈疏云此據下文七命賜國而言也左傳襄十四年孔疏引此注作賜之以方百里二百里三百里之地者方四百里以上為成國又釋之

云如鄭之言成國者惟公與侯耳伯雖與侯同命地方三百里未得爲成國也何紹基云七命賜國注兼侯伯則此注謂方三百里以上何說是也此下文云七命賜國與典命侯伯七命相應故鄭以伯三爲成國者是也左傳正義與此疏不相應亦與賜國注不相應矣案侯同七命而尚不得爲成國則賜國之文有侯無伯注何得通言侯百里以上爲成國若如孔本作方四百里以上爲成國是謂伯雖與伯乎況此注上云賜以方百里二百里之地與先鄭所云出爲子男義正同方百里卽男之地二百里卽子之地大夫四命出封賜地止得爲五命之子男若三百里則伯之地乃六命卿所封下文七命受國二鄭注說甚明叚如孔本兼賜三百里之地是大夫五命受則得受七命伯之地非其次也典命後鄭注說出封加等亦云大夫爲子男卿爲侯伯不云大夫得爲伯孔所據本疑謬與此經注義並不合詩大雅板孔疏亦謂此注以伯以上爲成國與左傳疏不同而又據左傳成國不過半天子之軍及明堂位注成國之賦千乘諸文謂侯地四百里以上始爲成國伯未成國說亦岐互不足據也云王莽時以二十五成爲則方五十里者以莽制五十里爲則雖與大司徒子男之地不合而子男賜則其名則同故引以爲證惠棟云王莽傳云諸公一同有衆萬戶土方百里侯伯一國衆戶五千土方七十里子男一則衆戶二千有五百土方五十里附城大者食邑九成衆戶九百土方三十里自九以下降殺以兩至於一成五差備具合當一則案十里爲成成百戶故方百里爲萬戶方七十里爲四千九百戶言五千舉成數也方五十里爲二千五百戶皆與王制合附城猶周之附庸自九成至一成降差以兩五差計之合一則二十五成之數云合今俗說子男之地者賈疏云時有孟子張包周及何休等並不信周禮有五百里已下之國以王制百里七十里五十里等爲周法故鄭指此等人爲俗說也詒讓案鄭意則爲子男受地之名而所受地

數自據大司徒子二百里男百里爲正王制謂子男同五十里鄭以爲殷制故斥謂周子男五十里者爲俗說卽大司徒先鄭注所云今五經家說也莽制子男地止二十五成合於俗說而子男受則正合此經義足互證也詳大司徒疏云獨劉子駿等識古有此制焉者賈疏云劉子駿等則有馬融鄭司農杜子春等皆信周禮有五百里已下之國周公太平制禮所定法故云識古有此制也引此諸文者證時有解則爲五十里者故也案據後鄭說蓋劉歆等知周有五百里以下之國又知此經一則有百里二百里之制莽制兼采俗說蓋與歆等不同先鄭未據莽制則亦同而異也賈說未析

六命賜官鄭司農云子男入爲卿治一官也玄謂此王之六命之卿賜官者使得自置其臣治家邑如諸侯春秋襄十八年冬晉侯以諸侯圍齊荀偃爲君禱河旣陳齊侯之罪而曰曾臣彪將率諸侯以討焉其官臣偃實先後之

【疏】注鄭司農云子男入爲卿治一官也者先鄭意此賜官與前壹命受職義略同謂爲六官之卿治其當官之事賈疏云案典命唯有出封加一等無入加之文則出有加入無加今以子男五命入加一等爲王朝六命卿於理不可故後鄭不從也先鄭之義出加入亦加若毛君之義出加入減故晉詩云豈曰無衣六兮毛傳云天子之卿六命車旗衣服以六爲節是出加入減也後鄭不從者諸侯入爲王卿大夫其尊如故以爲榮何得入則減之乎指如鄭武公桓公並入爲王之司徒詩人美之若減何美之有乎明入不減鄭君之義出加入不減依於在國若言六兮者以晉侯入爲王卿謙不敢必當七命之服故云六兮耳詒讓案依無衣詩文似王朝卿大夫自有六章之服詳典命疏云玄謂此王之六命之卿者據典命文云賜官者使得自置其臣治家邑如諸侯者此破先鄭子男爲卿治一官之說說文山部云官吏事君也家臣亦事其主若君故謂之官賈疏云案載師有小都大都大都謂三公王子母弟所食邑小都王之

鄉六命所食邑如此六命已上賜之官使得自置其臣治家邑如諸侯此則大宰云施則於都鄙建其長立其兩已下是三公王子母弟得立官如畿外諸侯但少一鄉不足於諸侯而已言家邑雖與大夫家邑同名此則大都小都也鄉大夫稱家故言家邑以表大小都耳案公鄉采邑有兩鄉五大夫等詳大宰疏此賜官卽所謂具官也禮運云大夫具官非禮也蓋王朝三公采邑得立二鄉五大夫鄉采邑得立二大夫五士皆具立兩設伍之制所謂具官也若大夫家邑雖亦有設官屬然不得具兩伍之數故此經六命鄉而後賜官諸侯之鄉仍不得具官故論語八佾篇孔子以管仲官事不攝爲非儉蓋侯伯之鄉與天子大夫同禮運以大夫具官爲非禮卽指諸侯鄉大夫言之也引春秋襄十八年冬晉侯以諸侯圍齊荀偃爲君禱河旣陳齊侯之罪而曰曾臣彪將率諸侯以討焉其官臣偃實先後之者左傳文彼文云晉侯伐齊將濟河中行獻子以朱絲係玉二瑴而禱曰齊環怙恃其險負其衆庶棄好背盟陵虐神主曾臣彪將率諸侯以討焉其官臣偃實先後之杜注云彪晉平公名曾臣猶末臣官臣守官之臣賈疏云引春秋者證諸侯以臣爲官故荀偃自爲晉侯稱官畿內諸侯臣亦稱官此經是也

七命賜國王之鄉六命出封加一等者鄭司農云出就侯伯之國疏注云王之鄉六命出封加一等者者據典命文鄭司農云出就侯伯之國者據典命云侯伯七命以侯伯始爲成國對上五命賜則爲出就子男未成國也

八命作牧謂侯伯有功德者加命得專征伐於諸侯鄭司農云一州之牧王之三公亦八命疏注云謂諸侯有功德者加命得專征伐於諸侯者大宰云乃施典於邦國而建其牧注云以侯伯有功德者加命作州長謂之牧是也荀悅申鑒時事篇云古諸侯建家國世位權柄存焉於是置諸侯之賢者以爲牧總其紀綱而已不統其政不御其民賈疏云侯伯七命今云八命作牧明是侯伯加

命也得專征伐者案王制云諸侯賜弓矢然後專征伐並據州牧而言以其弓矢之賜州內有臣殺君子殺父不請於天子得專征伐之誥讓案鄭言得專征伐於諸侯者謂得專征當州諸侯欲見不得征五侯九伯也此州牧亦通稱州伯詳後疏詩衛風伯兮孔疏引鄭荅臨碩引公羊桓五年傳云其言從王伐鄭何從王正也言諸侯不得專征伐有從天子及伯者之禮案據鄭荅周禮難義則七命以下諸侯亦得從征伐但不得專耳鄭司農云一州之牧者謂牧為一州之長九州則牧有九人亦詳大宰疏云王之三公亦八命者據典命文王之三公不得作牧但命數同耳

九命作伯

上公有功德者加命為二伯得征五侯九伯者鄭司農云長諸侯為方伯

疏 注云上公有功德者加命為二伯者上公即三公也典命云上公九命為伯又云王之三公八命及其出封加一等知為二伯者據王制天子之老為左右二伯注云老謂上公是也王制又有八伯即上文八命之州牧與東西二伯異公羊隱五年傳云天子三公稱公天子三公者何天子之相也天子之相則何以三自陝而東者周公主之自陝而西者召公主之一相處乎內白虎通義封公侯篇云王者所以有二伯者分職而授政欲其亟成也王制曰八伯各以其屬屬於天子之老二人分天下以為左右曰二伯春秋公羊傳曰自陝已東周公主之自陝已西召公主之不分南北何東方被聖人化日少西方被聖人化日久故分東西使聖人主其難賢者主其易乃俱致太平也又欲令同有陰陽寒暑之節共法度也案班說東西二伯雖義多牽傅然亦謂二伯以三公為之與鄭說同云得征五侯九伯者者明不止得專征諸侯也左僖四年傳管仲曰昔召康公命我先君太公曰五侯九伯汝實征之以夾輔周室賈疏引賈服云五等諸侯九州之伯案杜注亦同左傳所云據太公而言太公封齊雖為侯爵然亦以三公為二伯故得膺此殊典五侯九伯之說鄭與賈服杜異詩

邶風旄丘孔疏引鄭志荅張逸云五侯侯爲州牧也九伯伯爲州伯也一州一牧二伯佐之太公爲王官之伯二人共分陝而治自陝以東當四侯半一侯不可分故言五侯九伯則九人若主五等諸侯九州之伯是天子何異何云夾輔之有也依鄭志說則九州州以一侯爲牧卽上八命之牧每一牧又以二伯佐之九州通有九侯十八伯二伯中分天下每一大伯分統四侯半及小伯九以整數言之故云五侯九伯其說殊迂曲左傳孔疏斥其事無所出校數煩碎非復人情殆非過論竊謂左傳九伯當從賈服杜說爲九州之長王制云千里之外設方伯又云二百一十國以爲州州有伯八州八伯其所謂方伯八伯卽上文作牧及掌交之九牧與左傳九伯亦同左傳伯有九彼云八者王制孔疏引鄭志荅張逸云畿內之州不置伯有鄉遂之吏主之雖八九校數少差要之周之州伯卽州牧之通稱殆無疑義鄭以王制爲殷法彼注謂殷之州長曰伯虞夏及周皆曰牧實則周之州牧亦未嘗不稱伯也考之經傳周時止有東西二大伯及一州之牧伯並無州牧下更立二小伯九州十八伯之說詩旄丘序云責衞伯也衞伯蓋亦爲一州之牧自鄭彼箋誤以周制使伯佐牧謂之州伯賈孔禮疏牽於其說糾繞殊甚今不悉論鄭司農云長諸侯爲方伯者爾雅釋詁云伯長也掌客云諸侯長十有再獻注云諸侯長九命作伯者也公羊莊四年傳云上無天子下無方伯曲禮云五官之長曰伯是職方鄭彼注云謂爲三公者周禮九命作伯職主也是伯分主東西者先鄭蓋依彼文謂方伯爲卽分陝二伯以其東西分主各長一方之諸侯故謂之方伯也然王制方伯與八州八伯之文相屬是又以方伯爲卽州伯又云天子使其大夫爲三監監於方伯之國而後鄭聘禮注謂牧有三監是後鄭亦以彼方伯爲卽牧伯也詩旄丘敘上云責衞伯下又云責衞不能脩方伯連率之職則詩敘方伯亦指牧伯而言故孔疏云方伯皆謂州長周謂之牧而云方

伯者以一州之中爲長故云方伯又左哀十三年傳云王合諸侯則伯帥侯牧以見於王杜注云伯王官伯侯牧方伯此亦謂二伯爲王官伯方伯爲侯牧王制毛詩左氏義與曲禮異後鄭謂殷制八州牧爲八伯周制九州十八伯爲佐牧之伯皆非分陝之伯與先鄭說亦異賈疏謂方伯可及州牧幷二伯蓋欲爲曲禮王制及二鄭作調人然非先鄭恉也又案依先鄭此注義則二伯方伯並取長爲稱北堂書鈔設官部引五經異義云王者已有州伯所以復設二伯何欲使述職也何爲二伯乎曰以三公在外稱伯東西分爲二所以稱伯欲抑之也三公臣之最尊者也又以王命而行天下爲其威故抑之明有所屈迫也許以伯爲屈抑之稱義殊牽強不及先鄭說之允也

周禮正義卷三十四

周禮正義卷三十五

瑞安孫詒讓學

以玉作六瑞以等邦國等猶齊等也【疏】以玉作六瑞者御覽珍寶部引馬融注云瑞信義與敘官注同此六瑞卽書堯典之五瑞彼不數鎮圭故數少其一史記五帝本紀集解引鄭書注云執之曰瑞白虎通義文質篇云五瑞謂珪璧琮璜璋也則又卽下文六器之屬蓋玉器之通名矣互詳典瑞疏云以等邦國者賈疏云此有王之鎮圭而言邦國者以邦國爲主也　注云等猶齊等也者廣雅釋詁云等齊也齊等邦國者謂以瑞信齊一之無使有差僭也

王執鎮圭鎮安也所以安四方鎮圭者蓋以四鎮之山爲瑑飾圭長尺有二寸【疏】王執鎮圭者御覽珍寶部引馬注云鎮圭尺有二寸王者執以祀天地曲禮孔疏云天子執鎮圭以朝日及祭天地宗廟知者典瑞云王執鎮圭以朝日又鄭志云祭天地宗廟亦執之是朝日既執鎮圭則夕月亦當然也案鄭孔說與馬同　注云鎮安也者廣雅釋詁同云所以安四方者職方氏注云鎮名山安地德者也王執此鎮圭亦所以鎮安四方故象彼爲文國語周語云爲摯幣瑞節以鎮之韋注云鎮重也重與安義亦相成也云鎮圭者蓋以四鎮之山爲瑑飾者玉人注云瑑文飾也六瑞之瑑飾經無文鄭皆依其名義推之大司樂四鎮注云四鎮山之重大者謂揚州之會稽青州之沂山幽州之醫無閭冀州之霍山是也職方氏九州有九鎮內含有五嶽鄭意此鎮圭卽瑑刻爲山形以山莫大於鎮故以爲名非謂必分象會稽等四山也依鄭說六瑞並有瑑禮器云大圭不瑑者謂玉笏之珽也與六瑞不同云圭長尺有二寸者據玉人文

公執桓圭公二王之後及王之上公雙植謂之

桓桓宮室之象所以安其上也桓圭蓋亦以桓爲瑑飾圭長九寸

疏 公執桓圭者以下皆五等諸侯朝見於王及自相朝所執之瑞也玉人謂之命圭覲禮謂之瑞玉穀梁定八年傳謂之封圭說文土部云圭瑞玉也上圜下方公執桓圭九寸侯執信圭伯執躬圭皆七寸子執穀璧男執蒲璧皆五寸以封諸侯从重土楚爵有執圭重文珪古文圭从玉案許說本此經又說苑修文篇云諸侯以圭爲贄圭者玉也薄而不撓廉而不劌有瑕於中必見於外故諸侯以玉爲贄摯瑞義同桓字亦作獻說文玉部云獻桓圭公所執依許義則獻爲公圭正字經典通段桓爲之鄭以桓圭取雙植爲義則桓非段字與許義異

注云公二王之後及王之上公者賈疏云案孝經援神契云二王之後稱公大國稱侯皆千乘是二王後稱公云及王之上公者典命上公之禮及此上之九命作伯皆是王之上公也通典賓禮引高堂隆云周禮公執桓珪公謂上公九命分陝而理及二王後也八命之公與王論道則執璧案高堂說是也三公之摯育二九命者執桓圭故書金縢說周公秉圭八命者唯執璧故射人云三公執璧互詳彼疏云雙植謂之桓者賈疏云桓謂若屋之桓楹案檀弓云三家視桓楹彼注四植謂之桓者彼據柱之豎者而言桓若豎之則有四棱故云四植植卽棱也此於圭上而言下二棱著圭不見唯有上二棱故以雙言之也檀弓孔疏云案說文桓亭郵表也謂亭郵之所而立表木謂之桓卽今之橋旁表柱也周禮桓圭而爲雙植者以一圭之上不應四柱但瑑爲二植象道旁二木又宮室兩楹故雙植謂之桓也黃以周云鄭注檀弓云四植謂之桓此云雙植蓋據一面言之案黃說是也桓圭蓋兩面面各瑑二棱合之爲四棱正與四桓楹相似賈似誤以爲一柱而有四棱孔疏亦未析云桓宮室之象所以安其上也者圭上圜銳下覆象棟宇兩面爲桓象四楹王氏訂義引崔靈恩云桓者柱柱者所以安上明宮室棟梁之材非柱不安象上

公方伯佐王治天下所以匡輔王國為王所憑安也云桓圭蓋亦以桓為瑑飾者與鎮圭以四鎮為瑑飾同也云圭長九寸者御覽珍寶部引馬注亦云桓圭九寸並據大行人及玉人文

侯執信圭伯執躬圭信當為身聲之誤也身圭躬圭蓋皆象以人形為瑑飾文有麤縟耳欲其慎行以保身圭皆長七寸

疏注云信當為身聲之誤也者釋名釋形體云身伸也可屈伸也案信伸古今字士相見禮注云古文伸作信是也此信圭鄭必破為身者以信圭躬圭取象當相同故定為身之聲誤云身圭躬圭蓋皆象以人形為瑑飾者說文呂部云躳身也是身躳義同並指人之形體也御覽珍寶部引三禮圖云信圭謂圭上琢為人頭身之形躬圭謂圭上琢為四體之形案信圭蓋僅具頭身躬圭則兼琢四枝為別異也云文有麤縟耳者鄭意謂信圭文縟躬圭文麤以此為差猶玉人注以加文飾殺文飾為大璋中璋之差是也曲禮孔疏引江南儒者解云直者為信其文縟細曲者為躬其文麤略賈士相見禮疏亦以信圭為信伸通段玉裁云信古伸字伸圭躬圭同像人形為瑑飾而伸圭人形直躬圭人形微曲躳或從弓取鞠窮意也陳祥道陸佃鄭鍔方苞姜兆錫莊有可俞樾說並略同案此說亦本江南諸儒而不破字其義較鄭為長然則信躬又以所刻人形曲直為別不徒瑑文麤縟之判矣王氏訂義引崔靈恩云文縟細者為信圭文麤者為躬圭信者取忠信謹敬以事上躬者欲其謹行而保其身案崔讀信如字非鄭義也云欲其慎行以保身者此釋破信為身之義明身躬同象人身欲見侯伯皆當慎行以保其身也崔靈恩以此為專釋躬圭未析云圭皆長七寸者御覽珍寶部引馬注亦云信圭七寸躬圭七寸並據大行人玉人文

子執穀璧男執蒲璧穀所以養人蒲為席所以安人二玉蓋或以穀為飾或以蒲為瑑飾璧皆徑五寸不執圭者未成國也

疏注云穀所以養人者說苑修文篇云

五穀者以奉宗廟養萬民也鄭意穀爲民食人賴以養子所執璧象之欲其能養民也云蒲爲席所以安人者說文艸部云蒲水艸也可以作席案司几筵之蒲筵卽蒲席蒲席人藉之以安男所執璧象之亦欲其能安民也王氏訂義引崔靈恩云執蒲璧以象天地所生之物御覽珍寶部引馬注云蒲璧柔滑義與鄭異荀子不苟篇云與時屈伸柔若蒲葦男於五等最卑故取柔順爲象馬傳義亦得通云二玉蓋或以穀爲飾或以蒲爲瑑飾者孔繼汾段玉裁並謂以穀爲下挩瑑字是也案典瑞穀圭注云穀善也其飾若粟文然此穀璧當亦與穀圭同又山海經西山經云瑾瑜之玉堅粟精密郭注云玉有粟文所謂穀璧也案彼堅粟疑堅栗之譌郭妄說不足據云璧皆徑五寸者御覽珍寶部引馬注亦云穀璧蒲璧五寸並據大行人文云以不執圭者未成國也者賈疏云據上文五命賜則是未成國也

禽作六摯以等諸臣摯之言至所執以自致

疏以禽作六摯者釋文云摯本或作贄阮元云廣韻六至下引以禽作六贄云本亦作摯詒讓案說文手部云摯握持也引申爲人所執摯之稱贄卽摯之俗說文女部又云𡠗至也引虞書云雉𡠗則古文又以𡠗爲之禽者鳥獸之總名詳庖人疏賈疏云案下文有孤執皮帛而此云以禽者據羔已下以多爲主也案莊公傳男贄大者玉帛小者禽鳥尚書五玉亦云贄則玉亦是贄此上下文玉爲瑞禽云摯者此以相對爲文天子受瑞於天諸侯受瑞於天子諸臣無此義故以贄爲文　注云摯之言至所執以自致者賈疏述注所執作執之案摯執至致聲義並相近爾雅釋詁云摯至也士相見禮注云摯所執以至者君子見於所尊敬必執摯以將其厚意也說苑修文篇云贄者所以質也白虎通義文質篇云臣見君有贄何贄者執也質己之誠致己之悃愊也王者緣臣子之心以爲之制差其尊卑以副其意也

孤執皮帛卿執羔大夫執鴈

士執雉，庶人執鶩，工商執雞。皮帛者束帛而表以皮爲之飾皮虎豹皮帛如今璧色繒也羔小羊取其羣而不失其類鴈取其候時而行雉取其守介而死不失其節鶩取其不飛遷雞取其守時而動曲禮曰飾羔鴈者以繢謂衣之以布而又畫之者自雉以下執之無飾士相見之禮卿大夫飾摯以布不言繢此諸侯之臣與天子之臣異也然則天子之孤飾摯以虎皮公之孤飾摯以豹皮與此孤卿大夫士之摯皆以爵不以命數凡摯無庭實

疏孤執皮帛卿執羔者此辨孤以下見君及自相見之摯也王國與侯國諸臣並同通典賓禮引高堂隆云孤謂天子七命之孤及大國四命之孤卿謂六官六命之卿及諸侯三命再命之卿也案高堂並用鄭義云大夫執鴈士執雉者通典引高堂隆云大夫謂天子中下大夫四命及諸侯再命一命之大夫也士謂天子三命之士及諸侯一命再命之士也府史以下至于比長庶人在官亦謂之士案比當作鄰此亦用鄭義彼謂鄰長等不命之士亦執雉於義得通但謂府史胥徒得與士同摯恐非云庶人執鶩工商執雞者說文广部云庶屋下衆也案庶人即齊民賈後疏謂指府史胥徒則在官在野其摯同也御覽禮儀部引五經異義云謹案周禮說五玉摯自公卿以下執禽尊卑有差也禮不下庶人工商又無朝儀五經無說庶人工商有摯此許駁此經庶人以下有摯之說也陳壽祺云士相見禮言庶人見於君曲禮亦言庶人之摯小司寇詢萬民之位百姓北面則庶人工商有朝儀有摯明矣案陳說是也　注云皮帛者束帛而表以皮爲之飾者賈疏云案聘禮束帛加璧又云束帛乘馬故知此帛亦束束者十端每端丈八尺皆兩端合卷總爲五匹故云束帛也言表以皮爲之飾者凡以皮配物皆手執帛以致命而皮設於地謂若小行人圭以馬璋以皮皮馬設於庭而圭璋特達以升堂致命也此言以皮爲之飾者孤相見之時以皮設於庭手執束帛而授之但皮

與帛爲飾耳案鄭云束帛而表以皮爲之飾者謂以皮包裹帛之表爲飾也賈謂若小行人璋以皮等爲皮設於庭不知小行人馬皮等皆爲庭實此後注明云凡摯無庭實何得援彼爲釋邪賈說不可從云皮虎豹皮者賈疏云見禮記郊特牲云虎豹之皮示服猛且皮中之貴者勿過虎豹故知皮是虎豹皮也王氏訂義引崔靈恩云執虎豹之皮者義取有文而能服猛詒讓案小行人六幣璋以皮注亦釋爲虎豹皮管子揆度篇云令諸侯之子將委質者皆以雙武之皮武卽虎字彼蓋亦謂以皮爲摯也尹知章注釋爲裘失之云帛如今璧色繒也者聘禮享束帛加璧夫人玄纁束帛加琮鄭注亦云帛今之璧色繒也說文帛部云帛繒也糸部云繒帛也二字互訓凡璧以白爲貴漢之璧色繒卽白色也黃以周云鄭云帛如今璧色繒明其與璧同色有異玄纁者也璧色白鄭注虞書三帛謂赤黑白三色孔注意同案黃說是也聘禮享君束帛不著色享夫人束帛則著其色曰玄纁明上束帛如其本質爲白色此注卽隱據彼經爲釋亦兼明此經凡帛不言色者竝是白繒不染者也孔廣森則謂此帛當爲玄纁束帛敖繼公胡培翬竝謂聘禮享君帛不著色當爲玄纁於義亦通至書舜典修三帛史記五帝本紀集解引馬融云三帛三孤所執也書孔疏引王肅云三帛纁玄黃也附庸與諸侯之適子公之孤執皮帛其執之色未詳聞或曰孤執玄諸侯之適子執纁附庸執黃爲孔傳說與王同續漢祭祀志劉注引范甯書注云玄纁黃三孤所執王孔謂公之孤執玄帛不及王之孤范則謂三孤分用三色帛似皆以意推之據舜典疏引鄭書注以三帛爲薦玉之繒則不如馬王說孟子滕文公篇趙注又云匪厥玄黃謂諸侯執玄三纁二之帛願見周王此亦以束帛爲玄纁而謂諸侯通執帛與此經五等之摯尤不合皆不足據云羔小羊者羊人注同說文羊部云羔羊子也云取其羣而不失其類者士相見禮注云羔取其從帥羣而不黨也說苑修

文篇云羔者羊也羊羣而不黨故卿以爲贄白虎通義文質篇云卿以羔爲贄羔者取其羣而不黨卿職在盡忠率下不阿黨也春秋繁露執贄篇云羔有角而不任設備而不用類好仁者執之不鳴殺之不諦類死義者羔食於其母必跪而受之類知禮者故羊之爲言猶祥與故卿以爲贄公羊莊二十四年何注云羔取其執之不鳴殺之不號乳必跪而受之類死義知禮者也案董何說與鄭異云鴈取其候時而行者士相見禮注云鴈取知時飛翔有行列也春秋繁露執贄篇云鴈乃有類於長者長者在民上必施然有先後之隨必倣然有行列之治故大夫以爲贄說苑修文篇云鴈者行列有長幼之禮故大夫以爲贄白虎通義文質篇云大夫以鴈爲贄者取其飛成行止成列也大夫職在奉命適四方動作當能自正以事君也公羊何注云鴈取其在人上有先後行列說並與鄭異王引之云鄭蓋以鴻鴈釋之鴻鴈春去秋來故曰候時也其實大夫所執之鴈直謂鵝耳古者謂鵝爲鴈故膳夫六牲有鴈堯典二牲一死贄馬注曰二牲羔鴈卿大夫所執一死雉士所執若非常畜之鵝不得謂之牲也羔鴈皆常畜之物而雉則野物不畜於人得之則死故曰一死若以鴈爲鴻鴈則中於繒繳罹於網罟與雉皆爲死物書何以獨謂雉爲一死乎且鴻鴈孟春北去仲秋始來中閒數月無鴈之時大夫將何以爲贄乎然則謂大夫執鴻鴈非事實也自董仲舒春秋繁露始以鴈爲鴻鴈而說苑白虎通因之則其誤久矣蓋執贄之禮漢世已廢故不知大夫所執之鴈爲鵝而以爲鴻鴈也不然則在野之鴈或曰鴈或曰鴻或曰鴻鴈或曰候鴈稱名至無定矣而執贄之禮何以經傳皆言執鴈絕無言執鴻者乎以是言之殆非鴻鴈案王說是也江永方苞孫志祖黄以周說並同士昏禮納采用鴈亦攝盛用大夫摯也凡此經鴈並爲鵝詳食醫疏云雉取其守介而死不失其節者釋文云介或作分案分介亦字形相近而誤詳內宰疏士相見禮云士相見

之禮摯冬用雉夏用鴈注云士摯用雉者取其耿介交有時別有倫也雉必用死者爲其不可生服也夏用腒備腐臭也說苑修文篇云雉者不可指食籠狎而服之故士以雉爲贄白虎通義文質篇云士以雉爲贄者取其不可誘之以食懾之以威必死不可生畜士行耿介守節死義不當移轉也公羊何注云雉取其耿介云鶩取其不飛遷者賈疏云庶人府史胥徒新升之時執鶩鶩即今之鴨執之者象庶人安土重遷也案曲禮云庶人之摯匹鄭注云說者以匹爲鶩孔疏云野鴨曰鳧家鴨曰鶩鶩不能飛騰如庶人但守耕稼而已爾雅釋鳥云舒鳧鶩舍人及李巡云鳧野鴨名鶩家鴨名某氏云在野舒翼飛遠者爲鳧說苑修文篇云鶩者鶩鶩也鶩鶩無他心故庶人以鶩爲贄云雞取其守時而動者說文隹部云雞知時畜也新序雜事篇云雞守夜不失時信也此謂工商執業通貨欲其不失時故取雞之守時而動者以爲贄也云曲禮曰飾羔鴈者以繢謂衣之以布而又畫之者者引以證天子之臣所執羔鴈當飾以繢也鄭彼注云繢畫也諸侯大夫以布天子大夫以畫孔疏云飾覆也畫布爲雲氣以覆羔鴈爲飾以相見也云自雉以下執之無飾者賈疏云欲見天子士諸侯士同皆無布飾以其士卑故不異公羊隱八年徐疏引鄭尚書如五器注云如者以物相授與之言授摯之器者有五卿大夫上士中士下士也器各異飾周禮改之飾羔鴈飾雉執之而已詒讓案鄭彼注有飾雉與此不同未知孰是云士相見之禮卿大夫飾摯以布不言繢此諸侯之臣與天子之臣異也者彼文云下大夫相見以鴈飾之以布維之以索如執雉上大夫相見以羔飾之以布四維之結于面左頭如麛執之注云飾之以布謂裁縫衣其身也上大夫卿也如麛執之者秋獻麛有成禮如之或曰麛孤之摯也此約引之見彼文與曲禮異天子之臣尊其文當縟故飾以繢諸侯之臣卑其文當殺故飾以布也云然則天子之孤飾摯以虎皮公之孤飾以豹皮

與者賈疏云欲以天子諸侯卿大夫飾摯者異明天子孤諸侯孤皮亦不同此約卿大夫以明孤無正文故言與以疑之也詒讓案此鄭以意定之以虎皮尊於豹皮卽以爲天子諸侯之孤飾摯之異也通典禮引高堂隆云孤副公與王論道尊於六卿其執贄以虎皮表束帛公之孤覜聘于天子及見于其君其贄以豹皮表束帛亦用鄭義士相見禮注別載孤執麛之說與此經不合彼注亦不言天子諸侯之孤蓋鄭所不從白虎通義文質篇云卿大夫贄古以麑今以羔鴈何以爲古者質取其內謂得美艸鳴相呼今文取其外謂羔跪乳鴈有行列也禮相見經曰上大夫相見以羔左頭如麛執之明古以麛鹿今以羔也班說又謂卿大夫摯有古今之異亦以意定之無塙證也云此孤卿大夫士之摯皆以爵不以命數者賈疏云天子孤卿六命大夫四命上士三命中士再命下士一命諸侯孤四命公侯伯卿三命大夫再命士一命子男卿再命大夫一命士不命伯爵稱孤皆執皮帛爵稱卿皆執羔爵稱大夫皆執雁爵稱士皆執雉庶人已下雖無命數及爵皆執鶩天子諸侯下皆同故云皆以爵不以命數也詒讓案依鄭此注義則諸臣之摯皆以爵不以命數又王臣與侯國之臣爵同則摯亦同惟以飾爲異此鄭據三禮經記參互攷定精塙不易也左定八年傳云公會晉師于瓦范獻子執羔趙簡子中行文子皆執鴈魯于是始尚羔杜注云禮卿執羔大夫執鴈魯則同之今始知執羔之尊也孔疏云賈逵云周禮公之孤四命執皮帛卿三命執羔大夫再命執鴈魯廢其禮三命之卿皆執皮帛至是乃始復禮尚羔案周禮禮記皆言卿執羔大夫執鴈並以爵斷不依命數賈何以計命高下妄稱禮乎鄭衆云天子之卿執羔大夫執鴈諸侯之卿當天子之大夫故傳曰唯卿爲大夫當執雁而執羔僭天子之卿也魯人效之而始尚羔記禮所從壞案禮傳及記天子之臣與諸侯之臣所執無異文也周禮掌客凡諸侯之禮上公及侯伯之下皆云

卿相見以羔是諸侯之卿執羔不執鴈又士相見者諸侯之臣相見之禮也經曰下大夫相見以鴈上大夫相見以羔是諸侯之卿必執羔矣安在於諸侯之卿當天子之大夫乎傳文之乖於禮者爵是卿也皆當執羔趙鞅荀寅不應執鴈此是當時之失失於偪下以晉卿失於偪下魯卿不應僭上益明賈言魯卿舊執皮帛非其義矣魯人於是始知執羔爲尊或亦效晉唯上卿一人獨執羔耳未必卿能如禮諸卿皆執羔也案依賈說則摯以爵兼以命數依先鄭說則王臣與侯國之臣降殺一等其說與此經及士相見禮並不合宜孔氏之糾其誤也但晉三卿爵同摯異魯羔鴈尊卑偵舛並與禮違是則衰世沿襲之失司約所以有治摯之約與又案依鄭賈義凡摯皆依執者之爵爲降殺不視所見之人爵位爲文惟聘禮卿大夫勞賓云大夫奠鴈注云不言卿卿與大夫同執鴈下見於國君周禮凡諸侯之卿見朝君皆執羔彼注兼據掌客職文而謂卿摯有降用鴈則與禮例不合恐不塙也云凡摯無庭實者別於小行人六幣有庭實也

以玉作六器以禮天地四方

禮謂始告神時薦於神坐書曰周公植璧秉圭是也【疏】以玉作六器者說文器部云器皿也此引申爲凡禮神玉器之稱賈疏云此據禮神則曰器上文人執則曰瑞對此文義爾若通而言之禮神雖不得言瑞人執者亦曰器故聘禮云圭璋璧琮凡四器者唯其所寶以聘可也尚書亦以五瑞爲五器卒乃復是其人執亦曰器也　注云禮謂始告神時薦於神坐者唐郊祀錄引五經通義云禮神用玉者猶臣子爲贄也賈疏云此以玉禮神在作樂下神後故鄭注大司樂云先奏是樂以致其神禮之以玉而祼焉是其以玉禮神與宗廟祼同節若然祭天當實柴之節也唐會要王起請造禮神九玉議引三禮義宗云凡祭天神有二玉禮神者訖事卻收祀神者與牲俱燎案崔氏以禮神之玉與燎玉異是也郊特牲孔疏引皇侃說亦謂祭天先燔玉至

設正祭乃置禮神之玉與崔說略同惟鄭以此與典瑞四圭有邸射祀天旅上帝兩圭有邸以祀地旅四望圭璧以祀日月星辰璋邸以以祀山川等同爲初祭禮神之玉若如其說則此當通舉十器不宜別出六器且彼四器不論尊卑皆用圭璋又皆有邸與此六器絕不類則其用不同可知鄭說殊不足據黃以周云徐邈云璧以禮神圭以自執故曰植璧秉圭非圜丘與郊各有所施徐以爲璧奠圭執則下文圭璧以祀日月鄭注圭其邸如璧是圭璧與四圭有邸同爲圭也圭璧以奠神則四圭有邸安見其自執邪如謂圭璧亦其所自執又與朝日執鎮圭之文相戾且禮曰又用何玉案黃說是也徐謂圜丘南郊同執四圭得之而謂禮神別用玉則非是今攷定此六器別爲禮方明之玉非正祭時禮神之玉詳後疏云書曰周公植璧秉圭是也者書金縢文彼文云既克商二年王有疾弗豫周公爲三壇同墠爲壇於南方北面周公立焉植璧秉珪乃告大王王季文王主彼從古文作珪此經注並作圭爲孔傳云璧以禮神植置也置于三王之坐周公秉桓圭以爲贄孔疏引鄭書注云植古置字則鄭說與孔同故引以證用璧禮神之事但彼植璧爲禮三王之神與下經蒼璧禮天不同其璧之色未聞又依後賈疏義則宗廟無禮神之玉金縢所說或非常法也

以蒼璧禮天以黃琮禮地以青圭禮東方以赤璋禮南方以白琥禮西方以玄璜禮北方此禮天以冬至謂天皇大帝在北極者也禮地以夏至謂神在崐崘者也禮東方以立春謂蒼精之帝而大昊句芒食焉禮南方以立夏謂赤精之帝而炎帝祝融食焉禮西方以立秋謂白精之帝而少昊蓐收食焉禮北方以立冬謂黑精之帝而顓頊玄冥食焉禮神者必象其類璧圜象天琮八方象地圭銳象春物初生半圭曰璋象夏物半死琥猛象秋嚴半璧曰璜象冬閉藏地上無物唯天半見

疏 以蒼

璧禮天以黃琮禮地者覲禮云方明者木也方四尺設六色東方青
南方赤西方白北方黑上玄下黃設六玉上圭下璧南方璋西方琥
北方璜東方圭敖繼公謂此六器即禮方明之玉金榜云六器文次
六瑞六贄下六瑞諸侯執以朝六贄諸臣執以見此六器則會同諸
侯祀方明所設其事相因文故相次小行人合六幣圭以馬璋以皮
璧以帛琮以錦琥以繡璜以黼與瑞瑑圭璋璧琮琥璜之渠眉疏璧
琮以斂尸是皆六玉有琮與大宗伯文合覲禮不云上璧下琮而云
上圭下璧記者文誤耳鄭以六器爲圓丘方澤及四時迎氣所用之
玉據典瑞祀天以四圭地以兩圭其旅上帝亦以四圭與大宗伯禮
天地四方異玉牧人陽祀用騂牲毛之陰祀用黝牲毛之禮記亦云
郊之祭也牲用騂又與大宗伯牲幣各放其器之色者異然則六
器爲祀方明所用甚明案敖金說是也惠士奇秦蕙田盛世佐淩廷
堪孫希旦莊有可說並同唐虞有六宗之祭六宗者天地四方之神
續漢書祭祀志劉注引尚書大傳說六宗云萬物非天不生非地不
載非春不動非夏不長非秋不收非冬不藏書舜典孔疏引馬融說
亦以六宗爲天地四時伏馬說與此天地四方略相類但四時所迎
者即五帝五神雖未嘗不賅於四方天地之中而六宗實非專祀五
帝五神也周無祭六宗之文而朝覲會同有方明漢書律曆志又引
伊訓說伊尹祀于先王誕資有牧方明蓋商周方明之神即唐虞六
宗之遺典覲禮以方明爲盟神楚辭九章惜誦說誓事云令五帝以
折中兮戒六神與嚮服王注以六神爲即六宗以禮致之亦即方明
之神彼於六神之外特舉五帝明方明泛禮衆神不專屬五帝矣況
五帝有黃帝而方明不及中央六天純天神而方明兼及地示名殊
禮異不辨可知又國語越語越王誓范蠡封地云皇天后土四鄉地
主正之韋注云鄉方也四方神主蓋誓盟事相因其神同皇天后土
即禮天地四鄉地主即禮四方彼此亦可互證推校禮意蓋大會同

會合羣神以詔盟誓其神衆多不可盡設其主位故爲方明通舉六方之神合而告禮之以其神之尊貴言之則云六宗以其神之著明言之則云方明其義一也其禮無所專主本與二郊四時之特祀及明堂大饗之祭不同且因事告禮當有牲幣而無迎尸獻酬之節與祭禮隆殺亦迥異故不謂之祭而謂之禮覲禮又有禮日月四瀆山川丘陵之等亦猶是也覲禮注云六色象其神六玉以禮之又云設玉者刻其木而著之蓋誓告禮殺則不可以用常祭之牲玉故特依方色作此六器而牲幣亦放而制焉此其差次之精不容淆提者也續漢祭祀志注引司馬彪援此經以說六宗云天宗日月星辰寒暑之屬也地宗社稷五祀之屬也四方之宗者四時五帝之屬也案司馬彪雖不以此六玉爲禮方明然以六宗羣神爲釋則正協古義足正鄭誤又案覲禮注說方明六玉云上宜以蒼璧下宜以黃琮而不以者則上下之神非天地之至貴者也賈彼疏據司盟注謂彼上下四方之神專指日月山川說殊迂曲以越語四鄉地主之文證之則方明六玉上蓋通晐天神下及四方則分禮地示日月山川雖亦在其中而義無專屬殆無疑義覲禮上與東方同用圭實則止五玉自不若此經六玉之完備金定爲文誤實爲允當典瑞斂尸六玉有琮注亦以爲取象方明則鄭亦謂禮方明玉宜有用琮矣六宗詳前疏方明互詳司盟司儀疏又案蒼璧者廣雅釋器云蒼青也毛詩小雅采芑傳云蔥蒼也爾雅釋器云青謂之蔥郭注云淺青也據毛郭說則蒼蔥並青之淺者玉藻云大夫佩水蒼玉此蒼璧卽水蒼玉與下青圭色小異賈疏云易云天玄而地黃今地用黃琮依地色而天不用玄者蒼玄皆是天色故用蒼也　注云此禮天以冬至謂天皇大帝在北極者也者鄭意此六玉爲圜丘方丘及五時迎氣之玉也冬至圜丘祭昊天上帝卽北辰耀魄寶詳前疏賈疏云青圭已下有五天明此蒼璧禮天者是冬至祭圜丘者也詒讓案鄭說此禮天不謂

夏正南郊祭受命帝者以郊特牲祭法並說郊用騂犢而此下文云皆有牲幣各放其器之色則禮天用蒼犢與彼異故典瑞注謂南郊祭受命帝用四圭有邸與圜丘異玉也張履云此云禮天地則告禮也故下云皆有牲幣若圜丘之祭則牲又何待言有哉四圭有邸則圜丘用之故言祀也案張說是也圜丘祭昊天當與南郊同用四圭有邸若如鄭說以此爲圜丘之祭典瑞四圭有邸爲祭南郊則昊天尊於受命帝反降用璧而不用四圭之重器不亦傎乎云禮地以夏至謂神在崐崘者也者釋文作混淪云混本又作崑淪本又作崙宋建陽本作崑崙盧文弨云崐崘說文山部無之水部有混淪知古皆借用也史記又作昆侖陸氏於大司樂云崐崘本又作混淪各依字讀非也案盧校是也崐崘崑崙皆俗字說文爪部水部並止作昆侖司儀注引爾雅同混淪則叚字也賈疏云崑崙與昊天相對蒼璧禮昊天明黃琮禮崑崙大地可知故大司樂云以靈鼓靈鼗夏日至於澤中之方丘奏之若樂八變則地示皆出是也故鄭彼云天神則主北辰地示則主崑崙是即與此同也曲禮孔疏云崑崙者案地統書括地象云地中央曰崑崙又云其東南方五千里曰神州以此言之崑崙在西北別統四方九州其神州者是崑崙東南一州耳於一州中更分爲九州則禹貢之九州是也其配地之神孝經緯既云后稷爲天地之主則后稷配天南郊又配地北郊則周人以上配圜丘亦當配方澤也詒讓案鄭謂此禮地非北郊祭地者以依牧人陰祀用黝牲北郊與南郊相對牲用陰陽之色不得依玉色用黃牲故典瑞注謂北郊祭地玉用兩圭有邸不知方丘亦當用四圭無異玉也又方丘祭大地之神鄭依緯書謂祭崑崙致大戴禮記公冠篇附載祭地祝辭云維予一人某敬拜下土之靈不稱崑崙則緯說不足據互詳典瑞疏云禮東方以立春謂蒼精之帝而大昊句芒食焉者以下並謂四時迎氣分祭五帝也月令孟春云其帝大皞其神句芒又云

立春之日天子親帥三公九卿諸侯大夫以迎春於東郊注云迎春祭蒼帝靈威仰於東郊之兆也祭法孔疏引鄭志雜問志云春曰其帝大皞其神句芒祭蒼帝靈威仰大皞食焉句芒祭之於庭祭五帝於明堂五德之帝亦食焉又以文武配之據鄭志此說則句芒以下五人神皆配食於庭也鄭意迎氣祀五色帝亦用方色之玉後漢書明帝紀李注引五經通義說祀五帝云牲幣及玉各依方色御覽禮儀部引蔡氏月令章句亦據此經以釋五時迎氣之玉並與此注義同今定此禮四方用青圭等爲告禮方明其五時迎氣當亦用四圭有邸與南郊同以迎氣亦正祭不宜與方明同玉也云禮南方以立夏謂赤精之帝而炎帝祝融食焉者月令孟夏云其帝炎帝其神祝融又云立夏之日天子親帥三公九卿大夫以迎夏於南郊注云迎夏祭赤帝赤熛怒於南郊之兆也云禮西方以立秋謂白精之帝而少昊蓐收食焉者月令孟秋云其帝少皞其神蓐收又云立秋之日天子親帥三公九卿諸侯大夫以迎秋於西郊注云迎秋者祭白帝白招拒於西郊之兆也云禮北方以立冬謂黑精之帝而顓頊玄冥食焉者月令孟冬云其帝顓頊其神玄冥又云立冬之日天子親帥三公九卿大夫以迎冬於北郊注云迎冬者祭黑帝叶光紀於北郊之兆也賈疏云知皆配以人帝人神者亦據月令四時十二月皆陳人帝人神彼止爲告朔於明堂及四時迎氣配天帝而言告朔於明堂告五人帝告五人神配以文王武王必知迎氣亦有五人帝五人神者以其告朔入明堂至秋總享五帝於明堂皆以五人帝五人神配天若然迎氣在四郊還是迎五天帝明知五人帝五人神亦祀祭可知以其自外至者無主不止故皆以人帝人神爲配也言蒼精赤精白精黑精者皆據春秋緯運斗樞云大微宮有五帝座星文耀鉤亦云靈威仰之等而說也此經神不見中央含樞紐者此四時迎氣皆在四郊小宗伯云兆五帝於四郊鄭注云黃帝亦於南郊是也案

依鄭賈說則迎氣卽祭五帝而以五人帝五人神配唐郊祀錄云馬融盧植王肅賈逵皆以迎者迎四時之氣祭者五人帝大昊等是也月令孔疏引蔡邕說與賈馬同此並謂迎氣不祭五天帝又分迎與祭爲二與鄭說異不足據也又玉燭寶典引月令章句云季夏迎中郊玉用黃琮郊特牲孔疏云五時迎氣其中央無文先師以爲亦用黃琮熊氏以爲亦用赤璋聶崇義云案祀五精之帝玉幣各如其色季夏土王而祀黃帝禮用赤璋獨不如其色於理未允準孔義依先師所說用黃琮九寸爲當案大宰賈疏亦謂禮中央之玉用赤璋蓋依熊安生說通典吉禮及孔聶則並依蔡邕說謂當用黃琮但此經禮方明之玉本無中央其季夏迎祀黃帝玉當亦用四圭有邸不用黃琮赤璋等也云禮神者必象其類者卽下璧圜象天等是也云璧圜象天者說文玉部云璧瑞玉圜也白虎通義文質篇云璧者方中圜外方中陰德方也圜外陰繫於陽也陰德盛於內故見象於內位在中央璧之爲言積也中央故有天地之象所以據用也內方象地外圜象天也唐郊祀錄引三禮義宗云祀昊天五精帝圭璧琥璜皆長十二寸以法十二時之義聶崇義云隋潘徽江都集禮依白虎通說璧好方案鄭玄阮諶梁正等圖禮天圭璧皆長九寸蓋導周禮玉人職有九寸之璧好三寸而圓取以爲法也知璧好圓而不方者爾雅云肉倍好謂之璧今以九寸之璧三寸之好言之若好方則四角侵璧肉而不成其倍失爾雅之義也又引阮鄭二圖云蒼璧九寸厚寸案班說璧好方殊謬聶氏商之是也崔以此六玉爲祀昊天及五精帝亦依鄭義說圭璧尺度與阮鄭圖不同黃以周云玉人云璧好三寸爾雅云肉倍好謂之璧故鄭阮禮圖云蒼璧九寸崔氏以四圭尺有二寸以祀天例之故云圭璧皆長尺有二寸兩說各有依據今從崔說云琮八方象地者說文玉部云琮瑞玉大八寸似車釭徐鍇繫傳云謂其狀外八角而中圜也黃以周云地分八方始於易八卦

方位琮有角取諸此漢碑所圖或作五角或作十角陳祥道說四角謬案黃說是也白虎通義文質篇云圓中牙身方外曰琮琮之爲言宗也象萬物之宗聚也位在西方西方陽收功於內陰出成於外內圓象陽外直爲陰外牙而內湊象聚會也故謂之琮案鄭云八方者謂爲鈍角八觚班云牙身則似據玉人大琮射四寸言之牙爲銳角非琮之恆制也又班氏以琮爲西方之玉與此經義亦不合五代會要引阮氏圖云黃琮無好唐郊祀錄引三禮義宗云祭地之琮長十寸以放地數之十聶氏禮圖又引義宗云黃琮十寸有好聶崇義云江都集禮依白虎通說琮外方內圓有好案黃琮八寸而無好玉人職云瑑琮八寸其黃琮取寸法於此其玉人職說諸琮形狀並不言好故知諸琮本無好也又云黃琮比大琮每角各剡出一寸六分長八寸厚寸案聶從阮諶說與崔潘不同琮有好與否經注並無文依許君說似車釭車釭中空以函軸琮形似之則是有好矣白虎通以琮圓中對璧方中則亦似謂有好潘徽說殆不誤以下五玉聶義並與崔異好皆本阮鄭圖也黃以周云白虎通義圓中方外曰琮謂牙以內其形本圓也又云內圓外直外牙而內湊外牙申言直內湊申言圓牙雖衺剡視內圓爲直內圓非孔故曰內湊湊者合也豈孔之謂乎案黃據阮圖舊義申白虎通說似亦可通今幷存以備攷云圭銳象春物初生者雜記贊大行云圭剡上左右各寸半白虎通義文質篇云珪者兌上象物始生見於上也萬物之始莫不自潔珪之爲言潔也上兌陽也下方陰也陽尊故其禮順備也位在東方陽見義於上也上兌卽上銳並據剡上寸半言之也說文土部云圭瑞玉也上圜下方許云上圜者以圭上銳爲鈍角故聘禮記注亦云剡上象天圜地方也是許鄭義不迕也聶崇義云青圭亦九寸厚寸博三寸剡上各寸半云半圭曰璋者說文玉部云半圭爲璋公羊定八年傳云璋判白何注云判半也半圭曰璋白藏天子青藏諸侯白虎通義

文質篇云璋半珪位在南方南方陽極而陰始起璋之爲言明也南方之時萬物莫不章故謂之璋聶崇義云赤璋九寸案公羊何注又云璋者所以郊事天詩云奉璋峨峨髦士攸宜是也春秋繁露四祭篇亦以奉璋爲文王之郊彼並謂南郊祭受命帝用璋與此經不合不足據云象夏物半死者賈疏云夏時薺麥死是半死云琥猛象秋嚴者賈疏云謂以玉爲虎形猛屬西方是象秋嚴也聶氏三禮圖引鄭圖云白琥以玉長九寸廣五寸刻伏虎形高三寸孔廣森云聶圖琥作虎形疑未必然六玉之名半圭曰璋半璧曰璜琥當是半琮耳蓋琮之制外爲捷盧若鋸齒半之則背上有齟齬刻者似伏虎故謂之琥猶爵之象爵亦非作鳥形也鄭司農說牙璋瑑以爲牙牙齒兵象故以牙璋發兵若今時以銅虎符發兵然則刻齒卽虎象似矣案孔說是也琥作虎形之說左傳昭三十二年孔疏亦同但六瑞五玉未有刻爲物形者雖古說似不可信說文玉部云琥發兵瑞玉爲虎文璑禱旱玉也爲龍文二篆相次攷御覽珍寶部引呂氏春秋設成式西陽雜俎並有戰鬭用琥大旱用龍二語今呂覽佚此文許蓋別本彼書與此經典瑞玉人諸玉義不相應也云半璧曰璜者賈疏以爲逸禮記文說文玉部云璜半璧也白虎通義文質篇云璜者半璧位在北方北陰極而陽始起故象半陰陽氣始施徵召萬物璜者橫也陽氣橫于黃泉故曰璜璜之爲言光也陽光所及莫不動也聶崇義云玄璜九寸云象冬閉藏地上無物唯天半見者璧圜象天全見今璜半之故象天半見

皆有牲幣各放其器之色 幣以從爵若人飲酒有酬幣

【疏】皆有牲幣各放其器之色者食醫注云放猶依也牲幣各依放六器之色蓋天以蒼幣蒼牲地以纁幣黃牲東方牲幣與天同南方以朱幣騂牲西方以素幣白牲北方以玄幣黝牲公羊僖三十一年何注引禮祭六宗牲角尺此牲約與彼同孫希旦云此謂大朝覲之時所以禮方明者非祀天

之禮也方明非正祭嫌不用牲幣故曰皆有牲幣案孫說是也牧人云凡陽祀用騂牲陰祀用黝牲望祀各用其方之色牲明用方色牲唯四望爲然天地五帝五神皆尊於四望則牲用騂黝不依方色然則圜丘祭昊天當與南郊受命帝同用騂牲方丘祭大地當與北郊后土同用黝牲不用蒼牲黃牲也論語堯曰篇敢用玄牡敢昭告于皇皇后帝書湯誥孔疏引鄭論語注謂用玄牡者爲總告五方之帝而用皇天大帝之牲彼殷禮祀昊天用正色之牲則周祀昊天亦宜用正色之牲可知矣舊唐書禮儀志長孫無忌等議祭天地燔瘞之牲依此經用蒼黃壇牲依牧人用騂黝此亦牽傅鄭義不知此經爲禮方明之牲與正祭無涉強生分別並誤五時迎氣則五帝當用騂牲五示當用黝牲亦不必用方色之牲鄭賈誤以此爲圜丘方丘及迎氣之牲故牧人注以陽祀用騂牲爲祭天南郊陰祀用黝牲爲祭地北郊不及圜丘方丘非也知五帝五示牲用騂黝者詩小雅大田云來方禋祀以其騂黑彼云禋祀則方中宜有天神當依甫田毛傳義以方爲迎四方氣於郊騂黑卽牧人之騂牲黝牲也此卽五帝五示不用方色牲之塙證大田傳以黑專指羊豕鄭箋又以彼方爲祈報四方之神不爲迎氣義並未允史記封禪書載秦襄公作西時祠白帝其牲用駵駒黃牛羝羊駵黃並與騂色近秦蓋沿用周制故雖祀白帝而不用白牲此亦五帝牲不必依方色之證也郊特牲及詩周頌我將孔疏又謂大饗五帝於明堂及大雩並用五色之牲經注並無文恐皆不塙也互詳牧人疏　注云幣以從爵者公食大夫禮賓三飯後公受宰夫束帛以侑彼食禮無獻酬故幣不從爵凡祭祀之禮有獻尸則有從爵之幣也賈疏云知幣是從爵非禮神者若是禮神當在牲上以其禮神幣與玉俱設若肆師云立大祀用玉帛牲牷是帛在牲上今在下明非禮神者也案鄭賈說亦非也此禮天地四方乃告禮非正祭無迎尸獻酬之節則此幣自是禮神之幣非從

爵之幣注說不可從通典吉禮說郊天禮神之玉以蒼璧其牲及幣各隨玉色引此經文爲釋杜以此爲郊禮雖與鄭異而亦非經義云若人飲酒有酬幣者賈疏云獻尸從爵之幣無文故以生人飲酒之禮況之案聘禮饗時有酬幣明此幣既非禮神之幣則獻尸後酬尸時亦有幣之從爵也

以天產作陰德以中禮防之以地產作陽德以和樂防之

鄭司農云陰德謂男女之情天性生而自然者過時則奔隨先時則血氣未定聖人爲制其中令民三十而娶女二十而嫁以防其淫泆令無失德情性隱而不露故謂之陰德陽德謂分地利以致富富者之失不驕奢則吝嗇故以和樂防之樂所以蕩滌邪穢道人之正性者也一說地產謂土地之性各異若齊性舒緩楚性急悍則以和樂防其失令無失德樂所以移風易俗者也此皆露見於外故謂之陽德陽德陰德不失其正則民和而物各得其理故曰以諧萬民以致百物玄謂天產者動物謂六牲之屬地產者植物謂九穀之屬陰德陰氣在人者陰氣虛純之則劣故食動物作之使動過則傷性制中禮以節之陽德陽氣在人者陽氣盈純之則躁故食植物作之使靜過則傷性制和樂以節之如是然後陰陽平情性和而能育其類

[疏]以天產作陰德以中禮防之者以下並通論禮樂之精義所以致中和而育民物也大宗伯云以五禮防萬民之僞而教之中以六樂防民之情而教之和彼以禮樂施教此以禮樂成德其事略同凡云防之者皆以防其德之過使有所止也

注鄭司農云陰德謂男女之情天性生而自然者者說文心部云情人之陰气有欲者白虎通義情性篇云性者陽之施情者陰之化也人稟陰陽氣而生故內懷五性六情情者靜也性者生也此人所稟六氣以生者也故鉤命決曰情生於陰欲以時念也性生於陽以就理也陽氣者仁陰氣者貪故情有利欲性有仁也案先鄭意此陰德與大司徒陰禮義略同

然亦兼取陽性陰情爲義故釋爲男女之情樂記云人生而靜天之
性也感於物而動性之欲也是情性雖有陰陽之殊而情發於性有
生所同故云天性生而自然者卽釋經天產之義後鄭亦訓產爲生
而義異云過時則奔隨先時則血氣未定者過時謂男女年過三十
二十而不嫁娶先時謂未及年而嫁娶也血氣未定論語季氏篇文
云聖人爲制其中令民三十而娶女二十而嫁以防其淫泆令無失
德者泆釋文作佚云本亦作佚三十而娶二十而嫁據媒氏文云情
性隱而不露故謂之陰德者釋名釋天云陰蔭也氣在內奧蔭也先
鄭意六情雖皆屬陰然男女之情尤隱在內而不宣露故經獨謂之
陰德也云陽德謂分地利以致富富者謂若農圃虞衡之屬分取地之
所生之物以致富也以其宣露於外故以屬陽德先鄭蓋以地產爲
地生之物大戴禮記四代篇云辨歷大道以時地性與民之陽德以
教民事地性卽地生與先鄭義略同後鄭亦以地產爲地生之物而
義亦異云富者之失不驕奢則吝嗇故以和樂防之樂所以滌蕩邪
穢道人之正性者也者滌蕩釋文作蕩滌史記樂書云故傳採風俗
協比聲律補短移化助流政教天子躬於明堂臨觀而萬民咸滌蕩
邪穢斟酌飽滿以飾厥性是樂所以滌蕩邪穢道人之正性者也云
一說地產謂土地之性各異者此先鄭附箸別說也白虎通義情性
篇云性者生也與產義同故先鄭又以地產爲土地生人之性各異
也今以經攷之天產地產之說當以後鄭爲正先鄭諸說並失之云
若齊性舒緩楚性急悍者此並土地生人之異性也史記貨殖傳云
齊其俗寬緩西楚其俗剽輕易發怒漢書地理志云齊詩曰子之營
遭我虖嶩之閒又曰竢我於著乎而亦其舒緩之體也論衡率性篇
云齊舒緩楚促急云則以和樂防其失令無失德樂所以移風易俗
者也者孝經云移風易俗莫善於樂樂記云故樂行而倫清耳目聰
明血氣和平移風易俗天下皆寧是樂所以移風易俗者也云此皆

露見於外故謂之陽德者釋名釋天云陽揚也氣在外發揚也先鄭謂分地利以致富及或說土地異性之類二者皆露見於外者故經謂之陽德對陰德爲隱而不露者也云陽德陰德不失其正則民和而物各得其理者明以禮樂正陰陽之德而民物各得其所也云故曰以諧萬民以致百物者賈疏云取下文釋此也云玄謂天産者動物謂六牲之屬者此動物據人所食者而言六牲詳膳夫疏大戴禮記曾子天圓篇云天之所生上首阮元云天動故人物動者屬天其首恆在上地上空虛無土之處皆天故凡動物皆天所生云地産者植物爲九穀之屬者此植物亦據人所食者而言九穀詳大宰疏曾子天圓篇云地之所生下首阮元云地靜故艸木靜者屬地其首恆在下艸木甲坼而生以根爲首枝爲末也詒讓案後鄭說天産地産之義深得經恉呂氏春秋上農篇云是故天子親率諸侯耕帝籍田大夫士皆有功業是故當時之務農不見於國以教民尊地産也高注云地産嘉穀也義與此同云陰德陰氣在人者陰氣虛純之則劣故食動物作之使動者此言食陽以劑陰也郊特牲注云牲陽也賈疏云以其陰主消內是虛純虛則劣動物是陽故須食動物六牲作之使動也云過則傷性制中禮以節之者賈疏云過謂氣大過大過則傷性傷性則奢泰僭濫故制中禮以防之禮言中者凡人奢則僭上儉則逼下禮所以制中使不奢不逼故以禮爲中也云陽德陽氣在人者陽氣盈純之則躁故食植物作之使靜者此言食陰以劑陽也郊特牲注云庶物陰也賈疏云案禮記玉藻云顛實陽休是陽主盈滿故云陽氣盈純之則躁者陽氣主動不兼陰氣純之則躁故食植物作之使靜知植物爲陰者見聘禮致饔餼醯在碑東醢在碑西醯是穀之所爲是穀物爲陽之義也而此云植物陰者此以動物相對故動爲陽植爲陰彼以醯醢相對故醯爲陽醢爲陰也其陰德陽德後鄭又不從先鄭者但言德者謂在身爲德今先鄭以陽德爲分

地利以致富以身外解之與陰德爲不露見自相違卽知陰德爲男女之情亦非故後鄭皆據人身陰陽之氣解之云過則傷性制和樂以節之者賈疏云謂太靜爲傷性樂爲陽故制和樂以節之詒讓案後鄭釋天產地產之義是也而釋陰德陽德則未允竊謂此經之義當以大司徒十二教章互相證明彼經云以陽禮教讓則民不爭以陰禮教親則民不怨注云陽禮謂鄉射飲酒之禮也陰禮謂男女之禮昏姻以時則男不曠女不怨此陰德卽謂昏禮陽德亦卽謂鄉射飲酒之禮本於性情之謂德制其節文之謂禮其實一也昏義云后治陰德注云陰德謂主陰事陰令也與此義亦略同作之云者謂順其性情而宣道之以天產作陰德者謂同牢之禮有牲牢而用食禮也以地產作陽德者謂鄉射飲酒有酒醴獻酬之禮酒醴出於五穀也昏禮同牢雖有三醑而無獻酬則牲牢爲主鄉射飲酒亦有牲而以獻酬爲大經各舉其重者而言之也郊特牲云昏禮不用樂幽陰之義也若鄉射飲酒則有樂故經於陰德云以中禮防之所以禁其淫泆於陽德云以和樂節之所以禁其爭競兩經互證其義昭然而二鄭以來皆未達其恉宋以後釋此經者惟王安石王昭禹謂陰德所以行陰禮陽德所以行陽禮其說較長而謂天產養精地產養形則仍未究其本此外異論紛互率皆虛陳陰陽之理失之彌遠今悉無取焉云如是然後陰陽平情性和而能育其類者賈疏云謂陰氣虛濟之使盈陽氣盈損之使虛故云陰陽平性情和也能育其類者下文合天地之化已下是也

以禮樂合天地之化百物之產以事鬼神以諧萬民以致百物禮濟虛樂損盈並行則四者乃得其和能生非類曰化生其種曰產【疏】以禮樂合天地之化百物之產者此亦通論禮樂之用也天地之化謂金玉錫石之等本無生理皆由純氣微質凝積變化以成形者聘禮記注云貨天地所化生謂玉也卽其義

也百物之產則謂大司徒五地動植諸物種類蕃孳自有生理者聖人制作禮樂合聚萬物爲牲牢粢盛酒醴器服之等以待祭祀賓客之事而用之也賈疏謂以禮樂並行萬物感化則能生非類又能生其種非經義也云以致百物者卽地示之物鬽神仕所致者與百物之產異　注云禮濟虛樂損盈者賈疏云此樂記所云禮減而進以進爲文者是禮濟虛進謂濟益是禮當濟益其虛使之實滿又云樂盈而反以反爲文者是樂損盈反謂自抑止是樂當自抑止使盈而不放溢也云並行則四者乃得其和者賈疏云言並行謂禮樂並行以教世則天地之閒使不盈不虛折中得所則四者乃得其和也言四者謂天地之化百物之產共爲一以事鬼神爲二以諧萬民爲三以致百物爲四也知化產共爲一者以其化與產氣類相似故爲一也案鄭賈說並非也天地之化百物之產卽上文之天產地產不得與下三者並列爲四注說甚誤又審鄭意疑誤以百物之產與以致百物爲一賈亦未得其恉云能生非類曰化者此亦誤以化與產相對爲文謂物生而變其本類者也說文匕部云匕變也化教行也經典通借化爲匕楚辭離騷王注云化變也荀子正名篇云狀變而實無別而爲異者謂之化楊注云化者改舊形之名淮南子齊俗訓云夫蝦蟇爲鶉水蠆爲蟌皆生非其類唯聖人知其化卽鄭所本也云生其種曰產者說文生部云產生也此兼動物植物言之

凡祀大神享大鬼祭大示帥執事而卜日宿眡滌濯涖玉鬯省牲鑊奉玉齍詔大號治其大禮詔相王之大禮

執事諸有事於祭者宿申戒也滌濯溉祭器也玉禮神之玉也始涖之祭又奉之鑊亨牲器也大號六號之大者以詔大祝以爲祝辭治猶簡習也豫簡習大禮至祭當以詔相王羣臣禮爲小禮故書涖作立鄭司農讀爲涖涖視也

疏　凡祀大神享大鬼祭大示帥執

事而卜日者自此至職末並大宗伯當官專領之職事所謂官常也此卜日眂滌濯並與大宰爲官聯帥執事而卜日謂大祭祀大宗伯涖卜大卜注云大事宗伯涖卜是也御覽禮儀部引五經異義云今春秋公羊說祠宗廟筮而不卜傳曰禘祫不卜古周禮說大宗伯曰凡祀大神享大鬼祭大祇率執事而卜日大鬼謂先王也孔廣森云鄭箴膏肓云當卜祀日月耳不當卜可祀與否其意以爲魯郊常祀不須卜但卜祀日則宗廟常祀亦不卜可祀與否仍卜日不謂祀宗廟用筮不用卜也故周禮大祭祀命龜凡國之大事先簭而後卜鄭皆無祭不用卜之解而學記未卜禘不視學鄭亦不以記文爲誤是從古周禮說矣王紹蘭云少牢饋食禮鄭注引禘于大廟禮曰日用丁亥此卽公羊禘祫不卜之說所本謂禘丁亥有定日故不卜也鄭說之曰不得丁亥則己亥辛亥亦用之無則苟有亥焉可也是與公羊小異矣公羊說宗廟筮而不卜亦是準少牢禮有筮無卜爲義但少牢大夫禮略鄭注簭人先筮而後卜云當用卜者先筮之卽事漸也於筮之凶則止不卜是先筮不吉乃不卜明筮吉仍當卜也亦與公羊說異龜人祭祀先卜鄭司農云祭祀先卜者卜其日與牲則先鄭亦以祭當卜日也案孔王說是也云省牲鑊者釋文云省本又作眚後省牲鑊皆同案省正字眚段借字此省牲卽充人之展牲在祭前之夕省鑊則在祭日之晨故小宗伯大祭祀省牲祭之日省鑊二事分別甚明此文偶省幷耳賈疏謂省視視亨牲之鑊是謂大宗伯直省鑊不省牲非也此卜日以下凡十事卜日一也宿爲申戒二也眂滌濯三也涖玉鬯四也省牲五也省鑊六也奉玉齍七也詔大號八也治其大禮九也詔相王之大禮十也鄭分涖玉鬯奉玉齍玉與鬯齍各爲二事賈又幷宿眂滌濯爲一省牲鑊爲一並失之小宗伯疏以省牲別爲一事則不誤　注云執事諸有事於祭者者賈疏云案大宰云祀五帝前期十日帥執事而卜日注云執事宗伯大卜之

屬此注云執事諸有事於祭者二注不同者以其大宰不掌祭事故云執事大宗伯大卜之等卜日而已此大宗伯主祭祀之事故總諸有事於祭者也詒讓案大宰帥執事下止云卜日故爲宗伯大卜之屬此帥執事下兼宿眡滌濯等故廣晐諸有事於祭者也云宿申戒也者公食大夫記注義同謂申戒百官也江永云宿眡滌濯宿字爲句祭前三日申戒也大史及宿之日即此宿字案江說是也凡王禮大祭祀祭前十日則戒大宰云前期十日帥執事而卜日遂戒及執事眡滌濯是也祭前三日則宿故大史云戒及宿之日與羣執事讀禮書而協事是戒宿不同日宿在戒之後故云申戒鄉飲酒記注云再戒爲宿戒禮將有事先戒而又宿戒又士冠禮注云宿進也宿者必先戒戒不必宿案士冠宿賓少牢饋食禮尸及官皆先戒後宿申戒即再戒之義禮祭祀戒宿或前十日戒三日宿或前三日戒一日宿要其不同日一也大祭祀卜日之後眡滌濯之前大宰有戒而無宿此經及肆師有宿而無戒然則大祭祀大宰掌戒大宗伯肆師掌宿與賈疏以宿與眡滌濯爲一事謂祭前一宿眡所滌濯祭器蓋用肆師注宿先卜祭之夕義然非經義也特牲饋食禮乃宿尸注云宿讀爲肅凡宿或作速記作肅周禮亦作宿即指此經及肆師世婦大史諸宿字而言宿戒散文亦通互詳後世婦疏云滌濯溉祭器也者大宰注義同釋文云溉本或作摡案作摡者是也詳大宰疏少牢饋食禮云宗人命滌特牲饋食禮云宗人升自西階視壺濯及豆籩反降東北面告濯具即此眡滌濯彼大夫之禮宗人視滌濯猶王禮大小宗伯眡滌濯也詩召南采蘩箋說諸侯夫人視濯溉孔疏云此諸侯禮夫人視滌濯天子則大宗伯視滌濯王后不視矣詒讓案大宰祀五帝享先王皆及執事眡滌濯若然或大宰代王眡大宗伯則代后眡與云玉禮神之玉也者賈疏云即蒼璧黃琮青圭赤璋之等及四圭兩圭之類皆是禮神置於神坐也案九嬪職云贊玉齍注云玉

齍玉敦盛黍稷與此注玉爲禮神之玉齍卽非玉敦所飾注不同者彼九嬪所贊贊后設之據宗廟宗廟無禮神玉則玉齍不得別解故爲玉敦此據天地爲主有禮神玉故與齍別釋也大宰云祀五帝贊玉幣爵之事注云三者執以從王至而授之彼所執據五帝此所奉據昊天與崑崙故不同又云天地有禮神之玉無鬱鬯宗廟無禮神之玉而有鬱鬯但宗廟雖無禮神玉仍有圭瓚璋瓚亦是玉故曲禮云玉曰嘉玉郊特牲云用玉氣是也詒讓案蒼璧黃琮等非正祭禮神之玉詳前疏此經玉鬯玉齍連文亦非禮神之玉王引之云鄭以涖玉鬯三句總承祭享祀言之而祭天地無鬱鬯且器用陶匏若以玉鬯爲圭瓚秬鬯玉齍爲玉敦黍稷則但爲宗廟之祭而與大神大示無涉故以玉爲禮天地之玉與鬯齍別釋也然鬯與齍皆始涖之祭又奉之何以鬯但言涖齍但言奉獨至於玉而已言涖又言奉乎今案涖玉鬯三句專謂享大鬼也玉鬯圭瓚也周語有神降于莘王使大宰忌父帥傅氏及祝史奉犧牲玉鬯往獻焉韋注曰玉鬯鬯酒之圭長尺二寸有瓚所以灌地降神之器是玉鬯爲圭瓚之明證典瑞所謂祼圭有瓚以肆先王也玉齍與九嬪職同其皆爲玉敦可知九嬪之贊玉齍大宗伯之奉玉齍皆所以享人鬼也上文祭享祀並列而此獨言享者上文卜日宿眡滌濯已總祭享祀言之則此涖玉鬯二云無嫌專指享廟之事不別言享大鬼者上文已云享大鬼故不待列言之也肆師大祭祀展犧牲繫于牢頒于職人凡祭祀之卜日宿爲期詔相其禮眡滌濯亦如之祭之日表齍盛告潔展器陳告備此總天地宗廟言之也而其下遂云及果築鬻則專謂宗廟之祭大祝凡大禋祀肆享祭示則執明水火而號祝隋釁逆牲逆尸令鍾鼓右亦如之執明水火而號祝總大禋祀肆享祭示言之也至逆牲逆尸令鍾鼓右則專謂肆享之事皆連類而及不復區分是其例也案王說是也方苞蔣載康莊有可說同但玉齍當爲玉簋非玉敦也

詳九嬪疏玉皀卽鬱人之祼玉玉齍齍亦當讀爲粢詳甸師及小宗伯疏云始涖之祭又奉之者賈疏二云鄭據上二云涖涖臨視也直視看而已下二云奉據手執授玉故二云祭又奉之又二云奉玉齍者此玉還是上文所涖者齍謂社稷天地當盛以瓦簋但齍與上皀互見爲義皆始時臨之祭又奉之案鄭以玉皀之玉與玉齍之玉爲一故以涖與奉皆指禮神之玉特事有先後爲異其說非也賈謂齍爲瓦簋亦非方苞二云於玉齍曰奉於玉皀曰涖涖者小宰贊祼宗伯惟涖玉皀而已二云鑊亨牲器也者亨人注二云鑊所以煑肉及魚腊之器小宗伯注二云省鑊視亨腥孰案省鑊者省眡二三牲及魚腊之鑊於雍爨也二云大號六號之大者者謂大祝六號中之大者若神號則以皇天上帝爲大餘天神爲小示號則以后土爲大餘地祇爲小它皆放此賈疏謂六號卽是大號非鄭恉二云以詔大祝以爲祝辭者卽大祝二云掌六祝之辭是也二云治猶簡習也者喪服注二云治猶理也小宰注二云簡猶閱也閱習大禮所以理董之故謂之治二云豫簡習大禮至祭當以詔相王者賈疏二云大禮者謂天地人之鬼神祭禮王親行之爲大禮對下小宗伯治小禮爲小也詔相者謂未至之時詔告之及其行事則又相之案賈說非也鄭言此者欲見治其大禮與詔相王之大禮同未祭之前豫簡習大禮俾無差誤至臨祭時卽以此禮詔相王明簡習爲備詔相也二云羣臣禮爲小禮者據小宗伯二云詔相祭祀之小禮凡大禮佐大宗伯肆師亦二云相治小禮小宗伯注義同注文臺二云經二云祀大神享大鬼祭大示治其大禮則中有小禮可知經二云詔相王之大禮大禮屬王則小禮爲羣臣之禮亦可知二云故書涖作立鄭司農讀爲涖涖視也者鄉師注並同

若王不與祭祀則攝位王有故代行其祭事

疏注二云王有故代行其祭事者謂凡祭祀王宜親祭而有故不與也祭統二云君子之祭也必身親涖之有故則使人可也國語晉語二云烝於武公公稱疾不與使奚齊涖事

郎祭祀君不與而使人代行之事賈疏云攝訓爲代有故者謂王有疾及哀慘皆是也量人云凡宰祭與鬱人受嘏歷而皆飲之注云言宰祭者冢宰佐王祭亦容攝祭此宗伯又攝者冢宰貳王治事宗伯主祭事容二官俱攝故兩言之俞樾云王之祭祀自有等差大祭不與則冢宰攝之貳王治事自是冢宰之職他官不得攝也中祭小祭其禮較輕王或不與則宗伯攝之故云王不與祭祀則攝位下文王后不與特言大祭祀則此但言祭祀爲凡祭祀非大祭祀明矣案賈云容二官俱攝自謂或冢宰或宗伯皆可代王行祭事非爲一時二官並攝也俞謂祭祀有大小冢宰宗伯或當依官之尊卑分別攝祭於義可通與賈義亦無迕也

凡大祭祀王后不與則攝而薦豆籩徹

薦徹豆籩王后之事

疏 凡大祭祀王后不與者賈疏云天地及社稷外神等后夫人不與此言凡大祭祀王后不與謂后應與而不與又云大祭祀明非羣小祀則大祀者唯宗廟而已云則攝而薦豆籩徹者賈疏云是王后有故宗伯攝爲之凡祭祀皆先薦後徹故退徹文在下也詒讓案薦豆籩徹謂攝薦豆籩而并徹之也此與九嬪云凡祭祀贊后薦徹豆籩同變文則云薦豆籩徹以薦徹通貫豆籩猶漿人清醴醫酏糟以清糟通貫醴醫酏經自有此首尾綜包之文例也賈謂以薦先徹後退徹文在下經無此意注作薦徹豆籩者順文便改之非所見經本不同也祭統說祭大廟之禮云君執圭瓚祼尸大宗執璋瓚亞祼注云大宗亞祼容夫人有故攝焉以此推之天子祭大廟后亞祼獻有故后不與亦當大宗伯攝之此僅言大祭祀攝薦徹豆籩文不具也外宗云佐王后薦玉豆眡豆籩及以樂徹亦如之王后以樂羞齍則贊凡王后之獻亦如之王后不與則贊宗伯然則王后不與則薦徹及祼獻諸事宗伯並攝之可知矣其天地外神后本不與者凡朝踐饋食酳尸並宗伯亞王獻亦兼薦徹此常法不爲攝也 注云薦徹豆籩

王后之事者據九嬪文此謂朝踐饋食之正豆籩
也其加豆籩內宗所薦徹后雖不與非宗伯所攝大賓客則攝而載
果載爲也果讀爲祼代王祼賓客以鬯君無酌臣之禮言爲者攝酌獻耳拜送則王也鄭司農云王不親爲主疏大賓客則攝而
載果者此冢上兩經爲文攝祼雖以王爲主亦兼攝后也賈疏云此
大賓客對文則賓客異散文則通故大司徒云大賓客令野脩道委
積是賓客爲諸侯通也大行人云大賓爲五等諸侯大客卽謂其臣
是賓客異也案大行人云上公之禮再祼而酢此再祼者有后祼則
亦徹爲之內宰贊之侯伯一祼而酢子男一祼不酢此皆無后祼王
不親酌則皆使大宰宗伯攝而爲之坊記孔疏云案王饗諸侯及諸
侯自相饗同姓則后夫人親獻異姓則使人攝獻且王於同姓雖爲
侯伯車服與上公同上公旣再祼后與王俱祼則上公相於與王同
也其同姓上公則后與夫人親祼獻拜送也若異姓上公使人攝祼
故宗伯職云大賓客則攝而載祼謂異姓也案據孔說是同姓上公
則后祼大宗伯攝之后則親拜送異姓上公則后不與蓋宗伯兼攝
拜送其王祼則不論同異姓唯攝祼不攝拜送也諦審孔義似以此
攝祼專屬后言陳祥道劉彝王安石王昭禹鄭鍔姜兆錫蔣載康亦
並謂此專冡上后不與之文攝祼唯據攝后其王祼代酌獻爲常禮
不得云攝林喬蔭云本文承上凡大祭祀王后不與則攝而薦豆籩
徹是統爲王后不與而言卽外宗所云宗廟之祭祀王后不與則贊
宗伯賓客之事亦如之者也蓋上公之禮王禮再祼而酢再祼者王
爲一祼后爲再祼此大賓客卽指上公禮當再祼而王后不與則大
宗伯攝而再祼也載與再古通若是代王則直曰攝祼可耳何必言
載黃以周說同案陳劉諸家說與經義合較鄭爲長又案大饗王與
后亦有祼與禮賓同蓋亦宗伯攝之詳大行人疏　注云載爲也者
小爾雅廣言云載行也檀弓鄭注云爲行也是載爲義同云果讀爲

祼者祼果聲類同大行人王禮再祼而酢注亦云故書祼作果段玉裁云此古文假借字也祼從示果聲古音在歌戈部鄭云祼之言灌祼與灌雙聲非祼音同灌也云代王祼賓客以鬯者賈疏云見鬱人宗廟及賓客皆以鬱實彝而陳之卽大行人所云祼與此祼皆用鬱鬯也云君無酌臣之禮者卽燕義云臣莫敢與君亢禮也賈疏云見燕禮大射諸侯禮皆使大夫爲賓宰夫爲主人是諸侯君不酌臣此大賓客遣大宗伯代祼是天子君亦不酌臣也詒讓案天子燕以膳夫爲獻主詳膳夫職云言爲者攝酌獻耳拜送則王也者申釋載訓爲之義明攝爲祼不攝送祼也酌謂實鬱鬯於圭瓚璋瓚獻謂授之於賓二者皆攝爲之大行人注說上公再祼之禮云使宗伯攝酌圭瓚而祼王既拜送爵又攝酌璋瓚而祼后又拜送爵是王及后皆親拜送也覲禮不詳禮賓之節而聘禮聘享訖後禮賓公於阼階上拜送此王待大賓客祼禮親拜送禮蓋與彼略同但彼禮聘使宰夫酌醴公不親酌而親獻此王禮朝賓大宗伯祼鬯王酌獻並不親與彼異耳賈疏云以其言代而爲祼卽是直祼不拜案鄉飲酒燕禮大射賓主獻酢皆拜送其送是王自爲之以其恭敬之事不可使人故也鄭司農云王不親爲主者與後鄭義同

朝覲會同則爲上相大喪亦如之王哭諸侯亦如之相詔王禮也出接賓曰擯入詔禮曰相相者五人卿爲上擯大喪王后及世子也哭諸侯者謂薨於國爲位而哭之檀弓曰天子之哭諸侯也爵弁絰紂衣

【疏】注云相詔王禮也者大行人詔相諸侯之禮注云詔相左右教告之也是詔與相義同云出接賓曰擯入詔禮曰相者釋文擯作儐云本或作賓案說文人部擯爲儐之或體依鄭義擯相字當作擯儐禮字當作儐賓者其借字也此下經及小宗伯肆師並作儐小行人司儀並作擯象胥作賓大行人則作擯又作賓諸職錯互疑皆傳寫亂之擯相司儀注義同此明擯相因

事異稱其實一也聘禮鄉爲上擯注云擯主國之君所使出接賓者也又鄉射禮相拜注云相謂贊主人及賓相拜之辭是擯相異名而聘禮記云擯者立于閾外以相拜又檀弓云子游擯由左注云擯相侑喪禮者是相亦名擯故賈疏謂此對文義爾通而言之出入皆稱擯也又案擯在賓謂之介故士冠禮注云在主人曰擯在客曰介是也云相者五人卿爲上擯者覲禮注云天子見公擯者五人見侯伯擯者四人見子男擯者三人皆宗伯爲上擯案彼注卽據此經周書王會篇云相者太史魚大行人皆絻有繁露彼大會同止二相又有太史大行人而無大宗伯疑文有闕挩賈疏云此則大行人云上公之禮擯者五人侯伯四人子男三人是也依大行人據上公而言此大宗伯爲上擯若大朝覲則肆師爲承擯四時來朝小行人爲承擯案覲禮嗇夫爲末擯若待子男則三人足矣若侯伯四人者加一士上公五人者加二士今鄭云相者五人卿爲上擯據此大宗伯是卿故指此上擯而言也云大喪王后及世子也者宰夫大喪小喪掌小官之戒令帥執事而治之注亦云大喪王后世子也小喪夫人以下與此注義同賈疏云以其與王爲上相則王在矣而云大喪明是王后及世子矣亦得見大喪所相或嗣王則大喪中兼王喪也后及世子喪王爲此主哭及拜賓則宗伯亦爲上相也云哭諸侯者謂薨於國爲位而哭之者同姓則爲位於廟異姓則爲位於外也左襄十二年傳云凡諸侯之喪異姓臨於外同姓於宗廟同宗於祖廟同族於禰廟王哭諸侯禮當與彼同賈疏云謂諸侯薨於本國赴告天子天子爲位哭之大宗伯亦爲上相與王爲擯耳若來朝薨於王國則王爲之緦麻不應直哭之而已引檀弓曰天子之哭諸侯也爵弁經紂衣者釋文紂作純檀弓釋文亦云紂本又作純引之者證天子哭諸侯之事鄭彼注云服士之祭服以哭之明爲變也天子至尊不見尸柩不弔服麻不加於采此言經衍字也時人聞有弁經因云之耳周

禮王弔諸侯弁經緦衰也案爵弁經紂衣即司服職弁經服鄭檀弓注以經爲衍文非也詳司服疏

王命諸侯則儐

儐進之也王將出命假祖廟立依前南鄉儐者進當命者延之命使登內史由王右以策命之降再拜稽首登受策以出此其略也諸侯爵祿其臣則於祭焉

疏 王命諸侯則儐者此謂諸侯始封或嗣位而來朝及有功而進爵王則錫命之於廟也穀梁莊元年王使榮叔來錫桓公命傳云禮有受命無來錫命錫命非正也范注云當召而錫也周禮大宗伯職曰王命諸侯則儐之是來受命 注云儐進之也者別於出接賓者也說文人部云儐導也重文擯儐或从手依鄭義此字亦當作擯與擯相字同詳司儀疏管子小問篇東郭郵至桓公令擯者延而上尹注云儐謂贊引賓客者也此王命諸侯大宗伯儐亦謂贊引令進前受策命故云進之也司士云掌擯士者又小司寇職說外朝三詢之事云小司寇擯以敘進而問焉並與此儐義同云王將出命假祖廟者釋文云假至也知假祖廟者祭義云爵祿慶賞成諸宗廟所以示順也又祭統云古者明君爵有德而祿有功必賜爵祿於大廟示不敢專也白虎通義爵篇云封諸侯於廟者示不自專也明法度皆祖之制也舉事必告焉徐幹中論爵祿篇云先王將建諸侯而錫爵祿也必於清廟之中陳金石之樂宴賜之禮宗人擯相內史作策也即據此經義毛詩周頌賚敘大封於廟也孔疏引皇甫謐云武王伐紂之年夏四月乙卯祀於周廟將率之士皆封諸侯國四百人兄弟之國十五人同姓之國四十人即假廟封諸侯之事賈疏云若諸侯命臣則因祭宗廟命之則祭統十倫之義六曰見爵賞之施焉故祭之日一獻君降立于阼階之南南鄉所命者再拜受書以歸又云古者於禘也發爵賜服順陽義也諸侯命臣必於祭時若天子命臣不要在祭時欲命臣當特爲祭以命之故洛誥成王命周公後云烝祭歲文王騂牛一武王騂牛一王命作策逸祝策惟告周

公其後注云告神周公宜立後謂封伯禽是非時而特假祖廟故文武各特牛也案賈引洛誥注即鄭書注佚文詩周頌烈文敘孔疏引鄭書注文略同蓋鄭意以歲爲成王元年正月朔日特爲此祭而假廟與上文烝祭文不相蒙僞孔傳則謂即仲冬烝祭之日特加文武各一牛以告是與祭統諸侯命臣同非鄭義也祭統又云古者於禘也發爵賜服順陽義也於嘗也出田邑順陰義也賈孔禮疏並謂彼爲諸侯因時祭命臣法月令孟夏之月行賞封諸侯注引祭統駁之云今此行賞可也而封諸侯則違於古封諸侯出土地之事於時未可似失之諦繹月令注意蓋謂當夏非封國之時故據祭統文正之實則鄭意天子命諸侯皆特假祖廟非徒不於孟夏即秋嘗亦非其時也又案依鄭書注義假祖廟蓋用特牛告祭其禮殺於時祭祖廟者謂於祖王廟洛誥成王命伯禽於文王廟而兼告武王國語周語說宣王命魯孝公於夷宮韋注云夷宮者宣王祖父夷王之廟古者爵命必於祖廟皆其證也云立依前南鄉者賈疏云此案司几筵云大朝覲大饗射凡封國命諸侯王位設黼依依前南鄉是立依前南鄉之事也云擯者進當命者延之命使登內史由王右以策命之者策釋文作筴案策冊之借字筴即策之俗鄭覲禮注云從後詔禮曰延延進也知內史策命之者內史云凡命諸侯及孤卿大夫則策命之是也賈疏云此案覲禮天子使公與史就館賜侯氏命服時史由公右執策命之又案祭統云祭之日一獻君降立于阼階之南南鄉所命北面史由君右執策命之再拜稽首受書以歸天子無降立之事其餘則同命諸侯之史當王右以策命之詒讓案覲禮策命爲大史與此經內史策命小異或禮經通稱內史爲大史與互詳敘官疏云降再拜稽首登受策以出者此兼約左傳及覲禮文左傳僖二十八年王命尹氏及王子虎內史叔興父策命晉侯爲侯伯晉侯三辭從命曰重耳敢再拜稽首奉揚天子之丕顯休命受策以出又覲禮

天子賜侯氏以車服侯氏升西面立大史述命侯氏降兩階之閒北面再拜稽首升成拜大史加書于服上侯氏受凡禮之通例臣與君行禮皆降拜登受左傳不云降拜登受者文略也詳司儀疏云此其略也者命諸侯之儀禮經無專篇鄭據覲禮及祭統左傳推其大略不能得其詳也云諸侯爵祿其臣則於祭焉者祭謂四時祭若祭統禘嘗是也經唯云命諸侯而此注則通舉諸侯爵祿其臣以見天子不用此法又小宗伯云賜卿大夫士爵則儐注云儐之如命諸侯之儀彼注亦無殊異之文然則鄭意天子賜卿大夫士爵亦特假廟未知是否互詳小宗伯疏

國有大故則旅上帝及四望故謂凶災旅陳也陳其祭事以祈焉禮不如祀之備也上帝五帝也鄭司農云四望日月星海玄謂四望五嶽四鎮四瀆

疏注云故謂凶災者宮正先鄭注義同災舊本作烖今據宋婺州本正凡經作裁注例用今字皆作災詳膳夫疏云旅陳也者爾雅釋詁文論語八佾篇季氏旅於泰山泰山卽魯三望之一集解引馬融云旅祭名也字亦作臚漢書敘傳大夫臚岱顏注引鄭德云季氏旅於泰山是也師古云臚亦陳也史記六國表云位在藩臣而臚於郊祀蓋兼據此經旅帝爲說旅臚聲近義同書禹貢云荊岐旣旅又云蔡蒙旅平又云九山刊旅並卽旅羣望之禮僞孔傳云祭山曰旅望文爲訓義殊未晐云陳其祭事以祈焉禮不如祀之備也者賈疏云但祈謂祈請求福得福乃祠賽之祠賽則備而與正祭同故知禮不如祀之備也云上帝五帝也者典瑞注同孝經邢疏引論語鄭注云皇皇后帝並謂太微五帝在天爲上帝分王五方爲五帝又公羊宣三年何注云上帝五帝在太微之中說與鄭同五帝詳小宗伯疏金榜據掌次大旅上帝則張氈案設皇邸祀五帝則張大次小次設重帟重案謂上帝非五帝㡿鄭注之誤其說是也此大旅上帝專指受命帝而言不兼及黃赤白黑四帝梁書許懋傳云大旅於南郊者非

當祭也引此職國有大故則旅上帝彼以此經證大旅蓋亦以此上帝爲南郊所祭之蒼帝也互詳掌次疏鄭司農云四望日月星海者
漢書郊祀志王莽改定祭禮引此經說之云四望蓋謂日月星海也蓋劉歆等說卽先鄭所本小宗伯先鄭注又云四望道氣出入與此
注自相違牾未審厥義御覽禮儀部引大祝馬注以爲日月星辰則統天神無山川淮南子人閒訓郊望禘嘗許注云望祭日月星辰山
川也此亦謂望祀有日月星辰與馬鄭略同而謂廣及衆山川則異公羊僖三十一年傳天子有方望之事何注云方望謂郊時所望祭
四方羣神日月星辰風伯雨師五嶽四瀆及餘山川凡三十六所何氏所說尤廣案四望不得有日月星辰亦不得及餘山川先鄭與何
說皆非也惟四望爲大山川之祭川以海爲大不宜遺之先鄭謂四望有海則足補後鄭義詩周頌敘云般巡守而祀四嶽河海也卽巡
守望祀之禮也金鶚云學記言三王祭川皆先河而後海公羊以三望爲泰山河海則四望當有海矣云玄謂四望五嶽四鎮四瀆者小
宗伯注同穀梁僖三十一年傳范注引鄭君云望者祭山川之名也賈疏云山川稱望故尚書云望秩于山川是也案大司樂有四鎮五
嶽崩四瀆又與五嶽相配故知四望中有此三者言四望者不可一往就祭當四向望而爲壇遙祭之故云四望也又小宗伯四類四望
疏云天子四望諸侯三望境內山川案僖三十一年夏四月猶三望服氏云三望分野星國中山川又上文先鄭云四望日月星海後鄭
必知望祭中無天神者案哀六年云初楚昭王有疾卜曰河爲祟王弗祭大夫請祭諸郊王曰三代命祀祭不越望江漢睢漳楚之望也
爾雅又云梁山晉望又案尚書云望於山川則知望祭中無天神可知若天神日月之等當入四類之內也若然尚書云望於山川必知
四望非山川是五嶽四竇者以其下云兆山川丘陵之等山川既在下故知此四望是五嶽之屬山川之大者也陳壽祺云山川之祭周

禮四望魯禮三望其餘諸侯祀竟內山川蓋無定數山川之大者莫如五嶽四瀆禮記王制曰五嶽視三公四瀆視諸侯望祭山川豈可舍此有五嶽四瀆等則四望非限以四事乃謂四方之望也公羊傳言方望無所不通是也王制又曰諸侯祭名山大川之在其地者祭法曰有天下者祭百神諸侯在其地則祭之亡其地則不祭公羊傳曰諸侯山川有不在其封內者則不祭也說並同公羊傳又曰三望者何望祭也然則曷祭祭太山河海此公羊說以河海岱爲三望也左傳僖三十一年正義賈逵服虔以爲三望分野之星國中山川大宗伯疏引許氏異義謹案春秋魯郊祭三望言郊天日月星河海岱凡六宗魯下天子不祭日月星但祭其分野星國中山川故言三望此左氏說以國之分野及山川三者爲三望也分星不涉於望河又魯境所不及說者咸失其義詩魯頌閟宮正義引康成駁異義獨據禹貢海岱及淮惟徐州謂魯卽徐地而以淮易河其義審矣知其餘諸侯祀竟內山川無定數者五經自魯外他國無三望之稱爾雅曰梁山晉望也禮器曰晉人將有事於河必先有事於惡池齊人將有事於泰山必先有事於配林左傳昭七年晉韓宣子曰並走羣望昭十三年楚共王大有事於羣望哀六年楚昭王曰三代命祀祭不越望江漢睢漳楚之望也由此言之他國諸侯之望不必限以三明矣賈許服等亦知河非魯竟故不從公羊說然不察三望之名爲魯所專而欲通於諸侯之制故以分星強配其數左傳正義因云天子四望諸侯三望失之矣案陳說是也四望者分方望祭之名通言之凡山川之祭皆曰望於山川之中舉其尤大者別祭之則有四望天子統治宇內則四望之祭亦外極四表北堂書鈔禮儀部引尸子云天子祭四極諸侯祭山川四極卽四望也後鄭釋四望略本公羊三望義其說甚允惟不及海蓋文偶不具耳前疏引五經異義及左傳疏引賈服說並以魯三望爲分星及山川左傳僖三十一年杜注說亦

同春秋釋例亦云天子郊祀因望祭四方衆神諸侯不得依天子唯望祭其封內山川分野之星是謂之望依諸說則天子四望亦當有星辰蓋與漢書王莽說大同小異今攷左僖三十一年傳云望郊之細也宣三年傳又云望郊之屬也此並謂望禮輕於郊耳非謂望兼及天神也莽說殊不足據賈許服杜諸儒咸襲其說疏矣

王大封則先告后土 后土土神也黎所食者

疏 王大封則先告后土者謂封建諸侯也說文土部云封爵諸侯之土也詩周頌敘云賚大封於廟也鄭箋云大封武王伐紂時封諸臣有功者與此義同大祝云建邦國先告后土用牲幣即此大封告后土之事賈疏云大封謂若典命公八命卿六命大夫四命其出封皆加一等是其大封之事對封公卿大夫爲采邑者爲小封封是土地之事故先以禮告后土神然後封之也詒讓案此與上經軍禮大封爲正邦國都鄙之封疆事異而實相因詩周頌時邁孔疏謂此大封即封禪之禮通典吉禮引袁準正論說封禪亦舉此經證義蓋即孔氏所本其說不經不可從 注云后土土神也黎所食者者即上五祀之土神兆於南郊者也左傳昭二十九年杜注云土爲羣物主故稱后也賈疏云言后土有二若五行之官東方木官句芒中央土官后土此等后土土官也黎爲祝融兼后土故云黎所食者若左氏傳云君戴皇天而履后土彼爲后土神與此后土同也若句龍生爲后土官死配社即以社爲后土其實社是五土總神非后土但以后土配社食世人因名社爲后土耳此注本無言后土社寫者見孝經及諸文注多言社后土因寫此云后土社故鄭荅趙商云句龍本后土後遷爲社王大封先告后土玄云后土土神不言后土社也詩小雅甫田孔疏云趙商問郊特牲社祭土而主陰氣大宗伯職曰王大封則先告后土注云后土土神也若此之義后土則社社則后土二者未知云何敢問后土祭誰社祭誰乎荅曰句龍本后土後遷之爲社大封先

告后土玄注云后土土神不云后土社也田瓊問周禮大封先告后土注云后土社也前荅趙商曰當言后土土神言社非也檀弓曰國亡大縣邑或曰君舉而哭於后土注云后土社也月令仲春命民社注云社后土中庸云郊社之禮所以事上帝也注云社祭地神不言后土省文此三者皆當定之否荅曰后土土官之名也死以爲社社而祭之故曰后土社句龍爲后土後轉爲社故世人謂社爲后土無可怪也欲定者定之亦可不須案據賈孔說蓋此注有別本土神作社神大祝后土注云社神卽誤本之未盡刊正者也孔引鄭志文尤詳備蓋趙商田瓊並誤以此注土神爲卽指社故疑而發問通校諸經注義后土蓋有三一爲大地之后土卽左傳屢后土是也一爲五祀之土神卽此經告后土是也一爲社則因后土爲社遂通稱社亦曰后土鄭二禮注謂后土卽社左傳昭二十九年杜注亦云后土在野則爲社是也據周書作雒篇王封諸侯取大社之土授之則謂告大社亦未嘗不可通但此經通例凡言社者皆不云后土故鄭釋此后土爲土神檀弓國亡縣邑君哭於后土之文據侯國而言曲禮諸侯方祀容有不祭后土者故鄭別以社釋之說自不誤公羊僖二十一年傳云諸侯祭土何注云土謂社也亦與鄭同但經后土本爲五行之亓而鄭所謂土神者則以人神之黎當之固非其實又黎本食火后土自是句龍所食此云黎所食不云句龍者鄭從先師說以句龍爲社因以黎兼食火土其說尤牽強賈謂左氏所云后土與此后土同亦非凡五祀非人神詳前疏

乃頒祀于邦國都家鄉邑　頒讀爲班班其所當祀及其禮都家之鄉邑謂王子弟及公卿大夫所食采地

疏　乃頒祀于邦國都家鄉邑者亦以王命頒之大祝所謂祀命是也　注云頒讀爲班者大宰匪頒之式先鄭注云頒讀爲班班布之班此讀與彼同云班其所當祀及其禮者謂建邦國及造都家鄉邑時大宗伯則以祀典頒之墨子明鬼下

篇云昔者武王之攻殷誅紂也使諸侯分其祭曰使親者受內祀疏者受外祀分祭與班祀義同彼武王初定天下於前代故國則有分祭之命其後新建邦國亦隨時各以當祀者班之左僖三十一年傳云成王周公之命祀是也都家則大宰八則治都鄙一曰祭祀以馭其神注云祭祀其先君社稷五祀又都宗人注云都或有山川及因國無主九皇六十四民之祀王子弟則立其祖王之廟家宗人注亦云大夫采地之所祀與都同若先王之子孫亦有祖廟皆是也賈疏云但名位不同禮亦異數既班其祀明亦班禮與之故連言禮也班禮謂若諸侯不得祭天地唯祭社稷宗廟五祀之等二王後與魯唯祭天仍不得祭地大都亦與外諸侯同其禮者若獻尸上公九侯伯七子男五皆大牢之屬是也其小都與家則依鄉大夫之獻亦大牢也云都家之鄉邑謂王子弟及公卿大夫所食采地者王子弟公卿采地為都大夫采地為家邑詳載師及敘官都宗人家宗人疏賈疏云鄭恐經鄉邑六鄉六遂非都家之內鄉邑故以明之謂都家之內鄉邑耳其都家之內鄉邑未必一如六鄉六遂家數但采邑之內亦有二十五家為里以上以相統領故一成之內得有革車一乘士十人徒二十人發兵及出稅之法即謂之鄉邑也謂王子弟者以親疏分於大都小都家邑三處食采邑言及公卿大夫采地者謂若載師職公大都卿小都大夫家邑也易祓謂鄉邑即六鄉六遂李光坡云鄉邑鄉遂公邑鄉邑之中亦有祀如社禜酺之類先邦國次都家次鄉邑自外至內之序也案易李說是也李鍾倫方苞沈彤說同鄉遂公邑各有所當祀之神大宗伯則須其禮與治鄉邑之吏使奉其祀也鄭以鄉邑為都家之鄉邑未安

瑞安孫詒讓學

小宗伯之職掌建國之神位右社稷左宗廟庫門內雉門外之左右故書位作立鄭司農云立讀爲位古者立位同字古文春秋經公卽位爲公卽立【疏】掌建國之神位者通建國中及四郊廟北之位位與辨方正位義同凡天神地示祀於北人鬼祀於廟經唯云神位者散文通也賈疏云建立也言立邦之神位者從內向外故據國中神位而言對下經在四郊等爲外神也云右社稷左宗廟者據王宮出路門向外言之士冠禮出門左注云左東也出以東爲左入以東爲右獨斷云左宗廟東曰左右社稷西曰右賈疏云案匠人亦云左宗廟右社稷彼掌其營作此掌其成事位次耳案禮記祭義注云周尚左又案桓公二年取郜大鼎納於太廟何休云質家右宗廟尚親親文家右社稷尚尊尊若然周人右社稷者地道尊右故社稷在右是尚尊尊之義此據外神在國中者社稷爲尊故鄭注郊特牲云國中神莫大於社祭義注周尚左者據內神而言若據衣服尊卑先王袞冕先公鷩冕亦貴於社稷故云周尚左各有所對故注不同也詒讓案右社稷者謂大社大稷也其王社王稷在南郊藉田之中不與宗廟同處戒社在廟門外又不在右經文不具也焦循云獨斷云天子社稷土壇方廣五丈諸侯半之社稷二神同功故同堂別壇俱在未位未位者小宗伯掌建國之神位右社稷左宗廟門正午社壇在右是爲未位乾鑿度謂坤貞於六月未右行陰時郊特牲謂社祭土而主陰氣土與陰並坤象故位於未此社稷居右之義也案焦說是也社稷在未位則宗廟當在巳位矣御覽禮儀部引五經通義亦云文家右社稷左宗廟何文

家据地而王地道長右得事宗廟以有社稷故右之也賈家左社稷右宗廟蓋卽何劭公所本此並以右爲上鄭祭義注則云尚左二說不同惠士奇駁何云周書武順曰天道尚左地道尚右吉禮左還順天以利本武禮右還順地以利兵詩裳裳者華毛傳云左陽道朝祀之事右陰道喪戎之事然則小宗伯建神位右社稷陰道也故秋殺於右左宗廟陽道也故春生於左金鶚云地道雖尚右而宗廟卻尊於社稷鄭注大司樂以圜丘方丘宗廟爲三大禘大宗伯職云祀大神祭大示享大鬼大鬼謂宗廟大祭也社稷非大示而宗廟與天地並列其尊於社稷可知故享先王衮冕先公鷩冕祭社稷則毳冕諸侯祭宗廟大牢社稷則少牢豈可謂尚尊尊而立社稷於右乎牧人職云陽祀用騂牲陰祀用黝牲鄭注謂陽祀祭天及宗廟陰祀祭地及社稷宗廟屬陽故在左左爲陽也社稷屬陰故在右右爲陰也案惠金說明塙足申鄭賈之義矣　注云庫門內雉門外之左右者鄭義天子五門雉門爲中門其外爲庫門社稷宗廟皆在中門外故云雉門外庫門內也朝士注云郊特牲譏繹於庫門內言遠當於廟門廟在庫門之內見於此矣說與此同漢書韋玄成傳玄成奏議云禮廟在大門之內不敢遠親也案韋據侯國三門言之故云在大門內大門內卽中門外也獨斷云宗廟社稷皆在庫門之內雉門之外玉海郊祀引五經通義云大社在中門之外白虎通義社稷篇云社稷在中門之外外門之內何尊而親之與先祖同也不置中門內何敬之示不褻瀆也續漢書祭祀志劉注引馬融注云社稷在右宗廟在左或曰王者五社大社在中門之外惟松東社八里惟柏西社九里惟栗南社七里惟梓北社六里惟槐案馬氏謂王者有五社白虎通義社稷篇引尚書逸篇亦同其說不經殊不足據至宗廟社稷在中門外之說韋馬與兩通義並同卽鄭所本魏晉以後禮家咸依其義然實非也劉敞云天子諸侯左宗廟右社稷皆夾治朝此春秋所云

閟於兩社爲公室輔者也廟在治朝之左雉門之內郊特牲曰繹之於庫門內失之矣繹當於廟卽廟在庫門者無失也又曰獻命庫命之內戒百官也太廟之命戒百姓也百官疏故戒之於外朝百姓親故戒之於太廟陳祥道說同戴震云宗廟作宮於路寢之東社稷設壇壝於路寢之西天子諸侯君臣日見之朝謂之內朝在路門外廷斷獄蔽訟及詢非常之朝謂之外朝在中門外廷聘禮曰公出送賓及大門內司儀曰出及中門之外廟在中門內明矣春秋桓宮僖宮災火自司鐸踰公宮至桓僖二廟廟邇公宮也季桓子至御公立於象魏之外立當遠火也穀梁傳曰禮送女父不下堂母不出祭門諸母兄弟不出闕門廟門謂之祭門觀門謂之闕亦謂之象魏諸侯設於雉門是以雉門謂之闕門天子蓋設於應門闕門在外祭門在內不出闕門者得出祭門者也左傳曰閟於兩社爲公室輔以朝廷執政所在爲言宜繫君臣日見之朝社在中門內明矣金鶚云司儀凡諸公相爲賓及將幣交擯每門止一相及廟惟上相入又云諸公之臣相爲國客及將幣旅擯每門止一相及廟惟上相入聘禮亦云公迎賓於大門內每門每曲揖及廟門公揖入夫惟廟在中門內賓客之入必歷外門中門而後及廟故得有每門若在中門外則入大門卽得及廟何以有每門乎顧命言康王卽位於廟當在旣祔之後上云諸侯出廟門下云王出在應門之內是廟在應門內可知也古者女子十歲卽不出中門士冠禮適東壁北面見於母鄭注母在闈門外婦人入廟由闈門夫婦女有助祭之禮宗廟必時至廟門尚不敢入況可出中門乎案劉陳戴金諸家說並謂廟不在雉門外是也呂氏春秋愼勢篇云古之王者擇天下之中而立國擇國之中而立宮擇宮之中而立廟又墨子明鬼下篇云昔者虞夏及商周三代之聖王其始建國營都曰必擇國之正壇置以爲宗廟必擇木之脩茂者立以爲菆社蓋王宮方九百步三分之廟社與王寢適在中三百步

之內儻如鄭說則廟社在雉門外前近皐門於全宮三分在南三百步內違中正之義矣又劉戴金三家並謂諸侯廟在雉門內天子廟治朝其外有應雉庫皐四門諸侯在雉門內則卽中門之內也詳大在應門內是也依後鄭閽人注義天子五門今廟社並在路門外夾宰閽人疏又匠人賈疏云按劉向別錄云路寢在明堂之西社稷宗廟在路寢之西又云左明堂辟雍右宗廟社稷皆不與禮合鄭皆不從之矣案路寢在路門內古無異說宗廟社稷在路門外明堂辟雍在郊二者絕不相涉而劉謂東西並列是謂皆在路門內矣說苑修文篇又謂天子路寢有三曰承明承乎明堂之後者也此說與引錄復異並乖謬不可信宜鄭之不從也云故書位作立鄭司農云立讀爲位古者立位同字者段玉裁云謂別無位字也徐養原云此古文假借字也古借立爲位篆加人傍云古文春秋經公卽位爲公卽立者證立位同字段玉裁云古文春秋經者漢藝文志云春秋古經十二篇是也謂左氏春秋也志以古經十二篇別於公羊穀梁二家經十一卷說文曰孔子書六經左丘明述春秋傳皆以古文

兆五帝於四郊四望四類亦如之

兆爲壇之營域五帝蒼曰靈威仰大昊食焉赤曰赤熛怒炎帝食焉黃曰含樞紐黃帝食焉白曰白招拒少昊食焉黑曰汁光紀顓頊食焉黃帝亦於南郊鄭司農云四望道氣出入四類三皇五帝九皇六十四民咸祀之玄謂四望五嶽四鎮四竇四類日月星辰運行無常以氣類爲之位兆日於東郊兆月與風師於西郊兆司中司命於南郊兆雨師於北郊

疏 兆五帝於四郊者段玉裁云於當作于賈疏云自此以下云外神從尊至卑故先云五帝此不云大帝者此文上下唯論在四郊以對國中右社稷左宗廟其大帝與崐崘自相對而在四郊之內有自然之圜丘及澤中之方丘以其不在四郊故不言也案賈謂二丘不在四郊者謂不定在某方之郊也大司樂疏說同今攷圜

丘亦當在南郊方丘亦當在北郊賈疏非是此兆五帝於四郊謂於王城外近郊五十里之內設兆位也漢書郊祀志王商師丹翟方進等議云兆於南郊所以定天位也祭地於太折在北郊就陰位也郊處各在聖王所都之南北書曰越三日丁巳用牲于郊牛二周公加牲告徙新邑定郊禮於雒天地以王者爲主故聖王制祭天地之禮必於國郊文選東京賦李注引白虎通云祭天必於郊者何天體至清故祭必於郊取其清潔也此並釋祭天地於郊之義其實四望四類等亦各兆於近郊義並通也又案五帝四郊之兆每帝各於當方之郊黃帝則在南郊其青帝迎氣之兆自於東郊而在周尊爲受命帝則亦別設兆於南郊周書作雒篇云乃設丘兆于南郊以祀上帝配以后稷日月星辰先王皆與食蓋其壇兆特大足以容配食衆神與四郊迎氣之兆不同此經通舉四郊迎氣之兆以晐南郊泰壇以受命帝亦五帝之一故不別出也其二丘及北郊泰折諸兆亦此官所掌經文並不具也云四望四類亦如之者四望爲地示四類爲天神亦於郊丘者亦分營壇兆於四郊也但祭各有時不與五帝同舉崔靈恩以四類與五帝連文遂謂此四類卽因迎氣而迎日月等故祭義孔疏駁之云崔氏云迎春之時兼日月者今案諸文迎春迎秋無祭日月之文小宗伯云兆五帝於四郊四望四類亦如之謂四望四類之祭亦如五帝在四郊不謂兆五帝之時卽祭日月崔說非案孔難崔說甚當但四望四類專祭時月經無明文春秋僖三十一年經云夏四月四卜郊不從乃免牲猶三望宣三年成七年經亦並云不郊猶三望江永據彼謂祭四望之禮行於郊後其說是也以類推之四望之祭當在南郊之後四類之祭當在北郊之後而皆與郊同月蓋南郊祭受命帝天神皆與食漢書郊祀志所謂祀天則天文從也日月星辰旣與食於天郊而四望地示則不與故南郊之後特祭四望而不祭四類北郊祭地地示皆與食漢志所謂祭地則地理從

也山川海嶽既與食於地郊而四類天神則不與故北郊之後特祭四類而不祭四望此先王制禮斟酌於疏數之閒其意至精也漢郊祀志王莽奏以四望為日月星海而謂冬至祭南郊後望羣陽夏至祭北郊後望羣陰玉燭寶典引易通卦驗云冬至成天文鄭注云天文謂三光也運行照天下冬至而數訖於是時也祭而成之所以報之者也此與莽說略同並與春秋禮不合至四望四類用樂及冠服牲玉經注亦無文金鶚云四類亦天神大司樂奏黃鍾歌大呂舞雲門以祀天神鼓人以雷鼓鼓神祀此天神兼五帝日月星辰等神言之典瑞云兩圭有邸以祀地旅四望四望可與地同圭則日月星辰亦可與天同樂矣四望服希冕司服有明文而四類之服不見然觀祀五帝服大裘冕十二章日月與五帝同為昊天之佐亦當服之魯語云天子大采朝日少采夕月大采當是十二章大裘冕服少采當是九章袞冕月既降於日則星辰司中司命風師雨師又當降於月殆服鷩冕七章也四類尊于四望故四望服希冕三章也牧人云望祀各以其方之色牲而四類之牲不見然上文云陽祀用騂牲四類皆天神亦為陽祀則用騂牲可知也圭璧祀日月星辰則司中等可知血祭祀五嶽則四鎮四瀆亦可知矣案金氏所推定於差次頗相合足補注義又管子輕重己篇云以冬日至始數九十二日謂之春至天子東出其國九十二里而壇號曰祭星案冬至後九十二日則是當春分也此祭星亦非四類之正祭附識以備攷　注云兆為壇之營域者賈疏云案封人云社稷之壝謂壝土為之卽此壇之營域一也不言壇者舉外營域有壇可知王聘珍云說文土部兆作垗云畔也為四畔界祭其中周禮曰垗五帝於四郊從土兆聲又卜部𠧞重文作兆云古文𠧞省是兆乃𠧞之古文古通用詒讓案爾雅釋言云兆域也郭注云兆塋界陸釋文本又作垗說文引周禮亦作垗與爾雅或本同葢垗正字兆借字許所據此經故書本用正字也說文

宮部云營市居也漢書禮樂志顏注云域界也蓋封土爲壇於壇之
外四圍周帀爲界畔即說文所謂爲四畔界祭其中者是爲營域後
注云兆墓塋域蓋凡壇墓之營域通謂之兆兆亦作肇詩大雅生民
以歸肇祀箋云肇郊之神位也是也祭法云燔柴於泰壇祭天也瘞
埋於泰折祭地也埋少牢於泰昭祭時也相近於坎壇祭寒暑也王
宮祭日也夜明祭月也幽宗祭星也雩宗祭水旱也四坎壇祭四方
也彼泰壇以下鄭注並謂壇儀禮經傳通解續引尚書大傳云壇四
奧注云奧內也安也四方之內人所安居也爲壇祭之謂祭四方之
帝四方之神也依鄭彼注亦即四郊之壇則對文壇名異名散文則
天地百神之兆通謂之壇亦通謂之兆矣云五帝蒼曰靈威仰大昊
食焉赤曰赤熛怒炎帝食焉黃曰含樞紐黃帝食焉白曰白招拒少
昊食焉黑曰汁光紀顓頊食焉者賈大宗伯疏云案春秋緯運斗樞
云大微宮有五帝座星即春秋緯文耀鉤云春起青受制其名靈威
仰夏起赤受制其名赤熛怒秋起白受制其名白招拒冬起黑受制
其名汁光紀季夏六月黃受制其名含樞紐又元命包云大微爲天
庭五帝以合時此等是五帝之號也郊特牲孔疏云鄭氏謂天有六
天天爲至極之尊其體祇應是一而鄭氏以爲六者指其尊極清虛
之體其實是一論其五時生育之功其別有五以五配一故爲六天
據其在上之體謂之天天爲體稱故說文云天顛也因其生育之功
謂之帝帝爲德稱也故毛詩傳云審諦如帝故周禮司服云王祀昊
天上帝則大裘而冕祀五帝亦如之五帝若非天何爲同服大裘又
小宗伯云兆五帝於四郊禮器云饗帝于郊而風雨寒暑時帝若非
天焉能令風雨寒暑時又春秋緯紫微宮爲大帝又云北極耀魄寶
又云大微宮有五帝坐星是五帝與天帝六也又五帝亦稱上帝故
孝經曰嚴父莫大於配天則周公其人也下即云宗祀文王於明堂
以配上帝帝若非天何得云嚴父配天也而賈逵馬融王肅之等以

五帝非天唯用家語之文謂大皞炎帝黃帝五人帝之屬其義非也又先儒以家語之文王肅私定非孔子正旨祭法孔疏又引王肅難鄭云天唯一而已何得有六又家語云季康子問五帝孔子曰天有五行木火金水及土分四時化育以成萬物其神謂之五帝是五帝之佐也猶三公輔王三公可得稱王輔不得稱天王五帝可得稱天佐不得稱上天而鄭云以五帝為靈威仰之屬非也郊特牲疏又引張融云圜丘是祭皇天孟春祈穀於上帝及龍見而雩此五帝之等並是皇天之佐其實天也孫星衍云司服云祀昊天上帝則服大裘而冕祀五帝亦如之假令五帝不配南郊祭非夏正月何時可服大裘若以為五人帝則五時迎氣惟迎春祀大皞可服裘耳迎夏迎秋豈得服裘乎且五天帝之說不始於鄭史記載秦襄公祠白帝宣公祠青帝靈公祭黃帝炎帝漢高祖曰天有五帝而有四帝何也乃立黑帝祠然則五色之帝自周以來有是名矣古巫咸甘石三家天文之書以人事定星位甘氏中官有天皇大帝一星在鉤陳口中又有五帝內座五星在華蓋下天官書多用石氏星經又有五星五帝坐在南官蓋中官天皇大帝象圜丘五帝內座象郊南官五帝坐象明堂而甘公石申皆周人其所据又三代古書讖緯如後出亦當本此安得不以五色之帝為五天帝乎金鶚云五帝為五行之精佐昊天化育其尊亞於昊天月令云春帝大皞夏帝炎帝中央黃帝秋帝少皞冬帝顓頊此五天帝之名也伏羲神農軒轅金天高陽五人帝以五德迭興故亦以五天帝為號若月令所言則天帝也鄭注月令以五帝為人帝其亦誤矣周官注引春秋緯文耀鉤謂蒼帝靈威仰赤帝赤熛怒黃帝含樞紐白帝白招拒黑帝汁光紀以此為五帝正名而不知其怪妄不足據也案五方天帝之祭自秦襄公以來史有明文則其說甚古非鄭君肊定月令孔疏引賈馬蔡邕謂迎氣卽祭大皞句芒等王肅本其說遂謂五帝卽五人帝無所謂五天帝與古不

合必不足據孔孫兩家難之是也但以史記封禪書及漢書郊祀志攷之西漢以前止有五色帝之稱王莽定祭祀五帝亦止稱五靈唯玉藻孔疏引五經異義淳于登說始以五帝爲大微五帝座星後漢書明帝紀李注引五經通義始有靈威仰等之號並與鄭說同蓋皆本天官緯爲說實非古制金氏謂凡祀五帝卽祭月令大皞炎帝黃帝少皞顓頊五天帝而以伏羲神農軒轅金天高陽五人帝爲配其說致塙楚辭九章惜誦令五帝以折中兮王注云五帝謂五方神也東方爲太皞南方爲炎帝西方爲少昊北方爲顓頊中央爲黃帝則漢人已有以大皞等爲五方帝之名者足與金說互證詳典瑞疏云黃帝亦於南郊者鄭以四時各於當方之郊土寄王四時無當方之郊故特釋之謂亦在南郊凡迎氣祭五帝依月令四帝皆在四立之日惟黃帝無文六藝流別引尚書大傳則云土王之日迎中氣於中室以意推之或當在季夏之下辛與又案凡五帝兆位所在依鄭義並在近郊故月令孟春立春之日天子親帥三公九卿諸侯大夫以迎春於東郊注云迎春祭蒼帝靈威仰於東郊之兆也王居明堂禮曰出十五里迎歲蓋殷禮也周近郊五十里然則餘帝並在當方近郊五十里爲兆可知故郊特牲疏謂是天之郊去國皆五十里是也御覽禮儀部引皇覽逸禮云距冬至四十六日則天子迎春於東郊堂距邦八里堂高八尺堂階八等自春分數四十六日則天子迎夏於南堂距邦七里堂高七尺堂階七等自夏至數四十六日則天子迎秋於西堂距邦九里堂高九尺堂階九等自秋分數四十六日則天子迎冬於北堂距邦六里堂高六尺堂階六等六藝流引尚書大傳同案逸禮所謂四郊之堂者當卽壇兆然距邦里數各依四時五行之數爲之則又與王居明堂禮不同魏書劉芳傳芳上疏論置五郊去城里數引賈逵云東郊木帝太昊八里南郊火帝炎帝七里西郊金帝少皞九里北郊水帝顓頊六里中央黃帝之位并南郊之

季故云兆五帝於四郊也此蓋賈君周禮注佚文正本逸禮說鄭所
不從芳又引鄭別注亦云東郊去都城八里南郊去都城七里中郊
西南未地去都城五里西郊去都城九里北郊去都城六里則又同
賈義與月令注不合唯云中郊在西南未地則與此注黃帝在南郊
義同未知劉氏所據劉又引盧植許慎王肅說及續漢書祭祀志劉
昭注引蔡邕月令章句呂氏春秋高注說並與賈同劉芳又引宋氏
含文嘉注云周禮王畿千里二十分其一以為近郊近郊五十里倍
之為遠郊迎王氣蓋於近郊漢不設王畿則以其方數為郊處故東
郊八里南郊七里西郊九里北郊六里中郊在西南未地五里據宋
說則逸禮及書傳疑皆後人依漢制附益之此經為周法自當從鄭
月令注義也又晏子春秋諫上篇云楚巫微見景公曰請致五帝以
明君德景公再拜稽首楚巫曰請巡國郊以觀帝位至于牛山而不
敢登曰五帝之位在于國南請齊而後登之致合祭五帝於壇唯有
天子大雩疑齊僭大雩晏子所言五帝之位即雩壇故同在南郊與
四郊分祭之兆異也鄭司農云四望道氣出入者賈疏云案上注司
農以為日月星海後鄭不從矣今此云道氣出入與上注不同者以
無正文故兩注有異若然云道氣出入則非日月星海謂五嶽之等
也故後鄭就足之還為五嶽之屬解之案賈說非也道氣蓋即謂迎
氣四郊說文寸部云導導引也道導字通迎氣亦導引之意後鄭以
迎氣即祭五帝故不從也若五嶽等則不得以道氣為說云四類三
皇五帝九皇六十四民咸祀之者三皇五帝詳外史疏賈疏云案史
記云九皇氏沒六十四民興六十四民沒三皇興彼雖無三皇五帝
之文先鄭意三皇已祀之明并祭五帝可知後鄭不從者以其兆五
帝已下皆據外神大昊句芒等配祭而已今輒特祭人帝於其中非
所宜故不從案賈所引史記劉恕通鑑外紀引同今檢無其文都宗
人疏亦引史記伏羲以前九皇六十四民是上古無名號之君未知

何據御覽禮儀部引漢舊儀云祭三皇五帝九皇六十四民皆古帝
王凡八十一姓是漢時有九皇六十四民之祀故先鄭據以爲說九
皇者史記封禪書云天子欲放黃帝上接神僊人蓬萊士高世比德
於九皇漢書郊祀志顏注引張晏云三皇之前有人皇九首又引韋
昭說同案九皇亦見鶡冠子泰鴻篇春秋繁露三代改制質文篇云
周人之王尚推神農爲九皇又云聖王生則稱天子崩遷則存爲三
王絀滅則爲五帝下至附庸絀爲九皇下極其爲民有一謂之三代
故雖絕地廟位祝牲猶列於郊號宗於代宗據董子說九皇卽帝之
以遠而遷者與張韋說異其所云下極其爲民蓋卽謂六十四民也
以此推之六十四民當在九皇之前而賈引史記謂六十四民在九
皇之後復與諸說差迕又管子封禪篇史記封禪書並云古者封泰
山禪梁父者七十二家竊疑六十四民幷五帝三王是爲七十二代
皆列於郊號荀子禮論篇所謂郊者幷百王於上天而祭祀之者也
民亦古帝王之號鄭坊記注云先民謂上古之君也劉恕引作六十
四氏蓋謂卽管子封禪篇所云無懷氏莊子胠篋篇所云容成氏大
庭氏之屬然與董子說不合恐不足據也云玄謂四望五嶽四鎭四
竇者竇瀆之借字四竇卽四瀆與大宗伯注同金鶚云王制云天子
祭天下名山大川五嶽視三公四瀆視諸侯是四望以五嶽爲尊四
瀆爲卑大司樂云四鎭五嶽崩是四鎭與五嶽一類當次于五嶽而
尊於四瀆也爾雅釋水云江河淮濟爲四瀆然學記言三王祭川皆
先河而後海公羊以三望爲泰山河海則四望當有海矣設壇之位
四嶽各隨其方中嶽當兆于北郊以乾南坤北天地之正位祭地示
以北方爲尊也周以嶽山爲中嶽在雍州則其兆當居恆山之西況
地道尊右正得其宜也沂山爲青州之鎭當兆于東會稽爲揚州之
鎭當兆于南霍山爲冀州之鎭當兆于西醫無閭爲幽州之鎭當兆
于北各隨其方也史記引古文湯誥云東爲江西爲河南爲淮北爲

濟四瀆已脩萬民乃有居則當兆江于東兆河于西兆淮于南兆濟于北亦各隨其方也海爲百川之王尊于四瀆當別爲一壇兆于東郊之南海以東南爲大也鄉飲酒義云水在洗東祖天地之左海也是海當位于東矣學記言祭川先河而後海或原或委是祭海與祭河不同時蓋四瀆祭畢然後祭海海當別位于一處可知矣中嶽尊于四嶽海尊于四瀆皆當別位中嶽位于西北海位于東南正自相對矣四嶽爲四望之主其壇當居正中四鎭四瀆之壇列于兩旁各自相稱矣又云四望亦可謂四方祭法云四坎壇祭四方也此四方亦當有四望凡小祀不爲壇四方祭以壇又與日月寒暑等連言知其非小祀矣壇而曰坎蓋先爲坎而于坎中爲壇如澤中之方丘也四望爲地之屬故爲坎壇案金據逸書定四望方位於義得通續漢書祭祀志載漢北郊地示從食之位亦海在東而四瀆河西濟北淮東江南與書說小異云四類日月星辰運行無常以氣類爲之位者明此類爲日月以下天神之正祭與大祝六祈之類異也曲禮注云類猶象也謂依陰陽方位象類爲壇位祭之金鶚云四類謂日月星辰司中司命風師雨師以氣爲類者云兆日於東郊者賈疏云案祭義云日生於東故覲禮亦云拜日於東門之外玉藻又云朝日於東門之外也詒讓案祭義云祭日于壇祭法云王宮祭日也注云王宮日壇也王君也日稱君宮壇營域也此云兆日卽爲日壇之營域也管子輕重己篇說祭日壇在國東四十六里方位亦與鄭同覲禮別云禮日于南門外此會同告禮之事非常祭之兆御覽禮儀部引五經通義據彼說祭日之位非也云兆月與風師於西郊者謂二兆同在西郊而各爲營域也祭義云月生于西又云祭月於西王氏訂義引崔靈恩云兆日於東郊兆月於西郊象日月之生兆風師於西郊不從箕星者箕星天位爾賈疏云知風師亦於西郊者以其五行金爲陽土爲風風雖屬土秋氣之時萬物燥落由風故風亦於西郊也

金鶚云，祭義云祭月於坎，以月爲陰象，恆有虧缺，故爲坎壇以祭之，非有坎而無壇也。祭法云夜明祭月也，此夜明當卽是坎壇。崔氏以夜明爲秋分之祭，以坎爲大蜡時之祭，非也。案金說是也。覲禮云禮月與四瀆於北門之外，彼會同告祭之禮，亦非常祭之兆。御覽引五經通義據彼說祭月之位，非也。管子輕重己篇說祭月壇在國西百三十八里，方位與禮合，而謂壇在遠郊百里之外，則在甸地矣，於義亦難通。又風俗通義祀典篇說漢制祀風伯於西北，漢書郊祀志載王莽奏定郊祀之制，兆風伯於東郊，御覽引通義亦云祭風伯於東門外，皆鄭所不從。通典吉禮又謂周祭風師於國城東北，則誤以北周制爲周制，尤謬。云兆司中司命於南郊者，賈疏云：以其南方盛陽之方，司中司命又是陽，故在南郊也。訂義引崔靈恩云：兆司中司命於南郊，既無風雲取放，故直以天神是陽，兆于南郊。案通典吉禮謂周祭司中司命於國城西北，亦誤據北周制也。云兆雨師於北郊者，漢郊祀志王莽奏兆雨師於北郊，鄭說與彼同。訂義引崔靈恩云：兆雨師於北郊者，水位在北也。賈疏說同。案御覽引五經通義說祭雨師亦於南門外，風俗通義祀典說漢制祀雨師於東北，皆與鄭不合。通典吉禮謂周祭雨師於國城西南，亦誤據北周制也。又鄭釋四類壇兆之方位，獨不言星辰之兆，蓋文不具。江永謂星辰之兆，歲星與蒼龍七宿兆於東，太白與白虎七宿兆於西，熒惑填星與朱鳥七宿兆於南，辰星與玄武七宿兆於北。案五星本主五行，二十八星分列四宮，則兆位當如江說。漢郊祀志王莽奏定星辰郊位，亦以五星及四方之宿分兆四郊，正與江同。管子輕重己篇說祭星壇在國東九十二里，則謂星辰總爲一壇，疑不足據。

兆山川丘陵墳衍，各因其方。順其所在。

【疏】兆山川丘陵墳衍各因其方者，皆地示次於四望者，亦兆之於四郊也。分方祭之，故亦通謂之四方。祭法云四坎壇祭四方也，注云四方卽謂山林川谷丘陵之神也祭山林丘陵於壇祭川澤於坎每方各爲坎爲壇丘陵墳衍詳大司徒疏賈疏云案大司徒職地有十等不言林澤原隰亦順所在可知故略不言也詒讓案大司徒五地十等此不見林澤者大宗伯云以貍沈祭山林川澤經言山以晐林言川以晐澤也丘陵墳衍祭蓋亦用貍與山林禮同又不見原隰者原隰爲穀土與平地同蓋不別祭郊特牲孔疏載鄭駁異義引司徒五土名又引大司樂五變而致介物及土示而土示五土之總神卽謂社也六樂於五地無原隰而有土祇則土祇與原隰同用樂也又引詩信南山云畇畇原隰下云黍稷彧彧原隰生百穀稷爲之長然則稷者原隰之神案鄭以稷爲卽原隰之神則謂原隰不別祭明矣今攷大社國社當爲五土之總神王社侯社置社則爲平地原隰之神平地廣大無垠固不必別設兆而祭之也至稷爲穀神鄭謂原隰神則未塙詳大宗伯疏　注云順其所在者若在東之山川丘陵墳衍則兆於東方是也餘方放此

掌五禮之禁令與其用等用等牲器尊卑之差鄭司農云五禮吉凶賓軍嘉

疏注云用等牲器尊卑之差者司勳注云等猶差也賈疏云謂若天子大夫已上大牢士少牢諸侯之大夫少牢士特牲之等其器謂若少牢四敦特牲二敦士二豆三俎大夫四豆五俎諸侯六豆七俎天子八豆九俎其餘尊罍爵勺及饗食之等各依尊卑之差鄭司農云五禮吉凶賓軍嘉者依大宗伯文

辨廟祧之昭穆祧遷主所藏之廟自始祖之後父曰昭子曰穆

疏辨廟祧之昭穆者昭葉鈔釋文作佋案佋卽卲字與昭聲類同小史釋文亦有此字詳彼疏廟祧謂五廟二祧通爲七廟辨昭穆者別其昭穆而書之四時以敘享祀其禘祫殷祭則兼辨遷廟主之昭穆亦以敘合食也國語魯語云夫宗廟之有昭穆也以次世之長幼而等胄之親疏也故工史書世宗祝書昭穆韋注云宗宗伯祝太祝也宗掌其禮祝掌其位案此雖據王七廟而言

其諸侯公卿大夫士之廟小宗伯亦當辨而書之賈疏云案禮記王制云天子七廟三昭三穆與大祖之廟而七諸侯二昭二穆與大祖之廟而五大夫一昭一穆與大祖之廟而三士一廟案祭法適士二廟王制不言之者取自上而下降殺以兩故略而不言二廟者故此總云廟祧之昭穆也許宗彥云廟至四世必迭遷祧至六世必迭毀故昭穆皆宜辨也　注云祧遷主所藏之廟者敘官守祧注云遠廟曰祧周爲文王武王廟遷主藏焉是也鄭意周二祧卽文武廟不毀其文武以後毀主悉以昭穆藏於其中今攷周文武廟別爲世室不爲二祧二祧亦非遷主所藏詳敘官及守祧疏云自始祖之後父曰昭子曰穆者漢書韋玄成傳云禮王者始受命諸侯始封之君皆爲大祖以下五廟而迭毀父爲昭子爲穆孫復爲昭古之正禮也論語八佾皇疏說禘祫禮云列諸主在太祖廟堂太祖之主在西壁東向太祖之子爲昭在太祖之東而南向太祖之孫爲穆對太祖之子而北向以次東陳在北者曰昭在南者曰穆所謂父昭子穆也昭者明也尊父故曰明也穆敬也子宜敬於父也賈疏云周以后稷廟爲始祖特立廟不毀卽從不窋已後爲數不窋父爲昭鞠子爲穆從此以後皆父爲昭子爲穆至文王十四世文王第稱穆也詒讓案昭穆者所以辨廟祧之序次不以此爲尊卑凡廟及神位並昭在左穆在右故冢人掌公墓云先王之葬居中以昭穆爲左右注云昭居左穆居右廟位與墓位同也宋史禮志何洵直議云古者葬祔以其班祔以其班爲尸及賜爵以其班故昭常爲昭穆常爲穆廟次雖遷昭穆之班一定不移左氏載富辰之語曰管蔡郕霍魯衞毛聃郜雍曹滕畢原酆郇文之昭也邘晉應韓武之穆也宮之奇謂太伯虞仲爲太王之昭虢仲虢叔爲王季之穆夫文王太王其子對父皆稱昭武王王季其子對父皆稱穆其爲子一也對父或稱昭或稱穆知昭穆爲定班而廟次世次未始異也案何說義據明塙可爲昭穆之定論矣

辨吉凶之五服車旗宮室之禁五服王及公卿大夫士之服【疏】辨吉凶之五服車旗宮室之禁者吉
凶五服謂以爵次爲差吉凶皆有此五等與喪服五服異賈疏云謂
若典命云國家宮室車旗衣服禮儀以九以七以五爲節言禁者謂
五服及車旗宮室皆不得上僭下逼當各依品命爲法　注云五服
王及公卿大夫士之服者據典命爲釋也賈疏云案尚書五服五章
才鄭注云十二也九也七也五也三也又云予欲觀古人之象日月
星辰注云此十二章天子備有公自山而下孝經云非先王之法服
注云先王制五服天子服日月星辰諸侯服山龍華蟲卿大夫服藻
火士服粉米皆據章數而言今此注五服以爲王及公卿大夫士之
服不據章數爲五者以其喪服自天子達於士唯一而已不得數服
爲五則知吉之五服亦不得數服故皆據人爲五也案賈引鄭孝經
注刪節不完文復有舛誤今據北堂書鈔衣冠部所引補正注中云
吉服五十二章九章七章五章三章是也凶服五齊斬大小功緦麻
是也案注說吉服五卽本鄭書注惟凶服五別爲義亦通莊有可說同掌三族之別以辨親疏其正室
皆謂之門子掌其政令三族謂父子孫人屬之正名喪服小記曰親親以三爲五以五爲九正室適子也將代父
當門者也政令謂役守之事【疏】掌三族之別以辨親疏者掌辨章族姓之事兼以
治宗法也大戴禮記禮三本篇云大夫士有常宗
是自王族至異姓命士皆立宗則皆別其族屬其庶族齊民族無常
宗蓋非此官所掌也賈疏云此三族謂父子孫一本而言推此而往
其中則兼九族矣辨親疏者據己上至高祖下至玄孫傍至緦麻重
服者則親輕服者則疏也　注云三族謂父子孫人屬之正名者鄭
士昏禮注云三族謂父昆弟己昆弟子昆弟彼注據子言之故云己
與子此注據父言之故云子孫二注義同也此三者皆人親屬上下

之正名凡上治旁治下治並以此統之廣推之則爲九族左傳桓六年孔疏引五經異義云今禮戴尚書歐陽說九族乃異姓有屬者父族四五屬之內爲一族父女昆弟適人者與其子爲一族己女昆弟適人者與其子爲一族己之女子子適人者與其子爲一族母族三母之父姓爲一族母之母姓爲一族母女昆弟適人者與其子爲一族妻族二妻之父姓爲一族妻之母姓爲一族古尚書說九族者從高祖至玄孫凡九皆同姓謹案緦麻三月以上恩之所及禮爲妻父母有服明在九族中九族不得但施於同姓鄭駁云玄之聞也婦人歸宗女子雖適人字猶繫姓明不得與父兄爲異族其子則然婚禮請期辭曰唯是三族之不虞欲及今三族未有不億度之事而迎婦也如此所云三族不當有異姓異姓其服皆緦麻禮雜記下緦麻之服不禁嫁女取婦是爲異姓不在族中明矣周禮小宗伯掌三族之別喪服小記說族之義曰親親以三爲五以五爲九以此言之知高祖至玄孫昭然察矣據駁異義此文則鄭依古尚書說以九族爲自高祖至玄孫則三族爲父子孫矣又白虎通義宗族篇云族者何也族者湊也聚也謂恩愛相流湊也上湊高祖下至玄孫一家有吉百家聚之合而爲親生相親愛死相哀痛有會聚之道故謂之族尚書曰以親九族族所以九者何九之爲言究也親疏恩愛究竟也謂父族四母族三妻族二父族四者謂父之姓爲一族也父女昆弟適人有子爲二族也身女昆弟適人有子爲三族也身女子子適人有子爲四族也母族三者母之父母爲一族也母之昆弟爲二族也母之女昆弟爲三族也母昆弟者男女皆在外親故合言之也妻族二者妻之父爲一族妻之母爲二族妻之親略故父母各爲一族禮曰惟氏三族之不虞尚書曰以親九族義同也此以三族爲即九族以其父族母族妻族故曰三族漢書高帝紀如淳注大戴禮記保傅篇盧注並用其義然與士昏記不合鄭所不從也漢書張晏注以三族爲父

母兄弟妻子亦徵誤引喪服小記曰親親以三為五以五為九者證
三族引而為五九之義鄭彼注二云已上親父下親子三也以父親祖
以子親孫五也以祖親高祖以孫親玄孫九也賈疏二云若然不言以
五為七乃二云以五為九者齊衰三月章二云為曾祖鄭注二云服之數盡
於五則高祖宜緦麻曾祖宜小功也據祖期則曾祖宜大功高祖宜
小功也高祖曾祖皆有小功之差則曾孫玄孫為之服同也重其衰
麻尊尊也減其日月恩殺也以此而言曾祖高祖服同齊衰三月則
為曾孫玄孫服同緦麻三月以尊卑服同故經二云以五為九不須言
以五為七也二云正室適子也者一切經音義引字書二云嫡正也嫡適
字同文王世子二云庶子以公族之無事者守於公宮正室守大廟諸
父守貴宮貴室諸子諸孫守下宮下室鄭彼注二云正室適子也此正
室與彼同亦謂王族及公卿大夫之適子也正室者對庶子為側室
左桓二年傳二云卿置側室杜注二云側室衆子也二云將代父當門者也
者明以父老則適子代當門戶故尊之曰門子喪服童子唯當室緦
注二云當室為父後承家事者當門猶當室也當門謂之門子當室亦
謂之室子戰國策齊策有齊孫室子陳舉是也左襄九年傳盟於戲
鄭六卿及其大夫門子皆從鄭伯杜注二云門子卿之適子國語晉語
二云育門子韋注二云門子大夫適子韓非子亡徵篇二云羣臣為學門子
好辯蔡邕集明堂月令論引古大明堂之禮二云日中出南門見九侯
及門子周書皇門篇二云乃維其有大門宗子勢臣罔不茂揚肅德訖
亦有孚以助厥辟勤王國王家又二云自其善臣以至有分私子苟克
有常罔不允通咸獻言在于王所孔注二云大門宗子適長私子庶孽
也彼文分別甚明蓋詳言之曰大門宗子省文則曰門子其實一也
經凡二云門子者皆專指適子二云國子者則通適庶言之二者不同風
俗通義祀典篇二云周禮卿大夫之子名曰門子廣韻二十三魂二云周
禮二云公卿大夫之子入王端門之左教以六藝謂之門子蓋亦本此

經舊說與應劭說並以門子爲卿國子不分適庶非也惠士奇云公羊隱三年武氏子來求賻武氏子者天子之大夫其稱子者父卒子未命也桓五年天王使仍叔之子來聘稱仍叔之子者父老子代從政也愚謂武氏子仍叔之子皆門子也門子未爵命故周禮無官然代父從政聘問列國儼然大夫矣故鄭伯盟於戲六卿及門子皆從子孔爲載書大夫與門子弗順云云政令謂役守之事者賈疏云案諸子職云掌國子之倅若有甲兵之事致於大子惟所用之是其役事案宮伯職云掌士庶子又有八次八舍宿衞之事是其守之事故總云政令役守之事也案賈意役事卽甲兵之事大司馬云大會同則帥士庶子而掌其政令大會同亦兵車之會大司馬通掌士庶子小宗伯則唯掌門子二官爲聯事也但諦審注意役事似不唯甲兵之事蓋當兼有賓祭禮事若燕禮大射儀咸有庶子給事是也王族門子則宗廟祭祀亦共其職事故文王世子云公族在廟中宗人授事以爵以官侯國之宗人猶王國之宗伯授事卽令役矣

毛六牲辨其名物而頒之于五官使共奉之毛擇毛也鄭司農云司徒主牛宗伯主雞司馬主馬及羊司寇主犬司空主豕

【疏】毛六牲辨其名物者以下掌天地宗廟犧牲齍盛之事經不云大祭祀者文不具也此六牲及下六齍六彝六尊並云辨名物牲齍之物謂種類之別彝尊之物謂形制之別賈疏訓物爲色謂六牲皆有毛色若宗廟用騂之等則不可通於彝尊非達詁也云而頒之于五官使共奉之者賈疏云謂充人養之至祭日之日在廟門之前頒與五官使共奉之助王牽入廟卽祭義所云卿大夫贊幣而從之彼雖諸侯法可況天子也　注云毛擇毛也者牧人云凡陽祀用騂牲毛之陰祀用黝牲毛之望祀各以其方色之牲毛之注云毛之取純色也墨子明鬼下篇云聖王必擇六畜之勝腯肥倅毛以爲犧牲祭義說祭牛云擇其毛而卜之此注卽用彼文互

詳牧人疏鄭司農云司徒主牛宗伯主雞司馬主馬及羊司寇主犬
司空主豕者證五官奉六牲之事大司徒云祀五帝奉牛牲大司馬
云喪祭奉詔馬牲大司寇云大祭祀奉犬牲宗伯司馬雞不云奉雞
牲羊牲而雞人屬春官羊人屬夏官亦奉之可知司空主豕詳小宰
疏又此五官奉牲雖以大祀為主其實中祀亦同唯無馬牲耳其小
祀則五官之貳奉之故小司徒云凡小祭祀奉牛牲小司寇云小祭
祀奉犬牲以此推之則小祭祀奉牲亦小宗伯主雞無馬牲小司馬
唯主羊小司空亦主豕此經云五官或通正貳言之與賈疏云六卿應
言六官而云五者以其天官貳王辨六齍之名物與其用使六宮之
治事尊而不使奉牲故五官也
人共奉之齍讀為粢六粢謂六穀黍稷稻粱麥苽疏辨六齍之名物與其用者别六穀之名及其種類也若黍稷為簋盛
稻粱麥苽為簠盛饎饋白黑為籩籩實之屬皆是也云使六宮之人共
奉之者後世婦職云祭祀帥六宮之人共齍盛六宮奉齍與五官奉
牲職掌內外互相備也國語魯語敬姜曰天子日入監九御使潔奉
禘郊之粢盛韋注云九御九嬪之官主粢盛祭服者並六宮之人掌
祭祀粢盛之事六宮詳內宰疏　注云齍讀為粢者鄭意齍非穀名
故依聲類讀為粢詳甸師疏云六粢謂六穀黍稷稻粱麥苽者釋文
苽下有也字膳夫先鄭注云六穀稌黍稷粱麥苽稌
卽稻也粢本為稷因以為祭穀之通稱亦詳甸師疏辨六彝之名物
以待果將六彝雞彝鳥彝斝彝黃彝虎彝蜼彝果讀為祼疏辨六彝之名物以待果將者六
彝盛鬱鬯以祼尸及賓也此通
祭祀賓客言之下云凡祭祀賓客以時將瓚果是也詳後疏　注云
六彝雞彝鳥彝斝彝黃彝虎彝蜼彝者並據司尊彝文云果讀為祼
者詳大宗伯疏辨六尊之名物以待祭祀賓客待者有事則給之鄭司農云六尊獻尊象尊壺尊著尊大

尊山尊　疏　辨六尊之名物以待祭祀賓客者六尊盛齊酒以獻尸及賓也賈疏云案司尊彝唯為祭祀陳六彝六尊不見為賓客陳六尊此兼言賓客則在廟饗賓客時陳六尊亦依祭禮四時所用唯在外野饗不用祭祀之尊故春秋左傳云犧象不出門也若然案鬱人云掌祼器凡祭祀賓客之祼事則上六彝亦為祭祀賓客而辨之而不言祭祀賓客者舉下以明上故略而不言案賈說是也國語周語說晉隨會聘于周定王饗之曰奉其犧象出其尊彝是饗賓客亦陳六尊六彝之證宗廟六享用尊四時不同文具司尊彝職其賓客所用經注無文蔣載康云司尊彝祭祀所陳用各不同春祠夏禴雞彝鳥彝尊則犧象秋嘗冬烝斝彝黃彝尊則著壺若四時之閒祀追享朝享虎彝蜼彝尊則大山竊謂賓客春朝夏宗彝尊當準祠禴秋覲冬遇彝尊當準嘗烝同亦四時分來皆按時祭陳設惟非時之會當準閒祀用虎蜼大山也案蔣說亦通　注云待者有事則給之者此通釋上經也大府注云待猶給也說文彳部云待竢也豫辨其名物竢有事時而給之故謂之待賈疏云上二經皆云使共奉之此及上經不云使共奉之而云以待文不同者上二者官衆故云使共奉此及上文並是司尊彝一職之事又是春官當司所主故直云以待也鄭司農云六尊獻尊象尊壺尊著尊大尊山尊者亦據司尊彝文

掌衣服車旗宮室之賞賜　王以賞賜有功者書曰車服以庸　疏　掌衣服車旗宮室之賞賜者此亦謂辨其名物等差令有司共具之以待賞賜賞賜亦通邦國及卿大夫士言之賈疏云衣服謂若司服衮冕以下唯有大裘不可以賞賜以其諸侯不合用之是以魯祭天用衮冕則二王後祭天亦不得用大裘也車旗謂若巾車金路象路革路木路及夏篆已下亦得依所乘者賜之唯玉路不得賜與大裘同是以魯用殷之大路也詒讓案宮室之賞賜謂賜宅里也　注云王以賞賜有功者者明平時好賜不得有

衣服車旗宮室等也有功者若司勳六等之功是也大宗伯九儀再
命賜服則是常典不在賞賜之科又白虎通義攷黜篇引禮說九錫
有車馬衣服云車者謂有赤亦有青之蓋朱輪特熊居前左右寢麋也
以其進止有節德綏民路車乘馬以安其身言成章行成規袞龍之
衣服表顯其德案漢人九錫之說於經無徵白虎通所說賜車之制
亦與巾車五路不相應疑皆非古制引書曰車服以庸者堯典文僞
古文入舜典孔傳云功成則賜車服以表顯
其能用引之者證有功有賞賜車服之事 掌四時祭祀之序事與
其禮 序事卜日省牲視滌濯饔爨之事次序之時 疏 掌四時祭祀之序事者序經例當作敘石經及各本並誤詳小宰疏注
云序事卜日省牲視滌濯饔爨之事次序之時者賈疏云此以經云
掌四時祭祀之序事謂次第先後故取上大宗伯凡祀大神享大鬼
祭大祇帥執事而卜日已下之事下亦有省牲已下故取
以證序事唯饔爨之言出於特牲即大宗伯云牲鑊一也 若國大貞
則奉玉帛以詔號 號神號幣號鄭司農云大貞謂卜立君卜大封 疏 注云號神號幣號者凡卜必就鬼神以卜故有
神號當亦有示號鬼號等注文不具也賈疏云案大祝有神號幣號
又案下天府職云季冬陳玉以貞來歲之媺惡鄭云問事之正曰貞
謂問於龜大卜職大貞之屬陳玉陳禮神之玉龜有天地四方則玉
有六器者與此既言玉帛明亦有六幣以禮神也鄭司農云大貞謂
卜立君卜大封者大卜云凡國大貞卜立君卜大封則眡高
作龜是也又卜師注云大貞小宗伯命龜則不徒詔號矣 大祭祀
省牲眡滌濯祭之日逆齍省鑊告時于王告備于王 逆齍受饎人之盛以入省鑊視
亨腥孰時薦陳之晚早備謂饌具 疏 大祭祀省牲眡滌濯祭之日逆齍省鑊者賈疏云此云省牲眡滌濯省鑊與大宗伯文同謂佐

大宗伯其大宗伯省牲者察其不如法其逆齍卽大宗伯涖玉齍者是也大宗伯涖之小宗伯迎之是相佐也其告時告備是其專職耳詒讓案省牲卽充人之展牲在祭前之夕者也漢禮謂之夕牲詳充人疏云告時于王告備于王者卽郊特牲云祭之日王皮弁以聽祭報彼注云夙興朝服以待白祭事者乃後服祭服而行事是也 注云逆齍受饎人之盛以入者聘禮注云逆猶受也饎人云掌凡祭祀共盛故知受饎人也齍依鄭讀亦當爲粢注當作逆粢郊特牲注引此經而改作粢肆師表齍盛經作齍注亦作粢可證此逆齍卽小祝之逆齍盛齍盛對文義異散文得通詳甸師疏賈疏云案少牢饎爨在廟門之外明天子諸侯饎爨亦在廟門外今言迎齍明於廟門之外迎入向廟堂東實之於簠簋也案饎人共盛注云炊而共之則鄭意此逆齍爲已炊之盛故賈小祝疏謂饋獻後尸將入室食小祝乃迎饎人之齍盛以入蓋食醫食齊視春時必將食乃出爨而實之也但此逆齍文在省鑊之前小祝逆齍盛文在逆尸之前江永謂當在饗祭之晨其說甚塙竊謂逆齍當有二一則祭晨饌陳舂人共米實於筐筥二祼之後小祝迎之以入肆師表之告絜而後付饎人炊之此未炊之齍盛也及饋獻之後炊饎已熟小祝復迎之以入實於簠簋而後后薦之此已炊之齍盛也蓋祭禮盛與牲並重第一次迎齍告絜與迎牲告碩之節相準第二次迎齍與亨飪迎鼎之節相準兩迎小宗伯皆涖之鄭賈據後迎江氏據前迎二義相兼乃備也互詳小祝疏云省鑊視亨腥孰者說文目部云省視也謂就廟門外東方饔爨視三牲魚腊之鑊饋獻前則視爓饋孰時則視孰也凡祭祀殺牲薦血腥後乃付亨人亨之朝踐祭腥時牲尚未入鑊鄭言視亨腥孰者未飪則爲腥耳賈疏謂鄭兼言朝踐而不言饋孰非也云時薦陳之晚早者賈疏云陳謂祭前陳饌於堂東薦謂薦之於神坐皆有晚早云備謂饌具者廣雅釋詁云備具也賈疏云此饌具卽堂東

所陳陳備卹告告王祭時已至當行事也詔讓案此告備卹禮經之告具特牲饋食禮既陳設之後二云主人及賓兄弟羣執事卽位于門外宗人告有司具卽其事也特牲禮宗人視濯之後又告濯具亦與告備事相類又視牲時宗人舉獸尾告備少牢饋食禮亦二云宗人告備則卹充人職展牲告牷之事與此告備異也

凡祭祀賓客以時將瓚果

將送也猶奉也祭祀以時奉而授王賓客以時奉而授宗伯天子圭瓚諸侯璋瓚

疏 凡祭祀賓客以時將瓚果者祭祀謂內祭祀也果亦讀爲祼詳前疏 注二云將送也猶奉也者小宰注二云將送也天府注二云奉猶送也是將與送奉展轉相訓義並通也進祼必奉瓚而送之故鄭兼二義爲釋二云祭祀以時奉而授王者謂初獻之節也賈疏二云案小宰職二云凡祭祀贊玉幣爵之事祼將之事注二云謂贊王酌鬱鬯以獻尸以人道宗廟有祼此小宗伯又奉而授王者此據授王彼小宰據授尸謂瓚既在王手小宰乃贊王授尸故二官俱言也二云賓客以時奉而授宗伯者以賓客王不親送祼也賈疏二云大宗伯二云大賓客攝而載祼者是也二云天子圭瓚者賈疏述注天子下有用字典瑞二云祼圭有瓚以肆先王以祼賓客玉人二云祼圭尺有二寸有瓚以祀廟是也二云諸侯璋瓚者玉人二云大璋中璋九寸邊璋七寸是也賈疏述注諸侯下亦有用字二云諸侯用璋瓚此謂未得圭瓚之賜者故王制二云諸侯賜圭瓚然後爲鬯未賜圭瓚則資鬯於天子是用璋瓚謂未得圭瓚賜者也是以祭義二云君用圭瓚灌大宗用璋瓚亞灌鄭二云大宗亞灌容夫人有故是諸侯亦用圭瓚也若然天子用圭瓚則后亦用璋瓚也其諸侯未得圭瓚者君與夫人同用璋瓚也

詔相祭祀之小禮凡大禮佐大宗伯

小禮羣臣之禮

疏 凡大禮佐大宗伯者賈疏二云大宗伯所二云者小宗伯佐之也此經所二云既未至職末輒言此者此已下皆小宗伯專行事不佐大宗伯故於中言之以結

上也　注云小禮羣臣之禮者大宗伯注義同以對大宗伯職詔相王之大禮爲王親行之禮也賈疏云謂王有故不親行事使臣攝祭則爲小禮詒讓案祭祀有羣臣之禮謂若正獻後爲加爵之屬皆羣臣所行之禮不必定攝王也賈疏未得鄭恉詳大宗伯疏

賜卿大夫士爵則儐賜猶命也儐之如命諸侯之儀春秋文元年天王使毛伯來錫公命傳曰錫者何賜也命者何加我服也

疏賜卿大夫士爵則儐者大宗伯注云儐進之也王賜卿大夫士爵亦於廟祭統所謂賜爵祿於大廟是也詩大雅常武云王命卿士南仲大祖大師皇父毛傳云王命南仲於大祖皇父爲大師鄭箋則以南仲爲皇父之大祖孔疏引孫毓云古之命將皆於禰廟未有於大祖后稷之廟者箋義爲長案毛以命卿士於大祖者與大宗伯注命諸侯假祖廟禮略同白虎通義爵篇引常武詩以證封諸侯於廟事雖小異而可證毛義孫駁之非也王制云爵人於朝孔疏云謂殷法也周則天子特假祖廟而拜授之故洛誥云烝祭歲文王騂牛一武王騂牛一時冊命周公故特祭文武若諸侯爵人因嘗祭之日則祭統云祭之日一獻君降立於阼階之南南鄉所命北面是也士亦爲爵者郊特牲注云周制爵及命士詳大宰疏劉台拱云大宗伯王命諸侯則儐特爲一條此則類敘於祭祀之後蓋王賜卿大夫士爵亦於祭時如諸侯爵其臣之禮案劉說近是王臣命士以上員數以萬計而謂王皆特假廟以命之亦不勝其煩矣竊意王命三公孤卿或當特假廟其中大夫以下宜如諸侯爵臣禮因祭施命其小宗伯儐之則同　注云賜猶命也者對大宗伯云王命諸侯則儐彼言命此言賜其義略同曲禮三賜不及車馬注亦云三賜三命也賈疏云但命謂以簡策以辭命之并加以服賜自是以車馬賜之則賜命別矣而言賜猶命者欲見賜命相將之物故覲禮賜侯氏以車馬及命書與篋服同時也云儐之如命諸侯之儀者命諸侯儀見大宗伯注

亦內史策命之賈疏云諸侯尊故大宗伯儐鄉大夫士卑故小宗伯儐之儀法雖同禮數則異也詔讓案鄭意天子賜鄉大夫士爵亦皆特假祖廟也詳大宗伯疏引春秋經傳者公羊傳文莊元年王使榮叔來錫桓公命傳亦同何注云賜上與下之辭加服增加其衣服令有異於諸侯引之者證賜錫文同及賜猶命之義

小祭祀掌事如大宗伯之禮大賓客受其將幣之齎 謂所齎來貢獻之財物 疏 小祭祀掌事如大宗伯之禮者賈疏云謂王玄冕所祭則小宗伯專掌其事其法如大宗伯也詔讓案小祭祀卽司服所云羣小祀也詳彼疏云大賓客受其將幣之齎者釋文云齎本又作賫案說文無賫字後漢書蔡邕傳李注云齎持也與賫通今攷賫卽齎之俗經文不當有此字陸校別本不足據周書王會篇云堂下之東面郭叔爲天子菉幣焉孔注云菉錄諸侯之幣也此賓客受將幣之齎卽菉幣之事服不氏云賓客之事則抗皮校人云凡賓客受其幣馬蓋皆此官涖而受之也注云謂所齎來貢獻之財物者說文貝部云齎持遺也齎來猶言持來鄭此義與許合覲禮云三享皆束帛加璧庭實惟國所有鄭注云此地物非一國所能有唯所有分爲三享皆以璧帛致之卽此貢獻之財物也賈疏云此謂諸侯來朝覲禮畢每國於廟貢國所有行三享之禮諸侯以玉幣致享旣訖其庭實之物則小宗伯受之以東故云受其將幣之齎也

若大師則帥有司而立軍社奉主車 有司大祝也王出軍必先有事於社及遷廟而以其主行社主曰軍社遷主曰祖春秋傳曰軍行祓社釁鼓祝奉以從曾子問曰天子巡守以遷廟主行載于齊車言必有尊也書曰用命賞于祖不用命戮于社社之主蓋用石爲之奉謂將行 疏 若大師者大司馬注云大師王出征伐也云則帥有司而立軍社奉主車者與大司馬爲官聯也孔叢子儒服篇說出師之禮云以齊車

載遷廟之主及社主行大司馬職奉之凡行主皆每舍奠焉而後就館主車止於中門之外外門之內廟主居於道左社主居於道右已克敵入設奠以反主反社主如初迎之禮此即奉社主遷主之事依孔叢子說則在軍立社主與行主蓋亦如國中左祖右社之制社則爲壇位於軍舍之右祖則爲幄次於軍舍之左但依劉敞陳祥道說廟社在路門外治朝左右則在軍擬之亦當於中門內門外左右設主位孔叢謂在中門外外門內蓋沿漢儒舊說之誤彼書爲王肅私定故與古制不甚合也此云立軍社猶大祝云設軍社謂舍面封土立壇位奉主車則兼社祖二主言之據軍行時也大司馬奉主車注兼廟社爲釋肆師凡師不功則助牽主車彼疏亦謂主中有二則此經主車亦兼二主明矣凡軍行社與祖主各一車賈疏謂皆載以齊車是也而謂奉主車專據遷主則與肆師疏自相抵牾非經注義也　注云有司大祝也者賈疏云見大祝職云大師設軍社故也詒讓案大司馬注云凡師既受甲迎主於廟及社主祝奉以從是軍社及遷廟主皆大祝奉之也以其爲專主神事之官故謂之有司詳宰夫疏云王出軍必先有事於社及遷廟而以其主行者社謂大社有事即大祝云宜乎社造乎祖是也爾雅釋天云起大事動大衆必先有事乎社而後出謂之宜詩大雅緜孔疏引孫炎云大事兵也有事祭也王制云天子將出征宜乎社造乎禰受命於祖是出軍之先必先有告祭之事於社及祖也依王制之文則祖禰並告聘禮使者行時釋幣于禰注亦云天子諸侯將出告羣廟大夫告禰而已是王禮太祖以下至四親廟皆當有事可知此唯云遷廟者據以其主行者言之若餘廟則直造告而已不以主行也云社主曰軍社者量人注云軍社社主在軍者以其大社在國有壇位今載以從軍則謂之軍社依毛詩大雅皇矣傳及司馬法宜社皆於冢社則軍社亦即載大社之主晉書禮志摯虞奏則云周禮有軍旅宜乎社則王社也大社

爲羣姓所報所報有時主不可廢故凡祓社釁鼓主奉以從是也案摯氏以軍社爲王社社則與毛詩及司馬法不合不可從云遷主曰祖者明主車有廟主亦兼爲下引尚書發義七廟自禰廟以外並得稱祖故出軍載遷主亦稱祖也又謂之宗肆師云凡師甸用牲于社宗是也祖宗義亦同史記周本紀云武王東觀兵至于盟津爲文王木主載以車中軍武王自稱太子發言奉文王以伐不敢自專此亦載主以行而奉禰廟主者蓋一時權宜用變禮文王世子云其在軍則守於公禰注云公禰行主也所以遷主言禰在外親也彼公禰亦遷主非禰廟主也引春秋傳曰軍行祓社釁鼓祝奉以從者左定四年傳衛祝佗語杜注云師出先有事祓禱於社謂之宜社於是殺牲以血塗鼓鼙爲釁鼓祝奉以從奉社主也鄭引之者證大祝立軍社奉主車之事引曾子問曰天子巡守以遷廟主行載于齊車言必有尊也者鄭彼注云齊車金路彼上文云曾子問曰古者師行必以遷廟主行乎孔子答以此語明大師禮與巡守同故引以爲證也又彼遷廟主鄭君無注孔疏引皇氏云謂載新遷廟之主案凡禮經所謂遷廟者並主二祧言卽君之高祖之父及祖之廟是也故曾子問下又云今也取七廟之主以行則失之矣當七廟五廟無虛主蓋言天子七廟其大祖及四親廟皆不可虛主惟二祧爲遷廟則可虛主故出則奉以行也若鄭說周制則以二祧爲文武廟而謂天子之高祖之父及祖並以次迭毀而藏其主於文武廟則其所謂遷廟主者謂遷廟所藏之毀主而非當廟之主非經義也曾子問又有天子諸侯師行無遷主廟則主命之說蓋謂諸侯不祖天子以始封君爲太祖自始封以下五世皆無遷主則別有主命之法記廣論變禮故兼及天子耳其實三代之王咸無是事也引書曰用命賞于祖不用命戮于社者甘誓文書序云啟與有扈戰於甘之野作甘誓是亦大師有軍社遷主之證故引之也今書不用命不作弗大司寇注引同史記夏

本紀述書文亦作不蓋鄭所據本異賞於祖戮於社詳大司寇疏云社之主蓋用石爲之者賈疏云案許慎云今山陽俗祠有石主彼雖施於神祠要有石主主類其社其社既以土爲壇石是土之類故鄭注社主蓋以石爲之無正文故云蓋以疑之也案賈引許說御覽禮儀部引五經異義有此文唐郊祀錄引崔靈恩云社主以石取堅實之義案此石主謂神主與大司徒樹木爲田主異淮南子齊俗訓云有虞氏社用土夏后氏社用松殷人社用石周人社用栗呂氏春秋貴直篇亦云拔石社則似以田主與社主爲一殆不足據云奉謂將行者前注云將猶奉也國語晉語韋注云奉行也是奉兼二義主車在道小宗伯奉之以行以戰事危宜致謹也大司馬云若師不功則厭而奉主車注云奉猶送也送主歸於廟與社與此不同者彼據師敗還而言故奉主車謂送主歸廟社此據初出軍而言則奉主車宜爲將行義非一端各有當也

若軍將有事則與祭有司將事于四望

軍將有事將與敵合戰也鄭司農云則與祭謂軍祭表禡軍社之屬小宗伯與其祭事玄謂與祭有司謂大祝之屬蓋司馬之官實典焉

疏若軍將有事則與祭有司將事于四望者王引之云于四望三字當在若軍將有事之下寫者錯亂耳大祝云國將有事于四望則前祝此云若軍將有事于四望則與祭有司將事正相合也與讀與共之與泉府曰凡民之貸者與其有司辨而授之鄭長曰若歲時簡器與有司數之掌固曰有移甲與其役財用與國有司帥之與祭有司將事者士昏禮記某既得將事矣鄭注將行也謂與掌祭祀之有司共行事也先後鄭不察經文之誤遂讀與爲預而或以與祭絕句或以與祭有司連讀或以有事爲祭表貉軍社或以有事爲合戰胥失之矣案王說是也四望詳大宗伯疏賈疏云但四望之神去戰處遠者不必祭之王之戰處要有近之者祭之故以四望言之也　注云軍將有事將與敵合戰

也者謂敵軍既近將有戰事後鄭以有事爲有戰事今審校經義實當爲祭事春秋宣八年經有事于大廟左傳杜注云有事祭也鄭司農云則與祭謂軍祭表禡軍社之屬小宗伯與其祭事者此讀與祭句絕言軍有祭祀則小宗伯與其事以別於四望則有司將事小宗伯不與也表禡卽表貉詳肆師甸祝職賈疏云先鄭以與祭以上絕讀之若然則與祭者與祭何神乎其有司將事於四望則有司自有事於四望矣不干小宗伯輒於此言之見何義也於義不然故鄭合爲一事解之也云玄謂與祭有司謂大祝之屬者此後鄭讀與如字又以與祭有司連屬讀之不從先鄭釋也祭有司亦謂專主祭事之官猶國語魯語有宗有司韋注云有司宗官司事臣也賈疏云案大祝職云大師國將有事於四望與此義同故知有司大祝王引之云祭僕云掌受命于王以眡祭祀而警戒祭祀有司鄭彼注云祭祀有司有事于祭祀者卽此所謂祭有司也不直曰有司而曰祭有司者以大司馬曰左右陳車徒有司平之大司馬之屬亦有有司但彼掌軍事此掌祭事故別之曰祭有司也云蓋司馬之官實典焉者以上經立軍社奉主車云帥有司此將事四望唯云與祭有司明別有典帥之者司馬典軍事故疑其并典軍祭也

若大甸則帥有司而饁獸于郊遂頒禽

甸讀曰田有司大司馬之屬饁饋也以禽饋四方之神於郊郊有羣神之兆頒禽謂以予羣臣詩傳曰禽雖多擇取三十焉其餘以予大夫士以習射於澤宮而分之

【疏】若大甸者卽大宗伯軍禮之大田也云則帥有司而饁獸于郊者賈疏云謂田在四郊之外田訖以禽獸饋於郊者將入國過四郊四郊皆有天地日月山川之位便以獸薦於神位以歆神非正祭直是野饁獸於郊云遂頒禽者賈疏云因事曰遂以在郊饁獸訖入至澤宮中而射以主皮行班餘獲射之禮故云遂頒禽詒讓案饁言獸頒言禽者獸與禽通稱亦以大獸公之小禽私之私

之者不饁則饁郊者皆大獸故變文以見義與　注云甸讀曰田者甸田聲同敘官注云甸之言田也田爲田狩正字甸爲借字故讀從之賈疏謂郊外曰甸大田稱甸兼取獵在甸地失之云有司大司馬之屬者此有司專主田事者也賈疏云以其軍事是司馬之事故大司馬職云徒弊致禽饁獸於郊故知大司馬之屬但小宗伯不可帥大司馬身故知所帥者司馬之屬官故以之屬言之也詒讓案鄭言此者別於上祭有司爲春官之屬也據甸祝云及郊饁獸則經有司內當亦含有甸祝注文不具也云饁饋也者爾雅釋詁文甸祝注亦同云以禽饋四方之神於郊者鄭意饁獸與大宗伯六享饋食義略同士虞禮注云饋猶歸也謂以所獲獸歸薦於四郊羣兆蓋其禮甚簡與大司馬獮田致禽祀祊異云郊有羣神之兆者賈疏云上文兆五帝於四郊四望四類亦如之兆山川丘陵各於其方是羣神之兆也云頒禽謂以予羣臣者祭義云頒禽隆諸長者鄭彼注云頒之言分也此頒禽亦謂分予之羣臣卽大夫士也頒注例用今字當作班詳宮伯疏引詩傳者毛詩小雅車攻傳文賈疏云證頒禽之義書傳亦云焉詒讓案詩傳以習射於澤宮下云田雖得禽射不中不得取禽田雖不得禽射中則得取禽此云以習射於澤宮而分之者檃括其義非其原文也穀梁昭八年傳云禽雖多天子取三十焉其餘與士衆以習射於射宮射而中田不得禽則得禽田得禽而射不中則不得禽鄉射禮注引尚書傳云凡祭取餘獲陳於澤然後卿大夫士相與射也中者雖不中也取不中者雖中也不取並與詩傳略同此頒禽事在祭後故書傳云凡祭取餘獲陳於澤也賈氏鄉射禮疏誤謂在祭後魏了翁儀禮要義引書傳凡祭作已祭非也射義孔疏引書傳亦作凡祭不誤擇取三十者鄭詩箋云每禽三十也穀梁范注云取三十以共乾豆賓客君之庖澤宮卽辟雍詳司弓矢疏

大烖及執事禱祠于上下神示　執事大祝

及男巫女巫也求福曰禱得求曰祠讄曰禱爾于上下神祇鄭司農云小宗伯與執事共禱祠疏大烖者司服注云水火爲害案此大烖當兼天地之大烖及大荒大札言之互詳後疏注云執事大祝及男巫女巫也者賈疏云鄭知者見大祝職云國有大故天烖則彌祀社稷司巫云國大烖則帥巫而造巫恆男巫職中雖無事其司巫所帥者卽帥男巫也女巫職云凡邦之大烖歌哭而請是以鄭君歷而言焉以充事也詒讓案上大師軍將有事大甸三者並云有司此大烖及下文王崩三言執事者胡匡衷云特牲饋食禮有司羣執事分言之凡職有專司者謂之有司無專司而臨事來助祭者謂之羣執事士虞禮有賓執事者注云賓客來執事者是也云求福曰禱者說文示部云禱告事求福也禱卽禱之隸變云得求曰祠者女祝注云祠報福也謂旣得所求則祠以報之也引論曰禱爾于上下神祇者論語述而篇文何晏集解本論作誄大祝先鄭注引同說文言部引論語作讄與後鄭此注同此引證有禱祠上下神祇之事也詳大祝疏鄭司農云小宗伯與執事共禱祠者此說與後鄭同但不釋執事爲何官故引之於後

王崩大肆以秬鬯湖

鄭司農云大肆大浴也杜子春讀湖爲泯以秬鬯浴尸玄謂大肆始陳尸伸之疏王崩大肆以秬鬯湖者曲禮云天子死曰崩注云自上顚壞曰崩穀梁隱三年傳云高曰崩厚曰崩尊曰崩天子之崩以尊也大肆在崩日未襲前詳大祝疏　注鄭司農云大肆大浴也者凡浴尸必肆而後浴故先鄭卽以浴釋肆此經據陳言之則云大肆肆師據浴言之則云大湖其義同也白虎通義崩薨篇云人死必沐浴于中霤何示潔淨反本也禮檀弓曰死于牖下沐浴于中霤王喪大肆當亦同但大湖用鬯蓋浴之一節其勞辱之事自有掌之者非此官所掌也女御注謂王喪亦女御浴則不塙詳彼疏云杜子春讀湖爲泯者段玉裁云湖說文從水弭聲古音在支佳部泯說文不載

從水民聲在真臻部杜以雙聲易其字也泯取泯滅之義以秬鬯浴尸其中泯滅然也許叔重云渳飲也按許義蓋亦周禮說謂以秬鬯釁尸口鼻如飲之然也許不從杜案段據注通例凡破字皆云讀爲也然此疑當作讀渳如泯乃擬其音非破其字小祝注云故書渳爲攝杜子春云當爲渳彼經不作渳而杜讀爲渳則此經作渳者杜不宜轉破爲泯矣云以秬鬯浴尸者據肆師云大喪大渳以鬯則築鬱是渳當用鬱鬯經云秬鬯者散文未和鬱者不得稱鬱鬯已和鬱者得通稱秬鬯也賈疏云以死者人所惡故以秬鬯浴尸使之香也大祝職云大喪始崩以肆鬯渳尸小祝又云大喪贊渳彼二官已掌之此言之者察其不如儀也云玄謂大肆始陳尸伸之者敘官注云肆猶陳也廣雅釋詁云陳伸也

及執事涖大斂小斂帥異族而佐

執事大祝之屬涖臨也親斂者蓋事官之屬爲之喪大記曰小斂衣十九稱君大夫士一也大斂君百稱大夫五十稱士三十稱異族佐斂疏者可以相助

【疏】及執事涖大斂小斂者公羊定元年何注云禮天子五日小斂七日大斂諸侯三日小斂五日大斂卿大夫二日小斂三日大斂白虎通義崩薨篇引禮云天子諸侯三日小斂大夫士二日小斂案天子小斂之日班何不同攷天子七日而殯王制有明文大斂與殯同日則小斂必五日也若如班說則小斂與大斂相去爲日太多殆不足據又曲禮云生與來日死與往日注云與猶數也死數往日謂殯斂以死日數也此士禮貶於大夫者大夫以上皆以來日數王制孔疏引鄭箴膏肓說亦云人君殯數來日然則天子小斂數死日爲第六日大斂數死日爲第八日矣 注云執事大祝之屬者賈疏云案大祝職云大喪贊斂明大祝執事小宗伯涖之詒讓案云之屬者以尚有喪祝等亦主斂事喪大記云君之喪大胥是斂衆胥佐之大夫之喪大胥侍之衆胥是斂士之喪胥爲侍士是斂注云胥當爲祝祝是大喪羣祝咸與

斂又射人云大喪與僕人遷尸注以僕人爲大僕彼二官蓋亦在執事之列此官與彼爲官聯也云泣臨也者州長注同云親斂者蓋事官之屬爲之者鄭意小宗伯與大祝等但泣斂事仍不親斂也賈疏云以其諸處更不見主斂事者事官又主工巧之事以無正文故疑事官之屬爲之也引喪大記者賈疏云以天子之喪大小斂稱數無文故約諸侯法推出天子斂之稱數也案喪大記注小斂十九稱法天地之成數故尊卑同至於襲與大斂乃異大斂五等諸侯同百稱天子蓋百二十稱也天子大夫士約與諸侯之鄉大夫士同以其執贄同故祿與廟數及襲斂亦無嫌也喪大記孔疏云案鄭注雜記篇以爲襲禮大夫五諸侯七上公九天子十二稱則大斂天子當百二十稱案孔說亦與賈同喪大記云小斂衣十有九稱不著君大夫士之異故鄭說之曰君大夫士一也此補成其義非喪大記原文云異族佐斂疏者可以相助者對親者各就哭位不助斂也據士喪禮大斂時主人及親者升自西階出于足西面袒而後士與商祝同斂是主人之親者不與斂事也大喪則凡王之親者皆就哭位故助斂必以異族也賈疏云此異族據姓而言之

縣衰冠之式于路門之外制色宜齊同

疏縣衰冠之式于路門之外者與大僕爲官聯也說文工部云式法也左昭二十三年傳有冠法即冠式也路門之外即治朝所在故縣衰冠之式於彼以示百官賈疏云大僕云縣喪首服之法于宮門注云首服謂免髽笄總廣狹長短之數與此不同故彼別縣之也 注云制色宜齊同者司服云凡喪爲天王斬衰衰冠之制具喪服經賈疏云式謂制及色案禮記閒傳云斬衰貌若苴齊衰貌若枲齊斬之衰其色亦如貌故鄭知式中兼有色也但冠不據色是以喪服傳云冠六升鍛而勿灰明不色如苴也江永云今時之喪冠與古吉冠略相似冠以梁得名冠圈謂之武梁屬於武但古喪冠用繩爲武今用布爲武耳古吉冠以黑

繒爲梁亦以黑繒爲武梁之廣無正文喪冠廣二寸見喪服篇賈疏則吉冠當亦如之非若後世之帽盡舉頭而蒙之也吉冠之異於喪冠者吉用繒而喪用麻布也吉冠之武用繒而喪冠之武以繩也吉冠之梁兩頭皆在武上從外向內反屈而縫之不見其畢喪冠外畢前後兩頭皆在武下自外出反屈而縫之見其畢謂之厭冠也吉冠纓武異材喪冠纓武同材也喪冠三辟積於二寸之梁上縮縫之大功以上右縫小功以下左縫殷以上吉冠亦三辟積向左縫周始變爲橫縫辟積無數冠形穹隆當長尺有數寸橫縫可十餘辟積古冠之廣止二寸非用一幅之材舉頭而蒙之也」

及執事眡葬獻器遂哭之執事蓋梓匠之屬至將葬獻明器之材又獻素獻成皆於殯門外王不親哭有官代之

疏及執事眡葬獻器遂哭之者賈疏云此文承衰冠之下卜葬之上謂既殯之後事故禮記檀弓云既殯旬而布材與明器謂獻明器之時小宗伯哭此明器哀其生死異也」注云執事蓋梓匠之屬者明與上文治大小斂之執事異也梓匠者木工之長梓人記有梓師鄉師職有匠師此官與彼爲官聯也」兼有它工官故言之屬以晐之云至將葬獻明器之材又獻素獻成皆於殯門外者賈疏云亦約檀弓云既殯旬而布材故知將葬獻材也又士喪禮云獻材于殯門外西面北上綪主人徧視之如哭椁獻素獻成亦如之注云形法定爲素飾治畢爲成是其事也案鄭檀弓布材注云材椁材也士喪禮獻材注云材明器之材則二材不同然據士喪禮主人先有哭椁之事此小宗伯代王哭獻明器當亦代哭椁故賈兼引檀弓以補其義云王不親哭有官代之者優王故有代哭以節哀也賈疏云按士喪禮主人親哭以無官此王不親哭以其有官有官即小宗伯哭之是也」

卜葬兆甫竁亦如之兆墓塋域甫始也鄭大夫讀竁皆爲穿杜子春讀竁爲竁皆謂葬穿壙也今南陽名穿地爲竁聲如腐脃之脃

【疏】卜葬兆者王制云天子七月而葬諸侯五月而葬大夫士庶人三月而葬荀子禮論篇及左隱元年傳並略同唯左傳云士踰月葬爲異王制孔疏引何休公羊膏肓以爲士禮三月而葬左氏爲短鄭箴之云禮人君之喪殯葬皆數來月來日士殯皆數往月往日尊卑相下之差數故大夫士俱三月其實不同士之三月乃大夫之踰月也孔又云鄭箴膏肓以正禮而言故云人君殯葬數來月來日若春秋之時天子諸侯之葬皆數死月故文八年八月天王崩九年二月葬襄王又成十八年八月公薨十二月葬傳曰書順也是皆數死月也故鄭又云人君殯數來日葬數往月據春秋爲說詒讓案依鄭箴膏肓說則王七月葬爲不數死月若數死月則是八月矣然與春秋經不合禮無明文未知孰是卜兆者卜王墓之兆域也凡天子至中大夫並卜兆下大夫士則筮宅詳大卜疏云甫竁者始於兆域穿地就其所而卜也既夕禮云筮宅冢人營之掘四隅外其壤掘中南其壤又云指中封而筮彼掘地出壤卽此甫竁明甫竁與筮同時並舉筮卽就此所穿之竁而行事王禮用卜當亦然故經以二事連言也云亦如之者既夕禮筮宅主人往兆南北面免絰筮主人絰哭此天子卜兆亦卜宗伯代王哭其禮約與士筮宅同賈疏云亦如上眡器哭之但眡器材哭於殯門外此卜葬地在壙所則哭亦與在殯所哭之相似故云亦如之 注云兆墓塋域者士喪禮注云兆域也義本爾雅釋詁文說文土部云塋墓地廣雅釋丘云宅垗塋域葬地也垗兆之正字塋域卽營域凡墓外皆四圍周帀爲界畔與祭祀壇壝營域同故亦通謂之兆也詳前疏賈疏云孝經云卜其宅兆注兆以爲龜兆解之此兆爲墓塋兆者彼此義得兩含相兼乃具故注各據一邊而言也案孝經注乃後人假託爲之故與此注義違賈謂義兩含非云甫始也者冢人注同老子以閱衆甫河上公注亦云甫始也賈疏云既得吉而始穿地爲壙故云甫竁也案賈說非也依既夕禮掘

地就中封而窆下云若不從從窆擇如初儀注云更擇地而窆之是始竁時卜筮從否尚未可知得吉後之治壙不得爲甫竁也互詳冢人有一竁而云皆在下冢人甫竁皆爲穿也案賈說亦通惠士奇云漢疏云鄭大夫讀竁皆爲穿者阮元云皆字涉下誤衍賈疏云此經唯書王莽掘東平共王母丁姬故冢時有羣燕數千銜土投穿中師古曰穿謂壙即小爾雅廣名所謂壙謂之竁水經濟水注引漢書穿中作竁中則竁讀爲穿信矣說文穴部曰穿通也竁穿地也文異義同云杜子春讀竁爲毳者爲當作如此杜不破字而擬其音如毳也說文穴部云竁從穴毳聲引周禮大喪甫竁義與子春同云皆謂葬穿壙也者謂鄭杜讀異而詁義則同士喪禮掘地出壙即穿壙也惠士奇云小爾雅壙謂之竁墳竁謂之封與鄭義合云今南陽名穿地爲竁聲如腐脃之脃者脃嘉靖本並誤脆今依岳本正宋婺州本注疏本下脃字又作脺釋文云腐脃之脃七歲反舊作脺誤劉清劣反或倉沒反字書無此字但有臎字音千劣反今注本或有作臎字者則與劉音爲協沈云字林有脺音卒脺者牛羊脂臎者耎易破恐字誤案如沈解義則可通聲恐未協脺已下皆非鄭義臧琳云說文肉部脃小耎易斷也从肉从絕省臎耎易破也从肉毳聲據注云皆謂葬穿壙也南陽人名穿地爲竁其義當用易破字但釋文定從脃字易斷易破義得相通陸云今注本或有作臎字者知故作脃字作臎者蓋後人依字書所改未足據也陸云舊作脺沈重云脺者牛羊脂恐字誤然注疏本作腐脃之脺正從舊作脺其上一字作脃乃依釋文竄改耳古人或以聲借通用不得以字書未收而疑爲誤也義則可通聲恐未協疑當作聲則可通義恐未協段玉裁云竁字恐其音義不顯故以今南陽語證之南陽名穿地爲竁其義也竁聲如腐脃之脃其音也此與醢人注今河閒名豚脅聲如鍛鎛文法正同子春正用南陽語耳聲如腐脃之脃釋文以爲脃七歲反舊作如腐脺之

胏胏者牛羊脂沈重謂不當施於此但胣字字書所無惟有臡字音千劣反與劉昌宗胣音清劣倉沒二反相合似作臡爲得也此條音義大旨如此古去入不分七歲千劣二反即一音也胣臡音義皆相近陸云字書有臡無胣攷說文皆有之案臧段說是也依釋文蓋陸本作聲如腐胣之胣舊本或作如腐胏之胏別本又或作如腐臡之臡俗本胣胏錯出則兼采兩本之不可通者釋文如沈解以下十九字今本譌舛不可通當從臧校正之其云胏以下皆非鄭義者謂作胏作臡皆非鄭本之舊此陸自著其校定從胣之意也

既葬詔相喪祭之禮喪祭虞祔也檀弓曰葬日虞弗忍一日離也是日也以虞易奠卒哭曰成事是日也以吉祭易喪祭明日祔于祖父

疏注云喪祭虞祔也者庖人注義同士虞禮鄭目錄云虞猶安也士既葬其父母迎精而反日中祭之於殯宮以安之公羊文二年何注云禮平明而葬日中而反虞以陽求陰謂之虞者親喪以下壙皇皇無所親求而虞事之虞猶安神也禮虞祭天子九諸侯七卿大夫五士三案王喪祭宗伯詔禮猶士喪祭宗人詔禮也士虞禮云主人即位于門外宗人即位于門西東面南上宗人告有司具入門主人即位于堂東宗人西階前北面注云當詔主人及賓之事又彼禮尸升云宗人詔踊陰厭云宗人詔降皆詔禮之事祔禮蓋與虞略同賈疏云鄭知喪祭是虞祔也者以文承卜葬之下成葬之上其中唯有虞祔而已故以虞祔解之也引檀弓曰葬日虞弗忍一日離也是日也以虞易奠者雜記鄭注云天子至士葬即反虞是天子亦以葬歸之日虞也賈疏云自始死至葬前未忍異於生故無尸而設奠象生時薦羞於坐前也既葬送形而往迎魂而反日中而虞虞者鄭注士虞禮云虞安也所以安神是也葬之朝爲大遣奠反日中而虞是不忍一日使父母精神離散故云不忍一日離也士虞禮云男男尸女女尸爲神象鬼事之是以虞易奠也云卒哭曰成事是日

也以吉祭易喪祭明日祔于祖父者鄭彼注云既虞之後卒哭而祭其辭蓋曰哀薦成事成祭事也祭以吉爲成又士虞記云三虞卒哭曰哀薦成事注亦引檀弓說之云如是虞爲喪祭卒哭爲吉祭與檀弓注說同檀弓孔疏云以虞祭之時以其尚凶祭禮未成今既卒無時之哭唯有朝夕二哭漸就於吉故云成事祭以吉爲成故也其虞與卒哭尊卑不同案雜記士三月而葬是月而卒哭大夫三月而葬五月而卒哭諸侯五月而葬七月而卒哭約此天子七月而葬九月而卒哭案曲禮孔疏引五經異義云古春秋左氏說既葬反虞天子九虞九虞以柔日九虞十六日也既虞然後祔死者於先死者攷士虞記云始虞用柔日三虞卒哭他用剛日注云丁日葬則己日再虞後虞改用剛日士則庚日三虞壬日卒哭若然天子禮則丁日葬八虞並用柔日其九虞改用剛日則壬日也故許總計之云十六日孔引異義云九虞用柔日與許鄭所說並不合蓋傳寫之誤此注舉虞祔則其中兼有卒哭之祭士禮未虞後閒日卽爲卒哭之祭天子卒哭在葬後兩月則與九虞之日相去甚遠與士禮不同也其祔祭天子至士同在卒哭之明日詳大祝疏賈疏云此喪中自相對虞爲喪祭卒哭卽爲吉祭以卒去無時哭哀殺故爲吉祭若喪中對二十八月復平常爲吉祭則譚祭已前皆爲喪祭也若然喪中自相對虞爲喪祭卒哭爲吉祭而鄭云喪祭虞祔弁祔祭亦爲喪祭者此鄭欲引檀弓弁祔祭總釋故喪中之祭總爲喪祭而言其實卒哭既爲吉祭祔祭在卒哭後是吉祭可知也案賈說是也以禮之正論之則喪終以後乃爲吉祭故士虞記於禫後云是月也吉祭注云是月是禫月也當四時之祭月則祭穀梁閔二年夏五月乙酉吉禘于莊公傳云喪事未畢而舉吉祭故非之也是喪中之祭皆不得爲吉祭若就喪中之祭分別言之則虞爲喪祭卒哭後爲吉祭檀弓有明文此注既據彼爲釋而又以祔爲喪祭者順文便因祔與喪畢後之吉祭別故

兼及之耳喪祝掌喪祭祝號注云喪祭虞也不數祔祭

成葬而祭墓爲位成葬丘已封也天子之冢蓋不一日而畢位壇位也先祖形體託於此地祀其神以安之冢人職曰大喪既有日請度甫竁遂爲之尸

疏成葬而祭墓爲位者與冢人爲官聯也賈疏云成葬者謂丘壙已訖以王之靈柩託於此土故祭后土之神使安祐之當設祭位於墓右也　注云成葬丘已封也者小爾雅廣名云塡竁謂之封丘封既畢則葬之事成故謂之成葬云天子之冢蓋不一日而畢者賈疏云案檀弓云有司以几筵舍奠於墓左反日中而虞注云所使奠墓有司來歸乃虞也則虞祭在奠墓後以其士之壙墓高四尺故日中虞祭待奠墓有司來歸此上文既云詔相喪祭則虞祭訖矣於下乃云成葬祭墓爲位則虞祭不待奠墓有司來歸者由天子之冢高大蓋不一日而畢故設經喪祭在成葬之上也云位壇位也者謂封土爲壇以設神位及主祭者之位也凡經云爲位者不在宮廟則爲壇位此及下文禱祠肄儀等是也在宮廟則唯爲几筵坐立拜獻之位下文類宗廟及射人云祭侯則爲位是也云先祖形體託於此地祀其神以安之者欲使先祖形體託此而安故祭其地后土之神嫌此祭墓爲祭所葬者故特釋之引冢人職者賈疏云證祭墓爲位時冢人爲尸以祭后土也凡王之會同軍旅甸役之禱祠肄儀爲位肄習也故書肄爲肄儀爲義杜子春讀肄當爲肄義爲儀謂若今時肄司徒府也小宗伯主其位

疏凡王之會同軍旅甸役之禱祠肄儀爲位者甸亦讀爲田即大宰云田役謂王大田獵而起徒役也詳大宰疏禱祠謂因事之祭也　注云肄習也者說文聿部云肄習也重文肄篆文肄經典皆從篆文謂將禱祠豫肄習禮儀若左莊三十二年傳雩講于梁氏杜注云講肄也賈疏云言王有會同軍旅甸役之事皆有禱祠之法皆須豫習威儀乃爲之云故書肄爲肄儀爲義杜

子春讀肆當爲肄義爲儀者義爲儀不云當者冡上文省義儀古今字大司徒注引故書及杜讀同段玉裁云肆當爲肄字之誤也義讀爲儀見肆師鄭司農注云謂若今時肄司徒府也者孔廣森云史記淮南王傳諸侯王列侯會肄丞相諸侯議言因肄儀會丞相府而議也後哀帝定三公官以丞相爲司徒司徒府中有百官大朝會殿故肄儀者就焉楊惲傳太僕戴長樂嘗使行事肄宗廟還謂掾史曰我親面見受詔副帝肄服虔曰兼行天子事先肄習威儀也注援漢況周容肄儀時亦宗伯攝王事云小宗伯主其位者禱祠肄儀有神位亦有與祭執事者之位蓋皆此官爲之說文艸部云朝會束茅表位曰蕝漢書叔孫通傳說朝儀云爲緜蕞野外習之肄儀爲位蓋猶是矣

國有禍烖則亦如之謂有所禱祈【疏】國有禍烖則亦如之者大宗伯注云禍烖謂遭水火掌客注云禍烖新有兵寇水火也賈疏謂兼有凶荒義亦得晐也注云謂有所禱祈者不云祠者文略亦有可知

凡天地之大烖類社稷宗廟則爲位禱祈禮輕類者依其正禮而爲之【疏】凡天地之大烖者卽大司樂云凡日月食四鎮五嶽崩大傀異烖令去樂注云大怪異烖謂天地奇變若星辰奔霣及震裂爲害者是也云類社稷宗廟者類禮蓋殺於正祭而重於常禱故唯天地大烖乃行之

注云禱祈禮輕類者依其正禮而爲之者大祝六祈一曰類是類亦禱祈之祭依正禮者據大祝注類亦用牲蓋依故祭社稷宗廟之正禮而略殺亦取象類正祭之義故謂之類淮南子本經訓云類其社高注云祭社曰類以事類祭之也肆師類造上帝注云類禮依郊祀而爲之者彼爲師祭祭天故依郊祀爲之與此類社稷宗廟事異而義同前四類祭日月星辰非禱祈之祭與此禮別又國語楚語云先王日祭月享時類歲祀韋注云以事類曰類時類於二祧案彼時類似卽指時享此類宗廟無定時與彼異也賈疏云

求福曰禱禱禮輕得求曰祠祠禮重則祠者依正祭之禮也禱禮輕者雖依正禮祭饌略少凡國之大禮佐大宗伯凡小禮掌事如大宗伯之儀疏凡國之大禮佐大宗伯者此大小禮並通該五禮與上專屬吉禮者異云凡小禮掌事如大宗伯之儀者賈疏云小禮小宗伯專掌其事其法如大宗伯之儀也

周禮正義卷三十六

瑞安孫詒讓學

肆師之職掌立國祀之禮以佐大宗伯佐助也 疏 掌立國祀之禮者卽大宗伯云掌建邦之天神人鬼地示之禮通內外大次小祀典言之立與建義同 注云佐助也者天官敘官注義同 立大祀用玉帛牲牷立次祀用牲幣立小祀用牲鄭司農云大祀天地次祀日月星辰小祀司命已下玄謂大祀又有宗廟次祀又有社稷五祀五嶽小祀又有司中風師雨師山川百物 疏 立大祀用玉帛牲牷立次祀用牲幣立小祀用牲者此立國祀三等之禮也大宗伯辨事天神地示人鬼之異禮此則辨大次小三祀隆殺之等褒通賅鬼神示與宗伯職互相備也牷謂純色之牲次祀小祀不云牷者文不具其實次小祀非外祭毀事無不用牷者詳牧人疏凡此諸祀並謂始立宮兆時以此禮祭而告之以後歲時常祀禮亦咸視此爲差書召誥云用牲于郊牛二孔傳云用牲告立郊位于天又乃社于新邑牛一羊一豕一傳云告立社稷之位用大牢也此卽營雒立郊社諸祀用牲之事彼經不云用玉帛者亦文不具也賈疏云天神中非直有升煙玉帛牲亦有禮神者也地示中非直瘞埋中有玉帛牲亦兼有禮神玉帛牲也宗廟中無升煙瘞埋直有禮神幣帛與牲又不見有禮神之玉或可以灌圭爲禮神之玉亦通一塗宗廟次祀已下與大祀同亦宜有禮神幣帛而已 注鄭司農云大祀天地次祀日月星辰小祀司命已下者酒正先鄭注云大祭天地中祭宗廟小祭五祀此釋大祀與彼注同蓋專指圜丘方丘南北郊五帝言之次祀卽彼中祀此注次小二祀偏舉天神以見例故不

及宗廟五祀也云玄謂大祀又有宗廟次祀又有社稷五祀五嶽小
祀又有司中風師雨師山川百物者並據大宗伯文補先鄭之義次
祀舉五嶽者以晐四望也賈疏云若然後鄭直云大祀又有宗廟更
不言宗廟次小祀者但宗廟次祀卽先公是也不言之者已於酒正
云次祀鷩冕毳冕所祭已具於彼故也又不言宗廟小祀者宗廟小
祀其神不明馬君雖云宗廟小祀殤與無後無明文故後鄭亦不言
也案後鄭此注以宗廟爲大祀不辨先王先公疑與酒正司服注義
不同賈據彼注釋此似失其恉又賈引馬融以宗廟小祀爲殤與無
後攷殤與無後有二一爲先君一爲王之適子孫公羊莊三十二年
傳云未踰年之君有子則廟無子不廟通典凶禮引五經異義亦引
春秋公羊說又引左氏說臣奉君悉心盡恩不得緣君父有子則爲
立廟無子則廢許君謹案引禮臣不殤君子不殤父以證左氏義鄭
駁之謂未踰年君不成於君則何廟之立凡無廟者爲壇祭之是先
君殤與無後立廟序於昭穆則不得爲小祀若不序於昭穆則無廟
唯祭於壇也其適子孫之殤與無後則祭法云王下祭殤五適子適
孫適曾孫適玄孫適來孫注云祭適殤於廟之奧謂之陰厭凡庶殤
不祭曾子問孔疏又引熊安生說殤與無後者唯祔與除喪二祭則
止據鄭熊義是祭殤唯從祖祔食又唯用厭其禮甚殺也若然二者
皆無特立宮廟之事故鄭不從馬義也又案大次小三等之祀經無
明文二鄭依大宗伯略爲差次而酒正後鄭注云大祭者王服大裘
衮冕所祭也中祭者王服鷩冕毳冕所祭也小祭者王服希冕玄冕
所祭也彼注並依司服祭服差次爲說則大祭謂昊天上帝五帝先
王中祭謂先公四望山川小祭謂社稷五祀羣小祀也此注旣以宗
廟全屬大祀又以社稷五祀爲中祀以山川爲小祀後鄭二注旣自
不同六朝以來義疏亦無通釋金鶚云大祀用玉帛牲牷典瑞言圭
璧以祀日月星辰兩圭有邸以旅四望璋邸射以祀山川是日月星

辰四望山川皆有玉豈非大祀乎何得以日月星辰五嶽爲次祀山川爲小祀也大宗伯以血祭祭社稷五祀五嶽五嶽既爲大祀而社稷五祀在五嶽上者何反列於次祀乎司中司命飌師雨師與星辰同何得下列於小祀乎案金說與二鄭不同以經攷之司服祭服大司樂樂舞或別有取義不定以尊卑爲差次固不必強爲傅合但以典瑞祭玉推校日月星辰四望山川用玉固有明文而依王氏訂義引崔靈恩說司中司命飌師雨師亦有禮神之玉則亦不得爲次祀金說不爲無徵卽司民司祿亦是星辰無由定其必不得與司中司命同用玉然則天神無次祀矣竊謂經凡言祭祀惟酒正及此職分三等餘職皆止分大小二等疑次祀亦并入大祀其差次難以詳定若然此經以玉帛牲幣之有無爲三等祀之差亦約略區別不能盡以此推決也互詳酒正典瑞司服疏

以歲時序其祭祀及其祈珥 序第次其先後大小故書祈爲幾杜子春讀幾當爲祈珥爲餌玄謂祈當爲進禨之禨珥當爲衈禨衈者釁禮之事雜記曰成廟則釁之雍人舉羊升屋自中中屋南面刲羊血流于前乃降門夾室皆用雞其衈皆於屋下割雞門當門夾室中室然則是禨謂羊血也小子職曰掌珥于社稷祈于五祀是也亦謂其宮兆始成時也春秋僖十九年夏邾人執鄫子用之傳曰用之者何蓋叩其鼻以衈社也

疏 以歲時序其祭祀者序當作敘石經及各本並誤注云序第次其先後大小者說文攴部云敘次第也序卽敘之借字經例用古字作敘注例用今字作序此經仍作序疑後人以注改之非其舊也詳小宰疏賈疏云卽上立大祀已下至小祀皆依歲之四時次序其大小先後也不必先大後小天地人之鬼神各有大次小或小而應先或大而應後各自當其時以祭之云故書祈爲幾者與大人字同惠士奇云幾說文作𧆡云以血有所刏涂祭也𧆡省爲幾段玉裁云此云故書祈爲幾小子職注云春官肆師職祈

或作鐖云或是故書有作鐖者也幾鐖字古多通用詩如幾如式亦作如鐖禮記雕幾讀雕鐖是也云杜子春讀幾當爲祈者杜從小子羊人作祈爲正也云珥爲餌者珥下各本並有當字今從宋婺州本及嘉靖本此與小宗伯肆儀注云故書肆爲肆儀爲義杜子春讀肆當爲肆義爲儀文例正同亦冡上文省說文鬻部云鬻粉餅也从鬻耳聲重文餌鬻或从食耳珥餌聲類相同故杜讀從之然未詳其義云玄謂祈當爲進禨之禨者段玉裁云玉藻沐畢進禨此禨即說文之既字嘰字許君皆云小食也釁屋封羊血僅流於前乃降以少許血歆屋如進小食然故云當爲進禨之禨小子職祈或爲刉士師職作刉鄭君云刉當爲正字說文刉劃傷也此亦與封羊血僅流意合而血部又有𧗝字然則禮家有定此字作𧗝者詒讓案注例云當爲者破其字也故下注直作禨衈然小子犬人注謂刉衈正字當作刉而於此又破字爲禨二說岐互當以小子犬人注爲正賈疏謂此注取音不取義則非鄭例也云珥當爲衈者犬人注同凡經衈字此職及小子羊人士師司約犬人六見經並作珥鄭並破作衈段玉裁云子春云珥當爲餌餌字於義不相關故依雜記公羊傳作衈封羊爲刉衈雞爲衈小子士師注皆曰毛牲曰刉羽牲曰衈本雜記也鄭司農注小子從珥云牲頭祭也說文無衈字然則許說周禮蓋同先鄭與云禨衈者釁禮之事者士師犬人注同鄭意他祭祀皆無祈珥惟釁禮乃有之釁其大名禨衈其緐節也說文鐖訓涂祭涂亦釁也許鄭字異而義同引雜記曰成廟則釁之雍人舉羊升屋自中者證釁禮有祈珥之事大戴禮記諸侯釁廟篇文略同鄭雜記注云廟新成必釁之尊而神之也案雍人即內饔詳天官敘官疏孔疏引熊安生云舉羊謂抗舉其羊升於屋上自中者謂升屋之時由屋東西之中謂兩階之閒而升也云中屋南面刲羊血流于前乃降者于下文作於此疑傳寫之誤雜記疏引熊氏云謂當屋棟之上亦東西之中而

南面刲割其羊使血流於前雍人乃降云門夾室皆用雞者夾釋文作俠下同案俠夾字通雜記及雞人注並不作俠陸本非是大戴記作郟亦叚借字孔疏云門廟門也夾室東西廂也滅於廟室故釁不用羊也門與夾室各一雞凡用三雞故云皆也大戴禮盧注云郟室門郟之室一曰東西廂也案依盧說則夾室卽匠人之門室與孔說異江永又謂東西箱名夾不名夾室夾與室爲二地亦未知孰是詳匠人疏云其衈皆於屋下者鄭彼注云衈謂將封割牲以釁先滅耳旁毛薦之耳聽聲者告神欲其聽之孔疏云謂未封割羊與雞之時先滅耳旁毛以薦神廟則在廟之屋下門與夾室則在門夾室之屋下衈訖然後升屋而釁也云割雞門當門夾室中室者孔疏云謂衈訖爲釁之時門則當門屋上之中夾室故當夾室上之中以割雞使血流案依鄭孔說則薦耳毛爲衈衈後仍有割牲是爲釁釁在屋上與衈在屋下不同攷大戴記云雍人割雞屋下當門郟室割雞于室中依彼記則割雞門卽在屋下夾室卽在室中故盧注云案小戴割雞亦於屋上記者不同耳孫希旦云據記文則廟用羊升屋而封之而謂之釁門夾室用雞於屋下割之門當門夾室中室而謂之衈疏乃謂羊亦有屋下之衈雞亦有屋上之釁然大戴禮門夾室卽在屋下割雞別無屋上之釁而廟亦未必有屋下之衈矣蓋釁衈自爲二禮釁之禮重故在屋上衈之禮輕故於屋下司約云若有訟者則珥而辟藏此亦於屋下爲之未必升屋也鄭說先衈後釁記中實無此義也案孫據大戴記釋雜記謂衈於屋下不必更有屋上之釁足證二記義通鄭盧孔說皆未審此經刉衈壇廟兩有壇兆咸無室屋明唯取血灌地卽爲涂釁鄭孔謂上釁下衈兩事並行必不能通於此至鄭薦耳旁毛之說蓋因祭義說宗廟大祀有毛牛尚耳之禮推傳爲之然釁禮甚輕未聞有是鄭注此經亦無此說殆已知其非篤論而易之矣互詳小子疏云然則是機謂羊血也者謂釁廟用羊血者

卽此經之機門夾室用雞血者卽此經之衈小子注謂用毛牲曰刏羊卽毛牲也但雜記注謂衈爲以耳旁毛薦神則不分毛牲羽牲以此經及雜記文釁之似亦以不分爲是詳小子疏又據犬人職則幾珥亦用犬此冡上引雜記文故不及也云小子職曰掌珥于社稷祈于五祀是也者賈疏云引證血傍爲之以證衈義也其祈字猶不從故彼注引秋官士師曰凡刏衈則奉犬牲此刏衈正字與案據賈說則此引小子文珥當作衈今本並誤彼正文作珥注讀爲衈從所讀之字引之也士師職文亦作珥注讀爲衈小子注引之卽作衈可證云亦謂其宮兆始成時也者謂小子珥社稷祈五祀並據宮兆始成時證此大次小祀並有釁亦據始成時明祈珥與釁爲一也宮兆關廟與壇二者言之引春秋僖十九年夏邾人執鄫子用之者左氏經文公羊經邾人作邾婁人穀梁經鄫作繒並與左氏異引傳曰用之者何蓋叩其鼻以衈社也者公羊傳云惡乎用之用之社也其用之社奈何蓋叩其鼻以血社也穀梁傳云用之者叩其鼻以衈社也引之者證珥當作衈也段玉裁云公羊傳衈社今本作血社誤郭注山海經引作䎶社惠士奇云山海經東山經曰祠毛用一犬祈䎶用魚注云以血塗祭爲䎶也公羊傳云蓋叩其鼻以䎶社音鈎餌之餌玉篇耳部以牲告神欲神聽之曰䎶蓋用祈神聽故䎶從耳衈周禮皆作珥古文假借釋名珥耳也言似人耳之在面旁也從申從血後人所加故說文不載詒讓案山海經祈䎶刏作祈與此經合衈作䎶則詭異不合六書疑非古字郭引公羊亦作䎶蓋就彼經文改字然可證公羊本不作血社也穀梁范注云衈者釁也取鼻血以釁祭社器案據鄭說則釁社與釁廟同非謂釁祭器范說非公羊穀梁之衈用鼻血山海經之䎶用魚則皆不必有薦耳毛之事亦可證鄭雜記注義不容泥也

大祭祀展犧牲繫于牢頒于職人展省閱也職讀爲樴樴可以繫牲者此樴人謂充人

及監門人疏大祭祀展犧牲繫于牢頒于職人者繫經字疑當作毄詳司門疏賈疏云肆師以將有天地宗廟大祭祀牧人以牲與充人之時肆師省閱其牲看完否及色堪為祭牲乃繫于牢頒付于職人也詒讓案此展犧牲在繫牲之時與充人展牲為祭前一夕之視牲異穀梁成七年傳云郊牛日展觓角而知傷展道盡矣即此大祭祀展牲之事也據祭義牲初繫及朔月月半君皆親視呂氏春秋任敬篇云韓昭釐侯視所以祠廟之牲其豕小令官更之亦是也若然日展蓋此官專其事餘則從王展之與凡經云展牲有二詳充人疏

注云展省閱也者特牲饋食禮云宗人視牲告充省閱與視義同故充人祭前一夕之展牲大宗伯小宗伯謂之省牲說文丮部云丮極巧視之也尸部云㞓轉也隸變作展凡經典言展省者並丮之借字充人先鄭注云展具也省閱則具備二鄭義亦相成也云職讀為樴樴可以繫牲者者牛人注義同云此樴人謂充人及監門人者賈疏云案充人云祀五帝繫于牢芻之三月凡散祭祀之牲繫于國門使養之故知樴人是此二官也言此樴人對彼樴人不要是充人監門人也牛人所云樴人者鄭彼注充人弁牧人在其中矣此有監門人者謂兼祭諸神司中之等段玉裁云監門人者司門云祭祀之牛牲繫焉監門養之是也

凡祭祀之卜日宿為期詔相其禮眡滌濯亦如之宿先卜祭之夕疏凡祭祀之卜日宿為期詔相其禮者此卜日宿為期當為三事卜日者即大宰之前期十日帥執事而卜日在祭前十日者也宿者戒致齊即大宗伯之宿注云宿申戒在祭前三日者也為期者即雞人之為期注引少牢饋食禮云既宿尸反為期于廟門之外主人門東南面宗人朝服北面請祭期主人曰比于子宗人曰旦明行事在祭前之夕者也此三事及祭前之夕眡滌濯四者肆師皆詔相其禮儀鄭弁宿為期為一似未安賈疏又謂云祭祀之卜日宿為期

則是卜前之夕之爲卜期與卜者及諸執事者以明日爲期是又幷卜日宿爲期通爲一事皆非經義今攷少牢特牲筮日前無爲期之事天子禮詳祭祀卜日卽有爲期亦當賅於卜日之中經不必詳列其事也互詳大宗伯疏　注二云宿先卜祭之夕者謂先此卜日及正祭之夕皆有爲期之事先卜之夕卽諏日之日夕時先祭之夕則祭前一日之夕若大司樂大祭祀宿縣是也今以大宗伯經注證之宿當爲前祭三日之申戒鄭謂先卜祭之夕與大宗伯經注不合非也賈謂專屬先卜日之夕則又失鄭恉矣通典吉禮二云將祫祭前期十日之前夕肆師告其大宰大宗大史帥執事而卜日蓋亦誤沿賈義

祭之日表齍盛告絜展器陳告備及果築鬻相治小禮誅其慢怠者　粢六穀也在器曰盛陳陳列也果築鬻者所築鬻以祼也故書表爲剽剽表皆謂徽識也鄭司農二云築煑築香草煑以爲鬯

疏　祭之日表齍盛告絜者亦謂正祭日之日明此告絜卽冡表齍盛言之左桓六年傳二云奉盛以告曰絜粢豐盛卽告絜之辭賈疏二云當祭之日具其黍稷等盛於簠簋陳於廟堂東又以徽識表其名又告絜淨二云展器陳告備者賈疏二云謂祭日旦於堂東陳祭器實之旣訖則又展省視之而告備具詒讓案告備亦與小宗伯大祭祀告備于王義同並據饌具言之特牲饋食禮宗人舉獸尾告備舉鼎鼏告絜與此事異二云及果築鬻者果祼之叚字謂當有祼者此官則築鬱鬯之以授鬱人使以和鬯而實彝也賈疏二云謂於宗廟有祼案禮記雜記築鬱臼以椈杵以梧而築鬱金煑以和秬鬯之酒以泲之而祼矣二云相治小禮者小宗伯二云詔相祭祀之小禮凡大禮佐大宗伯注二云小禮羣臣之禮若然此官相治小禮亦佐小宗伯以尊卑轉相副貳也二云誅其慢怠者者大宰注二云誅責讓也謂執禮有慢怠者則責讓之卽禮官之官刑也　注二云粢六穀也者此亦經作齍注讀爲粢也詳小宗

伯疏云在器曰盛者甸師注同云陳陳列也者司市注云陳猶列也是陳列同義云果築鬻者所築鬻以祼也者鬱人注云築鬱金煮之以和鬯酒是也詳彼疏鬻並當作煮凡經作鬻注例用今字作煮先鄭注及後注竝作煮一職之中先後不宜錯異足證其誤亨人草人鬱人注亦並作煮不作鬻說文以煮爲鬻之或體詳鹽人疏大宗伯大賓客則攝而載果注云果讀爲祼此注直釋爲祼不改讀者以彼注已詳故不復釋云故書表爲剽剽者毀玉裁云故書作剽今書作表故書假借字今書正字也徐養原云文選孫綽天台賦赤城霞起而建標李善注建標立物以爲之表識也引戰國策曰舉標甚高此經剽字似當作標或古字通用云剽表皆謂徽識也者說文巾部云幖幟也剽蓋卽幖之叚字賈疏云以剽表字雖不同俱是徽識也於六粢之上皆爲徽識小旌書其黍稷之名以表之餘饌不表獨此表之者以其餘器所盛各異覩器則知其實此六穀者簠盛稻粱簋盛黍稷皆有會蓋覆之覩器不知其實故特須表顯之也段玉裁云表粢盛者謂如周公盛魯公熹羣公濂各以小旌書某公之食爲表識也徽識說文作微識本謂司常九旗之屬表粢盛象此而又細案段說是也徽識詳司常疏鄭司農云築煮築香草煮以爲鬯者說文木部云築擣也又鬯部云鬯以鬱釀鬱艸雜記暘臼以椈杵以梧注云所以擣鬱也案暘鬯字通後注云香草鬱也鬱人注云鬱爲草若蘭先鄭之意蓋謂鬱爲草名鬯爲和鬱之酒名未和鬱者不得稱鬯依後鄭敘官及鬱人鬯人職注義則鬯本爲未和鬱之秬酒詳言之則曰秬鬯築煮香草以和秬鬯乃爲鬱鬯是二鄭義本不同但秬鬯鬱鬯通得鬯稱經典或以鬱爲鬯者省叚通言散文不別則先鄭此注義雖未析而於文無妨故後鄭兼存之後大渳章注亦承用其義也詳鬯人疏又案凡鬱鬯此官唯主築煮其和秬酒則鬱人掌之二職雖相贊而事實不同二鄭說亦甚析賈疏謂築煮爲彼官正職此肆師

察其不如儀者非也掌兆中廟中之禁令兆壇塋域疏掌兆中廟中之禁令者賈疏云案小宗伯云兆五帝於四

郊已下則四郊之上神兆多矣皆掌不得使人干犯神位七廟亦然故云掌其禁令也詒讓案掌祀掌外祀之北守祧掌內祀之廟肆師

為宗伯之攷佐成禮事故通掌內外祀之禁令也注云兆壇塋域者小宗伯注云兆為壇之營域營塋字通凡祭祀禮成

則告事畢大賓客涖筵几築鬻此王所以禮賓客疏凡祭祀禮成則告事畢者說文攴部云畢盡也

經典通段畢為之此若大戴禮記諸侯遷廟篇云宗人擯又云擯者曰遷廟事畢請就燕諸侯釁廟篇亦云既事宗人告事畢肆師卽宗

伯屬官故文不別也特牲饋食禮筮日及正祭陽厭祝告利成後亦皆云宗人告事畢事並同云大賓客涖筵几者謂諸侯來朝祼禮饗

食則設筵几依司几筵注及禮器孔疏引熊安生說天子待諸侯當莞筵紛純加繅席畫純左彫几也賈疏云謂司几筵設之肆師蒞之

也云築鬻者賈疏云案大行人云上公再祼而酢侯伯一祼而酢子男一祼不酢大宗伯云大賓客攝而載祼則此官主以築鬱金煑之

和鬯酒也案此亦唯主築煑不主和鬯之事賈說未析又案王大饗諸侯亦有祼與禮賓同詳大行人疏注云此王所以禮賓客者大

行人注云王禮王以鬱鬯禮賓也賈疏云對王經築鬻禮宗廟神也贊果將酌鬱鬯授大宗伯載祼疏贊果將者果亦當讀

為祼注云酌鬱鬯授大宗伯載祼祼者賈疏云此據大宗伯職而言案小宰亦云賓客贊祼者容有故相代也大朝覲佐儐

為承儐疏大朝覲佐儐者儐依鄭義當作擯注同詳大宗伯疏注云為承儐者大宗伯云朝覲會同則為上相則大朝覲大宗伯

為上儐此肆師佐之是為承儐也賈疏云此言大朝覲為承儐謂大會同朝覲時若四時常朝則小行人為承儐小行人所云者是也案

賈意此大朝覲猶大宰云大朝覲會同彼注云大會同或於春朝或於秋覲舉春秋則冬夏可知是也

共設匪罋之禮

設於賓客之館公食大夫禮曰若不親食使大夫以侑幣致之豆實實于罋簋實實于筐匪其筐字之誤與禮不親饗則以酬幣致之或者匪以致饗

疏共設匪罋之禮者此亦冢上文賓客大朝覲爲文謂致饗食於諸侯也據司儀諸侯待來聘之臣亦有致饗食之禮則天子待來聘陪臣當亦有是禮但其禮殺其匪罋等或自有有司共設之非肆師所掌矣罋詳膳夫疏賈疏云此肆師不掌飲食而共設者肆師主禮事謂依禮使掌客之等及諸官告設之也

注云設於賓客之館者賈疏云凡待賓客之禮饗食在廟其器不用匪罋今言共設匪罋明是王不親饗食於賓館設之可知引公食大夫禮曰若不親食使大夫以侑幣致之豆實實于罋簋實實于筐者鄭彼注云謂主國君有疾病若它故賈疏云引公食禮者欲見此經與彼同同是不親食之事又欲破篚從筐之事也詒讓案公食下大夫有韭菹醓醢昌本麋臡菁菹鹿臡六豆黍稷六簋上大夫則有八豆八簋今不親食而以豆簋之實致之其館故不實於豆簋而實於罋筐也云匪其筐字之誤與者段玉裁云說文匚飯器筥也匪器似竹匧簋黍稷方器也以黍稷實於飯器猶爲相近匪則禹貢以盛玄纁織文織貝周書以實玄黃者故鄭君辨正之案段說是也匪經典多段篚爲之說文竹部云篚車笭也與匡匪字異筐匡之或體匪匡篚筐並形近易譌聶氏三禮圖引舊圖云篚以竹爲之長三尺廣一尺深六寸足高三寸如今小車笭小筐以竹爲之受五斗大筐受五斛案匪所以盛幣帛鄭知非盛侑幣酬幣用匪者以罋筐相將禮經有明文又聘禮說致食饔云如致饔則當執幣以將命或無實匪陳設之事也俞樾云詩鹿鳴傳曰筐篚屬筐篚同類之物對文雖別散文或亦可通士虞禮苴實于篚鄭注司巫引作實于筐案依俞說則匪卽筐

之通稱亦可備一義云禮不親饗則以酬幣致之者聘禮云公于賓壹食再饗若不親食使大夫致之以侑幣致饗以酬幣亦如之注云酬幣饗禮酬賓勸酒之幣也所用未聞也禮幣束帛乘馬亦不是過也是不親饗有致酬幣之事也云或者匪以致饗者賈疏云鄭君向引公食大夫須破匪從筐又言饗禮者饗禮亡無妨致饗時用匪不用筐但無正文故云或以疑之也案賈說是也聘禮記說致饗云凡致禮皆用其饗之加籩豆注云亦實於甕筐是鄭意致饗與致食同但以饗禮已亡不若公食之有明文禮文容有變易或致饗時自以簋實實於匪與食禮異則可不破字也

饗食授祭

授賓祭肺【疏】饗食授祭者此謂王親饗食也若掌客上公三饗三食之等亦兼饗食羣臣及聘使等言之 注云授賓祭肺者即大祝九祭之共祭也肺亦謂扐肺公食大夫禮云三牲之肺不離贊者辯取之壹以授賓賓興受坐祭是食禮授賓祭肺之事凡酒食膳羞皆有祭而肺爲重故鄭唯云授肺詳膳夫疏賈疏云祭謂祭先造食者案膳夫云授王祭則此授祭者非授王可知故鄭云授賓祭肺也

與祝侯禳于畺及郊

侯禳小祝職也畺五百里遠郊百里近郊五十里【疏】與祝侯禳于畺及郊者侯禳二祭名詳小祝疏左昭十八年傳云鄭災郊人助祝史除於國北禳火於玄冥回祿即此禳郊之事 注云侯禳小祝職也者小祝云將事侯禳禱祠之祝號此云與祝明即與小祝共將事二官爲官聯也云畺五百里遠郊百里近郊五十里者並詳載師疏

大喪大渳以鬯則築鬻

築香草煑以爲鬯以浴尸香草鬱也【疏】大喪大渳以鬯則築鬻者大喪謂王及后喪也其世子及三夫人以下喪亦當用鬯浴尸但不得稱大渳耳賈疏云上小宗伯大喪以鬯渳則肆師與之築鬱金香草口鬯酒以浴尸使之香也案此亦唯掌築煑取汁以授鬱人使和秬鬯以共渳鬱人云大喪之渳共其肆器是也

賈謂此官亦掌和鬯酒未析　注云築香草煑以爲鬯以浴尸者用前先鄭注義也此與前祭祀賓客云築鬻同但彼主共祼禮此主共浴尸所用有異小宗伯云王崩大肆以秬鬯渳是也云香草鬱也者鬱鬱之叚字詳敘官及鬱人疏依敘官注義秬鬯爲不和鬱之酒此說有鬱者經云築鬻明有鬱和若止用秬鬯則不煩築鬻也鬯與鬱對文則異散文亦通

令外內命婦序哭序使相次秩

疏　令外內命婦序哭者序經例當作敘詳前疏此與九嬪世婦爲官聯令者令內宗外宗序之也外內命婦即下文之外內命女序哭通始崩及殯後朝莫哭言之　注云序使相次秩者序亦敘之借字詳前疏喪大記云既正尸夫人坐于西方內命婦姑姊妹子姓立于西方外命婦率外宗哭于堂上北面王喪內外命婦哭位次當與彼同賈疏云哭法以服之輕重爲先後若然則內命婦爲王斬衰居前諸臣之妻從服齊衰者居後也

禁外內命男女之衰不中灋者且授之杖外命男六鄉以出也內命男朝廷卿大夫士也其妻爲外命女喪服爲夫之君齊衰不杖內命女王之三夫人以下不中法違升數與裁制者鄭司農云三日授子杖五日授大夫杖七日授士杖此舊說也喪大記曰君之喪三日子夫人杖五日既殯授大夫世婦杖無七日授士杖文玄謂授杖日數王喪依諸侯與七日授士杖四制云

疏　禁外內命男女之衰不中灋者者賈疏云外內命男女爲王雖有齊斬不同其衰皆有升數多少及裁制故禁之使依法也云且授之杖者依喪服斬衰苴杖齊衰削杖傳云苴杖竹也削杖桐也杖各齊其心皆下本杖者何爵也案服杖蓋亦伊耆氏共之此官則依其爵之尊卑以次授之賈疏云外內命男及內命女皆爲王斬者有杖授之其外命女爲王齊衰無杖故云且見不定之義也　注云外命男六鄉以出也內命男朝廷卿大夫士也者賈疏云無正文鄭以意言之以王宮爲正朝

廷在王宮內爲內命男故以六鄉六遂及公邑大夫等皆爲外命男云其妻爲外命女者此統承上內外命男之妻言之明此外命女不繫夫爲內外乃對內命女九嬪以下爲文其夫雖爲內命男妻仍爲外命女也外內命男女屬人亦謂之外內命夫命婦內宰亦云外命婦先鄭彼注云外命婦鄉大夫之妻後鄭云士妻亦爲命婦故此外命女亦通鄉大夫士妻也說文女部云女婦人也女婦散文通稱云喪服爲夫之君齊衰不杖者據喪服齊衰不杖期章經文傳云何以期也從服也通典凶禮引馬融云夫爲君服三年妻從夫降一等故服期又雜記外宗爲君夫人猶內宗也注云皆謂嫁於國中者也爲君服斬夫人齊衰不敢以其親服服至尊也外宗謂姑姊妹之女舅之女及從母皆是也內宗五屬之女也其無服而嫁於諸臣者從爲夫之君嫁於庶人從爲國君彼內外宗亦爲外命女而爲君服斬者本有服非徒從夫故加之也云內命女王之三夫人以下者賈疏云通九嬪二十七世婦八十一御妻皆爲王斬衰而杖也詒讓案內命女卽內宰之內命婦也彼注云內命婦謂九嬪世婦女御則不數三夫人與此注異據追鄭文則內命婦似幷不數九嬪不徒三夫人也詳內宰內司服疏又案喪大記孔疏謂內命婦有子婦則此內命女當含王子孫之婦其王女王孫女之未嫁者卽喪大記之子姓亦當與內命婦同列也云不中法違升數與裁制者此亦注用今字作法也小宗伯云王崩縣衰冠之式于路門之外不中法卽違所縣之式也賈疏云諸臣妻爲夫之君義服衰六升諸臣爲王義服斬衰衰三升半冠六升三夫人已下爲王正服斬衰衰三升是其數也言裁制者據喪服云凡衰外削幅裳內削幅幅三袧以下具有裁制鄭司農云三日授子杖五日授大夫杖七日授士杖此舊說也者此喪服四制文鄭彼注云五日七日授杖謂爲君喪也先鄭蓋偶不省記故但稱舊說也又引喪大記曰君之喪三日子夫人杖五日既殯授大夫

世婦杖無七日授士杖文者喪大記與喪服四制文略同而獨無授士杖之文故引以證其同異也鄭彼注云爲君杖不同日人君禮大可以見親疏也孔疏引熊安生云經云子杖通女子在室者若嫁爲他國夫人則不杖嫁爲卿大夫之妻與大夫同五日杖也喪服四制七日授士杖君之女及內宗外宗之屬嫁爲士妻及君之女御皆七日杖案熊氏所推內外命女授杖日數甚允王禮當亦同云玄謂授杖日數王喪依諸侯與者後鄭亦以王喪授杖禮無明文約同喪大記諸侯禮也但王制云天子七日而殯則授大夫世婦杖時尚未殯既殯乃授士杖耳賈疏云王喪諸臣等無授杖之日數以諸侯之臣與王之臣同斬衰杖竹故授杖日數亦宜同也以檀弓云天子崩三日祝先服鄭注云祝佐含斂先病明子與夫人亦服矣則天子之子及后亦服矣五日官長服注官長大夫士明天子三公已下及三夫人已下亦服矣但服杖同時有服即杖矣唯天子服授杖亦當七日矣是以王喪約同諸侯之法也云七日授士杖四制云者先鄭不詳所出故後鄭補之

凡師甸用牲于社宗則爲位

社軍社也宗遷主也尚書傳曰王升舟入水鼓鍾亞觀臺亞將舟亞宗廟亞故書位爲涖杜子春云涖當爲位書亦或爲位宗謂宗廟

【疏】凡師甸用牲于社宗則爲位者小宗伯注云甸讀曰田孔叢子儒服篇云天子使有司以特牲告社告以所征之事而受命焉則凡告社宗皆用特牲也賈疏云師謂出師征伐甸謂四時田獵二者在外或有祈請皆當用牲社及宗時皆肆師爲位祭也注云社軍社也者據小宗伯云大師立軍社也云宗遷主也者小宗伯注云遷主曰祖祖宗一也並詳彼疏晉書禮志載摯虞請祀六宗議引此經用牲于社宗之文謂宗卽六宗又卽月令之天宗與鄭義異案天神尊於社稷經不宜以社宗立文摯說不足據引尚書傳曰王升舟入水鼓鍾亞觀臺亞將舟亞宗廟亞者黄幹儀禮經傳通解續

引尚書大傳云王升舟入水鍾鼓惡觀臺惡將舟惡宗廟惡鄭注云惡當爲亞亞次也觀臺靈臺知天時占候也宗廟遷主是書傳亞本皆爲惡此引作亞者從改讀字也賈疏云謂說武王於文王受命十一年觀兵之時武王於孟津渡河升舟入水在舟鼓鍾亞亞王舟後觀臺亞者觀臺可以望氣祥亞鼓鍾後將舟亞者以社主主殺戮而軍將同故名社主爲將將舟亞在觀臺後宗廟亞者宗廟則遷主也亞在將舟後引之者證在軍有社及宗之意也異義公羊說天子有三臺有靈臺所以觀天文有時臺以觀四時施化有囿臺所以觀鳥獸魚鼈諸侯卑無靈臺不得觀天文有時臺囿臺左氏說天子有靈臺諸侯有觀臺若然文王時已有靈臺今武王而曰觀臺者鄭君之意觀臺則靈臺對文有異散文則通云故書位爲涖杜子春云涖當爲位書亦或爲位者涖位聲類同徐養原云鄉師司市大宗伯涖字故書皆作立小宗伯位字故書作立此經位字故書亦當作立與小宗伯同今作涖疑傳寫之誤云宗謂宗廟者杜說與鄭同然不云遷主則嫌於載大祖及四親廟主行故鄭引之在後也

類造上帝封于大神祭兵于山川亦如之

造猶卽也爲兆以類禮卽祭上帝也類禮依郊祀而爲之者封謂壇也大神社及方嶽也山川蓋軍之所依止大傳曰牧之野武王之大事也既事而退柴於上帝祈于社設奠於牧室【疏】類造上帝封于大神者此冢上師爲文類造以下皆師祭也爾雅釋天云是禷是禡師祭也卽此類上帝之事詩周頌敘云桓講武類禡也是講武亦有類但時田事輕不必備此三祭也賈疏云上經用牲於社宗據在軍下云師不功據敗退後卽此經據克勝後事告天及社之事案賈蓋據鄭引大傳故以此祭爲在克敵以後然審繹經文無克勝告祭之義疑此三祭當通未戰之祈禱與已戰之告祠言之疏說似未備云祭兵于山川亦如之者此謂爲軍事而有告祭山川之事故曰祭兵

與公羊莊八年經祠兵賈後疏引五經異義公羊說祠五兵事異也
注云造猶即也者說文辵部云造就也方言云即就也是造即義同賈疏云諸文皆云造于禰類于上帝造屬於禰此以類造同云于上帝則造與類同屬于上帝故鄭云造猶即與造門之造同也云爲兆以類禮即祭上帝也者謂即所征之地爲上帝之兆域就而祭之與在國南郊之正壇兆不同鄭意蓋謂此類造上帝即大祝及堯典王制之類上帝以其即而祭之故經兼言造明此造非大祝六祈之造類上帝之外別無造上帝也諸經亦唯有造於祖禰無造於上帝云類禮依郊祀而爲之者者說文示部云禷以事類祭天神此類即禷之借字王制云天子將出征類乎上帝宜乎社造乎禰禡於所征之地注云帝謂五德之帝所祭于南郊者孔疏云按五德之帝應祭四郊此獨云祭於南郊者謂王者將行各祭所出之帝於南郊猶周人祭靈威仰於南郊是五帝之中一帝故上總云帝謂五德之帝此據特祭所出之帝故云祭于南郊御覽禮儀部引五經異義云今尚書夏侯歐陽說類祭天名也以事類祭之以事類祭之奈何天位在南方就南郊祭之是也古尚書說非時祭天謂之類言以事類告也肆類于上帝時舜告攝非常祭王制疏又引異義許慎謹案周禮郊天無言類者知類非常祭從古尚書說鄭氏無駁與許同也今案據王制注及今文尚書說則類上帝即祭感生帝於南郊春秋繁露郊祀篇亦云天子每將興師必先郊祭以告天乃敢征伐行子道也然書今文說謂類以事類祭之書古文說謂類以事類告並與鄭依郊祀爲之之說小異書舜典肆類于上帝僞孔傳云類謂攝位事類遂以攝告天及五帝即從古文說也鄭於異義雖無駁然實不從古文書說意謂類既是告祭則其禮當依類正禮而略殺故小宗伯類社稷宗廟注謂禱祈禮輕依正禮而爲之此類帝亦宜與彼同注謂依郊祀而爲之猶云依正禮而爲之依者比放之言明非全如正禮矣

賈疏不達乃謂此非祈禱之祭依正禮郊祀而爲之卽四時迎氣是也是謂與正禮無異非鄭恉也書類上帝陸釋文引馬融云上帝太一神在紫微宮天之最尊者史記五帝本紀集解引鄭書注亦云禮祭上帝於圜丘與馬說略同此與王制注以上帝爲五帝者異當以王制注義爲正凡經言上帝者並非昊天詳掌次大宗伯典瑞疏又案王制說出征類帝宜社造禰並是將行時於國中爲此告祭故於禡特言於所征之地明類宜三者皆不於所征之地也毛詩大雅皇矣傳亦云於內曰類於野曰禡義蓋與王制同若此經三祭則並在所征之地故詩周頌桓序孔疏云肆師注言爲兆以祭上帝則是隨兵所嚮就而祭之不必祭於南郊但所祭者是南郊所祭之天耳正以言造故知就其所往爲其兆位而祭之不要在南郊此言小異於歐陽也南郊之祭天周以稷配此師祭所配亦宜用常配之人周卽當以后稷也孔說深得鄭恉但告祭禮簡疑不必舉配祖之大典孔云以后稷配未知是否云封謂壇也者祭法注云封土曰壇地官敘官注云聚土爲封凡壇皆聚土爲高故亦謂之封也云大神社及方嶽也者明與大宗伯祀大神爲圜丘五郊異也賈疏云知者以其命所報告皆是出時告者以出時類于上帝宜于社造于禰今大神文在上帝下而云封祭之明是社也知兼有方岳者見小宗伯云軍將有事于四望謂將戰時今戰訖所告明兼祭方岳方岳卽四望也詒讓案公羊哀四年傳云社者封也儀禮經傳通解續引尚書大傳云封十有二山鄭注云祭者必封封亦壇也十有二山十有二州之鎮也社與方岳並爲壇以祭故謂之封此皆地祇而言神者散文神祇通也云山川蓋軍之所依止者明唯就軍所依止山川祭之遠者不祭也國語晉語云成王盟諸侯于岐陽楚爲荊蠻置茅蕝設望表韋注云望表謂望祭山川立木以爲表表其位也此卽祭山川爲位之事引大傳曰牧之野武王之大事也旣事而退柴於上帝祈于社設

奠於牧室者祈于社于亦當作於各本並與上下文錯互似誤此證類造上帝封大神之事彼注云柴祈奠告天地及先祖也牧室牧野之室也古者郊關皆有館焉先祖者行主也賈疏云牧誓序云時甲子昧爽武王與受戰於牧野鄭注云紂近郊三十里名牧是武王伐紂之事故云大事既事而退者武王與紂於牧地戰紂敗退入紂都自焚於宣室武王入紂都既封建乃退向牧地而柴於上帝者以實柴祭帝即此經類于上帝一也祈于社者即此經封于大神二也設奠于牧室者謂祭行主文王於牧野之室於此文無所當連引之者欲見此經亦當有祭行主不言者文不備也

凡師不功則助牽主車助助大司馬也故書功爲工鄭司農工讀爲功古者工與功同字謂師無功肆師助牽之恐爲敵所得【疏】凡師不功則助牽主車者此與大司馬爲官聯也凡社主與遷廟主皆載以齊車二者通謂之主車詳小宗伯疏　注云助助大司馬也者賈疏云案大司馬職云若師不功則厭而奉主車故知此肆師助大司馬也若然案小宗伯云立軍社奉主車謂未敗時若敗即大司馬奉之云故書功爲工鄭司農工讀爲功古者工與功同字者段玉裁云此古文假借字丁晏云古工功通用書天工人其代之漢書律志作天功云謂師無功者不亦無也詳大司馬疏云肆師助牽之恐爲敵所得者牽與牛人罪隸牽傍義同說文牛部云牽引前也師徒敗北則恐主車爲敵追及故在前助牽挽之欲速行也

凡四時之大甸獵祭表貉則爲位貉師祭也貉讀爲十百之百於所立表之處爲師祭造軍法者禱氣勢之增倍也其神蓋蚩蚘或曰黃帝【疏】凡四時之大甸獵祭表貉則爲位者甸亦讀曰田大甸獵即山虞澤虞之大田獵也大司馬中春蒐田云有司表貉中冬狩田云既陳乃設驅逆之車有司表貉于陳前彼經惟春冬二田表貉者文不具據此經則四時大田通有此祭故甸祝

亦二云掌四時之田表貉之祝號矣爲位者肆師爲其几筵之位司几
筵二云甸則設熊席右漆几是也　注二云貉師祭也者大司馬先鄭注
義同爾雅釋天是禷是禡師祭也禡與貉同王制禡於所征之地注
亦二云禡師祭也爲兵禱其禮亦亡案據爾雅王制則禡本爲出軍之
祭以大田用軍禮故亦有此祭也二云貉讀爲十百之百者甸祝注二云
杜子春讀貉爲百爾所思之百與此讀同段玉裁二云貉百古音同在
魚鐸部祭貉不得其解於義求之當爲禱氣勢增倍則於音當易爲
十百之百也莊述祖二云大司馬表貉注鄭司農二云貉讀爲禡禡謂師
祭也書亦或爲禡後鄭不改而肆師則不用先鄭說貉佰本同音故
以本音讀佰說文二云佰相什佰也案段莊說是也杜及二鄭蓋皆以
貉禡字同而其音義則杜及後鄭並讀爲百取什佰增倍之義也先
鄭則讀禡如字與杜及後鄭小異又詩小雅吉日之既伯卽甸祝之
禂馬與師祭之禡聲近而義異詳彼疏二云於所立表之處爲師祭造
軍法者者立表之處卽教戰之地所立南北四表大司馬二云爲表百
步則一爲三表又五十步爲一表是也表貉之祭蓋當最南第一表
處王引之二云師祭下當更有祭字周頌桓正義引此二云爲師祭祭造
軍法者案王校是也孫志祖說同二云禱氣勢之增倍也者卽取十百
之義甸祝注二云禱氣勢之十百而多獲是也依鄭義則貉爲師田之
禱祭當在事前孔叢子儒服篇說禡在已克敵之後則是報祠而非
祈禱不足據也二云其神蓋蚩蚘或曰黃帝者蚘賈疏述注作尤詩大
雅皇矣孔疏引亦同阮元二云蚘俗字也賈疏二云案史記黃帝與蚩尤
戰于涿鹿之野俱是造兵之首案王制二云天子將出類乎上帝注二云
帝謂五德之帝是黃帝以德配類則貉祭祭蚩尤是以公羊說曰師
出曰祠兵入曰振旅祠者祠五兵矛戟劍楯弓鼓及祠蚩尤之造兵
者謹案三朝記曰蚩尤庶人之強者何兵之能造故鄭曰或曰黃帝
也故禮說二云五帝以德行蚩尤與黃帝戰亦是造兵之首故漢高亦

祭黃帝蚩尤於沛庭也案賈引公羊說以下並約五經異義文祠兵見春秋莊八年公羊經傳何注云將出兵必祠於近郊異義引公羊說又云祠五兵及蚩尤則與此經表貉之祭相近然左氏及穀梁經並作治兵依大司馬賈疏引鄭駁異義說以祠兵爲治兵之誤又謂無祀五兵之禮則鄭不從公羊說也至黃帝蚩尤之祭見於古者史記封禪書云秦始皇祀八神三曰兵主祠蚩尤漢書高帝本紀高祖立爲沛公祠黃帝祭蚩尤於沛庭而釁鼓顏注引應劭云黃帝戰於阪泉以定天下蚩尤亦古天子好五兵故祠祭之求福祥也臣瓚云孔子三朝記云蚩尤庶人之貪者非天子也管仲曰割盧山發而出水金從之出蚩尤受之以作劍戟也是祭黃帝蚩尤之事又王制孔疏引熊安生說以禡爲祭地蓋以對類爲祭天言之然表貉之禮立表而不爲壇則非祭地可知漢書敘傳應劭注釋禡爲祭馬則又以禡爲馬之伯爲禡並非也詳校人疏

嘗之日涖卜來歲之芟芟芟草除田也古之始耕者除田種穀嘗者嘗新穀此芟之功也卜者問後歲宜芟不詩云載芟載柞其耕澤澤

【疏】嘗之日涖卜來歲之芟者以下三卜並所謂貞卜天府云季冬陳玉以貞來歲之媺惡此與彼禮略同此三卜蓋並在秋時嘗卽大宗伯以嘗秋享先王是也詩大雅生民篇載謀載惟毛傳云嘗之日涖卜來歲之芟獮之日涖卜來歲之戒社之日涖卜來歲之稼所以與來而繼往也穀熟而謀陳祭而卜矣卽據此經依毛說則卜卽在孟秋嘗日陳祭之時也賈疏云以其餘事卜則大宗伯涖卜或大卜涖卜此及下三事皆肆師涖卜也則陳龜貞龜命龜示高作龜使卜師卜人之等爲之 注云芟芟草除田也者說文艸部云芟刈艸也左隱六年傳云如農夫之務去草焉芟夷蘊崇之大戴禮記四代篇子曰平原大藪瞻其草之高豐茂者如芟而夷之其地必宜五穀並芟草之事除田謂滌除草薉化萊土爲孰田大戴禮記夏小正云正月農

帥均田均田者始除田也言農夫急除田也國語齊語云及寒擊菒除田以待時耕是也云古之始耕者除田種穀者齊民要術云凡開荒山澤皆七月芟艾之草乾即放火至春而開是始耕者必先除田而後種穀其已耕之田亦年年芟除恐田蕪不任耕種也云嘗者嘗新穀者白虎通義宗廟篇云秋曰嘗嘗者新穀熟嘗之春秋繁露四祭篇云秋曰嘗嘗者以七月嘗黍稷也互詳大宗伯疏云此芟之功也者釋卜芟必於嘗之義鄭意芟草除田穀乃得殖故嘗新穀爲芟之功也云卜者問後歲宜芟不者謂庶草蕃蕪與不年或不同故先期卜之然田草蕪薉自當芟刈無俟於卜鄭說於事理未協殆非經義竊謂此卜芟者乃芟場圃藪澤萊牧之草物以備疏材染績芻秣薪蒸之用與稻人薙氏之芟專屬芟刈田草異爾雅釋天云穀不孰爲饑疏不孰爲饉下文卜稼者即卜穀之孰不此卜芟者或即卜疏之孰不其事正相因卜者卜其所收之草物多少非卜其宜芟與不也祭統云古者於嘗也發秋政草艾則墨未發秋政則民勿敢草也鄭彼注云草艾謂艾取草也秋草木成可芟艾給爨亨此卜芟蓋兼舍祭統草艾之事嘗之日發秋政故因以卜來歲之芟其事足相證矣引詩云載芟載柞其耕澤澤者周頌載芟文毛傳云除草曰芟除木曰柞鄭箋云將耕先始芟柞其草木土氣烝達而和耕之則澤澤然解散引之者證耕田宜芟草也

獮之日涖卜來歲之戒

秋田爲獮始習兵戒不虞也卜者問後歲兵寇之備

【疏】獮之日者詩大雅生民孔疏云嘗在孟秋獮社俱在仲秋取禽而後祭社故先獮後社也　注云秋田爲獮者大司馬仲秋教治兵遂以獮田彼注同云始習兵戒不虞也者賈疏云鄭解不於春蒐夏苗涖卜來歲之戒必於秋獮之日爲戒者以其春教振旅夏教茇舍非正習兵秋教治兵之日故於是戒不虞也言不虞者虞度也以兵寇之事來否不可懸度當豫戒備之云卜者問後歲兵寇之備者廣

雅釋詁云戒備也問後有兵事與不使備其食用兵甲也社之日涖卜來歲之稼社祭土爲取財焉卜者問後歲稼所宜【疏】社之日者一歲凡再祭社毛詩周頌序云載芟春藉田而祈社稷也良耜秋報社稷也白虎通義社稷篇云歲再祭之何春祈秋報之義也故月令仲春之月擇元日命民社仲秋獲禾報社祭稷玉海郊祀引三禮義宗說同公羊莊二十三年何注云社者土地之主祭者報德也生萬物居人民德至厚功至大故感春秋而祭之郊特牲孔疏云其社之祭歲有三仲春命民社一也詩云以社以方謂秋祭二也孟冬云大割祠于公社是三也案孔謂歲三祭社據白虎通義及何氏公羊注則社止二祭班何是也月令孟冬大割祠于公社鄭注以爲蜡祭國語魯語韋注亦引月令謂冬有祭社然於他經無徵疑非周法詳黨正疏國語魯語又云土發而社韋注以土發爲春分此謂春社也此經社之日則當是秋社故賈疏云類上文嘗獮是秋則此社亦是秋祭社之日也云涖卜來歲之稼者賈疏云祭社有二時謂春祈秋報報者報其成熟之功今卜者來歲亦如今年宜稼以不但春稼秋穡不言穡而言稼者秋穡由於春稼故據稼而言之　注云社祭土爲取財焉者賈疏云案郊特牲云社祭土而主陰氣也取財於地取法於天又孝經緯云社者五土之摠神故云社祭土而取財焉云卜者問後歲稼所宜者歲有旱潦則稼所宜異故卜以問之也若國有大故則令國人祭大故謂水旱凶荒所令祭者社及禜酺【疏】則令國人祭者謂外祭祀之通於國人者公私共舉之以廣祈禳而弭災也令者以時日及禮法命之　注云大故謂水旱凶荒者大宗伯注云故謂凶烖小司徒注云大故謂災寇也寇戎無令國人祭之事故唯據水旱凶荒爲釋云所令祭者社及禜酺者酺下釋文有也字疑今本挩賈疏云案地官州祭社黨祭禜族祭酺於六遂之中亦縣祭社鄙

祭禜酇祭酺皆是國人所祭之事也案賈說是也此三祭皆公私所通共者故鄭特舉之凡公社止於州縣依鄭祭法注義百家以上得置社是私社通於族酇則亦有令祭矣詳大司徒疏**歲時之祭祀亦如之**月令仲春命民社此其一隅疏歲時之祭祀亦如之者賈疏〻云上經據禱祈非時祭故此經見其常祭也亦如之者亦命國人祭也　注〻云月令仲春命民社此其一隅者證歲時常祀官有命民祭之事月令雖止記春命祭社其歲時他祭祀凡通於民間者並官命祭之可知故〻云其一隅也又案郊特牲孔疏引鄭志〻云月令命民社謂秦社也自秦以下民始得立社依鄭志說彼據秦法則所命者爲二十五家之社此注據周法則當爲百家以上之置社兩注所據不同義並通也詳大司徒疏賈疏謂月令唯言春者特舉春祈而言舉一隅可以三隅反則餘三時亦祭依賈說則似鄭謂社一歲有四祭失之**凡卿大夫之喪相其禮**相其適子疏凡卿大夫之喪相其禮者雜記〻云大夫之喪大宗人相蓋正玫職掌相通兩經義略同也　注〻云相其適子者賈疏〻云庶子無事適子則有拜賓送賓之事且卿大夫適子爲天子斬衰故知所相者適子也**凡國之大事治其禮儀以佐宗伯**治謂如今每事者更奏白王禮也故書儀爲義鄭司農義讀爲儀古者書儀但爲義今時所謂義爲誼疏凡國之大事治其禮儀以佐宗伯者賈疏〻云案小宗伯已〻云佐宗伯此又言之者但肆師與小宗伯中下大夫命數是一故二人同佐宗伯無嫌也案大宗伯〻云治其大禮小宗伯〻云相治小禮此又〻云治其禮儀者謂佐大小宗伯治之謹習其事也　注〻云治謂如今每事者更奏白王禮也者漢時凡大禮有司蓋每事必更迭奏白以備遺忘此佐宗伯治禮儀不〻云所治之事故鄭舉漢法況之明爲奏白王也〻云故書儀爲義鄭司農義讀爲儀者司農下當有〻云字今本並捝大

司徒以儀辨等小宗伯肆儀故書並作義杜子春並讀為儀皆以今叚字讀古正字也云古者書儀但為義今時所謂義為誼者段玉裁云此為全經發凡起例也尚書多用誼為義字徐養原云說文我部義己之威儀也从我羊人部儀度也从人義聲言部誼人所宜也从言从宜宜亦聲說與先鄭合詒讓案依先鄭許說古凡威儀字正作義仁義字正作誼而儀別為儀度字今經典通叚儀為威儀義為仁義與古不同此經故書禮義義謂威義正與古合但全經通例多用叚字故先鄭亦依今字讀為儀取易通也

凡國之小事治其禮儀而掌其事如宗伯之禮 疏 凡國之小事治其禮儀而掌其事者此小禮事肆師專治之不佐宗伯也

鬱人掌祼器 祼器謂彝及舟與瓚 疏 掌祼器者此篇大宗伯小宗伯肆師三職皆經作果注作祼此經獨不作果與小宰內宰及典瑞玉人經同蓋全經故書及鄭新定之本自不無錯異也注云祼器謂彝及舟與瓚者此皆盛鬯及酌祼之器通謂之祼器賈疏云此經下文云和鬱鬯以實彝又見司尊彝云春祠夏禴祼用雞彝鳥彝皆有舟秋冬及追享朝享皆云焉故知有彝舟也知有瓚者案禮記王制云諸侯賜圭瓚然後為鬯尚書序云平王錫晉文侯秬鬯圭瓚皆與秬鬯相將卽下文祼玉是也故知祼器中有瓚瓚則兼圭瓚璋瓚也

凡祭祀賓客之祼事和鬱鬯以實彝而陳之 築鬱金煮之以和鬯酒鄭司農云鬱草名十葉為貫百二十貫為築以煮之鐎中停於祭前鬱為草若蘭 疏 凡祭祀賓客之祼事者賈疏云天地大神至尊不祼至於山川及門社等事在鬯人亦無祼事此云祭祀唯據宗廟耳其賓客祼則大行人云公再祼之等是也云和鬱鬯以實彝而陳之者明此

官唯主和鬱不主築煑也凡有祼事肆師豫築煑鬱草取其汁以授此官更於鬯人取秬鬯酒以鬱和而實之賈疏云謂和鬯人所造秬黍之鬯酒也爲宗廟賓客用鬱者則肆師築鬱金草煑之以和鬯酒　注更和以盎齊泲之以實彝陳於廟中饗賓客及祭宗廟之處也

云築鬱金煑之以和鬯酒者肆師注義同鄭司農云鬱草名十葉爲貫百二十貫爲築以煑之鐎中停於祭前者鐎釋文作焦云本又作鐎段玉裁校刪貫下爲字云說文鬯部鬱字下曰芳艸十葉爲貫百廿貫築以煑之爲鬱許說同先鄭且周禮經文言築鬱多矣安得云百二十貫爲築也周禮鬱字亦當依說文從臼案段說是也黃丕烈校同賈疏述注讀百二十貫爲築句誤鐎者說文金部云鐎斗也史記索隱引埤倉云鐎溫器有柄斗似銚無緣廣韻三蕭云鐎溫器三足而有柄釋文作焦卽鐎借字停之祭前謂尸祭後奠之也云鬱爲草若蘭者賈疏云案王度記云天子以鬯諸侯以薰大夫以蘭芝士以蕭庶人以艾此等皆以和酒諸侯以薰謂未得圭瓚之賜得賜則以鬱耳王度記云天子以鬯及禮緯云鬯草生庭皆是鬱金之草以其和鬯酒因號爲鬯草也詒讓案鬯與鬱別逸禮及禮緯並以鬱爲鬯草者散文得通也陳啓源云注謂鬱草若蘭以其俱是香草故取以相方耳若鬱金之種類又各不同朱穆鬱金賦云歲朱明之首月是華以四月也傅玄賦云葉萋萋而翠青英蘊蘊而金黃是華色正黃也楊孚南州異物記云鬱金出罽賓色正黃與芙蓉華裹嫩蓮相似可以香酒此與傅賦合至唐書言太宗時伽毘國獻鬱金葉似麥門冬九月開華狀似芙蓉其色紫碧香聞數十步華而不實本草云其華十二葉爲百草之英二月三月有華狀如紅藍兩書言華之色候互異以朱傅二賦較之又不同其種類當不一矣不知古人所用何種也黃以周云魏略云鬱金香生大秦國狀如紅藍二鄭所云蓋卽此李時珍本草綱目鬱金有二鬱金香用葉此用根其苗似薑然

古所稱香草皆以葉先鄭云十葉爲貫則所用者葉非華亦非根也

凡祼玉濯之陳之以贊祼事祼玉謂圭瓚璋瓚

疏凡祼玉濯之陳之者說文水部云濯瀚也若祭祀則於大宰大小宗伯眡滌濯時濯祼玉而陳之也其賓客亦於陳尊時陳之　注云祼玉謂圭瓚璋瓚者賈疏云此祼玉即圭瓚是也故玉人典瑞皆云祼圭尺有二寸禮記郊特牲云灌以圭璋用玉氣也王用圭瓚后用璋瓚故鄭幷言之也詒讓案瓚勺以金爲之不用玉因其以圭璋爲柄故通謂之祼玉形制詳典瑞玉人疏

詔祼將之儀與其節節謂王奉玉送祼早晏之時

疏詔祼將之儀者以特牲少牢禮主人主婦獻尸之禮推之送祼時王當拜后當俠拜皆其儀也又依禮運孔疏引崔靈恩說大祫之祼眾尸皆在大廟中依次而祼則其敘次亦鬱人詔之矣　注云節謂王奉玉送祼早晏之時者小宗伯注云將送也猶奉也賈疏云奉玉謂王與后祼時奉瓚而酌鬱鬯云送祼者謂送之以授尸尸得祭之嚌之奠之不飲故上文司農云停於祭前也

凡祼事沃盥

疏凡祼事沃盥者說文皿部云盥澡手也左僖二十三年傳奉匜沃盥孔疏云沃謂澆水也詒讓案沃盥者謂行禮時必澡手使人奉匜盛水以澆沃之而下以槃承其棄水也賈疏云凡言非一若賓客則大宗伯祼若祭祀王及后祼皆鬱人沃以水盥手及洗瓚也案賈說是也此沃盥並謂尸賓初入門行祼時爲王及后沃盥以此官專掌祼事也小臣云大祭祀朝覲沃王盥者謂朝踐三獻以後之盥其祼時沃尸盥別有小祝掌之皆非此官所掌矣互詳小祝小臣疏又案以少牢特牲饋食禮攷之凡尸與主人主婦之盥不同少牢云設洗于阼階東南當東榮司宮設罍水于洗東有枓注云凡設水用罍沃盥用枓此主人盥於洗沃以枓彼下文云祝盥于洗升自西階主人盥升自阼階是也特牲云主婦盥於房中注云主婦盥盥於內洗引士

昏禮婦洗在北堂是主婦盥於內洗也彼又云尸盥匜水實于槃中簞巾在門內之右注云設盥水及巾尸尊不就洗是尸盥于槃沃以匜也御僕大祭祀相盥卽謂相王盥彼注云相盥者謂奉槃受巾與若然鄭意王后尊亦不就洗與尸同盥于槃沃以匜與少牢特牲主人主婦盥異也

大喪之渳共其肆器肆器陳尸之器喪大記曰君設大盤造冰焉大夫設夷盤造冰焉士併瓦盤無冰設牀襢第有枕此之謂肆器天子亦用夷盤【疏】大喪之渳共其肆器者亦謂王及后喪也此不云大渳則疑或闕世子之喪據肆師注渳亦用鬱鬯則當鬯人共秬鬯此官和鬱經止言共肆器者文不具也 注云肆器陳尸之器者小宗伯云王崩大肆以秬鬯渳注云大肆始陳尸伸之案大渳用鬱鬯大祝謂之肆鬯其浴鬯之器卽謂之肆器此官掌肆鬯故并其器共之引喪大記曰君設大盤造冰焉大夫設夷盤造冰焉士併瓦盤無冰設牀襢第有枕者證渳當用夷盤夷牀也並詳凌人疏云此之謂肆器者喪大記所言盤牀等並是浴尸所用明卽此肆器此官與凌人同共之相與為官聯也云天子亦用夷盤者賈疏云凌人職云大喪共夷盤冰此夷盤則諸侯大盤之類與大夫夷盤同名耳大小則異也案凌人盤作槃盤卽槃之籀文亦詳彼疏

及葬共其祼器遂貍之遺奠之彝與瓚也貍之於祖廟階閒明奠終於此【疏】遂貍之者貍薶之借字詳鼈人疏 注云遺奠之彝與瓚也者賈疏云知葬共祼器據遺奠時者以葬時不見有設奠之事祖祭已前奠小不合有彝器奠之大者唯有遺奠故知於此始祖廟中厥明將葬之時設大遺奠有此祼器也此卽司尊彝云大喪存奠彝者是也以奠無尸直陳之於奠處耳詒讓案鬱人共奠彝則亦和鬱鬯以實之亦宜有舟注不言者文不具也云貍之於祖廟階閒者貍注例當作埋各本並誤貍埋古今字詳鼈人疏賈疏云此案曾子問無遷主者以幣帛皮圭以

爲主命行反遂貍之於祖廟兩階之閒此大遣奠在始祖廟事訖明亦貍之於階閒也孔廣森云祼器言埋則亦從葬者也似非如注所二云遣奠之彝與瓚埋於祖廟階閒也檀弓曰夏后氏用明器殷人用祭器周人兼用之此祼器正葬所用之祭器案孔說近是校人云大喪飾遣車之馬及葬埋之與此文例正同二云明奠終於此者釋其鄭貍之之義凡喪奠有十始於始死奠終於大遣奠詳喪祝疏賈疏云自此已前不忍異於生設奠食象生而無尸自此已後葬訖反日中而虞則有尸故士虞禮二云男男尸女女尸以神事之謂之祭異於生故二云明奠終於此也

大祭祀與量人受舉斝之卒爵而飲之

斝受福之嘏聲之誤也王酳尸尸嘏王此其卒爵也少牢饋食禮主人受嘏詩懷之卒爵執爵以興出宰夫以籩受嗇黍主人嘗之乃還獻祝此鬱人受王之卒爵亦王出房時也必與量人者鬱人贊祼尸量人制從獻之脯燔事相成

疏 大祭祀者謂宗廟禘祫及時享二云與量人受舉斝之卒爵而飲之者二官爲聯事也先鄭量人注二云斝器名陸佃孫希旦林喬蔭黃以周並謂卽郊特牲二云舉斝角是也孫希旦二云特牲禮祭初設饌饗神祝酌奠於鉶南天子諸侯之祭於堂上行朝踐禮畢尸將入室亦先於室中設饌酌奠斝角所奠之爵也鬱人與量人受舉斝之卒爵而飲之量人凡宰祭與鬱人受斝歷而皆飲之蓋鉶南之奠至上嗣舉奠飲之還洗酌入尸受祭之啐之奠之祭畢則鬱人量人飲之言舉斝之卒爵以見其爲上嗣所飲而復奠之爵也案孫說甚覈而未盡也蓋王禮太子舉斝猶特牲嗣舉奠觶也但彼士禮嗣舉奠卒觶後云舉奠洗酌入尸拜受祭酒啐酒奠之則尸仍奠而不飲而王禮則有太子獻酢之事故文王世子二云其登餕獻受爵則以上嗣又鄭詩小雅賓之初筵箋二云子孫各奏爾能者謂既湛之後各酌獻尸尸酢而卒爵也士之祭禮上嗣舉奠因而酌尸天子則有子孫獻尸之禮明

王禮與士禮不同今以特牲禮及詩箋說推約之蓋朝踐之後薦孰之時延主入室祝酌斝奠於鉶南乃迎尸入室舉此奠斝王拜妥尸尸執斝祭之啐之奠之及九獻加爵畢太子入尸執奠斝太子受祭之啐之卒斝洗斝以獻尸尸受祭之啐之卒斝尸又洗斝酢太子太子受祭之啐之奠之及禮畢尸將出王則以此奠斝賜鬱人量人飲之奠斝之時啐而未卒爵故此經云受卒爵量人則云受斝歷也但禮無二人同飲一爵之事蓋先受者爲舉奠之餘其次或當受而更酌經通言不別耳互詳量人疏 注云斝受福之嘏聲之誤也者鄭不知此舉斝卽郊特牲之舉斝故破爲嘏也少牢饋食禮鄭注云嘏大也予主人以大福也賈疏云此大祭祀云受嘏謂祭宗廟者也段玉裁云說文嘏從古叚聲斝從斗而象形二字古音皆在魚模部皆讀如古故鄭君就其聲類而易其字云王酳尸尸嘏王此其卒爵也者謂廟享凡十五飯後王酳尸尸酢王復致嘏王受嘏而卒爵卽卒酢爵也王酳尸依鄭義於九獻爲朝獻詳司尊彝疏云少牢饋食禮主人受嘏詩懷之卒爵執爵以興出宰夫以籩受嗇黍主人嘗之乃還獻祝者少牢饋食禮於主人獻尸尸酢主人之後云祝與二佐食皆出盥于洗入二佐食各取黍于一敦上佐食兼受摶之以授尸尸執以命祝祝受以東北面于戶西以嘏于主人主人坐奠爵興再拜稽首興受黍坐振祭嚌之詩懷之實于左袂挂于季指執爵以興坐卒爵執爵以興坐奠爵拜尸荅拜執爵以興出宰夫以籩受嗇黍主人嘗之納諸內主人獻祝鄭注云詩猶承也宰夫掌飲食之事者收斂曰嗇明豐年乃有黍稷也案鄭引之者證王酳尸後有舉嘏之事但彼諸侯卿大夫禮止三獻酳尸爲初獻王禮有九獻則酳尸爲七獻以此爲異耳又詩小雅楚茨既匡既敕箋云嘏之禮祝徧取黍稷牢肉魚擩于醢以授尸孝孫前就尸受之天子使宰夫受之以筐祝則釋嘏辭以敕之亦說王祭受嘏之禮孔疏推箋意謂天子禮當如

特牲尸親嘏與少牢使祝嘏不同又謂少牢宰夫受以籩詩箋云受以筐少牢先釋辭後嘏嘏黍詩箋先予嘏後釋辭皆天子禮與大夫異今案鄭謂受以筐者讀詩旣匡之匡爲筐也尸親嘏之禮據特牲經說亦可通惟先釋辭後予嘏乃順詩文作訓非謂禮異此注引少牢先受嘏後受黍之文以釋王禮足證鄭意不如孔說矣云此鬱人受王之卒爵亦王出房時也者賈疏云大夫士有獻祝及佐食無獻鬱人量人法天子有獻鬱人量人之禮無祝及佐食之事但其節同故引爲證也林喬蔭云經明言受卒者而飲之亦未嘗有更酌以獻之事疏肊造爲天子有獻鬱人量人之禮果何據邪案林說是也注云出房亦謂七獻之後王受嘏訖由室中出在房時少牢饋食禮云主人執爵以與出特牲饋食禮亦云主人出寫嗇于房是也然彼大夫士禮主人出寫後仍入室設筵而後獻祝及佐食此注說鬱人與量人受王之卒爵而飲之約與彼獻祝及佐食禮相當然不言王酌獻而云受王之卒爵則似謂王出房寫嗇時卽命官以爵賜鬱人量人與祭統賜爵羣有司相類蓋王尊不當與鬱人量人爲獻酬也若然鄭意本不謂王獻鬱人量人賈實未達注恉云必與量人者鬱人贊祼尸量人制從獻之脯燔事相成者量人燔作膰叚借字賈疏云上文贊祼事詔祼將之儀量人云凡祭祀饗賓制其從獻脯燔之數量前祼後獻祭事乃成故云事相成也

鬯人掌共秬鬯而飾之秬鬯不和鬱者飾之謂設巾 疏 注云秬鬯不和鬱者者別於上鬱人鬱鬯爲和鬱者也敘官注謂鬯卽釀秬爲酒取芬芳條鬯之義詩大雅江漢箋說亦同先鄭肆師注云築香草煑以爲鬯說文鬯字注義同則以鬯爲已和鬱者義與後鄭異詩江漢毛傳云秬黑黍也鬯香草也築煑合而鬱之曰鬯毛亦以鬯爲幷未和鬱之酒而義與先鄭復不同玉燭寶

典引月令章句云鬱金香草釀以秬黍是爲秬鬯書文侯之命僞孔傳釋秬鬯亦云釀以鬯草蓋卽本毛說詩孔疏云禮有鬱鬯者築鬱金之草而煑之以和秬黍之酒使之芬香條鬯故謂之鬱鬯鬯非草名而此傳言鬯草者蓋亦謂鬱爲鬯草何者禮緯有秬鬯之草中候有鬯草生郊皆謂鬱金之草也以其可和秬鬯故謂之鬯草毛言鬯草蓋亦然也言築煑合而鬱之謂築此鬱草又煑之乃與秬黍之酒合和而鬱積之使氣味相入乃名曰鬯言合而鬱積之非草名如毛此意言秬鬯者必和鬱乃名鬯未和不爲鬯與鄭異也鬯人注云秬鬯不和鬱知者以鬯人掌秬鬯鬱人掌和鬱鬯明鬯人所掌未和鬱也故孫毓云鬱是草名今之鬱金煑以和酒者也鬯是酒名以黑黍秬一秠二米作之芬香條鬯故名曰鬯鬯非草名古今書傳香草無稱鬯者箋說爲長案孫氏申鄭其說是也依毛義秬與鬯爲二鬱與鬯爲一意謂築煑鬯草合之秬黍蘊鬱而釀之是爲鬯酒則鬱非草名而鬯乃草名依後鄭則鬱是鬱金秬鬯是黍酒二者相合乃成鬱鬯毛爲鬱合鄭爲鬱金兩說絶不相蒙孔氏述毛謂築煑合鬱亦用鬱金非毛義毛泛云鬯香草則不知指何草言之春秋繁露執贄篇云暢者取百香之心獨末之合之爲一說苑脩文篇云鬯者百草之本也白虎通義攷黜篇云鬯者以百草之香鬱而合釀之成爲鬯郊特牲孔疏引盧植云言取草芬芳香者與秬黍鬱合釀之成爲鬯也董劉班盧四家說亦以鬱爲鬱合而並謂香草非一草不知與毛義同否攷漢書禮樂志郊祀歌云百末旨酒布蘭生顏注云百末百草華之末也以百草華末雜酒故香且美也事見春秋繁露據顏說則董子疑卽本漢制恐非古法至今本白虎通義作鬱金而合釀之乃習聞鄭義者增之非其舊也儻班亦謂用鬱金則不宜用百草之香矣郊特牲疏又引馬融云鬱草名以鬱金香草合爲鬯也馬以鬱爲鬱金與後鄭義同而以合鬱後乃爲鬯則又同毛董劉班先鄭諸家

之說論語八佾皇疏又云鬱鬯煑鬱金之草取汁釀黑秬一秠二米者爲酒酒成則氣芬芳調暢故呼爲鬯亦曰秬鬯也若又擣鬱金取汁和莎泲於此鬯則呼爲鬱鬯此復謂先煑鬱金釀秬爲秬鬯更擣鬱金和秬鬯爲鬱鬯與諸儒之義又不同蓋衆說之舛異如此黃以周云鬯人曰共秬鬯鬱人曰和鬱鬯是秬鬯可單稱鬯而鬱未和鬯祇單稱鬱也郊特牲曰周人尚臭灌用鬯臭鬱合鬯臭陰達于淵泉曰鬱合鬯與下蕭合黍稷同以二物相合然則經之單稱鬯皆秬鬯也經之單稱鬱皆未和鬯者也經之稱秬鬯者亦鬯之不和鬱者也案黃說是也云飾之謂設巾者賈疏云此上下雖無設巾之事案冪人云以疏布巾冪八尊以畫布巾冪六彝凡王巾皆黼凡尊皆有巾冪明秬鬯之酒尊亦設巾可知故知所飾者設巾也

凡祭祀社壝用大罍壝謂委土爲墠壇所以祭也大罍瓦罍

疏凡祭祀者以下明內外祭祀盛鬯之尊異同之法與小宗伯司尊彝盛鬱之六彝盛酒之六尊異也此內外祭祀秬鬯之尊皆具而不祼詳小宰疏云社壝用大罍者通大社王社而言凡祭社必兼祭稷經不言稷者亦舉大以晐細也與封人義同注云壝謂委土爲墠壇所以祭也者墠壇釋文作壇墠大司徒注云壝壇與堳埒也賈疏云謂四邊委土爲壝於中除地爲墠墠內作壇謂若三壇同墠之類也此經云社壝謂若封人及大司徒皆云社壝皆直據外壝而言也焦循云尚書金縢爲三壇同墠馬氏注云壇土堂祭法去壇爲墠注云除地曰墠封土曰壇蓋壝爲擁土之名故壇埒謂之壝鬯人社壝亦以壇言案焦說是也鄭意凡祭必設於壇不於堳埒故注止云墠壇賈謂直據外壝而言失其指矣云大罍瓦罍者明與司尊彝酢罍明堂位山罍皆用木爲之異也司尊彝有大尊注云大古之瓦尊此瓦罍謂之大罍義與彼同賈疏云罍用瓦取質略之意也聶崇義云大罍張鎰圖引阮氏圖云瓦爲之受五斗赤雲氣畫山文大中

身兌平底有蓋張鎰指此瓦罍為諸臣之所酢之罍誤案聶說是也阮圖謂瓦罍受五斗亦是而謂畫山文則與山罍制提恐不足據但此注雖不言畫然據說文木部櫑字注及詩周南孔疏引五經異義詩毛韓說並謂罍為取象雲雷則大罍亦當施士為雲雷之文若大尊則純素無文與大異也互詳司尊彝疏**罍**

禜門用瓢齎禜謂營酇所祭門國門也春秋傳曰日月星辰之神則雪霜風雨之不時於是乎禜之山川之神則水旱疫癘之不時於是乎禜之魯莊二十五年秋大水鼓用牲于門故書瓢作剽鄭司農讀剽為瓢杜子春讀齎為粢瓢謂瓠蠡也粢盛也玄謂齎讀為齊取甘瓠割去柢以齊為尊

［疏］注云禜謂營酇所祭者禜即大祝六祈之禜營禜聲類同祭法注云禜之言營也說文示部云禜設緜蕝為營以禳風雨雪霜水旱癘疫於日月星辰山川也一曰禜衛使災不生左傳昭元年杜注云禜祭為營攢用幣以祈福祥史記鄭世家集解引服虔說及左傳孔疏引賈逵說並與杜同孔又釋之云日月山川之神其祭非有常處故臨時營其地立攢表用幣告之以祈福祥也攢聚也聚草木為祭處耳詒讓案鄭所謂營酇即賈服杜所謂營攢酇攢字通樂記云其治民勞者其舞行綴遠其治民逸者其舞行綴短鄭注云民勞則德薄酇相去遠舞人少也民逸則德盛酇相去近舞人多也又奔喪喪位注云位有酇列之處酇又通作纂史記叔孫通傳為緜蕞野外習之集解引如淳云蕞謂以翦茅樹地為纂位春秋傳曰置茅蕝也索隱引纂文云蕝今之纂字是此注云營酇又即許君所謂設緜蕝為營謂立營兆酇表而祭之黨正注謂祭禜亦為壇位如社稷亦是也左傳疏以為立攢表得之其訓攢為聚艸木則非云門國門也者謂王城十二門別於月令秋祀門為廟門也初學記天部引三禮義宗云禜止雨之祭每禜於城門賈疏云禮記祭法云天子祭七祀有國門故知也引春秋傳以下者並左昭元年傳子產對

晉侯語引以證禜祭之事賈疏云云彼先云山川後云日月此先云日月者鄭君所讀春秋先日月與賈服傳不同故也彼無不時此有之者鄭以義增之非傳文詒讓案先日月後山川大祝注及祭法注說文禜字注並同蓋許鄭所見本並如是水旱疫癘之不時今左傳作水旱癘疫之災此癘疫字到明監本毛晉本並改從左傳大祝注引左傳亦不到疑監毛本近是不時左傳作災祭法注及大祝注賈本亦並作不時彼疏云鄭君讀傳有異此疏云鄭君以意增之二說乖異大祝疏是也云魯莊二十五年秋大水鼓用牲于門者春秋經文左傳杜注亦云門國門也此引以證水旱禜國門之事公羊傳云於社禮也於門非禮也與此經不合鄭所不從云故書瓢作剽鄭司農讀剽爲瓢者段玉裁云故書作剽假借字也云杜子春讀齎爲粢者齎粢亦聲近假借字小祝設道齎之奠杜注亦云齎當爲粢此與小宗伯六齍注云齍讀爲粢義亦略同又肆師祭之日表齍盛彼注亦以齍爲粢又云故書表爲剽此經故書剽齎與彼故書剽齍聲讀相近若然杜或謂二經義同故讀齎爲粢與云瓢謂瓠蠡也者說文瓠部云瓠匏也瓢蠡也廣雅釋器云瓠蠡瓢也方言云𧕿陳楚宋魏之閒或謂之簞或謂之㰅或謂之瓢郭注云瓠勺也論語公冶長皇疏云瓢瓠片也段玉裁云一瓠剖爲之二瓢曰蠡昏禮所謂巹也說文巹訓蠡也斡訓蠡柄也漢書以蠡測海張晏曰蠡瓠瓢也楚辭方言字皆作𧕿俗作蠡案段說是也蠡卽士昏禮之巹注云合巹破匏也凡瓠可半剖爲勺亦可全剖爲尊故莊子逍遙遊篇說大瓠云剖之以爲瓢又云慮以爲大樽此注謂爲勺故釋爲蠡後鄭以此盛鬯皆是尊故後注正之曰爲尊其義較長凡用瓠者皆尚其質故郊特牲云器用陶匏詩大雅篤公劉云酌之用匏毛傳云儉以質也此禜門用瓢齎者蓋亦與祭社用大罍同取從質之義也又案此經故書瓢作剽杜本卽故書也再傳至司農始依聲類讀爲瓢則不宜杜氏先

有瓠蠡之釋殆仍是先鄭義也云粢盛也者甸師注云粢稷也在器
曰盛通言之則粢盛亦可互稱但此釋亦未審其義儻以瓢粢爲祭
穀則非此官所職疑此盛當謂盛酒之器左哀十三年傳云旨酒一
盛兮是也蓋先鄭意祭穀爲粢旣可通稱盛以相比例則酒器爲盛
亦可通稱粢瓢粢卽謂破瓠爲盛然其義亦迂曲且與上下文疊脩
蜃概散文例亦不合故後鄭不從之云玄謂齎讀爲齊取甘瓠割去柢
以齊爲爲尊者段玉裁云鄭君以爲讀粢訓盛則六者皆得言盛不得
獨綴於瓢故易爲齊齊卽齎齎字左傳噬齎字作齊瓠以柄爲柢以腹
爲齎去其柄而用腹爲尊也用腹爲尊則
不用兩析之瓢然則經文之瓢猶言瓠也 **廟用脩凡山川四方用蜃**

凡祼事用概凡疈事用散 祼當爲埋字之誤也故書蜃或爲謨杜子
春云謨當爲蜃書亦或爲蜃蜃水中蜃也
鄭司農云脩謨概散皆器名玄謂廟用脩者謂始禘時自饋食始脩
蜃概散皆漆尊也脩讀曰卣卣中尊謂獻象之屬尊者彝爲上罍爲
下蜃畫爲蜃形蚌曰合漿尊之
一概尊以朱帶者無飾曰散

【疏】凡山川四方用蜃者四方之祭有
二一爲舞師四方之祭祀注云謂
四望也一卽大宗伯五祀之祭亦曰四方五祀與五嶽同血祭四望
亦卽五嶽四鎭四瀆等故與山川同用蜃也大宗伯別有四方百物
之祭則入疈事中與此四方異云凡祼事用概者概葉鈔釋文作槪
案賈疏釋概爲横概之義則字不作槪宋本釋文不足據云凡疈事
用散者賈疏云卽大宗伯云疈辜祭四方百物是也 注云祼當爲
埋字之誤也者賈疏云若祼則用鬱當用彝尊不合在此而用概尊
故破從埋也埋謂祭山林則山川用蜃者大山川段玉裁云埋經典
多用貍與祼字略相似而誤案段說是也祼事鬱人兩見此涉彼而
誤埋卽薶之俗體此經鼈人鬱人經注皆作貍大宗伯則經作貍注
作埋此校定經字疑當作貍傳寫誤從俗耳互詳鼈人疏黄以周云

大宗伯有貍沈疈辜之祭此祼事用概與疈事用散對文則爲埋字
之譌無疑云故書蜃或爲謨杜子春云謨當爲蜃書亦或爲蜃者此
故書有兩本鄭據義長則以作蜃者爲正本杜據存舊則以作謨者
爲正本而其讀從蜃則同段玉裁云古文謨字作暮與蜃篆文相亂
者字之誤也王引之云謨與蜃聲不相近注中三謨字疑當作謓說
文謓讀若振與蜃字聲近而通凡字之真聲辰聲者往往通借大祝
振祭杜子春讀振爲慎鄭司農注大司馬曰五歲爲慎後鄭讀慎爲
蜃是其例也隸書真莫二形相似學者多見謨少見謓故謓譌爲謨
矣案王說亦通云蜃水中蜃也者鼈人注云蜃大蛤是也段玉裁云
杜意直用水中蜃爲尊詒讓案掌蜃云祭祀共蜃器之蜃注云蜃之
器以蜃飾因名焉杜蓋謂此蜃與彼同鄭彼注亦舉此經爲證則亦
兼存杜說也宋書禮志丘景先議引此職蜃作脤說云盛酒當以蠡
桮疑亦用杜義而字則從大宗伯脤膰之脤亦以二者器異而用蜃
則同可互通也鄭司農云脩謨概散皆器名者先鄭脩謨二字並從
故書如字讀後鄭不從也云玄謂廟用脩者謂始禘時自饋食始者
賈疏云謂練祭後遷廟時以其宗廟之祭從自始死已來無祭今爲
遷廟以新死者木主入廟特爲此祭故云始禘時也以三年喪畢明
年春禘爲終禘故云始也自饋食始者天子諸侯之祭自灌始有朝
踐饋獻乃有饋食進黍稷大夫士禮無饋獻已前事直有饋食始卽
特牲少牢皆云饋食之禮是也今以喪中爲吉喪不可與吉時同故
略同大夫士禮且案大宗伯宗廟六享皆以祼爲始當在鬱人用彝
今不用鬱在鬯人用卣尊故知略用饋食始也若然鄭知義遷廟在
練時者案文二年穀梁傳云作主壞廟有時日於練焉壞廟壞廟之
道易檐可也改塗可也爾時木主新入廟禘祭之是以左氏說凡君
薨祔而作主特祀主於寢畢三時之祭期年然後烝嘗禘於廟許慎
云左氏說與禮同鄭無駁明用此禮同義與穀梁傳合賈服以爲三

年終禘禮烝嘗則行祭禮與前解違非鄭義也詒讓案鄭士虞記注云練而後遷廟無禘祭之說大宗伯及王制注並云魯禮三年喪畢而祫於太祖明年春禘於羣廟亦無練後始禘之文惟詩玄鳥敘箋云古者君喪三年既畢禘於其廟而後祫祭於太祖明年春禘於羣廟王制孔疏據彼釋此注云按玄鳥箋云三年既畢禘於其廟而後祫祭於太祖更有禘於其廟之文不同者謂練時遷主遞廟新死者當禘祭於其廟以安之故鄉人云廟用脩注云謂始禘時左氏說禘謂既期之後然則禘於其廟在於練時而玄鳥箋云喪三年既畢禘於其廟者鄭將練禘總就喪畢祫於太祖而言之其實禘廟在練時也熊氏一說謂三年除喪特禘新死者於廟未知然否今案孔參合詩箋及穀梁義以證此注始禘在練時與賈說略同王制孔疏亦有練而禘廟之說然詩釋文古者君喪三年既畢下無禘於其廟而後六字陸云一本作古者君喪三年既畢禘於其廟而後祫祭於太祖明年春禘於羣廟案此序一注舊有兩本前祫後禘是前本禘夾一祫是後本也玄鳥孔疏亦謂後本爲誤定本無此文又謂鄭禮注及禘祫志亦無此言其說與王制疏不同攷此注始禘之說絕無徵驗惟詩箋兩禘夾一祫之本義似通於此然孤證岐互究難憑信況鄭詩禮箋注及賈疏之義疑迕甚多何則籩人疏引鄭論語注云禘祭之禮自血腥始蓋宗廟時祭尚有二祼及朝踐之節禘爲殷祭不當自饋食始若云喪中禮殺則又不宜蒙殷祭之名此鄭說之可疑者一也鄭說禘祫備具禮記注及禘祫志叚令果有終始兩禘時殊禮異則不宜此注及詩箋之外絕無一言及之此鄭說之可疑者二也又詩箋說三年喪畢禘於其廟既云喪畢則是前禘雖在祫前仍在大祥之後熊安生說是也與此疏練時始禘之說本不合故此疏不援詩箋爲證而士虞禮疏則引詩箋後本謂鄭意除練時特禘三年喪畢更有此禘是則祫前乃有二特禘與祫後之終禘爲三其說尤

不經此賈說之不合者一也賈所引左氏說以下蓋據五經異義文案左僖三十三年傳云凡君薨卒哭而祔祔而作主特祀於主烝嘗禘於廟賈服杜並謂卽三年之終禘賈意謂彼禘在期年之後卽是練時今攷左傳本無期年之文異義引左氏說增易舊文義皆亦未明析賈氏強以彼禘當此始禘實未必合此賈說之可疑者二也陳壽祺駁賈說云鬯人無禘祭明文鄭云始禘亦指喪畢明年之禘非練後也竊意左氏說祀主而畢三時之祭則已踰期矣自是而復期年則三年喪終矣自是而烝嘗禘正合三年終禘之說未有兩岐賈疏誤仞爲君薨之期年故生異論耳案陳糾賈氏誤解左傳是也其謂此注始禘卽賈服所謂終禘亦足備一義但終禘爲殷祭之始其禮至隆必無自饋食始之理於禮究不可通御覽禮儀部引禮記外傳云神主入廟先爲一禘明年春禘而又祫成氏亦參合此注及詩箋爲說而謂祫之前有二禘與士虞疏說略同尤不足據今以禮經及鄭義推校尋繹竊疑此注始禘當爲始祔之譌蓋天子喪祭九虞及卒哭之祭皆在寢至祔始祭於祖廟鄭意經云廟則非卒哭以前之祭用卣則非吉祭九獻之禮惟始祔在卒哭之後主已祔祖而祭未純吉宜用大牢饋食三獻而畢事故雖廟祭而無上尊之祼注意不過如是自祔禘形近譌易疏家不辨強爲援證而抵牾彌甚不知練時特禘鄭本無是義不可誣也云脩蜃概散皆漆尊也者鄭意此四者卽司尊彝六尊之類禮器云貴者獻以爵賤者獻以散注云凡觴五升爲散彼散別爲爵名與此鬯尊異聶崇義云皆容五斗漆赤中云脩讀曰卣卣者後鄭據書詩左傳說鬯尊並云卣故依聲類破脩爲卣也司尊彝釋文云卣本亦作攸攸脩聲類同惠士奇云集韻卣或作脩段玉裁云脩卣字同在古音尤幽部聲類同也卣卽說文卣字寫之異耳中尊名卣者卤讀若調蓋取芬芳條暢之意與凡言讀曰者與讀爲同云卣中尊者爾雅釋器云卣中尊也郭注云不大不

小者鄭言此者欲見用中尊則無祼彝與時享及禘祫不同洛誥云秬鬯二卣文侯之命詩大雅江漢左僖二十八年傳並云秬鬯一卣左傳孔疏引李巡云卣鬯之器也詩孔疏云鬯當在彝而此及尚書左傳皆云秬鬯一卣者當祭之時乃在彝未祭則在卣賜時未祭故卣盛之案據孔說則凡常祭用鬯者無論用鬱與否皆實於彝未祭之先則皆以卣盛之此廟用卣則當祭亦盛於卣是直以卣代彝與常祭異也然其說未塙詳後疏云謂獻象之屬者司尊彝有獻象著壺大山六尊鄭意彼六尊與卣同爲中尊但以盛鬯盛酒爲異也云尊者彝爲上罍爲下者據爾雅及司尊彝推定之爾雅釋器云彝卣罍器也郭注云皆盛酒尊彝其總名左傳疏引孫炎注云尊彝爲上罍爲下卣居中也爾雅邢昺疏引禮圖云六彝爲上受三斗六尊爲中受五斗六罍爲下受一斛是其差也程瑤田云周制尊有上中下三品彝上尊也小宗伯職辨六彝之名物以待祼將鬱人職凡祭祀賓客之祼事和鬱鬯以實彝而陳之是也卣中尊也小宗伯職辨六尊之名物以待祭祀賓客酒正職凡祭祀以灋共五齊三酒以實八尊是也罍下尊也諸臣在廟爲賓備卒食三獻酳罍以自酢不敢與王之神靈共尊司尊彝職所謂皆有罍諸臣之所酢是也攷鬯人職所用之器有大罍瓢齎脩蜃概散是六者皆尊名也皆所以實秬鬯者也鄭注廟用脩脩讀曰卣可知秬鬯惟和鬱者乃實於彝其未和鬱者則實於卣明矣黃以周亦云鬱人和鬱鬯以實彝是祼酒也書詩左傳言秬鬯一卣是享酒也鬯以鬱爲上秬次之尊以彝爲上卣次之祼用上尊彝享用中尊卣此尊卑之差也詩孔疏混而一之殊謬案程黃說是也云蜃畫爲蜃形者明不以蜃甲飾尊也賈疏云亦謂漆畫之云蚌曰合漿尊之象者合漿釋文作合將云合本亦作含將本又作漿阮元云今爾雅作含漿賈疏同詒讓案作含漿者是也鼈人貍物注亦云謂蠬刀含漿之屬鄭以此釋經之蜃者爾雅釋魚

蚌含漿郭注云蚌即蜃也說文虫部云蚌蜃屬是蜃蚌同類段玉裁云鄭君意蜃不可爲尊但以桼畫爲蜃形以蚌名含漿有尊盛酒之象故用爲畫而取名也云概尊以朱帶者者賈疏云玄纁相對既是黑漆爲尊以朱帶落腹故名概概者橫概之義故知落腹也云無飾曰散者賈疏云以對概蜃獻象之等有異物之飾此無故曰散黃以周云特牲有散尊

大喪之大渳設斗共其釁鬯斗所以沃尸也釁尸以鬯酒使之香美者鄭司農云釁讀爲徽

【疏】大喪之大渳者亦謂王及后喪也云共其釁鬯者此官共秬鬯鬱人以和鬱也

注云斗所以沃尸者御覽器物部引通俗文云木瓢爲斗案正字當作枓說文木部云枓勺也少牢饋食禮注云枓㪺水器也凡設水用罍沃盥用枓喪大記云浴水用盆沃水用枓注云以枓酌水沃尸也史記張儀傳索隱云凡方者爲斗若有安長柄則名爲枓是枓與斗字異經典枓作斗者皆叚字也詩大雅行葦孔疏引漢禮器制度說大斗云勺五升徑六寸長三尺士喪禮賈疏云枓受五升方有柄用挹盆中水以沃尸案賈說與漢禮器制度正同即此沃水所用之斗亦謂之罍枓其酌鬯當用尊枓即梓人之勺與罍枓制同而容量異也云釁尸以鬯酒使之香美者者鬯酒即秬鬯之酒取其芬芳條暢以釁尸又以和浴湯去其臭惡使之香美也惠士奇云齊語三釁三浴韋注云釁或爲熏呂氏春秋本味湯始得伊尹祓之於廟釁以犧猳風俗通祀典引作熏以萑葦漢書豫讓釁面吞炭顏注云釁熏也以毒藥熏之是古熏多作釁段玉裁云鄭君意釁如字讀之讀如釁鍾釁鼓之釁故云釁尸以鬯酒也案段說是也凡大渳以鬯塗尸而浴故謂之釁與以血塗鍾鼓謂之釁義同蓋凡塗浴謂之釁香草謂之薰祓火謂之熏三者不同釁浴之正字自當作釁古釁薰熏字聲近互通然塗香事或相因而與祓火則迥不相涉凡釁浴字古書或作熏者皆叚借也但鄭意釁與浴事相因不

甚分別故女巫釁浴注云以香薰藥草沐浴是又兼取薰香之義此注云使香美亦似與女巫注義略同若然鄭意釁浴與釁器義同而微異也互詳女巫疏鄭司農云釁讀為徽者存異讀也雞人天府注並同段玉裁云徽美也釁從分聲徽從微聲文微二韻古多互轉

凡王之齊事共其秬鬯給淬浴疏凡王之齊事共其秬鬯者此與宮人為官聯也凡王常時沐用粱浴用湯不用鬯齊尤潔清故以秬鬯給浴蓋以鬯和湯也注云給淬浴者賈疏云鄭知王齊以鬯為洗浴以其鬯酒非如三酒可飲之物大喪以鬯浴尸明此亦給王洗浴使之香潔也詁讓案國語周語說藉田之禮云王卽齊宮三日王乃淳濯饗醴及期鬱人薦鬯犧人薦醴王祼鬯饗醴乃行韋注云祼灌也灌鬯飲醴皆所以自香潔也是王齊事又有祼鬯之禮祼之言灌謂啐之也則共鬯又不止給淬浴矣又此齊鬯人共鬯周語云鬱人共之者蓋所聞有異或鬱人鬯人通職同共之與

凡王弔臨共介鬯以尊適卑曰臨春秋傳曰照臨弊邑鄭司農云鬯香草王行弔喪被之故曰介玄謂曲禮曰摯天子鬯王至尊介為執致之以禮於鬼神與檀弓曰臨諸侯畛於鬼神曰有天王某甫此王適四方舍諸侯祖廟祝告其神之辭介於是進鬯疏注云以尊適卑曰臨者說文臥部云臨監臨也以尊監臨卑故謂之臨賈疏云欲解臨非如雜記云上客臨彼謂哭臨也此王弔諸侯諸臣故以尊適卑解之詁讓案檀弓云喪公弔之弔曰寡君承事主人曰臨注云君辱臨其臣之喪此注卽隱據彼文故檀弓又云君臨臣喪以巫祝桃茢執戈是也若散文則尊卑得通稱臨故左隱元年傳云改葬惠公公弗臨故不書則子臨父之葬亦謂之臨蓋取涖事之義義非一耑不容泥也其哭臨之臨亦上下通稱左宣十二年傳云楚子圍鄭鄭人卜臨于大宮吉國人大臨守陴者皆哭杜注云臨哭也大宮鄭祖廟又襄十二年傳云吳子壽夢卒臨於

周廟禮也彼臨亦謂哭雜記諸侯使弔禮先弔則唯致弔辭後臨則
哭亦以弔與臨爲二事蓋聞遠喪不得弔就宮廟設位而哭爲臨亦
通謂之哭其近喪因弔而哭其斂殯則云弔臨明其事相因也此經
天官世婦及內宗弔臨鄭並釋爲弔蓋以通言不別惟寺人云凡內
人弔臨于外則帥而往立于其前而詔相之注云從世婦所弔若哭
其族親立其前者賤也彼注以哭釋臨者以內人賤不必取以尊臨
卑之義故與此注小異也引春秋傳曰照臨弊邑者左昭三年傳齊
晏嬰語杜本弊作敝字同引以證臨爲尊適卑之義鄭司農云鬯香
草者賈疏云見王度記云天子以鬯諸侯以薰禮緯亦云鬯草生庭
故知鬯香草也此直是秬鬯無香草故後鄭不從也云王行弔喪被
之故曰介者漢書南粵王傳顏注引李奇云介被也呂飛鵬云介有
被義故司農以介鬯爲被鬯鄭大夫卒王或與斂故有被鬯之事詒
讓案先鄭釋鬯爲香草義雖不塙而訓介爲被則似較後鄭爲長介
鬯者殆卽以鬯酒灑被王身以辟穢濁亦桃茢拂柩之意與云玄謂
曲禮曰摯天子鬯者鄭彼注云摯之言至也天子無客禮以鬯爲摯
者所以唯用告神爲至也說苑脩文篇云天子以鬯爲贄鬯者百草
之本也上暢於天下暢於地無所不暢故天子以鬯爲贄春秋繁露
執贄篇云凡贄天子執暢暢有似於聖人聖人者純仁淳粹而有知
之貴也擇於身者盡爲德音發於事者盡爲潤澤積美陽芬香以通
之天暢亦取百香之心獨末之合之爲一而達其臭氣暢於天其淳
粹無釋與聖人一也案暢卽鬯之借字公羊莊二十四年何注說天
子贄用鬯義與董略同云王至尊介爲執致之以禮於鬼神與者介
爲執致之舊本誤作以介爲摯致之今據宋婺州本岳本余本及宋
注疏本正賈疏云無正文蓋置於神前故云與以疑之又云介副也
王弔臨諸侯則有副使從行者段玉裁云司農讀如介冑之介鄭君
讀介紹之介案段說是也大宗伯王哭諸侯爲上相疑此介亦謂宗

伯伯禮器云天子無介注云無客禮也賈疏謂此介取副王之義究
與禮器文悟似不若先鄭義之安引檀弓曰臨諸侯畛於鬼神曰有
天王某父者釋文云父本又作甫案今禮記文亦作甫賈疏云此亦
下曲禮文言檀弓者誤案鄭彼注云畛致也祝告致於鬼神辭也某
甫且字也不名者不親往也周禮大會同過山川則大祝用事焉鬼
神謂百辟卿士也引以證天子適諸侯祝告神之事云此王適四方
舍諸侯祖廟祝告其神之辭者以曲禮云臨諸侯亦爲以尊臨卑故
意其爲王適四方之事知舍祖廟祝告神者禮運云天子適諸侯必
舍其祖廟而不以禮籍入是謂天子壞法亂紀鄭彼注云天子雖尊
舍人宗廟猶有敬焉故使祝告其廟之神也但曲禮畛鬼神注謂過
大山川祝用事此又爲告所適之國宗廟之神者鄭意彼云鬼神所
舍者廣舍廟告神亦得謂之畛矣又案依先鄭義則凡王弔喪不論
尊卑遠邇皆共介鬯後鄭則謂王必至畿外侯國弔喪舍其祖廟乃
有共介鬯之事其在畿內弔臨諸臣不舍祖廟則不用介鬯也必知
王有適四方而弔者典路云凡弔于四方以路從是也云介於是進
鬯者謂祝告神之時介卽進鬯以致禮卽謂之介鬯也士喪禮君視
斂云釋采入門注云釋采者祝爲君禮門神也必禮門者明君無故
不來也若然後鄭意君弔臣至門則祝釋采舍廟則祝告神介進鬯
足相比例與

雞人掌共雞牲辨其物物謂毛色也辨之者陽祀用騂陰祀用黝

疏雞人者葉鈔釋文作鷄人阮元云从隹者小篆从鳥者籀文云掌共雞牲者亦牧人六牲之一也　注云物謂毛色也者保章氏注云物色也呂氏春秋仲秋紀乃命宰祝巡行犧牲瞻肥瘠察物色高注云物毛也國語楚語觀射父說祀牲云毛以示物是物卽毛色騂黝之屬凡牲畜以毛色別其種類通謂之物詳

牧人疏云辨之者陽祀用騂陰祀用黝者賈疏云牧人文彼注云陽祀祭天於南郊及宗廟陰祀祭地北郊及社稷也鄭舉此二者其望祀各以其方色牲及四時迎氣皆隨其方色亦辨其毛物可知也詒讓案說文鳥部風俗通義祀典篇並云魯郊以丹雞祝曰以斯鶾音赤羽去魯侯之咎是陽祀雞用騂之證四方迎氣牲不必隨方色詳大宗伯疏

大祭祀夜嘑旦以嘂百官

夜夜漏未盡雞鳴時也呼旦以警起百官使夙興

疏 大祭祀夜嘑旦以嘂百官者釋文云嘑本又作呼案說文口部云嘑號也呼外息也嘑正字漢以後經典多叚呼為之此經作嘑注作呼亦經用古字注用今字之例也陸所據別本作呼蓋依注改經不足據說文㗊部云嘂高聲也一曰大呼也又口部云叫嘑也言部云訆大嘑也嘂叫訆音義並同必呼旦者祭禮旦明行事通於貴賤也　注云夜夜漏未盡雞鳴時也呼旦以警起百官使夙興者文選新刻漏銘李注引五經要義云昏闇也旦明也日入後漏三刻為昏日出前漏三刻為明賈疏云漏未盡者謂漏未盡三刻已前仍為夜則呼旦也

凡國之大賓客會同軍旅喪紀亦如之

旦明行事告時者至此旦明而告之

疏 凡國之大賓客會同軍旅喪紀亦如之者此會同軍旅喪紀並冡大為文大軍旅即大師大司馬注云王出征伐是也大喪紀者宰夫注云大喪王后世子也以上四事此官並夜呼旦以警百官府也　注云象雞知時也者說文隹部云雞知時畜也故象之而令雞人主告時也云告其有司主事者者凡國事皆當職有司主之若小宗伯云大祭祀告時于王是雞人告小宗伯小宗伯以告王也它國事亦各告其主之者鄭據經云告時為此官直告王故特釋之引少牢曰宗人朝服北面曰請祭期主

凡國事為期則告之時

象雞知時也告其有司主事者少牢曰宗人朝服北面曰請祭期主人曰比於子宗人曰

人曰比於子宗人曰旦明行事者證祭行事有定時鄭彼注云比次早晏在於子也旦明旦日質明少牢上文又曰既宿尸反爲期于廟門之外注云爲期肅諸官而皆至定祭早晏之期爲期亦夕時也此云爲期與少牢文同故引以爲證云告時者至此旦明而告之者明少牢所云爲期在祭之前夕此官但司告旦故至祭日旦明時而告之若爲期少牢則宗人天子祭祀當是肆師其它國事亦自有主之者雞人不掌也賈疏云案庭燎詩注王有雞人之官凡國事爲期則告之以時王不正其官而問夜早晚非也案齊詩東方未明序云東方未明刺無節也朝廷興居無節號令不時挈壺氏不能掌其職焉注云挈壺氏掌漏刻者彼不云雞人者案挈壺氏云凡軍事懸壺無告期之事則天子備官挈壺直掌漏刻之節雞人告期彼齊詩是諸侯兼官故挈壺氏兼告期也

凡祭祀面禳釁共其雞牲釁釁廟之屬釁廟以羊門夾室皆用雞鄭司農云面禳四面禳也釁讀爲徽

疏凡祭祀面禳釁共其雞牲者賈疏云祭祀謂宗廟之屬面禳謂祈禱之屬詁讓案祭祀亦通內外大小羣祀而言面禳釁禮輕蓋專用雞爲牲故於祭祀外別言之　注云釁釁廟之屬者取釁之事不一若釁社釁廄釁器釁龜筴諸事皆是此舉釁廟以該之云釁廟以羊門夾室皆用雞者據雜記文詳肆師疏鄭司農云面禳四面禳也者大宗伯云以疈辜祭四方百物注謂磔禳及蜡祭肆師云與祝侯禳于畺及郊月令季春命國難九門磔攘以畢春氣注云磔牲以攘於四方之神王居明堂禮曰季春出疫于郊以攘春氣又季冬命有司大難旁磔注云旁磔於四方之門磔攘也左襄九年傳云宋災祝宗用馬于四墉杜注云用馬祭于四城以禳火又昭十八年傳云鄭火祓禳於四方史記封禪書說秦德公磔狗邑四門以禦蠱菑此諸禳或於四畺或於四郊或於四門或於四墉並分四方面而祭之皆面禳之類也云釁讀爲徽者鬯人先鄭注

同後鄭意釁廟之釁讀與釁鼓同不當爲徽此亦存異讀也詳天府疏

周禮正義卷三十七

瑞安孫詒讓學

司尊彝掌六尊六彝之位詔其酌辨其用與其實位所陳之處酌泲之使可酌各異也用四時祭祀所用亦不同實鬱及醴齊之屬

【疏】掌六尊六彝之位者六彝為上六尊為中罍尊為下各以尊卑為陳設之位室中為最尊戶內次之堂上又次之堂下為下其同設一處又以北為上南為下賈疏云案下兼有罍尊不言者文略也云詔其酌辨其用與其實者此與酒正鬱人為官聯也　注云位所陳之處者賈疏云此下經不見陳尊之處案禮運云玄酒在室醴醆在戶粢醍在堂澄酒在下彼是禘祭陳四齊此下時祭陳二齊設尊亦依此也案賈說略本崔靈恩依郊特牲注及賈後疏引鄭志說鬱齊及五齊各加明水則禮運之玄酒即司烜氏之明水記舉玄酒以見鬱齊也坊記又云醴酒在室醍酒在堂澄酒在下孔疏謂醴齊在戶內即是在室是也禮運疏引皇侃亦云醴在戶內醆在戶外而通典吉禮說大祫禮云祫日夙興陳酒齊等室中近北陳鬱鬯鬱鬯之南陳明水明水之南室戶之內陳泛齊醴齊盎齊室戶之外堂上陳醍齊而已次堂下陳沈齊沈齊之南陳玄酒玄酒之南陳事酒昔酒清酒禘祭自醴齊而下四齊而已無泛齊所陳設之處一如祫祭案依杜說三酒亦配玄酒則水也與禮運玄酒異盎齊即醆而杜謂在戶內則與皇孔不同孫希旦云特牲禮尊於戶東少牢禮尊於房戶之閒天子諸侯之祭其盎齊之尊蓋當特牲少牢設尊之處在室戶外之東醴齊在室戶內之東案孫申皇說是也江永亦依皇義云設尊之法春夏雞彝鳥彝陳室內近北獻尊陳戶內象尊陳戶外秋冬斝彝黃彝陳室內近北

著尊陳戸內壺尊陳戸外其罍尊皆陳堂下凡尊皆南面明水玄酒在西案江說亦甚覈云酌涗之使可酌各異也者卽下文鬱齊獻酌醴齊縮酌等凡酒清者不涗而酌濁者必涗而酌並此官詔之也郊特牲注云酌猶斟也酒已涗則斟之以實尊彝凡行酒亦為酌也案此詔酌亦兼彼二義云用四時祭祀所用亦不同者據下六享之等用器不同賓禮大饗亦用此六尊六彝故小宗伯云辨六彝之名物以待果將辨六尊之名物以待祭祀賓客經注並專據祭祀者亦文不具云實鬱及醴齊之屬者實謂所盛尊以實齊彝以實鬱兼有罍以實三酒也

春祠夏禴祼用雞彝鳥彝皆有舟其朝踐用兩獻尊其再獻用兩象尊皆有罍諸臣之所昨也秋嘗冬烝祼用斝彝黃彝皆有舟其朝獻用兩著尊其饋獻用兩壺尊皆有罍諸臣之所昨也凡四時之閒祀追享朝享祼用虎彝蜼彝皆有舟其朝踐用兩大尊其再獻用兩山尊皆有罍諸臣之所昨也祼謂以圭瓚酌鬱鬯始獻尸也后於是以璋瓚酌亞祼郊特牲曰周人尚臭灌用鬯臭鬱合鬯臭陰達於淵泉灌以圭璋用玉氣也既灌然後迎牲致陰氣也朝踐謂薦血腥酌醴始行祭事后於是薦朝事之豆籩既又酌獻其變朝踐為朝獻者尊相因也朝獻謂尸卒食王酳之再獻者王酳尸之後后酌亞獻諸臣為賓又次后酌盎齊備卒食三獻也於后亞獻內宗薦加豆籩其變再獻為饋獻者亦尊相因饋獻謂薦孰時后於是薦饋食之豆籩此凡九酌王及后各四諸臣一祭之正也以今祭禮特牲少牢言之二祼為奠而尸飲七矣王可以獻諸臣祭統曰尸飲五君洗玉爵獻卿是其差也明堂位曰灌用

玉瓚大圭爵用玉琖加用璧角璧散又鬱人職曰受舉斝之卒爵而飲之則王酳尸以玉爵也王酳尸用玉爵而再獻者用璧角璧散可知也雞彝鳥彝謂刻而畫之爲雞鳳皇之形皆有舟皆有罍言春夏秋冬及追享朝享有之同昨讀爲酢字之誤也諸臣獻者酌罍以自酢不敢與王之神靈共尊鄭司農云舟尊下臺若今時承槃獻讀爲儀犧尊飾以翡翠象尊以象鳳皇或曰以象骨飾尊明堂位曰犧象周尊也春秋傳曰犧象不出門尊以裸神罍臣之所飲也詩曰缾之罄矣維罍之恥斝讀爲稼稼彝畫禾稼也黃彝黃目尊也明堂位曰夏后氏以雞彝殷以斝周以黃目爾雅曰彝卣罍器也著尊者著略尊也或曰著尊著地無足明堂位曰著殷尊也壺者以壺爲尊春秋傳曰尊以魯壺追享朝享謂禘祫也在四時之閒故曰閒祀蜼讀爲蛇虺之虺或讀爲公用射隼之隼大尊大古之瓦尊山尊山罍也明堂位曰泰有虞氏之尊也山罍夏后氏之尊故書踐作餞杜子春云餞當爲踐玄謂黃目以黃金爲目郊特牲曰黃目鬱氣之上尊也黃者中也目者氣之清明者也言酌於中而清明於外追享謂追祭遷廟之主以事有所請禱朝享謂朝受政於廟春秋傳曰閏月不告朔猶朝于廟蜼禺屬卬鼻而長尾春祠夏禴裸用雞彝鳥彝者以下山罍亦刻而畫之爲山雲之形疏辨尊彝之用並此官陳設尊彝之官法也賈疏云此六者皆據宗廟之祭但春夏同陽秋冬同陰其追享朝享又是四時之閒祀以類附從故可同尊也彝與齊尊各用二者鬱鬯與齊皆配以明水三酒配以玄酒故禮記郊特牲注云祭齊加明水三酒加玄酒依鄭志云一雞彝盛明水鳥彝盛鬱鬯是以各二尊罍尊不言數者禘祫與時祭追享朝享等皆同用三酒不別數可知也若然依酒正云大祭祀備五齊據大祫通鬱鬯與三酒并配尊則尊有十八禘祭四齊闕二尊則尊有十六此經時祭二齊闕六尊則尊有十二矣其祫在秋禘在夏則用當時尊重用取足而已案

依賈引鄭志說鬱鬯皆配以明水則雞彝斝彝虎彝皆盛明水之尊
鳥彝黃彝蜼彝皆盛鬱鬯之尊王后所同酌也明堂位孔疏引皇氏
沈氏說謂春用雞彝夏用鳥彝秋用斝彝冬用黃彝是謂每時唯用
一彝鬱鬯無明水之配通典吉禮謂時享王酌雞彝后酌鳥彝大祫
在秋王酌斝彝后酌黃彝既無明水又謂王與后分酌二尊並與鄭
說不合江永云彝尊有二者疏說是也古人玄酒配尊之禮頗重事
之用醴者質略則一尊陳於房謂之側尊其兩尊皆酒者特牲之旅
酬也燕禮之尊士旅食也大射禮之兩壺獻酒也玉藻之饗野人也
以酒優之正是略之賤之也豈有宗廟大祭薦腥薦爓血毛大羹事
事反本脩古顧於堂上之尊獨無所配下同賤略之事乎王與后合
體同尊卑共酌一尊未為不可記言君西酌犧象夫人東酌罍尊雜
記侯國之禮未可以彼例此即君夫人別酌其尊亦必有玄酒必非
兩尊皆酒也禮運言玄酒在室舉室中明水配鬱鬯為首者言之耳
非謂在戶在堂下者即無所配也案江說足正杜氏之誤禘祫即追
享朝享賈謂用夏秋之尊非是詳後二云皆有舟者舟以承彝謂春夏
皆每彝有舟也下並同二云其朝踐用兩獻尊其再獻用兩象尊者釋
文云兩獻本或作戲案獻鄭讀為犧犧戲聲近故或本作戲以別於
諸獻字也經於春夏及閟祀言朝踐再獻秋冬言朝獻饋獻其實春
夏及閟祀亦有朝獻饋獻秋冬亦有朝踐再獻以尊同互文見義也
二云皆有罍諸臣之所昨也者昨唐石經初刻並作酢磨改作昨昨酢
聲類亦同詳司几筵疏此罍別自為尊與皆有舟文同而義異賈疏
二云此經彝下皆云舟尊與罍下皆不云所承之物則無物矣故禮器
二云天子諸侯廢禁其此之謂也　注云祼謂以圭瓚酌鬱鬯始獻尸
也者謂尸入室王行初祼即九獻之始獻也其所酌之尊春夏用鳥
彝秋冬用黃彝閟祀用蜼彝二云后於是以璋瓚酌亞祼者亦祼於室
中謂二獻也酌亦謂酌鬱鬯尊並與王同引郊特牲曰周人尚臭灌

用斝臭鬱合斝臭陰達於淵泉灌以圭璋用玉氣也既灌然後迎牲致陰氣也者證王祼祼爲九獻之始灌祼字同鄭彼注云灌謂以圭瓚酌斝始獻神也已乃迎牲於庭殺之天子諸侯之禮也賈疏云此注引郊特牲后亞王祼後王乃出迎牲案內宰注云王既祼與此違者彼注取王事自相亞故先言王旣祼出迎牲后乃後祼其實以此注爲正也案賈推注義謂王迎牲在后獻後通典吉禮說同然詒讓案鄭意蓋王祼畢卽出迎牲逮迎牲而入則后祼已畢二注義本無異詳內宰疏云朝踐謂薦血腥酌醴始行祭事者朝踐籩人謂之朝事彼注義同此王獻尸於戶西謂三獻也其尊春夏用獻尊秋冬用著尊閟祀用大尊賈疏云王出迎牲之時祝延尸向戶外戶牖之閒南面后於是薦朝事八豆八籩王迎牲入廟卿大夫贊幣而從牲麗於碑王親殺大僕贊王牲事取血以告殺取毛以告純肫解而腥之爲七體薦於神坐訖王以玉爵酌醴齊以獻尸后亦以玉爵酌醴齊以獻尸此謂經朝踐用兩獻尊也案凡后獻皆當用瑤爵賈謂同王用玉爵非也詳後薦血腥謂制祭後血與腥同薦與初殺牲時血毛之薦異賈說亦非是詳籩人大祝疏云后於是薦朝事之豆籩旣又酌獻者后亞獻尸謂四獻也尊亦與王同朝事豆籩詳籩人醢人職賈疏云先薦後獻祭禮也其實薦豆籩在王獻前今在王獻後乃言后薦豆籩者鄭欲說王事訖乃說后事故後言薦豆籩也云其變朝踐爲朝獻者尊相因也者鄭意朝獻在饋食之後而與朝踐同言朝者以其亦酌醴齊又春夏用獻尊秋冬用著尊並與朝踐同故云尊相因亦晐春夏七獻同名朝獻秋冬三獻四獻同名朝踐也云朝獻謂尸卒食王酳之者謂七獻也卒食者尸十五飯畢也酳尸者特牲饋食禮注云酳猶衍也是獻尸也謂之酳者尸既卒食又欲頤衍養樂之曲禮孔疏引何氏隱義云酳飯畢蕩口也案七獻亦用玉爵酌醴齊尊與三獻同賈疏云此朝獻於經當秋冬之祭鄭既未解春夏再獻

先釋秋冬朝獻者以其朝獻是王酳尸因朝踐之尊醴齊故鄭先通解之江永云鄭說秋冬變朝踐爲朝獻謂其尊相因然以酳尸之獻爲朝獻言於饋食之前其禮不行於朝而強名以朝獻次序則顛名義則乖案江說近是詳後云再獻者王酳尸之後后酌亞獻者謂八獻也以酳尸三獻言之則爲再獻亦用瑤爵酌盎齊尊春夏用象尊秋冬用壺尊鄭謂爵用璧角非也亦詳後黃以周云祭統故祭之日一獻君降立於阼階之南南鄉所命北面史由君右執策命之鄭注一獻一酳尸也鄭知非初祼及朝踐饋食之一獻者以一酳尸之前皆爲祭事承奉鬼神未暇策命尸食已畢乃可行爵賞也祭統之一獻爲酳尸之一獻則司尊彝之再獻爲酳尸之再獻尸可知矣云諸臣爲賓又次后酌盎齊備卒食三獻也者謂九獻也對酳尸初獻再獻言之則爲三獻鄭謂諸臣爲賓以璧角酌盎齊尊與八獻同今案九獻當依崔靈恩說諸侯爲賓者以瑤爵獻尸其諸臣爲賓酌璧角獻尸乃九獻外之加爵也鄭說失之又案自七獻以下三獻大夫士祭禮並有之故特牲饋食禮尸九飯主人酌酳尸主婦酌亞獻尸賓三獻少牢饋食禮尸十一飯亦主人酳尸主婦獻尸賓長獻尸是也賈疏云此言再獻卽經春夏之祭云再獻用兩象尊尸食後陰厭王酳尸后與賓長爲再獻此亦在饋獻後先言再獻者后與賓酳尸因饋獻盎齊之尊故變饋獻云再獻詒讓案此注說九獻但用醴盎者專據時祭用二齊言之其殷祭依鄭義祫備五齊禘則四齊與此異詳後云於后亞獻內宗薦加豆籩者賈疏云案醢人及籩人有朝事之豆籩有饋食之豆籩有加豆加籩之實故鄭於此取朝事當朝踐節饋食當饋獻節食後重加故加豆加籩當酳尸節案內宗職云贊后薦加豆籩故知內宗薦之案依鄭賈義后酳尸及諸臣獻尸名再獻亦名加爵故謂后亞獻時卽薦加豆籩其實加爵在九獻之外薦加豆籩在諸臣獻尸之時不在后酳尸時也詳後云其變再獻爲饋

獻者亦尊相因饋獻謂薦孰時者謂五獻六獻也王以玉爵酌盎齊獻尸尊與八獻同后又以瑤爵酌盎齊亞獻尸尊與王同以其與再獻同酌盎齊又同春夏用象尊秋冬用壺尊故云尊相因鄭言此者亦見春夏五獻六獻同名饋獻秋冬八獻九獻同名再獻也賈疏云此言饋獻當經秋冬祭之節其春夏言再獻至此秋冬言饋獻據文爲先後故云變再獻言饋獻其實先饋獻後再獻也以其饋獻在朝踐後亦在當尸未入室再獻是王酳尸後節也是以云饋獻謂薦孰時也此卽禮運云孰其殽鄭注云體解而爓之是也江永云饋獻一節禮運孔疏謂在尸入室之後賈以孰其殽當饋獻節在尸未入室之前今考司几筵吉事變几鄭注有饋食於堂之語當以賈疏爲正若尸旣入室則當食舉矣豈先獻然後食乎又按禮運以薦血腥法上古孰其殽法中古其下文醴醆以獻薦其燔炙君與夫人交獻云云皆在未合亨之前獻醴卽朝踐也獻醆卽饋獻也然則饋獻不在陰厭之後亦明矣云后於是薦饋食之豆籩者賈疏云此卽醢人籩人饋食之豆籩者也云此凡九酌王及后各四諸臣一者賈疏云九謂王及后祼各一朝踐各一饋獻各一酳尸各一是各四也諸臣酳尸一幷前八爲九案九獻之說異同頗多禮運孔疏引崔氏說大祫云祭日之旦王服袞冕而入尸亦袞冕祝在後侑之尸入室乃作樂降神乃灌故書云王入大室祼當灌之時衆尸皆同在太廟中依次而灌所灌鬱鬯小宰注云尸祭之啐之奠之是爲一獻也王乃出迎牲后從灌二獻也迎牲而入至於庭故禮器云納牲詔於庭王親執鸞刀啓其毛而祝以血毛告於室故禮器云血毛詔於室於是行朝踐之事尸出於室太祖之尸坐於戶西南面其主在右昭在東穆在西相對坐主各在其右故鄭注祭統云天子諸侯之祭朝事延尸於戶外是以有北面事尸之禮祝乃取牲膟膋燎于爐炭入以詔神於室又出以墮于主前郊特牲云詔祝於室坐尸於堂是也王乃洗肝

於爐炭而燔之以制於主前所謂制祭次乃升牲首於室中置於北墉下后薦朝事之豆籩乃薦腥於戶主之前謂之朝踐即此禮運薦其血毛腥其俎是也王乃以玉爵酌著尊泛齊以獻尸三獻也后又以玉爵酌著尊醴齊以亞獻四獻也乃退而合亨至薦孰之時陳於堂故禮器云設饌於堂乃後延主入室大祖東面昭在南面穆在北面徙堂上之饌於室內坐前祝以斝爵酌奠於饌南故郊特牲注云天子奠斝諸侯奠角即此之謂也旣奠之後又取腸間脂爇蕭合馨薌郊特牲注云奠謂薦孰時當此大合樂也乃迎尸入室舉此奠斝主人拜以妥尸故郊特牲云舉斝角拜妥尸是也后薦饋獻之豆籩王乃以玉爵酌壺尊盎齊以獻尸爲五獻也后又以玉爵酌壺尊醴齊以獻尸是六獻也於是尸食十五飯訖王以玉爵因朝踐之尊泛齊以酳尸爲七獻也故鄭云變朝踐云朝獻尊相因也朝獻謂此王酳尸因朝踐之尊也后乃薦加豆籩尸酌酢主人主人受嘏王可以獻諸侯於是后以瑤爵因酌饋食壺尊醍齊以酳尸爲八獻也鄭注司尊彝云變再獻爲饋獻者亦尊相因也再獻后酳尸獻謂饋食時后之獻也於時王可以瑤爵獻卿也諸侯爲賓者以瑤爵酌壺尊醍齊以獻尸爲九獻九獻之後謂之加爵案崔說九獻並約鄭三禮注義最爲詳覈通典說略同但依崔義后四獻六獻皆不當用玉爵又崔以加爵在正獻之後則薦加豆籩不當仍在八獻時疑皆孔依鄭義改之又崔杜所說行禮節次與賈亦多差異如賈謂朝事延尸出戶在二祼訖王出迎牲之時崔則謂在血毛詔於室之後賈謂后薦朝事豆籩在延尸出戶迎牲未入之時崔則謂在升首之後薦腥之前杜又謂在薦腥之後賈謂饋獻在尸未入室之前崔則謂在入室之後皆當以賈爲正詳籩人內宰及前疏江永別爲九獻之說云二祼之後當有七獻經文錯綜互見實則朝踐與朝獻饋獻與再獻四節而已朝踐爲薦腥後之獻不待言矣朝獻非王酳尸乃堂上薦爛

王與后之獻饋獻非饋孰之始乃尸食舉後王酳尸之獻而再獻則后與諸侯爲賓者亞王酳尸之獻也禮運曰腥其俎孰其殽體其犬豕牛羊注疏謂腥法上古爓法中古而進孰爲後世之食孰其殽者體解而爓之也祭義曰爓祭祭腥而退郊特牲曰腥肆爓腍祭其有薦爓明矣既以爓法中古此時何可無獻則秋冬言朝獻者并獻爓而何至於饋孰則不當有獻何也薦爓之後亨肉既孰羹定詔於堂於是奉俎入室設陰厭以饗神乃迎尸入室舉奠斝詔妥尸是時尸卽當食舉安得有獻蓋堂上腥爓皆不可食者故有獻而無食室內之饌可食者則當食而後獻所謂饋獻者尸既食而王獻以酳若特牲少牢主人獻尸耳此時后不卽亞王酳尸尸有酢王之禮有命祝嘏之禮有夫婦致爵之禮后乃獻以酳尸是謂之再獻而賓長爲一獻以終之亦通爲再獻也然則此七獻者堂上四獻室內三獻以朝獻次朝踐行之於早不失朝字之義以獻爓當之又無爓祭缺略之嫌陰厭之後未食舉之前無獻而獻在既食之後亦協乎饋獻之義春夏言朝踐再獻者舉首尾以包中閒秋冬言朝獻饋獻者舉中間以補春夏而追享朝享可例推要而言之堂上獻者用前言之尊室內獻者用後言之尊耳醢人籩人朝事之豆籩於朝踐薦之而朝獻無豆籩朝獻統於朝踐也饋食之豆籩於饋獻薦之而再獻無豆籩再獻統於饋獻也九獻之後別有加爵則薦加豆加籩而非食後稱加之謂也又云堂上薦腥爓取法前古朝踐朝獻之尊盛醴齊醴齊濁於盎齊也室中饋孰用後世食饋獻再獻之尊盛盎齊盎齊清於醴齊也若王酳尸而用朝踐之醴齊失其義矣今案九獻之節無明文崔賈孔諸家並依鄭義江氏別爲之說謂朝獻爲薦爓之獻今攷祭義郊特牲明有薦腥薦爓二節而諸家說九獻者咸無薦爓之獻祭義孔疏謂祭腥肉爓肉並在朝踐時賈氏則又謂禮運注所謂孰其殽而爓之者是饋獻之節二說不同似皆不塙江謂薦爓時有獻

於義可通但經無見文姑附著之俟更詳覈又案先鄭後注以追享朝享爲禘祫則謂二大祭獻數與時享同故禮運孔疏引崔靈恩說天子祫禘時祭並九獻賈特牲饋食禮疏云天子大祫十有二獻四時與禘唯有九獻上公亦九獻侯伯七獻子男五獻卿大夫士同三獻案賈謂大祫十二獻不知其說云何陳祥道則謂禘亦十二獻江永亦據掌客天子合諸侯而饗禮諸侯長十有再獻證大祭宜有十二獻是賈陳說並可通要獻數雖有增多而其大節亦止此四事無疑也至通典吉禮說大祫兼用崔賈說謂加爵三通正獻九爲十二獻則非是特牲少牢加爵並不在正獻之數大祫安得通加爵爲十二獻乎至天子宗廟時享又有七獻之禮禮器七獻神注云謂祭先公其與九獻異同鄭亦無說禮運疏本崔靈恩說侯伯七獻之禮云朝踐及饋獻時君皆不獻於九獻之中減二故爲七獻也禮器云君親制祭夫人薦盎君親割牲夫人薦酒是也案崔孔謂侯伯七獻朝踐饋獻皆夫人獻而君不獻於禮例亦難通禮文疏略今亦無以定之也云祭之正也者賈疏云此九獻是正獻案特牲少牢仍有衆賓長兄弟之長嗣子舉奠上利洗散爲加獻彼並非正故此云祭之正也云以今祭禮特牲少牢言之二祼爲奠而尸飲七矣王可以獻諸臣者賈疏云天子諸侯祭禮亡雖檢禮記及周禮而言其文不具故取特牲少牢見在禮而言以其特牲少牢惟有酳尸後三獻天子諸侯酳尸後亦三獻與彼同故取以爲說也王獻諸臣無文此又約祭統而言詒讓案二祼爲奠者小宰注云凡鬱鬯受祭之啐之奠之是也鄭意特牲禮尸飲三而主人獻賓及兄弟少牢禮尸飲亦止於三明天子禮九獻二祼爲奠不入飲數是尸飲七而止即可獻諸臣也賈謂鄭以特牲少牢證酳尸三獻同非鄭恉引祭統曰尸飲五君洗玉爵獻卿是其差也者明王禮九獻訖尸飲七而獻諸臣故侯伯禮七獻訖尸飲五而獻諸臣是其降殺以兩之差也祭統云尸飲五君

洗玉爵獻卿尸飲七以瑤爵獻大夫尸飲九以散爵獻士及羣有司皆以齒明尊卑之等也鄭彼注云尸飲五謂酳尸五獻也大夫士祭三獻而獻賓賈疏云彼據侯伯禮宗廟七獻二祼爲奠不飲朝踐已後有尸飲五獻卿卽天子與上公同九獻二祼爲奠不飲是尸飲七可以獻諸臣若然子男五獻者二祼爲奠不飲是尸飲三可以獻卿故鄭云是其差皆當降殺以兩大夫士三獻無二祼直有酳尸三獻獻祝是也案賈謂祭統據侯伯七獻者言至諸臣再獻而尸飲五可以獻卿蓋深得經注之恉祭統孔疏則謂彼據上公九獻之禮尸飲五謂主人酳尸時而獻卿獻卿後乃主婦酳尸賓長獻尸是尸飲七乃獻大夫以後長賓長兄弟更爲加爵尸又飲二升前尸飲九乃獻士及羣有司以此推之王禮九獻亦當七獻而獻卿不待正獻訖後也禮運疏引崔靈恩說亦謂八獻後王可以瑤爵獻卿蓋卽孔氏所本其說與此注不合江永亦駮之云若如孔說則賓未獻尸而君先獻賓失其序矣其言飲七飲九皆誤蓋尸飲五正獻已畢飲七飲九皆正獻之後加爵也以司尊彝注推之則備九獻者尸飲九而獻大夫尸飲十一而獻士及羣有司可知也案江說是也通典吉禮說時享又謂十一獻爲尸飲七王可以獻公八獻尸飲八可以獻卿九獻尸飲九可以獻大夫士則又并二祼亦入飲數與此注顯迕其謬又不足辯矣引明堂位曰灌用玉瓚大圭爵用玉琖加用璧角璧散者證九獻用爵不同鄭彼注云爵君所進於尸也加加爵也散角皆以璧飾其口也賈疏云彼賜魯侯祭周公用天子之禮故以爲證爵用玉琖者謂君與夫人朝踐饋獻時所用獻也加用璧角璧散者此卽內宰所云瑤爵一也以瑤玉爲璧形以飾角散爵是通名故得瑤爵璧角璧散之名也明堂位疏云加謂尸入室饋食竟主人酳醴齊酳尸名爲朝獻朝獻竟而夫人酌盎齊亞獻名爲再獻又名爲加于時薦加豆籩也此再獻之時夫人用璧角內宰所謂瑤爵也其璧散者夫

人再獻訖諸侯爲賓用之以獻尸雖非正加是夫人加爵之後總而言之亦得稱加故此總云加以璧散璧角先散後角便文也案明堂
位本作加以璧散璧角此引作加用璧角璧散者鄭依酌獻敘文改之玉爵乃君正獻所用夫人正獻當用瑤爵瑤爵與璧角璧散異賈
孔說非也詳內宰及後疏玉瓚大圭詳典瑞玉人疏云又鬱人職曰受舉斝之卒爵而飲之則王酳尸以玉爵也者鄭彼注破斝爲嘏云
王酳尸尸嘏王此其卒爵也鄭以彼云卒爵卽謂玉琖爵故引以證王酳尸與朝踐饋食四獻用玉爵同與后酳尸用璧角異不謂斝爲
玉爵也云王酳尸用玉爵而再獻者用璧角璧散可知也者金榜云鄭意蓋以后與諸臣再獻者當明堂位之加爵禮運疏云崔氏以爲
后獻皆用瑤爵又以九獻之外加爵用璧角璧散今案內宰云后祼獻則贊瑤爵亦如之鄭注云瑤爵謂尸卒食王既酳尸后亞獻之始
用瑤爵則后未酳尸以前不用也又鄭注司尊彝云王酳尸用玉爵而再獻者用璧角璧散可知此璧角璧散則瑤爵也崔氏乃云正獻
之外諸臣加爵用璧角璧散其義非也陳祥道云特牲禮主人主婦既酳尸然後長兄弟衆賓長爲加爵則加爵不施於亞獻之節明堂
位曰獻用玉琖加用璧散璧角特牲禮獻用爵加用觚又獻纍主人主婦加纍長兄衆賓長則加在獻數之外明矣金榜亦申崔義云鄭
以璧角璧散與瑤爵爲一崔靈恩以爲后獻皆用瑤爵九獻之外諸臣加爵用璧角璧散杜佑依用其說案周人祭祀賓客之禮大宰以
玉爵贊王內宰以瑤爵贊后其爵制異特牲饋食禮三獻之外長兄弟洗觚爲加爵如初儀又衆賓長爲加爵如初注云大夫士三獻而
禮成多之爲加也是非加爵在正獻後之證歟天子之禮諸臣爲加爵於時內宗薦加豆籩王與后咸不親其事故說加爵當以崔氏爲
正案陳金說是也禮運疏又引崔氏云案特牲有三加則天子以下加爵之數依尊卑不祇三加也通典吉禮說大祫之禮則云加爵者

謂太子及三公之長一人九卿之長一人用璧角酌沈齊各行一加爵案杜卽本崔義而謂天子加爵亦止三加則小異經無正文謹兩存其說以俟攷云雞彝鳥彝謂刻而畫之爲雞鳳皇之形者刻謂刻木也凡此經彝尊依鄭義皆刻木爲之而加畫飾唯大尊爲瓦尊無畫飾與諸尊異賈疏云案尚書鳴鳥之不聞彼鳴鳥是鳳皇則此鳥亦是鳳皇聶氏三禮圖畫彝腹爲雞鳳之形云雞彝受三斗鄭圖形制如此案舊圖唯雞鳥虎蜼四彝皆云刻木爲之其圖乃畫雞鳳虎蜼四物之形各於背上負尊皆立一圓器之上其器三足漆赤中如火爐狀形制二三皆非典實案聶說是也云皆有舟皆有罍言春夏秋冬及追享朝享有之同者江永云皆有罍皆者皆春夏也皆秋冬也皆追享朝享也非謂一尊卽一罍也案江說是也據下先鄭說舟爲尊下承槃則一尊有一舟矣鄭以皆有罍與皆有舟文同嫌爲一尊亦一罍故特釋之明經言皆者主謂六享所同有不謂每獻尊皆有也凡舟皆繫於尊罍則自爲酢尊與獻尊不相涉云昨讀爲酢字之誤也者司几筵注義同昨字於義無取故鄭破爲酢段玉裁云昨酢同在古音魚虞模部聲類同也漢時酬酢字作酢醋醆字作醋說文互易之者從儀禮詒讓案大行人亦作酢不作醋此經字例與儀禮不同云諸臣獻者酌罍以自酢不敢與王之神靈共尊者賈疏云王酳尸因朝踐之尊醴齊尸酢王還用醴齊后酳尸用饋獻之尊盎齊尸酢后還用盎齊以王與后尊得與神靈共尊今賓長臣卑酳尸雖得與后同用盎及尸酢賓長卽用罍尊三酒之中清酒以自酢是不敢與王之神靈共酒尊故也詒讓案諸侯爲賓酳尸與后同用盎諸臣獻尸爲加爵不與后同用盎也禮運疏引崔靈恩說諸臣用三酒是也詳前疏又郊特牲疏引崔靈恩謂酢王用清酒酢后用昔酒皇侃說略同則是酢王酢后亦酌罍尊與此注義不合孔氏已駁之矣詳酒正疏鄭司農云舟尊下臺若今時承槃者丁晏云說文木部

槃承槃也古文作鎜籀文作盤鐘鼎款識有漢車宮銅承燭槃是漢時有承槃之制故先鄭舉以況舟詒讓案舟蓋别爲槃以承尊與瑞注說祼圭之瓚亦有槃蓋其類也形制注無文聶氏圖謂舟外漆朱中上有槃下有圜局足六彝形制同唯足內各隨彝畫雞鳳之類以飾之依聶圖則與棜禁之屬相似未知古制然否云獻讀爲犧者據明堂位禮器及詩魯頌左傳並作犧也國語周語亦同明堂位疏引鄭志荅張逸云犧尊或有作獻字者齊人之聲誤耳段玉裁云鄭志云或作獻正謂周禮也必易爲犧者元寒歌戈兩部通轉之理如尚書大誥民獻歐陽夏侯作民儀大射儀獻讀爲沙郊特牲讀爲莎此經下文讀爲儀讀爲摩莎之莎皆是說文說周禮六尊亦作犧尊同仲師讀云犧尊飾以翡翠者說文羽部云翡赤羽雀也翠青羽雀也出鬱林魯頌閟宮犧尊將將毛傳云犧尊有沙飾也明堂位尊用犧象注云犧尊以沙羽爲畫飾孔疏引鄭志云張逸問曰明堂注犧尊以沙羽爲畫飾前問曰犧讀如沙沙鳳皇也不解鳳皇何以爲沙荅曰刻畫鳳皇之象於尊其形婆娑然梁書劉杳傳引鄭志作畫鳳皇尾娑娑然據鄭志說則不以翡翠飾與先鄭義微異孔又引王肅禮器注云爲犧牛及象之形鑿其背以爲尊故謂之犧象詩疏又云此傳言犧尊者沙羽飾與司農飾以翡翠意同則皆讀爲娑傳言沙即娑之字也阮諶禮圖云犧尊飾以牛象尊飾以象於尊腹之上畫爲牛象之形王肅云大和中魯郡於地中得齊大夫子尾送女器有犧尊以犧牛爲尊然則象尊尊爲象形也王肅此言以二尊形如牛象而背上負尊皆讀犧爲羲與毛鄭義異未知孰是左傳定十年孔疏引阮王義略同案國語周語韋注云犧尊飾以犧牛莊子馬蹄篇釋文引司馬彪云犧樽畫犧牛象以飾樽也並與阮圖同劉杳傳對沈約論犧象二尊則並從王義王念孫云莊子天地篇曰百年之木破爲犧尊青黃而文之淮南俶真篇曰百圍之木斬而爲犧尊鏤之以

剞劂雜之以青黃華藻鏤鮮龍蛇虎豹曲成文章高誘注曰犧尊猶疏鏤之尊犧古讀若娑娑與疏疏聲相近明堂位周獻豆鄭注亦曰獻疏刻之然則犧尊者刻而畫之爲衆物之形在六尊之中最爲華美毛鄭說雖不同而同是彫文刻鏤之義則亦不甚相遠也至阮諶謂犧尊以牛爲飾祇因犧字從牛遂望文生義而創爲此說案說文犧宗廟之牲也詩曰以我齊明與我犧羊傳曰雄雞自憚其犧然則犧者牲之總名而六畜之所公共尊名謂之犧何以知必爲牛也然諶猶謂尊以牛爲飾至王肅則謂形如牛而背上負尊且引齊大夫子尾從女器爲證周官六尊六彝之名多取諸鳥獸雞彝鳥彝虎彝蜼彝皆謂畫其形以爲飾若犧尊爲牛形則與雞鳥諸彝之制不合子尾從女之器本與犧尊無涉特王肅以犧尊爲牛尊故見有器如牛形者卽援以爲證耳宋宣和博古圖所載周犧尊二皆爲牛形則又襲肅說而僞爲之者不足深辯也段玉裁云犧古音讀如沙說文牛部犧賈侍中說此非古字於此知古犧牲犧尊字皆祇作羲不從牛毛公時詩作羲尊故毛於其同音得其義訓爲有沙飾此乃周秦相傳古訓王肅劉杳不知此乃云犧象二尊形如牛象真妄說耳云象尊以象鳳皇者與鄭志說犧尊略同云或曰以象骨飾尊者此別義亦得通也明堂位注云象尊象骨飾之則後鄭亦從或說國語周語韋注義同燕禮大射儀有象觚注並云觚有象骨飾也義與尊同象骨卽象齒詳繕人壺涿氏疏詩魯頌疏引阮諶禮圖云象尊飾以象案阮蓋謂尊腹畫象聶氏三禮圖引梁正說同又引阮圖說犧象二尊云諸侯飾口以象骨天子飾以玉則兼用先鄭所述或說而又小異詩疏又引王肅謂尊爲象形而背上負尊王念孫云王說亦與雞鳥諸彝之制不合不可從也引明堂位曰犧象周尊也春秋傳曰犧象不出門者並證獻尊字當從犧春秋傳定十年左傳文云尊以祼神者祼獻散文通稱賈疏云其實獻尸而云祼神者尸神象尸飲卽

是祼神若二云奉觴賜灌之類非謂二灌用鬱鬯也二云罍臣之所飲也
者明此酢罍卑於六尊與鬯人社壝用大罍明堂位尊用山罍爲祀
神獻尸之罍異也引詩曰缾之罄矣維罍之恥者小雅蓼莪文毛傳
二云缾小而罍大罄盡也此引以爲酒尊名罍之證二云斝讀爲稼稼彝
畫禾稼也者明斝稼音相近義亦通也量人舉斝先鄭注二云斝讀如
嫁娶之嫁嫁稼聲亦同彼唯擬其音故二云讀如嫁此兼通其義故二云
讀爲稼也段玉裁二云明堂位曰爵夏后氏以琖殷以斝周以爵又曰
灌尊夏后氏以雞彝殷以斝周以黃目大鄭嫌尊與爵同名故易其
字曰稼釋之曰畫禾稼也說文斗部曰斝玉爵也夏曰琖殷曰斝周
曰爵從斗門象形與爵同意或說斝受六升或說蓋謂斝彝也爵受
一升說文糸部引周禮作斝彝詒讓案明堂位斝爵注亦云斝畫禾
稼也然則此經斝彝爲灌尊與爵雖殊器畫禾稼則一故同得斝名
矣斝爵詳量人疏二云黃彝黃目尊也者依郊特牲及明堂位文引明
堂位曰夏后氏以雞彝殷以斝周以黃目者證三代灌尊之異彼文
彝作夷鄭讀爲彝此引從改字引爾雅曰彝卣罍器也者釋器文釋
文二云卣本亦作攸案卣與攸聲近此猶鬯人注讀脩爲卣也郭本爾
雅作卣賈疏二云欲見此經有彝爲上卣是犧象之屬爲中罍爲下與
爾雅同也二云著尊者著略尊也者段玉裁二云著略疊韻字說文酋部
作箸尊詒讓案史記十二諸侯年表及衞世家索隱並釋象箸爲象
尊箸尊則著尊字古多作箸與說文同著略蓋漢時常語鄭詩大小
雅譜二云此其著略大校見在書籍孔疏以著明賈略爲釋以相參證
疑著略亦文飾簡略之義二云或曰著尊著地無足者明堂位注同孔
疏二云無足而底著地故謂爲著也聶崇義二云著尊受五斗漆赤中舊
圖有朱帶者與概尊相涉恐非其制又二云與獻尊象尊形制容受並
同但無足及飾耳引明堂位曰著殷尊也者證著尊是殷制周仍之
也二云壺者以壺爲尊者說文壺部二云壺昆吾圜器也象形從大象其

蓋也聘禮八壺設于西序注云壺酒尊也燕禮司宮尊于東楹之西兩方壺左玄酒士旅食于門西兩圜壺鄭彼注云尊方壺爲卿大夫士也臣道直方尊士旅食者用圜壺變於卿大夫也大射儀文略同公羊昭二十五年何注云壺禮器腹方口圓曰壺反之曰方壺有爵飾案此壺尊當即禮經之方壺聶氏三禮圖引舊圖云壺尊受五斗脰足高二寸所說容受與中尊合而爲圜形則非是至禮器云五獻之尊門外缶門內壺注云壺大一石與此壺尊異也陳祥道云尊其上有蓋其面有鼻其下有足少儀曰尊壺者面其鼻其無足者著與壺耳觀投壺之壺有頸與腹而無足則壺尊無足可知矣先儒謂壺有足誤也引春秋傳曰尊以魯壺者左昭十五年傳云晉荀躒如周葬穆后籍談爲介以文伯宴樽以魯壺左傳釋文載或本作尊與此同杜注云魯壺魯所獻壺樽此引之證以壺爲尊之事云追享朝享謂禘祫也在四時之閒故曰閒祀者任啓運云閒祀不常舉也追享大禘也以追所自出故曰追享朝享大祫也合於大廟若大朝然故曰朝享案任說是也江永林喬蔭說同追享朝享之說當以先鄭爲正宋書禮志載徐道娛議亦從其說禘以孟夏祫以孟秋吉禘則無定月故謂之四時之閒祀陸淳春秋纂例云古者喪除朝廟合羣祖而祭焉故祫謂之朝享明年又禘其祖之所自出故禘謂之追享陸氏說禘禮雖與古義不合而以追享朝享爲禘祫亦與先鄭同後鄭所不從故賈前疏及禮運疏通典吉禮並謂祫在秋用秋冬時祭之尊禘在夏用春夏時祭之尊此推後鄭說非經義也明堂位云季夏六月以禘禮祀周公於大廟尊用犧象山罍鬱尊用黃目彼魯禮參用此三祭之尊與王禮不同禘祫異同詳大宗伯疏云蜼讀爲蛇虺之虺者爾雅釋魚云蝮虺博三寸首大如擘先鄭意蓋謂此尊刻畫爲蛇虺形故讀從之云或讀爲公用射隼之隼者段玉裁云司農易蜼爲虺又爲或說易爲隼二字古音同在脂微部也說文鳥部曰隼

或雖字也一曰鷂字俞樾云疑此字實當爲隼翟氏掌攻猛鳥注曰猛鳥鷹隼之屬然則虎彝隼彝皆取其猛司常掌九旗之物熊虎爲
旗鳥隼爲旟彝之有取於虎隼猶之乎旗旟矣案俞說亦通云大尊大古之瓦尊者燕禮云公尊瓦大禮器又云君尊瓦甒注云瓦甒五
斗孔疏云漢禮器制度文也按禮圖瓦大受五斗口徑尺頸高二寸徑尺大中身銳下平瓦甒與瓦大同案聶圖引舊圖說醴甒與孔同
此經大尊即瓦大亦即瓦甒據明堂位大尊爲虞尊四代之尊此爲最古故云太古瓦尊祭義說朝事之禮云䙰以俠甒注云謂雜之兩
甒醴酒亦即此也云山尊山罍也者明堂位云尊用犧象山罍是山罍山尊得通稱唐郊祀錄引三禮圖云山罍受一斛畫以山紋雲氣
也聶崇義云山尊受五斗郭璞云山罍形似壺大者受一斛今山罍既在中尊之列受五斗可知也案聶說是也此山罍與酢罍名同而
實異亦謂之罍尊禮器云廟堂之上罍尊在阼犧尊在西又云君西酌犧象夫人東酌罍尊彼文君與夫人異尊雖與禮不合然以犧象
與罍尊並列猶明堂位以犧象山罍並列即此經之山尊鄭禮器注未及分析孔疏引熊安生說遂以彼罍尊與此經酢罍爲一而謂彼
爲諸侯時祭之禮非也引明堂位曰泰有虞氏之尊也山罍夏后氏之尊者欲見彼泰即此大尊彼山罍即此山尊也泰大聲近通用云
故書踐作餞杜子春云餞當爲踐者段玉裁云說文餞送行食也於經無涉故杜易爲踐言踐其位行其禮也徐養原云餞踐音同古葢
通用儀禮士虞記未徹乃餞注云古文餞爲踐是其證案段徐說是也中庸踐其位注云踐猶升也朝事始事尸於堂故謂之踐士虞記
卒哭祭畢有餞乃送尸而飲酒既不在朝時吉祭又無此禮故杜不從故書也云玄謂黃目以黃金爲目者郊特牲孔疏云以黃金鏤其
外以爲目引郊特牲者證黃金爲目之義鄭彼注云黃目黃彝也周所重於諸侯爲上也云追享謂追祭遷廟之主以事有所請禱者破

先鄭以追享爲禘之說也賈疏云案祭法云去廟爲壇去壇爲墠壇墠有禱焉祭之無禱乃止是追祭遷廟之主故知也云朝享謂朝受政於廟者據春秋經告朔有朝廟破先鄭以朝享爲祫之說謂受十二月政因而有朝廟之祭也賈疏云謂天子告朔於明堂因卽朝享朝享卽祭法謂之月祭故祭法云考廟王考廟皇考廟顯考廟祖考廟皆月祭之二祧享嘗乃止諸侯告朔於大廟因卽朝享祭法云諸侯考廟王考廟皇考廟皆月祭之顯考祖考享嘗乃止告朔天子用牛諸侯用羊月祭皆大牢也若然天子告朔於明堂則是天子受政於明堂而云受政於廟者謂告朔自是受十二月政令故名明堂爲布政之宮以告朔訖因卽朝廟亦謂之受政但與明堂受朔別也案賈說是也論語八佾篇子貢欲去告朔之餼羊詩周頌我將孔疏引鄭注云諸侯告朔以羊則天子特牛焉玉藻注云明堂在國之陽每月就其時之堂而聽朔焉凡聽朔必以特牲告其帝及神配以文王武王此並說告朔禮也論語集解又引鄭注云牲生曰餼禮人君每月告朔於廟有祭謂之朝享也此說告朔後朝廟之祭此注所謂朝享也故玉藻孔疏云天子告朔以特牛諸侯告朔以羊其朝享各依四時常禮故用大牢故司尊彝朝享之祭用虎彝蜼彝大尊山尊之等是其別也又引熊氏云周之天子于洛邑立明堂唯大享帝就洛邑耳其每月聽朔當在文王廟也以文王廟爲明堂制故也案孔述鄭義與賈同分別二禮最析蓋鄭意天子每月朔告朔於明堂禮略用特牛論語注及玉藻注所云是也旣告朔聽朔乃朝享於五廟依時享盛禮用大牢九獻此經所云是也至天子告朔聽朔並於明堂而此注云受政於廟或鄭意亦謂西都無明堂在文王廟如熊氏之說凡告朔必朝廟穀梁莊十八年傳謂之朝朔其在正月者左襄二十九年傳又謂之朝正後鄭因此經朝享亦稱朝故謂與彼爲一其實非也金鶚云春秋文六年經云閏月不告月猶朝於廟公羊傳云

猶者可止之辭蓋以告朔禮大朝廟禮小文公廢其大而行其小故譏之也是朝廟爲禮之小者謂之朝廟則不得爲祭祀矣鄭謂朝享月朔朝廟不知朝廟禮之小者而朝享祼用虎彝蜼彝朝踐用兩大尊再獻用兩山尊其禮甚大非朝廟可知且朝享每月行之又不得謂四時之閒祀也朝廟所供當與薦新相似薦而不祭也其禮與時祭迥殊視告朔亦殺豈得謂之月祀乎案金騤後鄭說是也通典吉禮引譙周禮祭集志謂天子始祖四親廟皆月朔加薦謂之月祭月朔薦與薦新皆奠無尸故羣廟皆一朝之閒盡畢似即謂朝廟用薦禮金說正與後閻合蓋廟享正禮一年四舉此外唯有禘祫則殷祭也若如後鄭說每月更有朝廟禮同時享則是比月正祭且時享之月亦當朝廟則又一月二祭其爲煩瀆不已甚乎況天子七廟自二祧外祭應周徧既云朝朔則不可於次日以後遞祭故書洛誥云歲文王騂牛一武王騂牛一王命作冊逸祝冊惟告周公其後孔疏引鄭注云歲成王元年正月朔日也以朝享之後用二特牛祫祭文王武王於文王廟告神以周公其宜立爲後者謂將封伯禽也是鄭意朝享諸廟必崇朝畢事故得於後更舉告祭別禮但朔日之旦王出至南郊明堂告朔聽朔訖而反朝廟爲時已甚迫促乃復徧大祭五廟豈能給乎殆不可通矣又賈疏謂朝享即祭法之月祭孔疏說同漢書韋玄成傳玄成奏議及匡衡告毀廟文並以時享外之日祭月祀爲閒祀疑亦本西漢禮家舊義今攷祭法日祭月祀之文亦見國語周語楚語及荀子正論篇通典吉禮引高堂隆說謂天子諸侯月有祭祀其孟月則四時之祭仲月季月皆薦新之祭陳祥道說同案祭薦散文可通則朔薦薦新亦得爲月祭但必無九獻二祼之禮與此經閒祀必不相合況日祭之說尤於經無徵疑春秋以後流傳之譌說不足據也引春秋傳曰閏月不告朔猶朝于廟者文公六年經文三家經朔並作月左氏釋文云不告月月或作朔誤也是三家古

經無作告朔者故公羊傳云不告月者何不告朔也穀梁傳同鄭此
注引作告朔蓋兼取傳文改經故引經文而稱傳也玉藻孔疏引鄭
駁異義云說者皆謂朝廟而因告朔似俱失之朝廟之經在文六年
冬閏月不告月猶朝于廟辭與宣三年春郊牛之口傷改卜牛牛死
乃不郊猶三望同言猶者告朔然後當朝廟郊然後當三望今廢其
大存其細是以加猶譏之論語曰子貢欲去告朔之餼羊周禮有朝
享之禮祭然則告朔與朝廟祭異亦明矣案此注引春秋經者亦欲
見告朔與朝廟爲二事與駁異義意同告朔朝廟之禮詳大史疏云
蜼禺屬卬鼻而長尾者據爾雅釋獸文彼禺屬作寓屬郭寓禺之借
字郭注云蜼似獼猴而大黃黑色尾長數尺似獺尾末有岐鼻露向
上雨即自縣於樹以尾塞鼻或以兩指江東人亦取養之爲物捷健
說文虫部云蜼如母猴卬鼻長尾又由部云禺母猴屬賈疏云虎彝
蜼彝當是有虞氏之尊故鄭注尙書云宗彝宗廟之中鬱尊虞氏所
用故曰虞夏以上虎蜼而已也云山罍亦刻而畫之爲山雲之形者
亦上雞彝鳥彝明山尊亦刻木爲尊而畫山及雲雷之形故同名山
罍也其酢罍則唯畫雲雷而不畫山形制亦略同說文木部云櫑龜
目酒尊刻木作雲雷象象施不窮也重文罍櫑或从缶論衡雷虛篇
云禮曰刻尊爲雷之形一出一入一屈一伸爲相校軫則鳴案王許
說與鄭同賈疏云罍之字與雷聲同故以雲雷解之以其雷有聲無
形但雷起於雲雲出於山故本而釋之以刻畫山雲之形也異義第
六罍制韓詩說金罍大夫器天子以玉諸侯大夫皆以金士以梓古
毛詩說金罍酒器諸臣之所酢人君以黃金飾尊大一石金飾龜目
蓋刻爲雲雷之象謹案韓詩說天子以玉經無明文謂之罍者取象
雲雷博施故從人君下及諸臣同如是經文雖有詩云我姑酌彼金
罍古毛詩說云人君以黃金則其餘諸臣直有罍無黃金飾也案賈
所引異義文有挩誤今據詩周南卷耳孔疏所引補正又卷耳疏云

司尊彝注言刻畫為山雲之形則用木矣故禮圖依制度云刻木為之韓詩說言士以梓士無飾言其木體則以上同用梓而加飾耳毛說言大一碩禮圖亦云大一斛則大小之制尊卑同也雖尊卑飾異皆得畫雲雷之形以其名罍取於雲雷故也案孔說是也爾雅釋器云小罍謂之坎郭注罍形似壺大者受一斛亦卽據酢罍言之蓋罍有大中小三等大者卽酢罍容一石中者為山罍與鬯人大罍皆容五斗小者為坎所容未聞三等大小迥異聶圖引張鎰圖誤以酢罍為卽鬯人祭社之大罍以瓦為之容五斗聶氏已覺其謬燕禮大射儀少牢饋食禮又別有盛水之罍士冠禮注亦云水器尊卑皆用金罍與臣酢金罍亦異互詳鬯人疏

凡六彝六尊之酌鬱齊獻酌醴齊縮酌盎齊涗酌凡酒脩酌

故書縮為數齊為齏鄭司農云獻讀為儀儀酌有威儀多也涗酌者涗拭勺而酌也脩酌者以水洗勺而酌也齏讀皆為齊和之齊杜子春云數當為縮齊讀皆為粢玄謂禮運曰玄酒在室醴醆在戶粢醍在堂澄酒在下以五齊次之則醆酒盎齊也郊特牲曰縮酌用茅明酌也醆酒涗于清汁獻涗于醆酒猶明清與醆酒于舊澤之酒也此言轉相泲成也獻讀為摩莎之莎齊語聲之誤也煑鬱和秬鬯以醆酒摩莎泲之出其香汁也醴齊尤濁和以明酌泲之以茅縮去滓也盎齊差清和以清酒泲之而已其餘三齊泛從醴緹沈從盎凡酒謂三酒也脩讀如滌濯之滌滌酌以水和而泲之今齊人命浩酒曰滌明酌酌取事酒之上也澤讀曰醳明酌清酒醆酒泲之皆以舊醳之酒凡此四者裸用鬱齊朝用醴齊饋用盎齊諸臣自酢用凡酒唯大事於大廟備五齊三酒

【疏】凡六彝六尊之酌者此詔其酌之法也賈疏云凡六彝之酌與鬱齊為目六尊之酌與醴齊盎齊為目下有凡酒滌酌上不言罍者亦是文不具也凡言酌者皆是泲之使可酌也 注云故書縮為數齊為齏者並聲類相

近葉鈔釋文齍作竇案竇卽齍之俗數疑卽藪之省詩小雅伐木毛傳云以藪曰湑湑莤之也與縮義同宋世犖云方言炊箕謂之縮或
謂之篓說文篓作籔鄭司農云獻讀爲儀者段玉裁云說文獻從犬鬳聲鬳從鬲虍聲在魚模部與歌戈部漢通用最近周人則元寒部
與歌戈部多合用之處司農讀獻爲儀如周書大誥民獻有十夫尚書大傳作民儀有十夫王莽大誥作民儀九萬夫亦其證也云儀酌
有威儀多也者先鄭以此獻與鬱人詔祼將之儀義同謂賓祭行祼時升降洗酌及拜送諸威儀多故云儀酌也云說酌者說拭勺而酌
也者說拭之說余本及注疏本並作挩釋文作挩飾云飾本或作拭段玉裁云司農讀說爲挩挩拭猶拂拭也飾拭古今字說文無拭字
巾部飾訓云㕞也詒讓案說挩字通封人凡祭祀飾其牛牲注云飾謂刷治絜清之也挩飾之飾義與彼同飾俗或作拭公食大夫禮挩
手注云挩拭也拭以巾爾雅釋詁云拭清也挩拭勺而酌謂以巾帨挩㕞勺使絜清而後以酌酒也云脩酌者以水洗勺而酌也者說文
水部云滌洒也先鄭蓋亦讀脩爲滌與後鄭同而別訓爲以水洗勺酌必洗者亦欲其絜清云齍讀皆爲齊和之齊者賈疏云鄭注酒正
爲度量解之則齊和義亦通也杜子春云數當爲縮者據禮記正其字也縮卽莤之叚字詳甸師疏段玉裁云數古音讀如藪在侯韻與
尤幽韻古合爲一類縮在尤幽之入聲鄭君從杜說云齊讀皆爲粢者酒正注同杜據故書作讀則疑當作齍讀皆爲粢段玉裁云酒正
五齊杜子春讀齊皆爲粢者正因此經作齍也此經齍卽粢字故酒正齊皆讀粢云玄謂禮運曰玄酒在室醴醆在戶粢醍在堂澄酒在
下者醍釋文作緹案醍緹字同鄭引此者欲明此盎齊亦名醆也詳酒正疏云以五齊次之則醆酒盎齊也者鄭禮運注引酒正五齊說
之云字雖異醆與盎澄與沈蓋同物也賈疏云於此經及酒正言之盎次醴禮運醆次醴以醆當盎處卽一物明醆酒盎齊也盎齊云酒

則酒齊亦通詒讓案說文酉部云醆一曰酒濁而微清也與後注盎齊差清義亦相近引郊特牲曰縮酌用茅明酌也醆酒涚于清汁獻涚于醆酒猶明清與醆酒于舊澤之酒也者諸數當爲縮涚當訓泲之義並詳後云此言轉相泲成也者郊特牲云明水涚齊貴新也鄭彼注云涚猶清也五齊濁泲之使清謂之涚齊是涚卽有泲義上引郊特牲以明酌泲醴齊以清酒泲盎齊又以盎齊泲汁獻是轉相泲以成酌也云獻讀爲摩莎之莎齊語聲之誤也者郊特牲注同段玉裁云鄭君讀爲莎謂齊語莎誤爲獻如明堂位獻尊鄭君獻讀爲娑亦其證也又云莎疑本作沙轉寫加艸如詩之沙雞案段校是也葉鈔釋文正作摩沙大射儀注同惟郊特牲注作莎摩莎卽曲禮注所謂挼莎詩周南釋文引阮孝緒字略又作挼莏莏卽莎之俗云煑鬱和秬鬯以醆酒摩莎泲之出其香汁也者卽郊特牲所謂汁獻涚于醆酒也彼注義並與此同釋名釋姿容云摩娑猶末殺也手上下之言也大射儀兩壺獻酒注云獻讀爲沙沙酒濁特泲之必摩沙者也娑沙亦通此言築煑鬱草以和秬酒因其太濁又和以盎齊復恐鬱煑築未至香汁難出故又用手上下挼搦之以散發其香汁使易出也必和以盎齊者郊特牲注云不以三酒泲秬鬯者秬鬯尊也云醴齊尤濁和以明酌泲之以茅縮去滓也者卽郊特牲所謂縮酌用茅明酌也彼注義亦同賈疏云醴齊對盎齊以下三者爲尤濁上仍有泛齊更濁於醴齊也云盎齊差清和以清酒泲之而已者卽郊特牲所謂醆酒涚于清也彼注義亦同又云泲盎齊必和以清酒者皆久味相得案泲之謂用筐釃之也凡泲用茅者謂之縮不用茅者直謂之泲詳甸師疏江永云盎齊涚酌謂以所配之明水涚之記言明水涚齊新之是也非謂三酒之清酒爲涚也案依鄭義涚鬱以齊涚齊以酒涚酒以水依江說則無論齊酒涚皆以水義亦得通祭統云宗婦執盎從夫人薦涚水涚水似亦謂涚酌之明水鄭彼注謂凡尊有

明水因兼云水疑未壻若然醴盎二齊同泲以明水但醴泲用茅盎不用茅故縮況異酌而郊特牲謂醆況於清者或以水爲膳夫六清之一實非三酒之清酒與云其餘三齊泛從醴緹沈從盎者緹舊本作醍今據宋婺州本注疏本正鄭以酒正有五齊而此經止有醴盎二酌故鄭以清濁差次推約之以泛齊下從醴齊同縮酌緹沈上從盎齊同況酌酒正注云自醴以上尤濁縮酌者盎以下差清是也云凡酒謂三酒也者據此文在二齊之下與酒正事酒昔酒清酒三酒在五齊之下同故知凡酒卽謂三酒酒雖有三同爲脩酌凡者辜較之言也云脩讀如滌濯之滌者滌濯見大宰職讀如賈疏述注作讀爲段玉裁云此讀如當作讀爲字之誤也脩字於義無施直易爲滌字滌條聲條與脩同攸聲故爲聲類案段校是也丁晏云條狼氏注杜子春云條當爲滌器之滌漢書恩澤侯表脩侯注脩讀曰條古脩條滌聲相近云滌酌以水和而泲之者賈疏云必知以水者曲禮曰水曰清滌且鬱鬯用五齊五齊用三酒三酒用水差次然也江永云凡酒滌酌謂以所酌之玄酒滌之非謂別取水也黃以周讀脩爲瀡云士虞禮明齊溲酌溲之言滫內則注齊人溲曰滫是也案黃說亦通士虞注云明齊新水也言以新水溲釀此酒則與鄭水和泲之義亦不迕也云今齊人命浩酒曰滌者說文水部云浩澆也浩酒蓋以水澆和酒之稱與泲酒事相類段玉裁云浩酒蓋鄭時呼泲酒之俗語云明酌酌取事酒之上也者郊特牲注義同以下並釋前引郊特牲之義郊特牲孔疏云事酒之上酒色清明謂之明酌云澤讀曰醳明酌清酒醆酒泲之皆以舊醳之酒者郊特牲注亦云澤讀爲醳舊醳之酒謂昔酒也泲醴齊以明酌泲醆酒以清酒泲汁獻以醆酒天子諸侯之禮也天子諸侯禮廢時人或聞此而不審知云若今明酌清酒與醆酒以舊醳之酒泲之矣就其所知以曉之也泲清酒以舊醳之酒者爲其味厚腊毒也案此記者舉其時制爲況不與禮合依

此經事酒清酒同和水泲之醆酒即盎齊泲以清酒皆不用昔酒也
云凡此四者祼用鬱齊朝用醴齊饋用盎齊諸臣自酢用凡酒者鄭
以酒正有五齊而此經四酌鬱齊本不在五齊之數則唯有醴盎二
齊而已故定爲時祭用二齊而以上文時享九獻之次差之二祼用
鬱齊故此經亦首鬱齊祼後二獻四獻爲朝踐此鬱齊後次醴齊當
爲朝踐所用而七獻之朝獻與朝踐尊相因則亦同用醴齊可知也
朝踐後五獻六獻爲饋獻此醴齊後次盎齊當爲饋獻所用而八獻
九獻之再獻與饋獻尊相因則亦同用盎齊可知也其凡酒既非正
獻所用明唯諸臣自酢用之而已云唯大事於大廟備五齊三酒者
賈疏云此據酒正云祭祀共五齊三酒下有大祭中祭小祭此時祭
用二齊禮運四齊據禘祭明大事祫祭備五齊三酒可知三酒時祭
亦備之亦於大事言之者連言挾句耳文二年大事於太廟公羊傳
大事者何大祫也即此大事是祫可知也禮運孔疏云用酒之法崔
氏云周禮大祫於大廟則備五齊三酒朝踐王酌泛齊后酌醴齊饋
食王酌盎齊后酌醍齊朝獻王酌泛齊因朝踐之尊再獻后酌醍齊
因饋食之尊諸侯爲賓則酌沈齊尸酢王與后皆還用所獻之齊賓
長酳尸酢用清酒加酌亦用三酒大禘則用四齊三酒者醴齊以下
悉用之故禮運云玄酒在室醴醆在戶粢醍在堂澄酒在下用四齊
者朝踐王酌醴齊后酌盎齊饋食王酌醍齊后酌沈齊朝獻王酌醴
齊再獻后還酌沈齊亦尊相因也諸侯爲賓亦酌沈齊用三酒之法
如祫禮也四時之祭唯二齊三酒則自祫禘以下至四時祭皆通用
也二齊醴盎也故鄭注司尊彝四時祭法但云醴盎而已用二齊者
朝踐王酌醴齊后亦酌醴齊饋食王酌盎齊后亦酌盎齊朝獻王還
用醴齊再獻后還用盎齊亦尊相因也諸侯爲賓亦酌盎齊三酒同
於祫其祫祭之法旣備五齊三酒以實八尊祫祭在秋案司尊彝秋
嘗冬烝朝獻用兩著尊饋獻用兩壺尊則泛齊醴齊各以著尊盛之

盎齊醍齊沈齊各以壺尊盛之凡五尊也又五齊各有明水之尊凡十尊也三酒三尊各加玄酒凡六尊也通斝彝盛明水黄彝盛鬱鬯凡有十八尊故崔氏云大祫祭凡十八尊其明水鬱鬯陳之各在五齊三酒之上其禘祭所用四齊者禘祭在夏醴齊盎齊盛以犧尊醍齊沈齊盛以象尊王朝踐獻用醴齊后亞獻用盎齊王饋獻用醍齊后亞獻用沈齊尸卒食王酳尸因朝踐醴齊后酳尸因饋食沈齊諸臣爲賓獻亦用沈齊天子時祭用二齊者春夏用犧尊盛醍齊用象尊盛沈齊秋冬用著尊盛醴齊用壺尊盛盎齊是一齊用一尊司尊彝皆云兩者以一尊盛明水故皆云兩若禘祫之祭其齊既多不得唯兩而已江永云前說謂時祭惟用醴盎二齊後又謂春夏用醍沈秋冬用醴盎自相抵牾其言祫禘用齊之差及所用尊彝之異亦恐未必然鄭司農謂追享朝享爲禘祫則禘祫彝當用虎蜼尊當用大山耳案崔孔所說宗廟之祭大祫用五齊時祭用二齊依此注義也禘用四齊依禮運義也並推約後鄭二禮注說差次之但經無見文未知是否至孔後說謂時祭亦兼用醍沈則與鄭此注不合江氏糾之是也又郊特牲孔疏引皇侃說謂圜丘祭天備五齊與宗廟祫同祭感生帝用醴齊以下四齊與宗廟禘同五時迎氣用醴盎二齊與宗廟時祭同通典吉禮引崔靈恩則謂圜丘用五齊餘感帝迎氣神州等並自醴齊以下四齊二說小異鄭既無說今不具論

大喪存奠彝存省也謂大遣時奠者朝夕乃徹也

疏大喪存奠彝者宰夫注云大喪王后世子也　注云存省也者爾雅釋詁云存省察也云謂大遣時奠者朝夕乃徹也者大遣奠葬日於祖廟之庭設大奠凡喪奠有十以大遣奠爲最盛故設彝也詳大史喪祝疏賈疏云大喪之奠有彝尊盛鬱鬯唯謂祖廟厥明將向壙爲大遣奠時有之故鄭云謂大遣時此大奠徹之早晚無文案檀弓云朝奠日出夕奠逮日則朝奠至夕徹之夕奠至朝乃徹是朝夕乃徹其大遣亦

朝設至夕乃徹言此者欲見所奠彝尊朝夕存省之意也大旅亦如之旅者國有大故之祭也亦存其奠彝則陳之不卽徹疏注云旅者國有大故之祭也者據大宗伯文大旅卽旅上帝也云亦存其奠彝則陳之不卽徹者賈疏云以其祭云亦如之明亦如大遺奠存省之云不卽徹則與上注奠者朝夕乃徹義異但上經據人鬼且出逮日放其去來於陰陽此天神無此義但不卽徹不必要至夕也且案小宰注天地至尊不祼此得用彝者此告請非常亦如大遺奠之而已亦非祼耳案表記云天子親耕粢盛秬鬯以事上帝則祭上帝亦有秬鬯或當如賈說奠而不祼也表記孔疏謂秬鬯卽五齊則非

司几筵掌五几五席之名物辨其用與其位五几左右玉彫彤漆素五席莞藻次蒲熊用位所設之席及其處疏注云五几左右玉彫彤漆素者賈疏云其玉彫以下數出於下文云左右者唯於王馮及鬼神所依皆左右玉几下云左右玉几祀先王酢席亦如之但受酢席未必有几故不云几筵其彫几已下非王所馮生人則几在左鬼神則几在右是以下文諸侯祭祀云右彫几國賓云左彤几諸侯自受酢亦無几故不言几也漆素並云俱右是為神也又云凡几之長短阮諶云几長五尺高三尺廣二尺馬融以為長三尺舊圖以為几兩端赤中央黑也戴震云馬融以為几長三尺六之而合二筵與案戴說近是阮圖長五尺於度太長文選東京賦薛綜注云几長七尺則尤長恐非又曾子問孔疏及聶氏三禮圖引阮圖並云几高尺二寸與賈所引不同今攷人在席則馮几在車則馮式輿人式崇三尺有三寸几高三尺與式崇約略相儗若高尺二寸則太低不可立馮孔所引亦非也聶氏又駁阮圖云詳五几之名是無兩端赤中央黑漆矣蓋取彤漆類而褭之也案聶說是也書顧命又有文貝几非生時所用此經亦無之

筵席度互詳匠人疏云五席莞藻次蒲熊者釋文云藻本又作繅阮元云經作繅司農讀爲藻鄭君則仍用繅字今本作藻非案阮說是也敘官注云其言之筵席通故此五席亦通莞蒲二筵數之賈疏云亦數出下文仍有葦萑席不入數者以喪中非常故不數直取五席與五几相對而言耳詒讓案書顧命又有篾席底席豐席筍席鄭彼注以爲非生時席故此經亦無之詳後疏又王臥寢社席掌於玉府非此官所共設詳玉府疏云用位所設之席及其處者賈疏云卽下凡大朝覲已下是也云及其處者王受朝覲席在廟牖閒大射在虞庠祀先王在廟奧及堂酢席在廟室西面旨諸侯已下亦皆在廟惟熊席漆几設在野所征之地耳案大射在辟雍賈謂在虞庠誤亦詳後疏

凡大朝覲大饗射凡封國命諸侯王位設黼依依前南鄉設莞筵紛純加繅席畫純加次席黼純左右玉几斧謂之黼其繡白黑采以絳帛爲質依其制如屏風然於依前爲王設席左右有几優至尊也鄭司農云紛讀爲豳又讀爲和粉之粉謂白繡也純讀爲均服之均純緣也繅讀爲藻率之藻次席虎皮爲席書顧命曰成王將崩命大保芮伯畢公等被冕服憑玉几玄謂紛如綬有文而狹者繅席削蒲蒻展之編以五采若今合歡矣畫謂雲氣也次席桃枝席有次列成文

【疏】凡大朝覲者賈疏云此經及下文見王有事設席三重之義言凡大朝覲非四時常朝常朝則春夏受贄於朝秋冬受贄於廟不常在廟也此朝覲言大則因會同而行朝覲之禮謂春秋來時若冬夏來則曰大宗遇也案大朝覲卽司儀所云合諸侯之事賈謂非常朝是也但謂常朝春夏受贄於朝則非詳大宗伯疏云大饗射者賈疏云謂王與諸侯行饗禮於廟卽大行人云上公三饗之屬是也大射謂王將祭祀擇士而射於西郊小學虞庠中案王大射在大學辟雍亦設黼依與在廟同

也賈謂大射在西郊小學虞庠中射義孔疏又引此經謂大射之射
宮在廟並失之詳諸子疏又王春與邦國貢士大射於東郊則爲壇
壝宮當亦設黼依詳司裘疏云凡封國命諸侯者並謂策命諸侯於
廟也詳大宗伯疏云王位設黼依依前南鄉者此冢上朝覲以下諸
事言之覲禮云天子設斧依于戸牖之閒左右几天子衮冕負斧依
卽大朝覲廟中之位又明堂位亦云天子負斧依南嚮而立是大朝
覲或在明堂其設位並同林喬蔭云大射儀言公席于阼階上西鄉
賓席於戸西南面而司几筵云大射王位設黼依依前南鄉則王之
席在戸牖閒賓不得有戸西南面之席蓋西階而東鄉矣云設莞筵
紛純者以下並此官共設筵席之官法也筵唐石經作席案此鋪陳
之筵不當作席阮元云涉下文誤是也詩小雅斯干云下莞上簟鄭
彼箋云莞小蒲之席也釋文云莞草叢生水中莖圓江南以爲席形
似小蒲而實非也孔疏云釋草云莞苻蘺某氏曰本草云白蒲一名
苻蘺楚謂之莞蒲郭璞曰今西方人呼蒲爲莞蒲今江東謂之苻蘺
西方亦名蒲用爲席言小蒲者以莞蒲一草之名而司几筵有莞筵
蒲筵則有大小爲席精麤故得爲兩種席也知莞用小蒲者以司几
筵設席皆麤者在下善者在上其職云諸侯祭祀之席蒲筵繢純加
莞席紛純以莞加蒲明莞細而用小蒲故知莞小蒲之席也郝懿行
云莞說文作蔬疏云夫蘺也按莞與藺相似莖圓而中空可爲席蒲葉
闊而不圓其細小者亦可爲席所謂蒲苹者也是蒲莞非一物爾雅
之莞乃蒲屬也非藺屬爾雅借莞爲蔬舊注及郭俱云莞蒲可知此
乃蒲之別種細小於蒲爲形纖弱故名蒲蒻作席甚平故曰蒲苹鄭
箋以莞爲小蒲之席是矣釋文猶以莞草莖圓非蒲爲疑不知此乃
似蒲之莞非似藺之莞也似郝之莞今江南席子草是矣案郝說深
得鄭恉說文艸部云莞艸也可以作席依鄭斯干箋義則莞艸雖自
可以爲席然凡詩禮之言莞筵莞席者莞並蔬之叚字乃小蒲之席

與莞艸席不同列子天瑞篇云老韭之爲莞蔍葉扁而不圓故與韭
相似若莞則不似韭也漢書東方朔傳莞蒲爲席顏注云莞夫離也
今謂之葱蒲與詩箋義同書顧命豐席僞傳及孔疏引王肅並釋爲
莞蓋欲以當此莞筵鄭所不從不足據也云加繅席畫純加次席黼
純者所謂加席也賈疏云以席三重也凡敷席之法初在地者一重
即謂之筵重在上者即謂之席已下皆然故鄭注序官云敷陳曰筵
藉之曰席案賈說非也依禮器說此王位設莞筵蓋五重上加繅席
次席皆不重凡禮經通例同席謂之重異席謂之加詳後　注云斧
謂之黼其繡白黑采者采賈疏述注作文明閩注疏本同斧謂之黼
爾雅釋器文郭注云黼文畫斧形因名云覲禮斧依注云依有繡斧
文所以示威也賈疏云案禮記明堂位云天子負斧扆彼及諸文多
爲斧字者據繢人職則云白與黑謂之黼據采色而言之若據繡於
物上則爲金斧文近刃白近銎黑則曰斧取金斧斷割之義故鄭以
斧釋黼詒讓案畫繢職黼爲繡采鄭覲禮注亦以斧依爲采繡斧形
古書多云畫斧蓋所聞之異又下次席黼純黼亦爲繡故說文巾部
云禮天子諸侯席有黼繡純飾是也書顧命蔑席黼純僞孔傳則云
白黑雜繒緣之彼專據繒色言之無繡斧與黼依異也云以絳帛爲
質者言以絳帛爲地而復以白黑繡之賈疏云鄉射記云凡畫者丹
質此黼畫之故知絳帛絳帛即丹質也王鳴盛云周人尚赤黼扆當
天子之位當用所尚正色故知以絳帛爲之絳正赤色也云依其制
如屏風然者據漢制爲釋覲禮注云依如今綈素屏風也明堂位注
云斧依爲斧文屏風於戶牖之閒釋名釋牀帳云扆倚也在後所依
倚也書顧命狄設黼扆綴衣僞孔傳云扆屏風畫爲斧文置戶牖閒
爾雅釋宮云牖戶之閒謂之扆郭注云窗東戶西也禮云斧扆者以
其所在處名之顧命孔疏引郭璞又云禮有斧扆形如屏風畫爲斧
文置於扆地因名爲扆案禮經之依尚書爾雅皆作扆隸釋漢石經

尚書又作衣說文戶部云戶牖之閒謂之扆从戶衣聲則扆爲正字依衣皆同聲叚借字魏書李謐傳明堂制度論引鄭氏禮圖及北堂書鈔屏風門引三禮弓矢圖並云扆從廣八尺畫斧文而無柄設而不用有畫飾今之屏風則遺象也禮圖及郭璞僞孔傳並依鄭義惟以繡爲畫小異漢屏風制詳掌次疏賈疏云案爾雅牖戶之閒曰扆於扆之處設黼黼卽白黑文而爲斧形此斧以大版爲邸卽掌次皇邸一也故鄭彼注云邸後版以此斧版置於扆卽以黼扆爲總名也案依者屏風之名唯其飾爲斧形賈以斧爲屏風名書及詩大雅篤公劉孔疏說並同誤也又賈以依爲皇邸者蓋因大朝覲在壇不在廟則無戶牖之閒不可以言依經總云王位設黼依不可以通於此故取掌次之皇邸以爲釋如其說則依與邸同物在廟則曰黼依在壇則曰皇邸因地而異其名不知經典說黼依未有飾以皇羽者掌次皇邸設於次不設於壇廟此職黼依設於壇廟不設於次二者迥異不可幷爲一也至大朝覲在壇無戶牖在明堂則王位正當大室中戶而兩窗夾之亦不得在戶牖之閒然皆未嘗不可設黼依金榜云宮廟之中設斧扆皆在牖戶之閒故爾雅云牖戶之閒謂之扆此以其所在處名之者也司几筵職凡大朝覲大饗射凡封國命諸侯王位設黼依依前南鄉則黼依所設非一地故謂牖戶閒爲扆則可謂依必設於牖戶閒則不可案金說足釋此經之疑蓋扆本屏風之名因其多設於牖戶之閒故卽以扆名其地非屏風因置於扆地得名亦不得謂非牖戶閒卽不得設扆也黃以周云士虞禮記佐食出戶負依注云戶牖之閒謂之依是自天子下至士皆有依其異者繡斧耳案黃說是也賈聘禮疏又謂諸侯扆無屏風亦非云於依前爲王設席者依前卽戶牖閒省文亦云牖閒顧命云牖閒南嚮敷重篾席黼純華玉仍几僞孔傳云此見羣臣覲諸侯之坐孔疏謂彼牖閒卽此依前是也凡廟寢皆五架後楣以前爲堂室南嚮東爲戶西爲

牖依當室外戶牖之閒依前卽堂後楣前正中之位也云左右有几優至尊也者賈疏云此經所云王皆立不坐旣立又左右皆有几故鄭注大宰云立而設几優至尊據立而言此據左右皆有而言故注相兼乃具也詒讓案凡几皆設於席上少牢饋食禮云司宮筵于奥祝設几于筵上是也此玉几謂以玉飾几卽顧命之華玉几僞孔傳云華彩色華玉以飾憑几孔疏引鄭書注云華玉五色玉也此玉几不言色者文不具鄭司農云紛讀爲豳者段玉裁云豳與份彬虨三字同文皃公冠篇邠或卽彬或上林賦玢豳音紛彬云又讀爲和粉之粉謂白繡也者先鄭爲兩讀以後讀爲正故釋其義段玉裁云粉色白如尚書粉米取其潔也紛豳粉三字古音同部可晏云尚書鄭注粉米白米也故此注謂白繡云云純讀爲均服之均者賈疏云案僖五年左傳卜偃云均服振振取虢之旂賈服杜君等皆爲均均同也但司農讀爲均均卽準音與純同段玉裁改讀爲爲讀如云此讀如擬其音耳今本作讀爲轉寫之誤也假令易其字爲均則當云均緣也而不云純緣也矣如下文敦讀曰燾燾覆也乃讀爲仍仍因也皆可證賈云左傳均服賈服杜君等皆爲袀袀同也今本疏袀字譌均案吳都賦六軍袀服劉逵注引左氏傳袀服振振袀同也士冠禮袀玄注袀同也古文袀作均今儀禮袀誤爲袗杜左傳袀誤均皆非古本士冠禮注古文袀作均則袀均通用此司農引左傳作均之故乎案段校是也云純緣也者屨人注同凡此經諸筵席有黼畫紛繢四等之純皆以尊卑爲文書顧命有厎席綴純僞孔傳云綴雜彩此經無之亦文不具鄉飲酒公食大夫記又有蒲筵緇布純萑席玄帛純彼緇玄用純色無文蓋大夫以下之殺禮非王侯所用故經亦不著也云繅讀爲藻率之藻者弁師繅斿先鄭注亦云繅當爲藻繅古字也藻今字也同物同音賈疏云讀從桓二年臧哀伯云藻率鞞鞛鞶厲斿纓此並取彼義也段玉裁云儀禮注云今文繅作璪然則繅是

古文故司農恐人不識易爲藻字藻謂畫水藻文也鄭君云繅席削蒲蒻展之編以五采若今合歡歡編以五采正釋繅義不易爲藻字說文云璪玉飾如水艸之文蓋許君從儀禮今文不從周禮故書儀禮古文矣云次席虎皮爲席者據司裘故書云王大射則共熊侯虎侯以虎侯爲熊侯之次先鄭見此下有熊席爲熊皮席以彼文例此則熊席之次當爲虎皮席故云次席虎皮爲席也引書顧命以下者顧命篇云惟四月哉生魄王不懌甲子王乃洮頮水相被冕服憑玉几乃同召太保奭芮伯彤伯畢公衞侯毛公師氏虎臣百尹御事此經括引之證大朝覲王憑玉几之事憑今書作憑卽馮之俗釋文及賈疏述注亦同今從嘉靖本云玄謂紛如綬有文而狹者者顧命筍席玄紛純僞孔傳云玄紛黑綬孔疏引鄭書注云以玄組爲之緣惠棟云漢官儀云綬長一丈二尺闊三尺故云有文而狹詒讓案續漢書輿服志說綬制云凡先合單紡爲一系四系爲一扶五扶爲一首五首爲一文文采淳爲一圭皆廣尺六寸紛之制蓋與彼相類鄭書注以紛爲組者說文糸部云組綬屬文選張衡東京賦次席紛純薛綜注云紛純謂以組爲緣與鄭同也云繅席削蒲蒻展之編以五采若今合歡矣者弁師注云繅雜文之名也典瑞注云繅有五采文說文艸部云蒲水艸也可以作席蒻蒲子可以爲平席釋名釋牀帳云蒲平以蒲作之其體平也淮南子主術訓云匡牀蒻席鹽鐵論散不足篇說席有蒲子露林卽此鄭意繅席卽削蒲爲席惟以五采合編之漢時席蓋有爲合歡文者鄭據目驗爲況也顧命底席僞孔傳云底蒻苹釋文引馬融孔疏引王肅並云青蒲席也僞傳之意蓋以彼底席當此繅席又彼篾席釋文引馬融云纖蒻孔疏引王肅云纖蒻苹席說文首部作莧席說與馬同案馬王僞孔諸說並鄭所不從與此繅席蒲筵等並不相當也蒲蒻互詳醢人疏云畫謂雲氣也者顧命豐席畫純僞孔傳云彩色爲畫孔疏引鄭書注亦云以雲氣畫之爲

緣與此注同畫雲氣詳冪人疏云次席桃枝席有次列成文者周書器服篇有桃枝蒲席又選東京賦薛注云次席竹席也顧命篾席僞簟也爾雅釋艸云桃枝四寸有節戴凱之竹譜云桃枝皮赤編之滑勁可以爲席顧命篇所謂篾席者也案顧命篾席亦黼純孔傳釋爲孔傳云篾桃枝竹文選左思吳都賦桃笙象簟劉逵注云桃笙桃枝桃枝竹蓋欲以當此經之次席黼純孔疏說同禮器疏引鄭書注云不用生時席新鬼神之事故也又顧命疏引鄭注云篾析竹之次青者則鄭說與僞孔異蓋顧命四席與此經五席純略同而席異不可以彼說此覲禮賈疏謂篾謂竹青據竹而言次謂次列據文體而說孔與鄭同非也又顧命底席豐席筍席孔疏引鄭注云底致也篾纖致席也豐席刮涑竹席筍析竹青皮也僞孔傳云筍蒻竹釋文引馬融云筍箬箬也彼諸席雖皆用竹然亦皆非生時席不足相證次列謂削竹次第編之自成文章與上繅席編以五采異黃以周云知繅蒲蒻席次桃枝席者詩曰下莞上簟與此下莞上次正同故次席爲桃枝竹席則繅席爲蒲蒻之纖緻者矣。

祀先王昨席亦如之鄭司農云昨席於主階設席王所坐也玄謂昨讀曰酢謂祭祀及王受酢之席尸卒食王酳之卒爵祝受之又酌授尸尸酢王於是席王於戶內后諸臣致爵乃設席

疏祀先王昨席亦如之者昨唐石經初刻作胙磨改作昨詳後賈疏云祀先王謂宗廟六享皆用上三種席酢席謂王酳尸尸酢王王受酢之席亦如上三種席故云亦如之又云案禮記禮器云天子之席五重今天子唯三重者彼云五重者據天子大祫祭而言若禘祭當四重時祭當三重皆用此三種一席耳故此唯見三種席也禮器孔疏引熊氏云天子祫祭席五重禘則宜四重也時祭三重司几筵職是也受神酢席亦然大朝覲大饗食封國命諸侯皆然其平常朝覲及燕蓋亦三重席知者以諸侯燕禮有加席故也案賈即本熊說然非經義也此大祭

爲神所設之席則莞筵加繅席次席並不重禮器所謂鬼神之祭單
席也其王酢席則莞筵五重加繅席次席皆不重與朝覲饗射等同
此禮器所謂天子之席五重也張爾岐云重席但一種席重設之故
燕禮鄭注云重席重蒲筵緇布純也加席則於席上設異席如公食
大夫記云蒲筵常緇布純加萑席尋玄帛純是也案張說甚析綜校
禮經筵席陳設之例凡同席而重累設之者曰重不重則曰單禮器
所云是也異席而增益設之則曰加此經及儀禮所云是也重席止
一種席若燕禮之重席及書顧命敷重篾席亦卽以篾席重累設之
不加他席是也加席則非一種席若此經莞筵加繅席復加次席之
類是也下鋪之筵有重有單上藉之席有加無重禮器所記天子席
五重諸侯席三重大夫席再重者並指重筵而言而熊孔賈諸儒乃
雜引加席以釋之遂謂此經莞筵加繅次二席爲止三重席又以爲
時祭先王之法禘祫則以次遞加不知此繅次爲加席本不入重數
而莞筵則自有單重之別其有加則一也若如熊說以單席爲無加
席則此經天子祭先王莞筵上有繅席次席之加下文諸侯祭祀蒲
筵上亦有莞席之加朋是不單之席不幾與禮器之文相違乎是知
重席單席非有加無加之謂也鄭注燕禮釋重席爲重蒲筵又注鄉
辭重席云重席非加猶爲其重累去之辟君也其分別重席加席甚
晰而注鄉飲酒禮大夫辭加席云加席上席也大夫席再重注鄉射
禮大夫辭加席主人對不去加席云不去者大夫再重正也賓一重
席是又以有加席爲再重無加席爲一重與燕禮注自相抵牾蓋鄭
亦未通校禮經故其說游移不定此能賈諸家所由誤也 注鄭司
農云昨席於主階設席王所坐也者賈疏云此約鄉飲酒禮主人在
阼階賓在戶牖主人受酢王行飲酒禮亦然此酢文承祀先王下卽
是祭禮受尸酢不得爲凡常飲酒禮故後鄭不從也段玉裁云依司
農注似昨本作阼從𠂤不從日也丁晏云唐石經原刻作阼席先鄭

云主階則讀爲阼古胙與阼通荀子哀公篇登自胙階注胙與阼同曹騰碑踐胙之初亦以胙爲阼昨胙酢皆从乍聲古或假借案段丁兩說近是公食大夫記云不授几無阼席彼食禮輕公不坐故無阼席若饗禮重則當有阼席故先鄭據以爲說膳夫胙俎亦卽少牢特牲禮之阼俎也云玄謂昨讀曰酢者司尊彝注義同云謂祭祀及王受酢之席者明祀先王及王受酢二者並有二加席也云尸卒食王醑之卒爵祝受之又酌授尸尸酢王於是席王於戶內者特牲饋食禮於尸九飯告飽之後云主人洗角升酌醑尸尸拜受卒爵祝酌授尸尸以醋主人主人拜受角啐酒聽嘏主人酌獻佐食主婦洗爵於房酌亞獻尸獻祝及佐食如初賓三獻如初席於戶內主婦洗爵酌致爵於主人主人拜受爵卒爵主婦受爵醋卒爵主婦出反於房主人降洗酌致爵於主婦席於房中南面主婦拜受爵主人更爵醋卒爵降復位彼經之醋卽此經之酢天子祭禮亡故鄭依彼士禮推而致之鄭彼注云席於戶內爲主人鋪之西面又彼禮於陰厭未迎尸之先云祝入主人從西面于戶內是戶內西面爲主人之常位故設席于彼王席蓋亦設於戶內西面也賈疏云案特牲少牢主人受酢之時未設席夫婦致爵乃設席今王於受酢卽設席者優至尊與大夫士禮異知席王在戶內者約特牲主人受酢時在戶內之東西面也云后諸臣致爵乃設席者賈疏云此亦約特牲夫婦致爵之時有席若然王於酢有席與彼異至於后卽與彼同者禮有損之而益故后不得與王同宜同士禮案特牲無致爵於賓長之法而此言諸臣致爵者此王於諸臣亦無致爵禮此致爵謂醑尸訖主人獻賓長於西階之上謂之致爵也特牲主人致爵於主婦席於東房中此后亦然其諸臣案特牲獻賓長於西階上無席獻訖以薦俎降降設於西階下亦無席此諸臣有席者亦是王之臣尊宜設席乃以薦俎降設於席東也江永云特牲賓長三獻尸爵止於是主婦入戶致爵於主人

受爵酢主人入房致爵於主婦更爵酢人君禮亦當諸臣獻尸二止爵而後夫婦致爵也

諸侯祭祀席蒲筵繢純加莞席紛純右彫几

繢畫文也不莞席加繅者繅柔儒不如莞清堅又於鬼神宜

疏諸侯祭祀席蒲筵繢純加莞席紛純者禮運說祭宗廟用越席鄭注云越席翦蒲也孔疏云卽蒲席蓋記者雜陳夏殷之禮詒讓案郊特牲云莞簟之安而蒲越槀鞂之尚蒲越卽越席亦卽此蒲筵也蒲爲蒲之大者與莞爲小蒲精麤不同此諸侯宗廟時祭及殷祭爲神所設之單席蓋蒲筵加莞席並不重禮器孔疏引熊安生說謂此諸侯祭祀席蒲筵加莞席卽爲二重不知此祭席爲鬼神設不當有重重席亦非有加之謂熊說並誤詳前諸侯祭席下蒲上莞降於天子下莞上簟公食大夫記云蒲筵加萑席彼大夫禮下蒲上萑又降於諸侯也公食注云今文萑皆爲莞則與此諸侯祭席同非其差次故鄭彼注不從也云右彫几者少牢饋食禮云司宮筵于奧祝設几于筵上右之注云布陳神坐也席東西近南爲右案士昏禮士虞禮凡爲神布席設几皆云右几又有司徹云尸還几北面奠于筵上左之注云左之者異於鬼神生人陽長左鬼神陰長右此几亦爲鬼神設故在右也彫几者說文彡部云彫琢文也又几部引周禮五几作雕几段玉裁云說文作雕假借守今周禮作彫正字案段說是也彫者漆而刻畫爲文書顧命有雕玉几僞孔傳云雕刻鏤此彫几諸侯所用或刻鏤而不用玉與注云繢畫文也者巾車注同說文糸部云繢織餘也古今韻會舉要引說文云繢畫也禮運孔疏云初畫曰畫成文曰繢賈疏云上文畫純者畫雲氣此云繢卽非畫雲案繢人職對方爲繢是對方爲文畫於繒帛之上於席爲緣也王引之云畫雲畫文皆畫繢之事不得以畫雲爲畫畫文爲繢也案文選神女賦李注引蒼頡篇曰繢似纂色赤急就篇承塵戶簾條繢總顏注曰繢亦條組之屬也似纂而色赤說

文纂似組而赤蓋以此爲席緣上文莞筵紛純紛亦組也但繢爲赤色之組與紛不同耳深衣曰具父母大父母衣純以繢蓋亦以赤組爲緣與蒲筵繢純同又玉藻緇布冠繢緌諸侯之冠也繢亦組也呂氏春秋離俗篇白縞之冠丹繢之袧高注曰袧纓也蓋以赤組爲纓又漢書王莽傳侍郎王盱見人衣白布單衣赤繢方領謂以赤組爲方領也案王說亦通又說文糸部云繪會五采繡也繢繪古字多通用則繢純或當爲繡緣亦未可知要繢畫不得重用鄭義自不塙耳云不莞席加繅者繅柔襦不如莞清堅又於鬼神宜者葉鈔釋文云襦本或作懦又作擩同如兗反段玉裁云襦當是本作碝假借爲㮕字凡隸書從耎之字多誤爲從需故說文㨎祭字今本並篆文誤作擩案段說是也詩陳風澤陂箋云蒲柔滑之物此繅席編蒲蒻爲之故柔碝也柔碝猶鮑人注云柔需互詳彼疏賈疏云案上文天子祭祀席與酢席同此下文諸侯受酢席下莞上繅今諸侯祭祀席下蒲上莞不亦如下莞席加繅者以其繅柔襦不如莞清堅於鬼神宜卽於生人不宜故下文生人繅在上爲宜也又不以繅在莞下者繅尊不宜在莞下故用蒲替之也詒讓案鄭言此者以下文昨席莞筵尊於蒲筵加繅席亦尊於莞席嫌昨席尚於祭祀故特釋昨席莞筵紛之明生人席取柔碝鬼神則不妨清堅非尊卑之次也

純加繅席畫純筵國賓于牖前亦如之左彤几昨讀亦曰酢鄭司農云禮記國賓老臣也爲布筵席於牖前玄謂國賓諸侯來朝孤卿大夫來聘後言几者使不蒙如也朝者彤几聘者彤几 疏 昨席莞筵紛純加繅席畫純者

昨唐石經初刻亦作胙後磨改作昨此昨及筵國賓並冡上諸侯爲文賈疏云諸侯醑尸尸酢主君亦於戶內之東西面設此二席云筵國賓于牖前亦如之者賈疏云亦如同二種席也又云禮器云諸侯三重今諸侯二重者諸侯三重上公當四重亦謂大祫祭時若禘祭

降一重諸侯二重禘與時祭同卿大夫已下特牲少牢唯見一重耳若為賓饗則加重數非常法故不與祭祀同也案此疏亦誤以加席為重席之數也禮器說諸侯之席三重孔疏謂三重則四席其說是也而引熊安生說則以此諸侯酢席莞筵紛純加繅席為二重鄭賈氏所本今以禮器及禮經通例攷之此諸侯祭祀酢席及筵賓之席並當莞筵三重加繅席不重酢席亦無禘祫時祭之異熊賈說並誤又案諸侯饗賓亦當莞筵三重加繅席不重郊特牲所謂大饗君三重席而酢者蓋專據莞筵而言孔疏引皇氏云三重者有四席為三重謂鋪莞筵三上加繅席一是為禮經重席之酌解賈從熊氏說諸侯朝饗三重為有二加席故云加重數非常不知諸侯席有三重無三加若如熊賈說則諸侯祭祀酢席止加一繅席何以饗賓乃有二加多於祭祀乎目天子饗祭加席數同而諸侯獨異於禮例亦不協也其孤祭祀酢席當用莞筵再重加繅席不重大夫祭祀酢席當依公食大夫記用蒲筵再重加萑席不重今少牢禮不言加席者文不備也其神坐之席亦不重也若大國之孤四命謂之諸公亦得三重席多於大夫燕禮所謂諸公席三重者蓋用莞席三重加繅席不重賈謂少牢唯一重席亦非也云左彤几者賈疏云几席雖同但上文鬼神則右几此文生人則左几也又別云左彤几者謂國賓之中有諸侯來朝亦有孤卿大夫來聘若朝者則彤几蒙亦如之聘者席雖與同几則用彤故別云左彤几使不蒙如也　注云昨讀亦曰酢者段玉裁云亦者亦上文鄭司農云禮記國賓老臣也者賈疏云案禮記王制有四代養國老庶老於學之事彼國老謂卿大夫致仕庶老謂士之致仕者先鄭據此文而云國賓老臣也後鄭不從者未見朝聘之賓而言己國老臣於義不可故不從也案先鄭引禮記賈謂據王制國老未塙此似據成語今二戴記並無其文惟喪大記云君之喪未小斂為寄公國賓出又云君拜寄公國賓于位鄭彼注云國賓

聘大夫疑禮家舊說謂彼國賓爲老臣故先鄭引之也通典賓禮引此經說之云國賓王公之所不臣者馬融以爲二王後則馬謂國賓在王國爲賓恪之國來朝者與二鄭說並異於義亦通左僖二十四年傳云宋於周爲客天子有喪拜焉與喪大記君拜國賓之文相應若然國賓在王國則當爲二王後在侯國則當爲他國之君來朝及王人來聘者喪大記國賓同若鄰國聘大夫卑君當喪時不當爲出及拜之與寄公等也云爲布筵席於牖前者太室前南鄉之牖也說文片部云牖穿壁以木爲交窗也凡天子諸侯宗廟路寢皆有東西房其中爲室房室皆南向開戶東房則戶近西西房則戶近東而皆無牖室則戶牖俱有戶在東牖在西此牖前卽當室中偏西室牖之前爲位也黃以周云凡賓主人行禮東面者以西序爲正位其南面者或在戶西如士冠筵于戶西記以爲醮于客位是也或在牖前如司几筵王位設黼依于戶牖閒而國賓之筵則在牖前是也鄉飲酒義云坐賓於西北是賓席在牖前不在戶西明矣案黃說是也凡王侯廟寢室皆東戶西牖戶牖之閒爲堂之正中東西距戶牖正等戶西則在堂中微東距戶近而距牖稍遠牖前則在堂中之西正當牖而距戶甚遠故鄉飲酒注云賓席牖前南面而鄉飲酒義則謂坐於西北此經之扆前牖前立文不同明地亦異也顧命牖閒卽戶牖之閒與此牖前異詳前云玄謂國賓諸侯來朝孤卿大夫來聘者後鄭意國賓於侯國當廣晐朝聘賓客賈疏云案大小行人及司儀賓謂諸侯客謂其臣今此經唯云賓而兼云孤卿大夫者對文賓客異通而言之賓客一也以大司徒云大賓客令野脩道委積小司徒云小賓客令野脩道委積是賓客通用之義也案公食大夫禮云司宮具几與蒲筵加萑席又云上大夫蒲筵加萑席其純皆如下大夫彼注云謂公食上大夫孤爲賓則莞筵紛純加繅席畫純聘禮將禮賓宰夫徹几改筵注云徹神几改神席更布也賓席東上又引公食大夫

云此筵上下大夫也又引此筵國賓下至彤几云筵孤彤几卿大夫其漆几與以此而言則筵諸侯與孤用莞筵繅席而卿大夫則用蒲筵萑席今總云國賓孤卿大夫同莞繅者此廣解國賓之義其實如公食大夫及聘禮之注也案賈據公食聘禮注推鄭意是也聘禮疏說同司儀象胥國客並專主臣言則此國賓自以主君言爲正鄭以孤亦得用此席牽連及卿大夫耳又依後鄭此注說諸侯待朝聘賓客皆莞筵加繅席則天子之禮當亦然故禮器孔疏引熊氏云天子待諸侯則莞筵紛純加繅席畫純待諸侯之孤亦然故公食大夫禮注云孤爲賓則莞筵紛純加繅席畫純是也待諸侯之卿大夫則公食云上下大夫蒲筵常緇布純加萑席尋玄帛純注云謂三命大夫是也公食大夫雖是諸侯之法然天子待之亦然也天子於己臣子孤卿以下蓋亦然若其燕此上等之人皆單席故燕禮賓無加席注云燕私禮臣屈也然天子燕臣亦然也諸侯相朝亦二重也案熊說亦申儀禮注義賈此疏及聘禮疏說略同鄭意或當如是惟諸侯相朝當莞筵三重加繅席不重熊氏謂止以莞繅爲二重則誤云後言几者使不蒙如也者筵賓之席及加席並與酢席同故經云亦如之惟几有左右之異又彫几之外更有彤几故特別言於後明几不如酢也云朝者彫几聘者彤几者說文彡部云彤丹飾也博物志引董仲舒云彤者赤漆賈疏云彤几亦謂孤也依聘禮注卿大夫用漆几者以其天子用玉諸侯用彫孤用彤卿大夫用漆几差次然也

甸役則設熊席右漆几謂王甸有司祭表貉所設席【疏】甸役則設熊席者甸當依小宗伯注讀曰田即大宰鼓人之田役詳彼疏此熊席無加又不重禮器孔疏引熊安生謂即禮器所云鬼神之祭單席是也云右漆几者漆桼之借字詳載師疏段玉裁云說文几部曰周禮五几玉几雕几彤几髤几素几說文作髤則香牛切桼部曰髤桼也從桼髟聲與桼字義同而音別攷巾車故書

軟飾杜子春云軟讀爲漆垸之漆直謂髤漆也玄謂髤赤多黑少之色韋也鄉射記注亦曰髤赤黑漆也據此知司几筵職本作漆而易爲髹字亦當是杜子春賈侍中衞次仲等說而許從之爲鄭君所失載猶巾車本作軟子春用其聲類讀爲漆釋爲髹而鄭君從之二經皆以髹定其色髹几赤多黑少以別於上下文彤几素几髹飾以別於疏飾素飾革飾雀飾但言漆則色不顯也鄭君於此不從髹者鄭意漆几黑几如巾車之漆車黑車言漆則色已明不同漆飾之必當訓爲髹以別於下文漆車之色也從鄭爲長案段說是也書顧命亦有漆几許作髹不足據　注云謂王甸有司祭表貉所設席者此特言王者明不家上諸侯爲文也甸亦當讀爲田田役即謂王大田起徒役與大宗伯大田大役分屬二事不同大功役王不親與又無表貉之祭故知唯王田有此事也賈疏云甸役謂天子四時田獵案大司馬大閱禮教戰訖入狩田既陳有司表貉於陳前是時設熊席右漆几也案依鄭賈說則田役之熊席爲表貉之神設也呂氏春秋分職篇云衞靈公天寒鑿池宛春曰公衣狐裘坐熊席是以不寒是生人坐席亦有用熊者鄭知此熊席非王所坐者以經云右漆几知爲鬼神設也表貉詳肆師疏

凡喪事設葦席右素几其柏席用萑黼純諸侯則紛純每敦一几

喪事謂凡奠也萑如葦而細者鄭司農云柏席迫地之席葦居其上或曰柏席載黍稷之席玄謂柏椁字磨滅之餘椁席藏中神坐之席也敦讀曰燾燾覆也棺在殯則椁燾既窆則加見皆謂覆之周禮雖合葬及同時在殯皆異几體實不同祭於廟同几精氣合

疏設葦席右素几者葦詳澤虞疏巾車素車注云以白土堊車也此素几當與彼同喪事略故不漆也云其柏席用萑黼純者萑唐石經初刻作雚磨改作萑案萑席正字當作雚說文艸部云萑艸多皃又隹部云雚小爵也並非此雚席之義　注云喪事謂凡

奠也者賈疏云以其言凡非一之義士喪禮始死之奠乃至小斂之奠亦設於地未有席至大斂奠乃有席殯後則有朝夕奠朔月奠大夫已上兼有月半奠并有薦新奠葬時又有遷奠祖奠大遣奠葬乃廢奠而虞祭也故鄭云謂凡奠也案曾子問記君薨而世子生之禮云祝升奠幣于殯東几上注云几筵于殯東明繼體也孔疏云皇氏云周禮天子下室喪奠有素几不云殯宮有几而諸侯雖無文當與天子同而大夫士葬前下室並無几降於人君也並葬後殯宮皆有几人君未葬前而於下室有素几其殯宮無几今世子生既告權移下室之几於殯東告於繼體異常日庾氏云未虞施几筵常於下室然殯宮几筵爲朝夕之奠常在不去今更特設几筵於殯宮東者特異其事以爲世子之生故鄭云几筵於殯東明繼體也今按既夕禮燕養饋羞如他日則下室所供之物如平常皆用吉物卽今之告靈不得有素几又司几筵云凡喪事右素几注云喪事謂凡奠也又云凶事仍几注云凶事謂凡奠几朝夕相因喪禮略以此推之卽素几是殯宮朝夕設奠之几不在下室而庾皇等以爲素几設於下室未審何以知之其義非也熊氏以爲天子諸侯在殯宮則有几筵大夫士大斂有席虞始有几然殯宮几筵爲朝夕之奠常在不去今更特設几於殯東當明世子是繼體之貴故於常几筵之外別特設之考三家之說熊以爲是皇庾以爲非今案依皇侃說則此素几唯下室之奠有之其殯宮則自天子至士並葬後始有素几此注云凡奠乃專指下室言之也依庾蔚之說則下室殯宮未葬以前皆有素几此注乃通殯宮下室二者言之也依熊安生說則天子諸侯殯宮有素几葦席大夫士大斂始有席虞始有几孔穎達從熊氏又謂凡下室奠用吉几殯宮則天子諸侯有素几賈後疏亦用熊義又謂天子諸侯始死卽有几筵是此注乃專指殯乃始死大小斂及殯後諸奠言之也其大夫士則大斂奠始有席虞宮有素几故士喪禮大斂云奠

席在饌北士虞禮云素几葦席在西序下又檀弓云虞而立尸有几筵卒哭而諱生事畢而鬼事始已注云謂不復饋食於下室而鬼神祭之孔疏引謝玆云下室之饋器物几杖如平生又引鄭志荅張逸云未葬以脯醢奠於殯又於下室設黍稷曰饋下室內寢也是下室有饋無奠此注云奠自不兼下室足證皇庾二說之非孔謂下室用吉几亦卽本謝玆說也陳祥道云士虞禮素几葦席在西序下則虞亦喪事也云萑如葦而細者者萑當爲萑說文艸部云萑薍也从艸雈聲又云蒹萑之未秀者薍𦵔也八月薍爲萑葭爲葦𦵔萑之初生一曰薍一曰鵻或作菼葦大葭也段玉裁云蒹菼萑一也今人所謂荻也葭葦一也今人所謂蘆也萑一名薍一名鵻一名蒹葦一名華釋艸曰葭華蒹薕每二字爲一物又曰葭蘆菼薍亦每二字爲一物葭蘆卽葭華也菼薍卽蒹薕也夏小正傳毛公許君說皆同此舍人李巡樊光則云蘆薍爲一艸陸璣郭璞則又蒹葭菼爲三矣夏小正七月秀萑葦傳曰未秀則不爲萑葦秀然後爲萑葦又曰萑未秀爲菼葦未秀爲蘆按已秀曰萑未秀則曰蒹曰薍曰菼也案段說分別萑葦二艸最精爾雅釋艸菼薍郭注云似葦而小實中江東呼爲烏蓲鄭此注謂萑似葦而細猶郭謂菼似葦而小矣陳祥道云萑似葦而小則葦席麤於萑矣故喪禮葦席鄭司農云柏席迫地之席者丁晏云柏迫聲相近漢書溝洫志魚弗鬱兮柏冬日師古曰柏讀與迫同詒讓案公羊文二年傳云柏者迫也史記張耳傳云柏人者迫於人也白虎通義宗廟篇云柏者所以自迫促並以迫訓柏故先鄭以爲釋然此經迫地之席並稱筵其加席乃稱席分別甚明則柏席不可云迫地之席故後鄭不從云葦居其上者先鄭旣以柏席爲迫地之席意上仍有葦席猶上文諸筵上並有加席也云或曰柏席載黍稷之席者此先鄭引別說按下每敦爲義也孔廣森云或說是也敦本盛黍稷器名士虞禮曰饌黍稷二敦于階閒西上藉用葦席特牲

饋食曰盛兩敦陳于西堂藉用萑是此之柏席矣唯士直措敦于席人君尊席上有几几上庪敦耳柏讀當如今之箔故世謂萑葦所織
作者曰箔玉篇始有其字古或通作薄此經則借作柏也案依孔說則或讀敦如槃敦之敦項安世王應電亦舉玉府玉敦證或義是也
後鄭則以此職諸几皆人凴之几與庪器之案不同故亦不從也云玄謂柏椁字磨滅之餘者段玉裁云鄭君謂椁字磨滅成柏亦字之
誤也王念孫云柏者椁之借字注以柏爲椁字磨滅之餘非也椁柏聲相近故字相通莊子齊物篇南郭子綦徐無鬼篇作南伯子綦是
其例也案王說亦通云椁席藏中神坐之席也者賈疏云謂於下帳中坐設之云敦讀曰燾者段玉裁云敦在古音諄文欣魂痕部燾在
尤幽部聲類不同而敦弓即彫弓鷙即雕皆於雙聲求之敦之讀燾蓋亦以雙聲也詒讓案喪大記大夫殯以椁幬注云幬或作錞或作
椁即此敦燾通借之例云燾覆也者小爾雅廣詁文云棺在殯則椁燾者檀弓顔柳曰天子龍輴而椁幬鄭彼注云幬覆也殯以椁覆棺
而塗之又云天子之殯也菆塗龍輴以椁注云菆木以周龍輴如椁而塗之案燾與幬同云既窆則加見者既夕禮乃窆藏器于旁加見
注云見棺飾也更謂之見者加此則棺不復見矣賈彼疏云飾則帷荒以其與棺爲飾是以喪大記云飾棺君龍帷黼荒大夫畫帷畫荒
士布帷布荒此柩入壙還以帷荒加於柩以其唯見此帷荒故名帷荒爲見是棺柩不復見也云皆謂覆之者明椁與見皆所以覆棺故
經謂之敦也云周禮雖合葬及同時在殯皆異几體實不同者明經云每燾是爲兩喪同時在殯設文異几則亦異席也賈疏云檀弓云
古者不合葬周公蓋附附謂合葬是周禮合葬也曾子問云父母之喪偕鄭云同月死是同時在殯也皆異几體實不同者解經每敦一
几之義云祭於廟同几精氣合者祭統云鋪筵設同几爲依神也鄭彼注云同之言詷也祭者以其妃配亦不特几也孔疏云詷共也言

人生時形體異，故夫婦別几；死則魂氣同歸于此，故夫婦共几，席亦共之。必云同几者，筵席既長，几則短小，恐其各設，故特云同几。賈疏云言祭於廟者，謂吉祭時。以其禫月吉祭猶未配，故知至二十八月乃設同几也。

凡吉事變几，凶事仍几。

故書仍爲乃。鄭司農云：「變几，變更其質，謂有飾也。乃讀爲仍，仍，因也，因其質，謂無飾也。爾雅曰：『儫、仍，因也。』書顧命曰：『翌日乙丑，成王崩。癸酉，牖閒南嚮、西序東嚮、東序西嚮，皆仍几。』」玄謂吉事，王祭宗廟，裸於室，饋食於堂，繹於祊，每事易几，神事文，示新之也。凶事，謂凡奠几，朝夕相因，喪禮略。

疏注云故書仍爲乃者，丁晏云：「仍从人乃聲。釋詁：『仍，乃也。』漢書匈奴傳：『仍再出定襄數百里擊匈奴。』史記仍作乃。說文乃部：『卤，从乃省，西聲，讀若仍。』釋詁：『迺，乃也。』古乃、仍通用，故許君、先鄭讀如仍也。」鄭司農云變几變更其質謂有飾也者，說文攴部云：「變，更也。」有飾似謂就其木質更加以雕刻，與上玉彫、彤漆之飾不同，詳後。云乃讀爲仍者，乃几無義，故依顧命讀爲仍也。云仍因也因其質謂無飾者，據爾雅爲釋。上經云凡喪事素几，故云無飾。然顧命仍几有華玉、文貝，明是有飾。先鄭後既引彼證義，則不宜絕不檢照。竊疑先鄭所云有飾無飾者，專就其質言之。几以木爲質，因其質無飾者，謂唯綴以貝玉，而不復彫刻其木也。明堂位云「爵用玉琖仍雕」，彼玉爵亦以木爲質，而綴以玉；仍雕者，謂就雕其玉，而不雕其木。書雕玉仍几，亦此義也。後鄭彼注云「因爵之形爲之飾也」，說亦未析。若然，以此及顧命、明堂位三經綜校之，先鄭因質之詁自通，但云無飾，與書貝玉之文似牾，斯乃立文偶未審密，要其義實長。後鄭不從，似未達其恉。至顧命僞孔傳亦訓仍爲因，而云因生時几不改作，與二鄭義復異，與此經及明堂位仍雕義亦不能相通，書義恐未必然也。引爾雅曰儫仍因也者，釋詁文。引以證仍有因訓，并引儫者，隨文便也。引書顧命曰翌日乙丑成王崩者，冡上文甲子顧命，故云翌日。翌今僞孔本作翼漢書律曆志引書亦作翌成王崩孔本作王崩書釋文引馬融本及白虎通義崩薨篇引並有成字與先鄭所據本同云癸酉牖閒南嚮西序東嚮東序西嚮皆仍几者舊注疏本南嚮字作鄉與下東嚮西嚮字異阮元云釋文音上經南鄉云下及注同則此亦當並作鄉字鄉正字嚮俗字嚮字亦見漢碑賈疏云案彼經云牖閒南嚮華玉仍几西序東嚮文貝仍几東序西嚮彫玉仍几西夾南嚮漆仍几孔云因生時几皆有飾而先鄭引之者先鄭意直取仍因之義不須無飾也案先鄭與僞孔雖並訓仍爲因而意旨殊異賈說未然云玄謂吉事王祭宗廟者明通賅大宗伯吉禮先王六享之事云祼於室者謂始祭尸入室二祼時詳司尊彝疏云饋食於堂者賈疏云謂饋獻節據有孰故言饋其實未有黍稷又不言朝踐者朝踐與饋獻同在堂故略而不言也又饋獻後更延尸入室進黍稷尸食之事不言者以其還依祼於室之几故亦略而不言也案亦詳司尊彝疏云繹於祊者爾雅釋天云繹又祭也毛詩周頌絲衣敘云繹賓尸也鄭箋云天子諸侯曰繹以祭之明日卿大夫曰賓尸與祭同日穀梁宣八年傳云繹者祭之旦日之享賓也案繹者又祭之名而其所重則在儐尸及賓客故詩小雅楚茨毛傳云繹而賓尸及賓客鄭郊特牲注說繹亦云其祭禮簡而事尸禮大是也卿大夫以下唯賓尸而不祭則不名繹毛詩敘及爾雅穀梁各偏舉一耑言之鄭謂繹在祊者禮器云設祭于堂爲祊乎外鄭彼注云祊祭明日之繹祭也謂之祊者於廟門之旁因名焉其祭之禮既設祭於室而事尸於堂孝子求神非一處也又郊特牲云繹之於庫門內祊之於東方失之矣注云祊之禮宜於廟門外之西室繹又於其堂神位在西也此二者同時而大名曰繹此鄭釋繹祭卽祊並謂在廟門外其正祭之祊在廟門內詩小雅楚茨篇祝祭於祊毛傳云祊門內也鄭箋義同說文示部云鬃門內祭先祖所徬皇也重文作祊祊若然依鄭義祊本在正祭日其祭

之明日又祭亦通謂之祊二祊皆在廟門唯以內外爲異陸佃方愨並謂祊專爲祭之正日索祭之名繹爲又祭不謂之祊金鶚說同焦循亦云門內曰祊祭於門內亦曰祊繹祭之名見於諸經者絕不與祊混禮記凡所謂祊皆正祭索神之名禮器云爲祊於外祭統云而出於祊者皆對室中言非門外也家語孔子引周禮繹祭於祊此亦謂明日之祭在廟門內非以祊爲門外之名特牲之所謂失之者繹在庫門之內爲失失在庫門不在門內也馬瑞辰陳奐說同案以毛許兩家說證之陸方謂繹不名祊焦謂祊皆在門內是也凡詩禮所謂祊者並指正祭之祊明日又祭禮與春秋皆稱繹不稱祊鄭注及賈孔二疏並多淆舛但繹雖不名祊而其祭亦當在廟門內故流傳譌易而爲庫門內若少牢饋食禮儐尸在堂彼大夫禮與天子諸侯不同也又案正祭之祊行於何時經無明文秦蕙田孫希旦金鶚黃以周並據詩楚茨及禮器郊特牲謂在朝踐之後饋食之前其說近是此注先二云饋食於堂後二云繹於祊明據次日之繹言之通典吉禮說大祫之祊在九獻之後非也二云每事易几神事文示新之也者謂祼時一几饋食時易一几繹時又易一几因祭爲神事其禮尚文故易几以示絜新也後鄭釋變爲易與先鄭變更訓同而義則異二云凶事謂凡奠者與上文喪事同賈疏二云此文見凡奠几相因不易之意案檀弓云虞而立尸有几筵者據大夫士而言案士喪禮大斂卽有席而二云虞始有筵者以其几筵相將連言其實虞時始有几其筵大斂卽有也天子諸侯禮大初死几筵並有故上二云凡喪事設葦席右素几也案此賈從熊安生說士虞禮疏說同詳前疏二云几朝夕相因喪禮略者此亦訓仍爲因而義與先鄭異案顧命陳几非奠事無取朝夕相因明堂位玉璲仍雕尤與因略之義無會後鄭說不能通於彼二經明非達詁也

天府掌祖廟之守藏與其禁令祖廟始祖后稷之廟其寶物世傳守之若魯寶玉大弓者【疏】掌祖廟之守藏者謂版法及瑞器也大戴禮記少閒篇云武丁卽位開先祖之府取其明法以爲君臣上下之節先祖之府卽天府也天府掌受官府鄉州及都鄙之治中而藏之卽所謂明法矣云與其禁令者賈疏云謂禁守不得使人妄入之等也　注云祖廟始祖后稷之廟者夏采所謂大祖是也周七廟后稷爲始祖遷主藏焉故寶物亦藏於其廟詳敘官及守祧疏云其寶物世傳守之若魯寶玉大弓者者葉鈔本釋文世傳作傳世賈疏云案春秋定八年盜竊寶玉大弓公羊傳云寶者何璋判白弓繡質是世傳守者也

凡國之玉鎮大寶器藏焉若有大祭大喪則出而陳之既事藏之玉鎮大寶器玉瑞玉器之美者禘祫及大喪陳之以華國也故書鎮作瑱鄭司農云瑱讀爲鎮書顧命曰翌日乙丑王崩丁卯命作冊度越七日癸酉陳寶赤刀大訓弘璧琬琰在西序大玉夷玉天球河圖在東序胤之舞衣大貝鼖鼓在西房兌之戈和之弓垂之竹矢在東房此其行事見於經【疏】凡國之玉鎮大寶器藏焉者此與玉府典瑞爲官聯也藏謂於大祖廟別爲府庫以藏之云若有大祭大喪則出而陳之者此與典庸器爲官聯也大祭蓋通宗廟六享外祭祀若明堂大享疑亦有陳器之法大喪當兼王及后喪世子以下或無是禮陳謂陳於廟與寢也　注云玉鎮大寶器玉瑞玉器之美者者賈疏云此云玉鎮卽大宗伯云以玉作六瑞鎮圭之屬卽此寶鎮也彼又云以玉作六器蒼璧禮天之屬卽此寶器也知是美者以別入天府故知簡取美者來入也若典瑞掌其凡瑞器故典瑞云掌玉瑞玉器之藏辨其名物與其用事設其服飾其美者天府掌之案依鄭賈義則王及諸侯六瑞通謂之玉鎮蘇氏演義引三禮義宗云上公鎮桓圭九寸侯鎮信圭七寸伯鎮

躬圭六寸子鎮穀璧五寸男鎮蒲璧五寸謂之鎮者皆受之於天子
以爲瑞信鎮撫國家也亦與鄭義同云禘祫及大喪陳之以華國也
者宗廟之祭以禘祫爲最大然中庸云春秋脩其祖廟陳其宗器則
四時常祭亦有陳器之事或不如禘祫之備耳中庸注釋宗器爲祭
器義似未晐又周書世俘篇云辛亥薦俘殷王鼎武王乃翼矢珪矢
憲告天宗上帝又云壬子王服袞衣矢琰格廟癸丑薦殷俘王士百
人王矢琰孔注云矢陳也此並廟中陳寶之事據彼云告於天宗上
帝則外祭祀亦陳之矣大喪陳器卽後引顧命是也華國者國語魯
語云以德榮爲國華韋注云華榮華也此大祭大喪陳玉鎮大寶器
亦所以爲國之榮華故曰華國也云故書鎮作瑱鄭司農云瑱讀爲
鎮者典瑞注同段玉裁云瑱鎮皆真聲聲類皆同徐養原云釋名釋
首飾瑱鎮也縣當耳旁不欲使人妄聽自鎮重也此瑱鎮音義並同
得相假借之故引書顧命者成王大喪之儀也𧯷釋文作賁案今書
作𧯷賁𧯷字同詳鼓人疏書孔疏及賈疏引鄭書注云癸酉蓋大斂
之明日也陳寶者方有大事以華國也赤刀者武王誅紂時刀赤爲
飾周正色大訓者禮法先王德教卽虞書典謨是也弘璧弘大也大
璧琬琰皆度尺二寸者大玉華山之球也夷玉東北之珣玗琪也天
球雍州所貢之玉色如天三者皆璞未見琢治故不以禮器名之河
圖圖出於河水帝王聖者所受胤也兌也和也垂也古人造此物者
之名𧯷鼓大鼓也大貝者書傳曰散宜生之江淮之浦取大貝如車
渠是也云此其行事見於經者謂顧命所記卽大喪陳寶之事彼喪
禮以路寢爲殯宮陳寶卽在路寢之東西序東西房若然大祭在廟
則陳寶亦在廟之房序與

凡官府鄉州及都鄙之治中受而藏之以詔王察羣吏之治

察察其當黜陟者鄭司農云治中謂其治職簿書之要

疏 凡官府鄉州及都鄙之治中受而藏之者明此官兼爲典法文

籍受藏之府與司會大史內史爲官聯也鄉大夫云鄉老及鄉大夫羣吏獻賢能之書于王王再拜受之登于天府內史貳之大司寇云凡邦之大盟約涖其盟書而登之于天府大史內史司會及六官皆受其貳而藏之又小司寇大比登民數及訟獄之中皆登于天府司勳注謂功書亦藏於天府則凡王國之大典法其正本咸藏之此官而六官及大史內史司會所藏者皆其副貳則其圖籍之富可知管子立政篇云百吏受憲於大史大史既布憲入籍于太府考憲而有不合于太府之籍者罪死不赦戰國策魏策安陵君曰吾先君成侯受詔襄王手受大府之憲彼憲藏大府蓋亦即祖廟之府猶宗廟亦曰大宮與天官大府異也又大戴禮記保傅篇云胎教之道書之玉版藏之金匱置之宗廟蓋亦即此天府之義矣賈疏云此自王國以至四疆皆有職司治事文書不言六遂及四等公邑之官者於文略其實皆有也都鄙則三等采地云以詔王察羣吏之治者此贊官計之法也羣吏卽百官府通內外鄉大夫士言之詳大宰疏賈疏云告王據此治中文書而行黜陟也

注云察察其當黜陟者者謂察其治修舉者則當陟之廢不舉者則當黜之皆以詔告王也鄭司農云治中謂其治職簿書之要者江永云凡官府簿書謂之中故諸官言治中受中小司寇斷庶民訟獄之中皆謂簿書猶今之案卷也此中字之本義故掌文書者謂之史其字从又从中又者右手以手持簿書也吏字事字皆从中天有司中星後世有治中之官皆取此義案江說是也小司寇云以三刺斷庶民獄訟之中又云歲終則令羣士計獄弊訟登中于天府彼獄訟之中亦治中之一隅並指簿書成要而言賈疏謂中者陟之不中者黜之經直言中偏舉一邊而言失其義矣互詳小司寇疏

上春釁寶鎮及寶器上春孟春也釁謂殺牲以血血之鄭司農云釁讀爲徽或曰釁鼓之釁

疏釁寶鎮及寶器者孟子梁惠王篇釁鍾趙注引天府上春釁寶

鍾及寶器以鎮爲鍾蓋字誤　注云上春孟春也者雝人注云上春者夏正建寅之月是也淮南子覽冥訓高注云上猶初也孟春爲春三月之始故此經及內宰雝人筮人並謂之上春云釁謂殺牲以血血之者說文爨部云釁血祭也孟子梁惠王篇趙注云新鑄鍾殺牲以血塗其釁郤因以祭之曰釁呂氏春秋慎大覽云釁旗鼓甲兵高注云殺牲祭以血塗之曰釁案以血血之即以血塗之也玉燭寶典引不重血字以血塗之謂之血其義已晐疑不重者近是雝人釁雝注亦云釁者殺牲以血之可證依許趙高說則釁亦兼祭鄭此注及雝人注並不言祭蓋與彼說異史記高祖本紀集解引臣瓚云案禮記及大戴禮有釁廟之禮皆無祭事案瓚說是也雜記云宗廟之器其名者成則釁之以豭豚此釁寶鎮及寶器之牲無文蓋亦用豭豚等鄭司農云釁讀爲徽者雝人注同云或曰釁鼓之釁者段玉裁云或曰者大鄭所引或說也釁鼓之釁上當有如字如釁鼓之釁即鄭君殺牲以血血之之說也案段說是也凡經言釁者有釁浴有釁廟釁器先鄭皆讀爲徽此引或說則謂釁器字別讀先鄭意實不從之故於雞人注亦止載前讀也後鄭之意則謂釁浴字當讀爲薰而釁廟釁器讀如字說實長於先鄭若然先鄭兼存兩讀後鄭讀正與或同而不決其是非者以上文已著以血血之之說讀者可自得之不煩辨析也互詳鬯人女巫疏釁鼓詳小祝疏　凡吉凶之事祖廟之中沃盥執燭吉事四時祭也凶事后王喪朝于祖廟之奠【疏】祖廟之中沃盥執燭者此與小祝小臣鬱人爲官聯也祖廟亦舉大祖廟以晐四親廟二祧也賈疏云謂他官在祖廟中沃盥凡與時則天府之官與之執燭爲明他官在祖廟中沃盥者謂小祝云大祭祀沃尸盥小臣大祭祀沃王盥此二官所沃盥在祖廟中則天府爲之執燭其若士師云祀五帝沃尸盥非祖廟事則不與執燭也詒讓案二祼時鬱人沃盥天府亦當爲之執

燭也　注云吉事四時祭也者卽大宗伯六享是也賈疏云略言之禘祫亦在焉云凶事后王喪朝于祖廟之奠者于注例當作於各本並誤賈疏述注作王后喪云王及后喪七月而葬將葬當朝六廟后乃朝祖廟祖廟中日側爲祖奠厥明將去爲大遣奠皆有沃盥之事詒讓案既夕禮遷祖之後有三奠曰遷祖奠曰祖奠曰大遣奠遷祖奠徧歷七廟祖奠在日側後或逮闇當用燭既夕禮大遣奠陳鼎後亦云滅燭執燭乃奠是皆有執燭之事也三奠詳喪祝疏

季冬陳玉以貞來歲之媺惡問事之正曰貞問歲之美惡謂問於龜大卜職大貞之屬陳玉陳禮神之玉凡卜筮實問於鬼神龜筮能出其卦兆之占耳龜有天地四方則玉有六器者與言陳者既事藏之不必瘞之也鄭司農云貞問也易曰師貞丈人吉問於丈人國語曰貞於陽卜

【疏】季冬陳玉以貞來歲之媺惡者謂卜後歲吉凶之事與肆師卜來歲之芟戒稼三事略同與大卜爲官聯也賈疏云季冬謂夏之季冬歲終當除舊布新故此時當有卜筮來歲之美惡者將卜筮之時先陳玉以禮神然後卜筮也　注云問事之正曰貞者大卜注云貞之爲問問於正者必先正之乃從問焉廣雅釋詁云貞正也左襄十七年傳云衞侯貞卜杜注云正卜賈疏云禮記少儀云問卜筮曰義與志與注云義正事也志私意也是問卜筮有不正之事故云問事之正曰貞卽此經云貞者問事之正也詒讓案後鄭與先鄭皆訓貞爲問而後鄭又增成其義謂貞問義同而卜必曰貞者乃取其問事之正也貞正聲相近云問歲之美惡謂問於龜者媺美古今字凡經作媺者注並作美詳大司徒疏經不云龜故注補釋之云大卜職大貞之屬者明問卜謂之貞也大卜云凡國大貞卜立君卜大封彼所問事尤大故云大貞此問歲事略小故唯云貞也云陳玉陳禮神之玉者凡卜筮禮神有玉帛故小宗伯云若國大貞則奉玉帛以詔號是也云凡卜筮實問於鬼神龜筮能

出其卦兆之占耳者謂凡卜筮者皆汎問吉凶於鬼神鬼神卽上下
四方之神故禮神之玉亦用六器也鬼神不能明示其吉凶故假著
龜靈物以出其卦兆之占此經本主龜言之鄭兼言筮者牽連及之
耳白虎通義著龜篇云筮畫卦所以必於廟何託義歸智於先祖至
尊故因先祖而問之也班謂筮卽問於先祖與鄭義不同賈疏云案
易繫辭云精氣爲物游魂爲變是故知鬼神之情狀與天地相似注
云精氣謂七八游魂謂九六則筮之神自有七八九六成數之鬼神
春秋左氏傳云龜象筮數則龜自有一二三四五生數之鬼神則知
吉凶者自是生成鬼神龜筮直能出卦兆之占耳案易繫著龜神物
士冠禮注云筮不以廟堂者嫌著之靈由廟神若然著龜亦自有神
而云出卦兆者但所禮者禮生成之鬼神神之尊者無妨著龜亦自
有神也案賈說非也士冠禮注意亦謂卜筮所問別自有神非由廟
神與此注義不異也七八九六等乃筮之數不得爲神此注云問於
鬼神亦非指七八九六等而言賈未達其恉云龜有天地四方則玉
有六器者與者鄭以禮神之玉經無見文唯龜人有天地四方六
龜與大宗伯云以玉作六器以禮天地四方名數相應故叚而用之
亦明貞卜所問卽上下四方之神也若然鄭意凡卜當備陳六器非
謂以天龜卜卽唯陳蒼璧以地龜卜卽唯陳黃琮也云言陳者旣事
藏之不必貍之也者此陳玉雖以禮神亦如前大祭大喪陳寶旣事
藏之不薶之地貍卽薶之借字注例當作埋各本並作貍疑誤詳鼈
人疏古說祭地瘞薶有薶玉之禮詳大宗伯疏鄭司農云貞問也者
大卜注同說文卜部云貞卜問也从卜貝以爲贄一曰鼎省聲京房
所說洪頤煊云左哀十七年傳衞侯貞卜謂問於卜貞卽是問故司
農云貞問也云易曰師貞丈人吉問於丈人者賈疏云此師卦彖辭
彼云師貞丈人吉無咎注云丈之言長能御衆有幹正人之德以法
度爲人之長吉而無咎謂天子諸侯主軍者阮元云問於丈人乃大

鄭說易之語易之言貞者多矣獨此以貞丈人連讀訓爲問於丈人
大鄭恐人惑故附見其解如王弼及孔疏所引注皆以正釋貞況象
傳曰貞正也仲師此證蓋非是詒讓案先鄭引易者亦證貞爲卜問
故又以問釋之後鄭太卜注引此文證問於正之義則亦兼取貞正
之訓與易注義同引國語曰貞於陽卜者賈疏云此吳語黄池之會
董褐云周室既卑諸侯失禮於天子請貞於陽卜收文武之諸侯注
云貞正也問卜內曰陰外曰陽言吳以諸侯失禮於天子當問於龜
言我當收文武之諸侯矣引此二文者證問事之正曰貞也案賈所
引國語注蓋賈逵孔晁諸家注貞正之訓與後鄭同韋注亦
從之推釋陽卜云龜曰卜以火發兆故曰陽與賈所引異　若遷寶

則奉之奉猶送也【疏】若遷寶則奉之者謂大遷有遷寶之事若武王遷九鼎於雒邑是也賈疏云謂王者遷都若平王東遷則
寶亦遷天府奉送之於彼新廟之天府藏之如故也　注云奉猶送
也者司服笙師龜人及大司馬注並同說文収部云奉承也引申之
凡送物而致之亦曰奉呂氏
春秋懷寵篇高注云奉送也　若祭天之司民司祿而獻民數穀數則

受而藏之司民軒轅角也司祿文昌第六星或曰下能也祿之言穀
也年穀登乃後制祿祭此二星者以孟冬既祭之而上民
穀之數於天府【疏】若祭天之司民司祿而獻民數穀數者獻民數有二一三年而獻小司寇云及大比登民數自生齒以上登于天府
是也一每年有獻小司寇云孟冬祀司民獻民數于王是也大比獻
民數據司民文蓋亦在孟冬祭司民之日二者同登於天府也其穀
數無大比獻之文蓋止每年一獻無三年總獻之事以穀輕於民也
李光坡云司民掌民數及大比以詔司寇司寇及孟冬祀司民之日
獻其數於王然則地官有司祿獻穀數者必司徒也司祿文闕案李
說是也以小司寇及司民二職推之蓋每年孟冬則小司寇獻民數

小司徒獻穀數三年大比則大小司寇同獻民數而大小司徒則不獻穀數數故小司寇亦止云獻民數不及獻穀數之事賈疏謂民數穀數皆小司寇受獻失之互詳司民疏云則受而藏之者皆受之王而藏之府與司民司祿爲官聯也　注云司民軒轅角也者小司寇司民注義並同賈疏引武陵太守星傳云軒轅十七星如龍形有兩角角有大民小民案開元占經石氏中官占引石氏云軒轅近文昌宮而龍蛇形凡十七星南端明者女主也母也女主北六尺一星夫人也屏也上將也北六尺一星次夫人也妃也次將也北六尺一星次妃也其次皆衆妃也女主南三尺星不明者女御也御西角丈所一星曰大民太后宗族也御東南丈所一星少民皇后宗也案石氏說與星傳同然無司民之名鄭意蓋即謂大小民也司民先鄭注又以爲文昌宮星詳彼疏云司祿文昌第六星者賈疏引星傳云文昌宮有六星第一爲上將第二爲次將第三爲貴相第四爲司命第五爲司中第六爲司祿案開元占經石氏中官占引黃帝占云文昌六星六府之宮也在斗魁前經緯天下文德之宮六府謂金木水火土穀從斗魁第一星爲上將建威武第二星爲次將臨左右第三星爲貴相主文理第四星爲司命主賞功進賢第五星爲司中主司過詰咎第六星爲司祿佐理寶云或曰下能也者賈疏云案石氏星傳云上能司命爲大尉中能司中爲司徒下能司祿爲司寇是司祿在下能也以其二處並有司祿故舉二文以見義也案開元占經石氏中官占引黃帝占云三能近文昌宮者曰太尉司命爲孟次星曰司徒司中爲仲次星曰司空司祿爲季又引春秋元命苞云魁下六星兩兩而比曰三能主德開德宣符也西近文昌二星曰上台爲司命主壽次二星曰中台爲司中主宗室東二星曰下台爲司祿主兵即此司祿也月令孔疏又引石氏星經云司祿二星在司命北此別一星與文昌下能星並異金鶚謂司民司祿猶司中司命皆天神非星也今案

藝文類聚符命部引隨巢子說禹伐三苗云有大神人面鳥身降而福之司祿益富而國家實司命益年而民不夭則古說有以司祿爲天神之名者金說亦通云祿之言穀也者明祭司祿取其司穀數也爾雅釋言云穀祿也詩小雅蔌蔌方有穀鄭箋及論語泰伯篇三年學不至於穀釋文引鄭注並同孟子滕文公篇穀祿不平趙注云穀者所以爲祿也云年穀登乃後制祿者明祿與穀相關之意墨子七患篇說歲饉有損祿之法詳宮正疏云祭此二星者以孟冬者據小司寇及司民並云孟冬祀司民其祀司祿雖無文與祀司民同月可知通典吉禮二云周制立冬後亥日祀司民司祿於國城西北此誤據北周制不足據又案祭司民司祿之禮經注並無文以大宗伯天神三祀差次約之當與司中司命同槱燎也二星於天神爲小祀王蓋不親祭賈小司寇司民疏謂春官祭或大宗伯主其事與云既祭之而上民穀之數於天府者據小司寇祀司民即云獻民數于王又司民云司寇及孟冬祀司民之日獻其數于王王拜受之登于天府是上民數與祭司民同日也其穀數當司祿上之小司徒小司徒受之以獻於王亦當與祭司祿同日今小司寇職有獻民數之事而小司徒職不云獻穀數者文偶不備也

周禮正義卷三十八

周禮正義卷三十九

瑞安孫詒讓學

典瑞掌玉瑞玉器之藏辨其名物與其用事設其服飾人執以見曰瑞禮神曰器

瑞符信也服飾服玉之飾謂繅藉【疏】掌玉瑞玉器之藏者此官爲玉瑞玉器受藏之府玉人追琢既成皆入於此官與玉府爲官聯也云辨其名物者若六瑞六玉之等云與其用事者賈疏云爲事而用圭璧謂朝聘朝日祭祀之等皆是也　注云人執以見曰瑞者據大宗伯以鎭圭等爲六瑞此玉瑞兼天子諸侯所執玉書舜典云輯五瑞又云修五玉御覽珍寶部引尚書大傳云瑞也者屬也無過行者得復其圭以歸其國有過行者留其圭能改過者復其圭此謂諸侯之朝於天子也義則見屬不義則不見屬史記五帝本紀集解引馬融云五瑞公侯伯子男所執以爲瑞信也史記正義引鄭書注云五玉瑞節執之曰瑞陳列曰玉也案書五瑞專屬諸侯故伏生馬鄭並偏舉一義與此經小異也云禮神曰器者據大宗伯云以玉作六器以禮天地四方賈疏云散文則人執亦名器故聘禮記云圭璋璧琮凡此四器者唯其所寶以聘可也又尚書云如五器卒乃復皆是人執而名器也案賈說是也左文十二年傳秦伯使西乞術來聘襄仲辭玉曰重之以大器對曰不腆先君之敝器使下臣致諸執事以爲瑞節是瑞器對文則異散文亦通唯舜典五器史記集解引馬融以爲五玉而公羊隱八年徐疏引鄭書注則云授摯之器有五卿大夫上士中士下士也器各異飾飾未聞所用也周禮改之飾羔雁飾雉執之而已皆去器是鄭說五器不爲玉賈引彼爲釋蓋據馬傳非鄭義云瑞符信也者廣雅釋言云瑞符也敘官注云瑞節信也云服飾

服玉之飾謂繅藉者服玉卽下大圭之屬皆有繅藉爲飾玉人大圭云天子服之是也與玉府服玉爲冠飾異賈疏謂繅藉在玉若人之衣服之飾非其義也又案凡玉瑞器疑並有繅藉而此經唯大圭鎮圭五等諸侯命圭璧及瑑圭璋璧琮有繅餘並無文以玉人琬圭及大中邊三璋皆有繅推之則諸祭玉及玉節等或咸有之經文不具耳詳後及玉人疏

王晉大圭執鎮圭繅藉五采五就以朝日

繅有五采文所以薦玉木爲中榦用韋衣而畫之就成也王朝日者示有所尊訓民事君也天子常春分朝日秋分夕月覲禮曰拜日於東門之外故書鎮作瑱鄭司農云晉讀爲搢紳之搢謂插之於紳帶之閒若帶劍也瑱讀爲鎮玉人職曰大圭長三尺杼上終葵首天子服之鎮圭尺有二寸天子守之繅讀爲藻率之藻五就五帀也一帀爲一就

疏王晉大圭執鎮圭者以下並此官其設玉瑞器之官法也戴震云鎮圭瑞也大圭笏也故搢大圭而執鎮圭天子玉笏玉藻云笏天子以球玉管子輕重己曰天子搢玉笏以朝日是也云以朝日者凡王內外大小祭祀蓋皆搢大圭執鎮圭此唯舉朝日者文不具也曲禮孔疏據鄭志說謂王祭天地宗廟及日月皆執鎮圭則亦搢大圭可知玉藻云入大廟說笏非古也明王祭宗廟亦搢玉笏鄭彼注謂凡吉事無所說笏又謂大廟之中唯君當事說笏則笏可搢可說矣又後別有圭璧以祀日月彼爲禮神之玉置於神坐非搢執所用互詳大宗伯疏 注云繅有五采文者聘禮記注云雜采曰繅案二采以上皆爲雜采云五采者據此經天子瑞玉之繅言之也左傳桓二年孔疏云五采謂玄黃朱白蒼云所以薦玉者聘禮記注云繅所以薦玉重慎也又士虞禮注云藉猶薦也案凡玉有繅者爲拜時奠之備毀傷詳大行人疏依此注義據畫采言之謂之繅據薦玉言之謂之藉其實一也禮別有繫玉之繅及束帛之藉則其用絕異聘禮記說圭繅云皆玄纁繫

長尺絇組注云繫無事則以繫玉因以爲飾皆用五采組上以玄下以絳爲地聘禮經又有垂繅屈繅皆卽繫玉之繅畫韋衣板之繅以薦玉不可以垂屈蓋繫組亦屬於畫韋之繅故得通名繅然非所以藉玉故不得通稱藉也曲禮云執玉其有藉者則裼無藉者則襲此卽束帛之藉鄭彼注云藉繅也圭璋特而襲璧琮加束帛而裼亦是也又聘禮記注亦以繅釋藉賈氏二禮疏及王制孔疏並以屈繅垂繅釋有藉無藉是誤謂繫組亦通稱藉戴震云以其施采謂之繅以其承玉故曰繅藉而不可名之爲藉蓋藉玉者有不必繅也束帛加璧束帛加琮則束帛爲之藉矣案戴申曲禮注後一說是正賈孔之誤又書舜典有三帛公羊隱八年徐疏引鄭書注云三帛所以薦玉也受瑞玉者以帛薦之帛必三者高陽之後用赤繒高辛氏之後用黑繒其餘諸侯皆用白繒周禮改之爲繅也案赤繒黑繒白繒之說曲禮孔疏引含文嘉通典賓禮引尚書中候並同蓋鄭所本據鄭彼注則古用帛周用繅其爲薦玉則同也云木爲中榦用韋衣而畫之者大行人注云繅藉以五采韋衣板者覲禮注云以韋衣木廣袤各如其圭之大小聘禮注義同賈疏云鎮圭尺二寸廣三寸則此木版亦長尺二寸廣三寸與玉同然後用韋衣之乃於韋上畫之案鄭說繅爲以韋衣木賈聘禮疏謂依漢禮器制度而知則鄭自據漢禮不爲無徵春秋繁露三代改制質文篇云主天法商而王玉厚九分白藻五絲主地法夏而王玉厚八分白藻四絲主天法質而王玉厚七分白藻三絲主地法文而王玉厚六分白藻二絲案董子所謂藻卽繅也然其所述旣非一代之制於禮經瑞玉繅采制度亦無一合者彼云白藻則無雜采又用色絲則當爲織帶所成與鄭畫韋說亦不合也云就成也者爾雅釋詁文巾車弁師大行人注並同典絲注云采色一成曰就案成者猶備也謂衆采等列相閒全備是謂一就此就據畫韋而言與冕旒用采絲異也國語齊語云縷纂以爲奉韋注云

二云奉藉也所以藉玉之藻也縷纂以縷織纂不用絲取易供也纂織
文也案韋意似亦以繅爲織絲爲之與董子說相類或亦兩漢經師
之舊義陳祥道亦謂圭繅織絲爲之與冕繅同金榜又據典絲凡祭
祀共黼畫組就之物謂采就宜以絲爲之此並與董韋說同非鄭義
也云王朝日者示有所尊訓民事君也者穀梁莊十八年傳云雖爲
天子必有尊也貴爲諸侯必有長也故天子朝日諸侯朝朔國語周
語云內史過曰先王有朝日夕月以教民事君是鄭所本也云天子
常春分朝日秋分夕月者書堯典云寅賓出日以殷仲春又云寅餞
納日以殷仲秋孔疏引鄭書注云寅賓出日謂春分朝日寅餞納日
謂秋分夕月也儀禮經傳通解續引尚書大傳云迎日之辭曰維某
年月上日明光於上下勤施於四方旁作穆穆維予一人某敬拜迎
日東郊迎日謂春分迎日也堯典曰寅賓出日此之謂也大戴禮記
公冠篇載迎日辭同獨斷云天子父事天母事地兄事日姊事月常
以春分朝日於東門之外示有所尊訓人民事君之道也秋分夕月
於西門之外別陰陽之義也周語韋注說同南齊書禮志何佟之議
云周禮典瑞王搢大圭執鎮圭藻藉五采五就以朝日馬融云天子
以春分朝日秋分夕月玉藻天子玄端而朝日於東門之外盧植云
朝日以立春之日也鄭玄云端當爲冕朝日春分之時也禮記朝事
儀云天子冕而執鎮圭尺有二寸率諸侯朝日於東郊所以教尊尊
也故鄭知此端爲冕也禮記保傅云天子春朝朝日秋暮夕月所以
明有敬也而不明所用之定辰馬鄭云用二分之時盧植云用立春
之日佟之以爲日者太陽之精月者太陰之精春分陽氣方永秋分
陰氣向長天地至尊用其始故祭以二至日月禮次天地故朝以二
分差有理據則融玄之言得其義矣其夕月文不分明其議奏魏祕
書監薛靖論云舊事朝日以春分夕月以秋分案周禮朝日無常日
鄭玄云用二分故遂施行秋分之夕月多東潛而西向拜之背實遠

矣謂朝日宜用仲春之朔夕月宜用仲秋之朏淳于睿駁之引禮記
云祭日於東祭月於西以端其位周禮秋分夕月並行於上世西向
器云爲朝夕必放於日月鄭玄云日出東方月出西方又云大明生
於東月生於西此陰陽之分夫婦之位也鄭玄云大明日也知朝日
東向夕月西向斯蓋各本其位之所在耳案何申鄭義是也鄭以朝
日夕月在二分義本伏馬與堯典二仲賓餞之文符合故蔡邕韋昭
及初學記禮部引曹大家列女傳注說並同盧植以爲立春朝日則
夕月當以立秋蓋謂迎春迎秋之時兼迎日月郊特牲祭義孔疏引
崔靈恩說又謂四時迎氣並祭日月則皆說無徵孔氏已駁之矣詳
小宗伯疏管子輕重己篇云以冬日至始數四十六日冬盡而春始
天子東出其國四十六里而壇服青而絻青搢玉笏帶玉監號曰祭
日犧牲以魚以夏日至始數九十二日謂之秋至天子西出其國百
三十八里而壇服白而絻白搢玉笏帶錫監號曰祭月犧牲以彘依
管子說祭日以冬至後四十六日此與盧氏立春之說合而祭月以
夏至後九十二日則又與鄭說秋分同揆之禮例既有參差而牲用
彘魚尤與大祭牲牢不合管子文多駁雜亦未足馮也大戴禮記四
代篇云於時雞三號以興庶虞庶虞動蜚征作嗇民執功百草咸淳
是以天子盛服朝日于東堂以教敬示威于天下也玉燭寶典引尚
書大傳云古者帝王躬率有司百執事而以正月朝迎日於東郊所
以爲萬物先而尊事天也公冠記亦附記迎日之文與伏傳正同正
月朝作正月朔日又幷載伏傳春分迎日祝辭連屬爲一實則正月
朔之迎日與春分禮不同今本正文及注尤淆捝不可通蓋皆後儒
采摭綴益非古記之舊文此皆謂正月朔之朝日也春秋莊十十八
年經春三月日有食之穀梁傳云不言日不言朔夜食也何以知其
夜食也天子朝日諸侯朝朔惠士奇孔廣森據穀梁及玉藻聽朔之

文謂天子每月朔有朝日之禮每歲凡十有四舉一立春日二春分日并十二月每月朔日爲十四其會同拜日則無定時不在此數十四者之中唯春分之朝爲特祭其禮尤重秋分夕月亦同掌次朝日張大小次設重帟重案與祀五帝禮同其爲正祭隆重之禮可知餘月並唯朝拜而不祭故馬鄭並據二分爲釋曲禮疏引鄭志說亦以此朝日爲祭日是也又案依此注及鄭志說蓋朝日夕月禮略同經不言夕月者文不具也唯國語魯語云天子大采朝日小采夕月韋注云周禮王搢大圭執鎮圭藻藉五采五就以朝日則大采謂此也朝日以五采則夕月其三采也依韋說朝日以五采朝月以三采則與公侯伯圭繅同又韋引虞翻說云大采袞織也或云少采黼衣也玉藻疏引孔晁說與虞及或說同此與鄭玉藻注玄冕朝日義不合則韋昭已駁之矣引覲禮曰拜日於東門之外者鄭彼注云此謂會同以春者也與春分朝日不同此引之者明春分朝日亦於東門之外與彼同彼又有禮日于南門外禮月與四瀆于北門外注謂會同以夏秋冬之禮與二分之祭無涉故不引也又大戴禮記朝事篇云天子冕而執鎮圭尺有二寸繅藉尺有二寸搢大圭乘大輅建大常十有二旒樊纓十有再就貳車十有二乘率諸侯而朝日東郊文與此經略同然則會同朝日雖非日月正祭其禮蓋略相等也又案二分朝日夕月依鄭蔡說在東門西門之外蓋謂郭門之外卽東西郊壇坎之兆也故覲禮拜日在東門之外而朝事記云朝日東郊有日月之兆小宗伯注云兆日於東郊兆月於西郊故保傅盧注云祭日東壇祭月西坎是也其四代記謂每月朔朝日東堂東堂卽明堂青陽明堂在南郊此與東西郊坎壇正祭及南郊主配附祭並異也日月壇兆並詳小宗伯疏古書通以東西爲朝夕故禮日東方謂之朝禮月西方謂之夕於壇兆則分東郊西郊於明堂則分東堂西堂其義並同漢以後議禮者並誤謂朝日東向

夕月西向遂啓薛𡗗之疑黃以周云天神皆當南向禮言祭日東
月西者謂兆日東郊兆月西郊鄭注是也豈東向西向云乎哉東向
拜日西向拜月漢制之失也案黃說是也凡東西通言朝夕詳大司
徒司儀匠人疏云故書鎮作瑱者天府注同小行人王用瑱圭字亦
作瑱鄭司農云晉讀爲搢紳之搢者搢紳釋文作薦申段玉裁據彼
改爲晉讀如薦申之薦云薦申卽俗云搢紳也薦搢正俗字申紳古
今字此注當依釋文俗本作搢紳者非也案段校是也史記五帝本
紀薦紳先生集解引徐廣云薦紳卽搢紳也古字假借先鄭蓋卽本
史記又封禪書作縉紳索隱引姚氏云晉當作搢鄭衆注周禮云縉
讀爲薦謂薦之於紳帶之閒案姚察引此注搢作縉者蓋涉史記正
文而誤而讀爲薦則與釋文正同足證陳隋本皆如是作矣云謂插
之於紳帶之閒者插釋文作臿廣韻三十一洽云臿俗作臿阮元云
插者正字臿者假借字詒讓案依姚察所引則古本插或作薦士喪
禮搢笏注云搢插也插於帶之右旁此大圭卽玉笏與士搢竹笏同
內則鄭注云紳大帶也賈疏云凡帶有二者大帶大夫已上用素士
用練卽紳也又有革帶所以佩玉之等今插笏者插於紳之外革之
內故云紳帶之閒也案雜記說申加大帶於革帶之上鄭注孔疏並
謂革帶上加大帶則此大圭當搢於革之外紳之內賈謂紳外革內
非也左傳桓二年孔疏說亦同云若帶劍也者御覽服章部引周書
云武王去劍搢笏以示無仇蓋武事則服劍文事則服笏故搢之革
外紳內亦同處也云瑱讀爲鎮者段玉裁云據玉人鎮圭之文易之
上文玉鎮同也引玉人職曰大圭長三尺杼上終葵首天子服之者
彼注云終葵椎也爲椎於其上明無所屈也杼閷也此經不著大圭
形度故引玉人職以補之云鎮圭尺有二寸天子守之者亦玉人文
引之以證鎮圭之尺度也云繅讀爲藻率之藻者司几筵繅席先鄭
注同聘禮記注云古文繅或作藻今文作璪案繅璪亦古今字雜記

說繅亦作藻左傳之藻據杜注卽此經之繅故先鄭此注亦讀繅爲藻魯語韋注引此經亦作藻依先鄭讀也後鄭則以繅爲雜采正字
不從先鄭讀說文又從今文作璪詳司几筵疏云五就五帀也者說文帀部云帀周也俞樾云就讀爲集詩小旻篇是用不集毛傳曰集
就也韓詩作是用不就蓋就與集一聲之轉故聲近而義通集之言雜也古謂一匝爲一雜淮南子詮言篇以數雜之壽憂天下之亂高
注曰雜匝也人生子從子至亥爲一匝說苑修文篇如矩之三雜規之三雜周則又始窮則反本也三雜卽三帀也雜從集聲帀謂之雜
故亦謂之集司農讀就爲集故以帀訓之云一帀爲一就者賈疏云一采爲一帀五采則五帀一帀爲一就下文有三采者亦一采爲一
就下文二采一就者據臣行聘不得與君同是以二采采爲一行二采共爲一就凡言就者或兩行各爲一就卽此上下文是也或一帀
二行爲一就就卽等也故聘禮記云所以朝天子圭與繅皆九寸又云繅三采六等朱白蒼注云以三色再就謂三色色爲再就就亦等
也三色卽六等禮記雜記亦云三采六等注云三采六等以朱白蒼畫之再行行爲一等是等爲一行行亦爲就據單行言之也各有所
據故其文有異也曲禮孔疏引熊氏云五采五就者采別二行爲一就故云就也三采三就者亦采別二行爲一就故三就也二采二就
者亦采別二行爲一就故再就也二采一就者以卿大夫卑二采采則別唯一行共爲一就知然者雜記及聘禮記三采六等則知天子
諸侯采別爲二等也此卽賈所本雜記孔疏說略同金榜云周官經繅藉及冕旒樊纓皆有就注皆訓就爲成典絲注采色一成曰就大
行人注每處五采備爲一就聘禮記注三采六等爲三色再就是朱白蒼爲一就重言朱白蒼爲再就與典瑞瑑圭璋璧琮繅皆二采一
就文合由是差之天子之繅五采備爲一就公侯伯三采備爲一就子男二采備爲一就其著明矣采備爲就采別爲等等又謂之行雜

記注三采六等以朱白蒼畫之爲再行是也典瑞三采三就聘禮記三采二就禮文或損或益抑記人之異說誠不可強同者熊氏因雜記注畫之爲再行遂謂采別二行爲一就以三采六等與典瑞三采三就相傅合賈孔之徒因循其誤蓋由讀注未審黃以周云據鄭聘禮雜記注三采再就爲朱白蒼朱白蒼六等則三采三就有朱白蒼朱白蒼朱白蒼九等矣二采一就爲上朱下綠二等則二采再就有朱綠朱綠四等矣天子五采五就當有二十五等五采蓋用黃黑朱白蒼案金黃說是也朱大韶說同先鄭云一帀者亦謂衆采一周也帀訓周與成訓備義同先鄭以一帀爲一就猶後鄭以一成爲一就也後鄭弁師注亦以一帀爲就足證二鄭義本不異聘禮所記亦是公侯伯命圭之繅而言三采六等不云三采九等與此經不同疑記文有挩誤熊賈孔諸家牽於其說乃謂就皆一采帀或以一采二行爲一就或以一采一行爲一就二行爲一就者與等異一行爲一就者與等同展轉糾互與經注皆不合不足據也

公執桓圭侯執信圭伯執躬圭繅皆三采三就子執穀璧男執蒲璧繅皆二采再就以朝覲宗遇會同于王三采朱白蒼二采朱綠也鄭司農云以圭璧見于王覲禮曰侯氏入門右坐奠圭再拜稽首侯氏見于天子春曰朝夏曰宗秋曰覲冬曰遇時見曰會殷見曰同

疏注云三采朱白蒼者即據聘禮記所云繅三采六等朱白蒼朱白蒼爲說但彼三采再就與此經三采三就不合詳前疏云二采朱綠也者聘禮記云問諸侯朱綠繅八寸注云二采再就降於天子也案彼朱綠繅八寸者乃此下瑑圭璋之繅非此子男穀璧蒲璧之繅彼注二采再就當作一就鄭知子男繅二采亦朱綠者以彼文推之也鄭司農云以圭璧見于王覲禮曰侯氏入門右坐奠圭再拜稽首者于注例當作於各本並誤下同此證諸侯覲用圭璧

之事鄭彼注云入門而右執臣道不敢由賓客位也卑者見尊奠摯而不授彼雖是秋見之禮其春夏冬三時並同又彼據公侯伯言故云奠圭若子男則奠璧也云侯氏見于天子春曰朝夏曰宗秋曰覲冬曰遇時見曰會殷見曰同者並據大宗伯文

諸侯相見亦如之鄭司農云亦執圭璧以相見故邾隱公朝於魯春秋傳曰邾子執玉高其容仰

疏注鄭司農云亦執圭璧以相見者大戴禮記朝事篇云諸侯相朝之禮各執其圭瑞服其服乘其輅建其旌旂施其樊纓從其貳車所以別義也賈疏云亦如上文公執桓圭以下案大行人云諸侯之邦交歲相問殷相聘世相朝即司儀所云凡諸公相爲賓侯伯子男之相爲賓如公之儀又諸公之臣相爲國客伯子男之臣云亦如之若不敵則有小國朝大國大國聘小國皆是諸侯相朝之法云故邾隱公朝於魯春秋傳曰邾子執玉高其容仰者定十五年左傳云春邾隱公來朝子貢觀焉邾子執玉高其容仰公受玉卑其容俯杜注云玉朝者之贄引以證諸侯相見亦執玉也

瑑圭璋璧琮繅皆二采一就以覜聘璋以聘后夫人以琮享之也大夫衆來曰覜寡來曰聘鄭司農云瑑有圻鄂瑑起

疏瑑圭璋璧琮繅皆二采一就以覜聘者玉人云瑑圭璋八寸璧琮八寸以覜聘又云璧琮九寸諸侯以享天子瑑琮八寸諸侯以享夫人聘禮記云問諸侯朱綠繅八寸是此繅二采亦朱綠也荀子大略篇云聘人以珪白虎通義文質篇云璧以聘問公羊定八年何注述禮同蓋謂瑑圭璧也賈疏云此遣臣行聘問之所執者若本君親自朝所執上文桓圭之等是若遣臣聘不得執君之圭璧無桓信躬與穀璧蒲璧之文直瑑之而已故云瑑圭璋璧琮此謂公侯伯之臣也若子男之臣豈得過本君用以圭璋乎明子男之臣亦用瑑璧琮也二采一就者謂朱綠二采共爲一就也詒讓案子男之臣享王后當降用琥璜此經不具詳玉人疏注云

璋以聘后夫人以琮享之也者聘禮云使者受圭受享束帛加璧受夫人之聘璋享玄纁束帛加琮又云聘于夫人用璋享用琮鄭彼注云享獻也既聘又獻所以厚恩惠也夫人亦有聘享者以其與己同體爲國小君也其聘用璋取其半圭也君享用璧夫人用琮天地妃合之象也賈疏云鄭欲見此經遣臣聘法有聘天子并有自相聘二者俱見故云璋以聘后夫人而琮享之也明知圭以聘天子與諸侯而璧享之鄭不言圭璧於天子諸侯者以聘后夫人文隱故特舉以言之天子諸侯可知也案鄭賈並專據諸侯聘天子及自相聘言之實則天子使臣聘問諸侯用玉亦當同也云大夫衆來曰覜寡來曰聘者賈疏云此亦據大宗伯云殷覜曰視謂一服朝之歲卽此覜也故云衆來彼又云時聘曰問亦無常期卽此聘也故云寡來曰聘案詳大宗伯疏鄭司農云瑑有沂鄂瑑起者沂釋文作圻岳本舊注疏本亦同玉人注云瑑文飾也玉篇玉部云瑑圭有圻鄂也說文玉部云瑑圭璧上起兆瑑也周禮曰瑑圭璧又土部云垠地垠也重文圻垠或从斤一切經音義引說文作地圻咢也案沂鄂者界畫隆起之謂依說文字當作垠咢此注及輈人郊特牲少儀注皆作沂鄂淮南子原道訓云出於無垠鄂之門文選張衡西京賦前後無有垠鍔李注引許慎淮南子注云垠鍔端崖也又甘泉賦李注云鄂垠鄂也圻卽垠之或體圻作沂咢作鄂作鍔皆叚借字此瑑圭亦有刻文隆起故云有沂鄂瑑起也

四圭有邸以祀天旅上帝

鄭司農云於中央爲璧圭著其四面一玉俱成爾雅曰邸本也圭本著於璧故四圭有邸圭末四出故也或說四圭有邸有四角也邸讀爲抵欺之抵上帝玄天玄謂祀天夏正郊天也上帝五帝所郊亦猶五帝殊言天者尊異之也大宗伯職曰國有大故則旅上帝及四望

【疏】四圭有邸以祀天旅上帝者以下凡言祀天地諸神圭玉並謂禮神之玉與燔瘞之玉異詳大宗伯疏玉人云四圭尺有二寸

以祀天聶崇義云此四圭亦博三寸厚寸　注鄭司農云於中央為璧圭著其四面一玉俱成者賈疏云於中央為璧謂用一大圭琢出中央為璧形亦肉倍好為之四面琢各出一圭天子以十二為節蓋四廂圭各尺二寸與鎮圭同其璧為邸蓋徑六寸總三尺與大圭長三尺又等詒讓案嫌以四玉合邸為之故云一玉俱成明四圭同邸為一玉琢成也通典吉禮引崔靈恩云四圭有邸者象四方物之初生以璧為邸者取其初生之圓匝也其玉色無文今謹案既有邸皆象物初生又當春氣之始威仰又為青帝其色宜青案崔謂此四圭有邸色亦以青理或然也引爾雅曰邸本也者釋言文郭本邸作柢阮元云司農自據當時爾雅且司農邸有兩說唯作邸斯兩說可該倘作柢則不能該後說矣案阮說是也玉人兩圭後鄭注亦不改為柢可證邸柢聲類同云圭本著於璧故四圭有邸圭末四出故也者圭上剡者為末下連璧為本四圭共著一璧為柢故四末縱橫岐出矣御覽珍寶部引馬融注云四圭相連皆外嚮共一邸長尺二寸與先鄭說同云或說四圭有邸有四角也者此廣異義也四角謂剡成芒角四出賈疏謂即桓圭之桓疑非云邸讀為抵欺之抵者段玉裁云後說謂四圭有芒角故讀為抵欺之抵抵欺漢人語哀帝紀東方朔傳作詆欺枚皋傳作詆娸鄭祇作抵有芒角如抵拒也云上帝玄天者大宗伯注同謂北極上帝也先鄭意天與上帝即大宗伯之昊天上帝圜丘所祀者也詳大宗伯疏云玄謂祀天夏正郊天也者即秦壇祭天也賈疏云凡天有六案大宗伯云蒼璧禮天據冬至祭昊天於圜丘者也彼又云青圭禮東方赤璋禮南方白琥禮西方玄璜禮北方據四時迎氣及總享於明堂之等祭五方天也彼惟不見夏正郊所感帝故知此四圭是夏正郊天易緯云三王之郊一用夏正各郊所感帝即郊特牲云兆日於南郊就陽位於郊故謂之郊是也案夏正郊天禮詳大司樂疏然鄭賈說非也南郊祭受命帝及五郊

明堂祭五帝雖亦用四圭而此經云祀天自專指昊天故與旅上帝爲受命帝別文王昭禹李光坡方苞莊存與並以此祀天爲冬至圜丘祭昊天與先鄭說同是也後鄭以大宗伯蒼璧禮天爲圜丘之祭故不得不以此爲夏正南郊祭受命帝不知彼乃祀方明之玉非正祭禮神之玉也詳彼疏云上帝五帝者大宗伯注同賈疏云案宗伯青圭之等已見祭五方天帝此又言者彼據常祭此據國有故而祭曰旅用玉與郊天同四圭有邸也詒讓案經以祀天與旅上帝別文則先鄭以天爲昊天得之而以上帝亦卽昊天非也掌次以大旅上帝與祀五帝別文則大旅不及赤黃白黑四帝後鄭以上帝爲通指五帝亦非也經凡言上帝者皆指受命帝周受命帝卽蒼帝凡夏正郊祀及五時迎氣祭五帝蓋當同用四圭有邸而經止云旅上帝者舉非常之祭以見常祀舉受命帝以晐五帝亦省文互見之例也至大宗伯禮四方之青圭等亦祀方明之玉非正祭所用彼注以迎氣爲釋殊誤互詳掌次及大宗伯疏宋書禮志引晉徐邈議云周禮旅上帝者有故告天與郊祀常禮同用四圭故並言之若上帝者五帝經文何不言祀天旅五帝祀地旅四望乎五方不可言上帝諸侯不可言大君也又樂志亦引邈云祀天旅上帝同是祭天言祀天者謂常祀也旅上帝者有故而祭也孝經稱嚴父莫大於配天故云郊祀后稷以配天宗祀文王於明堂以配上帝則上帝猶天益明也不欲使二天文同故變言上帝爾又引劉宏議亦用邈說案徐氏亦知上帝非五帝而謂卽天則又失之明堂本祭五帝孝經言上帝者五帝以受命帝爲最尊也詳大宰疏舊唐書禮儀志引徐堅康子元等議謂此經祀天旅上帝謂祀昊天上帝之時以旅五方天帝則合旅祀爲一時事其說尤謬又唐人多誤釋此旅上帝爲衆祭五帝亦詳掌次疏云所郊亦猶五帝殊言天者尊異之也者鄭誤以祀天爲南郊祭蒼帝而蒼帝卽五帝之一經不宜以天與上帝別文故謂尊異感

帝而殊言天不知此天自指昊天非感生帝也引大宗伯職曰國有大故則旅上帝及四望者賈疏云證旅上帝是國有故而祭也但旅四望下文與地同用兩圭今此連引之耳

兩圭有邸以祀地旅四望

兩圭者以象地數二也僢而同邸祀地謂所祀於北郊神州之神

疏兩圭有邸以祀地旅四望者御覽珍寶部引馬融注云兩圭五寸旅陳案據玉人文聶崇義云兩圭有邸祀北郊牲玉皆黑色　注云兩圭者以象地數二也者易繫辭云天一地二漢書律曆志云地之數始於二終於三十故鄭以兩圭象地數也今案祀地兩圭者取降於天之四圭非象地數也四圭亦不象天數可證鄭說未然云僢而同邸者同邸釋文作同柢阮元云此作邸爲是上經四圭有邸注中不改作柢字則此亦不當改賈疏云案王制注臥則僢彼僢謂兩足相向此兩圭亦兩足同邸是足相向之義故以僢言之則上四圭同邸者亦是各自兩足相向但就此兩足相向而言之也詒讓案玉人注亦云有邸僢共本也說文舛部云舛對臥也玉篇人部云僢相背也與舛同是僢卽舛之別體僢而同邸卽謂圭耑相背而同繫一邸也陳祥道云璧天象也祀天則四圭邸璧琮地象也祀地必兩圭邸琮案陳說是也趙溥戴震黃以周說並同賈推鄭義及聶氏三禮圖謂兩圭邸亦以璧與四圭同非也互詳玉人疏云祀地謂所祀於北郊神州之神者卽泰折祭地也漢書郊祀志匡衡張譚議云瘞地於北郊卽陰之義賈疏云以其宗伯所云黃琮禮地謂夏至祭崐崘大地明此兩圭與上四圭郊天相對是神州之神案河圖括地象崐崘東南方五千里曰神州是也但三王之郊一用夏正未知神州用何月祭之或解郊用三陽之月神州旣與郊相對宜用三陰之月當七月祭之又大司樂賈疏云知祭於北郊者孝經緯文以其與南郊相對故也詒讓案此祀地當爲祭大地王昭禹李光坡方苞並以爲夏至方丘之祭是也蓋兩圭所用自以方

丘爲主而兼含北郊鄭以大宗伯禮地用黃琮爲方丘之祭故以此祀地專屬北郊不知彼乃祀方明之玉非地之正祭所用也詳彼疏又鄭以北郊祭神州謂專祭中國九州之地與方丘祭大地者異書益稷孔疏引鄭書注云禹所受地記書曰崐崙山東南地方五千里名曰神州唐郊祀錄引三禮義宗云神州者王所居五土之神也又云崐崙四面有和今神州是一和也案神州之說出於圖緯其言不經以義求之北郊之祭卑於方丘當祭后土后土爲五示之一猶之南郊祭蒼帝爲五帝之一也北郊之祭時月經注無文賈此疏及大司樂疏並謂在七月晉書禮志引顧和表云北郊之月古無明文或以爲夏至或同用陽復漢光武正月辛未始建北郊此則與南郊同月魏承後漢正月祭天以地配時高堂隆等以爲禮祭天不以地配而稱周禮三王之郊一用夏正舊唐書禮儀志引三禮義宗云祭神州法正月祀於北郊曲禮孔疏云夏正之月祭神州地祇於北郊或云建申之月祭之與郊天相對孔兼存兩說無所折衷御覽禮儀部引禮記外傳又云立冬之日祭神州地祇於北郊金鶚云方丘在午月與圜丘在子月正對則北郊宜在申月乃與南郊在寅月正對不宜與南郊同月也且郊必卜日或上辛中辛不吉而用下辛郊天已近月終則將以何日祭北郊邪若與郊天同日恐行禮者至於厭倦地若至卯月北郊則又亂其例也況帝嚳配方丘后稷配北郊則北郊宜後於方丘豈可先方丘而行之哉淮南天文訓云涼風至則報地德涼風至在申月立秋節報地德當是祭地此其證也案金說是也又史記封禪書述周官舊說夏至祭地祇外無北郊之祭漢書郊祀志及三輔黃圖載王莽議亦以北郊方丘爲一祭法孔疏引董仲舒劉向王肅等並謂圜丘卽南郊則亦以方丘爲卽北郊故左傳桓五年孔疏云鄭玄注書多用讖緯言天神有六地祇有二地有崐崙之山神又有神州之神晉泰始之初定南北郊祭一地一天用王肅

之義案據孔說是王肅亦謂北郊方丘爲一別無神州之祭金鶚申鄭難王云澤中方丘非人所爲而北郊則爲壇以祭謂之泰折其地不在澤中又泰折定在正北近郊而方丘則無定處北郊非方丘明矣大司樂函鍾爲宮大蔟爲角姑洗爲徵南呂爲羽夏日至於澤中之方丘奏之而其上文云奏大蔟歌應鍾以祭地祇是樂不同也安得並方丘北郊爲一乎案金說是也又案祭社稷之玉經注並無文郊特牲孔疏引崔靈恩云玉當神州同用兩圭有邸以四望亦用兩圭故也通典吉禮亦引崔氏謂社稷玉同四望云以圭銳首象土生物是也

裸圭有瓚以肆先王以裸賓客鄭司農云於圭頭爲器可以挹鬯裸祭謂之瓚故詩曰卹彼玉瓚黃流在中國語謂之鬯圭以肆先王灌先王祭也玄謂肆解牲體以祭因以爲名爵行曰裸漢禮瓚槃大五升口徑八寸下有槃口徑一尺

【疏】裸圭有瓚者御覽珍寶部引馬注云灌鬯之圭尺二寸亦據玉人文裸圭謂以圭爲柄有瓚謂以金爲瓚所謂天子圭瓚也王后及諸侯並用璋瓚卽玉人大中邊三璋云黃金勺者此瓚亦卽勺也書康王之誥云上宗奉同瑁又云乃受同瑁王三宿三祭三咤上宗曰饗大保受同降盥以異同秉璋以酢授宗人同拜王荅拜太保受同祭嚌宅受宗人同拜王荅拜僞孔傳云同爵名三國志虞翻傳裴松之注引翻別傳述鄭書注訓爲酒杯江聲王鳴盛孫星衍並謂卽圭瓚璋瓚則此瓚又名同也虞翻別傳又引今文書同作銅則疑玉人黃金勺卽銅之黃色者詳玉人疏又案裸圭長度與鎭圭同玉人三璋瓚有繅此圭瓚文制視彼尤隆則亦宜有繅疑亦當同鎭圭五采五就此經及玉人並不云繅者文不具也云以肆先王者賈疏云謂祭先王則宗伯六享皆是也案肆先王通禘祫及時祭言之大宗伯六享依鄭賈義皆有肆裸今攷饋食禮殺不用成牲亦無二裸則此肆先王內唯有五享矣又左昭十七年傳鄭裨竈曰用瓘斝玉

瓚鄭必不以是外祀所禳亦有用玉瓚此不言者非恆典也云以祼賓客者此據朝覲諸侯言之凡五等諸侯來朝覲禮及饗並有祼賈疏云則大行人云上公再祼侯伯一祼之等是也林喬蔭云大國孤禮但以酒不以鬱鬯則不得謂之祼案林說是也　注鄭司農云於圭頭爲器可以挹鬯祼祭謂之瓚者明瓚爲挹鬯之器卽漢禮之槃玉人璋瓚之勺王制注云圭瓚鬯爵也白虎通義攷黜篇云玉瓚者器名也所以灌鬯之器也以圭飾其柄灌鬯貴玉氣也郊特牲孔疏引王肅云瓚所以㪺鬯也案說文手部云挹抒也又斗部云㪺挹也王說與先鄭同但諦繹先鄭意蓋謂瓚爲挹鬯之勺因以爲爵說殊未析詳玉人疏賈疏云鬯卽鬱鬯也言祼言祭則祼據賓客祭據宗廟也詒讓案先鄭此注祼字疑本當爲灌大行人王禮再祼而酢先鄭注云祼讀爲灌是先鄭從灌爲正故此下文云灌先王祭字亦作灌不作祼後鄭投壺注引此經云以灌賓客亦從先鄭讀也今本先鄭注作祼祼疑後人依經改之又案此經二鄭注皆謂祼圭爲灌尸及賓說文艸部云莤禮祭束茅加於祼圭而灌鬯酒許說以祼圭莤酒乃祼之異義二鄭所不取詳甸師疏云故詩曰卹彼玉瓚黃流在中者大雅旱麓文引證瓚爲圭頭挹鬯之器也釋文云卹又作邲案今本毛詩作瑟釋文云瑟又作璱璱邲蓋並璱之假字卹疑邲之誤毛傳云玉瓚圭瓚也黃金所以飾流鬯也鄭箋云瑟絜鮮貌黃流秬鬯也圭瓚之狀以圭爲柄黃金爲勺青金爲外朱中央矣案毛鄭釋黃流義小異先鄭說或當與毛同玉人祼圭注云有流前注又大璋中璋邊璋云鼻寸注云鼻勺流也是瓚勺之鼻謂之流流與勺同實則黃金勺卽亦黃金流矣竊疑三家詩釋黃流有謂黃金爲勺流者故鄭據以釋三璋之鼻若毛詩說則以黃流爲鬯酒自鼻流出故傳云黃金所以飾此以黃金勺釋黃也又云流鬯也此以鬯釋流也孔穎達所據崔靈恩集注及唐定本皆如是釋文載別本作黃金所以爲

飾義亦同唯釋文正本作黃金所以流鬯也則似以以流爲鼻與崔孔
本義異然孔疏旁爲俗本疑後人隱據玉人注竄易毛義殆不足據
故鄭箋直以秬鬯釋黃流蓋就毛作箋亦卽從傳義而畧變之以黃
爲鬯之色要皆與玉人注義不同矣○云國語謂之鬯圭者魯語云魯
饑臧文仲以鬯圭與玉磬如齊告糴韋注云鬯圭祼鬯之圭長尺二
寸有瓚以禮廟案用以祼鬯故謂之鬯圭說文玉部又謂之瑒圭大
宗伯職及國語亦謂之玉鬯詳大宗伯及玉人疏○云以肆先王灌先
王祭也者卽謂祭先王時用以灌也明堂位云灌用玉瓚大圭肆無
灌義先鄭之意蓋訓肆爲陳與肆師之肆義同御覽珍寶部引馬注
云肆陳之牲器以祭也先鄭義疑與馬同鄭鍔云鬱人和鬱鬯以實
彝而陳之凡祼玉濯之陳之皆謂肆爲陳圭瓚陳於先王之前而用
以灌祭故以爲肆者灌祭先王案鍔述先鄭義亦通○云玄謂肆解牲
體以祭因以爲名者此破先鄭義謂肆與大宗伯以肆獻祼享先王
之肆義同以豚解體解牲體而祭之因謂祭爲肆肆解雖不用圭瓚
而凡廟祭用成牲者皆有二祼故經以肆見祼也依後鄭義肆當讀
爲鬄詳大司徒及小子疏○云爵行曰祼者賈疏云此周禮祼皆據祭
而言至於生人飲酒亦曰祼故投壺禮云奉觴賜灌是生人飲酒爵
行亦曰灌也○云漢禮瓚槃大五升口徑八寸下有槃口徑一尺者一
尺舊本作二尺誤今據宋婺州本董本岳本正漢書揚雄傳張晏注
云瓚受五升徑八寸形如盤其柄以圭有前流與漢禮畧同御覽珍
寶部引鄭阮禮圖與張說同惟云受四升與漢禮異疑誤賈疏云此
據禮器制度文叔孫通所作案玉人職云大璋中璋邊璋下云黃金
勺青金外朱中鼻寸衡四寸鄭注云三璋之勺形如圭瓚玉人不見
圭瓚之形而云形如圭瓚者鄭欲因三璋勺見出圭瓚之形但三璋
勺雖形如圭瓚圭瓚之形卽此漢禮文其形則大三璋之勺徑四寸
所容蓋似小也詒讓案詩旱麓箋說圭瓚黃金勺亦據玉人璋瓚爲

說然則瓚槃皆以金爲之漢禮瓚槃下復有徑尺之槃乃以承上槃者與圭瓚不同器也又明堂位注云瓚形如槃容五升以大圭爲柄是謂圭瓚亦據漢禮爲說以金爲瓚而謂之玉瓚者詩旱麓孔疏云圭以玉爲之指其體謂之玉瓚據成器謂之圭瓚案依孔說則玉瓚由柄得名其瓚勺自爲金質與鄭箋同此經云祼圭有瓚亦謂別有金瓚瓚與柄不同物也

圭璧以祀日月星辰圭其邸爲璧取殺於上帝

疏圭璧以祀日月星辰者賈疏云祭日月謂若祭春分朝日秋分夕月幷大報天主日配以月其星辰所祭謂小宗伯四類亦如之注云禮風師雨師於郊之屬又月令云祈來年於天宗鄭云天宗日月星辰亦是也其祭法埋少牢已下祭日月星辰謂禱祈而祭亦用此圭璧以禮神也金鶚云星辰與日月同用圭璧司中等疑亦如之　注云圭其邸爲璧者與上四圭同但彼爲四圭同著於璧此止一圭著於璧故直曰圭璧不言邸者順文便也經注並不著圭璧之色聶崇義以爲色白祀星辰則各隨方色未知是否云取殺於上帝者日月星辰在天神中卑於上帝故上帝用四圭此用一圭殺其數也

璋邸射以祀山川以造贈賓客璋有邸而射取殺於四望鄭司農云射剡也

疏璋邸射以祀山川以造贈賓客者賈疏云此祀山川謂若宗伯云兆山川丘陵各於其方亦隨四時而祭則用此璋邸以禮神玉人云璋邸射素功以祀山川以致稍餼注云致稍餼造賓客納稾食也以此而言則造贈賓客謂致稍餼之時造館贈之言贈則使還之時所贈賄之等亦執以致命耳案賈說未析此造賓客蓋通賅玉人致稍餼之事凡造至賓館而致禮皆是也而贈則爲賓行至近郊勞送之禮非致稍餼之時所贈也贈即司儀諸公相爲賓之致贈凡天子待朝聘賓客蓋亦有之但侯國贈聘使見於聘禮云遂行舍于郊公使卿贈如覿幣而覿則止束錦乘馬不以玉致其禮微殺若天子待朝賓

則據詩大雅韓奕及樂記所贈有大路龍旂之等其禮甚盛蓋卽以
璋邸射致之聘禮致饔餼唯云大夫奉東帛亦不以玉將命則用璋
邸致者當唯天子待朝賓乃有此盛禮聘客雖亦有郊贈恐未必用
玉也互詳司儀玉人疏　注云璋有邸而射取殺於四望者上四望
用兩圭此山川止用一璋璋既卑於圭數又減少是其禮爲殺猶日
月殺於五帝也但四望亦是山川以其尊大故特殊異之與地同玉
此山川則謂中小山川不在四望之列者也陳祥道云日月星辰天
類也一圭邸璧山川地類也必一璋邸琮戴震說同案陳戴說是也
賈推鄭義謂璋邸亦爲璧聶崇義說同失之璧圜不得有射也經注
亦不著璋邸之色聶氏以爲色白祀山川則各隨方色亦未知是否
王氏訂義又引崔靈恩說祭司中司命風師雨師玉亦用璋邸射案
司中等皆天神與邸琮象地不合崔說非是鄭司農云射剡也者玉
人注云邸射剡而出也說文刀部云剡銳利也戴震云琮八方言射
者則角剡出黃以周云射卽玉人大琮射四寸之射案戴黃說是也
琮本八方此有射者謂
別剡爲銳角八出也

土圭以致四時日月封國則以土地

以致四
時日月
者度其景至不至以知其行得失也冬夏以致日春秋以致月土地
猶度地也封諸侯以土圭度日景觀分寸長短以制其域所封也鄭
司農說以玉人職曰土圭尺有五寸以
致日以土地以求地中故謂之土圭

疏

注云以致四時日月者度
其景至不至以知其行得
失也者致至聲類同謂樹八尺之表而得景乃以土圭度其景之所
至書堯典申命羲叔曰敬致致亦謂之底左桓十七年傳云日官居
卿以底日國語周語云立春日月底于天廟致底聲義亦相近致日
卽大司徒夏日至測景之義馮相氏注云冬至日在牽牛景丈三尺
夏至日在東井景尺五寸此長短之極極則氣至冬無愆陽夏無伏
陰春分日在婁秋分日在角而月弦於牽牛東井亦以其景知氣至

不卽其義也玉人注亦云度景至不以相推校此注文至字疑傳寫誤衍至不亦見大卜注凡景有進退贏縮是爲不至詳馮相氏疏賈疏云景之至否皆由人君之行所致若景不依道度爲不至是人君之行失若景依道度爲至是人君之行得故云知行得失若春秋致月之法亦於春分秋分於十五日而望夜漏半而度之但景之長短自依二分爲長短不得與冬夏日景同景之至否亦知行之得失也詒讓案漢書天文志云冬至日南極晷長南不極則溫爲害夏至日北極晷短北不極則寒爲害故書曰日月之行則有冬有夏也政治變於下日月運於上矣開元占經日占引洪範五行傳云日月之行則有冬有夏而爲寒暑若其失節晷過而長則爲寒退而晷短則爲燠人君急則晷進疾而寒舒則晷退遲而燠故曰豫燠急寒一曰晷長爲潦晷短爲旱奢者爲扶扶者邪臣進正臣疎君子不足奸人有餘斯並行得失之驗也又通卦驗亦有占晷進退吉凶之法詳馮相氏疏云冬夏以致日春秋以致月者據馮相氏云冬夏致日春秋致月以辨四時之敘與此致四時日月正相應也云土地猶度地也者大司徒土方氏玉人注義並同云封諸侯以土圭度日景觀分寸長短以制其域所封也者卽大司徒云凡建邦國以土圭土其地而制其域是也以其景之分寸長短校地中之景則知封域之方位及廣輪大司徒注謂日景千里差一寸非密率也賈疏輒據彼文謂一分百里今封諸侯無過五百里止可言分而言寸者語勢連言之其實不合有寸失之云鄭司農說以玉人職曰土圭尺有五寸以致日以土地者此經不詳土圭尺度故先鄭據彼補之云以求地中故謂之土圭者據大司徒文以舊本作所誤今據宋婺州本岳本注疏本正御覽珍寶部引馬注云土圭尺有五寸以求地中故謂土圭也與鄭義同

珍圭以徵守以恤凶荒杜子春云珍當爲鎭書亦或爲鎭以徵守者以徵召守國諸侯若今時徵郡守以竹

使符也鎮者國之鎮諸侯亦一國之鎮故以鎮圭徵之也凶荒則民有遠志不安其土故以鎮圭鎮安之玄謂珍圭王使之瑞節制大小當與琬琰相依王使人徵諸侯憂凶荒之國則授之執以往致王命焉如今時使者持節矣恤者闓府庫振救之凡瑞節歸又執以反命

【疏】注杜子春云珍當爲鎮書亦或爲鎮者杜以此珍圭字當與王所執鎮圭同天府職玉鎮亦通五等諸侯瑞玉言之故杜謂徵召諸侯之瑞節亦名鎮圭也徐養原云作珍者故書也作鎮者今書也鄭君仍從故書又按珍鎮同音然故書既借瑱爲鎮不應復借珍爲鎮故子春不曰讀爲而曰當爲以珍爲誤字也段玉裁云杜易珍爲鎮鎮圭尺有二寸天子守之未必有他用故鄭君不從謂王使之瑞節有名珍圭者詒讓案玉藻注引此經亦作鎮則鄭亦兼從杜讀與此注異云以徵守者以徵召守國諸侯者謂王使人徵召守邦國之諸侯則以鎮圭爲徵也御覽珍寶部引馬注云守邦國都鄙者案馬義亦與杜同杜不云都鄙者文不具也云若今時徵郡守以竹使符也者漢書文帝紀二年九月初與郡守爲銅虎符竹使符注應劭曰竹使符皆以竹箭五枚長五寸鐫刻篆書第一至第五又史記孝文紀索隱引漢舊儀云竹使符出入徵發後漢書杜詩傳上疏云舊制發兵皆以虎符其餘徵調竹使而已是竹使降於虎符故徵郡守用之也云鎮者國之鎮諸侯亦一國之鎮故以鎮圭徵之者此杜據鎮圭說徵守之義謂鎮圭爲天子之守圭取其爲一國之鎮與諸侯鎮撫其國同故徵諸侯則用之也云凶荒則民有遠志不安其土故以鎮圭鎮安之者此杜據鎮圭說恤凶荒之義小宗伯注云鎮安也因民不安其土故使使往鎮安之也云玄謂珍圭王使之瑞節者明不當與王鎮圭同名也說文玉部云珍寶也掌節掌守邦節而辨其用以輔王命注云邦節者珍圭牙璋穀圭琬圭琰圭也是部意此五玉即邦節以其亦用圭璋故此官與掌節同掌之二官相與爲官聯也云

制大小當與琬琰相依者後漢書竇憲傳李注云依準也賈疏云案玉人琬圭琰圭九寸此珍圭玉人不言故約與琬琰同云王使人徵諸侯憂凶荒之國則授之執以往致王命焉者後鄭說徵守恤凶荒義與杜同大宗伯凶禮云以荒禮哀凶札以恤禮哀寇亂注云恤憂也此恤凶荒即彼哀凶札不云哀而云恤者散文得通也又玉藻云凡君召以三節二節以走一節以趨注云節所以明信輔君命也使召臣急則持二緩則持一周禮曰鎮圭以徵守其餘未聞也據彼注則凡召羣臣亦以珍圭不徒徵諸侯矣云如今時使者持節矣者以漢時使者至郡國必持節為信與周制王使至邦國執瑞節事略同漢節形制如周之旌節與五玉不同鄭舉以況義耳詳掌節疏云恤者闓府庫振救之者一切經音義引聲類云闓亦開字凶荒須開府庫振救之故使人執珍圭以往也云凡瑞節歸又執以反命者掌節云皆有期以反節明使者執王之瑞節以往事竟歸時仍執此瑞節以反命於王也下凡瑞節皆同

牙璋以起軍旅以治兵守鄭司農云牙璋瑑以為牙牙齒兵象故以牙璋發兵若今時以銅虎符發兵玄謂牙璋亦王使之瑞節兵守用兵所守若齊人戍遂諸侯戍周

【疏】牙璋者賈疏云玉人云牙璋中璋七寸射二寸厚寸以起軍旅以治兵守此不云中璋者中璋比於牙璋殺文飾總而言之亦得名為牙璋以其鉏牙同也以此而言此文云牙璋亦兼中璋矣若然大軍旅用牙璋小軍旅用中璋矣注鄭司農云牙璋瑑以為牙者玉人注云有鉏牙之飾於琰側是也云牙齒兵象故以牙璋發兵者以其鉏牙不平故云兵象白虎通義文質篇云璜以徵召璋以發兵琮以起土功之事璋以發兵何璋半珪位在南方南方陽極而陰始起兵亦陰也故以發兵也班說惟璋發兵與此牙璋同而義與先鄭異又說璜徵召琮起土功此經皆無文公羊定八年傳何注亦云禮琮以發兵璜以發衆璋以徵召說文玉部又

以琥爲發兵瑞玉並與此經不同蓋別有所據云若今時以銅虎符發兵者御覽珍寶部引馬注云牙璋若今之銅虎符與先鄭說同以發兵者王應麟云漢書齊王傳魏勃給召平曰王欲發兵非有漢虎符驗也吳王傳弓高侯責膠西王曰未有詔虎符擅發兵擊義國嚴助傳上曰新即位不欲出虎符發兵郡國迺遣助以節發兵會稽是也互詳掌節疏云玄謂牙璋亦王使之瑞節者王使起軍旅治兵守時持此爲瑞節與珍圭以徵守恤凶荒同左哀十四年傳說宋公使向巢討向魋云司馬請瑞以命其徒攻桓氏杜注云瑞符節以發兵又襄二十五年傳鄭入陳司徒致民司馬致節司空致地蓋皆起軍旅之節故司馬請之致之也云兵守用兵所守者謂疆場有警治兵爲守禦也云若齊人戍遂諸侯戍周者春秋莊十三年經齊侯宋人陳人蔡人邾人會於北杏左傳云遂人不至夏齊人滅遂而戍之又昭二十七年左傳云十二月晉籍秦致諸侯之戍于周引之證此治兵守卽兵戍之事也

璧羨以起度鄭司農云羨長也此璧徑長尺以起度量玉人職曰璧羨度尺以爲度玄謂羨不圜之貌蓋廣徑八寸袤一尺

疏注鄭司農云羨長也者先鄭以羨爲延之借字玉人注云羨猶延爾雅釋詁云延長也是羨延同訓長也云此璧徑長尺以起度量者徑長尺卽謂直徑尺也先鄭蓋亦以璧羨爲璧作橢圜形起度量之義詳玉人疏引玉人職曰璧羨度尺以爲度者證徑長尺之度也云玄謂羨不圜之貌蓋廣徑八寸袤一尺者賈疏云案爾雅肉倍好謂之璧則璧體圜矣今云璧羨羨是引聲而言是爲長意故先鄭後鄭皆爲不圜也云蓋者此璧本徑九寸今言羨則減傍一寸以益上下故玉人以爲上下一尺則横徑八寸矣無正文故云蓋以疑之也

駔圭璋璧琮琥璜之渠眉疏璧琮以斂尸鄭司農云駔外有捷盧也駔讀爲駔疾之駔疏讀爲沙謂圭璋璧琮琥璜皆爲開渠爲眉瑑沙

除以斂尸令汁得流去也玄謂以斂尸者於大斂焉加之也駔讀爲組與組馬同聲之誤也渠眉玉飾之溝瑑也以組穿聯六玉溝瑑之中以斂尸圭在左璋在首琥在右璜在足璧在背琮在腹蓋取象方明神之也疏璧琮者通於天地〔疏〕駔圭璋璧琮琥璜之渠眉者玉人駔琮字說文玉部作珇則此經故書疑亦或爲珇許訓爲瑑鄭所不從詳玉人疏六玉詳大宗伯疏　注鄭司農云駔外有捷盧也者賈疏云先鄭讀駔爲駔牙之駔故云外有捷盧捷盧若鋸牙然後鄭不從之也段玉裁云此疏駔牙之駔當作鉏牙之鉏玉人注牙璋有鉏牙之飾鉏牙卽說文金部之鋙鋤一作鉏鋙齒部作齟齬左氏傳作鉏鋙捷盧若鋸牙然者周頌有瞽毛傳說文丵部皆有捷業如鋸齒之語故用此釋捷盧以釋鉏牙也案段說是也捷盧之盧疑與鑢同說文金部云鑢錯銅鐵也蓋謂刻玉外爲鉏牙若捷業鑢錯之形云駔讀爲駔疾之駔者段玉裁云駔疾亦疊字敏捷之意詒讓案說文馬部云駔馬壯也駔疾蓋謂馬行疾也但駔疾與外有捷盧之義無會竊疑讀爲當作讀如此擬其音非釋其義也云疏讀爲沙者段玉裁云疏在魚模部沙在歌戈部漢人合音最近故讀疏爲沙云謂圭璋璧琮琥璜皆爲開渠爲眉瑑沙除以斂尸令汁得流去也者說文眉部云眉目上毛也从目象眉之形上象頟理也蓋眉象頟理因之凡瑑刻成文理亦謂之眉眉又與塉通刻玉爲容突界畫容者如地之溝渠突者如地之塉埒故謂之渠眉國語齊語云渠弭於有渚渠眉與渠弭音義亦相近段玉裁云沙除者猶後代人語云沙汰令去之言也於渠眉閒沙除屍汁則重言璧琮之義無著故鄭君不易字云玄謂以斂尸者於大斂焉加之也者賈疏云以其六玉所與王爲飾明在衣裳之外故知在大斂後也詒讓案王五日小斂七日大斂而大斂禮隆陳器服尤備故知六玉所用在於大斂也左定五年傳季平子卒陽虎將以璵璠斂仲梁懷弗與曰改步改玉呂氏春秋

安死篇亦述此事杜高注並以璵璠爲君佩玉案彼以璵璠斂當郎人君以玉斂之禮杜高說並非也云䮄讀爲組與組馬同聲之誤也者說文衣部云褻以組帶馬也聯玉與帶馬皆以組聯綴其義同故後鄭讀從之玉人䮄琮鄭亦讀爲組䮄組並從且聲故云聲之誤云渠眉玉飾之溝瑑也者呂氏春秋上農篇高注云渠溝也御覽天部引元命苞云玉之爲言溝刻也宋均注云溝謂作器案溝瑑謂玉之瑑刻容突文漢書律曆志孟康注說竹節爲溝節與此相類後鄭此義與先鄭略同賈疏云此六玉兩頭皆有孔又於兩孔之閒爲溝渠於溝之兩畔稍高爲眉瑑案依賈說則六玉皆有孔諦審經注義似唯疏璧琮有孔其餘四玉則有渠眉而無孔賈說未塙琮八方有好詳大宗伯疏云以組穿聯六玉溝瑑之中以斂尸者聯黃丕烈校改連是也注例用今字詳大宰疏說文糸部云組綬屬也案組郎織成之綬材以之穿聯六玉取其斂時易於繫綴莊子列禦寇篇云莊子將死弟子欲厚葬之莊子曰吾以天地爲棺槨日月爲連璧連璧郎以組穿聯之璧又墨子節葬下篇說送葬云綸組節約疑亦謂此也云圭在左璋在首琥在右璜在足璧在背琮在腹者賈疏云已下皆約大宗伯云青圭禮東方之等以尸南首而置此六玉焉云蓋取象方明神之也者覲禮云方明者木也方四尺設六玉上圭下璧南方璋西方琥北方璜東方圭彼六玉以禮神故喪斂之玉象之亦取神明之義詳司盟疏賈疏云彼上下不用璧琮此中有璧琮者象天地若然此言象方明者直取置六玉於六處不取玉形之義又案宗伯璧禮天琮禮地今此璧在背在下琮在腹在上不類者以背爲陽腹爲陰隨尸腹背而置之故上琮下璧也云疏璧琮者通於天地者說文㐬部云疏通也後鄭讀疏如字蓋與明堂位疏屏疏勺義同月令孟春其器疏以達注云器疏者刻鏤之有司徹疏匕注亦云匕柄有刻飾者謂六玉之內唯璧琮更刻鏤之使兩面疏通以二玉象天地

故特殊異之也璧琮皆有好此別於肉間疏刻爲小空與好不同詳大宗伯疏**穀圭以和難以聘女**穀圭亦王使之
瑞節穀善也其飾若粟文然難仇讎和之者若春秋宣公及齊侯平莒及郯晉侯使瑕嘉平戎于王其聘女則以納徵焉疏穀圭以和
難以聘女者和難上唐石經挩以字今從宋本補此即玉人云穀圭七寸天子以聘女是也賈疏云難謂兩諸侯相與爲怨仇王使人和
之則執以往故執穀圭和之使善也聘女亦是和好之事故亦用善圭也　注云穀圭亦王使之瑞節者義與珍圭牙璋同云穀善也者
爾雅釋詁文御覽引馬注云穀圭七寸穀善義與鄭同云其飾若粟文然者蓋與穀璧同云難仇讎者調人注云難相與爲仇讎公羊僖
二十七年何注云古者諸侯有難王者若方伯和平之後相犯者復故罪即和難之事云和之者若春秋宣公及齊侯平莒及郯者宣四
年左傳文杜注云莒郯二國相怨故公與齊侯共平之是也云晉侯使瑕嘉平戎于王者于注例當作於各本並誤左傳文十七年周甘
歜敗戎於邥垂成元年晉侯使瑕嘉平戎于王杜注云平邥垂之役引之者亦證和難之事也阮元云瑕嘉釋文作叚嘉云本又作瑕亦
作假按叚音假古字也云其聘女則以納徵焉者玉人注云納徵加於束帛案納徵詳媒氏疏賈疏云昏禮有六五禮用鴈納徵不用鴈
以其有束帛可執媒氏職庶民用緇帛五兩士昏禮用三玄二纁天子加穀圭諸侯加以大璋大夫與士同故知納徵也**琬圭以**
治德以結好琬圭亦王使之瑞節諸侯有德王命賜之及諸侯使大夫來聘既而爲壇會之使大夫執以命事焉大行人職
曰時聘以結諸侯之好鄭司農云琬圭無鋒芒故以治德結好疏琬圭者即玉人云琬圭九寸而繅以象德此不云繅亦文不具　注
云琬圭亦王使之瑞節者與珍圭牙璋穀圭同云諸侯有德王命賜之者謂有慶賞之事公羊隱七年何注云古者諸侯有較德殊風異

行天子聘問之管子大匡篇云諸侯之君有行事善者以重幣賀之蓋卽此治德之事與大行人閒問異也云及諸侯使大夫來聘旣而爲壇會之使大夫執以命事焉者賈疏云時見曰會諸侯來與之會時聘使大夫來王還使大夫往會焉解經結好也此卽大宗伯時聘無常期一也案依此注及下注說則鄭謂聘覜時有命大夫與侯國大夫壇會之禮蓋與春秋王人與侯國大夫會盟事略同賈小祝疏卽隱據此以釋小會同此與大行人以會同爲君禮之文不合則春秋衰世之法不可以釋此經也竊疑此琬圭當是時聘時王於常禮外以事使卿大夫至賓館命之則執之以爲信不必有壇會之事也小祝小會同亦非卿大夫之禮詳彼疏引大行人職曰時聘以結諸侯之好者證經結好卽彼時聘時事也鄭司農云琬圭無鋒芒故以治德結好者以治德結好舊本並作治德以結好今據宋岳珂本正賈疏云對下文琰圭有鋒芒者也案御覽引馬注云琬圭九寸琬順也又後鄭玉人注云琬猶圜也圜卽無鋒芒有鋒芒則前鐵而不圜矣說文玉部云琬圭有琬者蓋文有挩誤戴震云琬琰之名以剡上之寸半爲別也凡圭直剡之倨句磬折上端中矩琬圭穹隆而起宛然上見爾雅宛中宛丘丘上有丘爲宛丘宛中隆並此義案互詳玉人疏

琰圭以易行以除慝琰圭亦王使之瑞節鄭司農云琰圭有鋒芒傷害征伐誅討之象故以易行除慝易惡行令爲善者以此圭責讓喻告之也玄謂除慝亦於諸侯使大夫來覜旣而使大夫執而命事於壇大行人職曰殷覜以除邦國之慝

疏注云琰圭亦王使之瑞節者亦與珍圭穀圭琬圭同鄭司農云琰圭有鋒芒傷害征伐誅討之象者琰與剡聲類同蓋亦取銳利之義說文金部云銳芒也籀文作剡琰剡聲義亦相近說文又云鋒兵耑也鋒卽鏠之俗凡圭皆剡上而此圭所剡角度尤銳故玉人云琰圭判規謂右左剡坳而下如規之判卽是有鋒芒也周書王會篇云四方

玄繚璧琰孔注云琰珪也有鋒鋩凡鋒芒則有傷害故爲征伐誅討之象云故以易行除慝易惡行令爲善者以此圭責讓喻告之也者喻黃丕烈據道右懷方氏撢人大行人注校改諭是也胥師注云慝惡也玉人注云琰圭諸侯有爲不義使者征之執以爲瑞節也又調人和難云弗辟則與之瑞節而以執之注亦以瑞節爲琰圭並易行除慝之事也云玄謂除慝亦於諸侯使大夫來覜既而使大夫執而命事於壇者賈疏云此即大宗伯云殷覜曰視謂一服朝之歲也但上文治德與此經易行據諸侯自有善行惡行王使人就本國治易之結好與除惡皆諸侯使大夫來聘亦王使大夫爲壇命之爲異也鄭知使大夫來皆爲壇者約君來時會殷同爲壇明臣來爲壇可知也案此琰圭亦當是殷覜時王以事使卿大夫至賓館命之執之以爲信鄭賈壇會之說未塙引大行人職曰殷覜以除邦國之慝者證經除慝即彼殷覜時事也

大祭祀大旅凡賓客之事共其玉器而奉之 玉器謂四圭祼圭之屬

疏 大祭祀者即上經祀天地肆先王亦兼有祀日月星辰山川等云大旅者即旅上帝四望云凡賓客之事者即祼及造贈等是也云共其玉器而奉之者賈疏云送向所行禮之處也注云玉器謂四圭祼圭之屬者賈疏云禮神曰器經云玉器故知非瑞是禮神者也云之屬者兼有兩圭圭璧璋邸之等也

大喪共飯玉含玉贈玉 飯玉碎玉以雜米也含玉柱左右齻及在口中者雜記曰含者執璧將命則是璧形而小耳贈玉蓋璧也贈有束帛六幣璧以帛

疏 大喪者賈疏云謂王喪兼有后世子在其中以其更不見共后世子之故也案詳宰夫疏云共飯玉含玉者此與玉府含人爲官聯也賈疏云天子飯以黍諸侯飯用粱大夫飯用稷天子之士飯用粱諸侯之士飯用稻其飯用玉亦與米同時此即禮記檀弓云飯用米貝不以食道鄭云食道褻米貝美是也含玉者

則有數有形雜記云天子飯九貝諸侯七大夫五士三貝者鄭云夏
時禮以其同用貝故也周天子諸侯皆用玉亦與飯俱時行之案玉
府已云大喪共含玉此又言之者蓋玉府主作之此官主其成事而
共之詒讓案飯含所用古說多異雜記說天子諸侯大夫士皆飯貝
唅用珠寶物何也有益死者形體故天子飯以玉諸侯以珠大夫以
鄭彼注云此蓋夏時禮也周禮天子飯含用玉白虎通義崩薨篇云
璧士以貝也續漢書禮儀志劉注引禮緯稽命徵云天子飯以珠唅
以玉諸侯飯以珠唅以璧卿大夫士飯以珠唅以貝雜記孔疏引禮
戴說同此並謂天子飯含用玉與此經義合至說苑修文篇云天子
含實以珠諸侯以玉大夫以璣士以貝庶人以穀實公羊文五年何
注云含天子以珠諸侯以玉大夫以碧士以貝春秋之制也文家加
飯以稻米御覽禮儀部引春秋說題辭說同惟碧作璧字通諸文紛
舛蓋所聞之異孔廣森云周禮天子不飯貝故典瑞曰大喪共飯玉
含玉且如禮文明飯與含為二事雜記諸侯相含執璧將命左傳陳
子行使其徒具含玉則含者自天子達於大夫皆用玉其飯所用有
差當如白虎通義所說也案孔謂天子至大夫含皆用玉是也左成
十七年傳云子叔聲伯夢食瓊瑰哀十一年傳云陳子行命其徒具
含玉並大夫含用玉之證孔疏謂大夫不以珠玉為含者以珠玉是
所含之物故言之非謂當時實含用珠玉殆不足據凡諸家說飯含
或以珠者亦即玉之小者鄭注所謂碎玉以雜米者不必蚌珠也惠
士奇云珠者玉之圜好如珠即玉府之珠玉也案惠說是也莊子外
物篇引詩曰青青之麥生於陵陂生不布施死何含珠為呂氏春秋
節葬篇說厚葬亦云含珠鱗施是即飯含有用珠之證凡飯以碎玉
含以小璧此經及禮緯戴說皆分飯含為二事區別甚明荀子禮論
篇云飯以生稻唅以槁骨楊注云槁骨貝也彼似據士禮言之士喪
禮云飯以米貝是舉飯以晐含非士無含也但禮緯及戴說並謂士

飯亦用珠則於經無文未知塙否至飯玉小於含玉而與含玉同實尸口故散文亦得互稱諸書或舉含以晐飯或稱飯而略含於義並不戾也云贈玉者賈疏云案既夕禮葬時棺入坎贈用玄纁束帛卽天子加以玉是贈先王之物也　注云飯玉碎玉以雜米也者舍人云喪紀共飯米是大喪飯亦用米故知飯玉亦碎之以雜米也凡天子飯含之米蓋皆用黍詳舍人疏云含玉柱左右䪼及在口中者者䪼釋文作顛云儀禮作䪼案既夕記云實貝柱右䪼左䪼說文無䪼字阮元云䪼字不古當是儀禮本作顛謂齒之盡處牙車也賈疏云案士喪禮云主人左扱米實于右三實一貝左中亦如之既言左右及中明知柱左右䪼及口中鄭彼注象生時齒堅以此而言士喪禮用三復以雜記差之則天子用九玉諸侯用七玉大夫用五玉若然大夫以上不徒柱左右與中央耳又賈既夕禮疏云左䪼右䪼謂牙兩畔最大者云雜記曰含者執璧將命則是璧形而小耳者雜記云含者執璧將命曰寡君使某含鄭彼注云含玉爲璧制其分寸大小未聞賈疏云彼是諸侯薨鄰國遣大夫來弔幷行含襚賵之禮諸侯用璧天子雖用玉其形無文故取諸侯法以況之天子亦爲璧形而小以其入口故知小也金鶚云鄭謂五等璧有大小疑當依命數公九分侯伯七分子男五分天子之玉一寸二分不必爲璧制然經無明文未可定也云贈玉蓋璧也贈有束帛六幣璧以帛者大宰注云贈玉既窆所以送先王賈疏云以既夕禮云贈用束帛明天子亦有束帛也而小行人合六幣璧以帛故知贈既用帛明以璧配之鄭言此者恐天子與士異士用帛天子用玉嫌不用帛故言之也案束帛謂玄纁也既夕禮云襲贈用制幣玄纁束注云丈八尺曰制二制合之束十制五合雜記注引彼文東下有帛字賈所引與雜記注同

凡玉器出則共奉之玉器出謂王所好賜也奉之送以往遠則送於使者 疏 凡玉器出則共奉之者此與玉府內

府爲官聯也　注云玉器出謂王所好賜也者以上經云大祭祀大旅凡賓客之事共其玉器而奉之大典禮所用玉器已具於彼此又云凡玉器出明惟據好賜而言賈疏云天府云遷寶謂徙國都此不言遷直言出故知王所好賜之者也云奉之送以往者天府注云奉猶送也所賜在近則典瑞親奉玉器往送致之也云遠則送於使者者典瑞王官自有職守不得遠出若王所好賜在遠則王自使人就賜之典瑞則奉玉器送於使者不自往賜也

典命掌諸侯之五儀諸臣之五等之命五儀公侯伯子男之儀五等謂孤以下四命三命再命一命不命也或言儀或言命互文也故書儀作義鄭司農義讀爲儀　疏　掌諸侯之五儀諸臣之五等之命者此卽小宰八成聽祿位以禮命之事儀卽禮也大戴禮記朝事篇云古者聖王明義以別貴賤以序尊卑以體上下然後民知尊君敬上而忠順之行備矣是故古者天子之官有典命官掌諸侯之五儀諸臣之五等以定其爵大行人掌諸侯之儀以等其爵故貴賤有別尊卑有序上下有差也義卽本此經　注云五儀公侯伯子男之儀者賈疏云此五儀有三等之命命雖有同者其儀皆異若然大宗伯注云每命異儀貴賤之位乃正是命異儀儀卽異此則命同儀有異於義乖者但大宗伯經云九儀之命據九等之命爲九儀故注每命異儀是命異儀卽異經云掌諸侯之五儀卽是據五等之爵爲五儀是以命同儀有異此乃各有所據於義無乖也云五等謂孤以下四命三命再命一命不命也者賈疏云此經諸臣五等在諸侯之下則還據諸侯之下臣有五等而言諸侯之下旣無四命以至五命明臣有五等通不命也是以皆據下文諸侯諸臣而充此上之數也故下文諸侯下說大國孤四命其卿三命大夫再命士一命侯伯之卿已下如公國五命三等詒讓案王

制云王者之制祿爵公侯伯子男凡五等諸侯上大夫卿下大夫上士中士下士凡五等此前五等卽此經之五儀後五等分士爲二等而無孤與此下文不合故鄭不據彼爲釋鄭知此諸臣五等之命不據王臣者以王臣位尊加命卽爲諸侯則得上關五儀且下經言王臣唯三公卿大夫三等加以士亦止四等若依命數分士爲三則又成六等與經並不合司服說五等諸侯服後亦卽繼以侯國諸臣之服不及王臣明王臣禮服視命爲差已晐於五儀五等之中兩職義可互證也云或言儀或言命互文也者此諸侯言五儀下文云上公九命侯伯七命子男五命是則諸侯之儀亦視其命也此諸臣言五等之命下公之孤四命以下亦言宮室車旗衣服禮儀各眡其命之數是諸臣之命亦含有儀明儀與命相將經互文以見義也云故書儀作義鄭司農義讀爲儀者肆師注同

上公九命爲伯其國家宮室車旗衣服禮儀皆以九爲節侯伯七命其國家宮室車旗衣服禮儀皆以七爲節子男五命其國家宮室車旗衣服禮儀皆以五爲節

上公謂王之三公有德者加命爲二伯二王之後亦爲上公國家國之所居謂城方也公之城蓋方九里宮方九百步侯伯之城蓋方七里宮方七百步子男之城蓋方五里宮方五百步大行人職則有諸侯圭藉冕服建常樊纓貳車介牢禮朝位之數焉

疏 上公九命爲伯其國家宮室車旗衣服禮儀皆以九爲節者以下正諸侯之五儀也自此至職末大戴禮記朝事篇文並同車旗旗彼並作旌義同此據畿外諸侯之命皆以奇爲數王制云三公一命卷不過九命次國之君不過七命小國之君不過五命案三公加命與上公同次國之君卽侯伯小國之君卽子男也說與此同 注云上公謂王之三公有德者加命爲二伯者明三公八命不

作伯不得加命稱上公也大宗伯九命作伯注義亦同此及掌客經
並以三公與上公內外相對爲文鄭以經有爲伯之文故幷合釋之
加命者卽下文三公八命出封加一等是也二伯詳大宗伯疏三公
詳地官敘官考工記總敘疏云二王之後亦爲上公者此九命上公
之正名雖不作伯亦得稱上公也公羊隱五年傳云天子三公稱公
王者之後稱公賈疏云案孝經緯援神契云二王之後稱公大國稱
侯若然宋公爲殷之後稱公春秋之代杞爲夏後或稱侯或稱伯或
稱子者杞君無道或用夷禮故貶之而不稱公也若虞公虢公非王
之三公出封亦得稱公者此殷時稱公武王滅殷虞虢無過可退無
功可進雖周之親戚仍守百里之地而稱公也自外雖是周之同族
有出封惟稱侯伯而已是以魯晉鄭衞等皆稱侯伯鄭注巾車云王
子母弟雖爲侯伯畫服如上公乘金路是也云國家國之所居謂城
方也者說文宀部云家居也國之所居卽都城也云公之城蓋方九
里宮方九百步侯伯之城蓋方七里宮方七百步子男之城蓋方五
里宮方五百步者賈疏云此經國家及宮室車旗以下皆依命數而
言旣言國家宮室以九以七以五爲節以天子城方十二里而言此
九七五亦當爲九里七里五里爲差矣但無正文故言蓋以疑之也
案書無逸傳云古者百里之國九里之城注玄或疑焉周禮匠人營
國方九里謂天子之城今大國與之同非也然則大國七里次國五
里小國三里之城爲近可也或者天子實十二里之城諸侯大國九
里次國七里小國五里如是鄭旨兩解不定鄭必兩解者若案匠人
營國方九里據周天子而言則公宜七里侯伯宜五里子男宜三里
爲差也若據此文九命者以九爲節七命者以七爲節五命者以五
爲節又案文王有聲箋云築城伊淢適與成方十里等小於天子大
於諸侯以其雖改殷制仍服事殷未敢十二里據此二文而言則周
之天子城方十二里公宜九里侯伯宜七里子男宜五里也若周天

子十二里則匠人云九里或據異代法以其匠人有夏殷法故也鄭不言異代者以其無正文不敢斥言也是以隱公元年祭仲云都城不過百雉雉長三丈百雉五百步大都三之一則鄭是伯爵城有千五百步爲五里是公七里侯伯五里子男三里矣此賈服杜君等義與鄭玄一解也鄭又云鄭伯之城方七里大都三之一方七百步實過百雉矣而云都城不過百雉舉子男小國之大都以駁京城之大其實鄭之大都過百雉矣又是天子城十二里而言也案坊記注云子男之城方五里與此注同孔疏引鄭駁異義云天子城九里公城七里侯伯之城五里子男之城三里又詩大雅文王有聲孔疏引駁異義云鄭伯之城方五里則又以侯伯之城爲方五里與此注異賈所引鄭說鄭伯城制又與駁異義不同未詳所據天子諸侯城制之差當以書傳注前一解爲正此注及詩箋說並非是金鶚亦謂天子城當九里又云典命國家固是言城然不必謂城方也匠人言旁三門是天子城十二門月令季春之月田獵罝罘羅網畢翳餧獸之藥毋出九門月令爲呂氏所收或雜入秦制秦本伯爵而僭擬上公故城設九門太平寰宇記古魯城凡有七門魯侯爵其城門七餘可知矣凡天子十二公必九侯伯七子男五城門亦宜然然則典命國家以城門言也案金說近是又案此注說公宮方九百步以下亦無正文鄭各依命數差之以此上推則天子宮宜方千二百步戴震焦循則依匠人天子城方九里謂宮當方九百步其說甚塙依彼降殺則公宮當方七百步侯伯宮當方五百步子男宮當方三百步鄭此注所說皆宜遞減而經言宮室以命數爲節或亦當別有所指與又禮書引尚書大傳說天子堂廣九雉諸侯七雉伯子男五雉士三雉亦與命數不相應彼文亦疑有舛誤並詳匠人疏云大行人職則有諸侯圭藉冕服建常樊纓貳車介牢禮朝位之數焉者彼職文有上公樊纓九就建常九斿等即此經之車旗又有冕服九章等即此經之

衣服又有執桓圭九寸繅藉九寸貳車九乘介九人禮九牢朝位賓主之閒九十步等卽此經之禮儀以彼文等數詳備故以爲釋

王之三公八命其卿六命其大夫四命及其出封皆加一等其國家宮室車旗衣服禮儀亦如之

四命中下大夫也出封出畿內封於八州之中加一等襃有德也大夫爲子男卿爲侯伯其在朝廷則亦如命數耳王之上士三命中士再命下士一命【疏】王之三公八命其卿六命其大夫四命者此明王臣之禮命與諸侯五儀相儗也凡畿內諸臣之命皆以偶爲數加命則有奇數孤命數經無見文賈後疏謂孤同卿六命曾子問孔疏說同通典賓禮引高堂隆說則謂天子之孤七命金鶚云以公之孤四命卿三命推之王朝孤當與三公同八命案以上三家說皆得通疑當以高堂隆說爲長蓋孤卽冢卿其文當如卿而加一命故卿正六命而孤則加爲七命猶之三公正八命作伯則加爲九命卽其比例也說文鳥部引周禮孤服鷩冕鷩冕服七章與七命正相應疑隆實本此經舊師遺說或出許鄭以前矣互詳大宗伯司服疏云及其出封皆加一等者明王臣有出封之法加等卽與上文上公以下同也云其國家宮室車旗衣服禮儀亦如之者謂以八六四爲節皆如其命數以鄭義推之則采地之城三公方八里卿方六里大夫方四里也宮則公方八百步卿方六百步大夫方四百步也車則公貳車八乘馬纓八就卿貳車六乘馬纓六就大夫貳車四乘馬纓四就也旗則公八斿卿六斿大夫四斿也禮儀則公介八人禮八牢朝位八十步卿介六人禮六牢朝位六十步大夫介四人禮四牢朝位四十步也但依此經衣服亦如命數而司服冕服無八章六章四章之衣賈司服疏云凡天子冕服有章者舊說天子九章據大章而言其章別小章章依命數則皆十二爲節上公亦九章與天子同無升龍有降龍其小章章

別皆九而已自餘鷩冕毳冕以下皆然必知有小章者若無小章絺冕三章則孤有四命六命玄冕一章卿大夫中則有三命二命一命天子之卿六命大夫四命明中有小章乃可得依命數案賈說冕服大章之外章別有小章如命數其說於古無徵然毛詩唐風無衣云豈曰無衣六兮傳云天子之卿六命重旗衣服以六爲節據毛說則似王朝卿自有六章之衣孔疏云三公服毳冕孤卿服絺冕大夫服玄冕司服注云絺冕衣一章裳二章然則絺冕之服止有三章而此云六爲節不得爲卿六章之衣故毛鄭並不云章或者司服之注自說天子之服隆殺之差其臣自當依命數也孔廣森云典命言衣服之數皆如命數詩曰豈曰無衣六兮左傳鄭伯賜子產次路再命之服則服章有以偶者矣蓋三公八命袞而八章孤卿六命鷩而六章大夫四命毳而四章且王之士亦當有冕上士三命服亦三章中士二命服亦二章下士一命服亦一章案孔說足證詩義但王朝諸臣之服司服無明文孔氏所解與詩疏不同據詩王風大車傳云毳衣大夫之服天子大夫四命其出封五命如子男之服服毳冕以決訟則毛不謂天子大夫正服毳冕王制云三公一命卷則三公加命乃服袞本服當爲鷩冕以此差之則公孤當同鷩冕卿當毳冕大夫與上士當希冕中下士當玄冕無衣疏謂三公毳冕孤卿絺冕大夫玄冕固非孔廣森陳奐謂三公袞冕卿鷩冕大夫毳冕亦加服非正服也至其章數以詩禮參互推之蓋三公服鷩冕八章孤亦服鷩冕而七章卿服毳冕六章大夫服希冕四章上士亦服希冕而三章中士服玄冕二章下士亦服玄冕而一章若然則五冕之服章數蓋皆有奇有偶鷩冕有七章八章毳冕有五章六章希冕有三章四章玄冕有一章二章皆奇偶兼備乃得與命數相應臣服袞冕雖以九章爲至隆而王自有十二章之袞是亦得備奇偶之章矣如是則與禮命詩文符合無迕儻得其義也三公孤鷩冕及士亦服冕詳司服及大

宗伯疏　注云四命中下大夫也者以經但言大夫四命不云中下有異故知同四命也先鄭則謂四命者專屬中大夫下大夫則三命詳大宗伯疏沈彤云孟子王制序大夫皆止一等是不分二等之明徵云出封出畿內封於八州之中者賈疏云其王朝公卿大夫亦有舊在畿內有采地之封是封畿內者也今乃封於畿外在八州之中諸侯也詒讓案據小司徒載師注王三公采地大都百里卿采地小都七十里大夫采地家邑五十里是三公采地僅當畿外男國之地卿大夫采地又減焉故必出封畿外公始得受五百里之地卿始得爲侯伯受四百里三百里之地大夫始得爲子男受二百里百里之地而命各加一等也毛詩傳說天子大夫出封如子男之服卽本此經汪龍云毛正謂王朝大夫出封爲子男乃得服毳冕也疏申傳義乃曰毛意以周禮出封謂出於封畿非封爲諸侯誤矣案汪說是也孔疏以出封爲出於封畿不徒與此經義牾亦未達毛恉矣云加一等褒有德也大夫爲子男卿爲侯伯者賈疏云王朝公卿大夫無功可進無過可退者不得出封以知加一等爲南面之君者是褒有德也卿爲侯伯大夫爲子男也鄭不言三公者雖出封加命爵仍是公不異故不言也案白虎通義攷黜篇云大夫功成封五十里卿功成封七十里公功成封百里班說亦與鄭賈義同惟所說三等封國里數並依今文五經說與大司徒經不合耳云其在朝廷則亦如命數耳者謂公卿大夫未出封及五等諸侯入爲王官者在朝廷服各如其本命數賈疏謂鄭意出加入則不加不減是也詩王風大車箋云古者大夫服毳冕以巡行邦國則是子男入爲大夫者此卽賈入不加不減之說彼孔疏引鄭志荅趙商亦云諸侯入爲卿大夫與在朝仕者異各依本國如其命數互詳大宗伯疏云王之上士三命中士再命下士一命者大宗伯注義同賈疏云序官有三等之士此文不見故以意推之必知士有三命以下者見經大夫四命四命以下唯

有三等之命故也然公卿大夫以八命六命四命爲陰爵者一則擬出封加爲陽爵二則在王下爲臣是陰官不得爲陽爵故也下士旣無出封之理又極卑賤故有三命一命爲陽爵無嫌也案賈說非也白虎通義攷黜篇云元士有功者亦爲附庸世其位是士亦有出封之法經注文不具耳通典職官二云天子元士出封爲附庸加一命爲四命大夫以下德盛者出則爵命並加士則德未周備但得進命不進爵也是以卿出則爲侯伯大夫出則爲子男皆爵命並進士出爲附庸但得進命故附庸之君猶稱名與士同故春秋傳云附庸之君名也杜說亦與班同

凡諸侯之適子誓於天子攝其君則下其君之禮一等未誓則以皮帛繼子男誓猶命也言誓者明天子既命以爲之嗣樹子不易也春秋桓九年曹伯使其世子射姑來朝行國君之禮是也公之子如侯伯而執圭侯伯之子如子男而執璧子男之子與未誓者皆次小國之君執皮帛而朝會焉其賓之皆以上卿之禮焉

疏凡諸侯之適子誓於天子攝其君則下其君之禮一等者於經例當作于唐石經及各本並誤此明五等侯國世子之禮亦與五儀相儗者也凡經例皆稱王此云誓於天子者對諸侯之稱曲禮云君天下曰天子是也彼孔疏引五經異義云易孟京說王美稱天子爵號是天子有爵古周禮說天子無爵同號於天何爵之有許愼謹案春秋左氏云施於夷狄稱天子施於諸夏稱天王施於京師稱王知天子非爵稱同古周禮義鄭駁云案士冠禮云古者生無爵死無謚自周及漢天子有謚此有爵甚明云無爵失之矣春秋成八年經云天子使召伯來錫公命公羊何注云王者號也天子者爵稱也聖人受命皆天所生故謂之天子白虎通義號篇云以爲接上稱天子者明以爵事天也接下稱帝王者明位號天下至尊之稱以號令臣下也何班並從易說通校全經六篇稱天子者惟此及

司弓矢校人玉人弓人五職皆以對諸侯大夫士爲文蓋與曲禮春秋義略同非接上事天之號至古周禮說以天子爲非爵鄭所不從旣無關經義可存而不論也此經見諸侯世子禮差之等其王世子禮無文蓋亦當下王一等詩召南何彼穠矣敘說王姬下嫁於諸侯車服下王后一等則世子之降於王亦不逾一等明矣云未誓則以皮帛繼子男者猶大行人云凡大國之孤執皮帛以繼小國之君彼注云繼言次之也朝聘之禮每一國畢乃前此諸侯之子繼子男亦謂子男禮畢諸侯子乃前其位則與子男同春秋釋例云此謂公侯伯子男之世子出會朝聘之儀也繼子男之末命數相準故也」注云誓猶命也者說文言部云誓約束也案約言爲誓引申之凡策命有誥戒之辭亦得謂之誓賈疏云諸侯世子皆往朝天子天子命之爲世子故以誓爲命也案賈說是也國語周語云魯武公以括與戲見王王立戲韋注云以爲太子此卽諸侯適子見天子天子命爲世子之事所謂誓也春秋釋例云誓者告於天子正以爲世子受天子報命者也未誓謂在國正之而未告天子者也杜據春秋以後諸侯世子無見天子之事故不待見而命非古制也誓朝事記並作省案省誓義亦略同大傳云大夫士有大事省於其君干祫及其高注蓋以施命言之謂之誓以涖視言之謂之省省於其君猶省於天子也連言之則曰誓省玉藻云唯君有黼裘以誓省省亦謂施命涖事也誓命省視皆爲嘉善之事故鄭大傳注云省善也於義亦通而玉藻注讀省爲獮則未塙云言誓者明天子旣命以爲之嗣樹子不易也者謂以樹子故殊異其文不曰命而曰誓公羊僖三年傳穀梁僖九年傳孟子告子篇□載齊桓公命諸侯云無易樹子公羊何注云樹立本正辭無易本正當立之子是其義也云春秋桓九年曹伯使其世子射姑來朝行國君之禮是也者穀梁傳云曹伯使其世子射姑來朝朝不言使言使非正也使世子伉諸侯之禮而來朝曹伯失

正矣諸侯相見曰朝案鄭謂曹世子行國君之禮蓋卽據穀梁伉諸侯之禮之文但依此經則世子得攝君曹世子來朝左氏亦以爲禮而穀梁以爲非正公羊亦謂譏父老子代竝與此經義異左傳孔疏引何休膏肓以爲左氏以人子安處父位尤非衰世救失之宜於義左氏爲短鄭箴云必如所言父有老耄罷病孰當理其政預王事也又引蘇寬云誓於天子下君一等未誓繼子男竝是降下其君寧是安居父位然則鄭不以用國君之禮爲非依此經及左氏義也依左傳杜注及釋例說則曹世子乃未誓而攝其君者鄭意當與杜同此引之者證世子得攝君不謂已誓也荀子正論篇云老者不堪其勞而休也故曰諸侯有老天子無老明諸侯有父老子攝之法足證箴膏肓義云公之子如侯伯而執圭侯伯之子如子男而執璧者此竝謂已誓者也禮各下其君一等則公之子不得執桓圭而降執侯伯之信圭躬圭侯伯之子則不得執圭而降執子男之穀璧蒲璧也賈疏云以其上公九命侯伯七命子男五命經云下其君一等明依命數爲降以知義然也若公之子如侯伯在侯伯下侯伯子如子男在子男下也云子男之子與未誓者皆次小國之君執皮帛而朝會焉者子男之子通已誓未誓二者而言未誓者則專屬公侯伯之子言之子男之子雖已誓以下父一等則不得執璧公侯伯之子未誓則不止下父一等故與子男之子同執皮帛次小國之君小國之君卽子男也若然則子男之子已誓未誓禮無差等所謂禮窮則同也必執皮帛者此於孤卿大宗伯六摯孤卿執皮帛其名制等差具於彼注此經諸侯適子未誓者之摯其飾帛當與公之孤同用豹皮書舜典三帛爲孔傳云諸侯世子執纁公之孤執玄附庸之君執黃孔疏引王肅注亦同則諸侯世子所執之帛與公之孤附庸之君異色依大宗伯注凡帛悉爲璧色繒無纁玄黃之別王孔說疑不足據又依王孔說附庸之君亦執帛哀七年左傳禹會諸侯於塗山執玉帛者

萬國杜注云附庸執帛孔疏云以世子既繼子男附庸亦繼子男公之孤四命以皮帛視小國之君附庸無爵雖不得同於子男其位不卑於世子與公之孤也諸侯世子各稱朝附庸亦稱朝是與世子相似故知執帛也且附庸是國此言執玉帛萬國國而執帛唯附庸耳案此經注並不言附庸所執當據王孔杜諸家說補其義也又此經亦無附庸之君命數左傳隱元年疏及通典職官並謂附庸四命是也云其賓之皆以上卿之禮焉者此亦主子男之子與未誓者言也若公侯伯之子已誓者其賓之當亦下其君之禮一等未誓則賓之以上卿之禮故左桓九年傳云曹太子來朝賓之以上卿禮也杜注云諸侯之適子未誓於天子而攝其君則以皮帛繼子男故賓之以上卿各當其國之上卿案杜謂各當其國之上卿者謂公侯伯之子未誓則依賓公侯伯上卿之禮子男之子無論已誓未誓則一依賓子男上卿之禮是也御覽皇親部引服虔亦云曹伯有故使其太子攝而朝與命曰諸侯之嫡子攝其君未誓於天子則以皮帛繼子男如諸侯之上卿之禮也上卿出入三積飧三牢牽二牢一享一食宴之也此即杜所本鄭意當與彼同賈疏云若行朝禮擯介依諸侯法其饔餼饗一與卿同也此經誓與未誓皆據父在而言若父卒後得誓者皆得以諸侯序以無父得與正君同故也是以雜記云君薨太子號稱子待猶君也注引春秋葵丘之會宋襄公稱子而與諸侯序又定四年二月癸巳陳侯吳卒三月公會劉子晉侯宋公蔡侯衛侯陳子鄭伯以下於召陵陳子在鄭伯上則是得誓者與諸侯序也若未誓則亦當執皮帛也

公之孤四命以皮帛眡小國之君其卿三命其大夫再命其士壹命其宮室車旗衣服禮儀各眡其命之數侯伯之卿大夫士亦如之子男之卿再命其大夫

壹命其士不命其宮室車旗衣服禮儀各眡其命之數視小國之君者列於卿大夫之位而禮如子男也鄭司農云九命上公得置孤卿一人春秋傳曰列國之卿當小國之君固周制也玄謂王制曰大國三卿皆命於天子下大夫五人上士二十七人次國三卿二卿命於天子一卿命於其君下大夫五人上士二十七人小國二卿皆命於其君下大夫五人上士二十七人

【疏】公之孤四命以皮帛眡小國之君者以下辨諸臣五等之命也公之孤命摯蓋下子男一等而禮略同云其卿三命其大夫再命其士壹命者大戴禮記朝事篇壹作一案壹一古今字此經五等侯國孤卿大夫士命數尊卑之差並升降以一等王制云次國之上卿位當大國之中中當其下下當其上大夫小國之卿位當大國之下卿中當其上大夫下當其下大夫又云大國之卿不過三命下卿再命小國之卿與下大夫一命案王制文與此經差異依此經公孤四命卿三命大夫再命王制則大國卿三命下卿再命大夫一命此侯伯卿大夫命與公同王制則以侯伯為次國無卿大夫命數之文彼注以上下文約之謂次國卿二命下卿及大夫並一命與公異此經公有孤卿二等侯伯子男並止卿一等王制則卿有上中下三等此大夫並止一等而王制則大夫有上下二等並差牾不合故鄭彼注亦引周制以明其異孔賈疏並謂彼為夏殷禮亦無塙證孫希旦云左傳晉侯以三命命先且居將中軍以再命命先茅之縣賞胥臣以一命命郤缺為卿魯季平子叔孫昭子初以再命為卿及伐莒克之更受三命是公侯伯之卿以三命為極而其初升者或惟再命及一命也子男之卿以再命為極而其初升者或惟一命也案孫說是也王制與此經文雖不同義實互相足左襄二十六年傳亦說鄭賜子展三命之服子產再命之服是侯伯之卿自有再命壹命者蓋初命為卿命數皆減與大夫同加賜乃得三命此經唯

云卿三命者據其最貴者言之實則公侯伯卿不必皆三命而大夫
士亦不必皆再命壹命可類推也云其宮室車旗衣服禮儀各眡其
命之數者眡朝事記作視案眡視亦古今字詳大宰疏賈疏云諸侯
之臣有四命三命再命一命不命而經云各眡其命數者若宮室之
等四命者四百步貳車四乘旗四斿冕服四章三命者以三為節再
命一命者亦以命數為降殺也但大夫玄冕一命者一章裳上刺黻
而已衣無章故得玄名也則冕亦象衣無旒其士服爵弁並無章飾
是以變冕言爵弁也諸侯之大夫一命以上即有貳車士雖一命亦
無貳車天子之士再命以上可有貳車也案依賈說衣服章如命數
則孤服絺冕當四章卿大夫服玄冕有一章二章之差亦奇偶兼備
與王臣服章用偶數同也又一命以上宮室車旗等皆依命數為差
其不命之士亦有宮室蓋與庶人同若貳車及旗斿衣章等皆無也
少儀云貳車者上大夫五乘下大夫三乘鄭注云此蓋殷制也周禮
貳車卿大夫各如其命之數即據此經為說又既夕禮云薦馬纓三
就注云諸侯之臣飾纓以三色而三成天子之臣如其命數依彼注
說則侯國孤卿大夫士馬纓同三就不依命數與王臣異也　注云
視小國之君者列於卿大夫之位而禮如子男也者此亦注用今字
作視也此孤是大國之臣故仍列卿大夫之位與上諸侯適子未誓
繼子男即列諸侯之位者異也賈疏云知義然者案大行人云大國
之孤執皮帛以繼小國之君出入三積不問壹勞朝位當車前不交
擯廟中無相以酒禮之其佗皆視小國之君鄭注云此以君命來聘
者也孤尊既聘享更自以其贄見執束帛而已豹皮表之為飾繼小
國之君言次之也其佗謂貳車及介牢禮賓主之間擯將幣祼酢饗
食之之數以此而言則以皮帛者亦是更以贄見若正聘當執圭璋
也若然彼云繼小國之君謂執皮帛次小國君後則與此注列於卿
大夫位一也此言眡小國之君注云而禮如子男則彼其佗眡小國

君弁彼注貳車及介以下是也鄭司農云九命上公得置孤卿一人者先鄭以經侯伯子男並有卿而無孤知得置孤惟上公也孤大射儀謂之諸公後鄭注亦云大國有孤卿一人與君論道亦不典職如公矣義與先鄭同引春秋傳曰列國之卿當小國之君固周制也者證孤得視小國之君也賈疏云案昭二十三年左傳云叔孫婼爲晉所執晉人使與邾大夫坐訟叔孫曰列國之卿當小國之君固周制也寡君命介子服回在是其事也若然先鄭引魯之卿以證孤者孤亦得名卿故匠人云外有九室九卿朝焉是並六卿與三孤爲九卿亦得名卿者以其命數同也魯是侯爵非上公亦得置孤者魯爲州牧立孤與公同若然其孤則以卿爲之故叔孫婼自比於孤也云玄謂王制曰大國三卿皆命於天子者以下引證五等國所置卿大夫士凡數及天子命之之法鄭彼注云命於天子者天子選用之如今詔書除吏矣案三卿即大宰所謂設其參也詳彼疏賈疏云案王制之文多據夏殷此命卿亦是夏殷法故彼下文大國之卿不過三命下卿再命小國之卿與下大夫一命鄭注云不著次國之卿者以大國之下互明之此卿命則異大夫皆同以此言之則大國卿三命次國卿與大國下卿同再命小國卿與大夫同一命彼注即引此周禮命卿大夫之法以證與古不同之義若然此引彼夏殷命臣法周禮諸侯卿大夫命雖與古不同五等諸侯同國皆有三卿得天子命者與夏殷同故引之若然大國三卿皆命於天子者上卿則命數足矣中卿天子再命己君加一命亦爲三命下卿天子一命若夏殷己君加一命二命足矣周則己君加二命爲三命足矣案賈謂周大國三卿皆三命非也此經卿三命乃專據上卿言之不關中卿以下詳前云下大夫五人者即大宰所謂傅其伍也亦詳彼疏賈疏云王制不言命數者並不得天子命夏殷並己君加一命周則大國之大夫再命也云上士二十七人者賈疏云夏殷之士不命其二十七士亦應

有上九中九下九而皆云上士者亦是勉人為高行故總以上士言之也案賈謂上士二十七人為上九中九下九亦據王制注義然依鄭大宰注則侯國士不止二十七人詳彼疏云次國三卿二卿命於天子一卿命於其君下大夫五人上士二十七人者賈疏云上卿天子二命己君不加中卿天子一命己君加一命下卿天子不命己君亦加二命為再命故云一卿命於其君是次國之卿皆再命也若周禮次國卿並三命亦下大夫五人上士二十七人義與大國同也案賈說亦非也次國三卿亦不必皆三命詳前云小國二卿皆命於其君下大夫五人上士二十七人者鄭彼注云小國亦三卿一卿命於天子二卿命於其君此文似誤脫耳或欲見畿內之國二卿與案鄭以彼上文說大次小三等國卿大夫位次相當小國亦有三卿明此二卿文有誤脫大宰設參亦通五等侯國言之賈疏云若依此三卿解之則三卿之內一卿命於天子為一命二卿命於其君亦各一命亦下大夫五人上士二十七人義與上同也若周禮小國三卿皆再命亦一卿命於天子一命己君加一命為再命二卿命於其君不得天子命並己君再命矣又周法次國五大夫亦與大國五大夫同再命小國下大夫五人各一命其士公侯伯之士同一命子男之士不命與夏殷同此文是也大司馬云大國三軍次國二軍小國一軍軍將皆命卿者謂得天子之命者得為軍將也案賈說亦非也次國之大夫小國之卿亦不必皆再命詳前疏

周禮正義卷四十

瑞安孫詒讓學

司服掌王之吉凶衣服辨其名物與其用事

用事祭祀視朝甸凶弔之事衣服各有所用

疏掌王之吉凶衣服者此皆王執大禮臨大事之服自六冕至冠弁服爲吉服吉禮吉事服之服弁服至素服爲凶服凶禮凶事服之凡服尊卑之次繫於冠冕服爲上弁服次之冠服爲下王之燕衣服別藏於玉府此官當亦兼掌其法與彼爲官聯也故月令云仲秋乃命司服具飭衣裳文繡有恆制有小大度有長短衣服有量必循其故冠帶有常彼注亦兼祭服朝燕服爲釋是也云辨其名物者卽辨冕弁冠諸服之名與物色也　注云用事祭祀視朝甸凶弔之事衣服各有所用者並據下文不數兵事者文不具

王之吉服祀昊天上帝則服大裘而冕祀五帝亦如之享先王則袞冕享先公饗射則鷩冕祀四望山川則毳冕祭社稷五祀則希冕祭羣小祀則玄冕

六服同冕者首飾尊也先公謂后稷之後大王之前不窋至諸盩饗射饗食賓客與諸侯射也羣小祀林澤墳衍四方百物之屬鄭司農云大裘羔裘也袞卷龍衣也鷩裨衣也毳罽衣也玄謂書曰予欲觀古人之象日月星辰山龍華蟲作繢宗彝藻火粉米黼黻希繡此古天子冕服十二章舜欲觀焉華蟲五色之蟲繢人職曰鳥獸蛇雜四時五色以章之謂是也希讀爲絺或作黹字之誤也王者相變至周而以日月星辰畫於旌旗所謂三辰旂旗昭其明也而冕服九章登龍於山登火於宗彝尊其神明也九章初一曰龍次二曰

山衣三曰華蟲衣四曰火衣五曰宗彝皆畫以爲繢次六曰藻衣七曰粉米衣八曰黼衣九曰黻皆希以爲繡則衮之衣五章裳四章凡九也鷩畫以雉謂華蟲也其衣三章裳四章凡七也毳畫虎蜼謂宗彝也其衣三章裳二章凡五也希刺粉米無畫也其衣一章裳二章凡三也玄者衣無文裳刺黻而已是以謂玄焉凡冕服皆玄衣纁裳【疏】王之吉服者以下辨王及諸侯卿大夫士吉凶諸服之差卽此官之官法也鄉師注云吉服者祭服也此王之吉服統冕服六弁服三而言兼有饗射及戎服朝服等蓋與服弁弁絰等吉凶相對爲文不純爲祭服也初學記帝王部引尸子云君天下者黻衣九種卽謂六冕三弁之服弁服無黻尸子蓋冢冕服通言之玉海車服引三禮義宗云王吉服有九一曰大裘而冕二曰衮冕三鷩四毳五希六玄六者祭祀之服也皮弁素積玄衣素裳緇衣玄端此又三服所謂吉服也玄衣朱裳燕樂之服非廟祭之服故不入九服之數韋弁戎服亦不入吉服之例案崔說王吉服有九似亦本此經然於下文三弁去其韋弁不數而別舉玄端以充其數至玄衣朱裳卽鄭說天子玄端之服而崔云燕服不入九服之數皆與此經不合或展轉援引文有譌易與云祀昊天上帝則服大裘而冕祀五帝亦如之者依鄭義王祀天玄冕無旒玄衣纁裳無章朱市赤舄冬則黑羔大裘王冕服之最尊者也今案裘冕當十二旒衣裳十二章詳後疏宋綿初云大裘爲冬至祀天之服其時必裘故特言之若他祭則有春秋四時故變文言衮服儻值冬月裘可知也禮不表裘大裘不裼則大裘之上被以龍衮可知經於祀天不言衮享先王不言裘互相備也祀五帝亦如之承上文言與祀昊天同服儻值夏月則衮冕而已案宋說是也經昊天指冬至圜丘上帝指夏正南郊及大旅言之上帝卽受命帝也五帝當指冬祀黑帝春祀蒼帝蒼帝雖卽爲受命帝然迎氣五郊禮秩平等與南郊大祀異也月令孟冬天子始裘夏秋及中央所

祀三帝皆非服裘之時則亦唯被龍袞而已經云五帝渾舉之辭耳昊天上帝及五帝詳大宰大宗伯大司樂疏其祭地之服此經無文以天地同禮推之蓋亦當服袞冕十二章賈司裘疏依王肅崔靈恩說謂崑崙神州亦服大裘則非其時服不足據也又此經唯見大裘自袞冕以下裘並無文玉藻孔疏云劉氏云凡六冕之裘皆黑羔裘也故司服云祭昊天大裘而冕以下冕皆不云裘是皆用羔裘也劉氏以六冕皆用大裘按鄭志大裘之上有玄衣則與玄冕無異是以小祭與昊天服同此則劉氏之說非也案孔所引即劉焯劉炫說亦見詩召南羔羊疏依鄭玉藻注說王袞冕以下五冕當服狐青裘二劉說與鄭不合孔氏斥之是也互詳後及司裘疏云享先王則袞冕享先公饗射則鷩冕者袞冕服亦玄袞衣而九章鷩冕服玄鷩衣七章冕旒裳市舄與裘冕同冬則狐青裘戴震云王大祭服袞冕中祭服鷩冕享先公亦大祭而鷩冕何也士虞禮記曰尸服卒者之上服天子廟享尸服有袞冕鷩冕之殊則天子不敢一服袞冕案戴說是也周先王先公自文王以上至后稷皆在夏商之世尸上服當以夏收殷冔今周既易以冕服故享先王服九章之袞冕降於祀天之服享先公又降之則服鷩冕也王大朝覲會同亦服袞冕經不言者文略詳後疏云祀四望山川則毳冕者玄毳衣五章以下冕旒裳市舄裘並與鷩冕同云祭社稷五祀則希冕者釋文云希本又作絺案作絺非也詳後疏玄希衣三章為希冕服酒正注以此王服大裘袞冕祭者為大祭服鷩冕毳冕祭者為中祭服絺冕玄冕祭者為小祭禮器注亦據此定祭祀獻數降殺之差謂祭羣小祀一獻祭社稷五祀三獻祭四望山川五獻祭先公七獻孔疏謂鄭據此職五冕章數釋彼獻數又云案此社稷三獻卑於四望山川而大宗伯職云以血祭祭社稷五嶽又大司樂祭社稷奏大蔟祀四望奏姑洗又禮緯云社稷牛角握五岳四瀆角尺以此言之則社稷尊於四望山川而獻與

衣服卑者熊氏云獻與衣服從神之尊卑其餘處尊者以其有功與地同類故進之在上從國中之神莫貴於社稷之類直以功見尊其實卑也以是地別神故不爲尊也金鶚駁鄭禮器注云社稷之尊非四望所可等也大司樂云奏大蔟歌應鍾舞咸池以祭地示奏姑洗歌南呂舞大磬以祀四望此地示實該社稷在內大蔟先姑洗咸池先大磬可知社稷尊於四望曲禮云天子祭天地祭社稷祭四方此四方當有四望是社稷次於天地豈四望所得駕出其上乎小宗伯大師與祭軍社使有司將事於四望四望卑於社稷可知大宗伯云以血祭祭社稷五祀五嶽五嶽即四望是四望次於五祀五祀又次於社稷社稷尊於四望甚明周官一經皆社稷尊於四望而司服獨不然何其自相矛盾乎夫天子大社祭九州地示王社祭畿內地示是亦祭地也故北郊亦通謂之社中庸言郊社之禮所以事上帝仲尼燕居曾子問皆言郊社而郊特牲明言社所以神地之道社通於地明矣九州地示最爲廣大彼五嶽能與之爭乎案金說甚辯此職冕服之差社稷在四望山川下與大宗伯大司樂諸職文不同熊安生以爲社稷神實卑而以功進之與地類酒正賈疏又以王人在諸侯之上爲比皆不足以申經義惠士奇云司服毳冕祀山川希冕祭社稷此社在山川下者王社也大宗伯血祭祭社稷貍沈祭山川此社在山川上者大社也黃以周云社稷五祀均有大小大宗伯以血祭祭社稷五祀文列五嶽之上即詩所稱之冢土周書作雒禮記郊特牲所稱之大社是也其五祀左傳所謂句芒祝融蓐收玄冥后土之神祭宜五獻司服以希冕祭社稷五祀禮次四望山川之下如王社州社及社稷之在都邑者是也其五祀則月令祭法所謂戶竈中霤門行之神祭宜三獻案惠黃說於此及大宗伯兩經似皆得通晉書禮志傳咸表謂祭法七祀亦此羣小祀之屬黃說與彼略同但王社亞於大社王容有親祀而七祀五祀則禮甚輕王未必親與其事

於此經究未甚合疑事無質宜從蓋闕也云祭羣小祀則玄冕者玄衣纁裳一章也據玉藻祭義王聽朔耕藉皆服玄冕經不言者亦文略也　注云六服同冕者首飾尊也者弁師所謂皆玄冕是也賈疏云六服服雖不同首同用冕以首爲一身之尊故少變同用冕耳下經五服同名弁亦首飾尊鄭不言者義可知也冕名雖同其旒數則亦有異但冕名同耳唐郊祀錄引三禮義宗云凡六冕之服皆玄上纁下冕既大同無以爲別故不得用冕名服取畫章之義異以立名故用服名冕也云先公謂后稷之後大王之前不窋至諸盩者賈疏云但后稷雖是公不謚爲王要是周之始祖感神靈而生文武之功因之而就故特尊之與先王同是以鄭不數后稷不窋后稷子諸盩大王父二者之閒並爲先公矣周本紀云后稷卒子不窋立不窋卒子鞠立鞠卒子公劉立卒子慶節立卒子皇僕立卒子差弗立卒子毀榆立卒子公非立卒子高圉立卒子亞圉立卒子公祖類立卒子古公亶父立古公亶父則大王亶父也公祖類即組紺亦曰諸盩也大祫於大祖后稷廟中尸服袞冕王服亦袞冕也案中庸注云先公組紺以上至后稷天保詩注先公謂后稷至諸盩天作詩注云先公謂諸盩至不窋經皆云先公注或言后稷或不言后稷者中庸云周公成文武之德追王大王王季上祀先公以天子之禮后稷既不追王故注先公中有后稷也天保詩云禴祀烝嘗是四時常祭故注先公中有后稷天作詩是祫之祭禮在后稷廟中不嫌不及后稷故注不言后稷各有所據故注不同也詒讓案此經之作在成王時則所謂先王者武王文王王季大王及后稷也先公者諸盩亞圉在二祧高圉以上至不窋不立廟亦爲先公若通言之不窋亦或尊稱先王國語周語祭公謀父稱我先王不窋是也鄭先公之說詩禮注不同中庸注數先公自后稷以下者彼文言追王不及后稷故注亦以后稷爲先公實則后稷爲大祖廟最尊雖不追王而亦得稱先王上祀

之禮尤不容降於四親廟享先王服袞冕則享后稷廟亦服袞冕可
知故此注先公不數后稷也詩周頌天作序箋義與此注正同惟小
雅天保箋先公并數后稷與此注及天作箋並異據孔疏則彼乃唐
時俗本而定本自作諸盩至不窋詩箋義前後不宜互異當以定本
爲正孔氏援中庸注義反庳其誤値矣后稷爲先王說互詳敘官及
守祧疏諸盩史記周本紀作公叔祖類索隱引世本云太公組紺諸
盩又引皇甫謐說同中庸孔疏引此注及世本盩並作盩錢大昕云
當作盩盩類聲相近也云饗射饗食賓客與諸侯射也者賈疏云饗
食則大行人云上公三饗三食之等是也但饗食在廟故亦服鷩冕
也與諸侯射者此人射在西郊虞庠中亦服鷩冕也若燕射在寢則
朝服若賓射在朝則皮弁服王制孔疏云賓射燕射時亦皮弁也案
射人職賓射在朝故知用朝服也燕禮記云燕朝服於寢明天子燕
亦以朝服故知賓射燕射亦皮弁也任大椿云諸侯在朝朝服在路
寢亦朝服玉藻經文可據以諸侯例天子則天子在朝皮弁明在路
寢亦當皮弁燕射在寢其爲皮弁明矣賈疏誤案孔任說是也陳祥
道金鶚黃以周說並同詩小雅頍弁箋云天子燕亦用皮弁皮弁卽
天子之朝服也賈謂燕射朝服說本不誤而以彼朝服別於賓射皮
弁則謬蓋偶忘天子朝服與諸侯異也凡王大射當在大學辟雍賈
謂在虞庠亦誤詳司裘疏又案王養老亦兼用饗食禮故文王世子
說天子養老冕而總干親在舞位冕卽玄冕注唯言賓客者文不具
也云羣小祀林澤墳衍四方百物之屬者賈疏云此據地之小祀以
血祭社稷爲中祀埋沈已下爲小祀也若天之小祀則司中司命風
師雨師鄭不言者義可知鄭司農云大裘羔裘也者司裘先鄭注義
同此唯大裘爲然其袞冕以下五冕服並當狐青裘皇侃劉焯劉炫
說謂六冕皆黑羔裘非也又王安石陳祥道王昭禹鄭鍔方苞姜兆
錫並謂祀天服大裘更襲龍袞陸佃戴震又據禮記謂大裘之袞十

二章冕十二旒金榜亦云鄭志大裘之上又有玄衣榜謂玄衣更有上衣玉藻大裘不裼言不得免上衣見裼衣也大裘上衣十二章郊特牲王被衮以象天戴冕璪十有二旒則天數也旗十有二旒龍章而設日月以象天天之大數不過十二王者祀天之服象焉十二章九章之服通名衮故於祀天言大裘以示殊異司裘掌爲大裘以共王祀天之服節服氏掌祭祀衮冕六人維王之大常郊祀裘冕二人執戈送逆尸從車是衮冕九章以下不得服大裘可知也案陸戴金說是也江永宋綿初金鶚莊有可黃以周說並同蓋皆鄭誤謂大裘不襲衮其服無章冕又無旒與郊特牲文迕王肅私定家語郊問篇遂云郊之日天子大裘以黼之旣至泰壇王脫裘矣服衮以臨燔柴戴冕藻十有二旒郊特牲孔疏引家語作臨燔柴脫衮冕著裘又引張融說云王至泰壇乃脫衮服大裘諸義略同皆肊造不經不爲典要其以大裘爲卽黼裘尤王肅之謬也又王弁服以下亦皆有裘凡韋弁服服狐黃裘皮弁服服狐白裘玄冠服服黼裘並詳司裘疏云衮卷龍衣也者詩豳風九罭篇衮衣繡裳毛傳云衮衣卷龍也玉藻天子龍卷以祭注云龍卷畫龍於衣字或作衮詩大雅采菽篇玄衮及黼箋云玄衮玄衣而畫以卷龍也釋名釋首飾云衮冕衮卷也畫卷龍於衣也案卷龍者謂畫龍於衣其形卷曲其字禮記多作卷鄭王制注云卷俗讀也其通則曰衮是衮雖取卷龍之義字則以衮爲正作卷者借字也覲禮注說衮冕云繢之繡之爲九章其龍天子有升龍有降龍衣此衣而冠冕上公衮無升龍此注云卷龍卽所謂升龍降龍也賈覲禮疏云白虎通引傳曰天子升龍諸侯降龍以此言之上得兼下下不得僭上則天子升降俱有諸侯直有降龍而已案依鄭賈說衮龍唯繪龍於衣徐鍇本說文衣部云衮天子享先王卷龍繡於下裳幅一龍蟠阿上鄉是謂卷龍繡於裳與鄭異徐鉉本則無裳字鍇本或誤衍也云鷩襌衣也者以鷩衣爲衮衣之次也覲禮

云天子袞冕負斧依又云侯氏裨冕注云袞衣者裨之上也裨冕者
衣裨衣而冠冕也裨之爲言埤也天子六服大裘爲上其餘爲裨以
事尊卑服之而諸侯亦服焉上公袞無升龍侯伯鷩子男毳孤絺卿
大夫玄此差司服所掌也曾子問玉藻注及家語辨樂篇王注義並
同淩廷堪云覲禮注裨冕兼袞冕言之蓋據司服公之服自袞冕而
下如王之服也考覲禮經文既云袞冕又云裨冕則袞冕而上謂之
袞冕鷩冕而下謂之裨冕明矣鄭司農以鷩爲裨衣蓋統鷩冕而下
言之非專釋鷩冕也案先鄭意或當如淩說但後鄭以裨埤同詁賈
覲禮疏謂取裨陪之義則是亞次上服之通名非指一服言之王六
服大裘而冕最上不爲裨袞衣以下五服通謂之裨此外依鄭義上
公袞侯伯鷩子男毳孤絺卿大夫玄在諸侯及諸臣雖爲上服而亦
冢王裨衣之名非於本身爲次服也覲禮注以袞爲裨之上亦謂王
裨衣有五袞最爲上耳若然此注主王言裨衣亦當自袞冕以下覲
禮爲侯氏服則可自鷩冕以下曾子問記君薨告世子生之禮大宰
大宗大祝皆裨冕荀子大略篇云大夫裨冕彼並諸侯卿大夫禮則
當自玄冕以下先鄭訓鷩冕服爲裨衣止可以釋覲禮與此經及禮
記皆不相當也裨荀子禮論篇作卑段借字楊倞注據彼謂裨之言
卑爲冕服之最卑者非也云毳罽衣也者爾雅釋言云氂罽也書禹
貢孔疏引舍人云氂毛罽也胡人績羊毛作衣爾雅釋文引李巡
本氂作毳是先鄭所本罽者⿰糸罽之借字說文系部云⿰糸罽西胡毳布也
又毛部云㲝以毳爲⿰糸罽色如虋故謂之㲝引詩曰毳衣如㲝案詩王
風大車之毳衣卽毳冕服疑許亦以毳冕爲⿰糸罽衣與先鄭說同也賈
疏云罽績毛爲之若今之毛布案賈義與許同但五冕之衣同用絲
斷無以西胡毛布爲衣之理先鄭說不經故後鄭不從引書者虞書
皋陶謨文僞古文入益稷繢今書作會左傳昭二十五年孔疏引鄭
書注讀爲繢故此注引之徑作繢今本書疏及釋文並謂鄭讀爲繪

非也說文糸部引作繪云繪會五采繡也許鄭說不同互詳畫繢疏云此古天子冕服十二章舜欲觀焉者書孔疏引鄭書注云會讀爲繪宗彝謂宗廟之鬱鬯樽也故虞夏以上蓋取虎彝蜼彝而已粉米白米也絺讀爲黹黹紩也自日月至黼黻凡十二章天子以飾祭服凡畫者爲繪刺者爲繡此繡與繪各有六衣用繪裳用繡案繪皆當作繢孔疏云鄭意以華蟲爲一粉米爲一加宗彝謂虎蜼也此經所云凡十二章日也月也星也山也龍也華蟲也六者畫以作繪施於衣也宗彝也藻也火也粉米也黼也黻也此六者紩以爲繡施之於裳也孔又引馬融說與鄭略同賈疏云古人必爲日月星辰於衣者取其明也山取其人所仰龍取其能變化華蟲取其文理作繢者繢畫也衣是陽陽至輕浮畫亦輕浮故衣繢也宗彝者據周之彝尊有虎彝蜼彝因於前代則虞時有蜼彝虎彝可知若然宗彝是宗廟彝尊非蟲獸之號而言宗彝者以虎蜼畫於宗彝則因號虎蜼爲宗彝其實是虎蜼也但虎蜼同在於彝故此亦并爲一章也虎取其嚴猛蜼取其有智以其卬鼻長尾大雨則懸於樹以尾塞其鼻是其智也藻水草亦取其有文象衣上華蟲火亦取其明粉米共爲一章取其絜亦取養人黼謂白黑爲形則斧文近刃白近上黑取斷割焉黻黑與青爲形則兩己相背取臣民背惡向善亦取君臣有合離之義去就之理也希繡者孔君以爲細葛上爲繡鄭君讀希爲黹黹紩也謂刺繒爲繡次但裳主陰刺亦是沈深之義故裳刺也黃以周云繢漢書輿服志云乘輿服從歐陽氏說公卿以下從大小夏侯氏說衣裳備章采乘輿刺繡公侯九卿以下皆織成案漢代乘輿刺繡不用畫衣裳章采不用繡從歐陽家說說文繪訓會五采繡引虞書作繪衮字下亦云卷龍繡從大小夏侯說鄭注蓋從古文說詒讓案十二章之義衆說紛異禮書引尚書大傳云山龍青也華蟲黃也作繢黑也宗彝白也藻火赤也天子服五諸侯服四次國服三大夫服二士服

一又云天子衣服其文華蟲作繢宗彝藻火山龍諸侯作繢宗彝藻火山龍子男宗彝藻火山龍大夫藻火山龍士山龍故書曰天命有
德五服五章哉此謂天子服止五章日月星辰粉及米黼黻皆不爲章是一說也僞孔傳云日月星爲三辰華象草華蟲雉也畫三辰山
龍華蟲於衣服旌旗會五采也以五采成此畫焉宗廟彝樽亦以山龍華蟲爲飾藻水草有文者火爲火字粉若粟冰米若聚米黼若斧
形黻爲兩己相背葛之精者曰絺五色備曰繡天子服日月而下此謂天子服有十二章分華蟲粉米爲二去宗彝不在章數是又一說
也今案伏傳分配五色既錯亂無義差次五服復僨到失敘且不及日月星辰粉米黼黻尤爲疏屚故禮書引鄭彼注亦以爲疑僞孔十
三章之說於古無徵且不數宗彝而云宗廟彝尊亦以山龍華蟲爲飾則書方論服章何以忽涉彝尊於文例亦不可通孟子盡心篇說
舜被袗衣趙注云袗畫也爲天子被畫衣黼黻絺繡也此以黼黻絺繡並爲畫又與漢晉書家說絕異亦不足據反覆推繹鄭義精備不
可易也云華蟲五色之蟲者蟲謂羽蟲也鄭言此者明華蟲爲一章左傳昭二十五年杜注云華若草華案杜與益稷僞傳說略同蓋亦
分華蟲爲二章與鄭義異孔疏謂孔亦以華蟲爲雉非僞傳恉也彼疏引顧彪說及左傳昭二十五年疏說並不誤云繢人職曰鳥獸蛇
雜四時五色以章之謂是也者考工記畫繢之事文此稱繢人者鄭所省改鄭注鳥獸蛇云所謂華蟲也在衣蟲之毛鱗有文采者則鄭
謂鳥獸蛇即十二章之華蟲也然其說未塙詳畫繢疏云希讀爲絺或作黹字之誤也者段玉裁謂絺黹二字當互易云此鄭君易希爲
黹而辨之曰書或作絺者乃字之誤不可從也僞孔傳作絺云細葛上爲繡是鄭君所謂誤者既易其字爲黹則下文皆作黹說文黹下
云箴縷所紩衣正與鄭合今本周禮注黹絺互換遂不可通賈作疏時已誤而其約舉尚書鄭注云鄭君讀絺爲黹黹紩也固未嘗誤尚

書周禮二注同也案段校是也鄭破絺爲黹故廣韻五旨引此經云祭社稷五祀則黹冕卽依鄭讀也今本黹絺誤易故釋文或本作絺蓋其誤在陸氏以前矣云王者相變至周而以日月星辰畫於旌旗者鄭意虞夏時衣章有三辰周制冕服九章則無之而桓二年左傳有三辰旂旗之文明易衣章而畫之旌旗也益稷疏引鄭書注說十二章亦云至周而變之以三辰爲旂旗謂龍爲袞宗彝爲毳或損益上下更其等差書禮注義同孔氏駁之云郊特牲云祭之日王被袞冕以象天也又云龍章而設日月以象天也鄭云謂有日月星辰之章設日月畫於衣服旌旗也據此記文袞冕之服亦畫日月鄭注禮記言郊特牲所云謂魯禮也要其文稱王被服袞冕非魯事也劉彝本陸佃說謂天子袞冕十二章云鄭見司常云日月爲常則謂周人以日月星辰畫於旌旗而冕服九章登龍於山登火於宗彝非也交龍爲旂周之衣不去龍熊虎爲旗周之衣不去虎雖何獨日月爲常而去衣章日月星辰乎案典命職上公九命爲伯其國家宮室車旗衣服禮儀皆以九爲節其衣裳九章推而上之天子袞冕十有二章明矣楊復鄭鍔易祓敖繼公李光坡方苞莊存與林喬蔭說並同戴震云周之祭服宗廟所用九文而止耳至於郊祀何必廢古之十二章不用也玉藻曰天子玉藻十有二旒前後邃延龍卷以祭郊特牲曰祭之日王被袞以象天戴冕璪十有二旒則天數也禮文雖闕天子郊祀袞冕見於此矣衣之舉袞猶裳之舉黼黻皆以其文特顯而龍章爲至煥則加日月於上無嫌以袞目之大裘不言袞其餘冕服不言袞互文錯見也金鶚云蓋天子有十二章之袞衣有九章之袞衣享先王袞冕九章之袞也祭昊天服大裘而冕十二章之袞也王與公侯伯子男差等王皆十二公皆九侯伯皆七子男皆五如圭璧旂常之類不可枚舉然則公服九章天子必服十二章以爲尊卑之別若同服九章是尊卑無別也且周禮尚文則監二代而損益者大

抵損質而益文也況冕服尤重文章夏禹不尚文猶且致美而以尚文之周王乃反損十二章而爲九章此必無之事也金榜宋綿初莊有可說同案諸說皆駁鄭之誤陸佃劉彝謂王衮冕十二章公衮冕九章與續漢書輿服志漢明帝所定冕服制同而戴震金鶚則謂天子有十二章及九章之衮說尤精覈矣賈疏謂天子冕服九章爲大章其小章則十二五等諸侯及内外公卿大夫冕服小章各如其命數其說不足據詳典命疏云所謂三辰旂旗昭其明也者左桓二年傳臧哀伯語賈疏云引之者證周世日月星畫於旌旗之意也案大常畫日月星詳司常職云而冕服九章者鄭謂周服章去三辰冕服最盛者不逾九章也云登龍於山登火於宗彝尊其神明也者賈疏云鄭知登龍於山者周法皆以蟲獸爲章首若不登龍於山則當以山爲章首何得猶名衮龍乎明知登龍於山取其神也又知登火於宗彝者宗彝則毳也若不登火在於宗彝上則毳是六章之首不得以毳爲五章之首故知登火於宗彝取其明也詒讓案此鄭書注所謂損益上下更其等差者也於經無文鄭以意定之欲以傅合卷龍虎蜼之義殆不然也孔廣森云衮衣王者之服唯上公以王者之後亦得服之故於文从衣从公言公之上衣也衮爲正字作卷言假借字鄭君乃以卷象龍首卷然遂升龍以爲九章之首又退宗彝於火下欲使毳冕得取虎蜼爲義廣森疑焉荀子大略篇曰天子山冕則衮冕首山不首龍矣禮有言龍衮者自衮以下無龍章故衮獨以龍名耳禮器曰天子龍衮諸侯黼大夫黻言龍下不及諸侯黼下不及大夫若龍衮首龍豈得又謂諸侯以黼首衣乎案孔謂衮衣不首龍則不必改虞書十二章之文其說自通說苑脩文篇云士服黻大夫黼諸侯火天子山龍亦以天子服章爲首山足證荀子之說但說諸侯以下服章與禮器亦異金鶚謂說苑指王朝大夫士言禮器指侯國大夫士言其說近是蓋王朝大夫絺冕有黼無火士玄冕唯有黻

而後文侯國大夫之服自玄冕而下故與王朝士服同也云九章初一曰龍次二曰山次三曰華蟲次四曰火次五曰宗彝者明畫繢五章之次云皆畫以爲繢者以配書之作繢也說文糸部云繪會五采繡也虞書曰山龍華蟲作繪則許謂山龍等皆繡而不畫與鄭義異云次六曰藻次七曰粉米次八曰黼次九曰黻者明希繡四章之次唐郊祀錄云案三禮圖云凡章文參錯滿衣裳而已不拘其數崔靈恩云略畫十二焉亦取法則天之大數案崔說與禮圖不同蓋卽賈疏小章如命數之說所本於古無徵未足信也又案粉說文黹部作黺云畫粉也米糸部作絲云繡文如聚細米也則分粉米爲二與書僞孔傳說略同又以爲一畫一繡並與鄭說大異未知是否云皆希以爲繡者以配書之希繡也段玉裁謂希亦當作黹下同月令注云祭服之制畫衣而繡裳孔疏云畫色輕故在衣以法天繡色重故在裳以法地也云則衮之衣五章裳四章凡九也者衣五章龍山華蟲火宗彝裳四章藻粉米黼黻合之爲九左昭二十五年傳所謂九文是也賈疏云以其衣是陽從奇數裳是陰從偶數案今依戴震金鶚說天子有十二章與九章之衮又依孔廣森說不改虞書十二章之次則大裘之衮衣裳皆從偶數衣六章日月星辰山龍華蟲也裳六章宗彝藻粉米黼黻也其九章之衮衣五章山龍華蟲宗彝藻也裳四章火粉米黼黻也皆不如鄭賈所說云鷩畫以雉謂華蟲也者說文鳥部云鷩赤雉也周禮曰孤服鷩冕又云鵔鸃鷩也爾雅釋鳥云鷩雉郭注云似山雞而小冠背毛黃腹下赤項綠色鮮明左傳昭十七年孔疏引樊光云丹雉也案依許樊說則鷩雉色赤山海經北山經亦謂之赤鷩依鄭義華蟲五色則不爲純赤或當如郭氏說也漢書司馬相如傳顏注說鵔鸃形色亦與郭略同冕服畫鷩者釋名釋首飾云鷩憋也性急憋不可生服必自殺故畫其形於衣以象人執耿介之節唐郊祀錄引三禮義宗云雉言鷩者取文章采著者以爲

稱也二云其衣三章裳四章凡七也者依鄭義衣三章華蟲火宗彝裳
四章與衮冕服同今依書服章舊次則衣三章華蟲宗彝藻也裳四
章亦火粉米黼黻也二云毳畫虎蜼謂宗彝也者廣雅釋器云毳毛也
鄭意虎蜼並毛蟲之屬故曰毳冕王制孔疏云宗彝者謂宗廟彝尊
之飾有虎蜼二獸虎有猛蜼能辟害故象之周禮當毳冕虎蜼淺毛
細毳故也孔廣森云毳冕五章自藻而下釋名云毳芮也畫藻文於
衣象水草之毳芮溫暖而潔也是以虞書之次爲說案孔說是也黃
以周說同二云其衣三章裳二章凡五也者依鄭義衣三章宗彝藻粉
米裳三章黼黻也今依服章舊次則衣三章藻火粉米也裳三章與
鄭同二云希刺粉米無畫也者賈疏云衣是陽應畫今希冕三章在裳
者自然刺繡但粉米不可畫之物今雖在衣亦刺之不變故得希名
故鄭特言粉米也然則毳冕之粉米亦刺之也案鄭意黹冕服以黹
爲名明衣裳皆用繡與它服衣畫裳繡異非謂粉米必不可畫也毳
冕之粉米自畫而不繡賈說非鄭恉畢沅吳志忠校本釋名云黹冕
黹紩也紩粉米於衣也義與鄭同二云其衣一章裳二章凡三也者衣
一章即粉米裳二章黼黻也鄭說五冕服之章惟此與舊次同二云玄
者衣無文裳刺黻而已是以謂玄焉者賈疏云以其祭服衣本是玄
今玄冕一章仍以玄爲名明衣上無畫一章者刺黻於裳而已孔廣
森二云冕之制以麻衣延玄表纁裏故弁飾言王之五冕皆玄冕自希
以上各有取義唯玄冕從其正名非以玄衣故也玄冕一章猶升黻
於衣詩終南曰君子至止黻衣繡裳此黻有在衣者非玄冕之服而
何左宣十六年傳晉侯以黻冕命士會黻冕者玄冕也案孔據詩黻
衣及左傳黻冕之文謂玄冕一章猶升黻於衣而秦風孔疏則謂黻
皆在裳言黻衣者衣大名與繡裳異其文耳與孔說異今攷大戴禮
記五帝德篇二云黃帝黼黻衣大帶黼裳晏子春秋諫上篇二云景公衣
黼黻之衣素繡之裳一衣而五采具焉孟子盡心趙注亦謂天子畫

衣有黼黻則古書說黼黻在衣者甚多孔說不爲無徵姑存以備一義左傳孔疏又以黻冕之黻爲韍韍膝則不繡也云凡冕服皆玄衣纁裳者明六冕之通制也玉藻云衣正色裳閒色鄭注云謂冕服玄上纁下染人注云玄纁者天地之色以爲祭服是冕服玄衣纁裳者法天地之色也喪大記云大夫以玄赬玄赬卽玄衣纁裳書顧命云太保太史太宗彤裳赬彤纁色並相近得通稱也凡冕服玄纁者皆謂染絲織成帛爲之書僞孔傳釋絺爲葛則似謂用布非也孔廣森云大戴禮哀公問五義曰端衣玄裳冕而乘路者志不在於食葷此冕謂玄冕也郊特牲曰玄冕齊戒顧命曰卿士邦君麻冕蟻裳蟻名玄駒故玄裳謂之蟻裳豈得言冕服唯有纁裳乎案孔謂冕服不必皆纁裳是也但古書說冕服裳不一色而衣則皆玄無異色唯管子輕重己篇說四時服絻各依方色此與月令五時衣略同禮經無文恐非古制荀子富國篇又云天子袾裷衣冕諸侯玄裷衣冕楊注云袾古朱字裷與衮同畫龍於衣謂之衮朱衮以朱爲質也然則朱衮亦祇是於畫龍處先施朱爲質而後布以它章不礙其仍爲玄衣也至顧命王麻冕黼裳卿士邦君麻冕蟻裳御覽服章部引鄭書注云蟻謂色玄也僞孔傳說亦同與大戴禮荀子端冕玄裳文正相應此與王麻冕黼裳者蓋皆玄冕玄端齊服書孔疏引鄭書注云黼裳者冕服有文者也孔申其義以爲衮冕之裳黼卽十二章之一金鶚據畫績黑與白謂之黼謂此裳黑白相閒故謂之黼又舉玉藻黼裘爲證其說甚塙竊謂顧命爲康王卽位柩前之禮於喪中而行卽位之吉禮王爲喪主不可以無改於常故服齊服玄冕而易玄裳爲黼裳卿士邦君無事陪位則服正齊服玄冕玄裳惟太保太史太宗以方有冊命之盛儀不得不服吉服則玄冕而彤裳此其精義也凡齊服必袗玄而後經齊服又有素端故顧命王黼裳明以喪中變禮黼之色黑白相閒亦兼取玄端素端之色不純吉也王及諸侯齊服皆玄冕

玄端服詳後疏凡兵事韋弁服韋弁以韎韋爲弁又以爲衣裳春秋傳曰晉郤至衣韎韋之跗注是也今時伍伯緹衣古兵服之遺色

【疏】凡兵事韋弁服者以下記弁服也孔廣森云兵事謂凡祠兵命將之事非必戰服也聘禮鄉韋弁歸饔餼則韋弁固亦禮服任大椿云韋弁爲天子諸侯大夫兵事之服戎服用韋者以韋革同類服以臨軍取其堅也晉志韋弁制似皮弁頂上尖韎草染之色如淺絳然則形狀似皮弁矣案任說是也依鄭義王韋弁戎服韎韋衣裳禮服則韎布衣裳亦云朱裳或云素裳非也赤市白舄狐黃裘今案當爲纁屨詳屨人疏又案兵事雖服韋弁服臨戰則韋弁服上又蒙甲冑故成十六年左傳說郤至服韎韋跗注而復有見楚子免冑之文斯其證矣　注云韋弁以韎韋爲弁又以爲衣裳者釋名釋首飾云弁如兩手相合抃時也以韎韋爲之謂之韋弁也說文韋部云韎茅蒐染韋也一入曰韎詩小雅瞻彼洛矣云韎韐有奭毛傳云韎韐者茅蒐染韋也一入曰韎鄭箋云韎者茅蒐染也茅蒐韎聲也孔疏引駁異義云韎草名齊魯之閒言韎聲如茅蒐字當作韎陳留人謂之蒨士冠禮注云今齊人名蒨爲韎國語晉語韋注云茅蒐今絳草也急疾呼茅蒐成韎也案毛許鄭韋並以韎茅蒐染者釋其染草之名毛許又以爲一入晉語韋注引賈逵虞翻唐固亦並云一染曰韎者釋其色深淺之度也爾雅釋器云一染謂之縓郭注云縓今之紅也說文系部云縓帛赤黃色玉藻注云緼赤黃之閒色所謂韎也然則韎與縓紅緼並同色但以韋帛異名此韋弁服即染熟皮爲紅色以爲弁及衣裳韎爲一入與朱四入色淺深不同散文亦得通稱故詩小雅采芑箋云天子之服韋弁服朱衣裳也孔疏謂韎是朱之淺者故以朱表之是也其引別本作朱衣纁裳則誤云春秋傳曰晉郤至衣韎韋之跗注是也者賈疏云左氏傳成十六年楚子曰韎韋之跗注君子也使工尹襄問郤至以弓若賈服等說跗謂足

跗注屬也袴而屬於跗若據鄭雜問志則以跗爲幅注亦爲屬以韎韋幅如布帛之幅而連屬以爲衣而素裳既與諸家不同又與此注裳亦用韎韋有同異者鄭君兩解此注與賈服同裳亦用韎韋也至彼雜問志裳用素者從白舄之義若然案聘禮云卿韋弁歸饔餼注云韋弁韎韋之弁蓋韎布爲衣而素裳與此又不同者彼非兵事入廟不可純如兵服故疑用韎布爲衣也言素裳者亦從白屨爲正也以其屨從裳色天子諸侯白舄士大夫白屨皆施於皮弁故也詒讓案賈服以跗注爲絝屬鄭則讀跗爲幅衣與裳皆制韋屬幅爲之與喪服記袂屬幅義略同左傳杜注云韎赤色跗注戎服若袴而屬於跗與袴連晉語韋注云跗注兵服自要以下注於跗並與賈服說同任大椿云戎事用韋聘異於戎故不用韋聘禮正服皮弁或以朝服衣皆十五升布此韋弁亦用十五升布爲衣特以韎染異於皮弁朝服之布耳又云司服注以韎韋爲裳與雜問志及聘禮注所云素裳均異賈疏以爲兩解竊疑詩朱芾斯皇箋云天子之服韋弁服朱衣裳特別曰天子之服惟天子得朱裳耳非天子則素裳故聘禮卿韋弁歸饔餼注云素裳以其爲卿故下天子也雜問志釋韎韋之跗注以爲素裳亦據郤至晉卿與聘禮之卿同也然則韋弁服天子朱裳卿大夫素裳但攷屨人疏引鄭志趙商問司服王后六服之制答曰韋弁衣以韎皮弁衣以布此二弁皆素裳白舄據此志釋司服韋弁則專據天子之韋弁矣而云素裳白舄是鄭又明以天子之韋弁爲素裳矣雜問志或鄭未定之說要當以司服注及采芑箋爲正案任說是也黃以周又據詩羔羊孔疏謂韋弁韎衣當黃衣狐裘都人士狐裘黃黃賈子新書等齊篇引作狐裘黃裳謂韋弁服當黃裳其說亦有據今攷韎爲赤黃之閒色故詩箋云朱裳賈子云黃裳其實通也唯詩采芑疏以韋弁素裳爲戎服之正則非是又案詩小雅六月孔疏引孝經注云田獵戰伐冠皮弁又引援神契云皮弁素積軍旅

也白虎通義三軍篇亦云王者征伐所以必皮弁素積何伐者凶事素服示有悽愴也與援神契說同孔氏謂皮韋同類以皮統韋言之王制及左傳昭十二年疏並以皮弁爲韋弁之通稱然則彼所云皮弁卽此韋弁也又荀子富國篇云士皮弁而大略篇則云士韋弁任大椿謂大略篇之韋弁卽皮弁據此諸文則韋弁皮弁對文雖異散文可通然孝經緯及白虎通義並云素積則與兵事韋弁韎裳仍不合且白虎通義紼冕篇云皮弁征伐田獵此皆服之公羊宣元年何注以皮弁爲武冠又昭二十五年注云禮皮弁以征不義取禽獸行射以上諸文與經甸冠弁服饗射鷩冕之文並不相應此蓋今文家之異說彼所云軍旅皮弁素積者自指皮弁服而言不必謂韋弁素裳孝經緯及班何諸說與此經本不相謀而孔強合爲一不可通也云今時伍伯緹衣古兵服之遺色者說文糸部云緹帛丹黃色任大椿云漢書鼂錯傳四里一連連有假五百服虔曰五百帥名也後漢書宦者傳曹節弟破石爲越騎校尉越騎營五百妻有美色注韋昭辨釋名曰五百字本爲伍伍當也伯道也使之導引當道陌中以驅除也案今俗呼行杖人爲五百也又攷古今注伍伯一伍之伯也五人曰伍伍長爲伯故稱伍伯漢制兵吏五人一戶竈置一伯故戶伯亦曰火伯以爲一竈之主也漢諸公行則戶伯率其伍以導引也古兵士服韋弁今戶伯服赤幘纁衣則以戶伯爲古之兵士也西京賦武士赫怒緹衣韎韐武士卽注所云伍百也

眡朝則皮弁服 視朝視內外朝之事皮弁之服十五升白布衣積素以爲裳王受諸侯朝覲於廟則袞冕 【疏】眡朝則皮弁服者聶氏三禮圖引舊圖云皮弁以鹿皮淺毛黃白者爲之高尺二寸案依鄭義王皮弁服鹿皮弁白布衣素積素韠白舄狐白裘今案當爲素帛衣白屨詳後及屨人疏皮弁書顧命又謂之綦弁詳弁師疏 注云視視朝視內外朝之事者亦注用今字作視視也玉藻云天子皮弁以日視朝遂

以食諸侯皮弁以聽朔於大廟朝服以日視朝於內朝退適路寢聽政然後適小寢釋服彼云內朝即路門外之正朝云路寢聽政即謂視路寢廷之燕朝諸侯視正朝燕朝同朝服則天子視正朝燕朝亦同皮弁服也其視皋門內三詢之外朝所服經無文當亦與視正朝同故賈疏云天子三朝外朝一內朝二皆用皮弁故經總云眡朝則皮弁服也戴震云天子日視朝皮弁服諸侯以爲視朔之服凡諸侯相朝聘亦如之詒讓案皮弁爲天子之朝服論語鄉黨篇吉月必朝服而朝集解孔安國云吉月月朔也朝服皮弁服曾子問孔疏引鄭論語注同蓋以彼月吉諸侯視朔當服皮弁而皮弁爲天子之朝服故亦通稱朝服與禮經凡朝服爲玄冠素裳異也云皮弁之服十五升白布衣積素以爲裳者白虎通義紼冕篇云皮弁者何謂也所以法古至質冠之名也上古之時質先加服皮以鹿皮者取其文章也禮曰三王共皮弁素積素積者積素以爲裳也言腰中辟積至質不易之服反古不忘本也釋名釋衣服云素積素裳也辟積其要中使蹴因以名之也士冠禮皮弁服素積緇帶素韠注云皮弁者以白鹿皮爲冠象上古也積猶辟也以素爲裳辟蹙其腰中皮弁之衣用布亦十五升其色象焉賈彼疏云素者謂白繒也雜記云朝服十五升此皮弁亦天子之朝服故亦十五升布也然喪服注云祭服朝服辟積無數則祭服皮弁皆辟積無數餘不云者舉皮弁可知不並言也惟喪服裳三袧有數耳案依鄭賈說則皮弁服白布衣而以素繒爲裳也史記禮書則云皮弁布裳是謂裳亦用布敖繼公又云皮弁亦絲衣而色如其裳則謂衣亦用繒二說並與鄭義不同戴震申敖說云皮弁服舊說曰其衣十五升布此據諸侯朝服以爲言殆非也玉藻曰君衣狐白裘錦衣以裼之士不衣狐白又曰錦衣狐裘諸侯之服也論語曰素衣麑裘狐白裘麑裘鄭皆以皮弁服爲之上衣記不云乎以帛裹布非禮也然則皮弁服之衣以素明矣異於重素者

其領緣采也褚寅亮云論語云緇衣羔裘素衣麑裘夫羔裘裼以緇
布之衣而外加朝服仍用緇布衣則麑裘裼以素衣而外加皮弁服
意必仍用素絲矣金鶚云祭服最重天子諸侯祭服皆必絲衣皮弁
服非特用於視朝聽朔亦祭服也大學始教皮弁祭先聖先師大蜡
之祭皮弁素服又月朔朝享於廟亦必以皮弁蓋告朔於廟中旣以
皮弁則朝享亦皮弁可知時祭冕服月祭殺於時祭故服皮弁也皮
弁旣爲祭服豈有不用絲而用麻哉天子朝服絲衣諸侯朝服故用
布衣禮之等殺也郊特牲云朝服以縞自季康子始縞者生絹也素
則熟絹縞衣卽素衣也是康子僭天子之朝服與八佾雍徹一類也
夫禮以康子之朝服縞衣爲僭可知天子之朝服皮弁必絲衣矣黃
以周云冕服絲衣冠服麻衣爵弁皮弁亦於冕其衣仍用絲凡上衣
用絲中衣用帛上衣用麻中衣用布故曰以帛裏布非禮也鄭注玉
藻謂皮弁服麻中衣布而詩箋以錦衣狐裘爲皮弁服論語又以素
衣麑裘爲皮弁服錦衣絲衣也素衣亦絲衣也上衣布中衣帛君子
以爲失禮意案以上諸家說並足輔敖義故詩周頌絲衣其紑載弁
俅俅鄭箋以爲爵弁而通典吉禮載五經通義引詩作絲衣其紑會
弁俅俅與衞風淇奧會弁文同則通義以絲衣之弁爲皮弁矣說文
糸部云紑白鮮衣皃詩曰素衣其紑許引詩雖不作絲衣然以紑爲
白色則正皮弁服之衣也蓋西漢經師必有釋絲衣爲皮弁服者斯
亦皮弁非布衣之一證矣依敖說皮弁服素衣而禮經云素積者凡
禮服之裳無不辟積而素積則唯皮弁爲然故禮經於皮弁特言素
積敖說與經亦無牾也又案鄭聘禮注云皮弁時或素衣是鄭謂皮
弁服亦有素衣但爲殊吉之變服郊特牲說蜡祭送終之服云皮弁
素服而祭注云素服衣裳皆素文王世子公族在辟公素服不舉注
云素服亦皮弁矣孔疏謂衣裳皆素是鄭意皮弁服衣不用白布而
用素者爲變服不知皮弁正服亦衣裳皆素其異於變服者加以采

緣故無重素之嫌戴氏所辨甚析固不慮其淆掍也至史記布裳之說與玉藻皮弁裘裼亦不合蓋不足據又案雜記子羔之襲也素端一皮弁一孔疏引盧植釋素端云布上素下皮弁服彼素端皮弁二者並襲而盧專以布上素下爲素端其說雖未當而可證盧說皮弁正服不布上必素衣矣是或亦皮弁素衣義證之一與云王受諸侯朝覲於廟則衮冕者明皮弁爲天子常朝服非大朝覲之服也賈疏云案覲禮云天子衮冕負黼扆節服氏云祭祀朝覲衮冕六人維王之大常注云服衮冕者從王服故知朝覲在廟王服衮冕若然春夏受贄在朝則是眡朝皮弁服也其受享於廟與覲同衮冕故於廟連言朝也案四時朝覲皆在廟服衮冕賈謂春夏受贄於朝乃沿曲禮注之誤詳大宗伯疏又大會同在壇王亦衮冕周書王會篇云天子南面立絻無繁露朝服案王會天子絻卽衮冕十二旒不當無繁露彼蓋文誤又彼大會同之服通稱朝服與此經皮弁朝服亦不相應也

凡甸冠弁服

甸田獵也冠弁委貌其服緇布衣亦積素以爲裳諸侯以爲視朝之服詩國風曰緇衣之宜兮謂王服此以田王卒食而居則玄端

【疏】凡甸冠弁服者此王四時常田之服蓋玄冠而加弁也此弁與爵弁韋弁皮弁不同卽所謂皮冠孟子萬章篇萬章曰敢問招虞人何以曰以皮冠趙注云皮冠弁也孔廣森云左傳責衛侯不釋皮冠楚靈王雨雪皮冠右尹子革夕王見之去冠皮冠可釋可去則必別有一物加於冠上矣案皮冠蓋猶方相氏之蒙熊皮孔謂別有一物加於冠上其說近是趙氏以弁釋皮冠蓋卽據此經凡王田服玄冠而加以皮冠不可云以冠加冠故叚弁以爲稱以弁本冠之大名亦以皮冠舉首蒙之與弁制略相似也以弁加於冠上謂之冠弁服猶下文以經加弁上謂之弁經服也田事玄冠上加皮冠有所敬則釋之猶兵事韋弁上加冑有所敬則免之矣冠弁服依鄭義委貌冠卽玄冠緇布衣素裳素韠白舄羔裘今案當

爲白屨詳屨人疏　注二云甸田獵也者小宗伯注二云甸讀曰田敘官
甸祝注二云甸之言田也甸田同聲叚借字此不改讀者文略二云冠弁
委貌者士冠禮主人玄冠注二云玄冠委貌也又士冠記二云委貌周道
也注二云或謂委貌爲玄冠委猶安也言所以安正容貌白虎通義紼
冕篇二云周統十一月爲正萬物始萌小故爲冠飾最小故曰委貌委
貌者言委曲有貌也郊特牲注說同釋名釋首飾二云委貌冠形委曲
之貌上小下大也案鄭不知冠弁之弁爲皮冠故謂冠弁卽委貌其
說未析而此冠爲委貌則當如鄭義續漢書輿服志劉注引石渠論
戴聖說以玄冠爲委貌鄭士冠注從之此注以委貌釋冠弁卽謂冠
弁爲玄冠則朝服與玄端服裳異而冠同聶氏三禮圖引張鎰圖云
諸侯朝服之玄冠士之玄端之玄冠諸侯之冠弁此三冠與周天子
委貌形制相同案張圖亦從鄭義而續漢書輿服志則云委貌冠皮
弁冠同制長七寸高四寸制如覆杯前高廣後卑銳所謂夏之牟追
殷之章甫者也聶圖又引舊圖云委貌以漆布爲殼以緇縫其上前
廣四寸高五寸後廣四寸高三寸案玄冠有梁有武而著纓與韋弁
皮弁制異依續漢志及舊禮圖說則委貌似弁而非冠與鄭義不同
戴震又據國語晉語范文子退朝武子擊之以杖折委笄彼朝服而
有委笄明其爲弁制疑朝服大夫以上委貌士玄冠孔廣森金鶚宋
緜初黃以周說並同案士冠記二云委貌周道也章甫殷道也毋追夏
后氏之道也周弁殷冔夏收彼於委貌之外別云周弁明委貌自與
弁不同彼記又云三王共皮弁素積是委貌尤不得與皮弁同制司
馬彪說殆不甚塙若然委貌是冠非弁則不得有固冠之笄故墨子
公孟篇二云昔者楚莊王鮮冠組纓絳衣博袍以治其國卽朝服玄冠
有纓無紘之明證竊疑晉語之委當如雜記委武之委鄭注二云委武
冠卷也笄當爲固髮之笄蓋范武子以杖擊文子之玄冠折其冠卷
弁及卷內之笄非固冠之笄也若然自天子下達於士玄冠通爲卷

武之制亦同用玄帛故通謂之玄冠舉其故名則亦通謂之委貌鄭從小戴以委貌爲玄冠其說自塙不可易也至續漢志說委貌制雖不足據而謂以皁絹爲之則自不誤蔡氏獨斷晉書宋書輿服志並謂委貌卽緇布冠論語子罕皇疏郊特牲孔疏亦並謂委貌以三十升緇布作之聶圖引舊圖又謂漆布爲殼皆謬說也又案凡玄冠朝服有繫冠言之者穀梁哀十三年傳云冠端是也有繫委貌言之者左昭元年十年哀七年傳及國語周語並云端委穀梁僖三年傳云委端是也有繫章甫言之者論語先進篇云端章甫集解引鄭注云衣玄端冠章甫諸侯日視朝之服是也章甫亦卽玄冠故又爲儒士之服儒行孔子荅哀公問儒服曰冠章甫之冠墨子公孟篇云公孟子戴章甫搢忽儒服而以見子墨子大戴禮記哀公問五義篇亦以章甫句屨爲古服是孔門師弟以章甫爲常服斯亦足證章甫委貌玄冠三者同物故通於貴賤攷令是弁非冠則必大夫以上乃得服之以朝儒者安得以此爲常燕之服乎云其服緇布衣亦積素以爲裳者續漢輿服志劉注引石渠論云玄冠朝服戴聖曰玄冠委貌也布上素下緇帛帶素韠案鄭亦本小戴說布上卽謂緇布衣也故雜記云朝服十五升晏子春秋內篇雜下云晏子衣緇布之衣以朝王制云周人玄衣而養老注云玄衣素裳其冠則委貌也彼云玄衣者緇玄色略同得通稱戰國策楚策云令尹子文緇帛之衣以朝此楚之變禮非朝服之正也賈疏云士冠禮云主人玄冠朝服緇帶素韠注云朝服者十五升布衣而素裳也衣不言色者衣與冠同裳又與韠同色是其朝服服緇布衣亦如皮弁積素以爲裳也云諸侯以爲視朝之服者明此冠弁服卽諸侯以下所謂朝服也玉藻云諸侯朝服以日視朝於內朝鄭彼注云朝服冠玄端素裳也引詩國風曰緇衣之宜兮者鄭風緇衣篇文毛傳云緇黑色卿士聽朝之正服也此引以爲諸侯朝服緇衣之證云謂王服此以田者賈疏云言凡甸冠

弁服據習兵之時若正田時則當戎服是以月令季秋天子乃教於田獵以習五戎司徒搢扑北面以誓之天子乃厲飾執弓挾矢以獵注云厲飾謂戎服尚威武也以此觀之習五戎司徒誓之不戎服著冠弁可知是以襄十四年左傳云衛獻公戒孫文子甯惠子食而射鴻於囿二子從之公不釋皮冠則皮弁韋弁同但色異耳故以韋弁爲皮弁是以正田用韋弁也案賈意正田服用韋弁亦即左傳之皮冠月令天子習田獵教五戎時先冠弁服厲飾之後乃易服韋弁服然鄭注但以厲飾爲戎服無先冠弁後韋弁之義呂氏春秋季秋紀厲飾作厲服高注引此經凡甸冠弁服爲釋則仍以爲甸服月令孔疏又引熊安生云戎服者韋弁服也以秋冬之田故韋弁服若春夏則冠弁服故司服云凡甸冠弁服熊氏謂一年四田分用戎服甸服又與賈不同竊謂此經著凡田之文自通四時大小田獵言之月令記天子田獵亦當依此經冠弁服爲正高誘說得之其云厲飾無由定其必爲戎服鄭月令注蓋偶誤釋熊賈兩家曲爲申證遂強生分別非經義也左傳襄十四年孔疏又謂諸侯之禮皮冠以田獵司服是天子之禮故以諸侯朝服而田皆肊說不足憑至韋弁皮弁並尊於冠服賈謂左傳皮冠即韋弁王制孔疏說同是諸侯田服反盛於天子無是理也白虎通義紼冕篇及公羊昭二十四年何注詩小雅六月孔疏引孝經注並謂田獵皮弁此別說不足以證冠弁即皮弁也詳前云王卒食而居則玄端者玉藻云卒食玄端而居鄭彼注云天子服玄端燕居也案鄭言此者欲見委貌緇衣而不素裳者專稱玄端而不得稱朝服非天子田獵所用也賈疏云案玉藻云韠君朱大夫素士爵韋鄭注云天子諸侯玄端朱裳以其云朱韠韠同裳色故也鄭因朝服而說玄端者以朝服與玄端大同小異以其玄冠緇布衣皆有正幅爲端則同但易其裳耳故因說玄端也若然大夫素韠則素裳其士韠言爵韋爵是不純之名以其士冠禮上士玄裳中

士黃裳下士雜裳者前三幅玄後四幅黃故言爵韠也金榜云士冠禮特牲饋食記鄭注皆云上士玄裳中士黃裳下士雜裳榜謂玄端三裳主論列其服非差次所服之人可也云者謂其唯所服服之不定之辭也此玄端玄裳黃裳雜裳不專爲士設經記說玄端服唯此三裳然則服玄端者無異裳蓋可知也金鶚云朝服素韠玄端則爵韠玉藻云韠君朱大夫素士爵韋此但泛言韠制安見必爲玄端服之韠乎夫朱裳裳之最貴者惟冕服有之玄端爲禮服之下者豈得與冕服同朱裳乎況冕服皮弁朝服大夫士之裳皆與天子諸侯同何獨至玄端而君與大夫士別爲三乎然則自天子至於士玄端皆玄裳也士冠禮雖並列玄裳黃裳雜裳而以玄裳爲首舉是玄端以玄裳爲正故有袀玄之稱詒讓案凡天子甸服諸侯大夫士朝服皆玄冠緇衣素裳玄端則天子以下至士皆玄冠緇衣玄裳故士冠禮云兄弟畢袗玄注云袗同也玄者玄衣玄裳也袗亦作袀淮南子齊俗訓云尸祝袀袨高注云袀純服袨黑齊衣也蓋玄端上緇下玄與素端上白下素制正相儗朱駿聲初亦謂士冠禮玄裳爲玄端服之正義又言黃裳雜裳可也乃緣類許可之辭尤足與二金說相輔至鄭說玄端天子諸侯朱裳於經無文陳祥道張惠言朱駿聲並㡿其誤而二金說尤詳塙足爲定論矣又依鄭義王玄端朱韠黑舃羔裘今案當爲緇韠黑屨互詳後疏

凡凶事服弁服服弁喪冠也其服斬衰齊衰

疏凡凶事服弁服者凶事卽喪紀之事喪禮自王以下通以厭冠爲首服厭冠爲冠制而云服弁者夏官敘官注云弁者古冠之大稱是也國君喪禮未成服前子服麻弁經會子問說君出疆薨已大斂入國之禮云子麻弁經疏衰菲杖注云麻弁經者布弁而加環經也布弁如爵弁而用布又喪大記云君將大斂子弁經亦卽麻弁經也彼注則以爲如爵弁而素喪服小記孔疏引喪服變除亦云小斂之後大夫以上冠素弁是又有素弁矣林喬

蔭據彼謂此服弁卽弁絰與厭冠不同亦足備一義也互詳後疏注云服弁喪冠也者喪服斬衰三年經云斬衰裳苴絰杖絞帶冠繩纓菅屨者傳云斬者何不緝也苴絰者麻之有蕡者也絞帶者繩帶也冠繩纓條屬右縫冠六升外畢鍛而勿灰衰三升菅屨者菅菲也外納注云屬猶著也通屈一條繩爲武垂下爲纓著之冠也布八十縷爲升雜記曰喪冠條屬以別吉凶三年之練冠亦條屬右縫小功以下左縫外畢者冠前後屈而出縫於武也又齊衰三年經云疏衰裳齊牡麻絰冠布纓削杖布帶疏屨傳云齊者何緝也牡麻者枲麻也冠者沽功也疏屨者藨蒯之菲也注云疏猶麤也沽猶麤也冠尊加其麤麤功大功也又記云斬衰衰三升三升有半其冠六升以其冠爲受受冠七升齊衰四升其冠七升以其冠爲受受冠八升此喪服斬衰齊衰冠衰裳絰之差弁卽注云服弁自天子以下無飾無等則喪冠法通尊卑明此天子服弁服與喪服經傳所說同云其服斬衰齊衰者下文說卿大夫士凶服云加以大功小功故知此王正凶服止有斬衰齊衰也中庸云期之喪達乎大夫三年之喪達乎天子鄭彼注云期之喪達於大夫者謂旁親所降在大功者其正統之期天子諸侯猶不降也大夫所降天子諸侯絕之不爲服所不臣乃服之也賈疏云天子諸侯絕傍期正統之期猶不降故兼云齊衰其正服大功亦似不降也大功章曰適婦注云適子之婦傳曰何以大功也不降其適也既無指斥明關之天子諸侯也又服問云君所主夫人妻大子適婦既言君所主服不降也如是則爲適孫之婦又當小功今注止云斬衰齊衰以其正服齊衰是不降之首然則王爲適子斬衰其爲適孫適曾孫適玄孫適來孫則皆齊衰不杖章云適孫傳曰何以期也不敢降其適也有適子者無適孫孫婦亦如之玄謂凡父於將爲後者非長子皆期然則王禮亦適子死有適孫適孫死有適曾孫向下皆然也又案喪服傳云始封之君不臣諸父昆弟封君

之子不臣諸父而臣昆弟天子之義亦當然若虞舜之與漢高皆庶人起爲天子蓋亦不臣諸父昆弟而有服也案中庸孔疏引熊安生云天子爲正統喪適婦大功適孫之婦小功此賈說所本又喪服經大功章云君爲姑姊妹女子子嫁於國君者通典凶禮引馬融云君諸侯也爲姑姊妹女子子之嫁於國君者服也不言諸侯者闕天子元士卿大夫也上但言君者欲關天子元士卿大夫嫁女諸侯皆爲大功也通典又引魏田瓊云天子不降其祖父母曾祖父母后太子嫡婦姑姊妹嫁於二王後皆如都人據此是王服大功不降絕者尚有姑姊妹女子子適二王後者賈氏所舉殊未盡也

凡弔事弁經服

弁經者如爵弁而素加環經論語曰羔裘玄冠不以弔經大如緦之經其服錫衰緦衰疑衰諸侯及卿大夫亦以錫衰爲弔服喪服小記曰諸侯弔必皮弁錫衰則變其冠耳喪服舊說以爲士弔服素委貌冠朝服此近庶人弔服而衣猶非也士當事弁經疑衰變其裳以素耳國君於其臣弁經他國之臣則皮弁大夫士有朋友之恩亦弁經故書弁作絣鄭司農絣讀爲弁弁而加環經環經即弁經服

疏凡弔事弁經服者王弔諸侯諸臣喪主未成服則服玄衣纁裳已成服則服三衰皆冠爵弁而加經也喪服記注約引此經云凡弔當事則弁經服當事謂當大小斂及殯時明居與出不弁經也漢書賈山傳至言云故古之賢君於其臣也疾則臨視之亡數死則往弔哭之臨其小斂大斂已棺塗而後爲之服錫衰麻經而三臨其喪義與禮經合金榜云爵弁服大夫士之祭服天子以爲弔服弁飾王之弁經弁而加環經檀弓天子之哭諸侯也爵弁經紂衣故王之吉服凡九而爵弁服不與焉

注云弁經者如爵弁而素加環經者喪服記及雜記服周注說並同喪服注云麻在首在要皆曰經經之言實也明孝子有忠實之心故爲制此服焉首經象緇布冠之缺項要經象大帶說文糸部云經喪首戴也釋名釋喪制云經實也

傷摧之實也弁經如爵弁而素加經也案喪服有首經有要經此環
經加於弁謂首經也其要經則糾之不如環詳弁師疏賈疏云爵弁
之形以木為體廣八寸長尺六寸以三十升布染為爵頭色赤多黑
少今為弁經之弁其體亦然但不同爵色之布而用素為之故云如
爵弁而素又賈弁師疏云案曾子問云麻弁經鄭云麻弁經者布弁
而加環經也布弁如爵弁而用布此不言麻者皆素為之檀弓孔疏
云鄭知如爵弁者見檀弓云殷人冔而葬又云弁經葛而葬與神交
之道冔是祭冠也故知弁經是爵弁也任大椿云弔服弁經漢魏六
朝諸儒皆以弁為素爵弁通典凶禮漢戴德曰君弔臣疑衰素弁加
經吳射慈曰始聞喪去吉冠著素弁魏博士杜希議論語曰羔裘玄
冠不以弔周人去玄冠代以素弁又禮自天子下達於士臨殯斂之
事去玄冠以素弁君子臨喪必有哀素之心是以去玄冠代之以素
據此諸說弁經用素之義皆可與鄭注相證又云弁經者檀弓疏云
用素絹蓋弔服之素弁與凶服之縞冠同均以白絹為之檀弓注素
服者縞冠也詒讓案鄭素爵弁說本於大戴然戴止云素弁鄭據檀
弓弁經葛而葬及周人弁而葬殷人冔而葬兩文參互推定以為如
祭服爵弁而素故檀弓注云周弁殷冔俱象祭冠而素禮同也然其
說於經無徵殆非也金榜云弔服錫衰緦衰疑衰皆有經帶弔者加
經與衰咸視主人為節未小斂吉服而往天子爵弁服諸侯卿大夫
皮弁服士玄冠朝服既小斂天子爵弁加經諸侯卿大夫皮弁加經
謂之弁經士則易玄冠為素委貌冠加經焉凡弁經各以其等為之
弁師掌其禁令雜記曰小斂環經公大夫士一也謂此主人既成服
則弔者亦服衰而往天子為三公六卿錫衰為諸侯緦衰為大夫士
疑衰諸侯卿大夫弔服錫衰士弔服疑衰其尊卑之差也雜記大夫
之哭大夫弁經大夫與殯亦弁經明聞喪哭者與與殯同服檀弓天
子之哭諸侯也爵弁經紂衣是天子與殯亦爵弁加經所謂王之弁

經弁而加環經者也服問公爲卿大夫錫衰以居出亦如之當事則
弁經大夫相爲亦然喪服小記諸侯弔必皮弁錫衰凡弔衰未有不
經者故錫衰緦衰疑衰名爲弁經服謂皮弁錫衰爲不加經者誤然
則諸侯卿大夫弔服亦皮弁加經明矣當事謂當斂殯之事時主人
未成服弔者亦不錫衰故曰當事則弁經天子諸侯卿大夫弁經異
等如此士禮異者於小斂改服素委貌喪大記主人即位襲經帶踊
乃奠弔者襲裘加武帶經與主人拾踊言加武者明其改冠禮家舊
說士弔服素委貌冠朝服此小斂後弔服也又曰布上素下鄭君謂
即疑衰此既殯弔服也是謂羔裘玄冠不以弔矣禮文散逸學者推
士禮致于天子謂大夫以上弔服皆素弁失其傳矣爵弁爲大夫士
祭服天子以爲弔服蓋尊卑異禮檀弓弁經葛而葬與神交之道也
有敬心焉周人弁而葬殷人冔而葬以士冠禮記周弁殷冔夏收證
之則弁經葛者亦爵弁加經可互明矣孔廣森云弁經有加爵弁者
檀弓天子之哭諸侯爵弁經紂衣是也有加皮弁者小記諸侯弔必
皮弁錫衰是也羔裘玄冠夫子不以弔言不以朝服而弔也諸侯與
其臣以冠弁爲朝服其弔服自可皮弁環經天子與其臣皆以皮弁
爲朝冠故弔服更用爵弁經避朝服也庶人無朝服乃得通以素委
貌弔矣弁經而衰者成服以後之弔服也爵弁經紂衣者既小斂未
成服往哭則服之或始聞其赴遙爲位而哭亦服之案金孔說是也
張惠言說亦同經以弁經爲弔服者其弁在天子即爲爵弁在諸侯
則爲皮弁弁與常服同但以加經爲異故弁師云王之弁經弁而加
環加明非別爲之弁也於檀弓見王弔之弁經爲爵弁加經於喪服
小記見諸侯弔之弁經爲皮弁經經記文甚明無勞推測鄭素爵弁
之說雖本大戴而與禮記不合其注檀弓爵弁經紂衣則刪經字云
服士之祭服以哭之明爲變也天子至尊不見尸柩不弔服麻不加
於采此言經衍字也時人聞有弁經因云之耳周禮王弔諸侯弁經

緦衰也金榜云雜記麻不加於采釋上麻者不紳執玉不麻之義大帶與執玉繅藉皆有五采三采二采之等既小斂以要絰易大帶爲麻者不紳聘禮遭喪主人長衣練冠受玉爲執玉不麻其義皆爲麻不加於采與爵弁加絰異義案金說亦是也如鄭說既分哭弔爲二冠違於雜記大夫哭弔同冠之例而又必刪絰字而後可申其說明其非達詁矣白虎通義喪服篇引檀弓亦無絰字則疑後人依鄭義刪之非其舊也又案爵弁服依鄭義赤黑布弁玄衣纁裳韎韐赤舄羔裘士冠禮云爵弁服纁裳純衣緇帶韎韐注云爵弁者冕之次其色赤而微黑如爵頭然或謂之緅其布三十升又云爵弁者制如冕黑色但無繅耳公羊宣元年何注亦謂爵弁加旒曰冕此卽賈疏所本書顧命又作雀弁孔疏引鄭書注阮諶三禮圖及獨斷說並與士冠禮注義同依鄭義則爵弁亦以布爲延武皆不用韋爲之劉氏釋名顧命僞孔傳並釋爲爵韋弁蓋兼取兵服韋弁爲說非爵弁之本制也又鄭賈說爵弁爲冕制異於韋弁皮弁其說亦不甚塙江永云弁字上銳象形爵弁與皮弁同名弁而爵弁有覆版何以名弁任大椿云爵弁既以弁名則其狀當以弁攷釋名弁如兩手相合抃時也以爵韋爲之謂之爵弁以鹿皮爲之謂之皮弁以韎韋爲之謂之韋弁也然則此三弁皆作合手狀矣案江任說本陳祥道是也吳廷華金鶚說亦同劉說爵弁雖未得其制而謂三弁同形則是正鄭說之誤爵弁既爲合抃之形則無上延與冕制迥異鄭賈說並誤又鄭說爵弁赤舄羔裘當爲纁屨狐青裘詳屨人司裘疏環絰詳弁師疏引論語曰羔裘玄冠不以弔者鄉黨篇文穀梁僖三年楊疏引鄭論語注云玄冠委貌諸侯視朝之服賈疏云彼謂小斂之後主人已改服客則不用玄冠羔裘朝服以弔之引之者證凡弔服及弁絰皆施之於小斂已後也案賈說非鄭恉也鄭引論語者欲見玄冠朝服不以弔天子朝服皮弁故弔服亦不用皮弁而用素爵弁此與喪服注引

論語破士弔朝服之意同云經大如緦之經者弁絰注義同通典凶禮引戴德說弔服云絰大與緦麻絰同卽鄭所本喪服斬衰傳云苴絰大搹去五分一以爲帶齊衰之絰斬衰之帶也去五分一以爲帶大功之絰齊衰之帶也去五分一以爲帶小功之絰大功之帶也去五分一以爲帶緦麻之絰小功之帶也甄鸞五經算術云緦麻之絰三寸六百二十五分寸之四百二十九賈疏云弔服環絰大小無文但五服之絰緦絰最小弔服之絰亦不過之是以約同緦絰故云絰大如緦之絰也孔廣森云漢書王莽傳詔議功顯君服劉歆等稱周禮曰王爲諸侯緦縗弁而加環絰同姓則麻異姓則葛今經無文據記弁絰葛而葬則弁絰固有葛者其用之別或當如歆所說太平御覽皇覽引逸禮曰君使大夫弔於國君錫衰裳弁經下大夫爲介亦如之士介者將命者緦麻裳弁絰異姓葛同姓麻云其服錫衰緦衰疑衰者據下文弔服有此三衰明異衰同冠今攷弁絰衰乃主人已成服後之弔服其未成服已前弔服則弁絰或爵弁或皮弁咸如其本服不皆服衰也云諸侯及卿大夫亦以錫衰爲弔服者據服問及雜記文明諸侯弔卿大夫及卿大夫自相弔其服同詳前通典凶禮引戴德云大夫相弔錫縗素冠加絰依其說則大夫以素委貌爲弔服與服問雜記說不合不足據也云喪服小記曰諸侯弔必皮弁錫衰則變其冠耳者賈疏云不言君而言諸侯則是弔異國之臣者不著弁絰而云皮弁故云變其冠耳金榜云記言必皮弁錫衰兼擧內外之詞疏謂弔異國臣誤案金說本陸佃是也孫希旦說同鄭喪服注云諸侯卿及大夫亦以錫衰爲弔服當事乃弁絰否則皮弁辟天子也據鄭彼注則天子弔服三衰無論當事與否悉素弁加絰故此經無以皮弁爲弔服之文若諸侯以下則當事亦弁絰與天子同不當事則改著皮弁無絰其諸侯弔異國之臣則當事亦皮弁無絰皆所以相變示辟天子也今依陸金說小記文兼內外不專指弔異國

臣又皮弁錫衰卽諸侯之弁絰服小記不言絰者文不具耳鄭賈説並非又案通典凶禮引戴德云諸侯會遇相弔則錫縗皮弁加絰又而並以弁絰爲皮弁加絰足證鄭説之誤通典又引譙周云國君爲引譙周云國君弔他國卿大夫皮弁錫縗而絰此似亦隱據小記義卿大夫皮弁錫縗以居其弔則皆錫縗布弁而絰案布弁卽曾子問之麻弁絰彼爲國君子未成服之服而譙以爲弔卿大夫之服則與此欲見士弔亦素弁加絰故引舊禮家説而破之喪服注亦云舊説小記不合殆未足馮也云喪服舊説以爲士弔服素委貌冠朝服者以爲士弔服布上素下或曰素委貌冠加朝服論語曰緇衣羔裘又曰羔裘玄冠不以弔何朝服之有乎通典引戴德云同國之士相爲朝服加絰鄭述舊説疑卽大戴義也攷委貌朝服卽上文之冠弁服玄冠緇布衣積素以爲裳弔服則易玄冠爲素冠通典又引戴説親死既襲服素章甫冠亦卽此也喪服舊説蓋謂士以朝服爲弔服但易其冠布上素下卽謂緇衣素裳也鄭意朝服禮不以弔故喪服注復引論語以證其誤今依金氏説素冠朝服乃士禮主人小斂後弔服禮家舊説不誤鄭破之非也云此近庶人弔服而衣猶非也者賈疏云庶人首服素冠而素裳其衣當疑衰故喪服注云庶人不爵弁則其弔冠素委貌也案賈説是也檀弓孔疏説同又引或説庶人布深衣則非案鄭意謂喪服舊説云士弔服素委貌冠朝服者實非士弔服惟庶人不得服爵弁故弔服不服弁絰而止冠素委貌又素裳與朝服之裳同然衣則疑衰仍與朝服緇衣異故云近庶人弔服而衣猶非也云士當事弁絰疑衰變其裳以素耳者此破喪服舊説明士弔服首服弁絰同諸侯及卿大夫身服則疑衰素裳同於庶人也喪服朋友麻注云士以緦衰爲喪服其弔服則疑衰也其弁絰皮弁之時則如卿大夫然又改其裳以素辟諸侯也朋友之相爲服卽士弔服疑衰素裳冠則皮弁加絰據彼注是士弔服當事則弁絰不當

事則皮弁與服問說諸侯卿大夫弔服並同惟衣不用錫衰又辟正喪服不用緦衰而服疑衰其裳則又辟諸侯弔異姓士疑衰變爲素裳也今依金氏說士不得以弁經爲弔服鄭說亦非二云國君於其臣弁經他國之臣則皮弁者此兼據服問喪服小記明諸侯弁經亦爲素弁加經與皮弁爲二也喪服小記云諸侯弔於異國之臣則其君爲主下鄭云諸侯弔必皮弁錫衰孔疏云一云此句因前而發謂弔異國臣也若自弔己臣則素弁環經錫衰也一云此亦爲自弔己臣而未當事則皮弁錫衰至當事乃弁經耳詒讓案鄭意小記所說是不問當事不當事並徒服皮弁不加經自指諸侯弔異國之臣言若服問說弔己臣當事弁經明不當事皮弁不加經必兼此二義乃備此注前引喪服小記故云他國之臣則皮弁喪服注專據服問爲說故云當事則弁經否則皮弁二注各偏舉一端爲說今依金氏說則諸侯弔己臣與弔異國臣同皮弁加經弔服皮弁未有不加經者鄭分爲二非也小記皮弁錫衰之文與上弔異國之臣文不相冡孔氏前一說雖得鄭恉然非經義也一云大夫士有朋友之恩亦弁經者此亦誤謂士弔服亦弁經也賈疏云喪服記云朋友麻故知大夫於士士自相於有朋友之恩者服麻也大夫相於不假朋友恩以其服問卿大夫相爲亦錫衰弁經不言朋友也凡弔服天子之服於此上下文具矣其諸侯弔服亦應三衰俱有知者以天子自大裘以下至素服上公自袞冕以下如王之服侯伯自鷩冕而下如公之服子男自毳冕而下如侯伯之服皆相如明諸侯三衰皆有但所用據文唯有服問云爲卿大夫錫衰以居出亦如之當事則弁經其用緦衰疑衰則文王世子注同姓之士緦衰異姓之士疑衰以其卿大夫已用錫衰故以二衰施於同姓異姓之士也案士喪禮注云君弔必錫衰者蓋士有朋友之恩者加之與大夫同用錫衰耳大夫相於必用錫衰者以大夫雖已降服仍有小功降至緦麻則不得以緦衰爲弔緦衰

既不弔明疑衰亦不可爲故以錫衰爲弔服也士之弔服不用錫衰者避大夫疑衰不用疑裳者鄭注喪服云避諸侯也凡弔服皆旣葬除之其大夫妻亦與大夫同故喪服云大夫弔於命婦錫衰命婦弔於大夫亦錫衰注云弔於命婦命婦死也是也服問云爲其妻出則不服與大夫小異耳云故書弁作絣鄭司農絣讀爲弁者司農下疑脫云字徐養原云說文糸部緐或从𢍜作𦆲𢍜弁籀文弁是絣即𦆲字玉篇絣同繁弁絣音同古字通用弁爲正字絣爲假借云弁而加環經環經卽弁經服者環經二字於文義不當重出疑衍先鄭亦據弁師爲說與後鄭同

凡喪爲天王斬衰爲王后齊衰王后小君也諸侯爲之不杖期

疏凡喪爲天王斬衰爲王后齊衰者天王卽王也曲禮云崩曰天王崩告喪曰天王登假經例單稱王唯此稱天王蓋亦似告喪諸侯爲文也春秋隱元年經云天王使宰咺來歸惠公仲子之賵公羊何注云言天王者時吳楚上僭稱王王者不能正而上自繫於天也案此經爲周初禮典時未有吳楚僭王之事何說不可通於此經曲禮孔疏引五經異義古春秋左氏說及許慎服虔並云施於諸夏稱天王於義亦通詳典命疏喪服斬衰三年經云諸侯爲天子傳云天子至尊也昏義云天子之與后猶父之與母也故爲天王服斬衰服父之義也爲后服資衰服母之義也鄭注云資當爲齊聲之誤也白虎通義喪服篇云諸侯爲天子斬衰三年何普天之下莫非王土率土之賓莫非王臣臣之於君猶子之於父明至尊臣子之義也賈疏云凡喪者諸侯諸臣皆爲天王斬衰王后齊衰故云凡以廣之案賈專舉諸侯諸臣言者明此服不關庶民也喪服齊衰三月經云疏衰裳齊牡麻經無受者庶人爲國君注云天子畿內之民服天子亦如之白虎通義喪服篇亦云禮庶人爲國君服齊衰三月王者崩京師之民喪三月何民賤而王貴故恩淺故三月而已據班鄭說則畿內民服王不斬衰也其畿

外侯國之大夫據喪服經於王服總衰既葬除之士民於王則無服侯國大夫於王后服無文通典凶禮引庾蔚之云無服於理近是喪衰制詳內司服閻師疏　注云王后小君也者白虎通義嫁娶篇云天子之妃謂之后何后者君也天子妃至尊故謂后也明配至尊爲海內小君天下尊之故繫王言之曰王后也公羊莊二十二年何注云言小君者比於君爲小俱臣子辭也案鄭言此者釋爲王后齊衰降於王之義又喪服傳云君之母妻則小君也此王后蓋亦關王之母妻言其王母若非王后則諸侯諸臣皆無服故服問云君之母非夫人則羣臣無服唯近臣及僕驂乘從服唯君所服服也王母非后當與彼同云諸侯爲之不杖期者賈疏云案喪服不杖章云爲君之母妻傳曰何以期也從服也但諸臣亦爲王斬衰爲后期鄭特言諸侯者以喪服斬衰章云臣爲君諸侯爲天子及至不杖章直云爲君之母妻不別見諸侯爲后之文故鄭解之本不見諸侯爲后者以其諸侯爲后與臣爲之同故不別見也其卿大夫適子爲君夫人亦與諸臣同士之子賤無服當從庶人禮服問云諸侯之世子不爲天子服注云遠嫌也與畿外之民同不服服問又云大夫之適子爲君夫人大子如士服注大夫不世子不嫌也士爲國君斬小君期大子君服斬臣從服期天子卿大夫適子亦當然故云如士服也　王爲

三公六卿錫衰爲諸侯緦衰爲大夫士疑衰其首服皆弁經君爲臣服弔服也鄭司農云錫麻之滑易者十五升去其半有事其布無事其縷緦亦十五升去其半有事其縷無事其布疑衰十四升衰玄謂無事其縷哀在內無事其布哀在外疑之言擬也擬於吉

疏　王爲三公六卿錫衰爲諸侯緦衰爲大夫士疑衰者此三衰並成服以後之弔服也凡弔衰亦有衰適負版制與端衰同但以後袂爲異故雜記云凡弁經其衰侈袂注云侈猶大也弁經服弔服也其衰錫也緦也疑

也賈疏云天子臣多故三公與六卿同錫衰諸侯五等同緦衰大夫與士同疑衰不見三孤者與六卿同又不辨同姓異姓亦以臣故也云其首服皆弁經者賈疏云三衰同皆弁經凡弔皆不見婦人弔服者以婦與夫同故喪服云大夫弔於命婦錫衰命婦弔於大夫錫衰是婦與夫同其首服卽鄭注喪服云凡婦人弔服吉笄無首素緫是也通典凶禮及御覽禮儀部引射慈喪服圖云天子弔三公及三孤六卿弁經錫縗弔大夫士皆弁經疑縗弔畿內諸侯弁經緦縗案依賈說則弔諸侯通內外五等而言射氏謂弔諸侯專爲畿內諸侯蓋以王無出畿而弔之事然畿外諸侯或來朝薨於王國及王巡守殷國至畿外侯國遇有弔事則亦弁經緦衰可知賈說是也 注云君爲臣服弔服也者賈疏云欲見臣爲君斬君爲臣無服直弔服既葬除之而已鄭司農云錫麻之滑易者十五升去其半有事其布無事其縷緦亦十五升去其半有事其縷無事其布者喪服傳云錫者何也麻之有錫者也錫者十五升抽其半無事其縷有事其布曰錫又云緦者十五升抽其半有事其縷無事其布曰緦鄭彼注云謂之錫者治其布使之滑易也雜記云朝服十五升去其半而緦加灰錫也注云緦精麤與朝服同去其半則六百縷而疏也又無事其布不灰焉說文糸部云緆細布也緦十五升布也錫卽緆之借字釋名釋喪制云錫縗錫易也治其麻使滑易也緦麻也績麻細如絲也賈疏云有事其縷及有事其布者皆謂以水濯治去其垢者也詒讓案鄭深衣注云深衣者用十五升布鍛濯灰治純之以采蓋凡以縷爲布必有兩次鍛濯灰治所謂有事也無事者謂不鍛濯灰治但依鄭說則緦錫之布並止六百縷依許說緦布十五升則錫布亦當同二說不合金榜云五服皆以升數多寡爲輕重之差故自斬衰三升遞降至小功十一升升數少者服重升數多者服輕無緣至緦麻而減其升數爲七升半與大功等也雜記朝服十五升去其半而緦加灰錫也

緦者謂治其縷細如絲於上加灰爲錫是錫之縷與緦同矣去讀如萬入去籥之去藏也十五升之布盡治其縷爲朝服藏去其半治之爲緦是緦與朝服異者在於縷之半無事不在布之升數故說文云緦十五升布也然則緦衰錫衰皆用十五升治其縷者唯七升半傳曰緦者十五升抽其半有事其縷則其半爲無事可知錫者十五升抽其半無事其縷則其半爲有事可知緦衰以縷得名錫衰以布得名咸据其有事者以明人功遞加緦衰加灰爲錫故緦列五服之內以著其重錫爲弔服以著其輕司服王爲三公六卿錫衰爲諸侯緦衰周制王之三公六卿出封皆加一等以緦衰服諸侯亦俳之也案金申許義是也依雜記義則未加灰之錫布卽已有事其縷之緦布故通典凶禮引譙周云錫衰用緦麻布而灰理之曰錫明錫緦同布錫布之縷非全無事者可知蓋緦錫與朝服布皆十五升惟朝服則縷布皆有事錫則縷半有事布全有事緦則縷半有事布全無事吉凶輕重之差如是而已許譙之說與雜記義合殆不可易若如二鄭說緦錫並止六百縷則喪服傳何不云七升有半而必云十五升抽其半此於文例亦未允協非徒緦疏於小功於輕重之差不合也云疑衰十四升衰者降於朝服一升也凡一千一百二十縷云玄謂無事其縷哀在內無事其布哀在外者喪服傳注義同織縷成布縷在布內故以哀在內者則不治其縷哀在外者則不治其布也賈喪服疏云以其王爲三公六卿重於緦外諸侯故也云疑衰之言擬也擬於吉者漢書食貨志遠方之能疑者顏注云疑讀曰擬釋名釋喪制云疑縗疑儗也儗於吉也賈疏云以其吉服十五升今疑衰十四升少一升而已故云擬於吉者也通典凶禮引譙周云士弔服以疑縗用錫布爲衣而素裳擬於吉也案依許君說緦衰至重爲十五升布則疑衰不當爲十四升布依譙說緦錫疑三衰同布則似皆十五升不減者但縷則仍是半有事者耳譙云士弔服素裳則專據士禮而言

與鄭前注同非以此槪天子諸侯疑衰之裳也竊謂王疑衰衰裳皆當以十五升布布縷皆有事與吉布同其異於吉服者以爲衰衰制耳譙說尚未得其義又御覽禮儀部引禮記外傳云疑衰者疑其布是絲也案成伯璵說又與鄭譙異亦通大札大荒大烖

素服大札疫病也大荒饑饉也大烖水火爲害君臣素服縞冠若晉伯宗哭梁山之崩

【疏】素服者雜記注云素生帛也說文素部云素白緻繒也案素本爲白繒引申之凡布帛之白者通謂之素後素端注云變素服言素端者明異制鄭於彼注唯辨袂制之侈否不著絲麻之異則鄭意素服與素端同爲白布衣而素繒裳渾言不別通謂之素服若然素服正法蓋縞冠白布衣素裳素屨麑裘其異於素端者凡素服素緣素端齊服不純凶當用采緣也素服布衣故玉藻年不順成君衣布周書大匡篇云惟周王宅程三年遭天之大荒及期日質明王麻衣以朝朝中無采衣卽此大荒素服也論語鄉黨素衣麑裘皇疏云素衣謂衣裳並用素也麑鹿子也鹿子色近白與素微相稱也謂國有凶荒君素服則羣臣從之案論語素衣本據皮弁服言之皇侃誤謂卽此素服殊爲失攷但經自有素衣之素服蓋亦變禮故曲禮說大夫士去國素衣素裳素冠徹緣鞮屨彼記亦謂之重素是也禮又有皮弁素服郊特牲以爲蜡祭之服鄭注云衣裳皆素又文王世子說公族有刑公素服注云素服亦皮弁則緣皮弁錫衰之文推之並與此遇災素服衣冠並異又依後注義則此素服衣後袂於經無文未知縞否　注云大札疫病也者大司徒注義同說苑脩文篇云古者有菑者謂之厲君一時素服使有司弔死問疾厲與癘同卽疫病也云大荒饑饉也者爾雅釋天云穀不熟爲饑蔬不熟爲饉果不熟爲荒此通云饑饉散文得通也云大烖水火爲害者大宗伯以弔禮哀禍烖注云禍烖謂遭水火案散文則荒札及天地大變皆爲大烖此上文已有大荒大札故唯據水火爲釋也互

互詳小宗伯大司樂疏昏義云日食則天子素服左昭二十五年傳日過分而未至三辰有災於是乎百官降物杜注云降物素服則大烖當亦含天地大烖注文不具耳云君臣素服縞冠若晉伯宗哭梁山之崩者春秋成五年梁山崩穀梁傳云梁山崩壅遏河三日不流晉君召伯尊而問焉伯尊曰君親素縞帥羣臣而哭之旣而祠焉斯流矣范注云素衣縞冠凶服也尊左傳作宗故此云伯宗說文糸部云縞鮮色也小爾雅廣服云縞之精者曰縞縞之麤者曰素王制孔疏云縞白色生絹亦名爲素案素服之冠經無文故鄭據穀梁義補之山崩川壅亦得爲大烖也檀弓云軍有憂則素服哭於庫門之外注亦云素服者縞冠也縞素散文通稱故詩檜風素冠箋以爲縞冠賈疏云此言素服案玉藻云年不順成則天子素服乘素車食無樂義與此合彼又云年不順成大夫不得造車馬君衣布搢本義與此違者彼衣布謂常服謂禱祈義與此同也案賈意此及玉藻之素服並爲絲衣彼又云君衣布則別爲白布衣卽後齊服素端與鄭義不合玉藻孔疏則謂素服與下文君衣布爲互文是孔意素服卽白布衣故得與衣布文相互二說不同孔說爲允又閒傳云大祥素縞麻衣注云素縞者玉藻所云縞冠素紕旣祥之冠麻衣十五升亦深衣也謂之麻者純用布而無采飾也案彼文素縞之下別云麻衣故知素縞專屬冠言之與穀梁以素屬衣縞屬冠不同彼麻衣爲深衣與此素服麻衣絲裳亦異也

周禮正義卷四十

珍做宋版印

瑞安孫詒讓學

公之服自衮冕而下如王之服侯伯之服自鷩冕而下如公之服子男之服自毳冕而下如侯伯之服孤之服自希冕而下如子男之服卿大夫之服自玄冕而下如孤之服其凶服加以大功小功士之服自皮弁而下如大夫之服其凶服亦如之其齊服有玄端素端自公之衮冕至卿大夫之玄冕皆其朝聘天子及助祭之服諸侯非二王後其餘皆玄冕而祭於己雜記曰大夫冕而祭於公弁而祭於己士弁而祭於公冠而祭於己大夫爵弁自祭家廟唯孤爾其餘皆玄冠與士同玄冠自祭其廟者其服朝服玄端諸侯之自相朝聘皆皮弁服此天子曰視朝之服喪服天子諸侯齊斬而已卿大夫加以大功小功士亦如之又加緦焉士齊有素端者亦為札荒有所禱請變素服言素端者明異制鄭司農云衣有襦裳者為端玄謂端者取其正也士之衣袂皆二尺二寸而屬幅是廣袤等也其袪尺二寸大夫已上侈之侈之者蓋半而益一焉半而益一則其袂三尺三寸袪尺八寸

【疏】公之服自衮冕而下如王之服者此大國諸侯之服也典命云上公九命其衣服以九為節衮冕而下謂九章以降也上公衮無升龍餘與王同禮器說冕服之章云諸侯黼孔疏引熊氏云諸侯九章七章以下其中有黼又引詩采菽玄衮及黼是也賈疏云自此以下陳諸侯及其臣之服貴賤不同之事也但上具列天子之服此文以

上公自衮冕以下差次如之上得兼下下不得僭上也云侯伯之服自鷩冕而下如公之服者此次國諸侯之服也典命云侯伯七命其衣服以七爲節鷩冕而下謂七章以降也孔廣森云侯伯之服以鷩爲上而詩韓奕曰王錫韓侯玄衮赤舄者則加賜之也乃雜記所謂褒衣也云子男之服自毳冕而下如侯伯之服者此小國諸侯之服也典命云子男五命其衣服以五爲節毳冕而下謂五章以降也詩王風大車云毳衣如菼毛傳以爲子男之服與此經合孔廣森云春秋許男新臣卒左傳曰凡諸侯薨於朝會加一等死王事加二等於是有以衮斂許男本毳衣故加二等而後衮詒讓案此經五等諸侯之服區爲三等皆據本服言之其加等之褒衣則視恩禮之隆殺唯王所命其差次不能豫定也又此經公服衮冕以下如王侯伯而下以次遞降皆轉相如然依鄭義則尊卑服章與旒飾亦自不同故覲禮注云上公衮無升龍弁師注亦謂五等諸侯及孤卿大夫士冕弁旒飾並異詳彼疏云孤之服自希冕而下如子男之服者此孤卿大夫士之服文承五等諸侯之下鄭賈並謂據侯國諸臣之服故典命說王臣命數首三公而此經無之則當指侯國之臣可知左宣十六年傳晉侯請于王以黻冕命士會將中軍且爲太傅此所謂孤之服自希冕而下又禮器說服章云大夫黻孔疏引熊氏云孤絺冕以下其中有黻又引詩終南黻衣繡裳是也云卿大夫之服自玄冕而下如孤之服者此卿大夫同服無大國及次小國之異而玉藻注云諸侯之臣皆分爲三等公之臣孤爲上卿大夫次之士次之侯伯子男之臣卿爲上大夫次之士次之故賈內司服大宗伯疏及王制孔疏並推鄭義謂有孤之國孤絺冕卿大夫玄冕無孤之國卿絺冕大夫玄冕玉藻孔疏亦謂司服此文爲上公之臣以其有孤而卿大夫爲一等也依鄭賈孔說則侯伯子男之卿得服絺冕而天子及公之卿反止服玄冕差次乖舛似不可通大戴禮記諸侯遷廟篇盧注駁鄭

說謂五等侯國臣同卿大夫玄冕不以有孤無孤而異實較鄭義爲長今攷大宗伯再命受服注亦引此經不著無孤國卿大夫異服之義則疑鄭已自易其前說與玉藻注不必同也互詳內司服大宗伯疏云其凶服加以大功小功者冢上王云凡凶事服弁服爲止有斬衰齊衰喪孤卿大夫於大小功無絕降也云士之服自皮弁而下如大夫之服者侯國士不得服冕也荀子富國篇云士皮弁亦據侯國士言之大略篇又云士韋弁者任大椿謂皮韋通稱是也賈疏云士之助祭服爵弁不言爵弁者以其爵弁之服惟有承天變時及天子哭諸侯乃服之所服非常故列天子吉服不言之今以文轉相如不得輒於士上加爵弁故以皮弁爲首但皮弁亦是士助君視朔之服也案賈謂爵弁承天變本書金縢鄭注義見書孔疏天子哭諸侯據檀弓文詳前疏云其齊服有玄端素端者士冠禮云玄端玄裳黃裳雜裳可也緇帶爵韠注云玄端卽朝服之衣易其裳耳案素端者如玄端而素也此通冢王以下至大夫士爲文吉事齊則玄端服凶事齊則素端服也鄭則謂此專屬士之齊服故特牲饋食禮云唯尸祝佐食玄端玄裳黃裳雜裳可也注云周禮士之齊服有玄端素端然則玄裳上士也黃裳中士雜裳下士彼注亦以此玄端素端專屬士服然玉藻孔疏推鄭義又引皇侃熊安生則謂諸侯以下皆以玄端齊陳祥道則謂天子齊服玄冕玄衣此經玄端當通玄端冕惠士奇又謂齊服有玄端素端自天子達士是一其說並與鄭異而義實較長戴震云文王世子曰若內豎言疾則世子親齊玄而養於此見玄端玄冠諸侯以下齊服也金榜云經所言齊服文承公侯伯子男及孤卿大夫士不專主於士雜記子羔襲五稱爲大夫禮其襲有素端一又公襲有玄端一玉藻玄冠丹組纓諸侯之齊冠也玄冠綦組纓士之齊冠也諸侯與士皆服玄冠齊荀子哀公篇端衣玄裳絻而乘路者志不在於食葷郊特牲玄冕齊戒此齊服玄冕者天子諸侯禮

也金鶚云此文雖在士凶服下其實非專承士言句在一節末是總結法謂自王以至於士齊服皆有玄端素端也王之祭祀兵事眡朝凶事弔事服皆詳舉惟齊服不見可知此句齊服包王在內也玉藻云玄冠丹組纓諸侯之齊冠也諸服惟玄端玄冠是諸侯齊服亦玄端矣郊特牲云齊之玄也以陰幽思也玄色陰幽故齊必服玄端無貴賤之異郊特牲言天子之祭可知齊之玄數字卽天子亦在內也鄭注旅賁氏云王齊服袞冕不知齊祭必異服自天子以至於士皆然以祭重於齊不可無別又齊服取陰幽之義不尚文飾祭貴盛服必致其華美也袞冕甚文齊服豈宜此乎案陳惠及金誠齊說是也綜而論之凡冕弁冠諸服並繫冠爲名唯玄端素端是服名非冠名蓋自天子下達至於士通用爲齊服而冠則尊卑所用互異有玄冕之玄端有爵弁之玄端有玄冠之玄端有緇布冠之玄端它服各自有常冠故以冠名服玄冠則冠本無定故專舉服名矣天子諸侯大事齊當用玄冕小事齊則用玄冠書顧命王麻冕黼裳邦君卿士麻冕蟻裳卽齊服玄冕玄端玉藻云玄端而朝日於東門之外聽朔於南門之外注云端當爲冕字之誤也玄衣而冕冕服之下記又云卒食玄端而居注云天子服玄端燕居也案彼天子朝日聽朔蓋服玄冕玄端燕則服玄冠玄端二者冠異而服同故記文不別似不必破上玄端爲玄冕也其諸侯卿大夫齊服或用玄冕或用玄冠戴金諸家舉證略備此外公冠別有爵弁玄端士冠又別有緇布冠玄端則不必齊服矣至素端之冠以玄端例之亦當有麻冕皮弁縞冠之異互詳前後疏天子齊服互詳旅賁氏疏又案此經不著王臣之服者典命云王之三公八命其卿六命其大夫四命其衣服亦如之是王臣命數皆降於諸侯一等則衣服亦約略相儗其差次可推校而得經固有此詳略互見之例也鄭意則謂王臣之服與侯國之臣同故覲禮注說禪冕云孤絺卿大夫玄不辨王朝邦國之異又內司服注

說外命婦之服云其夫孤也則服鞠衣其夫卿大夫也則服展衣其夫士也則服褖衣蓋鄭意男女服相配鞠衣當希冕展衣當玄冕褖衣當弁服故大宗伯注亦謂王之中士再命服爵弁明不得服冕也然說文烏部引周禮曰孤服鷩冕此蓋賈逵等說王國孤服如是而許沿用之足證漢時禮家舊說亦謂王臣不與侯國之臣同又詩王風大車毛傳云天子大夫四命其出封五命如子男之服服毳冕依毛說大夫加命服毳冕則其本服當爲希冕而非玄冕矣內司服賈疏則謂三公執璧與子男同當亦毳冕王制及詩唐風孔疏說同鄭毛許賈孔衆說差違難合王昭禹云王之三公當與侯伯同服鷩冕三公八命而服鷩則卿六命與子男同服毳冕大夫四命則服希冕與諸侯之孤同服王之上士三命中士再命當同服玄冕孫希旦說同吳廷華云據經言卿大夫玄冕典命公侯伯之卿三命大夫再命子男大夫一命是一命再命三命同玄冕也鄭以天子之上士三命中士再命下士一命則亦同玄冕可知金鶚亦駁賈孔說云三公王臣之最貴者也典命云三公八命侯伯七命子男五命大宗伯云五命賜則七命賜國八命作牧是三公尊加子男三等與外諸侯之州牧同且射人云三公北面諸侯在朝則皆北面鄭注以爲從三公位蓋在三公之後也明堂位言三公中階北面侯伯位於東西階子男則位於門東西由此觀之三公之尊雖諸侯不得與之抗也豈子男所可同哉王制云三公一命卷鄭注云三公八命矣復加一命則服龍袞與王者之後同夫加一命卽得服袞冕則其本服鷩冕可知也禮器言韠冕之制上大夫七下大夫五士三此王朝之大夫士也五冕以玄冕爲下三旒則玄冕也士玄冕則下大夫希冕上大夫毳冕三公宜服鷩冕矣玉藻云王后褘衣夫人揄狄鄭注云三夫人亦侯伯之夫人也王者之後夫人亦褘衣三夫人尊與三公同則三公之夫人亦揄狄同於侯伯夫人而三公宜與侯伯同服鷩冕可知案王

吳金說是也鄭鍔孔廣森陳奐亦並謂王之士得服冕依次推之王三公鷩冕加一命則衮冕卿毳冕孤卿冢卿加一命則亦鷩冕大夫希冕士玄冕侯國臣服卿與大夫同王臣之服則卿與大夫不同亦內外尊卑之異許引此經舊說以鷩冕爲孤服其義甚允不可易也王朝士得服冕互詳大宗伯典命疏 注云自公之衮冕至卿大夫之玄冕皆其朝聘天子及助祭之服者此鄭所謂裨冕也玉藻云諸侯裨冕以朝注云朝天子也裨冕公衮侯伯鷩子男毳也賈疏云此上公衮已下既非自相朝聘之服又非己之祭服案曾子問云諸侯裨冕出視朝鄭云爲將廟受謂朝天子時也是受朝之事及助祭在廟理當裨冕也若卿大夫聘天子受之在廟及助祭亦用冕服可知故鄭君臣朝聘並言也王制孔疏云凡此諸侯所著之服皆爲助祭於王若助王祭天地及祭先王大祀之等皆服已上之服若其從王祭祀小祀雖有應著上服皆逐王所著之服不得踰王也云諸侯非二王後其餘皆玄冕而祭於己者欲見諸侯非助祭不得申上服也賈疏云案玉藻云諸侯玄端而祭注云端當爲冕是諸侯玄冕自祭於己也案玉藻注云諸侯祭宗廟之服惟魯與天子同此注云諸侯非二王後其餘皆玄冕祭於己彼不言二王後此不言魯者彼此各舉一邊而言其實相兼乃具也魯雖得與天子同惟在周公文王廟中得用衮冕故明堂位云季夏六月以禘禮祀周公於太廟云天子之禮是也若餘廟亦玄冕或可依公羊傳云白牡周公牲騂犅魯公牲羣公不毛魯公既與羣公別牲而用騂犅則其服宜用鷩冕可也其二王後惟祭受命王得用衮冕其餘廟亦得用玄冕玉藻孔疏引熊安生釋明堂位君衮冕夫人副褘之義云此謂祭文王周公之廟得用天子之禮其祭魯公以下則亦玄冕二王之後祭其先王亦是用以上之服二王之後不得立始封之君廟則祭微子以下亦玄冕案熊說謂魯祭魯公玄冕而二王後祭先王亦服上服衮冕則不止

祭受命王並與賈義小異大戴禮記諸侯遷廟篇盧注云司服職曰公之服自袞冕而下如王之服侯伯之服自鷩冕而下如公之服子男之服自毳冕而下如侯伯之服孤之服自絺冕而下如子男之服大夫之服自玄冕而下如孤之服玉藻曰君命屈狄再命褘衣內司服職曰辨內外命婦之服鞠衣展衣緣衣素紗其於祭也君與夫人皆申其服祭統曰公袞冕立于阼夫人副褘立于東房是也臣及命婦助祭於君皆盡其服自祭於家咸降一等陰爵不敢申也雜記曰大夫冕而祭於公弁而祭於己士弁而祭於公冠而祭於己特牲饋食禮曰主婦纚笄宵衣立於房中是也然鄭氏頰貶公侯使一同玄冕以祭於己非其差也且諸侯專國禮樂車服王命有之何獨抑其服乎玉藻曰玄端以祭裨冕以朝孫炎云端當爲冕玄冕祭服之下也其祭先君亦裨冕矣孫說爲合案盧從孫叔然說謂諸侯祭先君裨冕卽公袞冕侯伯鷩冕子男毳冕以遠尊得申上服接之禮意其說實較鄭爲允公羊昭二十五年何注云禮諸侯裨冕以朝天子以祭其祖禰此亦謂諸侯朝祭同服裨冕蓋卽孫氏所本但玉藻玄端以祭祭對朝言之不宜專舉下服孫說於彼似有難通要諸侯祭先君與朝同服何孫義不可易也引雜記曰大夫冕而祭於公弁而祭於己士弁而祭於公冠而祭於己者證孤以下祭服之差欲見孤卿大夫士非助祭亦不得申上服也鄭彼注云弁爵弁也冠玄冠也祭於公助君祭也孔疏云大夫謂孤也冕絺冕也又引崔氏云孤不悉絺冕若王者之後及魯之孤則助祭用絺若方伯之孤助祭則玄冕以其君玄冕自祭不可踰之也案崔孔並申鄭義然其說未塙今攷方伯自祭得用鷩冕則其孤助祭不妨服絺冕矣公羊僖二十四年何注云士爵弁纁衣裳以助公祭亦謂侯國之士也義與鄭同云大夫爵弁自祭家廟唯孤爾者雜記注義亦同鄭言此者欲見雜記之大夫卽孤也云其餘皆玄冠與士同者賈疏云諸侯除孤用爵弁之

外鄉大夫祭皆用玄冠與士同故少牢是上大夫祭用玄冠朝服特牲是士禮用玄冠玄端是其餘皆玄冠與士同也其天子大夫四命與諸侯之孤同亦以爵弁自祭天子之士宜與諸侯上大夫同用朝服也案鄭據少牢玄冠朝服爲侯國卿大夫之通禮與特牲士禮異服同冠故云餘皆玄冠賈說深得鄭恉雜記孔疏說同而王制疏又謂公之卿亦爵弁自祭與雜記疏自相違牾非也至天子孤卿大夫士自祭之服經無明文賈謂天子大夫爵弁自祭士朝服自祭說本深衣目錄及熊安生說孔郊特牲玉藻深衣疏同若皇侃說則謂天子大夫皮弁朝服自祭孔王制疏同其說皆非也互詳旅賁氏疏其三公孤卿自祭之服賈氏無說王制疏據玉藻注說諸侯玄冕自祭推之謂天子孤卿之等當爵弁張惠言又據孔說推之謂天子三公亦當同爵弁自祭蓋鄭孔意王臣與侯國之臣上服並同或當如張說然非經義也今攷定此經孤卿大夫士之服專爲侯國之制其王臣上服從許君及王昭禹金鶚說三公孤當鷩冕助祭自祭疑當以希冕卿當毳冕助祭則自祭疑當以玄冕大夫當與諸侯卿同希冕助祭則自祭自當同以爵弁士與諸侯大夫同玄冕助祭則自祭自當同以玄冠朝服如此則於差次較合而大夫自祭用爵弁與鄭注及雜記文亦無迕儻得其正也天子士助祭服互詳大宗伯疏云玄冠自祭其廟者其服朝服玄端者謂大夫則玄冠朝服士則玄冠玄端也凡朝服玄端服異而冠同少牢主人朝服爲大夫禮特牲士禮云主人冠端玄注以爲玄冠玄端然彼記又云特牲饋食其服皆朝服玄冠唯尸祝佐食玄端注以朝服爲賓及兄弟之服敖繼公謂皆兼主人說士祭亦朝服金榜亦謂主人與賓兄弟不當異服冠端玄卽士朝服金鶚黃以周說略同皆深得經義然則士玄冠自祭亦仍是朝服而非玄端蓋士助祭服雖降於大夫但士齊既用玄端自祭又不可降服深衣故仍與大夫同朝服不降亦禮窮則同不必如鄭

所說也云諸侯之自相朝聘皆皮弁服者降於朝聘天子用冕服也賈疏云欲見此經上服惟施於入天子廟不得入諸侯廟之意必知諸侯自相朝聘用皮弁者見聘禮主君及賓皆皮弁諸侯相朝其服雖無文聘禮主君待聘者皮弁明待諸侯朝亦皮弁可知且曾子問云諸侯朝天子冕而出視朝爲將廟受及彼下文諸侯相朝云朝服而出視朝鄭云爲事故據此上下而言明自相朝不得與天子同卽用皮弁可知也云此天子日視朝之服者卽上云眡朝則皮弁服是也鄭言此者欲見諸侯以天子之朝服爲自相朝聘之服也云喪服天子諸侯齊斬而已者賈疏云欲見大夫言大功小功天子諸侯不言之意也天子諸侯絕旁期此云齊者據爲后夫人而言若然天子於適孫承重亦期周之道有適子無適孫若無適子自然立適孫若無適孫立適曾孫亦期及至適玄孫皆然也旣爲適孫有服而適子之婦大功若於適孫已下之婦承重者皆小功矣今特言齊者舉后夫人重者而言案天子期功喪服不絕者已詳前疏諸侯喪制則喪服傳云始封之君不臣諸父昆弟封君之子不臣諸父而臣昆弟又喪服小記孔疏謂兄弟俱爲諸侯依本服期是諸侯期服之不絕者又喪服經大功章云公爲適子之長殤中殤又云君爲姑姊妹女子子嫁于國君者是諸侯大功之不絕者賈所舉亦未盡也云卿大夫加以大功小功者喪服大功章經云大功布衰裳牡麻絰纓布帶三月受以小功衰卽葛九月鄭彼注云大功布者其鍛治之功麤沽之又小功章云小功布衰裳牡麻絰卽葛五月此大小功之正服也賈疏云卿大夫加以大功小功謂本服大功小功者其降一等小功降仍有服緦者其本服之緦則降而無服云士亦如之又加緦焉者喪服經云緦麻三月注云緦麻布衰裳而麻絰帶也賈疏云亦如大夫有大功小功但士無降服則亦有緦服故鄭增之也云士齊有素端者亦爲札荒有所禱請者鄭以經齊服著士喪服之下又據玉藻以

玄端綦組纓爲士之齊冠是士常齊服玄端而經别有素端則非常齊所用故謂亦如上王大札大荒大烖素服皆爲札荒有所禱請之齊服也吳廷華云祭必有齊不特禱請荒札之外如虞祔祥禫齊時有服者固服其服若服除及無服者亦應素服則不第禱請也案吳說亦足補鄭義又案鄭玉藻注云四命以上齊祭異冠孔疏推鄭義謂諸侯玄冕祭玄冠齊則鄭謂玄端亦爲諸侯卿大夫齊服而此注以玄端素端專爲士齊服者以經文正冡士服下也攷玉藻云齊則綪結佩而爵韠孔疏云熊氏皇氏並謂諸侯以下皆以玄端齊而爵韋爲韠同士禮以其齊故不用朱韠素韠也依孔引熊皇說亦以此齊服當通諸侯以下言之實則此齊服當上關天子不徒諸侯也云變素服言素端者明異制者欲見素端即上之素服以後袂不後袂爲異明士服與王别也賈疏云上文已云素服士既轉相如已有素服矣今於經别云玄端素端爲士設文者以其大夫已上侈袂同惟士不得侈袂以端爲之故經别見端文也案鄭賈謂素端不侈袂是也而謂惟士服不侈袂則非素端與玄端相儗惟色異耳其服通於王侯卿大夫其爲不侈袂一也蓋齊服二端禮侔制等凡玄端皆玄冠緇布衣玄裳黑屨素端則縞冠白布衣素裳素屨此玄端素端之正服也唯天子諸侯有玄冕玄端服凡冕服皆絲衣則當玄冕玄緇衣與玄冠玄端服不同其素端當亦有麻冕素帛衣可例推也二端又各有弁服蓋玄端則冠爵弁大戴禮記公冠篇云公玄端與皮弁皆韠朝服素韠四加玄冕士冠禮賈疏釋彼經謂公冠四加緇布冠皮弁爵弁玄冕是賈以彼玄端爲爵弁朝服爲緇布冠也此與諸侯遷廟釁廟二篇之玄服盧注據雜記謂即爵弁服可以互證而公冠盧注以玄端與朝服爲一則非也素端則冠皮弁雜記素端孔疏引盧植云布上素下皮弁服又賀瑒云以素爲衣裳也盧說素端布上素下與玄冠玄端正服合而謂冠用皮弁疑誤據郊特牲蜡服有皮

弁素服其說可通賀謂衣裳皆素則與皮弁本服無異亦非經義也黃以周云曲禮言去國素衣國風言棘人素衣皆謂白色不必繒素服異雜記子羔之襲素端皮弁並陳司服玄端素端亦別於皮弁服端與玄端多對舉當以色言玄端用布素端亦布也故素端與皮弁皮弁服絲衣吉事用之素端布衣凶裁齋禱用之案黃說是也互詳前疏鄭司農云衣有⿰衤爲裳者爲端者釋文云⿰衤爲本亦作襦案⿰衤爲卽襦之俗字羅氏弓人注並作襦當改正說文衣部云襦短衣也急就篇顏注云短衣曰襦自膝以上此襦卽謂上衣之短者與鄉射大射記纁襦朱襦爲內衣異先鄭意端者以有上襦下裳得名其上衣不連裳而短與深衣連裳而長者不同也金榜云衣以端名者有二仲師云衣有⿰衤爲裳者爲端對深衣以下連裳削幅者得名乃冕弁服朝服玄端通稱冕服爲端冕朝服玄端爲委端爲委冠端特牲冠端言玄者以服緇韠也此與玄端爲服名者殊異案金說是也先鄭以襦與裳不相連屬爲端乃冕弁諸服之通制雖亦得備一義然非此玄端素端之本訓故後鄭不從又案衣或以有襦裳者爲端因之凡冕弁服之玄衣者亦通稱玄端國語楚語聖王正端冕韋昭釋端爲玄端此據冕服而言論語先進篇端章甫集解引鄭注穀梁僖三年傳委端哀十三年傳冠端范注左傳哀七年端委孔疏引王肅注又玉藻大戴禮記公冠之朝服鄭盧注並釋爲玄端此皆據冠服而言與此齊服袀玄異也云玄謂端者取其正也者廣雅釋詁云端正也釋名釋衣服云玄端其袖下正直端方與要接也正字作褍說文衣部云褍衣正幅端卽褍之借字墨子非儒下篇云取妻親迎袨端爲僕袨端卽此玄端也金榜云鄭君謂玄端對朝服以上後袂者得一名猶喪衰對弁絰服後袂爲端衰乃次於朝服之服雜記公襲玄端一朝服一又襚者自西階受朝服自堂受玄端是也天子燕居之服諸侯以下齊服大夫士私朝服之又士暮夕於朝及入廟之服案金說

甚覈左傳昭元年孔疏引服虔云禮衣端正無殺故曰端大戴禮記保傅篇端冕盧注云端正也冕服之正此雖不用不後袂之義而訓端為正並與後鄭義略同賈士冠禮疏云以其俱正幅故朝服亦得端名然大冕皆正幅故亦名端是以樂記云魏文侯端冕而聽古樂又論語云端章甫鄭云端玄端諸侯視朝之服則玄端以朝得名為玄端也云士之衣袂皆二尺二寸而屬幅是廣袤等也者賈疏云喪服記云衣二尺有二寸注云此謂袂中也言衣者明與身參齊是玄端之身長二尺二寸今兩邊袂亦各屬一幅幅長二尺二寸上下亦廣二尺二寸故云屬幅廣袤等袤則長也言皆者皆玄端素端二者同也案屬幅者喪服記云袂屬幅注云屬猶連也連幅謂不削賈彼疏云屬幅者謂整幅二尺二寸凡用布為衣物及射侯皆去邊幅一寸為縫殺今此屬連其幅則不削去其邊幅取整幅為袂必不削幅者欲取與下文衣二尺二寸同縱橫皆二尺二寸正方者也云其袪尺二寸者喪服記亦云袪尺二寸注云袪袖口也玉藻云深衣袪尺二寸鄭彼注云袪袂口也孔疏云謂口之外畔上下尺二寸也云大夫已上後之後之者蓋半而益一焉半而益一則其袂三尺三寸袪尺八寸者葉鈔釋文已作以後作移案已以字同此注例作以詳考工記總敘疏移後字通追師注引少牢饋食禮亦作移袂葉本是也說文衣部云袳衣張也移後後並移之借字鄭以少牢禮大夫妻衣後袂推之士玄端衣袂二尺二寸大夫已上後之半而益一則益一尺一寸為三尺三寸士袪尺二寸大夫半而益一則益六寸為尺八寸也賈疏云此亦無正文案禮記雜記云凡弁経服其衰後袂少牢主婦綃衣亦云後袂後大也鄭以後為大即以意為半而益一以解之也孔子大袂單衣亦如此也任大椿云吉凶服皆大夫以上後袂後袂而猶稱端但據衣身廣長皆二尺二寸言之若衣與袂皆正方惟士耳王制一命卷疏謂之端者已外之服其袂三尺三寸其袪尺八

寸其玄端則二尺二寸祛尺二寸而不知鄭司服注謂士之玄端衣袂皆二尺二寸大夫以上玄端半而益一則是玄端一服其祛袂已後鄭意蓋謂凡天子諸侯卿大夫無論冕弁冠服皆侈袂唯士不然任說深得其恉王制疏謂玄端服皆不侈袂而樂記疏釋端冕又謂冕服正幅不侈袂兩疏相迕並非鄭意也孔廣森云凡冕服皆正幅故曰端冕唯皮弁冠弁服乃有侈袂吉事則冠冕之服端弁服侈袂少牢饋食主婦被錫衣侈袂知主人朝服亦侈袂也凶事則喪服端弔服侈袂雜記曰端衰喪車皆無等又曰凡弁絰其衰侈袂凡端與侈袂取其相變而已黃以周說同案依鄭說大夫以上朝祭服無不侈袂玄端則大夫以上侈袂士不侈袂依孔說則冕服冠服並不侈袂惟弁服侈袂以經攷之冕服皆正幅孔說固是但弁服則不必皆侈袂雜記弁絰特其一端耳委貌朝服亦實不為弁制墨子公孟篇說楚莊王鮮冠組纓絳衣博袍絳逢字通亦玄冠朝服侈袂之證是侈袂又不徒弁服也竊謂凡諸服之侈袂皆同服而特示別異似與尊卑之等絕不相關如弔服侈袂以別於端衰少牢主婦錫衣侈袂以別於特牲士妻之宵衣以宵衣即錫衣綃領也又儒行哀公問於孔子曰夫子之服其儒服與孔子曰某少居魯衣逢掖之衣長居宋冠章甫之冠注云逢大也大掖之衣大袂禪衣也彼疏謂即大袂深衣賈疏引孔子大袂單衣釋侈袂即據彼文若然深衣得有侈袂蓋亦儒者以此自表異故章甫縫掖通於士庶則侈袂非大夫以上之專制明矣

凡大祭祀大賓客共其衣服而奉之奉猶送也送之於王所

疏凡大祭祀大賓客共其衣服而奉之者賈疏云大祭祀則中兼有小祭祀以其皆是王親祭故舉大而言賓客言大者據諸侯來朝也王者不敢遺小國之臣則其臣來聘亦有接待之法亦略舉大而言皆當奉衣服而送之於

王王服之以祭祀及接賓客也　注云奉猶送也者天府注同云大送之於王所者謂司服共衣服徑送之於王所以俟王服之也

大喪共其復衣服斂衣服奠衣服廞衣服皆掌其陳序　奠衣服今坐上魂衣也故書廞為淫鄭司農云淫讀為廞廞陳也玄謂廞衣服所藏於椁中

【疏】大喪共其復衣服者此與玉府為官聯也宰夫注云大喪王后世子也賈疏云大喪王喪其中兼小喪也復衣服謂始死招魂復魄之服案雜記云復者升屋西上則皆依命數天子則十二人諸侯九人七人五人大夫士亦依命數人執一領天子衮冕已下上公亦皆用助祭之上服詒讓案喪大記云小臣復升屋東榮中屋履危北面三號捲衣投于前司服受之注云司服以篋待衣於堂前則司服不徒共復衣服亦與復也云斂衣服者賈疏云小斂皆十九稱大斂天子蓋百二十稱案斂衣服稱數互詳小宗伯疏云皆掌其陳序者序經例當作敘石經及各本並誤詳小宰疏自復衣服以下並陳而後用皆以尊卑次第序列之也　注云奠衣服今坐上魂衣也者賈疏云案下守祧職云遺衣服藏焉鄭云大斂之餘也至祭祀之時則出而陳於坐上則此奠衣服者也案大戴禮記諸侯遷廟篇云成廟將遷之新廟徙之日君至于廟祝告將徙請導奉衣服者皆奉以從祝至于新廟筵于戶牖閒奉衣服者入門左升堂奠衣服于席上此即喪紀奠衣服之事奠者奠於席上即坐上也賈謂至祭祀之時出而陳於坐上蓋亦專指喪祭言之常時吉祭當無奠衣坐上之事中庸設其裳衣注亦止以授尸為釋是其證也孔廣森云漢大喪儀尚衣奉衣登容根車詣陵奉衣就幄坐大祝進醴獻如禮既葬容根車游載容衣藏於便殿此鄭所謂魂衣矣周之奠衣服亦藏於寢其事又相類賈誼傳植遺腹朝委裘孟康曰委裘若容衣天子未坐朝事先帝裘衣也云故書廞為淫鄭司農云淫讀為廞廞陳也者司裘注義同陳

明衣服者與司裘廞裘爲官聯皆謂葬前一日則陳於祖廟之庭葬
日至壙則陳於墓道也並詳司裘疏段玉裁云司裘大師注皆不云
淫讀爲廞但云淫陳也與此詳略互見云玄謂廞衣服所藏於椁中
者二鄭並以廞衣服爲明器之衣服而訓義則異凡全經言廞者後
鄭並讀爲興與先鄭義別當以先鄭爲長亦詳司裘疏知藏椁中者
喪大記云棺椁之閒君容柷大夫容壺士容甒注云閒可以藏物因
以爲節又既夕禮云乃窆藏器于旁加見然則天子椁中所容
當益廣廞衣服之藏亦當與用器燕器等同在椁中見內也

典祀掌外祀之兆守皆有域掌其禁令外祀謂所祀於四郊者域兆表之塋域 疏 掌其禁令
者卽守厲禁之政令也　注云外祀謂所祀於四郊者者對宗廟爲
內祀也賈疏云此卽小宗伯所云兆五帝於四郊四類四望亦如之
兆山川丘陵已下皆是典祀掌之也云域兆表之塋域者小宗伯注
云兆爲壇之營域塋營字通言於兆外四表周帀封土爲界域也

若以時祭祀則帥其屬而脩除徵役于司隸而役之屬其屬胥徒也脩除芟掃之徵
召也役之作使之 疏 若以時祭祀者賈疏云謂天地山川祭祀皆有時也云
徵役于司隸而役之者此與司隸爲官聯也司隸云邦
有祭祀賓客喪紀之事則役其煩辱之事故典祀徵役於彼也　注
云屬其屬胥徒也者孔繼汾以首屬字爲衍文是也賈疏云以其典
祀身是下士其下惟有胥徒故知也不言府史者府史非役者也云
脩除芟掃之者大宰注云脩掃除糞洒毛詩周頌載芟傳云除草曰
芟言芟其草薉而糞掃之也云徵召也者司市注同云役之作使
之者謂典祀作使衆隸徒也鄭嫌役之與上徵役義同故特釋之 及

祭帥其屬而守其厲禁而蹕之鄭司農云遮列禁人不得令入 疏 及祭者謂祭祀之日也　注鄭司農

二云遮列禁人不得令入者山虞云物爲之厲先鄭注云厲遮列守之詳彼疏閽人蹕宮門廟門注云蹕止行者蓋內祀則閽人蹕廟門外祀但有兆域故典祀主守厲禁而蹕之

守祧掌守先王先公之廟祧其遺衣服藏焉廟謂大祖之廟及三昭三穆遷主所藏曰祧先公之遷主藏于后稷之廟先王之遷主藏于文武之廟遺衣服大斂之餘也故書祧作濯鄭司農濯讀爲祧此王者之宮而有先公謂大王以前

【疏】掌守先王先公之廟祧者先王謂大祖及四親廟先公謂爲諸侯二祧也大傳云牧之野武王之大事也既事而退柴於上帝祈於社設奠於牧室遂率天下諸侯執豆籩逡奔走追王大王亶父王季歷文王昌不以卑臨尊也中庸云武王末受命周公成文武之德追王大王王季上祀先公以天子之禮案中庸以追王爲成王時事與大傳文異鄭彼注通之云追王者改葬之矣許宗彥云先王大王王季文王武王也先公后稷公祖亞圉也天保詩云禴祠蒸嘗于公先王武王立七廟時后稷爲祖廟公祖太王王季文王爲四親高圉亞圉爲二祧傳言余敢忘高圉亞圉是也其時未追王皆爲先公至制禮武王已沒祔武王而遷公祖毀高圉追王太王王季文王則四親廟爲先王二祧爲先公以親廟至太王而止故追王亦祇及太王若如大傳以爲武王追王則四親廟中不應獨遺公祖是知追王當以中庸爲定武成金縢稱大王王季當是史家追稱之案許說近是但武王受命七年乃崩其閒不宜絕無尊崇之典竊疑大王王季文王之追王實在武王時惟廟制未定祀禮亦未隆逮周公制禮始臻美備大傳原其始中庸紀其成二記文本不相迕要此經成於制禮之後則四親廟爲大王以下無疑也又后稷爲周大祖雖未追王亦當稱先王詳敘官及司服疏先妣姜原亦特立廟經不言者文

略詳大司樂疏　注云廟謂大祖之廟及三昭三穆者據王制文明廟爲大祖四親廟及祧廟之大名也鄭彼注云大祖后稷漢書韋玄成傳玄成等奏議云禮王者始受命諸侯始封之君皆爲大祖案周雖文武受命而先爲諸侯后稷實始受封故文王不爲太祖而后稷爲太祖也通典吉禮引唐張齊賢議云伏尋禮經始祖卽太祖太祖之外更無始祖或有引白虎通義云后稷爲始祖文王爲太祖武王爲太宗及鄭玄注詩敘云太祖謂文王以爲說者其義不然何者彼以禮王者祖有功而宗有德周人祖文王而宗武王以謂文王爲太祖耳非祫祭羣祖合食之太祖案張說是也成王時文王尚在四親廟則不得以爲太祖明矣三昭三穆者通二祧及四親廟言之凡七廟並兼二祧詳敘官疏云遷主所藏曰祧者小宗伯注義同王制孔疏引儒者難鄭云祭法遠廟爲祧鄭注周禮云遷主所藏曰祧違經正文案此難是也亦詳敘官及小宗伯疏云先公之遷主藏于后稷之廟者于注例當作於各本並誤下同賈疏云先公謂諸盩已前不追謚爲王者先公之主不可下入子孫廟故知向上入后稷廟若然太王王季之主不可入文武祧亦當藏於后稷廟也云先王之遷主藏于文武之廟者賈疏云當周公制禮之時文武在親廟四之內未毀不得爲祧然文武雖未爲祧已立其廟至後子孫文武應遷而不遷乃爲祧也其立廟之法后稷廟在中央當昭者處東穆者處西皆別爲宮院者也案孔君王肅之義二祧乃是高祖之父高祖之祖與親廟四皆次第而遷文武爲祖宗不毀矣鄭不然者以其守祧有奄八人守七廟并姜嫄廟則足矣若益二祧則十廟矣奄八人何以配之明其義非也案通典吉禮王肅非鄭云鄭又曰先公遷主藏后稷之廟先王遷主藏文武之廟是爲三祧而祭法云有二祧焉又引虞喜云成王六年制禮七廟已有見數文王爲祖武王爲禰祖非遠廟也周官掌宗廟而職曰守祧祧周公不稱祖禰爲遠祧也當須逆數成

然後廟得別出不可於成王之代以文武逆云爲遷主所藏矣此皆難鄭先王遷主藏文武祧之說也漢書韋玄成傳玄成等奏議云王者始受命爲太祖以下五廟而迭毀毀廟之祖藏乎太祖又御覽禮儀部引五經異義云禮祭法去祧曰壇去壇曰墠皆藏於祖廟有事則禱無事則止此謂先公先王遷主同藏太祖廟之說也案二說皆與鄭異而義較長許宗彥云毀廟主所藏經無明文惟公羊傳云毀廟之主陳於太祖韋玄成據此謂毀廟主藏於太祖以禮推之合祭毀宗在祖廟則毀主自合在祖廟通典載或問高堂隆云昔受訓云馮君入萬言章句說正廟之主各藏太室西壁之中遷廟之主於太祖太室北壁之中蓋亦公羊家舊說鄭乃以爲分藏后稷文武三廟者鄭亦知毀主當藏祖廟惟誤以文武爲二祧則文武以後之毀主自不可越文武上藏祖廟若知文武非二祧則二祧長爲高祖祖父凡毀廟於祧祧廟必爲祖父行其祖不當下藏子孫之廟矣又云賈疏言周初文武在親廟內不得爲祧則周禮制於周公何以先有守祧且守祧明言掌先王先公之廟祧則祧是先公之祧非文武之祧也金鶚云賈疏謂文武雖未爲祧已立其廟是廟有虛主也曾子問何言七廟無虛主乎無主而立廟必不然矣卽如鄭說以二祧爲遷主所藏亦必至懿王以後成王當祧藏於文王之廟康王當祧藏於武王之廟而前此數世二祧虛主而無所藏又何爲立之乎遷主所藏必在大廟夾室以大禘在大廟中故毀廟之主皆藏於此且六世以上之主不可入子孫之廟是知二祧非遷主所藏也案許金二說是也賈疏謂守祧奄八人守七廟并姜嫄廟若益二祧則十廟奄八人不足配此卽張融難王肅說不知文武去祧在懿孝以後作周禮時本無是制也詳敘官疏又案藏主之處經無明文公羊文二年何注謂主藏於廟室中賈家藏於堂穀梁文二年疏引衞宏漢舊儀云主藏廟太室中西牆壁埳中通典吉禮引公羊說左傳昭十年孔疏引

白虎通禮書引五經異義說並同此謂在室中西墉也通典又引摯虞決疑云廟主藏於戶之外西墉之中此謂在室外西墉也通典又引或問高堂隆馮君章句說正廟主各藏太室西壁遷廟主於太祖太室北壁荅曰章句但言藏太祖北壁中不別堂室愚意以堂上無藏主當室之中也左莊十四年疏云宗祏者於廟之北壁內爲石室以藏木主藝文類聚禮儀部引決疑要注西墉亦作北墉或皆據遷廟主言之蓋宗廟六享皆於廟室故藏主亦必於室正廟時享及禘主位皆西方東面遷廟唯有禘祫主以昭穆南北分列若然正廟主藏西墉遷廟主藏北墉亦取祭時設位相近通典載賀循引漢儀謂主藏西牆當祠則設座於培下即其義證大祭雖有朝踐延尸主於堂之禮而祊祼終獻咸在室中故高堂隆謂堂上無藏主其說允矣又案周宗廟昭穆方位制度說者多異賈氏此疏謂后稷廟在中當昭者處東當穆者處西皆別爲宮院聘禮疏說諸侯五廟之制云大祖之廟居中二昭居東二穆居西廟皆別門門外南邊皆有南北隔牆隔牆中夾通門若然祖廟已西隔牆有三則閤門亦有三東行經三門乃至太祖廟司儀疏說亦略同隋書禮儀志謂阮諶禮圖從家人職言之立廟先王居中以昭穆爲左右蓋卽賈氏所本依其說則天子七廟二祧別立則亦五廟太祖廟居中左二昭右二穆亦各有廟門及隔牆閤門之等也通典吉禮引晉孫毓議云宗廟之制外爲都宮內各有寢廟別有門垣大祖在北左昭右穆次而南儀禮經傳通解引隋潘徽江都集禮說同依孫說則昭穆居太祖廟之南不東西並列宋以來說廟制者多從之焦循駁孫說云寢在廟後準以燕寢之有廷則廟寢亦必有廷尺寸雖不可詳而其制必非甚狹者前廟之堂七雉得三十五步廷三倍之門堂三之二共百六十餘步如孫毓之說相次而南則四廟相承更加祧廟前有亳社後有諸寢此王宮三里之地不足勝其長矣案焦氏蓋據尚書大傳天子堂東西

九雉南北七雉之文以推廟制依孫說太祖廟最在北獨爲一列其
南則一昭一穆並排爲一列又其南亦一昭一穆並排爲一列是自
北而南以五廟而爲三列以每廟百六十餘步計之卽三列已得四
百八十餘步再加以每廟後有寢五廟之前又有亳社通計之至少
亦不下七百步於王宮三里所占已過三分之一必非雉門內所能
容則孫說之誤明矣惟賈氏因司儀聘禮每門之文謂每廟門外必
有閤門則由不知廟當在中門內而爲此曲說金鶚云禮經每門之
文承大門入門而言其非閤門可知鄭注引玉藻君入門介拂闑大
夫中棖與闑之閒士介拂棖注周官亦引之鄭君初不以每門爲閤
門也哀十四年左傳攻闈及大門宣二年公羊傳入其大門則無人
門焉入其閨則無人閨焉與閨卽閤門也必別之於門是知經典所稱
門者皆指庫雉路諸門而言閨閤不得混稱門也曲禮每門讓於客
閽人王宮每門四人與此每門文同其爲庫雉二門甚明賈以爲閤
門誤矣案金駁賈過三閤門入大祖廟之說甚塙蓋依賈說是五廟
門外南北有牆無門東西有閤門賓祭出入太祖廟皆由閤門側入
於理未協且穀梁哀四年傳云亡國之社以爲廟屏戒也凡有門而
後有屏戒社在宗廟之南則廟南必有門乃可爲廟屏若如賈說廟
門之外南面有牆無門則戒社正在牆外何以謂之屏乎若云與廟
之內門爲屏則依賈說內門與戒社中隔一牆屏之爲言爲門之屏
蔽也今隔以牆則又何屏蔽之有乎竊謂春秋僖二十年西宮災穀
梁以爲閔宮此卽穆廟正在大祖廟西之證然則五廟平列及廟門
外隔牆之制賈說自不可易依其說計之五廟每廟東西四十五步
五列共二百二十五步益以每廟東西壁餘地及四巷約計當不過
數十步通計亦不過三百步王宮之左自足容之惟大祖廟門外之
牆當有正門爲五廟出入之總門猶孫毓所說都宮門者其門北與
大祖廟門相直而南直戒社故有屏象其昭穆四廟左右各止二閤

門穆第二廟門外之西牆則不當有闈門凡入五廟者若太祖廟則由正門直入廟門更無紆折不當如賈所說經三闈門始至大祖廟也若入正門更向左折過東牆闈門則至昭第一廟更過東牆闈門則至昭第二廟若入正門更向右折過西牆闈門則至穆第一廟更過西牆闈門則至穆第二廟賈謂大祖廟門外東面有兩闈門是也而謂西面有三闈門其最外一闈門在穆第二廟門外西牆為入五廟之總門則非也凡自外入內必經南向之正門而後至廟門司儀所云每門止一相聘禮所云每門每曲揖皆謂入雉門及此門言之其門當與大祖廟門同制亦非如賈所謂槷為闈門也又大戴禮記諸侯遷廟篇云出廟門奉衣服者升車乃步君升車凡出入門及大溝渠祝下攢彼出廟門謂出殯宮之門即路寢門也奉衣服者升車謂神車也蓋新主入廟無論昭穆必居第二廟神車必入正門過二闈門始至其廟門而下車闈門對太祖廟門言之亦可云出故云出入門若如孫說入都宮之門即至廟則止有入門無所謂出門矣其可通乎又檀弓云及葬毀宗躐行出於大門注云毀廟門之西而出蓋葬朝穆廟畢不復折回出廟門故毀西牆而出如廟西有闈門則自可由闈門出何必毀牆乃出乎斯亦廟西無門之一證矣云遺衣服大斂之餘也者賈疏云案士喪禮云小斂十九稱不必盡服則小斂亦有餘衣必知據大斂之餘者小斂之餘至大斂更用之大斂餘乃留之故知其遺衣服無小斂餘也詒讓案小宗伯司服疏謂天子大斂衣百二十稱則其不盡服者甚多既不可殉賜它人則宜並藏之矣凡藏遺衣服蓋各於其廟寢獨斷云寢有衣冠几杖象生之具是也祧無寢蓋於左右房還則與主俱從故大戴禮記諸侯遷廟篇說還新廟云奉衣服者皆奉以從祝盧注云言皆者衣服非一稱是也云故書祧作濯鄭司農濯讀為祧者注疊故書凡二字以上同如此作者例云皆作某此不云皆則作濯者當專屬廟祧祧字而言官

名字蓋不作濯敘官注亦無異文可證段玉裁云翟聲兆聲古音同
在蕭肴豪部是以周禮以濯爲祧爾雅以濯爲珧顧命鄭注洮讀
爲濯毛詩佻佻公子爾雅作嬥嬥案段說是也說文亦無祧字玉篇
示部有禟字云古文祧蓋因濯字增益爲之亦非古字也云此王者
之宮而有先公謂大王以前爲諸侯者司服注云先
公謂后稷之後大王之前不窋至諸盩是也詳彼疏 **若將祭祀則各**
以其服授尸 尸當服卒者之上服以象生時 疏 若將祭祀則各以其服授尸者此謂
祭日之旦以先王先公之遺衣服授
尸於其次使服以入廟也中庸云春秋脩其祖廟設其裳衣彼注云
裳衣先祖所遺衣服也設之當以授尸也然則授尸之外不別陳設
之矣 注云尸當服卒者之上服者士虞記云尸服卒者之上服鄭
彼注云上服如特牲士玄端也通典凶禮引石渠禮論聞人通漢云
尸象神也故服其服賈疏云士虞記文鄭引之者欲見天子以下凡
尸皆服死者大斂之遺衣其不服者以爲奠衣服旣言卒者上服則
先王之尸服袞冕先公之尸服鷩冕也若然士爵弁以助祭祭宗廟
服玄端而士虞特牲尸不服爵弁者爵弁是助祭諸侯廟中乃服之
士尸還在士廟故尸還服玄端爲上服也曾子問云尸弁冕而出鄉
大夫士皆下之注云弁冕者君之先祖或有爲大夫士者則是先君
之先祖爲士尸服卒者上服不服玄端而服爵弁者爵弁本以助祭
在君廟君先祖雖爲士今爲尸還在君廟中故服爵弁不服玄端云
以象生時者以所祭者生時服此上服
今祭時尸亦服之取其與生時同也 **其廟則有司脩除之其祧則**
守祧黝堊之 廟祭此廟也祧祭遷主有司宗伯也脩除黝堊互言之
有司恆主脩除守祧恆主黝堊鄭司農云黝讀爲幽幽
黑也堊白也爾雅曰 疏 其廟則有司脩除之者此亦冡上將祭祀爲
地謂之黝牆謂之堊文也據少牢饋食禮祭前旬有一日筮日得

吉鄭云宗人命滌則脩除亦當祭前十日內爲之云其祧則守祧黝
堊之者黝當從段玉裁校改幽詳後釋文云堊本或作惡案堊惡同
聲段借字黝堊煩於脩除則不必每祭爲之或當歲一改塗與　注
云廟祭此廟也者謂時祭及大禘也大祖廟則又有大祫凡廟祧皆
貴新絜故於歲時祭祀更脩除黝堊之中庸云春秋脩其祖廟是廟
四時必脩除也穀梁文二年傳云壞廟之道改塗可也改塗卽黝堊
彼據新廟言之據此則舊廟亦恆有改塗矣云祧祭遷主者賈疏云
以遷主藏於祧故也案上司尊彝有追享鄭云追祭遷廟之主謂禱
祈則此祭遷主之謂也案遷主不藏於祧鄭賈謂祭遷主非也二祧
乃遠廟依祭法說亦有時祭大禘祧亦特祭故有脩除黝堊之事云
有司宗伯也者謂大宗伯也少牢饋食禮宗人命滌注云滌溉濯祭
器埽除宗廟彼侯國大夫禮之宗人與天子禮大宗伯正相當故大
宗伯職云享大鬼眡滌濯明亦含有脩除也案大宰云祀五帝則掌
百官之誓戒與其具脩享先王亦如之注釋脩爲埽除糞洒知此有
司非大宰者以大宰官尊具脩亦百官之事非其所專掌也云脩除
黝堊互言之有司恆主脩除守祧恆主黝堊者賈疏云鄭以二者廟
祧並有而經廟直言脩除祧直言黝堊故互而通之明皆有也以鄭
云有司恆主脩除祧亦脩除之守祧恆主黝堊廟亦黝堊之鄭司農
云黝讀爲幽幽黑也者牧人注同段玉裁據玉藻注謂經黝堊當爲
幽堊注當作幽讀爲黝黝黑也案段校是也並詳牧人疏周書作維
篇說大廟宗宮考宮皆玄階玄閫玄幽色略同云堊白也者說文土
部云堊白涂也釋名釋宮室云堊亞也次也先泥之次以白灰飾之
也掌蜃共白盛之蜃注云謂飾牆使白之蜃是也引爾雅曰地謂之
黝牆謂之堊者釋宮文郭注云黝黑飾地也堊白飾牆也穀梁莊二
十三年傳天子諸侯黝堊范注云黝堊黑色楊疏引徐邈云黝黑柱
也堊白壁也案韓非子十過篇云殷人四壁堊墀卽謂白壁也范以

堊亦爲黑色徐以黝爲黑柱並與爾雅訓異 既祭則藏其隋與其服 鄭司農云隋謂神前所沃灌器名玄謂隋尸所祭肺脊黍稷之屬藏之以依神

疏 注鄭司農云隋謂神前所沃灌器名者甸師祭祀共蕭茅鄭大夫注云蕭字或爲莤莤讀爲縮束茅立之祭前沃酒其上酒滲下去若神飲之故謂之縮疑此云神前沃灌器卽謂彼也束茅沃灌蓋卽士虞禮之苴鄉師後鄭注又謂苴卽此職之隋先鄭此注釋隋爲沃灌器與彼鄭鄉師注略同但依禮經苴爲祭藉不徒沃酒故後鄭此注不從云玄謂隋尸所祭肺脊黍稷之屬者小祝注義同賈疏云案特牲禮祝命挼祭尸取菹擩于醢祭于豆閒佐食取黍稷肺祭授尸尸祭之注云肺祭刌肺是其隋者彼不言脊以誤所以誤有脊者特牲禮云佐食舉肺脊以授尸尸受振祭嚌之是以於此誤有脊但彼是尸食而舉者故有脊此隋祭不合有也詒讓案隋字亦作墮士虞禮祝命佐食墮祭注云下祭曰墮墮之言猶墮下也周禮曰既祭則藏其墮謂此也今文墮爲綏齊魯之閒謂祭爲墮又特牲饋食禮祝命挼祭注云挼祭祭神食也又引此經說之云墮與挼讀同耳又少牢饋食禮注云黍稷之祭爲墮祭將食神餘尊之而祭之案隋士虞特牲注引並作墮曾子問注亦同有司徹注引此文則作隋特牲少牢釋文亦並作隋攷說文肉部云隋裂肉也又阜部云隓敗城阜曰隓篆文作𡐦隋爲減裂牲肺等與裂肉之義相近段玉裁阮元胡培翬並謂作隋爲正字是也今攷士虞注訓墮下則又正以墮義爲釋蓋隋墮二字義並通二禮正文自當作隋士虞注當云隋之言猶墮下若如今本正文作墮則墮下乃本義鄭不必言猶以通之矣又郊特牲注說制祭亦云取牲膟膋燎於鑪炭洗肝於鬱鬯而燔之入以詔神於室又出以墮於主前彼注墮亦當作隋孔疏謂墮卽墮祭謂分減肝膋以祭主前是鄭意凡以肉物祭於主通謂之隋孔釋爲分減亦與裂肉之義正同至禮經

隋或作挼又作綏者並聲近字通惠士奇云戰國策趙策曰趙孝成王方饋不墮食飯以手謂放飯於器曰墮昭四年左傳曰楚有宗祧之事將墮幣焉祭用幣謂奠幣於神曰墮士虞禮曰墮祭猶放飯於器奠幣於神也尸與主人主婦之祭祝命之佐食助之者謂之隋隋者神饗之後尸祭神餘尸飽之後主人主婦又祭尸餘通典吉禮引白虎通云坐尸而食之毀損其饌欣然若親之飽故尸祭謂之隋隋者毀也案惠釋隋字訓義亦足與士虞注墮下之說互證黃以周云周官曰既祭則藏其隋故凡隋祭不嚌不嘗其嚌嘗者皆非隋祭也凡隋祭有二一曰祭豆一曰祭黍稷肺特牲挼祭尸右取菹擩醢祭于豆閒不云嚌嘗此豆之用隋祭者也士虞少牢之祭豆亦無嚌嘗之文雖不云隋亦隋祭也可以特牲例之士虞隋祭佐食取黍稷肺祭授尸尸祭之不云嚌嘗此黍稷肺之用隋祭者也特牲少牢之祭黍稷肺亦無嚌嘗之文雖不云隋亦隋祭也可以士虞例之其餘祭酒曰啐酒祭鉶曰嘗之祭肺脊曰嚌之士虞特牲少牢並同皆以別不啐不嚌不嘗之爲隋祭也隋祭之禮惟尸得行之其次主人主婦亦閒行之特牲尸酢主人主人拜受角佐食授挼祭主人坐左執角受祭祭之祭酒啐酒注其挼祭亦取黍稷肺祭受祭祭之謂受此黍稷肺而祭之也亦不云嚌嘗於祭酒又特言啐以明其非隋少牢上佐食取四敦黍稷下佐食取牢一切肺以授上佐食上佐食以挼祭主人左執爵右受佐食坐祭之亦不云嚌嘗於祭酒又別言之曰又祭酒不興遂啐酒以明其非隋特牲尸酢主婦佐食挼祭少牢尸酢主婦上佐食挼祭其儀悉如主人之禮又以別啐酒之不爲隋祭也案黃說甚析今攷隋祭大祝亦謂之命祭依特牲禮菹醢黍稷肺並有隋祭此注無菹醢蓋文略而別有脊字賈謂誤衍淩廷堪胡培翬並謂尸未食前之祭通謂之隋祭特牲祭離肺正脊亦統於挼祭則此注兼言肺脊義似得通但以黃氏不嚌食之說校之究有未合不

審二一說孰得鄭恉竊疑此注脊當作祭士虞特牲經皆云黍稷肺祭特牲主人挼祭注亦云其挼祭亦取黍稷肺祭皆其證也肺祭者別於舉肺之辭校者不審或疑其祭字複出臆改爲脊遂與禮經不合耳云藏之以依神者賈疏云此義與祭地埋之同故云依神也黃以周云有司徹篇司宮埽祭鄭注云埽豆閒之祭又引舊說埋之西階東此藏隋之說也案黃說是也藏隋與藏服異藏服者內之篋笥藏隋者卽埋之也曾子問說師行無遷主以幣帛皮圭爲主命之禮云卒斂幣玉藏諸兩階之閒藏亦卽埋也此藏隋蓋埋諸西階東與藏幣玉兩階閒正同鬯人注說大遣奠埋裸器亦於祖廟階閒也但有司徹埽祭似通埽尸賓侑主人主婦等之祭及未迎尸以前之祭苴皆埋之此經云藏隋亦以隋祭爲神之餘故特尊而言之其實守祧所藏與司宮所埽同必不止藏隋祭黍稷肺等鄉師注以此藏隋釋茅菹明苴祭亦當藏之矣

世婦掌女宮之宿戒及祭祀比其具女宮刑女給宮中事者宿戒當給事豫告之齊戒也比次也具所濯摡及粢盛之爨鄭司農比讀爲庀庀具也

【疏】掌女宮之宿戒及祭祀比其具者釋文云比本亦作庀案庀於義無取蓋庀字傳寫之誤此與天官世婦職掌略同彼職云及祭之日涖陳女宮之具凡內羞之物是也惠士奇云同一祭祀之具也一曰比一曰涖陳謂女宮陳之世婦則涖臨之而比校之也　注云女宮刑女給宮中事者者寺人注云女宮刑女之在宮中者案卽所謂奚也詳寺人疏云宿戒當給事豫告之齊戒也者賈疏云此亦祭前十日戒之使齊祭前三日又宿之故宿戒並言案賈說宿戒不同日與大史文合大宗伯注云宿申戒也是也而祭統云先期旬有一日宮宰宿夫人夫人亦散齊七日致齊三日注云宮宰守宮官也宿讀爲肅肅猶戒也戒輕

宿重也彼宿在先期旬有一日卽是散齊之戒而謂之宿少牢饋食禮前宿一日宿戒尸彼宿戒亦止一事則宿戒義得通也云比次也者賈子道術篇云動靜攝次謂之比文選東京賦薛注云次比是比次同義又說文土部云坒地相次坒也比與坒聲類亦同云具所濯摡及粢盛之爨者大宰注云具所當共賈疏云濯摡粢盛皆婦人之事二十七世婦職云帥女宮而濯摡爲齍盛儀禮特牲云主婦視饎爨亦女宮之事故知也云鄭司農比讀爲庀庀具也者遂師注同先鄭破比爲庀而訓爲具則與具義複故後鄭不從

詔王后之禮事薦徹之節

疏 詔王后之禮事者此與內宰內小臣爲官聯也注云薦徹之節者內宰云大祭祀正后之服位而詔其禮樂之儀注云薦徹之禮彼職又云贊九嬪之禮事注云助九嬪贊后之事九嬪者贊后薦玉齍薦徹豆籩卽內宗外宗並佐王后薦徹豆籩是也節謂薦徹先後之節

帥六宮之人共齍盛帥世婦女御

疏 帥六宮之人共齍盛者齍亦當讀爲粢詳甸師疏此卽天官世婦職云帥女宮而濯摡爲齍盛是也惠士奇云同一齍盛也一日共一日爲謂差擇而共奉之也 注云帥世婦女御者賈疏云案二十七世婦職云帥女宮爲齍盛女御職云凡祭祀贊世婦鄭注云助其帥涖女宮是以知齍盛世婦女御之事也案鄭賈說非也內宰云以陰禮教六宮先鄭謂六宮通晐后及三夫人九嬪世婦女御後鄭則謂專屬后此上文別云詔王后之禮事又宮卿不得帥后及三夫人九嬪等故唯云帥世婦女御但此與天官世婦雖有內外命婦之異然職秩平等亦不得相帥若然此帥六宮之人當爲女御以下與內宰義異也

相外內宗之禮事同姓異姓之女有爵佐后者

疏 相外內宗之禮事者謂內宗外宗職所掌薦徹及它禮事世婦並相之也上王后之禮事云詔此外內宗云相者內小臣注云詔相者異尊卑也內宗云凡卿大夫之喪

掌其弔臨天官世婦云掌弔臨于卿大夫之喪亦與此相應 注云同姓異姓之女有爵佐后者者賈疏云序官云內宗凡內女之有爵者是同姓之女有爵又云外宗凡外女之有爵者是異姓之女有爵故知之也知佐后者外宗云佐后薦徹豆籩內宗云及以樂徹則佐傳豆籩注云佐外宗故知外內宗輔相佐后此官相之也

大賓客之饗食亦如之比帥詔相其事同

疏大賓客之饗食亦如之者此大賓客與下文大喪之事卽天官世婦職所云掌祭祀賓客喪紀之事是也賈疏云賓客饗食王后亦有助王禮賓之法故內宰凡賓客之祼獻瑤爵皆贊注云謂王同姓及二王之後來朝覲爲賓客者祼之禮亞王而禮賓獻謂王饗燕亞王獻賓也瑤爵所以亞王酬賓也是其饗有后事也彼不言食之禮亦當有助王之事故此言之也 注云比帥詔相其事同者嫌經云亦如之唯據相外內宗之禮事故釋之

大喪比外內命婦之朝莫哭不敬者而苛罰之苛譴也

疏大喪比外內命婦之朝莫哭不敬者而苛罰之者此與九嬪肆師爲官聯也釋文苛作呵案呵卽訶之俗經例皆作苛陸本誤詳宮正疏賈疏云大喪謂王喪王喪則殯後有朝夕哭事外命婦朝廷卿大夫士之妻內命婦九嬪已下以尊卑爲位而哭而有不敬者則呵責罰之詒讓案此大喪當亦含先后及王后之喪言之外內命婦詳內宰疏朝莫哭卽士喪禮云朝夕哭注云既殯之後朝夕及哀至乃哭不代哭也苛罰謂責讓而罰之小胥云掌學士之徵令而比之觵其不敬者巡舞列而撻其怠慢者此喪禮之罰不可用觵酒疑當用撻閽胥云掌其比觵撻罰之事是撻卽爲罰亦內宮之官刑也 注云苛譴也者廣雅釋詁云苛訶譴怒也說文艸部云苛小艸也言部云訶大言而怒也案訶正字苛假借字射人云大喪作卿大夫掌事比其廬不敬者苛罰之注云苛謂詰問之

詁問與譴怒義亦相成 凡王后有撵事於婦人則詔相鄭司農云謂爵婦人玄謂拜拜謝之也喪大記云夫人亦拜寄公夫人於堂上疏凡王后有撵事於婦人則詔相者於經例當作于石經及各本並誤撵拜古今字經例用古字作撵注例用今字作拜詳大祝疏 注鄭司農云謂爵婦人者先鄭據王后命內外命婦而言即內宰先鄭注云王命其夫后命其婦是也賈疏云此自以為一義不達上大喪之事言爵婦人者天子命其臣后亦命其婦是爵命婦人也言王后有拜事於婦人謂受爵命之時有拜謝王后也云玄謂拜拜謝之也者後鄭以此經冢上大喪為文故破先鄭義也引喪大記者證大喪后夫人有拜事賈疏云但喪大記所云者是諸侯之喪主人拜寄公於門西夫人亦拜寄公夫人於堂上其寄公與主人體敵故也明知天子之喪世子亦拜二王後於堂下后亦拜二王後夫人於堂上可知是以僖公二十四年左氏傳云宋公過鄭鄭伯問禮於皇武子武子對曰宋於周為客天子有事膰焉有喪拜焉謂王喪二王後來奔嗣王拜之明二王後夫人來弔后有拜法若然二王後夫人得有赴王喪者或夫人家在畿內來歸寧值王喪則弔赴也案賈說是也喪大記又云君拜寄公國賓天子無寄公之拜而以二王後為國賓故大喪拜焉明王后亦拜國賓夫人也

凡內事有達於外官者世婦掌之主通之使相共授疏凡內事有達於外官者世婦掌之者於亦當作于外官謂宮外百官府也 云主通之使相共授者廣雅釋詁云達通也與內豎掌內外之通令義同賈疏云王后六宮之內有徵索之事須通達於外官者世婦宮卿主通之使相共給付授之也

內宗掌宗廟之祭祀薦加豆籩加爵之豆籩故書為籩豆鄭司農云謂婦人所薦杜子春云當為豆籩

疏掌宗廟之祭祀者明外祭祀非內宗所有事也云薦加豆籩者以下並與九嬪爲官聯也大祭祀朝踐饋食之正豆籩后親薦之故內宗唯薦加豆籩 注云加爵之豆籩者賈疏云以其食後稱加特牲少牢食後三獻爲正獻其後皆有加爵今天子禮以尸既食後亞獻尸爲加此時薦之故云加爵之豆籩卽醢人籩人加豆加籩之實是也案依鄭義王七獻酳尸之後后酳尸及諸臣獻尸爲加爵故籩人注云加籩謂尸既食后亞獻尸所加之籩司尊彝注云於后亞獻內宗薦加豆籩賈卽依彼爲釋故云食後稱加依崔靈恩陳祥道薛季宣鄭鍔江永金榜說后酳尸入正獻不爲加爵九獻畢後諸臣獻尸乃爲加爵其時內宗薦加豆籩王與后咸不親其事其說致塙足正鄭賈之誤詳籩人司尊彝疏云故書爲籩豆者文到也鄭司農云謂婦人所薦者以內宗所掌故知婦人薦也杜子春云當爲豆籩者段玉裁云下文兩言豆籩不當乖異故杜據以改易

及以樂徹則佐傳豆籩佐傳佐外宗疏及以樂徹者內宰注云薦徹之禮當與樂相應樂師小師並有祭祀歌徹注謂歌雍是也云則佐傳豆籩者謂受所徹轉授與執事祭所者也此豆籩謂正豆籩與上加豆籩異 注云佐傳佐外宗者賈疏云鄭知佐外宗者見外宗云佐王后薦玉豆籩故云佐外宗也但籩豆后於神前徹之傳與外宗外宗傳與內宗內宗傳與外者故知佐傳也詒讓案小子云祭祀受徹然則外宗傳以授小子與

賓客之饗食亦如之王后有事則從大喪序哭者次序外內宗及命婦哭王疏賓客之饗食亦如之者賈疏云饗食賓客俱在廟饗食訖徹器與祭祀同亦后徹外內宗佐傳故云亦如之云王后有事則從者賈疏云內宗於后有事皆從故於此總結之也云大喪序哭者者此與九嬪爲官聯也序哭序當作敘石經及各本並誤凡經例用古字作敘注例用今字作序此經作序者蓋

後人以注改之九嬪職云大喪帥敘哭者外宗云大喪則敘外內朝莫哭者字並作敘可證敘序古今字詳小宰疏此及外宗云大喪並當兼王及先后王后之喪言之序哭亦通始崩哭及殯後朝莫哭皆次序之使不誤也 注云次序外內宗及命婦哭王者以外內宗等人數衆多故依親疏尊卑次序之 賈疏云知次序外內宗者見外宗云大喪則敘外內朝莫哭者故知所次序有外內宗也知有命婦者上世婦職已云大喪比外內命婦之朝莫哭者故序哭中有命婦也

哭諸侯亦如之凡卿大夫之喪掌其弔臨王后弔臨諸侯而已是以言掌卿大夫云【疏】哭諸侯亦如之者賈疏云此諸侯來朝覲於王國王爲之緦衰者也若檀弓云以爵弁純衣哭諸侯彼謂覲於本國王遙哭之則婦人不哭之婦人無外事故也案依鄭賈說則王后哭諸侯蓋服次祿衣大斂以後往則服素總緦衰亦加麻絰外內宗及命婦皆從后故亦次序之也 注云王后弔臨諸侯而已是以言掌卿大夫云者賈疏云諸侯爲賓王后弔臨之卿大夫己臣輕王后不弔故遣內宗掌弔臨之事明爲后掌之若然天官世婦云掌弔臨于卿大夫之喪者彼爲王故彼注云王使往弔也此后不弔臨大夫之喪案喪大記諸侯夫人弔臨卿大夫者諸侯臣少故也詒讓案卿大夫弔臨內宗與世婦爲聯事天官世婦亦爲后使彼注云爲王使非也詳彼疏

外宗掌宗廟之祭祀佐王后薦玉豆眡豆籩及以樂徹亦如之視視其實【疏】掌宗廟之祭祀佐王后薦玉豆眡豆籩者亦與九嬪爲官聯也此所薦並通朝事饋食言之內宗薦加豆籩亦當視之也賈疏云凡王之豆籩皆玉飾之餘文豆籩不云玉者文略皆有玉可知若然直云薦豆不云籩者以豆云玉略籩不言義可知也眡豆籩者謂在堂

東未設之時眡其實也金鶚云天子諸侯之豆皆以木爲之天子又飾以玉明堂位云殷玉豆周獻豆蓋周既疏刻而又飾玉非但獻之也諸侯但獻之而不飾玉案賈金說是也明堂位獻豆注云獻疏刻之彼記又說魯禘云薦用玉豆雕篹注云篹籩屬也雕刻飾其直者也若然王禮豆籩亦當飾以玉而又獻之雕之聶氏三禮圖引舊圖云豆高尺二寸漆赤中大夫以上畫赤雲氣諸侯飾以象天子加玉飾皆謂飾口是也云及以樂徹亦如之者賈疏云亦佐后也猶仍有內宗佐傳也　注云眡視其實者此亦注用今字作視也豆實若醢人韭菹醓醢葵菹蠃醢芹菹兔醢之屬籩實若籩人麷蕡棗栗蔆芡之屬視視者視備否及美惡也

王后以樂羞齍則贊 贊猶佐也

【疏】王后以樂羞齍則贊者此亦與九嬪爲官聯也齍當讀爲粢詳甸師疏以樂羞齍蓋歌清廟詳內宰疏賈疏云羞進也齍黍稷也后進黍稷之時依樂以進之言則贊者亦佐后進之案九嬪職云凡祭祀贊玉齍贊后薦徹豆籩豆籩則薦徹俱言玉齍玉敦盛黍稷言贊不言徹則后薦而不徹也其徹諸官爲之故楚茨詩云諸宰君婦廢徹不遲黍稷宰徹之若然豆籩與齍此官已贊九嬪又贊者以籩豆及黍稷器多故諸官共贊詒讓案此謂后四獻後設陰厭時玉齍當爲玉簋蓋膳夫徹外宗不贊之也詳九嬪疏　注云贊猶佐也者明與上云佐文異義同贊佐小爾雅廣詁文大卜掌固服不氏趣馬司民注並同

凡王后之獻亦如之 獻獻酒於尸

【疏】凡王后之獻亦如之者此與內宰爲官聯也　注云獻獻酒於尸者於舊本作于誤今據注疏本正內宰云大祭祀后祼獻則贊瑤爵亦如之案此獻當亦晐祼言之凡祭祀九獻內祼及獻后皆亞王也賈疏云則朝踐饋獻及酳尸以食後酳尸亦是獻獻中可以兼之亦贊可知也

王后不與則贊宗伯 后有故不與祭宗伯攝其事

【疏】注云后有故不與祭宗伯

攝其事者賈疏云案宗伯云凡大祭祀王后不與則攝而薦徹豆籩若然宗伯非直攝其祼獻而已於后有事豆籩及簠簋等盡攝之耳

小祭祀掌事賓客之事亦如之小祭祀謂在宮中疏賓客之事亦如之者此賓客不冡上小爲文自據大賓朝覲諸侯言之侯國諸臣來聘王后不與其禮事則亦外宗所不掌也賈疏云饗食亦掌事如小祭祀也　注云小祭祀謂在宮中者以婦人不與外祭祀也女祝云掌王后之內祭祀凡內禱祠之事注云內祭祀六宮之中竈門戶此小祭祀與彼內祭祀同賈疏云案小司徒云小祭祀奉牛牲注云小祭祀王玄冕所祭者彼兼外神故以玄冕該之也

大喪則敘外內朝莫哭者哭諸侯亦如之內內外宗及外命婦疏注云內內外宗及外命婦者此義難通方苞孔繼汾並謂及爲外字之誤今審校文義疑當作外內內外宗及外命婦傳寫挩一字也蓋鄭意經云外內內中唯有內宗無內命婦外中則兼有外宗及外命婦賈疏謂鄭云內外宗及外命婦者內中以兼外宗外中不兼內命婦非鄭恉也知無內命婦者賈疏云以其內命婦九嬪敘之也故九嬪職云大喪帥敘哭者注云后哭衆乃哭是內命婦九嬪敘之故鄭亦不言內命婦也

冢人掌公墓之地辨其兆域而爲之圖先王之葬居中以昭穆爲左右公君也圖謂畫其地形及丘壟所處而藏之先王造塋者昭居左穆居右夾處東西疏掌公墓之地者王之墓域也史記周本紀集解引皇覽云文王武王周公冢皆在京兆長安鎬聚東社中也案鎬聚即周鎬京文武葬地即畢原在鎬京之東蓋王城外近郊內之隙地周初諸王及王子弟皆族葬於彼即此經所謂公墓也凡邦國公私墓地蓋非一處宜相地形爲之大都在東北兩方故王墓在鎬

東而左成十八年傳說晉葬厲公於翼東門之外孟子離婁篇亦云東郭墦閒是皆在國城之東也檀弓云葬於北方北首三代之達禮也之幽之故也注云北方國北也白虎通義崩薨篇云葬於城郭外何死生別處終始異居易曰葬之中野所以絕孝子之思慕所以於北方者何就陰也孔子卒以所受魯君之璜玉葬魯城北左襄二十五年傳亦說齊側莊公於北郭唐會要引呂才陰陽書亦云古之葬者並在國都之北是也然則墓地方位或東或北蓋無定所要必在城郭外爾雅云辨其兆域者謂墓地之四畔有營域堳埒也詳小宗伯疏惠士奇云定元年左傳魯葬昭公季氏使役如闞公氏將溝焉闞者公墓之地溝者兆域也溝而絕之為域外溝而合之為域內案惠說是也其墓道則又有門巾車及墓嘷啓關注云關墓門也　注云公君也者爾雅釋詁文案公墓與巾車公車義同謂公家之墓地鄭訓為君者以王之所葬也惠士奇云公墓左傳謂之公氏云圖謂畫其地形及丘壟所處而藏之者賈疏云謂未有死者之時先畫其地之形勢豫圖出其丘壟之處丘壟之言即下文丘封是也既為之圖明藏掌後須葬者依圖置之也案士喪禮筮宅冢人營之若不從筮擇如初儀注云更擇地而筮之小宗伯職亦有王崩卜葬兆之事是墓地必將葬時始擇而卜之後世有壽陵生壙之營古無是也然則經云辨其兆域而為之圖者謂總圖公墓之地辨其界限形勢有葬者則識其兆域所在以備祔葬且使歲久易以識別其卜葬者亦案圖以定其處平時則藏之冢人之府也賈疏謂未有死者豫圖其丘壟誤云先王造塋者者焦循云造塋者始葬於此之君詒讓案塋即兆域謂墓地四畔溝兆之大界廣雅釋丘云宅垗塋域葬地也先王始葬其處則為大塋域以後子孫皆就塋域內葬之云昭居左穆居右夾處東西者賈疏云但王者之都有遷徙之法若文王居豐武王居鎬平王居於洛邑所都而葬即是造塋者也若文王在豐葬於畢

子孫皆就而葬之卽以文王居中文王弟當穆則武王爲昭居左成王爲穆居右康王爲昭居左昭王爲穆居右已下皆然至平王東遷死葬卽又是造塋者子孫據昭穆夾處東西若然兄死弟及俱爲君則以兄弟爲昭穆以其弟已爲臣臣子一列則如父子故別昭穆也必知義然者案文二年秋八月大事于大廟躋僖公謂以惠公當昭隱公爲穆桓公爲昭莊公爲穆閔公爲昭僖公爲穆今升僖公於閔公之上爲昭閔公爲穆故云逆祀也知不以兄弟同昭位升僖公於閔公之上爲逆祀者案定公八年經云從祀先公傳曰順祀先公而祈焉若本同倫以僖公升於閔公之上則以後諸公昭穆不亂何因至定八年始云順祀乎明本以僖閔昭穆別故於後皆亂也若然兄弟相事後事兄爲君則昭穆易可知但置塋以昭穆夾處與置廟同也案賈說是也互詳大宗伯疏 凡諸侯居左右以前卿大夫士居後各以其族子孫各就其所出王以尊卑處其前後而亦併昭穆【疏】凡諸侯居左右以前卿大夫士居後者此正從葬者之墓位也蓋王墓居兆域之正中諸侯居前諸臣居後亦環衞之義白虎通義崩薨篇云禮曰冢人掌兆域之圖先王之葬居中以昭穆爲左右羣臣從葬以貴賤序案羣臣從葬卽通諸侯及卿大夫士而言賈疏云言凡者以其非一故併卿大夫以凡之此因上而言以其王之子孫皆適爲天子庶爲諸侯卿大夫士若出封畿外爲諸侯卿大夫士者因彼國葬而爲造塋之主今言諸侯卿大夫士者謂上文先王子孫爲畿內諸侯王朝卿大夫士死者則居先王前後之左右言居左右者若父爲天王是昭則子爲穆居右若父是穆則子爲昭居左爲卿大夫居後亦然但穆昭不定故左右俱言謂一父之前後左右並有也云各以其族者賈疏云謂次第假令同昭穆兄當近王墓弟則遠王墓爲次第諸侯言左右卿大夫士云各以其族互相通也 注云子孫各就其所出王以尊

卑處其前後者賈疏云言子孫者據造塋者所生爲子已後左右王子所生累世皆是孫言以尊卑處其前後者尊謂諸侯卑謂卿大夫士吳廷華云先王之子爲諸侯爲昭則居左之前爲大夫則居左之後其孫昭爲諸侯則亦居左之前在其祖之南爲大夫則居其祖之後先王之孫爲穆則居右其前後亦如之案吳說是也鄭云子孫各就其所出王者若周公之於文王金履祥通鑑前編引尚書大傳云成王曰周公生欲事宗廟死欲聚骨於畢畢者文王之墓也故周公薨成王不葬於成周而葬之於畢卽就所出王之義也云而亦併昭穆者賈疏云謂兄弟同倫當昭自與昭併當穆穆自與穆併不謂昭穆併有也

凡死於兵者不入兆域戰敗無勇投諸塋外以罰之

疏凡死於兵者不入兆域者於經例當作于石經及各本並誤釋名釋喪制云戰死曰兵言死爲兵所傷也孔廣森云莊子德充符曰戰而死者其人之葬也不以翣資哀二年左傳趙簡子之誓曰桐棺三寸不設屬辟素車樸馬無入於兆下卿之罰也白虎通義喪服篇檀弓曰不弔三畏厭溺也畏者兵死也禮曾子記曰大辱加於身支體毀傷卽君不臣士不交祭不得爲昭穆之尸食不得昭穆之牲死不得葬昭穆之域也凡此皆死於兵者不入兆域之證蓋戰期能克非期能死死所謂死王事者必死而有益若狼瞫徼無存之徒然後登於明堂饗祿其後至乃不占震於鳴鼓陳書怯於聞金直謂之戰陳無勇而已案孔說是也惠士奇云襄二十五年左傳齊崔氏側莊公於北郭葬諸士孫之里側者不殯之名里名士孫乃墓中之室墓大夫之所居萬民之葬地則是葬諸邦墓而非公墓不但投之域外矣　注云戰敗無勇投諸塋外以罰之者賈疏云曲禮云死寇曰兵注云當饗祿其後卽下文云凡有功者居前是也此是戰敗故投之塋外罰之也姜兆錫云王族無斷刑磬於甸師氏若戰而死者則有之矣以非全歸故不居域以內也案姜說是也段

諸塋外者謂於其族葬地塋域之外別爲墓壙不絕於先祖若魯季孫葬昭公欲溝絕其兆域也然則雖投塋外仍與族葬之地相近矣其王族有罪磬於甸人者亦當不入兆域經唯言死於兵者文不具也

凡有功者居前

居王墓之前處昭穆之中央

疏注云居王墓之前處昭穆之中央者賈疏云則不問爲諸侯與卿大夫士但是有功則皆得居王墓之前以表顯之也此則曲禮云死寇曰兵兼餘功若司勳王功事功國功之等皆是也上云諸侯居左右以前卿是昭居左穆居右今云昭穆之中央謂正當王冢前由其有功故特居中顯異之也案依鄭賈義則凡有功者皆不辨爵秩尊卑昭穆左右一居王墓之前以示殊異左莊十九年傳說楚人葬鬻拳於經皇杜注云經皇冢前闕殆亦以其有諫王之功故特葬於公墓之前近門闕之處與

以爵等爲丘封之度與其樹數

別尊卑也王公曰丘諸臣曰封漢律曰列侯墳高四丈關內侯以下至庶人各有差

疏以爵等爲丘封之度者月令孟春令云審棺椁之薄厚塋丘壟之小大高卑厚薄之度貴賤之等級禮器說禮有以大爲貴者亦云丘封之大此丘封之度亦通小大高卑厚薄言之 注云別尊卑也者賈疏云尊者丘高而樹多卑者封下而樹少故云別尊卑也云王公曰丘諸臣曰封者賈疏云爾雅云土之高者曰丘高丘曰阜是自然之物故屬之王公也聚土曰封人所造故屬之諸臣若然則公中可以兼五等也詒讓案釋名釋喪制云丘象丘形也廣雅釋丘云丘封冢也方言云冢自關而東謂之丘小者謂之塿大者謂之丘檀弓云吾見封之若堂者矣見若坊者矣見若覆夏屋者矣見若斧者矣從若斧者焉馬鬣封之謂也鄭彼注云封築土爲壟又王制注云封謂聚土爲墳是丘者積土高大象丘山之形呂氏春秋安死篇云世俗之爲丘壟也其高大若山其樹之若林所謂丘也封則聚土築之若堂若坊之類是也禮記或借

封爲窆與此義異易繫辭云不封不樹李氏集解引虞翻云穿土稱
封封古窆字也聚土爲樹此誤以封土爲窆又以樹爲聚土並不合
經義此經凡穿土字並作窆不作封吳廷華云丘封者言封之成丘
義本一貫鄭分爲二非案依吳說則與下文丘隧遂師丘籠義略同
亦通引漢律曰列侯墳高四丈關內侯以下至庶人各有差者證丘
封之度不同之事孔廣森云漢書朱雲爲丈五墳自以廢爲庶人從
庶人之制也由此推之蓋關內侯墳高三丈五尺中二千石以下至
比二千石銀印青綬者墳三丈千石以下至比六百石銅印黑綬者
墳二丈五尺四百石以下至比二百石銅印黃綬者墳二丈下至庶
人一丈五尺似皆以五尺爲差賈疏云案春秋緯云天子墳高三仞
樹以松諸侯半之樹以柏大夫八尺樹以欒草士四尺樹以槐庶人
無墳樹以楊柳鄭不引之者以春秋緯或說異代多與周禮乖故不
引或鄭所不見也王制云庶人不封不樹而春秋緯云庶人樹以楊
柳者以庶人禮所不制故樹楊柳也王引之云檀弓孔子曰古也墓
而不墳今某也東西南北之人也不可以弗識也於是封之崇四尺
鄭彼注云崇高也高四尺蓋周之士制此與春秋緯說合詒讓案經
云爵等命士以上爲爵不及庶人故王制說庶人不封不樹鄭彼注
云爲至卑無飾也周禮曰以爵等爲丘封之度與其樹數則士以上
乃皆封樹據王制及鄭注說則庶人不封樹春秋緯亦云庶人無墳
鄭此注引漢律者證漢亦尊卑封樹不同耳實則漢庶人有封樹與
周制異也又案周天子以下封樹之等數經無正文賈引春秋緯雖
有其文而疑鄭所不見檀弓注以高四尺爲周之士制則鄭非不見
緯說檀弓孔疏則云天子一丈諸侯八尺其文降差以兩又與緯異
未詳所據至所樹之木白虎通義崩薨篇引含文嘉說與賈引春秋
緯同惟云大夫以欒亦足正此疏藥草之誤檀弓疏引白虎通作大
夫栗士槐無庶人之文與今本通義文異又說文木部云欒木似欄

禮天子樹松諸侯柏大夫欒士楊許說士樹楊復與諸文不同淮南子齊俗訓云殷人葬樹松周人葬樹柏又無尊卑之異衆說差牾今亦無以定之也

大喪既有日請度甫竁遂爲之尸

甫始也請量度所始竁之處地爲尸者成葬爲祭墓地之尸也鄭司農云既有日既有葬日也始竁時祭以告后土冢人爲之尸

疏大喪既有日者賈疏云大喪謂王喪有日謂葬日天子七月而葬葬用下旬詒讓案此大喪當亦關后及世子伯世子葬期當與諸侯同五月其度竁以下事蓋略同唯度法有降殺耳云請度甫竁者竁鄭大夫讀爲穿詳小宗伯疏賈疏云謂冢人請於冢宰量度始穿地之處也案賈謂請於冢宰者以嗣王方在諒闇未有命戒也但士喪筮宅卜日主人咸與其事則甫竁疑亦當請於王其后世子之喪更不待言矣又據既夕禮先筮宅後卜日敘次甚明又筮宅先掘四隅及中即此所謂甫竁又云指中封而筮既竁乃筮二事同日並舉而卜日則在其後王禮卜宅當亦然若然此經既有日乃請度甫竁者疑王禮詳當先諏日次甫竁遂卜宅次卜日猶大夫以上祭日亦先諏後卜也若然此云有日乃據諏日言之其時實尚未卜日而甫竁則與卜宅同日先於將葬之地掘土以發其功至得吉後乃竟其事其節次不可易也互詳小宗伯疏云遂爲之尸者賈疏云因事曰遂初請量度至葬訖祭墓故冢人遂爲尸也　注云甫始也者小宗伯注同云請量度所始竁之處地者將營王竁先量度其方位及丘封之度猶既夕云筮宅冢人營之彼注云營猶度也始竁者對得吉後之營治丘隧等爲肇始之事也云爲尸者成葬爲祭墓地之尸也者檀弓云既封有司以几筵舍奠於墓左注云舍奠墓左爲父母形體在此禮其神也周禮冢人凡祭墓爲尸此注云成葬祭墓即據彼文鄭彼注引後經凡祭墓爲尸而不引此甫竁爲尸之文則亦從先鄭說與此注義異然彼云舍奠即釋奠鄭文王世子注

謂釋奠設薦饌酌奠而已無迎尸以下之事則釋奠無尸而此有祭墓之尸者或彼士禮略禮墓神用釋奠禮天子禮詳則禮墓神用祭禮有迎尸以下之事與賈疏云先鄭以遂爲之尸據始穿時祭墓地冢人爲之尸後鄭據始穿時無祭事至葬訖成墓乃始祭墓故冢人爲尸不從先鄭者見小宗伯云卜葬兆甫竁哭之又云既葬詔相喪祭之禮喪祭謂虞祔下乃云成葬而祭墓爲位據彼文則初穿地時無祭墓地之事葬訖乃有祭墓地即此遂爲之尸一也鄭司農云既有日既有葬日也者喪紀卜日事多此下文請度甫竁則是葬事故知有日惟據葬日也云始竁時祭以告后土冢人爲之尸者武億謂先鄭蓋讀請度另爲句不與甫竁連讀案武說近是先鄭亦訓甫爲始佔以後文云凡祭墓爲尸方是墓成之祭故以此爲始竁時告后土之祭此與後鄭義不同不徒讀異也

及竁以度爲丘隧共喪之窆器隧羨道也度丘與羨道廣袤所至窆器下棺豐碑之屬喪大記曰凡封用綍去碑負引君封以衡大夫以咸

【疏】及竁以度爲丘隧者謂既卜宅得吉則兆域已定遂營壙治丘隧也注云隧羨道也者左僖二十五年傳云晉侯請隧杜注云闕地通路曰隧王之葬禮也諸侯皆縣柩而下又隱元年注云隧若今延道廣雅釋宮云羨隧道也延羨隧隧字並同史記秦始皇紀云葬閉中羨下羨門又衛世家云共伯入釐侯羨自殺索隱云羨墓道也九章算術商功篇云今有羨除劉徽注云羨除隧道也其所穿地上平下邪賈疏云此案僖二十五年左傳云晉文公請隧不許王曰未有代德而有二王則天子有隧諸侯已下有羨道隧與羨異者隧道則上有負土謂若鄭莊公與母掘地隧而相見者也羨道上無負土若然隧與羨別而鄭云隧羨道者對則異散則通故鄭舉羨爲況也云度丘與羨道廣袤所至者丘即封土凡墓上之封土及墓中之羨道並度其廣袤依法爲之云窆器下棺豐碑之屬者據檀

弓云公室視豐碑豐碑是天子下棺之器詳鄉師疏引喪大記曰凡封用綍去碑負引君封以衡大夫以咸者釋文云咸本又作緘案彼文云大夫士以咸嘉靖本同各本並無士鄭彼注云封周禮作窆窆下棺也咸讀爲緘凡柩車及壙說載除飾而屬紼於柩之緘又樹碑於壙之前後以紼繞碑閒之鹿盧輓棺而下之此時棺下窆使輓者皆繫紼而繞要負引舒縱之備失脫也用紼去碑者謂縱下之時也衡平也人君之喪又以木衡貫緘耳居旁持而平之大夫士旁牽緘而已賈疏云執紼去碑負引者謂天子千人分執六紼諸侯五百人分執四紼其棺當於壙上執紼者皆負紼背碑以鼓爲節而下之彼諸侯及大夫法但天子無文故引之以證天子之法耳

及葬言鸞車象人

鸞車巾車所飾遣車也亦設鸞旗鄭司農云象人謂以芻爲人言言問其不如法度者玄謂言猶語也語之者告當行若於生存者於是巾車行之孔子謂爲芻靈者善謂爲俑者不仁非作象人者不殆於用生乎

疏 及葬者謂葬日之旦既大遣奠苞牲行器時也　注云鸞車巾車所飾遣車也者巾車云大喪飾遣車遂廞之行之注云遣車一曰鸞車是也案鸞車即明器之小車以木爲之如五路之制以送葬謂之遣車漢書郊祀志載漢郊祀有木寓車謂之鸞路與此路同遣車之數詳巾車疏云亦設鸞旗者明遣車設鸞故名鸞車也史記封禪書載秦郊祀有欒車欒輿鸞同鸞以金爲鈴正字當作鑾詳大馭疏荀子禮論篇說明器之輿有金華楊注云金謂和鸞是也旗亦如五路之旗大常大旂等司常云大喪建廞車之旗及葬亦如之是也明堂位云鸞車有虞氏之路也注云鸞有鸞和也鸞或爲欒也月令孟春云乘鸞路彼別爲虞車與此遣車異而取鸞和爲名則同鄭司農云象人謂以芻爲人者先鄭謂象人即檀弓芻靈後鄭以芻靈束草爲之略具人形不若木俑有面目機發於人尤象故不從先鄭也云言言問其不如法度者者廣

雅釋詁云言問也連言之則曰言問漢書賈誼傳臣聞聖主言問其臣而不自造事是也然明器沽略不至不如法度無待於問故後鄭不從云玄謂言猶語也者大祝先鄭注同廣雅釋詁云語言也說文言部云直言曰言論難曰語言之與語對文則異散文則通云語之者告當行若於生存者者虎賁氏注云遣車王之魂魄所馮依故此官以當行告於鸞車象人若王生存時也賈疏謂冢人語巾車之官將鸞車及象人使行向壙失之云於是巾車行之者冢人告行然後巾車以遣車及象人行如墓巾車注云行之使人以衣舉之以如墓也是也云孔子謂為芻靈者善謂為俑者不仁非作象人者不殆於用生乎者檀弓云塗車芻靈自古有之明器之道也孔子謂為芻靈者善謂為俑者不仁不殆於用人乎哉此隱括引之明彼俑即此象人破先鄭象人為芻靈之說也鄭彼注云芻靈束茅為人馬謂之靈者神之類俑偶人也有面目機發有似於生人孔子善古而非周案俑者以桐為人以葬亦謂之偶說文人部云偶桐人也淮南子繆稱訓云魯以偶人葬而孔子歎宋本許注云偶人桐人也今本作相人誤廣韻二腫引埤蒼云俑木人送葬設關而能跳踊故名之是俑以木為人有機發能跳踊有類生人故謂之象人孟子梁惠王篇云仲尼曰始作俑者其無後乎為其象人而用之也亦以俑為象人與此注可互證韓非子顯學篇云象人百萬不可謂強亦謂此也又案依鄭檀弓注說古有芻靈無俑周始有俑亦兼有芻靈故校人注以遣車之馬為芻靈賈疏謂周改芻靈為象人則不用芻靈非鄭恉也詳校人疏

及窆執斧以涖臨下棺也【疏】及窆執斧以涖者與鄉師匠師為官聯也注云臨下棺也者天官世婦注云涖臨也窆為下棺詳前賈疏云案鄉師云執斧以涖匠師則此亦臨匠師兩官俱臨者葬事大故二官共臨也

遂入藏凶器凶器明器【疏】遂入藏凶器者此亦冢上及窆為文謂入壙藏於椁

中既夕禮云乃窆藏器于旁加見藏苞筲于旁注云器用器役器也見棺飾也先言藏器乃云加見者器在見內於旁者在見外也雜記

云甕甒筲衡實見閒而後折入注亦云實見閒藏於見外槨內也孔疏推既夕注義謂見內是用器役器見外是明器今案既夕上文陳

明器總列用器役器等則皆明器耳其入壙藏之乃有見內見外之別要其在槨中則同也　注云凶器明器者閻人注同既夕禮陳明

器先茵苞筲甕甒次用器弓矢耒耜敦杅槃匜役器甲冑干笮燕器杖笠翣又云無祭器有燕樂器可也注云大夫以上兼用鬼器人器

也若然王禮明器亦兼有彼衆器又有遺車以載苞牲體及人器之祭器等以其皆藏於壙則通謂之凶器也正墓位蹕墓

域守墓禁位謂丘封所居前後也禁所爲塋限【疏】正墓位者賈疏云墓位卽上文昭穆爲左右是須正之使不失本位云蹕

墓域者謂營葬及祈禱凡有事於公墓則此官於北域之內爲之蹕止行人鄉士云大喪紀帥其屬夾道而蹕若然柩在道則鄉士蹕至

墓域則此官蹕職掌互相備也云守墓禁者賈疏云謂禁制不得漫入也　注云位謂丘封所居前後也者賈疏云卽上文爲諸侯及有

功者居前爲卿大夫士者居後是也云禁所爲塋限者謂墓域之外界限也界限之內禁不得侵發及樵采之等凡祭墓爲

尸祭墓爲尸或禱祈焉鄭司農云爲尸冢人爲尸【疏】注云祭墓爲尸或禱祈焉者賈疏云後鄭知此祭墓爲禱祈者上文遂爲尸是

墓新成祭后土此文云凡非一故知謂禱祈也詒讓案禱祈亦謂有故禱祈於墓地之祇故以冢人爲尸也其子孫祭父祖之墓禮經無

文唯曾子問說宗子在他國庶子祭之禮云望墓而爲壇以時祭韓詩外傳云曾子曰椎牛而祭墓不如雞豚逮親存史記周本紀亦載

武王上祭於畢集解引馬融云畢文王墓地名也是古自有子孫祭墓之法蓋亦望墓爲壇與後世祭墓隧不同其祭則當以子姓爲尸

不使冢人不可以說此經之墓祭也鄭司農云爲尸冢人爲尸者先鄭以此墓祭冢上大喪爲文謂成葬祭后土也賈疏云上文祭墓謂
始穿地時此文據成墓爲尸後鄭以此亦得通一義故引之在下是以禮記檀弓云有司舍奠於墓左彼是成墓所祭亦引此凡祭墓爲
尸證成墓之事也

凡諸侯及諸臣葬於墓者授之兆爲之蹕均其禁疏凡諸侯及

諸臣葬於墓者授之兆者於經例當作于石經及各本並誤賈疏云上文唯見王及子孫之墓地不見同姓異姓諸侯之墓地故此經總
見之若然此墓地舊有兆域今新死者隨即授之耳詒讓案諸侯亦謂內諸侯也諸臣統同姓異姓卿大夫士凡有爵者言之士喪禮云
筮宅冢人營之又記云筮宅冢人物土注云物猶相也相其地可葬者乃營之是士亦冢人授兆之證賈士喪禮疏謂彼爲士自有冢人
非是公墓蓋非一區凡諸侯諸臣或陪葬王墓或特葬而官予之地若檀弓晉之九京皆此官所掌也檀弓云太公封於營丘比及五世
皆反葬於周孔疏謂反葬於鎬京陪文武之墓則異姓諸侯有陪葬之禮矣云爲之蹕者惠士奇云冢人掌公墓之地蹕墓域凡諸侯及
諸臣葬於墓者爲之蹕則蹕通上下之名襄二十五年左傳齊崔氏葬莊公四翣不蹕案禮大夫四翣葬以大夫冢人當爲之蹕四翣而
不蹕則非大夫之葬禮也案惠說是也周時蹕稱通於上下與秦漢後制不同詳內豎疏云均其禁者均平其守禁之事謂調其勞逸猶
均人云均地守也

墓大夫掌凡邦墓之地域爲之圖凡邦中之墓地萬民所葬地疏注云凡邦中之墓地萬民所葬

地者謂萬民族葬之處謂之邦墓別於冢人掌公墓之地爲王及諸侯諸臣之葬地也賈疏云以其冢人掌王墓地下文云令國民族葬

非有爵者故知經邦墓是萬民若然下云掌其度數鄭云度數爵等之大小而見有爵者謂本爲庶人設墓其有子孫爲卿大夫士其葬不離父祖故兼見卿大夫士也

令國民族葬而掌其禁令族葬各從其親

疏 令國民族葬者謂於邦墓之中分地令民各以族相從而葬大司徒本俗六安萬民二曰族墳墓周書大聚篇云墳墓相連民乃有親卽族葬之法也古者自公卿以下至於齊民葬地皆官授之故王制云墓地不請孔疏云冢墓之地公家所給族葬有常不得輒請求餘處是也 注云族葬各從其親者賈疏云經云族葬則據五服之內親者共爲一所而葬異族卽別塋知族是五服之內者見左傳哭諸之例云異姓臨於外同姓於宗廟同宗於祖廟同族於禰廟故知族是服內是以鄭云各從其親也

正其位掌其度數位謂昭穆也度數爵等之大小

疏 注云位謂昭穆也者賈疏云凡萬民墓地亦如上文豫有昭穆爲左右云度數爵等之大小者明此官雖專主萬民葬地然庶族之中亦有升爲士大夫者故云爵等其無爵者墓大小亦自有度數不容踰僭賈疏云亦如冢人云丘封之度與其樹數也

使皆有私地域古者萬民墓地同處分其地使各有區域得以族葬後相容

疏 注云古者萬民墓地同處者謂凡邦國都邑各有廣闊之墓地數區合萬民皆葬於其處是爲公地域其族葬則每族各有私地域爲公地域所包孟子滕文公篇云死徙無出鄉趙注云死謂葬死也無出鄉卽墓地同處之義云分其地使各有區域得以族葬後相容者謂於公地域之中分別區界爲某族之墓地使合族同葬足以相容是爲私地域也

凡爭墓地者聽其獄訟爭墓地相侵區域

疏 注云爭墓地相侵區域者同處公墓地之中或有於私區域外侵犯他族之區域而爭訟者墓大夫主聽斷其曲直也

帥其屬而巡墓厲居其

中之室以守之厲塋限遮列處鄭司農云居其中之室有官寺在墓中疏帥其屬而巡墓厲者賈疏云墓大夫帥下屬官也巡行遮列之處云居其中之室以守之者賈疏云謂萬民墓地族葬地中央爲室而萬民各自守之案此亦謂墓大夫之官帥其屬而守之賈謂民各自守之非也居其中者亦謂居公地域之中蓋邦墓公地域甚廣爲百族所同葬凡邦國各都邑之中蓋不過一二區故可於中爲官寺墓大夫率其屬分守之注云厲塋限遮列處者塋限詳冢人疏段玉裁云列說文作迾迾厲古同音通用鄭風火烈具舉又假烈字案遮列詳山虞疏鄭司農云居其中之室有官寺在墓中者謂墓大夫有官寺在邦墓公地域中居之以治事凡官寺即官吏治事之所宮伯所謂舍是也亦通謂之室匠人以九卿治事之次爲外九室是其比例左昭十二年傳云鄭簡公卒將爲葬除司墓之室有當道者杜注云鄭之掌公墓大夫徒屬之家呂飛鵬謂即墓大夫之室義或然也又案呂氏春秋安死篇說爲丘壟云其設闕庭爲宮室造賓阼也若都邑則其時諸侯公卿之墓有爲宮室若後世陵寢者然自是戰國之後制與禮不合也

職喪掌諸侯之喪及卿大夫士凡有爵者之喪以國之喪禮涖其禁令序其事國之喪禮喪服士喪既夕士虞今存者其餘則亡事謂小斂大斂葬也疏掌諸侯之喪及卿大夫士凡有爵者之喪者與宰夫爲官聯也賈疏云言諸侯者謂畿內王子母弟得稱諸侯者若司裘云諸侯共熊侯豹侯者也言凡有爵者還是卿大夫士言凡以該之耳案賈說是也自命士以上並爲有爵詳大宰大行人疏但諸侯亦容有畿外諸侯入爲王官及來朝覲而薨於王國者職喪並掌之不止內諸侯也宰夫云三公六卿之喪與職喪帥官有司而治之凡諸大夫之喪使其旅帥有司而治之彼不言士喪蓋士

喪職喪自帥有司治之宰夫不與也云序其事者序經例當作敘石經及各本並誤詳小宰疏賈疏云謂若襲斂殯葬先後之事　注云國之喪禮喪服士喪既夕士虞今存者其餘則亡者儀禮十七篇凶禮存者四篇喪服第十一鄭目錄云天子以下死而相喪衣服年月親疏隆殺之禮又士喪禮第十二目錄云士喪其父母自始死至於既殯之禮又既夕禮第十三目錄云士喪禮之下篇也既已也謂先葬二日已夕哭時與葬閒一日凡朝廟日請啟期必容焉又士虞禮第十四目錄云虞安也士既葬其父母迎精而反日中而祭之於殯宮以安之四篇之內惟喪服統貫天子以下餘並諸侯之士禮此國之喪禮所晐者廣諸侯士禮乃其一耑其餘若天子大夫及諸侯卿大夫咸當有專篇士禮亦未全具皆遭秦火而亡漢時已無可攷也云事謂小斂大斂葬也者賈疏云舉大事而言其閒仍有襲事亦掌之下文別見祭故此不兼也

凡國有司以王命有事焉則詔贊主人有事謂含襚贈賵之屬詔贊者以告主人佐其受之鄭司農云凡國謂諸侯國有司謂王有司也以王命有事職喪主詔贊主人玄謂凡國有司有司從王國以王命往

疏注云有事謂含襚贈賵之屬者宰夫云凡邦之弔事注云弔事弔諸侯諸侯諸臣凡喪始死弔而含襚葬而賵贈是也並詳彼疏賈疏云不言賻者賻施於生者故不言也云詔贊者以告主人佐其受之者大宰注云詔告也外宗注云贊猶佐也職喪告主人以禮佐助其受王之含襚贈賵也鄭司農云凡國謂諸侯國有司謂王有司也者先鄭讀凡國為句賈疏云後鄭不從者下文云公有司豈得公分之為諸侯有司為王有司乎明此國有司亦不得分之也云以王命有事職喪主詔贊主人者此說與後鄭同云玄謂凡國有司有司從王國以王命往者後鄭以此國有司與下公有司義同又都司馬有國司馬國並指王國而言故以國屬有司讀之破先鄭國為諸侯國

之說也賈疏云往向喪家者也**凡其喪祭詔其號治其禮**鄭司農云號謂諡號玄謂告以牲號齍號之屬當以祝之【疏】凡其喪祭者小宗伯注云喪祭虞祔也賈疏云喪祭餘文皆爲虞此言凡者以其喪中自相對則虞爲喪祭卒哭爲吉祭若對二十八月爲吉祭則祥禫已前皆是喪祭故言凡以該之是以鄭亦不言喪祭爲虞也云詔其號治其禮者此與大祝喪祝爲官聯也賈疏云案大宗伯亦云治其禮鄭云謂簡習其事此治其禮義亦然也注鄭司農云號謂諡號者周書諡法篇云諡者行之迹也號者功之表也白虎通義號篇云帝王者何號也號者功之表也所以表功明德號令臣下也則諡與號異先鄭以諡號釋此詔號蓋通言之諡亦得爲號也賈疏云後鄭不從者小宗伯云小喪賜諡讀誄不在此云玄謂告以牲號齍號之屬當以祝之者亦破先鄭說也牲號齍號即大祝六號之一二云之屬者明兼有幣號之等若士虞記虞祝辭云敢用絜牲剛鬣香合嘉薦普淖明齊溲酒又祔辭云用尹祭嘉薦普淖普薦溲酒是也喪祝云掌喪祭祝號則此職喪所詔即告喪祝也齍號齍注例當作粢詳大祝疏**凡公有司之所共職喪令之趣其事**令令其當共物者給事之期也有司或言公或言國言國者由其君所來居其官曰公謂王遣使奉命有贈之物各從其官出職喪當催督也【疏】注云令令其當共物者給事之期也者謂共物有法數給事有期限也賈疏云此謂諸官依法合供給喪家者不待王命職喪依式令之使相供云有司或言公或言國者明此公有司即上國有司夏官敘官注云公司馬國司馬也義與此同云言國者由其君所來者即上文國有司爲奉王命而來也云居其官曰公者牛人注云公猶官也謂若喪祝云凡卿大夫之喪掌事而斂飾棺焉小史云卿大夫之喪賜諡讀誄凡官有常守自依本職而共不由王特命者旣夕記有公史注云君之典禮書

者是也宰夫云官有司義亦同也胡匡衷云士喪禮甸人管人夏祝商祝冢人卜人之屬蓋皆公家之臣來治喪事者也古者臣有喪事公家使人治之以喪事需人孔多家臣不能具官故也特牲士祭亦有公有司案胡說是也公者對私之稱特牲饋食記云若有公有司私臣皆殽脅彼公有司對私臣言之亦當與此經同敖繼公謂公家所使給私家之事者是也鄭彼注以爲士之屬命於君者義未允左文十四年傳齊公子商人驟施於國盡其家貸於公有司以繼之義亦與此同互詳宰夫疏云謂王遣使奉命有贈之物各從其官出職喪當催督也者若宰夫云凡邦之弔事掌其戒令與其幣器財用凡所共者從其官出即謂其官當共幣器財用者也說文走部云趣疾也謂催督令疾共不得稽緩也

周禮正義卷四十一

周禮正義卷四十二

瑞安孫詒讓學

春官宗伯下　周禮　鄭氏注

大司樂掌成均之灋以治建國之學政而合國之子弟焉鄭司農云均調也樂師主調其音大司樂主受此成事已調之樂玄謂董仲舒云成均五帝之學成均之法者其遺禮可法者國之子弟公卿大夫之子弟當學者謂之國子文王世子曰於成均以及取爵於上尊然則周人立此學之宮【疏】掌成均之灋者大司樂教學之官法也云以治建國之學政而合國之子弟焉者諸子注云學大學也大司樂通掌大小學之政法而專教大學與師氏保氏樂師教小學職掌互相備王制云樂正崇四術立四教順先王詩書禮樂以造士春秋教以禮樂冬夏教以詩書王大子王子羣后之大子卿大夫元士之適子國之俊選皆造焉鄭注云樂正樂官之長掌國子之教虞書曰夔命汝典樂教冑子又文王世子云大樂正學舞干戚語說命乞言皆大學正授數又云樂正司業父師司成依鄭說禮記之大樂正即此大司樂在周爲樂官之長而兼掌學政者也又案周制大學所教有三一爲國子即王大子以下至元士之子由小學而升者也二爲鄉遂大夫所興賢者能者司徒論其秀者入大學王制云司徒論選士之秀者而升之學曰俊士是也三爲侯國所貢士此三者皆大司樂教之經唯云合國子弟者舉其貴者言之亦文不具也詳鄉大夫疏　注鄭司農云均調也者五行大義引樂緯叶圖徵云聖王法承天以立五均五均者六律調五聲之均也是樂之調謂之均也云樂師主調其音

大司樂主受此成事已調之樂者據樂師云凡樂掌其序事治其樂政先鄭意樂師主調樂音此官主成均之法卽掌受樂師成事已調之樂然成均爲學名文王世子有瞍文先鄭成調之訓尤迂曲故後鄭不從云玄謂董仲舒云成均五帝之學者文王世子注義同證成均爲學名破先鄭義也董說賈疏及文王世子孔疏並以爲春秋繁露文檢今本繁露無此語當在逸篇中云成均之法者其遺禮可法者者此亦注用今字作法也後鄭意成均旣爲五帝之學其制尤古周時其遺禮猶存可爲法式此官掌修建之也云國之子弟公卿大夫之子弟當學者謂之國子者師氏以三德教國子注義同漢書禮樂志云周詩旣備而其器用張陳周官具焉典者自卿大夫師瞽以下皆選有道德之人朝夕習業以教國子國子者卿大夫之子弟也說亦與鄭同賈疏云案王制云王大子王子公卿大夫元士之適子國之俊選皆造焉此不言王大子王子與元士之子及俊選者引文不具此云弟者則王子是也自公以下皆適子乃得入也案凡國子皆通適庶言之故經注並兼舉子弟賈謂弟專據王子非鄭恉也凡國子入學之年鄭王制注引書傳說謂年十八入大學而大戴記保傅及白虎通義辟雍篇漢書食貨志說則並謂年十五入大學未知孰是其出學之年無文王制注謂九年大成學止若然年二十六而出學與凡學士學成者皆此官論其秀者告於王而升諸司馬王制謂之進士是也互詳師氏及司士疏引文王世子曰於成均以及取爵於上尊者彼文云凡語于郊者必取賢斂才焉或以德進或以事舉或以言揚曲藝皆誓之以待又語三而一有焉乃進其等以其序謂之郊人遠之於成均以及取爵於上尊也鄭彼注云語謂論說於郊學董仲舒曰五帝名大學曰成均則虞庠近是也天子飲酒於虞庠則郊人亦得酌於上尊以相旅鄭引之者亦證成均是學名也黃以周云文王世子以於成均別郊學之人是成均爲周大學之通稱

云然則周人立此學之宮者鄭以經言掌成均之法嫌唯掌其禮法而不立其宮舍故據文王世子證成其義學宮卽謂學舍大戴禮記保傅篇說小學云小者所學之宮也若然此成均亦卽大學之宮鄭彼注以成均爲虞庠者案虞庠有二一爲大學之北學亦曰上庠一爲四郊之小學曰虞庠明堂位云米廩有虞氏之庠也文王世子云書在上庠此大學之虞庠也王制云虞庠在國之西郊北史劉芳傳引王制西郊作四郊與祭義注合是也此小學之虞庠也段玉裁云文王世子注之虞庠謂國之大學上庠非小學洪頤煊云下言樂祖祭於瞽宗成均有瞽宗則卽大學也文王世子注虞庠當是謂虞之上庠鄭彼注釋菜於虞庠則儐賓於東序虞庠與東序同處是亦虞之上庠也孔疏以西郊小學當此之虞庠亦失之矣案段洪說是也呂飛鵬說同此經成均當爲大學固無疑義而鄭文王世子注謂郊人得於虞庠酌上尊以相旅則似仍主四郊小學爲說段玉裁參合此經及文王世子二文謂大學小學皆得謂之成均鄭皆或當如段說蓋成均爲五帝之學舜卽五帝之一故鄭謂成均近是虞庠然古書無成均卽虞庠之文故仍爲存疑之詞此注亦不著其說至周大學之名見此經者唯成均見於禮記者則又有辟雍上庠東序瞽宗東序亦曰東膠與成均爲五學皆大學也大學之外又有小學又有四郊之虞庠其制度及所在之地諸家之說紛異殊甚今綜述鄭義及漢唐舊說而議其得失王制云小學在公宮南之左大學在郊天子曰辟雍諸侯曰頖宮注云此小學大學殷之制孔疏推其義謂周諸侯從殷制天子則大學在國小學在郊鄉射大射禮記注並謂大學射宮在郊蓋卽據侯國制也王制又云有虞氏養國老於上庠養庶老於下庠夏后氏養國老於東序養庶老於西序殷人養國老於右學養庶老於左學周人養國老於東膠養庶老於虞庠虞庠在國之四郊注云皆學名也異者四代相變耳或上西或上東或貴在國

或貴在郊上庠右學大學也在西郊下庠左學小學也在國中王宮之東東序東膠亦大學在國中王宮之東西序虞庠亦小學也西序是鄭以東膠爲周之大學在國中虞庠爲周之小學在西郊也文王世子云春秋學干戈秋冬學羽籥皆於東序春誦夏弦大師詔之瞽宗秋學禮執禮者詔之冬讀書典書者詔之禮在瞽宗書在上庠注云周立三代之學學書於有虞氏之學學舞於夏后氏之學學禮樂於殷之學鄉射禮注云周立四代之學於國是鄭謂周立大學於國中實備虞夏殷周四代之學也詩大雅靈臺孔疏引五經異義云韓詩說辟廱者天子之學圓如璧壅之以水示圓言辟取辟有德不言辟水言辟廱者取其廱和也所以教天下春射秋饗尊事三老五更在南方七里之內立明堂於中五經之文所藏處蓋以茅草取其絜清也左氏說天子靈臺在大廟之中壅之靈沼謂之辟廱鄭駁之云玄之聞也禮記王制天子命之教然後爲學小學在公宮之左大學在郊天子曰辟廱諸侯曰泮宮天子將出征受命於祖受成於學出征執有罪反釋奠於學以訊馘告然則大學即辟廱也詩頌泮水云既作泮宮淮夷攸服矯矯虎臣在泮獻馘淑問如皐陶在泮獻囚此復與辟廱同義之證也大雅靈臺一篇之詩有靈臺有靈囿有靈沼有辟廱其如是也則辟廱及三靈皆同處在郊矣囿也沼也同言靈於臺下爲囿爲沼可知小學在公宮之左大學在西郊王者相變之宜衆家之說各不昭晳雖然於郊差近之耳在廟則遠矣王制與詩其言察察亦足以明之矣是鄭又謂辟雍爲大學在西郊也金鶚云王制但言天子大學與諸侯異名未嘗言與諸侯異地則天子大學亦在郊小學亦在王宮南之左矣大戴禮云古者王子年八歲而就外舍學小藝焉履小節焉束髮而就大學學大藝焉履大節焉白虎通云八歲入小學十五入大學是小學大學以年而分王子八年甚

幼豈可入四郊之小學乎小學必在宮南之左天子諸侯所同亦四代所同也王制云五十養於鄉六十養於國七十養於學別學於國則學不在國中可知養於國是國中小學則養於學是國外大學可知所謂小學在公宮南之左大學在郊正與此互證明天子大學凡鄉遂所升諸侯所貢皆入於此其人最衆故立五學以居之又學必習射天子虎侯九十步則其地必寬廣此大學所以在郊也樂記言武王散軍而郊射射必在大學又大學在郊之一證也案金說足正王制注說周大學在王宮左小學在郊及虞庠卽小學之誤黄以周說同韓詩說及大戴禮記盛德篇並謂辟雍與明堂同處其說雖不塙然可證大學在郊之義蓋周制亦大學在郊卽五學是也小學在國雖無專名要不得以四郊之虞庠當之矣韓詩說謂辟雍在國南方七里之內盛德則云在近郊三十里二說不同要大學必在近郊之內近郊五十里爲國中故大學亦謂之國學其六鄉十萬五千家在二郊之閒則別置鄉學六鄉之餘地在遠郊者又別置郊學卽虞庠是也王制簡不率教者先移之左右鄉又移之郊又移之遂每移益遠明郊學必在遠郊百里之內魏書劉芳傳引王肅云天子四郊有學去王都五十里蓋謂郊學在近郊恐非也至成均辟雍亦多異說依鄭文王世子注說則成均卽上庠然董子以成均爲五帝之學不專指虞學況文王世子上庠與成均兩見則非一學可知然則成均當爲虞以前之學周大學上庠之外復有成均實備五代之制鄭謂立四代學義尚未晐也辟雍大學鄭駁異義謂在郊與三靈同處蓋五學皆在郊近接靈囿國語齊語管子曰昔聖王之處士也使就閒燕閒燕之地莫如郊囿若國中則朝宅衢市咸萃於是大學學士甚衆安可設於是乎鄭義塙不可易然王制注實謂殷大學在郊周大學在國若然鄭意周辟雍旣爲大學則不得在郊儀云在郊則又不得爲大學駁異義未明著其說王制孔疏云鄭駁異義云三靈

雍在郊者熊氏云文王之時猶從殷禮故辟雍大學在郊劉氏以爲周之小學爲辟雍在郊靈臺疏謂周立三代之學虞庠在國之西郊則周以虞庠爲辟雍蓋卽從劉說不知鄭意果如是否今攷辟雍乃天子講學之學諸學以此爲最尊而劉孔反以小學虞庠當之實爲傎倒失攷況王制本云虞庠在國之四郊今本作西郊者乃傳寫之誤鄭本自不如是尤不可以證辟雍之在西郊依鄭說辟雍與三靈同處攷之古制三靈又與明堂相近則當在國之南郊金鶚云國以向南爲正故惟南郊可專稱郊祭地必言北郊而祭天直言郊此其一證故大學在郊不必言南也案金說亦是也鄭駁異義謂在西郊者蓋據詩周頌振鷺有于彼西雝之文後漢書邊讓傳李注引韓詩薛君章句云西雍文王之雍也言文王之時學士皆潔白之人也鄭疑卽本韓詩說然毛傳云雝澤也則不以爲辟雍紬繹毛義西雝蓋卽澤宮毛所謂澤者卽司弓矢射義之澤鄭箋以爲西雝之澤非毛恉亦非詩義也今通校諸經涉學制之文知周制國中爲小學在王宮之左南郊爲五學是爲大學辟雍卽大學在郊與四學同處殆無疑義至五學方位北上庠東東序西瞽宗古無異說唯成均辟雍衆說不同鄭鍔云周五學中曰辟雍環之以水水南爲成均水北爲上庠水東爲東序水西爲瞽宗其義最塙陸佃黃以周說五學方位亦同孔廣森亦以成均爲在南云周人尚赤先南方是以五宮首明堂五學首成均林喬蔭云王制云天子曰辟雍其位當在中故大戴禮保傅篇引學禮云帝入東學南學西學北學中學凡爲五學對小學言之五者皆稱大學對四學言之則中學又獨稱大學蓋東西南北四學爲國子肄業之所中之辟雍乃天子所居非學者之宮易傳太初篇所謂在中央曰大學天子之所自學者是也金鶚云五學以辟雍居中爲最尊成均在南亦尊承師問道必在辟雍辟雍之尊可知大司樂總五學之教而教樂德樂語樂舞必於成均成均之尊亦

可知故統五學可名爲辟雍亦統五學可名爲成均大司樂云掌成均之法以治建國之學政此成均乃五學之通稱也明堂爲正南一堂而五室可統稱爲明堂亦猶是也然別而言之則成均自是南學之名今案諸說謂成均爲南學辟雍爲中學皆不易之論蓋五學之制名別爲一宮地則相距不遠旁列四學而中爲辟雍卽取辟水爲名若與四學同宮而水圜其外則是總圜四學何以中學獨取此名明辟雍與四學異宮中學圜以水四學不圜水也凡王子弟及國中貴遊子弟幼者則入王宮東之小學師氏保氏教焉其庶族子弟幼者則入四郊之虞庠鄉吏教焉長則選其秀者皆入大學大司樂教焉其入學者蓋分居四學而辟雍則特尊爲王受成獻功及饗射之學國子無事不敢入惟王大射及學士學射則在辟雍祭義云天子將祭必先射於澤而後射於射宮澤卽靈囿靈沼之澤宮射宮卽中學之辟雍澤宮辟雍地異而離水則同司士云春合諸學秋合諸射學卽四學射卽辟雍也周之學制大較如是自鄭君誤解王制後儒相承莫辨而鄭義之外漢魏六朝諸儒釋學制者復多異說或謂大學與明堂大廟同處賈匠人疏引劉向別錄謂明堂辟雍與宗廟社稷左右相對異義引韓詩說謂辟雍與明堂同處左氏說又謂辟雍與大廟同處舊唐書禮儀志顏師古明堂議引平帝元始四年孔牢等議隋書牛弘傳引馬宮王肅說並與韓詩說同則鄭已駁其非而蔡邕集明堂月令論直幷三者爲一云取其正室之貌則曰太廟取其鄉明則曰明堂取其四門之學則曰太學取其四面周水圜如璧則曰辟雍異名而同事其實一也易傳太初篇曰天子旦入東學晝入南學晡入西學莫入北學太學在中央天子之所自學也禮記保傅篇曰帝入東學上親而貴仁入西學上賢而貴德入南學上齒而貴信入北學上貴而尊爵入大學承師而問道與易傳同魏文侯孝經傳曰太學者中學明堂之位也禮記古大明堂之禮曰日出居東

門膳夫是相日中出南門見九侯及門子日側出西闈視五國之事
日入出北闈視帝猷爾雅曰宮中之門謂之闈王居明堂之禮又別
陰陽門東南稱門西北稱闈故周官有門闈之學師氏教以三德守
王門保氏教以六藝守王闈然則師氏居東門南門保氏居西門北
門也知掌教國子與易傳保傅王居明堂之禮參相發明爲學四焉
文王世子篇曰凡大合樂則遂養老天子至乃命有司行事興秩節
祭先師先聖焉始之養也適東序釋奠於先老遂設三老五叟之位
言教學始於養老由東方歲始也又春夏學干戈秋冬學羽籥皆書
於東序凡祭養老乞言合語之禮皆小樂正詔之於東序又曰大司
成論說在東序然則詔學皆在東序東序東之堂也學者詔焉故稱
太學令曰中夏之月令祀百辟卿士之有德于民者禮記太學志曰
禮士大夫學於聖人善人祭於明堂其無位者祭於太學禮記昭穆
篇曰祀先賢於西學所以教諸侯之德也即所以顯行國禮之處也
太學明堂之東序也皆在明堂辟雍之內月令記曰明堂者水環四
周禮記盛德篇曰明堂九室外水名曰辟雍王制曰天子出征執有
罪反舍奠於學以訊馘告樂記曰武王伐殷薦俘馘於京太室詩魯
頌云矯矯虎臣在泮獻馘京鎬京也太室辟雍之中明堂太室也與
諸臣泮宮俱獻馘焉即王制所謂以訊馘告者也禮記曰祀乎明堂
所以教諸侯之孝也孝經曰孝悌之道通於神明光於四海無所不
通詩云自西自東自南自北無思不服言行孝者則曰明堂行悌者
則曰太學故孝經合以爲一義而稱鎬京之詩以明之凡此皆明堂
太室辟雍太學事通文合之義也淮南子本經訓高注靈臺疏引盧
植禮記注穎容春秋釋例並與蔡說略同靈臺疏引袁準正論駁之
云明堂宗廟大學禮之大物也事義不同各有所爲而世之論者合
以爲一體失之遠矣夫宗廟之中人所致敬幽隱清靜鬼神所居而
使衆學處焉饗射其中人鬼慢黷死生交錯囚俘截耳瘡痍流血以

干犯鬼神非其理矣自古帝王必立大小之學以教天下有虞氏謂之上庠下庠夏后氏謂之東序西序殷謂之右學左學周謂之東膠虞庠皆以養老乞言明堂位曰瞽宗殷學也周置師保之官居虎門之側然則學宮非一處也文王世子春夏學干戈秋冬學羽籥皆於東序又曰秋學禮冬學書禮在瞽宗書在上庠此周立三代之學也可謂立其學不可謂立其廟然則大學非宗廟也又曰世子齒於學國人觀之宗廟之中非百姓所觀也王制曰周人養國老於東膠不曰辟廱養國老於右學養庶老於左學宗廟之尊不應與小學爲左右也辟廱之制圓之以水圓象天取生長也水潤下取其惠澤也水必有魚鼈取其所以養也是故明堂者大朝諸侯講禮之處宗廟享鬼神歲覲之宮辟廱大射養孤之處大學衆學之居各有所爲非一體也古有王居明堂之禮月令則其事也天子居其中學士處其內君臣同處死生參並非其義也大射之禮天子張三侯大侯九十步其次七十步其次五十步辟廱處其中今未知辟廱廣狹之數但二九十八加之辟廱則徑三百步也凡有公卿大夫諸侯之賓百官侍從之衆殆非宗廟中所能容也禮天子立五門又非一門之閒所能受也於辟廱獻捷者謂鬼神惡之也或謂之學者天下之所學也總謂之宮大同之名也生人不謂之廟此其所以別也先儒曰春秋人君將行告宗廟反獻於廟王制釋奠於學以訊馘告則大學亦廟也其上句曰小學在公宮之左太學在郊明太學非廟非所以爲證也周人養庶老於虞庠虞庠在國之西郊今王制亦小學近而大學遠其言乖錯非以爲正也案袁論雖不無舛駮而論辟雍大學與明堂大廟之不可合而爲一則足與鄭駁異義互相申證蓋五學與明堂地雖相近然各異宮其與大廟則一在國一在郊固遠不相涉也至蔡氏謂此經有門闈之學即四學分列明堂四門其說尤誤王宮虎門之左唯有宗廟明堂本不在是師氏保氏掌教國子即在王宮左

之小學非大司樂所掌之大學師氏守王門保氏守王闈皆宿衛之事門闈又非學宮所在蔡氏不詳攷摭集諸文概傳合爲一謬盩甚
矣互詳師氏疏又玉海學校引三禮義宗云爲學之制凡有二義一學之制與明堂同體五室四堂共一基之上東堂謂之東學南堂謂
之南學西堂謂之西學北堂謂之北學中央謂之大學二義云凡立學之法有四郊及國中在東郊謂之東學在南郊謂之南學在西郊
謂之西學在北郊謂之北學在國中謂之大學故鄭注祭義云周有四郊之虞庠也案崔所舉二義皆非也五學之制本與明堂五室不
同明堂之制五室同居一宮之中堂宇相連筵步同度制自宜然至於五學則辟雍居中爲天子饗射之宮三侯之道逾二百步則非徒
四堂內之一室可知況法兼四代不宜徒取學名必當略存古制四學異同雖無明文然以魯米廩頖宮推之其制必異如同宮爲室而
四堂異制於理不可其不可通明矣至以四學分列四郊而國中爲大學則尤不然王制但云虞庠在國之四郊鄭祭義注亦專據虞庠
小學言之何嘗謂四郊分建上庠東序瞽宗乎大學即辟雍辟雍在郊鄭說塙不可易但謂在國中則誤耳其四郊虞庠之外別有鄉遂
之學並詳州長疏

凡有道有德者使教焉死則以爲樂祖祭於瞽宗

道多才藝者德能躬行者若舜命夔典樂教冑子是也死則以爲樂之祖神而祭之鄭司農云瞽樂人樂人所共宗也或曰祭於瞽宗祭於廟中明堂位曰瞽宗殷學也泮宮周學也以此觀之祭於學宮中

疏 凡有道有德者使教焉者明大學之教亦以德行道藝與大司徒教鄉學師氏保氏教小學同也漢書禮樂志說周典樂云自卿大夫師瞽以下皆選有道德之人朝夕習業以教國子據此是有道德者即指大司樂正屬諸官言之蓋此經自大學小學以及鄉遂郊之學莫不以有道德者爲師但鄉學之師宜以鄉人之有道德者爲之士冠禮所謂鄉

先生是也是鄉師鄉老鄉大夫等官雖掌教而不自爲庠序之師遂郊諸官亦然唯此官教大學及師氏保氏教小學則卽以官而爲師與彼異也云死則以爲樂祖祭於瞽宗者於經例當作于石經及各本並誤此明樂官之賢者得祭於學也金鶚云文王世子云凡學春官釋奠于其先師秋冬亦如之又云天子視學命有司祭先聖先師此樂祖卽先師也瞽宗爲周之西學祭義云祀先賢于西學先賢亦先師也　注云道多才藝者者法言問道篇云道也者通也無不通也無不通卽多才藝之義藝卽六藝道藝義同鄉大夫兼舉之曰道藝此偏舉之則曰有道保氏養國子以道而教之以六藝藝之精者卽道也樂雖爲六藝之一耑而此官掌治大學之政其教亦通晐三物不徒教樂也賈疏引論語雍也篇求也藝鄭注云藝多才藝又憲問篇云冉求之藝文之以禮樂證才藝與六藝別此教樂之官不得以六藝解之非也道藝詳宮正疏云德能躬行者者德卽六德六行鄉大夫兼舉之曰德行此偏舉之則曰有德德可以兼行故鄭以能躬行爲釋賈疏云案師氏注德行外內之稱在心爲德施之爲行彼釋三德三行爲外內此云德能躬行則身內有德又能身行黃以周云大司徒以鄉三物教萬民其科曰六德六行六藝有德行者謂之師有道藝者謂之儒故冢宰以九兩繫邦國之民曰師以賢得民儒以道得民大司樂之樂祖所謂有道者卽以道得民之儒也有德者卽以賢得民之師也樂祖記謂之先師謂其有德行也師以賢得民先師先賢一也案黃說是也鄭祭義注云先賢有道德王所使教國子者文王世子注又以樂祖釋先師綜校鄭義蓋凡師儒之教於學者通得祀爲樂祖而以德行爲尤重故記通謂之先師又謂之先賢至於前古聖哲則別祀爲先聖故文王世子注云先聖周公若孔子明先聖非教學之師儒蓋視先師爲尤尊矣云若舜命夔典樂教冑子是也者據書堯典文證有道德使爲樂官而教國子之事也冑子

釋文作育子云本亦作冑惠棟云說文引虞書云教育子云養子使作善也爾雅育冑皆訓長故馬季長注尚書亦云冑長也教長天下之子弟阮元云此注當與說文同作教育子陸本是也詒讓案偽古文入舜典亦作冑子鄭王制注引同段玉裁謂蓋今文作育古文作冑則二字並通史記五帝本紀集解引鄭書注云國子也云死則以爲樂之祖神而祭之者國語周語伶州鳩曰古之神瞽考中聲而量之以制度韋注云神瞽古樂正知天道者也死以爲樂祖祭於瞽宗謂之神瞽是樂祖即樂官也文王世子春秋冬並官釋奠於其先師彼注引此經樂祖謂即先師之類但彼三時釋奠禮殺與祭不同此樂祖之祭時月及禮皆無攷鄭司農云瞽樂人樂人所共宗也者孔繼汾謂樂人所共宗上當有瞽宗二字是也後鄭明堂位注義同王氏訂義及玉海學校引三禮義宗云殷學爲瞽宗宗尊也瞽無目之稱譬童蒙無有所識爲瞽蒙之尊又瞽宗者樂官也教國子弟樂訓道童蒙故因以爲學名案崔說非鄭義瞽爲樂人詳序官瞽矇疏云或曰祭於瞽宗祭於廟中者或說蓋以瞽宗爲宗廟也呂氏春秋尊師篇云天子入太廟祭先聖則齒嘗爲師者弗臣先師與先聖同祭容古亦有祭於廟之說然此瞽宗則塙爲學名故後鄭不從也云明堂位曰瞽宗殷學也泮宮周學也以此觀之祭於學宮中者釋文云泮本亦作頖案明堂位本作頖頖俗字說文有泮無頖引此者欲見瞽宗是學名也鄭彼注云瞽宗樂師瞽矇之所宗也古者有道德者使教焉死則以爲樂祖於此祭之即據此經爲說賈疏云案文王世子云春誦夏弦大師詔之瞽宗以其教樂在瞽宗故祭樂祖還在瞽宗雖有學干戈在東序以誦弦爲正文王世子云禮在瞽宗書在上庠鄭注云學禮樂於殷之學功成治定與己同則學禮樂在瞽宗祭禮先師亦在瞽宗矣若然書在上庠書之先師亦祭於上庠其詩則春誦夏弦在東序則祭亦在東序也故鄭注文王世子云禮有高堂

生樂有制氏詩有毛公書有伏生億可以爲之也是皆有先師當祭可知也祭義云祀先賢於西學所以教諸侯之德是天子親祭之不見祭先聖者文不備祭可知案賈謂祭詩書禮樂之祖各於其學文王世子孔疏說同陳祥道則謂祀先聖先師皆於西學秦蕙田云瞽宗在辟雝之西記云祀先賢於西學則凡先聖先師並祀於瞽宗也賈疏疑非黃以周云詩書禮樂各有祖大司樂掌樂故特云樂祖疏家謂各祭其祖於其學經固無是文注亦無是意也文王世子言樂在東序詩在南學禮在瞽宗書在上庠賈引春誦夏弦以證樂在瞽宗又以之證詩在東序語既矛盾且大師詔之文應句絕鄭注連瞽宗爲文云春誦歌樂夏弦播詩又注禮在瞽宗云學禮樂於殷之學是詩禮樂之祖皆祭於瞽宗明矣案秦黃皆本陳說以駁賈說是也瞽宗於五學在西故祭義謂之西學鄭祭義注云西學周小學也彼注亦據此經樂祖爲說而別以西學爲小學孔疏又謂小學卽虞庠在國之西郊與瞽宗在國異不知西學亦卽大學之瞽宗周大學在郊不在國也祀先賢不於小學虞庠鄭孔說並誤不足據又蔡氏明堂月令論引禮記大學志云禮士大夫學於聖人善人祭於明堂其無位者祭於大學案左文二年傳引周志云勇則害上不登於明堂周書大匡篇亦有此文此與逸禮祭聖人善人於明堂之說似合但禮經無文未詳其典云何又此經樂祖卽樂官祭於瞽宗亦卽大學而逸禮謂無位者祭於大學則疑秦漢人之異說與此經及祭義文皆不相應也

以樂德教國子中和祗庸孝友

中猶忠也和剛柔適也祗敬庸有常也善父母曰孝善兄弟曰友

【疏】以樂德教國子中和祗庸孝友者此樂德樂語樂舞以下並樂官之官法也樂德者大師云以六德爲之本是也大司徒鄉三物六德知仁聖義中忠和鄭氏三德教國子一至德二敏德三孝德並與此小異賈疏云此必使有道有德者教之此是樂中之六德

與教萬民者少別其中和二德取大司徒六德之下孝友二德取大司徒六行之上其祗庸二德與彼異自是樂德所加李光地云六德與師氏三德相表裏中和即至德祗庸即敏德六行三行皆以孝友爲先故孝友即孝德也　注云中猶忠也者據大司徒六德有忠和注云忠言以中心惠棟云中與忠通漢呂君碑云以中勇顯名義作忠後漢王常爲漢忠將軍馮異傳作中古文孝經引詩云忠心藏之何日忘之今毛詩作中曾子大孝篇云仁者仁此者也義者宜此者也忠者中此者也知忠與中同云和剛柔適也者大司徒注義同賈子新書道術篇云剛柔得適謂之和云祗敬庸有常也者爾雅釋詁云祗敬也庸常也云善父母曰孝善兄弟曰友者大司徒注義同

以樂語教國子興道諷誦言語　興者以善物喻善事道讀曰導導者言古以剴今也倍文曰諷以聲節之曰誦發端曰言答述曰語

疏　以樂語教國子興道諷誦言語者謂言語應答比於詩樂所以通意恉遠鄙倍也凡賓客饗射旅酬之後則有語故鄉射記云古者於旅也語文王世子云凡祭與養老乞言合語之禮皆小樂正詔之於東序又云語說命乞言皆大樂正授數又記養三老五更云既歌而語以成之也言父子君臣長幼之道合德音之致禮之大者也注云語談說也樂記子貢論古樂云君子於是語國語周語云晉羊舌肸聘於周單靖公享之語說昊天有成命皆所謂樂語也　注云興者以善物喻善事者大師注云興見今之美嫌於媚諛取善事以喻勸之釋名釋典藝云興物而作謂之興論語陽貨篇孔安國注云興引譬連類也案此言語之興與六詩之興義略同云道讀曰導導者以音見義也導道聲類同說文寸部云導導引也丁晏云道導古通論語道之以政道之以德漢書刑法志引作導云導者言古以剴今也者釋名釋言語云導陶也陶演己意也廣雅釋詁云導語也說文刀部云剴大鐮也一曰摩也言古以剴今亦

謂道引遠古之言語以摩切今所行之事樂記子夏說古樂二云君子於是道古是也二云倍文曰諷者漢書賈誼傳顏注二云倍讀曰背賈疏二云謂不開讀之詁讓案荀子大略篇二云少不諷楊注二云諷謂就學諷詩書也此諷誦並謂倍文文亦謂詩歌之屬二云以聲節之曰誦者賈疏二云此亦皆背文但諷是直言之無吟詠誦則非直背文又爲吟詠以聲節之爲異文王世子春誦注二誦謂歌樂歌樂即詩也以配樂而歌故二云歌樂亦是以聲節之徐養原二云諷如小兒背書聲無回曲誦則有抑揚頓挫之致案徐說是也說文言部諷誦互訓蓋散文得通誦詳瞽矇疏二云發端曰言答述曰語者雜記二云三年之喪言而不語又喪服四制二云齊衰之喪對而不言注二云言先發口也釋名釋言語二云言宣也宣彼此之意也語敘也敘己所欲說也賈疏二云詩公劉二云于時言言于時語語毛二云直言曰言答述曰語許氏說文二云直言曰論答難曰語論者語中之別與言不同故鄭注雜記二云言言己事爲人說爲語

以樂舞教國子舞雲門大卷大咸大磬大夏大濩大武

此周所存六代之樂黃帝曰雲門大卷黃帝能成名萬物以明民共財言其德如雲之所出民得以有族類大咸咸池堯樂也堯能禪均刑法以儀民言其德無所不施大磬舜樂也言其德能紹堯之道也大夏禹樂也禹治水傅土言其德能大中國也大濩湯樂也湯以寬治民而除其邪言其德能使天下得其所也大武武王樂也武王伐紂以除其害言其德能成武功

疏 以樂舞教國子舞雲門大卷大咸大磬大夏大濩大武者賈疏二云此大司樂所教是大舞樂師所教者是小舞案內則二云十三舞勺成童舞象舞象謂戈皆小舞又二云二十舞大夏即此六舞也特二云大夏者鄭二云樂之文武備其實六舞皆樂也保氏二云教之六樂二官共教者彼教以書此教以舞故共其職也詒讓案此六代大舞所謂萬舞也保氏謂之六樂者亦有金石之奏及詩歌墨子

公孟篇云舞詩三百是也六樂雖有歌奏而以舞為尤重故此職專據教舞為文蓋保氏教小學亦兼肆六樂之歌奏而舞則不過象勺此官教大學二十以上之國子咸肆大舞而亦不遺歌奏二官所教足互相備亦官聯也賈疏又云案孝經緯云伏犧之樂曰立基神農之樂曰下謀祝融之樂曰屬續又樂緯云顓頊之樂曰五莖帝嚳之樂曰六英注云能為五行之道立根莖六英者六合之英皇甫謐曰少昊之樂曰九淵則伏犧已下皆有樂今此惟存黃帝堯舜禹湯者案易繫辭云黃帝堯舜垂衣裳鄭注云金天高陽高辛遵黃帝之道無所改作故不述焉則此所不存者義亦然也然鄭惟據五帝之中而言則三皇之樂不存者以質故也案依賈說此經六樂斷自黃帝者以前古樂或以質或以無所改作皆不存而漢書律曆志三統曆譜於少昊顓頊帝嚳皆云周人遷其樂則劉歆說周時自有少昊諸帝之樂以年代既遠遷廢不用與賈說不同未知孰是

注云此周所存六代之樂者黃帝堯舜禹湯樂皆前代樂至周尚存者合之周自作之大武為六代之樂白虎通義禮樂篇引河閒獻王樂元語云受命而與六樂樂先王之樂明有法也與其所自作明有制是也云黃帝曰雲門大卷者賈疏謂已下六舞並依樂緯及元命包說蔡氏獨斷云樂黃帝曰雲門國語周語韋注玉燭寶典引樂緯稽燿嘉宋均注說並同羣書治要引皇甫謐帝王世紀云黃帝作雲門咸池之樂又楚辭遠遊王注云承雲卽雲門黃帝樂也淮南子齊俗訓許注亦云咸池承雲皆黃帝樂而呂氏春秋古樂篇則以承雲為帝顓頊作未詳孰是大卷詳後云黃帝能成名萬物以明民共財者祭法云黃帝正名百物以明民共財鄭彼注云明民謂使之衣服有章也國語魯語展禽對臧文仲亦云黃帝能成命百物以明民共則與祭法文小異以下文覈之鄭此注並依魯語不據祭法也云言其德如雲之所出者以門者人所出入明黃帝之德盛如雲之所出故樂曰雲

門云民得以有族類者賈疏云解大卷卷者卷聚之義即族類也故祭法云正民百物以明民是也云大咸咸池堯樂也者獨斷云堯曰樂記云大章章之也注云堯樂名也周禮闕之或作大卷又云咸池備矣注云黃帝所作樂名也堯增脩而用之周禮曰大咸與此經注樂名不同者本黃帝樂名曰咸池以五帝殊時不相沿樂堯若增脩者則改本名名曰大章故云大章堯樂也周公作樂更作大卷大卷黃帝樂體者存其本名猶曰咸池則此大咸也若樂體依舊不增脩則大章大章名雖堯樂其體是黃帝樂故此大卷亦爲黃帝樂也周公以堯時存黃帝咸池爲堯樂名則更爲黃帝樂立名名曰雲門則雲門與大卷爲一名故下文分樂而序之更不序大卷也樂記孔疏說同又引熊氏云案周禮云雲門大卷大卷在大咸之上此大章在咸池之上故知大卷當大章樂記唯云咸池大章無雲門之名周禮雲門在六代樂之首故知別爲黃帝立雲門之名也黃帝之樂堯增脩者既謂之咸池不增脩者別名大卷明周爲黃帝於不增脩之樂別更立名故知於大卷之上別加雲門是雲門大卷一也禮樂志云黃帝曰咸池今周禮大咸在雲門之下大韶之上當堯之代故知堯增脩曰咸池也案賈說三樂悉本熊安生義江永云呂氏春秋黃帝作咸池莊周亦云黃帝張咸池之樂於洞庭之野則咸池非堯樂樂記注云大章堯樂名咸池黃帝樂名堯增脩而用之是鄭自圓其說也咸池爲黃帝樂而雲門大卷皆爲黃帝樂亦屬可疑此無大章樂者當時大章之樂不存耳至魯所存又止有四代之樂故季札觀樂無雲門咸池案江說亦通白虎通義禮樂篇引禮記風俗通義聲音篇莊子天下篇漢禮樂志初學記樂部引樂緯汁圖徵文選嘯賦注引樂緯動聲儀並云黃帝作咸池呂氏春秋古樂篇云黃帝命伶倫與榮將鑄十二鍾以和五音以施英韶以仲春之月乙卯之日日在

奎始奏之命之曰咸池其說尤詳故鄭樂記注亦以咸池爲黃帝樂惟此六樂並以時代先後爲次大咸在雲門大卷之後大磬之前鄭依敘次差之定爲堯樂樂記注以爲堯增脩而用之故咸池雖本黃帝所作而亦得爲堯樂其說雖無塙證然墨子三辯篇云湯脩九招呂覽古樂篇亦云舜令質修九招六列六英湯修九招六列此並後王脩前代樂之事堯脩咸池理或然也淮南子齊俗訓云有虞氏其樂咸池承雲九韶許注云舜兼用黃帝樂此又以咸池爲舜樂蓋所傳之異至樂記所說大章白虎通義引禮記莊子天下漢禮樂志初學記引樂緯公羊隱五年何注並以爲堯樂呂覽古樂又云堯命質爲樂命之曰大章以祭上帝是爲堯所自作之樂無疑樂記注云周禮闕之則鄭不以當此經之大卷可知其云或作大卷者乃後人所增雖賈氏所引已有此文而與孔疏所述不合禮記釋文於咸池注周禮曰大咸下云一本作大卷此復一別本以咸池爲大卷與今本以大章爲大卷者又異皆非鄭注之舊竊謂此經大卷與樂記大章本不相涉江氏謂周時大章已不存於理可信六朝義疏家以此經有雲門大卷而無大章樂記有大章而無雲門大卷欲強爲傅合乃以大卷當大章遂謂堯用大卷改名大章而不脩脩咸池而不改名周人以大卷歸之黃帝而加以雲門之美稱以咸池專屬之堯而別謂之大咸展轉申演糾互益甚今通校鄭二禮注義蓋六樂之中惟咸池爲黃帝樂本名大章爲堯樂本名自是兩樂周六樂有堯所增脩之咸池而無其自作之大章既無堯脩大卷之事亦非周加雲門之名鄭說如是而已其熊賈孔諸家推測之論既非鄭恉蓋無取焉云堯能禪均刑法以儀民者禪宋婺州本注疏本並作殫賈疏述注同今依宋余本岳本嘉靖本與葉鈔釋文及校宋本北堂書鈔樂部所引合此亦魯語展禽語禪韋本作單注云單盡也均平也儀善也祭法作賞均刑法以義終與此文義並異非鄭所據禪單殫聲類同

案鄭語又云夏禹能單平水土以品處庶類者也單均與單平義正同則今本魯語字不誤祭法作能賞鄭注云賞賞善謂禪舜封禹稷等也則鄭或讀單為禪然非古義也云言其德無所不施者鄭樂記注云咸皆也池之言施也言德之無不施也白虎通義禮樂篇云黃帝曰咸池者言大施天下之道而行之天之所生地之所載咸蒙德施也初學記樂部引五經通義云黃帝樂所以為咸池者何咸皆池施也黃帝時道皆施於民又引樂緯汁圖徵宋均注云咸皆也池取無所不浸德潤萬物故定以為樂名也御覽樂部引樂緯注云池者施也道施於民故曰咸池並與鄭義略同唯宋均讀池如字小異云大磬舜樂也者說文音部云韶虞舜樂也書曰簫韶九成鳳皇來儀白虎通義禮樂篇引禮記云舜樂曰簫韶此大磬即簫韶簫正字作箾說文竹部云箾韶左襄二十九年傳云韶箾是也段玉裁云經典舜樂字皆作韶惟此作磬考說文華部鞀或作鞉或作鼗籀文作磬從殸召聲是則周禮為古文假借字也案段說是也後注及保氏注並作大韶用正字也漢禮樂志字又作招墨子三辯莊子至樂列子周穆王呂氏春秋古樂淮南子齊俗史記五帝本紀山海經大荒西經並有九招史記李斯傳昭虞武象字又作昭招昭亦並韶之借字云言其德能紹堯之道也者樂記云韶繼也注云韶之言紹也言舜能繼紹堯之德周禮曰大韶賈疏引元命包云舜之時民樂其紹堯之業白虎通義禮樂篇云舜曰簫韶者舜能繼堯之道也公羊隱五年何注云舜曰簫韶舜時民樂其脩紹堯道也漢禮樂志作招云招繼堯也並與義同惟春秋繁露楚莊王篇云舜時民樂其昭堯之業也故韶韶者昭也義與鄭異云大夏禹樂也禹治水傅土言其德能大中國也者賈疏云案禹貢云敷土敷布也布治九州之水土是敷土之事也樂記云夏大也注云禹樂名也言禹能大堯舜之德大中國即是大堯舜之德也元命苞云禹能德並三聖德並三聖即是大

堯舜之德亦一也詒讓案禹貢禹敷土史記夏本紀及荀子成相篇並作傅土傅敷字通白虎通義禮樂篇云禹曰大夏者言禹能順二聖之道而行之故曰大夏也漢禮樂志云夏大承二帝也風俗通義聲音篇同公羊隱五年何注云夏曰大夏夏時民樂大其三聖相承也春秋繁露楚莊王篇云禹之時民樂其三聖相繼故夏夏者大也亦並同鄭義云大濩湯樂也者墨子三辯篇云湯放桀因先王之樂又自作樂命曰護呂氏春秋古樂篇云湯命伊尹作爲大護護字通云湯以寬治民而除其邪者亦魯語文韋注云除其邪謂放桀扞大患也祭法亦有此文除其邪作除其虐與魯語異云言其德能使天下得其所也者漢禮樂志云湯作濩濩言救民也風俗通義聲音篇濩作護說與漢志同藝文類聚帝王部引元命苞云湯之時民大樂其救於患害故護護者救也春秋繁露楚莊王篇云湯之時民樂其救之於患害也故護護者救也白虎通義禮樂篇云湯曰大護者言湯承衰能護民之急也公羊隱五年何注云殷曰大護殷時民樂大其護己也亦並同鄭義推御覽樂部引宋均樂緯注云湯承衰而起護先王之道故曰大護義與鄭異云大武武王樂也武王伐紂以除其害者魯語云武王去民之穢祭法云武王以武功去民之災此㯻括其文云言其德能成武功者呂氏春秋古樂篇云武王即位以六師伐殷六師未至以銳兵克之於牧野歸乃薦俘馘於京太室乃命周公作爲大武公羊隱五年何注云周曰大武周時民樂其伐紂也漢禮樂志云武王作武周公作勺勺言能勺先祖之道也武言以功定天下也風俗通義聲音篇同白虎通義禮樂篇云禮記曰周樂曰象周公之樂曰酌合曰大武周公曰酌者言周公輔成王能斟酌文武之道而成之也武王曰象者象太平而作樂示已太平也合曰大武者天下始樂周之征伐行武春秋繁露楚莊王篇云文王之時民樂其興師征伐也故武武者伐也又云文王作武周人德已洽天下

反本以爲樂謂之大武又三代改制質文篇云文王作武樂武王作象樂周公作酌樂賈疏引元命包亦云文王時民樂其與師征伐故曰武案樂記說大武之舞云總干而山立武王之事也發揚蹈厲太公之志也武亂皆坐周公之事也是大武有武王太公周公之事則爲武王命周公所作無疑莊子天下篇亦云文王有辟雍之樂武王周公作武董子及春秋緯並謂文王作武失之

以六律六同五聲八音六舞大合樂以致鬼神示以和邦國以諧萬民以安賓客以說遠人以作動物

六律合陽聲者也六同合陰聲者也此十二者以銅爲管轉而相生黃鍾爲首其長九寸各因而三分之上生者益一分下生者去一焉國語曰律所以立均出度也古之神瞽考中聲而量之以制度律均鍾言以中聲定律以律立鍾之均大合樂者謂偏作六代之樂以冬日至作之致天神人鬼以夏日至作之致地祇物彪動物羽嬴之屬虞書云夔曰戛擊鳴球搏拊琴瑟以詠祖考來格虞賓在位羣后德讓下管鞀鼓合止柷敔笙鏞以閒鳥獸蹌蹌簫韶九成鳳皇來儀夔又曰於予擊石拊石百獸率舞庶尹允諧此其於宗廟九奏效應

[疏] 以六律六同五聲八音六舞大合樂者通論樂官總調衆樂以備賓祭之用月令季春云擇吉日大合樂文王世子云凡大合樂必遂養老是其事也李光地云大合樂乃肄習於學之事賈疏云以六律六同者此舉十二管以表其鍾樂器之中不用管也大合樂者據薦腥之後合樂之時用之也此所合樂即下云若樂六變若樂八變若樂九變之等彼據祭天下神此據正祭合樂若然合樂在下神後而文退下神樂在後者以下神用一代樂此用六代六代事重故進之在上若然下神不亞合樂而隔分樂之後者以分樂序之皆用一代此三禘下神亦用一代若不隔分樂恐其相亂且使一變二變之等與分樂所用樂同

故三禘在下也案賈推鄭義以此經所說爲卽後三禘之合樂蓋古樂大節凡五先金奏次升歌次下管笙入次閒歌而終以合樂合樂則與舞此賓祭大樂之恆法也鄭釋後三禘之樂云先奏是樂以致其神禮之以玉而祼焉乃後合樂而祭之依賈說此經大合樂卽彼注所云合樂以其備六舞故特稱大以示區別而彼經所說三大祭之樂則自爲降神之樂卽彼注所云先奏以致其神者也郊特牲孔疏則據此注宗廟九奏之文謂卽後降神之樂與賈說不同今攷此經以致鬼神示與和邦國諧萬民安賓客說遠人作動物通爲六事平列爲文則其爲泛論樂理殆無疑義李氏以大合樂爲肄習之事最爲允當蓋合之云者亦謂講肄其器調諧協其音節後大胥合舞合聲注釋爲等其進退曲折使應節奏此合樂義正與彼同也鄭以二至明日致神示鬼鬽爲釋說固不塙至賈以爲三禘之合樂則鄭本無是義非徒先後失次經必無此文例也孔又據莊氏引書皋陶謨文以此經爲降神之樂則與大合樂之文齟齬不合況諦審鄭書注義亦並未嘗以簫韶九成爲降神之樂孔說尤不可通要之此經後文圜丘方丘宗廟三禘及兩郊四望山川先妣先祖之樂無論降神正樂皆各自具本章與此章絕不相涉六朝以來說禮者並謂降神與正樂有兩次合樂遂以此經與後文強相比傅重悂貤謬不可究詰不知祭饗盛樂其合樂皆止一次降神與迎賓之樂皆不過金奏升歌一二節諸家紛紛之論均無當於經義也互詳後三禘章疏大合樂非偏作六代樂亦詳後疏云以致鬼神示以和邦國以諧萬民者賈疏云致鬼神示者是據三禘而言以和邦國以下亦據三禘之祭各包此數事故鄭引虞書以證宗廟李光地云以下推言其用之之效蓋用樂多端各從類應非專主一事而言也案李說是也致鬼神示以下乃泛論樂和而後可以用之賓祭猶大宗伯云以禮樂合天地之化百物之產以事鬼神以諧萬民以致百物也致鬼神示自

通賅內外羣祀之用樂者而言，非專指三禘之樂也。云「以安賓客，以說遠人」者，中庸云「柔遠人也」，注云「遠人，蕃國之諸侯也」。若然，此賓客遠人，並據朝聘諸侯諸臣，凡賓禮咸有合樂也。但要服以內朝聘有常期者，謂之賓客；其蕃國無常期而世一至者，謂之遠人。變文見義爾。云「以作動物」者，據祭四方百物亦有樂也。注云「六律合陽聲者也，六同合陰聲者也」者，大戴禮記曾子天圓篇云「聖人截十二管以索八音之上下清濁，謂之律也」。漢書律曆志云「律十有二，陽六爲律，陰六爲呂。律以統氣類物，一曰黃鍾，二曰大族，三曰姑洗，四曰蕤賓，五曰夷則，六曰亡射。呂以旅陽宣氣，一曰林鍾，二曰南呂，三曰應鍾，四曰大呂，五曰夾鍾，六曰中呂」。六呂卽六同。漢郊祀志王莽引周官作六鍾，鍾同義亦通也。六呂又名六閒。國語周語云「爲之六閒，以揚沈伏而黜散越也」，韋注云「六閒，六呂，在陽律之閒」。又大師云「掌六律六同，以合陰陽之聲」，故云合陽聲、合陰聲也。云「此十二者以銅爲管」者，漢律曆志云「凡律度量衡用銅者，名自名也，所以同天下，齊風俗也。銅爲物之至精，不爲燥溼寒暑變其節，不以風雨暴露改其形，是以用銅也」。大戴禮記保傅篇云「大師持銅而御戶左」，銅卽律也。賈疏云：「案典同先鄭云『陽律以竹，陰律以銅』，後鄭云『皆以銅爲』，與此注義同也。」云「轉而相生，黃鍾爲首，其長九寸，各因而三分之，上生者益一分，下生者去一焉」者，大師注義同。賈疏云：「據律曆志而言，子午已東爲上生，子午已西爲下生。上生爲陽，陽主息，故三分益一；下生爲陰，陰主減，故三分去一。」案：律曆志「黃鍾爲天統，律長九寸；林鍾爲地統，律長六寸；大蔟爲人統，律長八寸」。又云「十二管相生，皆八八上生下生，盡於中呂。陰陽生於黃鍾，始於左旋，八八爲位」者，假令黃鍾生林鍾，是曆八辰，自此已下皆然，是八八爲位，蓋象八風也。引國語者，周語云「景王將鑄無射，問律於伶州鳩，對曰：律所以立均出度也。古之神瞽考中聲而量之以制，度律均鍾，百官軌儀」，韋注云「律謂六

律六呂也均者均鍾木長七尺有弦繫之以均鍾者度鍾大小清濁
也考合也謂合中和之聲而量度之以制樂者均平也度律度律呂
之長短以平其鍾和其聲以立百事之道法也賈疏云鄭引之者欲
取以六律六同均之以制鍾之大小須應律同也云言以中聲定律
以律立鍾之均者此鄭說周語之義賈疏云中聲謂上生下生定律
之長短度律以律計自倍半而立鍾之均均即是應律長短者也詒
讓案鄭所謂均者即後世之調五行大義引樂緯叶圖徵云五均者
六律調五聲之均也鶡冠子環流篇云五聲不同均然其可喜一也
鄭意周語言度律均鍾者即謂以度定律以律制鍾之均均即每宮
五調十二宮六十調也此與韋義小異云大合樂者謂徧作六代之
樂者鄭意經合樂云大則與尋常樂節不同故謂徧作六樂也宋書
樂志引王肅議云說者以為周家祀天唯舞雲門祭地唯舞咸池宗
廟唯舞大武似失其義矣周禮賓客皆作備樂左傳王子頹享五大
夫樂及徧舞六代之樂也然則一會之日具作六代樂矣天地宗廟
事之大者賓客燕會比之為細王制曰庶羞不踰牲燕衣不踰祭服
可以燕樂而踰天地宗廟之樂乎周官以六律六呂五聲八音六舞
大合樂以致鬼神以和邦國以諧萬民以安賓客以說遠人夫六律
六呂五聲八音皆一時而作之至於六舞獨分擘而用之所以不儳
人心也又周官韎師掌教韎樂祭祀則帥其屬而舞之大享亦如之
韎東夷之樂也又鞮鞻氏掌四夷之樂與其聲歌祭祀則吹而歌之
燕亦如之四夷之樂乃入宗廟先代之典獨不得用大享及燕曰如
之者明古今夷夏之樂皆主之於宗廟而後播及其餘也夫作先王
樂者貴能包而用之納四夷之樂者美德廣之所及也案王肅說與
鄭同謂大祭祀大賓客皆徧作六代之樂宋志引韓祗說通典樂引
任昉奏並依其議又引梁武帝駁王說云按言大合樂者是使六律
與五聲克諧八音與舞蹈合節耳豈謂致鬼神祇用六代樂也其後

即言乃分樂而序之以祭以享以祀此則曉然已明肅則失其旨矣推檢記載初無宗廟郊禮徧舞之文唯明堂位云以禘禮祀周公於太廟朱干玉戚冕而舞大武皮弁素積裼而舞大夏納夷蠻之樂於太廟言廣魯於天下也按所以舞大武大夏者止欲備其文武二舞耳非兼用六代也夏以文受周以武功所以兼之而不用濩者濩武舞也周監於二代質文乃備納蠻夷樂者此明功德所須蓋止施禘祭不及四時也案梁武說與王述舊說略同而謂大祭止備文武二舞義尤完密蓋此經大合樂本非祭後合樂之節鄭王二說皆不可通大祭禮節繁重禋燎祼獻其事已多而鄭王謂徧作六樂賈氏又謂徧作不一時俱為待一代訖乃更為信如其說則六樂多者九變少者亦有六變假令六樂備作至少亦有三四十變此豈一日所能竟乎至左莊二十年傳王子頹樂及徧舞杜注云皆舞六代之樂史記周本紀集解引賈逵及國語周語韋注說並同然彼乃縱樂非法不為典要大祭祀用盛樂必不如是王肅引以證禮殊為失攷據襄二十九年左傳則魯有韶夏濩武四大舞而禘用盛樂止舞武夏是知天子三禘亦止用文武二舞不容更有增益左傳襄十年杜注謂魯禘作四代之樂孔疏推其義謂天子禘用六代樂此與明堂位不合不足據孔又引鄭義以為天子祫用六代之樂禘用四代之樂然此注無禘祫用樂不同之說孔亦不知何據也又漢書郊祀志載王莽改祭祀云周官天墜之祀樂有別有合其合樂曰以六律六鍾五聲八音六舞大合樂祀天神祭墜祇祀四望祭山川享先妣先祖凡六樂奏六歌而天墜神祇之物皆至四望蓋謂日月星海也祀天則天文從祭墜則墜理從三光天文也山川地理也天地合祭先祖配天先妣配墜其誼一也天墜合精夫婦判合祭天南郊則以墜配一體之誼也此天墜合祀以祖妣配者也其別樂曰冬日至於墜上之圜丘奏樂六變則天神皆降夏日至於澤中之方丘奏樂八變則墜

祇皆出天墬有常位不得常合此其各特祀者也案莽說亦以大合樂爲徧作六樂與鄭義同然以此章大合樂與下文分樂以至六樂六變諸文爲一事並爲孟春合祀天地於南郊之樂其三大祭之樂別爲二至天地各特祀之樂與鄭賈義又大異攷南郊合祀天地說甚不經下文分樂諸文與此大合樂亦不相涉莽肊弁爲一說殊謬妄舊唐書禮儀志賈曾表亦以此經爲合祭天神地祇人鬼於圜丘蓋卽隱據莽說今並無取焉二云以冬日至作之致天神人鬼以夏日至作之致地祇物彪者賈疏二云皆神仕職文案彼注致神鬼於祖廟致物彪於墠壇蓋用祭天地之明日若然此經合樂據三禘正祭天而引彼天地之小神及人鬼在明日祭之者但彼明日所祭小神用樂無文彼神既多合樂之時當與此三禘正祭合樂同故彼此文同稱致但據彼正祭祭天地大神無宗廟之祭祭天明日兼祭人鬼與此爲異也案賈述鄭義謂此經卽後文三禘之合樂然鄭意果如是不宜絕不及二至正祭而反舉明日致神示鬼彪之禮賈說似非鄭恉審繹注意蓋以經大合樂二云致鬼神示又二云以作動物與神仕文巧合故據以爲說並非謂二至三禘之合樂也但依神仕注義彼職於二至大祭次日別爲致天地人物之祭禮視正祭隆殺縣殊不當亦備盛樂此經致鬼神示自是泛論祭樂本無專指鄭賈說雖不同其非經義一也二云動物羽贏之屬者卽大司徒五地之動物毛物鱗物羽物介物贏物是也此動物據物彪而言皆非生物引虞書者皋陶謨文僞古文改入益稷賈疏謂古文在舜典誤二云夔曰戛擊鳴球搏拊琴瑟以詠者賈疏二云是舜祭宗廟之禮案彼鄭注戛櫟也戛擊鳴球已下數器鳴球卽玉磬也搏拊以韋爲之裝之以糠所以節樂以詠者謂歌詩也詒讓案此祭樂升歌之節於樂節爲第一升歌大師謂之登歌詳彼疏依鄭說則戛擊統鳴球以下四者言之僞孔傳二云戛擊柷敔所以作止樂則以戛擊爲指柷敔與鄭說異非也二云祖

考來格虞賓在位羣后德讓者賈疏約鄭書注義云謂祖考之神來至也虞賓者謂舜以爲賓卽二王後丹朱也羣后德讓者謂諸侯助祭者以德讓已上皆宗廟堂上之樂所感也案書言祖考來格文在升歌之後下管之前賈述鄭義亦謂祖考之神來至爲堂上樂所感是則堂上升歌卽所謂降神之樂矣而賈後疏則謂九德之歌九變之舞悉爲降神之樂大師疏又謂降神合樂有兩文升歌郊特牲孔疏亦據此注謂書九成卽九變亦是降神之樂其說雖不同要皆非經義詳後疏云下管鼗鼓者此謂下管樂之第二節也賈疏約鄭書注義云謂舜廟堂下之樂故言下案下管亦詳大師疏云合止柷敔者釋文云敔本又作梧案梧卽敔之借字此謂合樂樂之第五節也賈疏約鄭書注義云合樂用柷柷狀如漆筩中有椎搖之所以節樂敔狀如伏虎背有刻以物櫟之所以止樂案鄉飲酒禮注云合樂謂歌樂與衆聲俱作凡合樂之節並在閒歌後而書先合樂後閒歌者文不次也此書備詳祭樂諸節惟無金奏者金奏在正樂之先文偶不具合樂之後有舞與無筭樂者無筭樂乃無筭爵所用不在正樂之數唯鄉飲酒燕禮有之祭饗則無也合樂亦詳後疏云笙鏞以閒者謂閒歌樂之第四節也賈疏約鄭書注義云東方之樂謂之笙笙生也東方生長之方故名樂爲笙也鏞者西方之樂謂之鏞庸功也西方物熟有成功亦謂之頌頌亦是頌其成也以閒者堂上堂下閒代而作案鄉飲酒禮云閒歌魚麗笙由庚歌南山有臺笙崇丘歌南有嘉魚笙由儀注云閒代也謂一歌則一吹與書注義同但鄉飲酒有笙入無下管故以笙與歌迭奏天子諸侯禮盛有下管亦兼奏笙則當以管笙與歌迭奏段玉裁改鏞爲庸云庸今版本皆作鏞誤古文尚書作庸鄭訓爲功也僞孔傳訓爲大鍾眡瞭大射儀疏引笙庸皆不誤大司樂注疏皆爲淺人誤改案段校是也今本尚書作鏞僞孔傳云鏞大鍾吹笙擊鍾依眡瞭疏引書則孔本亦當作庸今本

皆後人所改僞孔釋笙爲吹笙不知天子樂重管不重笙不當舉笙以配庸其說與鄭異亦當以鄭爲正云鳥獸牄牄簫韶九成鳳皇來儀者釋文云牄本又作蹌案今書僞孔本作蹌與鄭本異說文倉部引書亦作牄是許鄭所據本同此謂合樂與舞亦樂之第五節也賈疏約鄭書注義云謂飛鳥走獸牄牄然而舞也簫韶九成鳳皇來儀者韶舜樂也若樂九變人鬼可得而禮故致得來儀儀匹謂致得雄曰鳳雌曰皇來儀止巢而乘匹案此下文六變致象物象物有象在天謂四靈之屬四靈則鳳皇是其一此六變彼九成者其實六變致之而言九者以宗廟九變爲限靈鳥又難致之物故於九成而言耳云夔又曰於予擊石拊石百獸率舞庶尹允諧者賈疏約鄭書注義云夔語舜云磬有大小予擊大石磬拊小石磬則感百獸相率而舞庶尹允諧者庶衆也尹正也允信也言樂之所感使衆正之官信得其諧和云此其於宗廟九奏效應者明書言九成與後三禘宗廟奏樂九變同其奏樂之效亦可互證也賈疏云此經總言三祀大祭但天地大祭效驗無文所引尚書惟有宗廟故指宗廟而言也然尚書云祖考即此經致鬼也虞賓即此經以安賓客羣后德讓即此經邦國也鳥獸鳳皇等即此經動物也庶尹允諧即此經以諧萬民以說遠人也

乃分樂而序之以祭以享以祀已分謂各用一代之樂疏乃分樂而序之者序經例當作敘石經及各本並誤詳小宰疏賈疏云此與下諸文爲總目上總云六舞今分此六代之舞尊者用前代卑者用後代使尊卑有序故云序金榜云大司樂言六樂分祀天神地示四望山川先妣先祖但舉大祭祀而言也舞師云凡小祭祀則不興舞不舞則無樂是知六樂所祭皆大祭祀也　注云分謂各用一代之樂者鄭意下文諸祀祭初降神分用一代樂對正祭合樂皆備用六代樂爲大合樂也今攷此實兼降神合樂皆分用六樂與上文大合樂不相冡詳後疏

乃奏

黃鍾歌大呂舞雲門以祀天神以黃鍾之鍾大呂之聲爲均者黃鍾陽聲之首大呂爲之合奏之以祀天神尊之也天神謂五帝及日月星辰也王者又各以夏正月祀其所受命之帝於南郊尊之也孝經說曰祭天南郊就陽位是也

疏乃奏黃鍾歌大呂舞雲門以祀天神者漢書郊祀志匡衡奏述此經作竢天神案此冡上以祀爲文則不當作竢蓋匡氏所改非故書也此奏黃鍾者爲迎尸之樂所謂先樂金奏也歌大呂者爲降神之樂舞雲門者爲薦獻後之合樂合樂則與舞也降神之樂不得有舞合樂時堂上雖亦有歌而與先之升歌復不同並非一祭之樂前後重舉也以後六樂並同此祀天神鄭以爲祀五帝蓋對後文三禘天神之樂爲祀昊天也賈疏推彼注義以圜鍾爲宮以下爲始祭降神之樂此經與彼相對則亦以爲薦獻之前降神之樂可知故郊特牲孔疏引熊氏云四時迎氣及諸小祀等並有降神之樂則大司樂分樂而序之以下降神正祭同其樂是也蓋六朝諸儒咸謂降神與正祭之樂各備升歌下管閒歌合樂與舞諸節賈孔禮疏並沿其說通典吉禮說郊祭感帝亦以此樂爲降神之樂即依熊義郊特牲疏又引皇侃說謂祭感生帝無降神之樂失之賈疏云此黃鍾言奏大呂言歌者云奏據出聲而言云歌據合曲而說其實歌奏通也知不據堂上歌詩合大呂之調謂之歌者春秋左氏傳云晉侯歌鍾二肆取半以賜魏絳魏絳於是有金石之樂彼據磬列肆而言是不在歌詩亦謂之歌明不據偏歌詩也襄四年晉侯饗穆叔云奏肆夏歌文王大明緜亦此類也案賈說非也經凡以奏與歌對文者奏並謂金奏歌並謂升歌奏以九夏歌則以三百篇之詩小師注云歌依詠詩也初學記樂部引韓詩章句云有章曲曰歌蓋協其律調則此經奏黃鍾歌大呂等是也教其章義則左傳所云奏肆夏歌文王大明緜是也歌鍾二肆自是編鍾以其應歌詩故謂之歌鍾與升歌義不殊也鄭

鍾師注誤以九夏為樂歌賈遂提歌奏為一殊為失攷北史牛弘傳引三禮義宗云周官奏黄鍾者用黄鍾為調歌大呂者用大呂為調奏者謂堂下四縣歌者謂堂上所歌崔說精析足證賈疏之誤律調各備五聲此不言聲者徐養原云六歌六奏蓋皆宮調也案徐說蓋本宋史樂志引姜夔議謂周六樂奏六律歌六呂惟十二宮於義近是又此舞雲門等並止舉一樂但大祭合樂皆當備文武二舞唯以雲門等為主下五祭各主所用舞並同鄭與王肅並謂大祭合六舞王肅引舊說謂並止用一舞二說不同皆非也詳前疏又案依熊安生說則迎氣祭五帝亦用此樂六藝流別引尚書大傳說迎春之樂倡之以角舞之以羽迎夏之樂倡之以徵舞之以鼓鞉迎中氣樂用黄鍾之宮迎秋之樂倡之以商舞之以干戚迎冬之樂倡之以羽舞之以干戈依伏說則五時樂舞各異與鄭熊不合恐不足據　注云以黄鍾之鍾大呂之聲為均者者賈疏云以經云奏奏者擊以出聲故據鍾而言大呂經云歌歌者發聲出音故據聲而說亦互而通也言為均者案下文云凡六樂者文之以五聲播之以八音鄭云六者言其均皆待五聲八音乃成也則是言均者欲作樂先擊此二者之鍾以均諸樂是以鍾師云以鍾鼓奏九夏鄭云先擊鍾後擊鼓論語亦云始作翕如也鄭云始作謂金奏是凡樂皆先奏鍾以均諸樂也必舉此二者以其配合案賈以歌奏互通又謂作樂先擊二者之鍾亦誤玉海音樂引三禮義宗云堂下之樂以鍾為重故舉鍾而言堂上之樂以人聲為貴故以歌為稱言歌者知是堂上之音稱奏者知是堂下之樂案崔說得之依其說則奏黄鍾者擊鍾磬等以黄鍾宮起調畢曲歌大呂者歌詩等以大呂宮起調畢曲均即調也云黄鍾陽聲之首者此六祭之奏皆用六律陽聲黄鍾為陽律第一見大師職云大呂為之合者六祭之歌皆用六同陰聲大呂為陰同第一黄鍾為子大呂為丑子與丑合也並詳大師疏江永云此一律一呂

之相合爲地支之子與丑合亦卽日躔與月建之相合也下諸律呂皆然云奏之以祀天神尊之也者賈疏云以黃鍾律之首雲門又黃帝樂以尊祭尊故云尊之也云天神謂五帝及日月星辰也者明此天神中無圜丘昊天也賈疏云案下云若樂六變天神皆降是昊天則知此天神非天帝也是五帝矣知及日月星者案大宗伯昊天在禋祀中日月星辰在實柴中鄭注云五帝亦用實柴之禮則日月星與五帝同科此下文又不見日月星別用樂之事故知此天神中有日月星辰可知其司中已下在槱燎中則不得入天神中故下文約與四望同樂也云王者又各以夏正月祀其所受命之帝於南郊尊之也者大傳注云王者之先祖皆感太微五帝之精以生蒼則靈威仰赤則赤熛怒黃則含樞紐白則白招拒黑則汁光紀皆用正歲之正月郊祭之蓋特尊焉孝經曰郊祀后稷以配天配靈威仰也公羊宣三年何注云上帝五帝在太微之中迭生子孫更王天下此卽鄭受命帝之說周書作雒篇云乃設丘兆于南郊以祀上帝配以后稷日月星辰先王皆與食玉燭寶典引尚書大傳云正月禮上帝於南郊所以報天德也並南郊特祀受命帝之事孫星衍云郊祀志匡衡張譚奏議宜於長安定南北郊衡言臣聞郊紫壇饗帝之義掃地而祭上質也歌大呂舞雲門以竢天神則匡衡卽以周官祀天神是夏正之郊鄭用匡衡之議案孫說是也鄭謂周祭南郊在夏正建寅之月與後圜丘之祭在建子之月者異故郊特牲云郊之祭也迎長日之至也大報天而主日也兆於南郊就陽位也於郊故謂之郊鄭注云易說曰三王之郊一用夏正夏正建寅之月也此言迎長日者建卯而晝夜分分而日長也是鄭說卽據郊特牲及易緯兩文故大宰疏引箴膏肓謂郊以夏正上旬之日是也春秋繁露郊祭篇云周以郊爲百神始始入歲首必以正月上辛日先享天乃敢於地先貴之義也亦與易緯說同郊旣必在建寅之月則冬至圜丘之祭不得名

郊故郊特牲又云郊之用辛也周之始郊日以至注云言日以周郊天之月而至陽氣新用事順之而用辛日此說非也郊天之月而日至魯禮也三王之郊一用夏正魯以無冬至祭天於圜丘之事是以建子之月郊天示先有事也用辛日者凡爲人君當齊戒自新耳周衰禮廢儒者見周禮盡在魯因推魯禮以言周事是鄭謂魯禮郊在建子之月周南郊不在子月之說也其王肅則謂南郊與圜丘是一卽在建子之月與夏正祈穀之郊事異而名同故郊特牲周之始郊日以至孔疏云王肅用董仲舒劉向之說以此爲周郊上文云郊之祭迎長日之至謂周之郊祭於建子之月而迎此冬至長日之至也而用辛者以冬至陽氣新用事故用辛也周之始郊日以至者對建寅之月又祈穀郊祭此言始者對建寅爲始也南齊書禮志引盧植說亦同王義郊特牲疏又引聖證論王肅難鄭云郊特牲曰郊之祭迎長日之至下云周之始郊日以至玄以爲迎長日謂夏正也郊天日以至玄以爲冬至之日說其長日至於上而妄爲之說又徙其始郊日以至於下非其義也玄又云周衰禮廢儒者見周禮盡在魯因推魯禮以言周事若儒者愚人也則不能記斯禮也苟其不愚不得亂於周魯也郊特牲云周之始郊日以至周禮云冬至祭天於圜丘知圜丘與郊是一也言始郊者冬至陽氣初動天之始也對啓蟄又將郊祀故言始孔子家語云定公問孔子郊祀之事孔子對之與此郊特牲文同皆以爲天子郊祭之事此王難鄭郊特牲注之說也家語郊問篇王注義略同孔又引聖證論馬昭申鄭云易緯云三王之郊一用夏正則周天子不用日至郊也夏正月陽氣始升日者陽氣之主日長而陽氣盛故祭其始升而迎其盛月令天子正月迎春是也若冬至祭天陰氣始盛祭陰迎陽豈爲理乎周禮云冬日至祭天於地上之圜丘不言郊則非祭郊也言凡地上之丘皆可祭焉無常處故不言郊周官之制祭天圜丘其禮王服大裘而冕乘玉路建大

常明堂位云魯君以孟春祀帝于郊服衮服乘素車龍旂衣服車旂
皆自不同何得以諸侯之郊說天子圜丘言始郊者魯以轉卜三正
以建子之月爲始故稱始也又禮記云魯君臣未嘗相弒禮俗未嘗
相變而弒三君季氏舞八佾旅於泰山婦人髽而相弔儒者此記豈
非亂乎據此諸文故以郊丘爲別冬至之郊特爲魯禮張融引韓詩
說三王各正其郊與王肅同今案孝經云昔者周公郊祀后稷以配
天孔安國唐明皇注並同王義以郊祀爲圜丘邢疏又引張融稱董
仲舒劉向馬融之倫皆斥周人之祀昊天於郊以后稷配無如玄說
配蒼帝也此皆不從鄭義金鶚申鄭難王云圜丘祭於冬日至周禮
有明文若郊祭則在夏正孟春左氏桓五年傳啓蟄而郊杜注啓蟄
夏正建寅之月鄭注郊特牲引易說云三王之郊一用夏正是郊與
圜丘不同月郊非圜丘明矣肅謂周郊於建子之月迎冬至長日之
至而用辛者以冬至陽氣新用事也周之始郊日以至者對寅月又
祈穀郊祭故言始也是肅以郊之用辛與周禮冬日至圜丘爲一祭
然迎長日之至亦非冬至月令仲夏之月日長至是夏至爲長至也
仲冬之月日短至是冬至爲短至也日至者極至之稱夏至日北極
當云日北至晝長極故曰日長至冬至日南極當云日南至晝短極
故云日短至以左傳日南至例之可知冬至當爲短至也後儒訓至
爲到以冬至爲長至誤矣郊迎長日之至此至字固當訓到然云長
日之至不云日長至與月令之文不同子月冬至以後日尚短甚不
得言長日之至迨建卯而晝夜分分而日長郊祭以寅月與卯月近
故曰迎長日之至鄭說至當不易而郊非圜丘更可知矣肅又謂子
月之郊所以報本寅月之郊所以祈穀是亦不然王者歲祭天有三
冬至之禘專爲報本孟春之郊報本亦兼祈穀仲夏之雩專爲祈穀
何以言之月令孟春元日祈穀于上帝注云上辛郊祭天左氏襄七
年傳云郊祀后稷以祈農事是孟春之郊固以祈穀也孝經云郊祀

后稷以配天郊特牲云郊之祭也大報天而主日也又云大報本反始也是郊亦以報本也報本祈穀二者以報本為主祈穀則雩主之周頌噫嘻序云春夏祈穀於上帝也鄭注以夏祈穀為雩月令仲夏大雩帝用盛樂乃命百縣雩祀百辟卿士有益於民者以祈穀實雩所以求雨其為祈穀正祭可知又仲春祭社稷亦為祈穀祈穀有此二祭則夏正之郊必不以祈穀為重矣肅謂寅月郊專以祈穀非也案金說是也周制冬至圜丘祭昊天以帝嚳配夏正南郊祭蒼帝以后稷配鄭義根據經記不可易也王肅謂冬至圜丘通名郊其說本史記封禪書及西漢諸儒非必不可通而合圜丘南郊為一帝皆配以稷則妄說也又案依郊特牲大報天之文則南郊之祭蓋以受命帝為主餘四帝亦配食然不得與受命帝並尊故鄭說南郊唯以受命帝為言受命帝謂於大微五帝中特尊其德運之帝也淮南子齊俗訓許注引鄒子云五德之次從所不勝故虞土夏木殷金周火呂氏春秋應同篇史記封禪書及漢書郊祀志載張倉公孫臣賈誼兒寬說並同五行大義引春秋感精符漢書律曆志引劉歆三統曆及郊祀志引劉向說五德並以相生為次虞土夏金殷水周木二說不同鄭從三統故謂周受命帝為卽蒼帝靈威仰大傳孔疏引春秋元命苞說與鄭同王肅私定家語亦謂周以木德王而說郊帝則又不從鄭說故祭法孔疏引王肅難鄭云案易帝出乎震震東方生萬物之初故王者制之初以木德王天下非謂木精之所生五帝皆黃帝之子孫各改號代變而以五行為次焉何大微之精所生乎又郊祭鄭玄云祭感生之帝唯祭一帝耳郊特牲何得云郊之祭大報天而主日又引馬昭申鄭云王者禘其祖之所自出以其祖配之案文自了不待師說則始祖之所自出非五帝而誰河圖云姜原履大人之跡生后稷大任夢大人感而生文王又中候云姬昌蒼帝子經緯所說明文又孝經云郊祀后稷以配天則周公配蒼帝靈威仰漢氏及

魏據此義而各配其行易云帝出乎震自論八卦養萬物於四時不據感生所出也孫星衍申鄭難王云商頌小序言長發大禘也其詩云帝立子生商又云玄王桓撥鄭箋云帝黑帝也承黑帝而生子故謂契爲玄王又云禮記曰王者禘其祖之所自出以其祖配之是謂也考商頌即有玄王之號又有帝立之說則感生帝見于經文春秋繁露云天將授文王主地法文而王祖錫姓姬氏謂后稷母姜原履天之跡而生后稷故帝使禹皐論性知周之德陰德也故以姬爲姓周王以女書姬故天道各以其類動非聖人孰能明之五經異義云詩齊魯韓春秋公羊說聖人皆無父感天而生說文云姓人所生也古之神聖母感天而生子故稱天子繹商頌之文稱契母有娀方將周詩亦云厥初生民時維姜嫄爾雅釋詩履帝武敏云武迹也敏拇也爾雅周公所作繼子夏諸人增補亦周末之書既以敏爲拇亦以姜嫄有履迹之事矣案孫說足申鄭義但鄭謂圜丘祭北辰耀魄寶郊祭感生帝靈威仰諸名本於緯書王肅難之持論自正然德運終始之說其原甚古王者之興自當各有受命之帝蓋圜丘昊天爲天之全體百王同尊南郊上帝則於五天帝之中獨尊其德運之帝以示受命之所由此亦聖人治神制禮之精義特不必爲感生之說耳史記封禪書云秦襄公既居西垂自以爲主少皞之神作西時祠白帝此雖與受命帝不同然亦足證周特尊蒼帝之說此注謂郊祀受命帝不云感生帝說自純正此經凡言天者皆謂昊天言上帝者皆謂受命帝言五帝者謂五色之帝三者尊卑不同而同爲天帝則一蓋非天不可以稱帝也揆之經義周南郊祀受命帝當祀天帝之大皞鄭注月令誤以大皞爲人帝而別據緯書爲釋其說固不塙而周有受命帝之祭則固不誤也五帝名號及六天之說並詳小宗伯疏郊與圜丘異同詳後疏又案禮記及春秋所言郊禮又有魯禮與周不甚同郊特牲孔疏云魯之郊祭師說不同崔氏皇氏用王肅之說

以魯冬至郊天至建寅之月又郊以祈穀故左傳云啓蟄而郊又云郊祀后稷以祈農事是二郊也若依鄭說則異於此也魯唯一郊不與天子郊天同月轉卜三正故穀梁傳云魯以十二月下辛卜正月上辛若不從則以正月下辛卜二月上辛若不從則以二月下辛卜三月上辛若不從則止故聖證論馬昭引穀梁傳以答王肅之難是魯一郊則止或用建子之月郊則此云日以至及宣三年正月郊牛之口傷是也或用建寅之月則春秋左傳云郊祀后稷以祈農事是也但春秋魯禮也無建丑之月耳若杜預不信禮記不取公羊穀梁魯唯有建寅郊天及龍見而雩今案魯郊轉卜三正春秋經傳有明文鄭說塙不可易左哀十三年傳子服景伯曰魯將以十月上辛有事于上帝先王季辛而畢此又似有建酉月之祭其禮無徵孔疏謂是虛言理或然也此魯禮雖與周郊禮不相涉而後儒每多淆混謹附攷其略於此云孝經說曰祭天南郊就陽位是也者通典吉禮引孝經鉤命決有此文檀弓孔疏引鄭志張逸問禮注云書說書說何書也荅曰尚書緯也當爲注時在文網中嫌引秘書故諸所牽圖讖皆謂之說故此職及大祝夏官敘官校人注引孝經緯馮相氏注引樂緯並稱說也孝經緯義與郊特牲同引之者證必於南郊之義賈說云郊所感帝用樂與祭五帝不異以其所郊天亦是五帝故也

乃奏大蔟歌應鍾舞咸池以祭地示大蔟陽聲第二應鍾爲之合咸池大咸也地祇所祭於北郊謂神州之神及社稷

疏 乃奏大蔟歌應鍾舞咸池以祭地示者漢書郊祀志匡衡奏述此經作歌太蔟舞咸池以竢地祇案奏大蔟爲金奏不當云歌以祭地示亦冢上以祭爲文祭不當作竢匡所述非元文也賈疏云地示卑於天神故降用大蔟陽聲第二及咸池也注云大蔟陽聲第二應鍾爲之合者大蔟寅與應鍾亥合也詳大師疏云咸池大咸也者前注同云地祇所祭於北郊謂神州之神及社

稷者此亦注用今字作祇也下並同賈疏云以其下文若樂八變者是崐崘大地卽知此地祇非大地也是神州之神可知知及社稷者以六冕差之社稷雖在小祀若薦祭言之大宗伯云以血祭祭社稷五祀五嶽用血與郊同又在五嶽之上故知用樂亦與神州同謂若日月星與五帝同也金鶚云鼓人云以路鼓鼓社祭社祭與神祀鬼享連文乃祭地之通稱大司樂以地該社鼓人以社該地彼此互見案北郊神州詳典瑞疏

乃奏姑洗歌南呂舞大磬以祀四望 姑洗陽聲第三南呂爲之合四望五嶽四鎮四竇此言祀者司中司命風師雨師或亦用此樂與 疏 以祀四望者賈疏云四望又卑於神州故降用陽聲第三及用大磬也 注云姑洗陽聲第三南呂爲之合者姑洗辰與南呂酉合也詳大師疏云四望五嶽四鎮四竇者釋文云竇本又作瀆案竇卽瀆之借字大宗伯注正作瀆漢書郊祀志王莽說此經合樂云四望蓋謂日月星海也三光高而不可得親海廣大無限界故其樂同案莽蓋因此四望言祀故謂其兼有天神然其說非也詳大宗伯疏云此言祀者司中司命風師雨師或亦用此樂與者賈疏云以此上下更不見有司中等用樂之法又案大宗伯天神云祀地祇云祭人鬼云享四望是地祇而不云祭而變稱祀明經意本容司中等神故變文見用樂也無正文故云或與以疑之也詒讓案四望山川皆地示而與地示不同樂則知司中司命風師雨師雖天神亦容不與天神同樂故鄭別以尊卑之次約之疑其與四望同樂也

乃奏蕤賓歌函鍾舞大夏以祭山川 蕤賓陽聲第四函鍾爲之合函鍾一名林鍾 疏 以祭山川者謂中小山川祭自貍沈始者也 注云蕤賓陽聲第四函鍾爲之合者蕤賓午與函鍾未合也詳大師疏云函鍾一名林鍾者以此經六祭之樂奏與歌之律並取合辰相配林鍾爲蕤賓之合此以函鍾配蕤賓故知函鍾卽

林鍾大師說六同亦有函鍾無林鍾也唐郊祀錄引三禮義宗云函鍾卽林鍾也函鍾以函容爲義**乃奏夷則歌小呂舞大濩以享先妣**夷則陽聲第五小呂爲之合小呂一名中呂先妣姜嫄也姜嫄履大人跡感神靈而生后稷是周之先母也周立廟自后稷爲始祖姜嫄無所妃是以特立廟而祭之謂之閟宮閟神之【疏】乃奏夷則歌小呂舞大濩以享先妣者賈疏云案祭法王立七廟考廟王考廟皇考廟顯考廟祖考廟皆月祭之二祧享嘗乃止不見先妣者以其七廟外非常故不言若祭當與二祧同亦享嘗乃止若追享自然及之矣案周祭先妣廟禮經無文依賈說則四時及禘祫皆有祭詩魯頌閟宮孔疏則云先妣立廟非常月朔四時祭所不及其祭時節禮無明文或因大祭而則祭之也通典吉禮二云周祭先妣之廟四時薦禘祫與七廟皆祭又引高堂隆議魏文思后依周姜嫄廟禘祫宋書禮志朱膺之議亦云閟宮之祀高堂隆趙怡並云周人祫歲俱祫祭之案高堂隆議似以姜嫄惟配禘祫而時享不及卽孔沖遠所本而依杜說則禘祫之外四時有薦而無祭與賈說又微不同古經無可質證未能定其孰是管子輕重己篇說夏至天子祭太宗又云出祭王母或卽指先妣之祭與至漢書郊祀志王莽改祭祀以天地合祀先祖配天先妣配地其說不經非古禮也賈疏又云若然分樂序之尊者用前代其先祖先妣服衮冕山川百物用玄冕今用樂山川在先妣上者以其山川外神是自然之神先祖生時曾事之故樂用前代無嫌案賈說非也此六舞配天神地示人鬼皆以時代先後自相次不爲尊卑之等又此祭先妣舞大濩蓋亦文武干羽兼備春秋隱五年經考仲子之宮初獻六羽公羊何注云婦人無武事獨奏文樂穀梁范注義同以此經覈之何范說疑未塙 注云夷則陽聲第五小呂爲之合者夷則申與小呂巳合地詳大師疏云小呂一名中呂者以中呂爲夷則之合此以小呂配

夷則故知小呂卽中呂大師六同亦有小呂無中呂也孔廣森云小呂三寸三分強倍而用之六寸六分強周禮中呂皆稱小呂據其未倍時本於諸管爲最短故得小呂之名據其旣倍者言之則長短居三呂之中故或謂之中呂云先妣姜嫄也姜嫄履大人跡感神靈而生后稷者釋文云嫄本亦作原案原嫄字同大戴禮記帝繫篇云帝嚳卜其四妃之子而皆有天下上妃有邰氏之女也曰姜嫄氏產后稷史記周本紀云周后稷名弃其母有邰氏女曰姜原爲帝嚳元妃姜原出野見巨人跡心忻然說欲踐之踐之而身動如孕者居期而生子號曰后稷釋文別本與史記同詩大雅生民篇云厥初生民時維姜嫄生民如何克禋克祀以弗無子履武帝敏歆攸介攸止載震載夙載生載育時維后稷鄭彼箋云姜姓者本炎帝之後有女名嫄當堯之時爲高辛氏之世妃帝上帝也敏拇也姜嫄祀郊禖之時時則有大神之跡姜嫄履之不能滿履其拇指之處心體歆歆然如有人道感己者於是遂有身後則生子是爲后稷是姜嫄感神靈生后稷之事賈疏云詩云履帝武敏歆毛君義與史記同以爲姜嫄帝嚳妃履帝武敏歆謂履帝嚳車轍馬跡生后稷后稷爲帝嚳親子鄭君義依命曆序帝嚳傳十世乃至堯后稷爲堯官則姜嫄爲帝嚳後世妃而言履帝武敏歆者帝謂天帝也是鄭解巨人跡與毛異也詩生民孔疏引鄭志趙商問此箋云帝上帝又云當堯之時姜嫄爲高辛氏世妃意以爲非帝嚳之妃史記嚳以姜嫄爲妃是生后稷明文皎然又毛亦云高辛氏帝苟信先籍未覺其偏隱是以敢問易毛之義答曰卽姜嫄誠帝嚳之妃履大人之迹而歆歆然是非眞意矣乃有神氣故意歆歆然天下之事以前驗後其不合者何可悉信是故悉信亦非不信亦非稷稚於堯堯見爲天子高辛與堯並在天子位乎又引張融申鄭義云稷契年稚於堯堯不與嚳並處帝位則稷契焉得爲嚳子乎若使稷契必嚳子如史記是堯之兄弟也堯有賢弟七

十不用須舜舉之此不然明矣詩之雅頌姜嫄履迹而生爲周始祖
有娀以玄鳥生商而契爲玄王卽如毛傳史記之說嚳爲稷契之父
帝嚳聖夫姜嫄正妃配合生子人之常道則詩何故但難其母不美
其父而云赫赫姜嫄其德不回上帝是依是生后稷周魯何殊特立
姜嫄之廟乎案賈孔及張融說皆深得鄭恉呂氏春秋愼勢篇云神
農十七世有天下則帝嚳傳十世當非歲緯之妄說姜嫄非嚳妃鄭
說與大戴禮毛詩傳史記及生民疏引馬融王肅說並絕異然以年
代校之義似允協古事茫昧羣言殽亂姑兩存之以竢覈定云是周
之先母也者爾雅釋親云母爲妣說文女部云妣歿母也姜嫄生后
稷爲周始祖之母故謂之先妣也云周立廟自后稷爲始祖姜嫄無
所妃是以特立廟而祭之者釋文云妃本亦作配賈疏云凡祭以其
妃配周立七廟自后稷已下不得更立后稷七廟故姜嫄無所妃也
以其尊敬父母故特立婦人之廟而祭之云謂之閟宮閟神之者詩
魯頌閟宮云閟宮有侐實實枚枚赫赫姜嫄其德不回毛傳云閟閉
也先妣姜嫄之廟在周常閉而無事孟仲子曰是禖宮也鄭箋云閟
神也姜嫄神所依故廟曰神宮孔疏云釋詁云毖神溢愼也閟與毖
字異音同故閟爲神也詒讓案毛以姜嫄爲周先妣與鄭此注同惟
訓閟爲閉爲異鄭此注與箋詩同也至毛傳引孟仲子說以閟宮爲
禖宮攷毛詩生民傳云古者必立郊禖焉玄鳥至之日以大牢祠于
郊禖天子親往后妃率九嬪御箋云禋祀上帝於郊禖月令郊禖作
高禖鄭注則云燕以施生時來巢人堂宇而孚乳嫁娶之象也媒氏
之官以爲候高辛氏之世玄鳥遺卵娀簡吞之而生契後王以爲媒
官嘉祥而立其祠焉依詩傳箋說則郊禖爲祀天御覽禮儀部引五
經異義亦謂王者一歲七祭天郊禖爲其一月令及生民疏述鄭記
焦喬說則謂古者祭天而以先媒配之至高辛以後改以高辛之君
配之諸說雖差異要郊媒與周祀先妣之宮不同仲子之說自是別

解毛鄭皆不從也。乃奏無射歌夾鍾舞大武以享先祖無射陽聲之下也夾鍾爲之合夾鍾一名圜鍾先祖謂先王先公

疏乃奏無射歌夾鍾舞大武以享先祖者謂宗廟時享也通典吉禮三云王三獻后薦朝事之豆籩堂上以夾鍾之調歌堂下以無射之調作大武之樂以後王及后每獻皆作樂如初九獻之後王降冕而緫干舞大武之樂以樂尸案杜以奏屬堂下歌屬水上及舞在獻畢說並得之但奏以迎尸歌以降神並當在二祼之前杜謂三獻始作樂說尚未審耳又玉海音樂引崔靈恩說及通典並謂禘樂亦用此案明堂位記魯禘用大夏大武二舞祭統說魯大嘗禘樂同蓋以大武爲主而以大夏配之左襄十年傳所謂魯有禘樂賓祭用之魯樂卽周樂也其祫樂則別見後與此不同注云無射陽聲之下也夾鍾爲之合者陽律六無射爲末故云陽聲之下無射戌與夾鍾卯合也詳大師疏云夾鍾一名圜鍾者據下經賈逵說詳後疏云先祖謂先王先公者賈疏云鄭據司服而言但司服以先王先公服異故別言此則知先王先公樂同故合說以其俱是先祖故也

凡六樂者文之以五聲播之以八音六者言其均皆待五聲八音乃成也播之言被也故書播爲藩杜子春云藩當爲播讀如后稷播百穀之播

疏凡六樂者文之以五聲播之以八音者此言六樂當調以聲音也大師說十二律亦有此文義並同互詳彼疏注云六者言其均皆待五聲八音乃成也者均猶言調也說文音部云音聲也生於心有節於外謂之音宮商角徵羽聲也絲竹金石匏土革木音也賈疏云謂若黃鍾爲宮自與已下徵商羽角等爲均其絲數五聲各異也或解以爲均謂樂器八音之等若然何得先云言其均始云皆待五聲八音乎明言其均者以爲六者各據其首與下四聲爲均故云皆待五聲八音乃成也云播之言被也者播被聲之轉段玉裁云播音轉則

八歌戈部是以樂播既豬播卽潘堂古音被讀如婆去聲漢志魯國蕃縣音皮皮古音如婆案段說是也被者取布之樂器以發其音之義大師注云播猶揚也揚與被義亦相成云故書播爲藩杜子春云藩當爲播播讀如后稷播百穀之播者杜據大師亦云播之以八音故不從故書也惠棟云古藩字亦作播尚書大傳五行傳云播國率相行事鄭注云播讀爲藩段玉裁云說文播潘從番聲藩從潘聲是三字聲類同古音同在元寒部也此云當爲者改其字又云讀如者既改爲播字則說播之音義如是也說文曰播種也一曰布也種布二義相同

凡六樂者一變而致羽物及川澤之示再變而致贏物及山林之示三變而致鱗物及丘陵之示四變而致毛物及墳衍之示五變而致介物及土示六變而致象物及天神

變猶更也樂成則更奏也此謂大蜡索鬼神而致百物六奏樂而禮畢東方之祭則用大蔟姑洗南方之祭則用蕤賓西方之祭則用夷則無射北方之祭則用黃鍾爲均焉每奏有所感致和以來之凡動物敏疾者地祇高下之甚者易致羽物既飛又走川澤有孔竅者蛤蟹走則遲墳衍孔竅則小矣是其所以舒疾之分上祇原隰及平地之神也象物有象在天所謂四靈者天地之神四靈之知非德至和則不至禮運曰何謂四靈麟鳳龜龍謂之四靈龍以爲畜故魚鮪不淰鳳以爲畜故鳥不獝麟以爲畜故獸不狘龜以爲畜故人情不失

【疏】凡六樂者一變而致羽物及川澤之示者以下並申論上文致鬼神示及作動物之事六物與地示天神同致則亦謂物鬽也李光地云此承上而論爲樂感召之理以起下六變九變之端也黃以周云一變至六變皆曰致物一變至五變又曰致示六變又曰致神上文所謂大合樂以致鬼神示以作動物是也而此節

意主作動物而言故致物文在神示之上賈疏云此一變至六變不同者據難致易致前後而言案大司徒五地之物生動植俱有此俱言動物不言植物者據有情可感者而言也　注云變猶更也樂成則更奏也者說文攴部云變更也文選東京賦薛綜注云凡樂一變者舞八終六變者舞六終終成也賈疏云燕禮云終尚書云成此云爲一成則更奏玉海音樂引三禮義宗云凡樂九變者舞九終八變變孔注尚書云九奏而致不同者凡樂曲成則終終則更奏各據終始而言是以鄭云樂成是更奏也云此謂大蜡索鬼神而致百物者以六樂致六物與大宗伯地示百物之祭相應也大蜡索鬼神黨正文詳黨正及大宗伯疏李光地云注以此六變爲大蜡之樂特因上下各言鬼神示之祀中閒乃及百物緣文生義爲此說爾無所據也夫大蜡而用樂則有之矣其索物而致之感通之理當與此同然考之經則祭蜡而歠豳頌擊土鼓以息老物蓋籥章之掌非大司樂之司也且經文上蒙六樂故知是通言樂理非指蜡祭其及于百物者因此與下節皆論鬼神示之感而邦國萬民賓客遠人之屬乃是同類感應易曉故言此以備作動物之意猶虞書既言神人以和而必終之以百獸率舞者爾非自爲一事也吳廷華云經本合天神土示山川而大槩言之鄭因六變俱有致物之文與郊特牲索饗萬物相符故謂之蜡然據神仕職云以冬日至致天神人鬼以夏日至致地示物鬽注以鬽爲百物之神是祭地示即有致物義何獨言蜡郊特牲言蜡亦未聞有天神也案李吳說是也云六奏樂而禮畢者唐郊祀錄引崔靈恩云蜡者索也而索者盡也大盡天地四方之神而祭之故其樂亦盡用四方之調凡四方之十二神則有十二律此爲六調但舉陽律陰配可悉以合天地四方之神故終數不過六也詒讓案鄭謂此經爲大蜡而經止有六變之樂故謂大蜡之禮樂六奏而畢崔氏又曲爲申釋然非經意也云東方之祭則用大蔟姑洗者大

蔟寅氣姑洗辰氣並位在東方故東方祭用之也東方律尚有夾鍾此不言者上分樂而序之亦無夾鍾故鄭不數也云南方之祭則用蕤賓者蕤賓午氣位在南方故南方祭用之也云西方之祭則用夷則無射者夷則申氣無射戌氣並位在西方故西方祭用之也云北方之祭則用黃鍾爲均焉者黃鍾子氣位在北方故北方祭用之也自大蔟以下並以其律爲均均亦即調也賈疏云此鄭知四方各別祭用樂不同者以郊特牲云八蜡以記四方又云四方年不順成八蜡不通順成之方其蜡乃通是四方各有八蜡故知四方用樂各別也吳廷華云蜡樂與郊廟之祭不同此經所謂六樂蓋承上雲門咸池等六代之樂言之非大蜡樂鄭以六律爲六樂以配四方春秋各二律冬夏各一律刪去六呂不用自古樂律未有舍陰用陽如此者鄭特以意爲湊合爾案吳說是也云每奏有所感致和以來之者賈疏云總釋地祇與動之神物雖有遲疾皆由以樂和感之云凡動物敏疾者地祇高下之甚者易致羽物既飛又走川澤有孔竅者蛤蟹走則遲墳衍孔竅則小矣是其所以舒疾之分者此並鄭以意說六等之物致之先後舒疾之義云土祇原隰及平地之神也者此亦注用今字作祇也賈疏云鄭知土祇中有原隰者案大司徒有五地山林已下有原隰今此則經上已說川澤山林丘陵及墳衍說惟不言原隰故此土祇中有原隰可知也又土祇中有平地者案大宰九職云一曰三農生九穀後鄭以三農者原隰及平地以其生九穀故知此土祇中非直有原隰亦有平地之神也若然不言原隰而云土祇者欲見原隰中有社稷故鄭君駁異義云五變而致土祇土祇者五土之總神謂社是以變原隰言土祇郊特牲云社祭土而主陰氣是社稱土祇故鄭云土神也案大司徒山林宜毛物川澤宜鱗物丘陵宜羽物墳衍宜介物原隰宜嬴物此經則以羽物配川澤嬴物配山林鱗物配丘陵毛物配墳衍介物配土祇與大司徒文不類者彼以

所宜而言此據難致易致而說故文有錯綜不同也案月令孟冬云祈來年於天宗鄭注云此周禮所謂蜡也天宗日月星鄭以月令祈於天宗謂之蜡則此天神亦是日月星辰非大天神以蜡祭所祭衆神祭卑不可援尊地神惟有土祇是以知無天地大神也詒讓案原隰及平地之神即王社侯社置社之神詳大宗伯小宗伯疏云象物有象在天所謂四靈者者謂四靈象應天之四宮龍青龍鳳朱鳥龜玄武惟麟無所屬攷禮運孔疏引五經異義左氏說麟中央軒轅大角之獸陳欽說麟是西方毛蟲許同左氏義鄭駁不從蓋亦以麟爲西方獸若然西宮白虎亦麟之象也但四靈已在毛羽麟介四物之內不當別爲象物且若依鄭說此爲蜡祭則彼迎百物未聞及四靈此說殆非也蓋上五物皆生物之彰與人相近此象物則時見形象本無生性若夔罔象之屬是也以其與人尤遠故與天神同六變致耳云天地之神四靈之知非德至和則不至者明此象物及天神致之最後非至和則不感也曾釗云賈說未安案下經奏樂于圜丘六變則天神皆降可知此天神即祭圜丘之神矣土示亦即祭方澤之示彼八變此五變者彼就奏以降神而言故有不減之樂節此就神自致而言故五變而已見其昭假之無閒也案曾謂此天神土示通圜丘方丘得之今攷當亦兼南北二郊等大神示而言賈疏據月令祈來年於天宗注謂蜡祭日月星無天地大神蓋沿鄭說之誤引禮運者釋文云矞本又作獝亦作狘案今本禮記作獝彼釋文亦作矞與此同鄭彼注云矞之言閃也獝狘飛走之貌也失猶去也龜北方之靈信則至矣此引之者釋四靈之名

周禮正義卷四十二

瑞安孫詒讓學

凡樂圜鍾爲宮黃鍾爲角大蔟爲徵姑洗爲羽靁鼓靁鼗孤竹之管雲和之琴瑟雲門之舞冬日至於地上之圜丘奏之若樂六變則天神皆降可得而禮矣凡樂函鍾爲宮大蔟爲角姑洗爲徵南呂爲羽靈鼓靈鼗孫竹之管空桑之琴瑟咸池之舞夏日至於澤中之方丘奏之若樂八變則地示皆出可得而禮矣凡樂黃鍾爲宮大呂爲角大蔟爲徵應鍾爲羽路鼓路鼗陰竹之管龍門之琴瑟九德之歌九磬之舞於宗廟之中奏之若樂九變則人鬼可得而禮矣此三者皆禘大祭也天神則主北辰地祇則主崑崙人鬼則主后稷先奏是樂以致其神禮之以玉而祼焉乃後合樂而祭之大傳曰王者必禘其祖之所自出祭法曰周人禘嚳而郊稷謂此祭天圜丘以嚳配之圜鍾夾鍾也夾鍾生於房心之氣房心爲大辰天帝之明堂函鍾林鍾也林鍾生於未之氣未坤之位或曰天社在東井輿鬼之外天社地神也黃鍾生於虛危之氣虛危爲宗廟以此三者爲宮用聲類求之天宮夾鍾陰聲其相生從陽數其陽無射無射上生中呂中呂與地宮同位不用也中呂上生黃鍾黃鍾下生林鍾林鍾地宮又不用林鍾上生大

蔟大蔟下生南呂南呂與無射同位又不用南呂上生姑洗地宮林鍾林鍾上生大蔟大蔟下生南呂南呂上生姑洗人宮黃鍾黃鍾下生林鍾林鍾地宮又辟之林鍾上生大蔟大蔟下生南呂南呂與天宮之陽同位又辟之南呂上生姑洗姑洗南呂之合又辟之姑洗下生應鍾應鍾上生蕤賓蕤賓地宮林鍾之陽也又辟之蕤賓上生大呂凡五聲宮之所生濁者爲角清者爲徵羽此樂無商者祭尚柔商堅剛也鄭司農云雷鼓雷鼗皆謂六面有革可擊者也雲和地名也靈鼓靈鼗四面路鼓路鼗兩面九德之歌春秋傳所謂水火金木土穀謂之六府正德利用厚生謂之三事六府三事謂之九功九功之德皆可歌也謂之九歌也玄謂雷鼓雷鼗八面靈鼓靈鼗六面路鼓路鼗四面孤竹竹特生者孫竹竹枝根之末生者陰竹生於山北者雲和空桑龍門皆山名九聲讀當爲大韶字之誤也

疏凡樂者此辨三大祭用樂之異也賈疏云此三者皆用一代之樂類上皆是下神之樂云圜鍾爲宮黃鍾爲角大蔟爲徵姑洗爲羽者三大祭之樂皆首舉四調者爲歌奏之通均也云靁鼓靁鼗者金奏用鍾鼓也下管亦奏鼗鼓云孤竹之管者下管也云雲和之琴瑟者升歌時鼓琴瑟以歌詩也此三大祭所歌詩唯下文宗廟云九德之歌圜丘方丘歌詩未聞凡樂節升歌在下管前此經先言管後言琴瑟者文不次也云雲門之舞者與舞也凡舞在合樂之後燕禮記云遂合鄉樂若舞則勺注云勺頌篇既合鄉樂萬舞而奏之是也賈疏云天用雲門地用咸池宗廟用大韶者還依上分樂之次序尊者用前代卑者用後代爲差也云冬日至者春秋經所謂日南至於周爲孟春而云冬者據夏正中冬月凡此經四時並用夏正周書周月篇云巡守祭享猶自夏焉是也賈疏云禮天神必於冬至禮地祇必於夏至之日者以天是陽地是陰冬至一陽生夏至一陰生是以還於陽生陰生之日祭之也至於郊天必於建寅者以其郊所感帝以祈穀實取三陽

爻生之日萬物出地之時若然祭神州之神於北郊與南郊相對雖無文亦應取三陰爻生之月萬物秀出之時也案二至祭天地鄭注不辨月日賈謂必於二至日御覽禮儀部引五經異義賈逵說同今攷郊特牲云郊之用辛也周之始郊日以至鄭彼注以爲魯郊用冬至之月辛日與此圜丘之祭雖無涉然謂用冬至則同依鄭彼注用辛似謂用冬至之月故郊特牲孔疏云案聖證論王肅與馬昭之徒或云祭天用冬至之日或云用冬至之月據周禮似用冬至之日據禮記郊日用辛則冬至不恆在辛似用冬至之月張融云祀大神率執事而卜日圜丘既卜日則不得正用冬至之日鄭注云以建子之月郊天用辛日者當齋戒自新如鄭此言是亦不用冬至日也曲禮疏引崔靈恩說則謂圜丘用冬至日不皆用辛金榜亦云春官凡以神仕者以冬日至致天神人鬼以夏日至致地示物鬽注云致人鬼于祖廟致物鬽于墠壇蓋用祭天地之明日鄭君實据至月言之今案張融金榜說足申鄭義此經二至祭圜丘方丘猶左桓五年傳云啓蟄而郊夏正之郊不必正在啓蟄之日則圜丘方丘亦不必正在二至之日矣又柞氏云夏日至令刊陽木而火之冬日至令剝陰木而水之薙氏掌殺草云夏日至而夷之冬日至而耜之此皆必不能限以一日者以經證經則二至之祭謂其月自無疑義云於地上之圜丘奏之者於經例當作于石經及各本並誤下方丘宗廟同說文□部云圜天體也爾雅釋丘云非人爲之丘金鶚云圜丘非人所築之壇周禮不徒言圜丘而言地上之圜丘正以眀其非壇也山高在地之上故曰地上若除地爲壇不得謂之地上矣賈疏云案爾雅土之高者曰丘取自然之丘者圜象天圜既取丘之自然則未必要在郊無問東西與南北方皆可案圜丘方丘賈謂並取自然之丘未必在郊亦無論方位郊特牲疏引馬昭說同孔則云圜丘所在雖無正文應從陽位當在國南故魏氏之有天下營委粟山爲圜丘在洛陽

南二十里然則周家亦在國南但不知遠近者案孔說與賈不同以孔為長秦壇祭受命帝明堂祭五帝並在南郊則圜丘祭昊天亦在南郊明矣漢魏諸儒並謂圜丘在南郊故多并郊丘為一祀史記封禪書又說秦八神有天主之祭云天好陰祠之必於高山之下小山之上命曰時蓋亦放此經圜丘之制而義小異又案此奏之總冢上鼓管琴瑟舞為文周書本典篇云故奏鼓以章樂奏舞以觀禮奏歌以觀和明凡與樂通得稱奏與上文歌奏對文為專屬金奏異也云若樂六變者賈疏云言六變八變九變者謂在天地及廟庭而立四表舞人從南表向第二表為一成一成則一變從第二至第三為二成從第三至北頭第四表為三成舞人各轉身南向於北表之北還從第一至第二為四成從第二至第三為五成從第三至南頭第一表為六成則天神皆降若八變者更從南頭北向第二為七成又從第二至第三為八成地祇皆出若九變者又從第三至北頭第一為九變人鬼可得禮焉此約周之大武象武王伐紂故樂記云且夫武始而北出再成而滅商三成而南四成而南國是疆五成而分陝周公左召公右六成復綴以崇其餘大濩已上雖無滅商之事但舞人須有限約亦應立四表以與舞人為曲別也詒讓案經云樂六變八變九變者皆謂金奏升歌下管閒歌合樂與舞諸節各如數而小成如九德之歌即升歌之九終九韶即舞之九變也蓋祭初樂作不過金奏六變八變九變而鬼神示已出降本不待合舞之後而賈專據舞變言之義亦未析唐郊祀錄引三禮義宗云凡樂之變數皆取所用宮之本數為終夾鍾在卯卯數六故用六變而畢林鍾在未未數八故以八變而止黃鍾在子子數九故九變為終也所以用其數為終者凡樂以律均取其中聲之調各得其辰中和故及其辰終數也江永云揚雄太玄之數子午為九丑未為八寅申為七卯酉為六辰戌為五巳亥為四亦即聲律之數也是以黃鍾為宮者其數九大磬

之樂亦九變而終林鍾爲宮者其數八咸池之樂亦八變而終夾鍾爲宮者其數六雲門之樂亦六變而終案江說與崔氏義宗說足互相發明江謂雲門之樂六變而終咸池之樂八變而終大磬之樂九變而終說本劉歆劉又引書簫韶九成及此經九磬以證大磬之終於九其說近是若然依樂記說大武蓋亦六變而終又呂氏春秋古樂篇云禹命皋陶作夏籥九成則大夏蓋亦九變而終惟大濩變數無攷至上文說六樂一變至六變各有所致彼總冡上六樂爲文而止於六變者蓋彼據中祀以下不用備樂故至多者六變而終與此大祀用盛樂不同也賈據樂記說大武六成之義以釋此經六變八變九變之文樂記孔疏引熊安生說六成義同卽賈所本也黃以周云熊說大武立四表昉諸大司馬田獵之法田獵立表自南始故以至北之表爲後表而田獵之行自北始故鄭注以初鼓及表自後表前至第二又鼓及表自第二前至第三三鼓及表自第三前至前表四鼓而退及表自前表至後表準鄭此注則武始北出自北表前出至第二表再成自第二至第三表所謂再始以著往也三成而南自第三前至南表所謂周德自北而南也四成而南國是疆自南表回至第三表所謂復亂以飭歸也至六成又自第二回至北表復綴以崇所謂樂終而德尊也至圜丘奏樂六變用雲門方丘奏樂八變用咸池宗廟奏樂九變用九磬其舞之行列未必同於大武賈疏仍以大武約之固未必然又因九變欲至北表以象歸遂謂武舞北出自南起更屬難信案雲門咸池大磬舞位今無可攷熊賈據樂記北出之文謂舞位從南始黃氏則據大司馬注義謂當從北始其說亦通旣無可質諧姑兩存之云則天神皆降可得而禮矣者明大祭備享衆神禮運云祀帝于郊而百神受職是其義也賈疏云天地及宗廟並言皆降皆出皆至者以祭尊可以及卑故禮記云大報天而主日配以月是其神多故云皆也云夏日至於澤中之方丘奏之者中夏

日北至於周爲孟秋賈疏云因高以事天故於地上因下以事地故於澤中取方丘者水鍾曰澤不可以水中設祭故亦取自然之方丘象地方故也金鶚云周禮不徒曰方丘而曰澤中之方丘丘下在澤之中故曰澤中若封土爲壇不得謂之澤中矣詒讓案方丘亦當與泰折同在北郊史記封禪書說秦八神地主之祭云地貴陽祭之必於澤中圜丘云此秦制之謬與此經正相反也云九德之歌者唐郊祀錄引三禮義宗云宗廟之中又別有九德之歌者顯宗廟之祭所歌之詞皆是揚宗廟之德故加以九德彰明先祖之德章成九功之義賈疏云以人神象神生以九德爲政之具故特異天地之神也云於宗廟之中奏之者賈疏云不言時節者天地自相對而言至此宗廟無所對謂祫祭也但殷人祫於三時周禮惟用孟秋之月爲之則公羊云大事者何大祫也毀廟之主陳于大祖未毀廟之主皆升合食于大祖是也云若樂九變則人鬼可得而禮矣者賈疏述經人鬼下有皆至二字疑唐時別本如是石經及舊刻本並無

注云此三者皆禘大祭也者明此三者爲最大之祭詩周頌孔疏引鄭志云禘大祭天人共之是也賈疏云案爾雅云禘大祭不辨天神人鬼地祇則皆有禘稱也祭法云禘黃帝之等皆據祭天於圜丘大傳云王者禘其祖之所自出據夏正郊天論語禘自旣灌據祭宗廟是以鄭云三者皆禘大祭也詒讓案此天神之祭爲圜丘祭昊天地示之祭爲方丘祭大地人鬼之祭爲大祫通謂之禘又天神有南郊祭蒼帝地示有北郊祭后土又有明堂合祭五天帝五地示人鬼有吉禘大禘五者亦通謂之禘是禘爲諸大祭之總名也云天神則主北辰者謂圜丘之禘衆天神皆從祀而以北辰爲主也冬至圜丘祭天皇大帝即北辰曜魄寶詳大宗伯疏魏書禮志游明根等議云鄭氏之義禘者大祭之名大祭圜丘謂之禘者審禘五精星辰也史記封禪書引周官云冬日至祀天於南郊迎長日之至夏日至祭地祇皆用樂舞

而神乃可得而禮也是司馬遷以此圜丘爲卽南郊之祭其云迎長日之至者兼取郊特牲文也鄭則以圜丘祭昊天在冬至南郊祭受命帝在夏正月二者不同齊書禮志引王肅云周以冬祭天於圜丘以正月又祭天以祈穀祭法稱燔柴太壇則圜丘也春秋傳云啓蟄而郊則祈穀也郊特牲疏亦引聖證論王肅難鄭云郊則圜丘圜丘則郊所在言之則謂之郊所祭言之則謂之圜丘於郊築泰壇象圜丘之形以丘言之本諸天地之性故祭法云燔柴於泰壇則圜丘也郊特牲云周之始郊日以至周禮云冬日至祭天於圜丘知圜丘與郊是一也祭法孔疏云張融以圜丘卽郊引董仲舒劉向馬融之論皆以爲周禮圜丘則孝經云南郊與王肅同以上孔所引聖證論王肅張融等說並依董馬諸家義以此經圜丘卽南郊家語郊問篇注說同郊特牲疏申鄭義云王肅以郊丘是一而鄭氏以爲二者案大宗伯云蒼璧禮天典瑞又云四圭有邸以祀天是玉不同宗伯又云牲幣各放其器之色則牲用蒼也祭法又云燔柴於泰壇用騂犢是牲不同也又大司樂云凡樂圜鍾爲宮黃鍾爲角大蔟爲徵姑洗爲羽冬日至於地上之圜丘奏之若樂六變則天神皆降上文云乃奏黃鍾歌大呂舞雲門以祀天神是樂不同也故鄭以云蒼璧蒼犢圜鍾之等爲祭圜丘所用以四圭有邸騂犢及奏黃鍾之等以爲祭五帝及郊天所用又云爾雅曰非人爲之丘泰壇則人功所作是圜丘與泰壇別也孫星衍云大宰云祀五帝下又云祀大神祇掌次云旅上帝下又云祀五帝典瑞云祀天下又云旅上帝司服云祀昊天上帝下又云祀五帝按此諸文明天與五帝非一肅猶得妄謂之五人帝其大司樂云乃奏黃鍾歌大呂舞雲門以祀天神此天神必非人帝下又云凡樂圜鍾爲宮黃鍾爲角大蔟爲徵姑洗爲羽冬日至於地上之圜丘奏之明此圜丘與天神非一祭矣禮器之言圜丘祭天曰爲高必因丘陵又曰因天事天下言巡狩方嶽之祭曰因名山升

中於天下言郊祭日因吉土饗帝於郊經文及鄭注三祭甚明然則
圜丘非郊鄭依禮經肅何得非之乎爾雅非人為之丘孫炎云地性
自然也周官云地上之圜丘禮器云為高必因丘陵若郊則于四郊
小宗伯云兆五帝于四郊郊特牲云兆於南郊就陽位又云於郊故
謂之郊又云掃地而祭說文作垗云畔也為四時界祭其中引周禮
文又云時天地五帝所基址祭地按四立迎氣則于東西南北郊不
必四郊適有地上之丘垗既為祭之界亦不得謂非人為之丘圜丘
與郊豈得云一乎張融又引董仲舒劉向馬融之論皆以為周禮圜
丘則孝經云南郊與王肅同其言又謬案春秋繁露云郊因于新歲
之初又云郊因先卜不卜不敢郊是董仲舒不以郊為冬至祭圜丘
之明證肅等誣之且誣劉向馬融者蓋見漢人多議郊祀不議圜丘
因疑諸儒卽以郊為圜丘不知秦漢時固無冬至圜丘之祭秦以冬
十月為歲首故常以十月上宿郊見非因冬至郊祀志王莽奏言文
十六年冬至祠泰一夏至祠地祇并祠五帝而封禪書不載其事平
帝時王莽始按據周官天地祀之樂有別有合以立圜丘方澤之祭
以正月上辛若丁天子親合祀天墜于南郊先時諸儒所以不議圜
丘者周官經至武帝時始出復入祕府五家之儒莫得見劉歆校祕
書始著錄略莽蓋据歆之議也董仲舒劉向何由以圜丘為南郊乎
案孔孫說是也惟大宗伯云以蒼璧禮天又云牲幣放其器之色此
專據禮方明玉非祭天禮神之玉也鄭以彼為圜丘之祭與南郊玉
及牲幣並異實非經義此不足以折王也詳彼疏云地祇則主崐崘
者釋文云崐崘本作混淪案正字當作昆侖此謂方丘之神衆地亓
皆從祭而以崐崘為主也鄭以夏至方丘祭崐崘為大地之神與孟
秋北郊不同詳大宗伯疏金鶚云王制云祭天地之牛角繭栗蓋祭
地亦用犢也而國語言禘郊不過繭栗則祭地亦禘也詩序云昊天
有成命郊祀天地也祭法國語言禘皆在郊上郊兼天地則禘亦必

兼之禮運云魯之郊禘非禮也郊禘本可通稱言郊禘猶言郊也故下文祇言郊又云天子祭天地諸侯祭社稷是郊祭天又祭地也郊禘可通稱郊祭地則禘亦祭地可知曲禮天子祭天地疏云后稷配天南郊又配地北郊則周人以嚳配圜丘亦當配方澤也此說自當然則祭法所謂禘郊者本兼天地之祭注不言祭地以地統於天故略之耳案金說是也方丘與北郊異同詳典瑞疏云人鬼則主后稷者謂宗廟大祫之禘四親廟二祧毀廟先王先公及功臣皆與享而以后稷為主以后稷為周之始祖也大祫亦詳大宗伯疏云先奏是樂以致其神者明此三樂皆祭祀致神之樂也謂天神地示祭日始迎尸升壇時人鬼祭日始迎尸入室時皆先奏樂以致神使來降也漢書禮樂志云叔孫通因秦樂人制宗廟樂大祝迎神于廟門奏嘉至猶古降神之樂也蓋秦漢祭無尸而亦有降神之樂與古禮同郊特牲孔疏引皇氏說圜丘之祭云祭日之旦王立丘之東南西嚮燔柴及牲玉於丘上升壇以降其神次乃奏圜鍾之樂六變以降其神天皇之神為尊故有再降之禮次則埽地而設正祭通典吉禮說圜丘之祭云祭日之晨王服大裘而立於丘之東南西面大司樂奏圜鍾為宮以下之樂以降神次則積柴於丘壇上王親牽牲而殺之次則實牲醴玉帛而燔之謂之禋祀次乃埽於丘壇上而祭又說方丘之祭云其日王服大裘立於方丘東南西面乃奏函鍾為宮以下之樂以致其神訖王又親牽牲取血并玉瘞之以求神案皇說圜丘之祭先燔柴而後作樂降神而杜說二丘之祭則皆先作樂降神而後燔瘞二說乖異經注並無明文攷郊特牲疏引熊氏云凡大祭並有三始祭天以樂為致神始以煙為歆神始以血為陳饌始祭地以樂為致神始以血為歆神始以腥為陳饌始祭宗廟亦以樂為致神始以祼為歆神始以腥為陳饌始大宗伯賈疏說同案依熊說則祭天升煙與祭廟祼節次相當鄭此注謂宗廟作樂降神在祼前則祭天

作樂不當在燔柴後皇說之誤明矣禮運孔疏又謂禘祭無降神之樂與鄭熊說並不合亦不足據云禮之以玉而祼焉者賈疏云禮之以玉據天地而祼焉據宗廟以小宰注天地大神至尊不祼又玉人典瑞宗伯等不見有宗廟禮神之玉是以知禮之以玉據天地則蒼璧禮天黃琮禮地是也而祼焉據宗廟肆獻祼是也案賈說是也鄭意經三祭同云可得而禮而事則異天地神示皆無祼則以玉禮神人鬼無禮神之玉則以祼鬯爲禮也賈深得鄭恉但蒼璧黃琮非郊丘禮神之玉詳前郊特牲疏引皇侃說圜丘之祭設正祭後乃云置蒼璧於神坐以禮之又云無祼唯七獻通典吉禮說二丘之祭並七獻無祼其宗廟大祫禘則有祼無禮神之玉故禮運孔疏引崔靈恩說大祫云尸入室乃作樂降神大司樂云凡樂黃鍾爲宮九變而降人鬼是也乃灌當灌之時衆尸皆同在大廟中依次而灌不云有禮神之玉並與鄭義合依鄭義則大祫作此諸樂畢乃祼故經說樂訖乃云人鬼可得而禮禘與時享禮亦當同而郊特牲云殷人尙聲周人尙臭孔疏謂周四時常祭皆尙臭若大祫則仍先用樂蓋以此注爲專據大祫未知鄭意然否至通典說大祫謂先行二祼乃作此黃鍾爲宮以下之樂則顯與此注敘次違牾不可從也云乃後合樂而祭之者鄉飲酒禮注云合樂謂歌樂與衆聲俱作金鶚云合樂堂上歌詩琴瑟與堂下之樂合作其詩或雅或南其器八音畢奏此樂之終也賈疏云周之禮凡祭祀皆先作樂下神乃薦獻薦獻訖乃合樂也案賈說薦獻訖乃合樂者謂朝踐薦腥后四獻之後而合樂故前疏謂大合樂者據薦腥之後是也祭義云反饋樂成注云反饋是進孰也蓋樂合於進孰之前而闋於既進之後禮運孔疏引崔靈恩說謂四獻之後薦孰時則大合樂與賈說略同通典吉禮則謂圜丘七獻大祫九獻之後而後大合樂是在諸獻通畢之後與崔賈不合疑非也今攷合樂在饋孰之前鄭賈說與祭義合是也但謂合樂即上

文之以六律六同五聲八音六舞大合樂則不墻詳前疏依賈述鄭義凡大祭薦獻之前有降神之樂後則有合樂樂之律均及節次略同賈大師疏謂大祭祀下神合樂皆升歌清廟是則降神之樂始金奏升歌次下管閒歌至合樂與舞而終及至大合樂又備此諸節降神與合樂節次繁複無理且祭樂與饗燕樂賓之樂大致相同燕禮郊特牲說饗燕樂亦無兩次重舉則祭禮似不當如此之繁況郊特牲云殷人尚聲臭味未成滌蕩其聲樂三闋然後出迎牲是殷大祭降神之樂亦三闋而止以樂節推之蓋不過金奏三終而已而謂周人本不尚聲其宗廟降神之樂乃歌笙閒合以至大舞各備九變其繁乃過於殷禮數倍其可信乎細繹此注前云先奏是樂以致其神又云合樂而祭是蓋降神合樂兼晐通舉非謂自凡樂以下至大舞等皆專為降神之樂而合樂又當別求之他章也合樂時堂上與堂下歌樂齊奏舞則王親在舞位其禮尤為隆重然亦止具文武二舞不必備六舞上大合樂之文乃通論樂事非祭後之合樂也鄭說禮祼後有合樂得之而謂備六樂則非詳前疏又案鄭前注引虞書戛擊鳴球之文以為宗廟九奏之效應尋文究義虞書祖考來格文在戛擊鳴球搏拊琴瑟以詠之下則升歌之樂即以降神而下管諸節悉在其後以書禮經注互相推校鄭意自謂降神合樂節無重舉以次推之蓋金奏為迎尸之樂升歌為降神之樂合樂為饋獻時之樂而舞亦并作焉惟下管閒歌當薦獻何節經注並無說意者下管為二祼之樂閒歌為朝踐之樂與引大傳曰王者必禘其祖之所自出者禮記大傳云禮不王不禘王者禘其祖之所自出以其祖配之鄭彼注云凡大祭曰禘大祭其先祖所由生謂郊祀天也王者之先祖皆感太微五帝之精而生皆用正歲之正月郊祭之蓋特尊也孝經曰郊祀后稷以配天配靈威仰也宗祀文王於明堂汎配五帝也案漢書韋玄成傳引大傳文作祭義玄成釋云言始受命而王祭天以

其祖配此卽鄭大傳注所本然則彼爲南郊祭感生帝與圜丘祭昊天不同此經方說圜丘之祭不涉郊祀而鄭乃以大傳此文與祭法說圜丘之文牽連並引者蓋欲明王者祖出於天故禘郊並以祖配鄭詩大雅生民箋以姜嫄爲高辛世妃則周祖稷卽亦祖嚳天爲稷之所自出卽亦爲嚳之所自出大傳雖本言稷配郊而義可通於嚳配圜丘故先引此文以起祭法禘嚳之義與大傳注恉固無悖舊唐書禮儀志賈曾表謂此注以大傳禘爲冬至之祭譏其與大傳注遞相矛盾非也又攷詩商頌長發孔疏引鄭志趙商問大傳云王者禘其祖之所自出以其祖配之注以爲祭天皇大帝與今大傳注不同則疑鄭先定記注本以爲圜丘之祭今本記注乃後定所改此注引彼作證或用先定之義亦未可知至賈疏謂引證郊與圜丘俱是祭天之禘則經本不言郊而注乃援郊祀之文以證義鄭意必不如是矣又案大傳此文亦見喪服小記鄭皆以祭天祖配釋之而王肅聖證論則謂禘爲宗廟之禘非郊禘其說紕謬不足信近金榜則謂王者禘其祖之所自出以其祖配之下云而立四廟蓋周人祖文武祖之所自出爲主稷黃以周又據喪服傳諸侯及其太祖天子及其始祖之所自出郊特牲疏引五經異義古春秋左氏說天子之子以上德爲諸侯者得祖所自出證禘所自出爲祖廟之祭此則於經義似尚可通謹附著之云祭法曰周人禘嚳而郊稷謂此祭天圜丘以嚳配之者證圜丘之禘也祭法云有虞氏禘黃帝而郊嚳夏后氏亦禘黃帝而郊鯀殷人禘嚳而郊冥周人禘嚳而郊稷鄭注云謂祭祀以配食也此禘謂祭昊天於圜丘也祭上帝於南郊曰郊是彼禘卽此圜丘之祭故注引以爲證孔疏云知此是圜丘者以禘文在於郊祭之前郊前之祭唯圜丘耳但釋天云禘大祭以比餘處爲大祭總得稱禘案聖證論以此禘黃帝是宗廟五年祭之名故小記云王者禘其祖之所自出以其祖配之謂虞氏之祖出自黃帝以祖顓頊配黃

帝而祭故云以其祖配之依五帝本紀黃帝爲虞氏九世祖黃帝生昌意昌意生顓頊虞氏七世祖以顓頊配黃帝而祭是禘其祖之所自出以其祖配之也又王肅孔晁云虞夏出黃帝殷周出帝嚳祭法四代禘此二帝上下相證之明文也詩云天命玄鳥履帝武敏歆自是正義非讖緯之妖說又郊特牲疏引聖證論王肅難鄭云鄭玄以祭法禘黃帝及嚳爲配圜丘之祀祭法說禘無圜丘之名周官圜丘不名爲禘是禘非圜丘之祭也玄既以祭法禘嚳爲圜丘又大傳王者禘其祖之所自出而玄又施之於郊祭后稷是亂禮之名實也按爾雅云禘大祭也繹又祭也皆祭宗廟之名則禘是五年大祭先祖非圜丘及郊也周立后稷廟而嚳無廟故知周人尊嚳不若后稷之廟重而玄說圜丘祭天祀大者仲尼當稱昔者周公禘祀嚳圜丘以配天今無此言知嚳配圜丘非也又詩思文后稷配天之頌無帝嚳配圜丘之文知郊則圜丘圜丘則郊詒讓案依鄭大傳祭法注說王者以天爲祖所自出周南郊則以稷配天圜丘則以嚳配天祭法之禘嚳卽此經圜丘之祭也王肅難鄭則以祖所自出爲始祖祭法之禘爲宗廟大禘以嚳爲后稷所自出故禘嚳而以稷配之此經圜丘則與南郊爲一祭以稷配卽所謂郊稷也二義舛盩南北諸儒申彼絀此迄無定論唐宋以後儒者多遵王義而鄭義益晦近金榜申鄭云天祭莫大於圜丘地祭莫大於方澤與宗廟禘其祖之所自出三者皆禘周語禘郊之事則有全烝魯語天子日入監九御使潔奉禘郊之粢盛楚語禘郊不過繭栗烝嘗不過把握又曰天子禘郊之事必自射其牲王后必自舂其粢諸侯宗廟之事必自射其牛刲羊擊豕夫人必自舂其盛又曰天子親舂禘郊之盛王后親繅其服其言禘郊與宗廟烝嘗對文明禘非宗廟之祭王制祭天地之牛角繭栗宗廟之牛角握與國語禘郊繭栗烝嘗把握之文合表記天子親耕粢盛秬鬯以事上帝與國語天子親舂禘郊之盛文合天地之祭名

禘著於此矣孔廣森亦云大傳曰禮不王不禘王者禘其祖之所自
出以其祖配之韋玄成曰言始受命而王祭天以其祖配而不為立
廟親盡也此周秦儒者相承之正說鄭注因之自王肅以禘為祭廟
非祭天又誤名圜丘之禘為郊謂郊非祭五帝抑何不信古之甚也
且魯嘗僭天子之禘禮樂矣魯之視文王猶周之視帝嚳也明堂位
曰季夏六月以禘禮祀周公於太廟不祀文王益可信俗儒所云祭
始祖之父於始祖廟者周本無是禮矣王者自天受命推所自出本
之於天固無足怪況大人履敏鳦鳥命降商周之興實由神感諸儒
乃疑祖之所自出不得為天獨非陋歟國語云禘郊之事則有全烝
王公立飫則有房烝全烝合升也房烝胖升也儀禮用牲合升有四
冠之醮也昏之共牢也盥饋也喪之斂奠也而皆用特豚自餘凡成
牲者則皆胖升祭天用犢特豚之類故亦合升若禘果為宗廟之祭
則角握之牛無不胖升者也金鶚又申鄭祭法注義云魯頌籩豆大
房毛傳大房半體之俎也夫魯頌所謂秋而載嘗此禘祫之大禘也
大禘而用房烝則宗廟之祭必無全烝矣是知周語禘郊有全烝者
必圜丘之禘也楚語禘郊祇曰牲不言羊豕是特牲也宗廟言牛羊
豕是大牢也可知此禘非宗廟之祭若宗廟之禘安得特牲乎且禘
之為字从示从帝帝謂天帝也則圜丘祭天是禘之本義宗廟之禘
乃別取審諦之義王肅見爾雅禘大祭與繹又祭連文遂以禘為宗
廟之祭殊不思繹又祭也一句乃為下文周曰繹商曰肜夏曰復胙
三句提綱本不與上文連則禘為祭天明矣雖宗廟之禘亦大祭謂
此文為諸大祭之通釋固無不可然豈可專指宗廟之禘哉祭法禘
郊祖宗列四大祭之名黃帝顓頊等詳其配祭之人意主於人故略
其地祖宗之祭在明堂亦略而不言豈獨圜丘哉安得以無圜丘遂
謂其非禘也周官圜丘方丘宗廟三大祭皆是禘其名統於同故不
一一言之豈可以其不言禘遂斷其非禘哉周官中諸大祭皆不箸

其名但云祀大神享大鬼祭大示而大祭祀而已是則宗廟之禘亦不言禘何獨不疑其非禘乎豈周官一書無禘祭乎且禘嚳之禘肅謂祀嚳於后稷廟以嚳配之是以祖配祖也經傳唯言以祖配天未聞以祖配祖也祖有遠近無尊卑自其最遠者言之四代皆出於黃帝黃帝爲始祖也以次遠者言之虞夏祖黃帝殷周則祖帝嚳又其次殷人祖契周人則祖稷其宗派殊也殷出於契周出於稷契始封於商稷始封於邰天子諸侯皆以始封者爲始祖故殷立契廟周立稷廟非尊稷契而卑嚳也稷契既是始封之祖又各有大功德故南郊以之配天然始封之祖固是稷契而世系之遠祖則帝嚳也嚳又有聖德故圜丘以之配天冬至爲陽生之始故祭天而以世系之遠祖配夏正孟春爲一歲之始故祭天而以肇封之始祖配子月在寅月先遠祖在始祖先其配祭各有所當亦非尊嚳而卑稷也孝經言孝莫大於嚴父配天則周公其人也注云以父配天之禮始自周公是經意所重在於嚴父下云宗祀文王於明堂以配上帝正其事也郊祀后稷以配天句帶說不重故嚳配圜丘略而不言然不略稷而略嚳者以方言嚴父意主於近者稷近而嚳遠故略嚳而不略稷也安得以孝經無帝嚳配天之文而遂議其非乎又申鄭大傳注義云荀子云王者天大祖董子云天地者先祖之所自出也可知祖之所自出爲天矣郊特牲云萬物本乎天人本乎祖此所以配上帝也郊之祭也大報本反始也所謂萬物者實兼人而言人亦物也人本乎祖亦本乎天祖與天皆人之本故祭天以祖配鄭注所謂俱本可以配也王肅難鄭以亂禮之名實不知禮制之名有通而同者有別而異者對文則別散文則通祭法禘與郊對故鄭以禘爲冬至圜丘之祭郊爲夏正南郊之祭對文則別也小記大傳言禘而不言郊散文則通故鄭以爲郊也小記云王者禘其祖之所自出以其祖配之而立四廟夫以四親廟與其祖連文可知其祖是大祖后稷也大祖亦有

廟而得配享於郊不徒廟祀故不言廟四親祇得祀於廟中故云立
四廟若帝嚳非周之大祖安得與四親並言邪大傳上言祖下言大
祖祖即大祖也言天子得禘其大祖所自出諸侯但得及其大祖不
得禘其祖所自出也其義例最明若以祖爲嚳嚳非大祖與下文諸
侯大祖不一例經義不可通矣故鄭注皆以禘爲郊正所以定名實
也禘郊本二祭而經傳言郊社郊廟者甚多皆不及禘又可知郊與
禘通也郊社之社社本是祭地而得謂之社亦散文則通之例肅何不
譏其亂名實乎案二金及孔說是也云圜鍾夾鍾也者隋書音樂志
引賈逵說同唐郊祀錄引三禮義宗云圓鍾即夾鍾也圓鍾以周匝
爲義案賈鄭蓋以十二律名鍾者凡四此章黃鍾函鍾應鍾並已具
獨夾鍾未見故以圜鍾爲夾鍾也隋志又引馬融注云圜鍾應鍾也
案此致人鬼之樂別有應鍾爲羽則馬說非也云夾鍾生於房心之
氣者大師注云夾鍾者卯之氣也李淳風乙巳占云氐房心宋之分
野於辰在卯爲大火故夾鍾亦得爲房心之氣也云房心爲大辰者
爾雅釋天云大辰房心尾也云天帝之明堂者開元占經東方七宿
占引石氏云房爲天子明堂王者歲始布政之堂又云心爲明堂賈
疏云案春秋緯文耀鉤及石氏星經天官之注云房心爲天帝之明
堂布政之所出夾鍾房心之氣爲大辰天之出日之處爲明堂故以
圜鍾爲天之宮云函鍾林鍾也者前注義同云林鍾生於未之氣者
大師注義同唐郊祀錄引三禮義宗云函鍾以函容爲義未爲土能
含容萬物云未坤之位者周易乾鑿度云君道倡始臣道終正是以
乾位在亥坤位在未所以明陰陽之職定君臣之位也云或曰天社
在東井輿鬼之外天社地神也者輿釋文作與云本亦作輿案與即
輿之誤賈疏云案星經天社六星輿鬼之南是其輿鬼外也天社坤
位皆是地神故以林鍾爲地宮也詒讓案乙巳占云東井輿鬼秦之
分野於辰在未爲鶉首天社與東井輿鬼相近故鄭據以爲說云黃

鍾生於虛危之氣者大師注云黃鍾子之氣也乙巳占云須女虛齊之分野自須女八度至危十五度於辰在子爲玄枵也故黃鍾亦爲虛危之氣也云虛危爲宗廟者賈疏云案星經虛危主宗廟故爲宗廟之宮也云以此三者爲宮用聲類求之者鄭誤以此經三樂並以宮角徵羽合成一調既云三者爲宮則各於本宮起調求其相生之次得角徵羽故云用聲類求之也云天宮夾鍾陰聲其相生從陽數其陽無射者賈疏云其夾鍾與無射配合之物夾鍾是呂陰也無射是律陽也天是陽故宮後歷八相生還從陽數也程瑤田云賈疏以注中從陽數數字作上聲讀謂天宮夾鍾乃陰聲而其陽則無射此宮數相生之法當從無射陽聲數起故其陽無射句下不添不用二字者非不用也若用之是從陰數起矣依疏言凡言不用者卑之陰不當卑陽故知非不用乃不能用耳天宮夾鍾卯氣陰呂無射戌氣陽律卯戌相合故曰天宮之陽也云無射上生中呂中呂與地宮同位不用也者以下皆鄭以意推之以強圓其每祭宮角徵羽爲一調而律次與本宮不相應之說也賈疏云地宮是林鍾林鍾自與蕤賓合但中呂與林鍾同在南方位故云同位以天尊地卑故嫌其同位而不用之也詒讓案中呂巳氣林鍾未氣巳未位皆在南方故云同位也云中呂上生黃鍾者謂黃鍾無所嫌故用爲角也云黃鍾下生林鍾林鍾地宮又不用者賈疏云亦嫌不用也云林鍾上生大蔟者大蔟亦無所嫌用爲徵也云大蔟下生南呂南呂與無射同位又不用者程瑤田云無射既不能用南呂與之同位故亦不用也詒讓案南呂酉氣無射戌氣酉戌並在西方故亦同位云南呂上生姑洗者姑洗亦無所嫌用爲羽也云地宮林鍾林鍾上生大蔟大蔟下生南呂南呂上生姑洗者大蔟南呂姑洗並無所嫌故用爲角羽徵也賈疏云南呂爲羽先生後用姑洗爲徵後生先用程瑤田云賈疏謂地宮羽爲先生後用徵爲後生先用人宮徵爲先生後用角爲後生先

用蓋謂角徵羽以絲多者居先相次而用之也然則天地二宮宮皆在徵羽之閒其角徵二音絲皆多於宮音豈宮音宜用倍律與案依鄭所說則經文先後次序不與律呂相生之次相應賈程二家強爲之說鄭意或當然也云人宮黃鍾黃鍾下生林鍾林鍾地宮又辟之者程瑤田云凡言辟之者尊之故林鍾爲地宮辟之云林鍾上生大蔟者大蔟亦無所嫌用爲徵也賈疏云大蔟爲徵先生後用也云大蔟下生南呂南呂與天宮之陽同位又辟之者程瑤田云無射爲天宮之陽當辟而南呂則與無射同位故亦辟之云南呂上生姑洗姑洗南呂之合又辟之者程瑤田云南呂酉氣姑洗辰氣辰酉相合南呂既辟姑洗因亦辟之云姑洗下生應鍾者應鍾亦無所嫌用爲羽也云應鍾上生蕤賓蕤賓地宮林鍾之陽也又辟之者賈疏云以林鍾是地宮與蕤賓相配合故又辟之程瑤田云林鍾未氣蕤賓午氣午未相合林鍾既辟蕤賓因亦辟之云蕤賓上生大呂者大呂亦無所嫌用爲角也賈疏云大呂爲角以絲多後生先用也凡言不用者卑之凡言避之者尊之天宮既從陽數故於本宮之位人地皆不避之至於南宮姑洗合地於天雖有尊卑體敵之義故用姑洗天宮之陽所合但人於天尊卑隔絕故避姑洗天宮之陽所合也鄭必知有避之及不用之義者以其天人所生有取有不取知之不取者是嫌不用人鬼不取者是尊而避之也云凡五聲宮之所生濁者爲角清者爲徵羽者鄭月令注云凡聲尊卑取象五行數多者濁數少者清大不過宮細不過羽此天宮圜鍾長七寸強迭生至黃鍾長九寸數多者濁故爲角大蔟長八寸姑洗長七寸強數少故爲徵羽也地宮人宮並放此云此樂無商者祭尚柔商堅剛也者賈疏云此經三者皆不言商以商是西方金故云祭尚柔商堅剛不用若然上文云此六樂者皆文之以五聲並據祭祀而立五聲者凡音之起由人聲生單出曰聲雜出曰音泛論樂法以五聲言之其實祭無商聲江永云

三大祭不用商者無商調非無商聲也注謂祭尚柔商堅剛未必然愚疑周以木德王不用商避金克木也是以佩玉右徵角左宫羽亦無商荀子亦有太師審商之說案江說略本唐趙愼言奏孔廣森亦同江說又據樂記聲淫及商非武音也證周樂無商均皆深得其義隋音樂志引干注云不言商商爲臣王者自謂故置其實而去其名若曰有天地人物無德以主人謙以自牧也案干說迂曲難通不足馮也孔廣森又云天神之樂圜鍾爲宫黃鍾爲角大蔟爲徵姑洗爲羽黃鍾子大呂丑大蔟寅圜鍾卯姑洗辰以相次爲用者也無大呂者大呂爲商也地示之樂林鍾爲宫大蔟爲角姑洗爲徵南呂爲羽黃鍾生林鍾林鍾生大蔟大蔟生南呂南呂生姑洗以相生爲用者也無黃鍾者亦黃鍾爲商也宗廟所用黃鍾爲宫大呂爲角子與丑合也大蔟爲徵應鍾爲羽寅與亥合也案孔謂三樂取相次相生相合說本陳祥道於義亦通陳澧云周禮三大祭之樂鄭注以爲三宫則角徵羽所用之律皆不合且但有宫角徵羽而無商其說難通魏書樂志載長孫稚祖瑩表曰臣等謹詳周禮布置不得相生之次兩均異宫並無商聲而同用一徵計五音不具則聲豈成文莫曉其旨隋書音樂志載牛弘姚察許善心劉臻虞世基等議曰周禮四聲非直無商又律管乖次以其爲樂無克諧之理案此皆不言鄭注之誤而反以疑經然鄭注之誤亦因此而明矣考舊唐書音樂志圜丘樂章圜鍾宫三成黃鍾角一成大蔟徵一成姑洗羽一成以上六變汾陰樂章林鍾宫大蔟角姑洗徵南呂羽各再變享大廟樂章黃鍾宫三成大呂角二成大蔟徵二成應鍾羽二成總九變此唐人依倣周禮三大祭之樂其圜鍾宫三成則圜鍾爲宫自爲一調也黃鍾角大蔟徵姑洗羽各一成則黃鍾爲角又爲一調大蔟爲徵又爲一調姑洗爲羽又爲一調也林鍾爲宫以下皆仿此然則唐人解周禮之宫角徵羽乃宫角徵羽四調非一調中之宫角徵羽四聲也惟其各爲

一調故謂之變也唐會要載開元八年趙愼言論郊廟用樂表曰周禮三處大祭俱無商調商金聲也周家木德金能剋木作者去之今皇唐土王卽殊周室其三祭並請加商調去角調此說亦可證宮角徵羽各爲一調故可以請去角調而用商調此皆周禮之定解其說必有所出而今不可考矣又云十二均轉爲六十調似複而非複也通典云五聲十二律旋相爲宮黃鍾之均大呂之均大蔟之均五正律夾鍾之均黃鍾爲羽黃鍾正律聲長用其子聲姑洗之均大呂爲羽大呂正聲長用其子聲案子聲者半律也凡樂一均以一律爲主黃鍾均以黃鍾爲主餘十一律依次而下皆正律也大呂均以大呂爲主餘十一律依次而下皆正律其末則黃鍾半律也大蔟均以下皆以此推之故宗廟樂旣有黃鍾爲宮方丘樂之南呂爲羽亦以黃鍾爲宮此似複矣然而不同者宗廟用黃鍾均其宮商角徵羽五聲皆正律也方丘用南呂均惟南呂爲羽用正律其宮商角徵四聲皆半律也此所以不同也宗廟旣有大呂爲角方丘之姑洗爲徵亦以大呂爲角然而非複也一用大呂均一用姑洗均也圜丘宗廟旣有大蔟爲徵圜丘之姑洗爲羽方丘之函鍾爲宮亦以大蔟爲徵然而非複也一用大蔟均一用姑洗均一用夾鍾均也均不同則或用正律或用半律皆不同此其所以不複也案陳說是也三大祭之樂每祭皆四調圜丘首用圜鍾宮調則仲呂商林鍾角無射徵黃鍾半律羽也次用黃鍾角調則夾鍾徵仲呂羽夷則宮無射商也次用大蔟徵調則姑洗羽林鍾宮南呂商應鍾角也次用姑洗羽調則林鍾宮南呂商應鍾角大蔟半律徵也方丘首用函鍾宮調則南呂商應鍾角大蔟半律徵姑洗半律羽也次用大蔟角調則仲呂徵林鍾羽無射宮黃鍾半律商也次用姑洗徵調則蕤賓羽南呂宮應鍾商大呂半律角也次用南呂羽調則黃鍾半律宮大蔟半律商姑洗半律角林鍾半律徵也宗廟首用黃鍾宮調則大蔟商姑洗角林鍾徵南呂羽

也亥用大呂角調則姑洗徵蕤賓羽南呂宮應鍾商也亥用大蔟徵調與圜丘同亥用應鍾羽調則大蔟半律宮姑洗半律商蕤賓半律角南呂半律徵也自鄭賈誤說以宮角徵羽合爲一調遂使五音有闕律呂不繼後儒不悟因以疑經惟唐人圜丘樂章依放周樂冥符經恉自朱子及近儒李光地吳廷華秦蕙田江永惠士奇孔廣森莊存與徐養原並知四聲各自爲調無商均非無商聲而未能大暢其說惟陳氏所論最爲精析而其據唐樂以證周制尤爲塙鑿今備錄之以刊舊詁之誤鄭司農云雷鼓雷鼗皆謂六面有革可擊者也者此無正文先鄭以意說之二鄭說雷靈路三鼓並多面其說未塙詳鼓人疏云雲和地名也者與地書未見未詳所在云靈鼓靈鼗四面路鼓路鼗兩面者並以雷鼓雷鼗六面差之各降殺以兩也云九德之歌春秋傳所謂水火金木土穀謂之六府正德利用厚生謂之三事六府三事謂之九功九功之德皆可歌也謂之九歌也者據左文七年傳文賈疏引舊注云正德人德利用地德厚生天德楚辭離騷云奏九歌而儛韶兮又云啓九辨與九歌王注云九歌九德之歌禹樂也是秦漢人以九德之歌爲禹時樂歌故僞古文書大禹謨亦采左傳文賈疏謂賈服與先鄭並不見古文尚書故引春秋非也九德之歌蓋祫禘登歌所奏之樂章在六詩雅頌之上故瞽矇云掌九德六詩之歌以役大師是也云玄謂雷鼓雷鼗八面靈鼓靈鼗六面路鼓路鼗四面者此不用先鄭說也鼓人注說三鼓義並同宋書樂志亦依後鄭義云孤竹竹特生者者書禹貢嶧陽孤桐僞孔傳云孤特也特生桐中琴瑟此孤竹亦特生之竹中爲管者也文選張衡東京賦孤竹之管薛綜注云孤竹國名出竹案薛說與下孫竹陰竹文例不合非也云孫竹竹枝根之末生者者末舊本誤未今據宋余仁仲本及明注疏本正段玉裁云枝根謂根之橫生者韓非解老所謂曼根今俗所謂竹鞭是也鞭所行之末生竹曰孫竹案段說是也說文

木部云枝木別生條也枝根末生亦謂竹根旁出別生其末成竹賈疏云案詩毛傳云枝榦也榦卽身也以其言孫若子孫然案賈釋孫竹爲若子孫然是也但引詩傳與經義不相應今毛詩亦無此文聶氏三禮圖引詩傳及疏述注枝並作枚則疑賈所見本注枝字實作枚詩周南汝墳傳云枚曰條榦曰枚賈蓋卽引彼文枚根義難通賈緣誤爲釋不足據也云陰竹生於山北者者此與山虞仲夏斬陰木義同並謂生山北爲陰也云雲和空桑龍門皆山名者楚辭九歌大司命云踰空桑兮從女王注云空桑山名又大招云魂乎歸徠定空桑只注云空桑瑟名也古者弦空桑而爲瑟或曰空桑楚地名山海經東山經云空桑之山北臨食水東望沮吳南望沙陵西望湣澤郭注云此山出琴瑟材見周禮也淮南子本經訓云其工振滔洪水以薄空桑高注云空桑地名在魯也漢書樂志郊祀歌空桑琴瑟結信成顏注引張晏云傳曰空桑爲瑟一彈三歎祭天貴故也師古云空桑地名出善木可爲琴瑟也案鄭唯云空桑山名不詳所在東山經之空桑山亦未能塙指其處據高說則卽左昭九年傳之窮桑杜注云窮桑少皞之號也窮桑地名在魯北是也而大招王注後一說又以爲楚地二家皆不云山名蓋並與鄭義異不徒空桑弦瑟直以桑木爲釋矣龍門者書禹貢云浮于積石至于龍門僞孔傳云龍門山在河東之西界漢書地理志云左馮翊夏陽禹貢龍門山在北案在今陝西西安府韓城縣境文選枚乘七發云龍門之桐高百尺而無枝使琴摯斫斵以爲琴卽此雲和山未詳所在鄭以空桑龍門並是山名故雲和亦不從先鄭說也云九磬讀當爲大韶字之誤也者據前六樂作大與九形近磬韶古今字經例作磬注例用今字作韶楚辭遠遊九韶歌王注云韶舜樂也九成九奏也又離騷注云九韶舜樂也尚書簫韶九成是也淮南子齊俗訓許注氾論訓高注說並同劉敞王安石王應麟亦並謂九磬卽書所謂九成曾釗云莊子至樂

九韶之樂史記五帝紀禹乃興九招之樂是也韶招古今字耳不必破九爲大也丁晏云呂氏春秋古樂篇帝舜乃令質修九招作九磬於義亦通鄭讀从大韶因上言舞大磬也案丁說是也九招亦見山海經大荒西經墨子三辯篇劉王諸家讀九如字亦通

凡樂事大祭祀宿縣遂以展之 叩聽其聲具陳次之以知完不 疏 凡樂事者通晐下大祭祀大饗大射大食大獻諸用樂之事與彼爲目也云大祭祀宿縣者賈疏云舉大祭祀而言其實中祭祀亦宿縣也但大祭祀中有天神地祇人鬼中小祭祀亦宿縣至於饗食燕賓客有樂事亦兼之矣言宿縣者皆於前宿豫縣之詒讓案宿謂祭前之夕也大射儀云樂人宿縣與大宗伯世婦大史諸職宿宿爲申戒異縣卽宮縣樂人亦卽大司樂眾官屬之通稱也燕禮在寢亦云樂人縣注云國君無故不徹縣言縣者爲燕新之彼路寢有常縣之樂燕直新之而已大祭祀在廟中北中本無常縣故必先夕特縣南齊書禮志蔡仲熊議云尋宿縣之旨以日出行事故也 注云叩聽其聲具陳次之以知完不者鄉師注云展猶整具也又大胥注云展謂陳數之此注兼彼二義以經云以聲展之聲卽典同十二聲之等謂先叩擊聽其聲乃更整具陳次之以察其器之完否也

王出入則令奏王夏尸出入則令奏肆夏牲出入則令奏昭夏 三夏皆樂章名 疏 王出入則令奏王夏者此令奏並謂令樂官奏鍾鼓以爲出入之節卽笙師所謂祴樂漢書禮樂志說叔孫通制宗廟樂皇帝入廟門奏永至以爲行步之節猶古采薺肆夏也蓋放周禮王入奏王夏此三夏所用並據祭祀而言其常時王出入則奏肆夏樂師云行以肆夏是也賈疏云王出入者據前文大祭祀而言王出入謂王將祭祀初入廟門升祭訖出廟門皆令奏王夏也云尸出入則令奏肆夏者釋文尸作屍云本亦作尸阮元云說文尸陳也屍終主

也屍爲假借詒讓案經例凡祭尸字並作尸釋文與全經字例不合不足據賈疏云謂尸初入廟門及祭祀訖出廟門皆令奏肆夏詒讓案御覽樂部引尚書大傳說舜樂云始奏肆夏納以孝成鄭注云始謂尸入時也納謂薦獻時也肆夏孝成皆樂章名彼始即此尸入亦奏肆夏則周沿虞夏法與云牲出入則令奏昭夏者賈疏云謂二灌後王出迎牲及爓肉與體其犬豕是牲出入皆令奏昭夏先言王次言尸後言牲者亦祭祀之次也　注云三夏皆樂章名者即鍾師九夏之三也曲禮讀樂章孔疏云樂章謂樂書之篇章謂詩也鍾師九夏注云夏皆詩篇名此歌之大者載在樂章樂崩亦從而亡是以頌不能具是鄭以九夏爲詩頌之類以入樂言之則謂之樂章然其說未塙詳鍾師疏　帥國子而舞　當用舞者帥以往　疏　帥國子而舞者亦冡上大祭祀爲文舞師云凡小祭祀則不與舞然則中祭祀大司樂亦帥國子舞之可知　注云當用舞者帥以往者賈疏云凡與舞皆使國之子弟爲之但國子人多不必一時皆用當遞代而去故選當用者帥以往爲舞之處也　大饗不入牲其他皆如祭祀　大饗饗賓客也不入牲牲不入亦不奏昭夏也其他謂王出入賓客出入亦奏王夏肆夏　疏　大饗不入牲者賈疏云凡大饗有三案禮器云郊血大饗腥鄭云大饗祫祭先王一也郊特牲云大饗尚腥脩謂饗諸侯來朝者二也曲禮下云大饗不問卜謂總饗五帝於明堂三也此經云大饗與郊特牲大饗尚腥脩爲一物言不入牲謂饗亦在廟其祭祀則君牽牲入殺今大饗亦在廟諸侯其牲在廟門外殺因即亨之升鼎乃入故云不入牲也詒讓案大饗諸侯樂與大祭同故左襄十年傳云魯有禘樂賓祭用之孔疏謂天子享諸侯亦同祭樂是也　注云大饗饗賓客也者即掌客云上公三饗侯伯再饗子男壹饗是也賈疏云鄭知此大饗是饗賓客者以其不入牲若祭祀大饗牲當入故知饗賓客諸侯

來朝者也云不入牲牲不入亦不奏昭夏也者入牲非大司樂所掌經欲言大饗奏樂如祭祀惟無牲出入奏昭夏之事故特詳之也云其他謂王出入賓客出入亦奏王夏肆夏者賈疏云據賓客與尸同奏肆夏案禮器云大饗其王事與又云其出也肆夏而送之鄭注云肆夏當爲陔夏彼賓出入奏肆夏與此大饗賓出入肆夏同而破肆夏爲陔夏者彼鄭注大饗爲祫祭先王祭末有燕而飲酒有賓醉之法與鄉飲酒賓醉而出奏陔夏同故破肆夏爲陔夏此大饗饗諸侯來朝則左傳云饗以訓恭儉設几而不倚爵盈而不飲獻依命數賓無醉理故賓出入奏肆夏與尸出入同也詒讓案祭祀主於事尸大饗主於事賓故以賓如尸禮大射儀注引周禮曰賓出入奏肆夏卽據此文以義改之也金鶚云天子諸侯之樂以金奏爲第一節然金奏所以迎賓送賓祭祀以迎尸送尸始終皆有之大司樂云王出入奏王夏尸出入奏肆夏是知終始皆有金奏也郊特牲云賓入大門而奏肆夏禮器云其出也肆夏而送之此其明證尸出入皆奏肆夏則賓出入不宜有異鄭注禮器乃破肆爲陔失之案金說是也孫希旦說同禮器郊特牲所說正足證大饗賓出入奏肆夏仲尼燕居云兩君相見揖讓而入門入門而縣興又云入門而金作示情也國語魯語云先樂金奏肆夏樊遏渠天子所以享元侯據此諸文是天子饗諸侯及諸侯自相饗賓出入皆奏肆夏矣又燕禮記云若以樂納賓則賓及庭奏肆夏彼注以爲鄉大夫有王事之勞則奏此樂大射儀諸侯未射以前燕羣臣之禮與燕禮同是諸侯饗燕鄉大夫亦得奏肆夏矣然其禮則小異金氏又云燕聘賓及庭而奏肆夏而兩君相見則入大門卽奏肆夏此其異也且樂章亦殊燕禮謂燕他國大夫得奏肆夏而左傳穆叔如晉金奏肆夏之三不拜以爲使臣不敢與聞蓋謂諸侯燕聘賓惟用肆夏一章而兩君相見及天子享諸侯奏乃得備三章故左傳不言肆夏而言三夏也案金亦說是也又大

射禮賓入奏肆夏禮終賓出則仍奏陔燕禮記說以樂納賓之盛禮不言出奏肆夏疑亦如常燕之禮奏陔夏則與大饗之出奏肆夏亦異然則賓出入皆奏肆夏者惟天子饗來朝諸侯及諸侯自相饗乃然其天子饗三公及畿內諸侯當亦用此禮若天子與諸臣及來聘陪臣饗燕則當如諸侯燕羣臣之禮至諸侯與聘使饗燕禮經無文疑當如燕禮以樂納賓法鄭注郊特牲賓入大門而奏肆夏謂賓兼朝聘殆以門庭小差偶未析別賓則不盡同也

大射王出入令奏王夏及射令奏騶虞騶虞樂章名在召南之卒章王射以騶虞爲節

疏大射王出入令奏王夏及射令奏騶虞者謂將祭郊廟擇士而與諸侯卿大夫士射王出入於大學辟雍之樂賈疏謂在西郊虞庠誤詳司裘及前疏令奏者鍾師奏王夏大師小師奏騶虞皆大司樂與樂師令之若大射儀樂正命大師奏樂是也金鶚云古者作樂堂上有歌堂下有奏歌者以琴瑟歌詩也奏者以鍾鼓奏九夏也鄉飲酒禮燕禮前言工歌鹿鳴四牡皇皇者華後言奏陔大射儀前後言奏肆夏奏陔中言歌鹿鳴三終左傳言金奏肆夏之三工歌文王之三鹿鳴之三是奏爲九夏詩則言歌而不言奏也乃鄉射言奏騶虞大射言奏貍首騶虞貍首皆詩也詩何以言奏此蓋不歌於堂上而奏於堂下者也鄉射禮云樂正適西方命弟子贊工遷樂于下阼階下之東南堂前三笴西面北上坐是工在堂下也後云樂正東面命大師曰奏騶虞閒若一大師不興許諾乃奏騶虞以射無升階之文大射奏貍首亦然是奏騶虞貍首在堂下明矣詩必須歌奏必以鍾鼓此奏騶虞貍首蓋歌奏並用不以琴瑟而以鼓也大師云大射帥瞽而歌射節鄉射記云歌騶虞若采蘋皆五終是騶虞貍首皆必歌之矣然謂之奏當與金奏肆夏相似知其不用琴瑟也鄉射云不鼓不釋鄭注云不與鼓節相應不釋算也鄉射之鼓五節歌五終大射亦云不鼓不釋據此是射

歌騶虞貍首專用鼓不用鍾也九夏爲樂章之大者故鍾鼓並用而以鍾爲主謂之金奏騶虞貍首以爲射節鼓是節樂之器故專取鼓以節歌歌卽以節射且鼓在堂下歌必就鼓可使鼓者聽之審而射節不差也由是言之騶虞貍首之奏與九夏之奏異而與鹿鳴文王之歌亦不同矣案金說是也徐養原說同　注云騶虞樂章名在召南之卒章者謂召南十四篇騶虞爲末篇詩周南孔疏云卒篇謂之章者乘上騶虞爲樂章故言召南之卒章也二云王射以騶虞爲節者據樂師文詳彼疏

詔諸侯以弓矢舞舞謂執弓挾矢揖讓進退之儀

疏詔諸侯以弓矢舞者諸侯謂射耦大司馬云若大射則合諸侯之六耦以弓矢舞卽鄉大夫鄉射五物五曰興舞是也天子大射賓射蓋亦有之故大司樂詔告其儀其燕射則樂師詔射夫舞詳鄉大夫疏　注云舞謂執弓挾矢揖讓進退之儀者賈疏云案大射云命三耦取弓矢於次三耦皆次第各與其耦執弓搢三挾一矢向西階前當階揖升揖當物揖射訖降揖如升射之儀是其舞節也王引之云舞謂樂舞故大司樂詔之注謂執弓挾矢揖讓進退之儀則是射儀非大司樂所當贊矣殆失之案王說是也

王大食三宥皆令奏鍾鼓大食朔月月半以樂宥食時也宥猶勸也

疏王大食三宥者此與膳夫爲官聯也宥明注疏本及盧本釋文並作侑非嚴可均云說文姷或作侑耦也宥寬也以耦寬爲勸助字本假借儀禮聘禮以侑幣有司徹乃議侑于賓鄭彼注並云古文侑皆作宥左莊十八僖廿五年傳命之宥廿八年傳命晉侯宥儀禮有古文左傳周禮亦爲古文故統借宥字爲之而膳夫以樂侑食雜以今文則轉寫失之耳案嚴說是也三宥者特牲饋食士禮尸食再侑少牢饋食大夫禮尸食三侑天子諸侯大食蓋亦三宥大戴禮記禮三本篇云三侑之不食也蓋通祭禮食禮言之論語微子篇云亞飯干適楚三飯繚適蔡四飯缺適秦膳夫賈疏引

鄭彼注謂皆舉食之樂何氏集解引孔安國包咸注說略同姚文田云論語之亞飯三飯四飯是一食中之儀節天子諸侯日舉以樂則有三宥初飯不得有宥亞飯三飯四飯各一宥黄以周云論語無初飯者初飯正食不宥無其官也玉藻云君未覆手不敢飧鄭注飧勸食也飧以勸君之飽君食未畢無待勸臣不敢飧亦即正食不宥之意也玉藻又云君既食又飯飧飯飧者三飯也既卒也卒食謂卒正食正食隨意取飽本無飯節故不曰初飯既正食後飧之以三飯合前正食爲四飯正食不宥亞飯則一宥三飯則二宥四飯則三宥故姚黄說是也論語亞飯干等漢書古今人表列於殷時顔注引鄭論語注說以爲周平王時人則亦是王官蓋大司樂之屬不知瑒爲何官也云皆令奏鍾鼓者奏路寢常縣之樂也荀子正論篇云曼而饋伐皋而食雍而徹乎五祀淮南子主術訓云鼛鼓而食高注云鼛鼓王之食樂也詩小雅鼓鍾伐鼛皋鼛字通則此王大食所奏之鼓即鼛鼓也　注云大食朔月月半以樂宥食時也者朔月月舊譌日今據宋婺州本岳本及注疏本正賈疏云案玉藻天子諸侯有朔月加牲體之事又知月半者此無正文約士喪禮月半不殷奠則大夫已上有月半殷奠法則知生人亦有月半大食法既言大食令奏若凡常日食則大司樂不令奏鍾鼓亦有樂侑食矣知日食有樂者案膳夫云以樂侑食是常食也案依賈說則此官唯王大食令奏常食則否攷大戴禮記保傅篇說王后就宴室大師持銅而御戶左盧注云大師瞽官以此推之王燕居自當有樂官御左右玉藻云御瞽幾聲之上下亦是也若然王燕食宥樂或大師令奏與云宥猶勸也者膳夫注義同

王師大獻則令奏愷樂大獻獻捷於祖愷樂獻功之樂鄭司農說以春秋晉文公敗楚於城濮傳曰振旅愷以入於晉

疏 王師大獻則令奏愷樂者此與大司馬爲官聯

也　注云大獻獻捷於祖者賈疏及大司馬疏並引鄭志云趙商問夏官大司馬云師有功則愷樂獻于社春官大司樂云王師大獻則令奏愷樂注云大獻獻捷於祖不達異意答曰司馬云師大獻則獻社以司馬主軍事之功故獻于社大司樂宗伯之屬宗伯主於宗廟之禮故獻於祖也賈大司馬疏又申之云若然軍有功一處俱獻以其出軍之時告于祖宜于社故反必告也詒讓案王制云出征執有罪反及釋奠于學以訊馘告詩魯頌泮水云在泮獻馘則大師尚有獻捷於學之事大司樂掌學政則獻學時亦當令奏愷樂經注並不云獻學者亦文不具也云愷樂獻功之樂者說文豈部云豈還師振旅樂也又云愷康也又心部云愷樂也愷卽豈之借字大司馬注云兵樂曰愷引司馬法曰得意則愷樂愷歌亦喜也司馬法仁本篇云天下旣平天子大愷愷字通作凱續漢書禮儀志劉注引蔡邕禮樂志云短簫鐃歌軍樂也其傳曰黃帝岐伯所作以建威揚德風勸士也蓋周官所謂王大獻則令凱樂軍大獻則令凱歌也崔氏古今注說略同蓋並紀此職及樂師文案愷樂愷歌當自有樂章但與漢短簫鐃歌未必同耳今無可攷云鄭司農說以春秋晉文公敗楚於城濮傳曰振旅愷以入於晉者左僖二十八年傳晉敗楚於城濮師還秋七月丙申振旅愷以入于晉獻俘授馘飲至大賞先鄭以彼振旅愷與獻俘連文卽此大獻奏愷樂之事故引以爲證

凡日月食四鎭五嶽崩大傀異烖諸侯薨令去樂

四鎭山之重大者謂揚州之會稽青州之沂山幽州之醫無閭冀州之霍山五嶽岱在兖州衡在荆州華在豫州嶽在雍州恆在幷州傀猶怪也大怪異烖謂天地奇變若星辰奔霣及震裂爲害者去樂藏之也春秋傳曰壬午猶繹萬入去籥萬言入則去者不入藏之可知　疏令去樂者國遇非常大災則命樂官盡屏藏諸樂縣樂器示不舉也　注云四鎭山之重大者者廣雅釋詁云鎭重

也賈疏云以職方九州州各有鎮山皆曰其大者以爲一州之鎮故曰山之重大者也但五州五鎮得入嶽名餘四州不得嶽名者仍依舊爲鎮號故四鎮也云謂揚州之會稽青州之沂山幽州之醫無閭冀州之霍山者並詳職方氏疏云五嶽岱在兖州衡在荊州華在豫州嶽在雍州恆在并州者五山所在並據職方氏文案爾雅釋山說五嶽有二其一云河南華河西嶽河東岱河北恆江南衡卽此注所本其一云泰山爲東嶽華山爲西嶽霍山爲南嶽恆山爲北嶽嵩高爲中嶽大宗伯注所說者是也賈疏云以周處鎬京在五嶽外故鄭注康誥云岐鎬處五嶽之外周公爲其於正不均故東行於洛邑合諸侯謀作天子之居是西都無西嶽權立吳嶽爲西嶽爾雅嵩高爲中嶽華山爲西嶽者據東都地中而言卽宗伯注是也以嵩與華山俱屬豫州雍州無嶽名此經欲見九州俱有災變之理故注據西都吳嶽爲西嶽而說耳卲晉涵云周營成周宅於土中四方所和會華山在成周境內故首舉之吳嶽在岐周境內故次及之中庸云載華嶽而不重舉華嶽可以該五嶽邦畿喬嶽四方所仰止東岱北恆南衡所爲三面環拱也鄭君以爾雅所言五嶽前後異文互見於注迺未定之論舜典孔疏求其說而不得遂以鄭注爲更見異意大司樂注主災異而言其五岳正名必取嵩高爲定解賈公彥謂周國在雍州權立吳嶽爲西嶽非常法爾王制云五嶽視三公脩其秩祀國有典常如謂可權立其名則秩祀亦無定所成周制禮必不其然大宗伯所言五嶽主祭祀大司樂所言五嶽主災異則是中嶽之祀在嵩高而吳嶽不與焉五嶽閒有災異在吳嶽而嵩高不與焉以吳嶽爲五嶽慮其或有震裂而存去樂之文以嵩高爲五嶽卽可信其終古無震裂乎職方氏九州之山鎮無嵩高以會稽沂山醫無閭霍山爲四鎮則華嶽岱恆衡爲五嶽而不指嵩高甚明證矣何休公羊注引尚書巡狩四嶽之文而益其下云還至嵩如初禮白虎通義引尚書

大傳云五嶽謂岱山霍山華山恆山嵩山也或以此爲唐虞五嶽有嵩高之證殊不知虞夏書四岳而外惟霍太山有太岳之稱是爲唐虞之五嶽知周以前不稱嵩高爲岳則無疑於吳嶽之爲岳詩崧高疏引鄭志雜問云周都豐鎬故以吳岳爲西岳周家定以岳山爲西岳不數嵩高鄭君釋五嶽此爲定論矣金鶚云岱衡華恆霍大唐虞與夏之五嶽也岱衡華恆嵩高殷之五嶽也岱衡華恆吳嶽周之五嶽也東遷以後復用殷制秦漢因之至于今不易也王者之設四嶽所以爲巡狩朝諸侯之地也白虎通云嶽者犓也犓功德也言天子時巡至于方嶽犓考諸侯之功德而行賞罰也然則方嶽所在必各視諸侯之便俾不勤於行東方諸侯會於岱南方諸侯會於衡西方諸侯會於華北方諸侯會於恆雖少有遠近之殊而要不甚相遠未有不便者也此四岳之名唐虞夏殷周歷代所不變也至于中嶽非巡狩朝會之所特爲帝都之鎭以其在邦畿之中謂之中嶽中嶽之名歷代隨帝居而移焉堯都平陽舜都蒲坂禹都晉陽皆在冀州之域故並以霍大山爲中嶽殷湯都西亳在豫州之域故以嵩高爲中嶽周武王都鎬在雍州之域故以嶽山爲中嶽爾雅九州與禹貢職方不同說者皆以爲殷制可知釋山篇末所載五嶽有嵩高而無嶽山者爲殷制矣漢書地理志扶風汧縣吳山在西古文以爲汧山是嶽山卽禹貢汧山也以其爲中嶽故專稱嶽猶霍大山爲中嶽得專稱嶽也四嶽皆舉其名不得專稱爲嶽而中嶽獨得專稱所以尊京師也此山逼近西戎附近罕有諸侯其與古西嶽華山相去幾及千里苟以爲西嶽使西方諸侯畢朝于此毋乃不便乎且汧縣在鎬京之西苟諸侯往朝於彼必越過京師此必無之事也若仍朝于華山而不至嶽山是西嶽爲虛設也堯典王制皆言西巡狩至于西嶽今汧縣爲巡狩所不至何爲虛設西嶽乎以嶽山爲西嶽其說本於鄭雜問志云周都豐鎬故以吳嶽爲四嶽果如此說是西嶽必在帝都

之西也然舜都蒲阪在華山之北何得以華山爲西嶽乎賈公彥謂周國在雍州權立吳嶽爲西嶽非常法夫方岳爲朝覲之所有望秩之典豈可權立乎嶽山既不得爲西嶽則華山不得爲中嶽矣故知周之五嶽仍以華山爲西嶽朝會諸侯特以嶽山爲中嶽表明京都也嵩高在虞夏時謂之外方其不以爲中嶽甚明今名嵩高者風俗通曰嵩者高也詩曰嵩高惟嶽峻極于天是嵩高之名取義於尹吉甫之詩其在東遷以後可知也中嶽謂之嵩高見其特高且大異於岱衡華恆猶霍山吳山之專稱嶽也嵩高一名大室殷時中嶽未名嵩高而謂之大室明堂五室大室在中正如天下五嶽嵩高在中故名之也左傳司馬侯言四嶽三塗陽城大室司馬侯是東周時人而以大室與四嶽並數可知東周之五嶽有嵩高而無吳嶽也釋山首尾載東西周之五嶽其名不同鄭君不得其說故兩解不定也周都鎬京中嶽必以嶽山迨平王東遷雒邑與殷都同在豫州嵩高正在畿內又在四嶽之中而嶽山淪於戎狄故因殷制以嵩高爲中嶽也秦漢以後古禮不明特沿晚周之制故五嶽之名不改緯書起於周末孝經緯鉤命決有云中嶽嵩高語時制也大史公封禪書及尚書大傳白虎通風俗通說文皆無異說蓋東周五嶽本如是而先秦古書悉如是不特爾雅有此文也案金說是也林喬蔭說同五嶽所在亦並詳職方氏疏云傀猶怪也大怪異烖謂天地奇變者烖羣書治要引作災下同案注例用今字當作災詳膳夫疏說文人部云傀偉也周禮曰大傀異災重文瓌傀或从玉褱聲偉奇也段玉裁云經言大傀異烖以別於下文大烖也阮元云傀異烖烖之傀異者非常之變也云若星辰奔霣者謂天之奇變也爾雅釋天云奔星爲彴約郭注云流星開元占經流星占引爾雅舊注云流星大而疾曰奔公羊莊七年經星霣如雨是星辰奔霣之事也云及震裂爲害者者謂地之奇變也春秋文九年經九月癸酉地震公羊傳云地震者何動

地也國語周語幽王二年西周三川皆震伯陽父曰陽伏而不能出陰迫而不能烝於是有地震開元占經地占引春秋考異郵云臣恣地裂坼續漢書五行志云世祖建武二十二年九月郡國四十二地震南陽尤甚地裂壓殺人是震裂之事也云去樂藏之也者惠棟云古人皆謂藏爲云春秋傳云去樂卒事又云紡焉以度而去之公羊傳云去其有聲者皆訓爲藏漢書蘇武傳掘野鼠去中實而食之師古曰去謂藏之也陳遵傳皆藏去以爲樂師古曰去亦藏也魏志華陀傳去藥以待不祥臣松之案古語以藏爲去詒讓案一切經音義引通俗文云密藏曰弆去弆古今字既夕記云徹琴瑟注云去樂蓋去之云者舉內外大小樂器盡藏之左成五年傳云山崩川竭徹樂杜注云息八音卽其義也引春秋傳者宣八年經云辛巳有事于大廟仲遂卒于垂壬午猶繹萬入去籥公羊傳云繹者何祭之明日也萬者何干舞也籥者何籥舞也其言萬入去籥何去其有聲者廢其無聲者猶者何通可以已也何注云廢置也置者不去也賈疏云鄭答趙商云於去者爲廢是去者不用廢者入用卽萬入是也案春秋經去籥爲祭樂故賈後疏謂此經據廟中之樂攷曲禮云天子之哭諸侯也爲之不樂食王食在寢則路寢常縣亦去之矣鄭以彼云去與此同舉以證義耳不定指去廟樂也云萬言入則去者不入藏之可知者據春秋經傳以去籥別於萬入明去謂不入然此鄭隨文爲訓實則凡徹樂並得云去不關入不入也故昭十五年經云二月癸酉有事于武宮籥入叔弓卒去樂卒事彼樂已入而徹出之亦得云去與宣八年經事異而義同也左昭十七年傳云三辰有災君不舉漢書五行志引左氏說云不舉去樂也亦與此義同

大札大凶大烖大臣死凡國之大憂令弛縣

札疫癘也凶凶年也烖水火也弛釋下之若今休兵鼓之爲

疏 大札大凶大烖者大司徒賈疏引此經大凶上有大荒二字羣

書治要引亦有大荒而在大裁下與賈所引小異疑唐時別本有此二字據注以凶年釋大凶膳夫大司徒注並釋大荒爲凶年則凶荒是一經不宜更有大荒二字別本非也云大臣死者賈疏云則大夫已上是也詒讓案雜記云君於卿大夫比卒哭不舉樂爲士比殯不舉樂然則士喪君蓋縣而不舉其大夫以上則弛縣蓋亦以卒哭爲節也云凡國之大憂者賈疏云謂若禮記檀弓云國亡大縣邑及戰敗之類是也云令弛縣者命大師眡瞭釋金石之縣曲禮云歲凶年穀不登祭事不縣注云縣樂器鐘磬之屬也周書大匡篇云維周王宅程三年遭天之大荒樂不牆合孔注云牆合所謂宮縣也樂縣詳小胥疏　注云札疫癘也者膳夫注同云凶凶年也者與膳夫大司徒司服之大荒義同管子八觀篇云其稼亡三之一者命曰小凶三年而大凶互詳司關疏云裁水火也者裁亦當作災此與大宗伯禍裁義同詳彼疏云弛釋下之者說文弓部云弛弓解也引申之爲凡器物解釋不用之義公羊隱五年何注引魯詩傳云諸侯不釋縣弛縣卽釋縣也穀梁襄二十四年傳云大侵弛侯范注云弛廢也毛詩大雅雲漢傳云歲凶師氏弛其兵亦並取弛釋之義賈疏云樂縣在於虡釋下之上文云去樂據廟中縣之樂去藏之而不作此文據路寢常縣之樂弛其縣互文以見義也去者藏之亦先弛其縣弛縣亦去而藏之但路寢常縣故以縣言之也案大札大凶大裁輕於日月食四鎮五嶽崩大傀異裁大臣死輕於諸侯薨則其禮亦當有隆殺經於上云去樂此云弛縣明以別文亦異不當如賈說并去與弛爲一也竊謂去樂者斂凡樂器一切盡藏之府庫弛縣則直弛金石之縣而已不必盡藏去也大司徒十二荒政九曰蕃樂杜注讀爲藩樂彼亦謂藩蔽不令人見與此弛縣正同管子霸形篇云伐鐘磬之縣併歌舞之樂尹注云併除也彼伐縣卽此弛縣併當讀爲屏屏樂卽此去樂賈謂去樂據廟中之樂弛縣據路寢常縣經互文以見義非

也云若今休兵鼓之爲者休兵鼓謂偃兵息鼓漢時遇災變蓋如是故以爲況謕繹鄭意蓋亦以弛縣爲但弛在縣之鐘鼓等與去樂異也

凡建國禁其淫聲過聲凶聲慢聲淫聲若鄭衛也過聲失哀樂之節凶聲亡國之聲若桑閒濮上慢聲惰慢不恭

【疏】凡建國者謂始建王國及諸侯國也賈疏謂專屬新封侯國未晐云禁其淫聲過聲凶聲慢聲者憲禁令衆樂官不得作也漢書禮樂志云自雅頌之興而所承衰亂之音猶在是謂淫過凶嫚之聲爲設禁焉卽本此經嫚卽慢之借字荀子王制篇云聲則凡非雅聲者舉廢大司樂禁四聲卽廢其非雅者也 注云淫聲若鄭衛也者謂淫亂之聲也王制云作淫聲殺注云淫聲鄭衛之屬也樂記云鄭衛之音亂世之音也比於慢矣又云鄭音好濫淫志宋音燕女溺志衛音趨數煩志齊音敖辟喬志此四者皆淫於色而害於德是以祭祀弗用也孔疏引五經異義云今論語說鄭國之爲俗有溱洧之水男女聚會謳歌相感故云鄭聲淫左傳說煩手淫聲謂之鄭聲者言煩手躑躅之聲使淫過矣許君謹案鄭詩二十一篇說婦人者十九矣故鄭聲淫也案論語衛靈公篇云放鄭聲鄭聲淫白虎通義禮樂篇云鄭國土地民人山居谷汲男女錯雜爲鄭聲以相悅懌案凡言鄭衛淫聲者謂其聲淫非謂其詩也鄭衛詩雖有說婦人者固不在禁放之列矣此當從今文論語及白虎通說爲正許君以鄭詩爲說非也賈疏亦襲許說以衛爲三衛之詩並不足據至左傳說以淫聲爲煩手淫聲公羊莊十七年傳徐疏謂服虔說同云皆謂鄭重其手而音淫過非鄭國之鄭也此尤非鄭義又詩小雅鼓鍾孔疏引王肅云凡作樂而非所則謂之淫淫過也亦非此淫聲之義云過聲失哀樂之節者賈疏云若玉藻云御瞽幾聲之上下上下謂哀樂瞽人歌詩以察樂之哀樂使得哀樂之節若失哀樂之節則不可也云凶聲亡國之聲若桑閒濮上者樂記云桑閒濮上之音亡國

之音也鄭彼注云濮水之上地有桑閒者亡國之音於此之水出也桑閒在濮陽南又史記樂書云衛靈公之時將之晉至於濮水之上
舍夜半時聞鼓琴聲問左右皆對曰不聞乃召師涓聽而寫之郎去之晉見晉平公平公置酒於施惠之臺酒酣靈公曰今者來聞新聲
請奏之平公曰可卽令師涓坐師曠旁援琴鼓之未終師曠撫而止之曰此亡國之聲也師延所作也與紂爲靡靡之樂武王伐紂師延
東走自投濮水之中故聞此聲必於濮水之上是所謂濮上之聲也鄭樂記注亦據彼爲釋云慢聲惰慢不恭者說文心部云慢惰也賈
疏云謂若樂記子夏對魏文侯云齊音敖辟喬志卽是惰慢不恭者也詒讓案樂記云宮爲君商爲臣角爲民徵爲事羽爲物五者皆亂
迭相陵謂之慢非此經慢聲之義 大喪涖廞樂器 涖臨也廞興也臨笙師鎛師之屬興樂器也興謂作之也 【疏】大喪
涖廞樂器者宰夫注云大喪王后世子也此謂陳明器檀弓云琴瑟張而不平竽笙備而不和有鍾磬而無簨虡周書器服篇云明器樂
鉍璅參笙一竽皆是也旣夕禮云陳明器無祭器鄭彼注云士禮略也大夫以上兼用鬼器人器也又云有燕樂器可也注云與賓客燕
飲用樂之器也然則王及后世子之喪凡祭燕所用之樂器悉廞之矣 注云涖臨也者天官世婦注同云廞興也者司裘注同案此說
非也廞當訓爲陳廞樂器猶樂師云陳樂器皆謂葬前一日陳於廟庭也詳司裘疏云臨笙師鎛師之屬興樂器也者眡瞭笙師鎛師篇
師職皆云大喪廞樂器司干云大喪廞舞器典庸器云大喪廞筍虡此官通涖之也云興謂作之也者謂興象生時樂器而作之此說亦
非也詳司裘疏 及葬藏樂器亦如之 【疏】及葬藏樂器亦如之者此與冢人爲官聯謂葬旣窆諸官藏所廞之樂器
此官亦涖之也樂器蓋亦藏於椁中見內喪大記云棺椁之閒君容柷謂藏樂器也詳冢人疏賈疏云此臨藏樂器還臨笙師鎛師等故

彼皆云奉而藏之也

周禮正義卷四十三

瑞安孫詒讓學

樂師掌國學之政以教國子小舞謂以年幼少時教之舞內則曰十三舞勺成童舞象二十舞大夏

疏 掌國學之政以教國子小舞者佐大司樂而與舞師保氏爲官聯也國學者在國城中王宮左之小學也學小舞之國子未入大學則此國學爲小學明矣王制云六十養於國七十養於學彼養學爲大學養國亦據國中小學言之不言學者文略此詳言之故曰國學大司樂掌大學則教大舞此樂師掌小學則教小舞亦互相備凡周小學在國不在郊詳大司樂諸子疏國子即大司樂國之子弟不言弟者亦文略也賈疏云此樂師教小舞即下文帗舞已下是也此言小舞大司樂雲門以下爲大舞也 注云謂以年幼少時教之舞者謂國子年十三以上十九以下者樂記所謂童者舞之是也此官則於小學合而教之凡國子十三入小學二十入大學少儀云問大夫之子長幼長則曰能從樂人之事矣幼則曰能正於樂人未能正於樂人注云正樂政也彼從樂人之事蓋謂能舞六大舞者正於樂人即謂受教於樂師舞師也互詳師氏疏引內則曰十三舞勺成童舞象二十舞大夏者證未二十皆學小舞也鄭彼注云先學勺後學象文武之次也成童十五以上大夏樂之文武備者也內則孔疏引熊氏云勺籥也舞象謂用干戈之小舞也以其年尚幼故習文武之小舞也賈疏云勺即周頌酌序云酌告成大武也言能酌先祖之道以養天下也鄭注云周公居攝六年所作是也象者周頌序云維清奏象舞注云象用兵時刺伐之舞武王制焉是也此皆詩詩爲樂章與舞人爲節故以詩爲舞也此勺與象皆小舞所用幼小時學之

也人年二十加冠成人而舞大夏大夏夏禹之舞雖舉大夏其實雲門以下六舞皆學詒讓案勺象並小舞之樂章下經帗羽等則據器服言之左襄二十九年傳說季札觀樂云見舞象箾南籥者杜注云象箾舞所執南籥以籥舞也皆文王之樂案季札先觀象箾南籥而後觀大武以上四代大舞則象即小舞之象籥即小舞之勺可與熊氏之說互證但依杜及熊義則勺籥字通依鄭義勺又爲酌之借字故燕禮云若舞則勺注云勺頌篇告成大武之樂歌也既合鄉樂萬舞而奏之二義不同未知孰是也至詩箋以勺爲周公作大武時所作象爲武王所制與春秋繁露三代改制質文篇墨子三辯篇漢書禮樂志說同杜以象爲文王之樂史記吳世家集解引賈逵詩周頌孔疏引服虔說並同呂氏春秋古樂篇又云周公爲三象蓋所傳之異白虎通義禮樂篇云周公曰酌武王曰象合曰大武然則周初所制小舞非一至大武作而聲容極盛可以兼包諸小舞故此經舞師大司樂樂師諸職咸不列勺象二舞之名與又文王世子明堂位祭統仲尼燕居說下管樂曲亦曰象鄭並謂即象舞非也詳後疏

凡舞有帗舞有羽舞有皇舞有旄舞有干舞有人舞

故書皇作䍿鄭司農云帗舞者全羽羽舞者析羽皇舞者以羽冒覆頭上衣飾翡翠之羽旄舞者氂牛之尾干舞者兵舞人舞者手舞社稷以帗宗廟以羽四方以皇辟廱以旄兵事以干星辰以人舞䍿讀爲皇書亦或爲皇玄謂帗析五采繒今靈星舞子持之是也皇雜五采羽如鳳皇色持以舞人舞無所執以手袖爲威儀四方以羽宗廟以人山川以干旱暵以皇

疏 凡舞者辨六小舞之名與下經樂儀射節皆樂師之官法也賈疏云此六舞者即小舞也若天地宗廟正祭用大舞即上分樂序之是也按舞師亦陳此小舞云教皇舞帥而舞旱暵之事即皆據祈請時所用也詒讓案此六小舞皆自有樂章上注勺象等亦其類也 注云故書

皇作翌者詳舞師疏鄭司農云帗舞者全羽者以一大羽注之權首
也說文羽部云翌樂舞執全羽以祀社稷也從羽犮聲讀若紱案先
鄭以帗舞亦用羽則翌爲正字帗同聲叚借字許蓋從賈景伯本作
翌於羽舞形義爲切但二鄭讀與許書字不盡同故於此及鼓人舞
師皆不出翌字也互詳鼓人疏云羽舞者析羽者舞師注云羽析白
羽爲之形如帗也案析羽者襍衆羽也賈疏云先鄭意以司常有全
羽爲旞析羽爲旌相對卽以此帗舞爲全羽羽舞爲析羽相對解之
後鄭破帗舞不破羽舞也云皇舞者以羽冒覆頭上衣飾翡翠之羽
者段玉裁改皇爲翌云今本作皇舞非也司農從翌又曰讀爲皇鄭
君則作皇而說義各別案先鄭先釋文義而後正其讀則此文自當
作翌舞段校是也左昭十二年傳楚王秦復陶翠被杜注云以翠羽
飾被說苑善說篇襄成君衣翠衣先鄭說舞衣蓋與彼相類舞師注
但云皇舞蒙羽舞不言衣飾翡翠羽者文不具也此云衣飾翡翠之
羽則覆頭之羽當亦同爾雅釋鳥云翠鷸左僖二十四年傳鄭子臧
好聚鷸冠孔疏引李巡云鷸一名爲翠其羽可以爲飾然則翡翠羽
覆頭則近於鷸冠矣互詳舞師疏云旄舞者氂牛之尾者釋文云氂
舊音毛劉音來沈音貍或音茅字或作犛或作斄皆同案說文犛部
云犛西南夷長髦牛也氂犛牛尾也斄彊曲毛可以箸起衣沈音貍
者字作犛也或音茅者讀爲氂也舊音毛者讀爲旄也序官旄人注
及御覽樂部引此注並作旄牛劉音來者字作斄也犛爲長髦牛之
正名其尾名氂因謂之氂牛氂可以爲旄因又謂之旄牛一者通稱
此經旄舞及旄人凡言旄者並據犛牛尾而言正字皆當作氂作旄
者叚借字若斄則字之誤也序官注云旄旄牛尾舞者所持以指麾
山海經北山經云潘侯之山有獸焉其狀如牛而四節生毛名曰旄
牛郭注云今旄牛背膝及胡尾皆有長毛又中次八經云荆山其中
多犛牛注云旄牛屬也黑色出西南徼外也史記司馬相如傳云揗

旄獏犛牽索隱引張揖說與郭璞略同案旄牛即犛牛上林賦以旄犛並舉文人屬詞不嫌纏復郭張分爲二物非也又春秋繁露三代改制質文篇二云主地法夏而王用纖施舞俞樾據周書王會樓煩以星施孔注施所以爲旄羽耳謂纖施舞即此旄舞是也二云干舞者兵舞者據鼓人舞師並有兵舞也鼓人後鄭注二云兵謂干戚也同先鄭義公羊宣八年傳二云萬者何干舞也彼干舞爲宗廟大舞此干舞爲小舞二者雖異其爲武舞則同文王世子孔疏二云若其大舞則以干配戚則明堂位二云朱干玉戚冕而舞大武若其小舞則以干配戈則樂師教小舞干舞是也案據鼓人注義則小舞亦以干配戚孔說非鄭恉又春秋繁露三代改制質文篇二云主天法商而王用錫舞淩曙據郊特牲朱干設錫謂錫當爲錫錫舞即干舞是也二云人舞者手舞者義亦與後鄭同二云社稷以帗者據舞師文二云宗廟以羽者春秋隱五年經二云考仲子之宮初獻六羽彼爲大舞之文舞此則小舞用羽與彼同二云四方以皇辟廱以旄者經無見文未詳其義辟廱即大學之中學爲王饗射之宮詳大司樂疏二云兵事以干者干戚兵器故兵事舞之也二云星辰以人舞者楚辭九歌東君二云思靈保兮賢姱翾飛兮翠會展詩兮會舞應律兮合節廣雅二云東君日也大宗伯祀天神星辰與日月同科故知星辰有人舞也二云䍿讀爲皇書亦或爲皇者詳舞師疏二云玄謂帗析五采繒今靈星舞子持之是也者此破先鄭全羽之說也鼓人注二云帗列五采繒爲之有秉與此同孔廣森二云續漢祭祀志曰漢興八年有言周興而邑立后稷之祀於是高帝令天下立靈星祠以后稷配食舊說星謂天田星也一曰龍左角爲天田官主穀祀用壬辰位祠之舞者用童男十六人舞者象教田初爲芟除次耕種芸耨驅爵及穫刈舂簸之形象其功也若然舞師掌教帗舞帥而舞社稷之祭祀漢時靈星亦稷之類故持五采繒得帗舞之遺象二云皇雜五采羽如鳳皇色持以舞者此亦破司農以羽冒覆頭上

之說也舞師注云皇析五采羽爲之亦如帗掌次設皇邸後鄭注亦云染羽象鳳皇色以爲之云人舞無所執以手袖爲威儀者韓非子五蠹篇所謂長袖善舞是也云四方以羽者亦據舞師文云宗廟以人者賈疏云雖無文宗廟是人鬼故知用人也云山川以干者賈疏云干舞卽兵舞舞師云教兵舞舞師而舞山川之祭祀是也詒讓案山海經中山經云祠首山用干儛置鼓毛詩邶風簡兮傳云以干羽爲萬舞用之宗廟山川彼亦指大舞言之與此干舞異也云旱暵以皇者賈疏云亦依舞師也

教樂儀行以肆夏趨以采薺車亦如之環拜以鍾鼓爲節教樂儀教王以樂出入於大寢朝廷之儀故書趨作跢鄭司農云跢當爲趨書亦或爲趨肆夏采薺皆樂名或曰皆逸詩謂人君行步以肆夏爲節趨疾於步則以采薺爲節若今時行禮於大學罷出以鼓陔爲節環謂旋也拜直拜也玄謂行者謂於大寢之中趨謂於朝廷爾雅曰堂上謂之行門外謂之趨然則王出既服至堂而肆夏作出路門而采薺作其反入至應門路門亦如之此謂步迎賓客王如有車出之事登車於大寢西階之前反降於阼階之前尚書傳曰天子將出撞黃鍾之鍾右五鍾皆應入則撞蕤賓之鍾左五鍾皆應大師於是奏樂

疏 教樂儀者教作樂以節儀儀與樂必相應也依鄭注此爲王迎賓客法其王以他禮事出入大寢亦當放此云行以肆夏趨以采薺者薺釋文作齊云本又作薺案玉藻仲尼燕居並作齊玉藻注云齊當爲楚薺之薺此注無釋則經本作薺可知大馭經亦同可證淮南子齊俗訓漢書賈誼傳亦作齊顏注云字或作薺又作茨案大戴禮記保傅篇亦作茨齊薺茨並聲近字通玉藻注楚薺卽毛詩小雅楚茨篇也九夏別有齊夏與此異云車亦如之者卽大馭云凡馭路行以肆夏趨以采薺是也云環拜以鍾鼓爲節者拜經例當作𢷎詳前世婦疏此疑誤此亦奏樂以爲環拜之節也所奏之

樂未聞　注云教樂儀教王以樂出入於大寢朝廷之儀者大寢即
路寢路寢之內廷爲燕朝其外又有治朝外朝王之出入恆在於此
燕寢之內無朝燕之禮出入不用樂故知教王以樂出入於大寢朝
廷之儀也依鄭此注則王在廟出入不用此法故大司樂注謂大饗
王出入奏王夏明不奏肆夏采薺也賈疏乃謂此王行迎賓春夏受
饗於廟及四時饗食在廟燕在寢皆有迎法若然鄭此注據大寢而
言則是燕時若饗食在廟則與此大寢同此與大司樂注不合殊非
鄭恉又天子待來朝諸侯受朝受享皆無迎賓法賈謂春夏有迎賓
亦非也詳齊僕大行人疏云故書趨作跢鄭司農云跢當爲趨書亦
或爲趨趨者說文足部無跢字言部誃字注云讀若論語跢予之足玉
篇足部云跢倒也趨跢形近而譌玉藻亦云趨中采薺故司農破爲
趨跢玉裁云跢陸云倉付反則知其字本爲蹴六朝人往往書偏旁
作多也從足從走古多通用徐養原云跢蹴皆說文所無惟走部有
趍字云趍趨夂也齊風巧趨蹌兮釋文云趨本或作趍案段徐說未
知孰是說文走部云趨走也重文無蹴字趨與趍義亦別東漢以後
始誤用爲一字經典無是也竊謂故書自作跢不妨爲經典所無之
字漢書賈誼傳又作趣趣趨古亦通用云肆夏采薺皆樂名者大馭
後鄭注云肆夏采薺樂章也此先鄭云樂名亦謂樂章名也肆夏爲
九夏之一凡九夏皆樂章詳大司樂鍾師疏云或曰皆逸詩者謂其
體如風雅頌之詩而今逸其篇也漢書禮樂志顏注引劉德說同案
凡以器播其聲則曰樂人所歌則曰詩二者皆有辭也詩之入樂者
亦謂之樂章而樂章之體不必盡如三詩故先鄭以逸詩爲別解鍾
師杜注亦以肆夏爲詩又引呂叔玉說以肆夏爲周頌時邁此云或
曰逸詩則先鄭不從呂說也云謂人君行步以肆夏爲節趨疾於步
則以采薺爲節者釋名釋姿容云兩脚進曰行行抗也抗足而前也
疾行曰趨趨赴也赴所期也故鄭云趨疾於步也云若今時行禮於

大學罷出以鼓陔爲節者行禮於大學謂若天子養三老五更於辟
廱行大射於曲臺之類續漢書禮儀志劉注引蔡邕禮樂志云漢樂
四品二曰周頌雅樂典辟雍饗射六宗社稷之樂鼓陔爲節史志無
文東漢時九夏已佚而有鼓陔者蓋爲歌詩以儗禮之奏陔非周陔
夏之遺聲也鄭鄉飲酒禮注謂大夫士奏陔有鼓無鍾故此亦儗之
云環謂旋也者楚辭天問王注云環旋也玉藻注云周還中規折還中
矩旋與還通此環卽玉藻所謂周還折還也云拜直拜也者謂卽大
祝九拜是也此環與拜是二事投壺云賓再拜受主人般還曰辟主
人阼階上拜送賓般還曰辟般旋卽所謂環也又案拜節應鍾鼓者
疑卽九拜之振動詳大祝疏云玄謂行者謂於大寢之中趨謂於朝
廷者據爾雅增成先鄭義也大寢之中謂路寢之堂至路門朝廷謂
治朝卽路寢門外應門內之廷故大馭注云行謂大寢至路門趨謂
路門至應門也玉藻注義亦同引爾雅曰堂上謂之行門外謂之趨
者釋宮文賈疏云證行是門內趨是門外之事也案爾雅云室中謂
之時堂上謂之行堂下謂之步門外謂之趨中庭謂之走大路謂之
奔但庭中走大路奔據助祭者而言故詩云駿奔走在廟也今總言
行者謂大寢之中不言堂下步者人之行必由堂下始與行小異大
同故略步而言其行也黃以周云曲禮曰堂上接武堂下布武接武
之謂行堂上之地較室爲廣可舉足半躡之布武之謂步堂下之地
益廣可舉足徐行之迹不相躡趨則行而張足又疾於步走則更加
疾矣釋宮門外趨中庭走走疾於趨爲庭遠於門也則所趨之門謂
路寢門非大門也云然則王出既服至堂而肆夏作出路門而采薺
作者既服謂釋燕服加禮服若大饗則服鷩冕其他各視其禮之隆
殺服之若司服所說是也王出至大寢之堂其行尚舒則奏肆夏以
節之出路門其行轉疾則奏采薺以節之也大戴禮記保傅篇則作
步中采茨趨中肆夏與此文迕賈子新書保傅篇及漢書賈誼傳荀

悅漢紀並同大戴禮盧注云爾雅曰堂上謂之行門外謂之趨周禮及玉藻曰行以肆夏趨以采茨此云步中采茨趨中肆夏又云行以采茨趨以肆夏則於大寢之內奏采茨朝廷之中奏肆夏與周禮文誤也孔廣森云燕禮記曰賓及廷奏肆夏郊特牲曰賓入大門而奏肆夏肆夏奏於門內以爾雅證之不當言趨周禮文是也案盧孔亦並據釋宮爲說今攷采薺之奏禮經無見文肆夏爲金奏則祭饗燕射皆用之大司樂云大祭祀尸出入則令奏肆夏孔子燕居云入門而金作郊特牲云賓入大門而奏肆夏凡大門皆在路門外此於釋宮當門外謂之趨也大射禮及燕禮記以樂納賓並云賓及庭奏肆夏此於釋宮當堂下謂之步也大射禮燕禮記堂上賓主行爵時亦奏肆夏此於釋宮當堂上謂之行也若然則肆夏之奏於行步趨走皆可比傅此經與大戴記無由決其孰是竊謂此奏樂節行唯視行之舒急本不必論何地釋宮所云亦止謂自內而出道彌廣則行可急耳至於行禮出入則或步以示舒或趨以昭敬固無定節況此經車行亦如步節乘車無在堂上之理何以亦有行趨之異其不能執爾雅之文以榷其是非亦明矣大馭說馭路之節亦與此及玉藻同大戴記文多舛駁不足校此也云其反入至應門路門亦如之者賈疏云反入至應門卽是路門外當奏采薺也入至路門卽是門內行以肆夏也但王有五門外仍有臯庫雉三門經不言樂節鄭亦不言故但據路門外而言若以義量之既言趨以采薺卽門外謂之趨可總該五門之外皆於庭中遙奏采薺矣云此謂步迎賓客者以經云行趨對車爲文明專據步迎法與大馭馭路亦言行趨爲據乘車法異也云王如有車出之事登車於大寢西階之前反降於阼階之前者釋經車亦如之也路門內地隘則車行宜舒路門外地廣則車行差疾約與步行路門內行門外趨相儗故樂節亦同賈疏云案曲禮云國君下鄉位彼注云出過之而上車入未至而下車彼謂諸侯禮

與天子禮異不得升降於階前也金鶚云諸侯必下宗廟與鄉位天子可知賈孔疏謂曲禮國君下鄉位諸侯與天子禮異不得升降於階前此強爲之解耳孫希旦云燕朝治朝皆有鄉位人君日視朝於治朝此鄉位謂治朝之位也以考工記應門路門皆取節於車者觀之則人君之車皆於路門內登降信矣下鄉位者蓋出則於路門外下車入則於雉門內下車過之而復登車與案金孫說皆足正賈孔兩疏之誤金氏又云車馳驅於道路之中並不奏樂而云車亦如之者以車之遲疾與人之行趨同亦宜與采薺肆夏相應非必車與樂相近而後可爲節也卽人之行趨習於樂既久亦不必聞樂而自能中節不然迎賓於大門之外去路寢庭一里有餘豈復聞其樂乎人不必依於樂而可以樂爲節車可知矣大馭馭玉路以祀祀有在郊者不必皆在廟也又言凡馭路則五路皆然五路之用豈必在宮中哉天子出入升降皆必由阼階此一定之禮與撞鐘之左右義不相涉而鄭謂升車於西階前降於阼階前誤矣案金謂馭路行趨不必在路門內外其說自通但攷書顧命說大喪陳四路在賓階阼階面及左右塾之前此並在路門內也明王平日乘車必在路寢庭儻乘車不於路門內則何爲於兩階兩塾陳路乎又士喪遷柩祖廟既夕禮云薦車直東榮注謂象生時將行陳駕廟寢禮同明士生時陳駕亦在正寢廷則王禮可知鄭謂王登車於大寢階前說自可信但不必升降分就兩階以傅合樂節耳引尚書傳云天子將出撞黃鍾之鍾右五鍾皆應入則撞蕤賓之鍾左五鍾皆應大師於是奏樂者儀禮經傳通解引尚書大傳云故天子左五鍾右五鍾天子將出則撞黃鍾右五鍾皆應馬鳴中律步者皆有容駕者皆有文御者皆有數然後大師奏登車告出也入則撞蕤賓左五鍾皆應在內者皆玉色在外者皆金聲然後少師奏登堂就席告入也又引鄭注云六律爲陽六呂爲陰凡律呂十二各一鍾天子宮縣黃鍾蕤賓在南北其餘

則在東西黃鍾在陽陽氣動西五鍾在陰陰氣靜君將出故以動告靜靜者皆和也蕤賓在陰東五鍾在陽君入故以靜告動動者則亦皆和之也案大傳所云卽小胥賈疏所謂十二辰頭零鍾蓋奏以爲王出入之節雖亦四面縣而與賓祭宮縣之鍾不同鄭引之者證王乘車出入大師少師奏樂之事也賈疏云以書傳云天子將出撞黃鍾之鍾明出入升降皆在階前可知黃鍾在子是陽生之月黃鍾又陽聲之首陽主動出而撞之右五鍾謂林鍾至應鍾蕤賓在午五月陰生之月陰主靜入亦是靜故撞蕤賓左五鍾謂大呂至中呂大師於是奏樂者謂王有此出入之時則大師於時奏此采薺肆夏也

凡射王以騶虞爲節諸侯以貍首爲節大夫以采蘋爲節士以采蘩爲節

騶虞采蘋采蘩皆樂章名在國風召南唯貍首在樂記射義曰騶虞者樂官備也貍首者樂會時也采蘋者樂循法也采蘩者樂不失職也是故天子以備官爲節諸侯以時會爲節卿大夫以循法爲節士以不失職爲節鄭司農說以大射禮曰樂正命大師曰奏貍首閒若一大師不興許諾樂正反位奏貍首以射貍首曾孫【疏】

凡射者掌三射之樂節與射人爲官聯也云王以騶虞爲節諸侯以貍首爲節者大司樂云大射及射令奏騶虞然則王射節大司樂令奏諸侯以下射節蓋樂師令奏與鄉射禮云奏騶虞閒若一又記云歌騶虞若采蘋皆五終注云此天子之射節也而用之者方有樂賢之志取其宜也其他賓客鄉大夫則歌采蘋若然諸侯以下亦得奏騶虞惟節數則少耳又投壺亦奏貍首疑卿大夫以下通得用之不必諸侯也云大夫以采蘋爲節者亦關孤卿而言賈疏云凡此爲節之等者無問尊卑人皆四矢射節則不同故射人云天子九節諸侯七節大夫士五節尊卑皆以四節爲乘矢拾發其餘天子五節諸侯三節大夫士一節皆以爲先以聽先聽未射之時作之使射者預聽

知射之樂節以其射法須其體比於禮其節比於樂而中多者乃得預於祭故須預聽但優尊者故射前節多也　注云騶虞采蘋采蘩皆樂章名在國風召南者樂章卽詩之章句入樂者也三詩皆在召南篇內采蘩第二采蘋第四騶虞第十四也云唯貍首在樂記者樂記云散軍而郊射左射貍首右射騶虞而貫革之射息也案樂記止舉貍首篇名無其詩章鄭大射儀注亦以貍首出射義不云樂記然此注樂記與射義兩舉則又非字誤攷漢書藝文志河閒獻王所獻樂記二十三篇今小戴記止存十一篇其逸十二篇中或有貍首之詩鄭詩譜周南召南譜云今無貍首周衰諸侯並僭而去之孔子錄詩不得也爲禮樂之記者從後存之遂不得其次序疑貍首詩樂記射義兩有之故詩譜謂存禮樂之記射人注引樂記曰明乎其節之志不失其事則功成而德行立此正射義說曾孫詩之文而云樂記或亦樂記射義兩有此文之證乎引射義者證以四詩爲節之義鄭彼注云樂官備者謂騶虞曰壹發五豝喻得賢者多也于嗟乎騶虞歎仁人也樂會時者謂貍首曰小大莫處御于君所樂循法者謂采蘋曰于以采蘋南澗之濱循澗以采蘋喻循法度以成君事也樂不失職者謂采蘩曰被之僮僮夙夜在公是其義也云鄭司農說以大射禮以下者賈疏云證大師用樂節之事閒若一者謂七節五節之閒緩急稀稠如一彼諸侯禮故有樂正命大師此天子禮故樂師命大師也云貍首曾孫者射義云故詩曰曾孫侯氏四正具舉大夫君子凡以庶士小大莫處御于君所以燕以射則燕則譽鄭彼注云此曾孫之詩諸侯之射節也又大射儀注云貍首逸詩曾孫也貍之言不來也其詩有射諸侯首不朝者之言因以名篇後世失之謂之曾孫曾孫者其章頭也射義所載詩曰曾孫侯氏是也以爲諸侯射節者采其既有弧矢之威又言小大莫處御於君所以燕以射則燕則譽有樂以時會君事之志也又史記封禪書云萇弘以方事周靈王諸

侯莫朝周周力少萇弘乃明鬼神事設射貍首貍首諸侯之不來者依物怪欲以致諸侯案貍首本射節非萇弘所設史說不經與禮違惟貍首諸侯不來之義與鄭所說同徐養原云大戴投壺篇於曾孫侯氏八句下復有質參既設四句弓既平張十二句嗟爾不寧侯五句語意相承其爲一詩無疑中閒或雜以他語則錯簡也此非曾孫之全篇乎夫投壺本奏貍首而篇末特載曾孫之詩則曾孫之爲貍首明矣其名篇之義則大射注釋之已詳孔氏射義疏云篇中有貍首二字故以爲名此說非是篇中無貍首字故鄭取詩中之言釋名篇之義若本有此二字則其義已顯何庸復釋且當時亦不至失之而謂之曾孫矣詩固有不取篇中字爲名者小雅之巷伯大雅之雨無正須之酌賚般是也何獨於貍首而疑之然詩第言諸侯不朝故抗而射之不言射其首也鄭以篇名貍首故以射言之皮侯之棲鵠猶獸侯畫頭有首象焉案徐說是也但嗟爾不寧侯五句卽梓人祭侯之辭與曾孫詩辭義殊異文似不相屬惟大射儀注有射諸侯不朝之言今所見曾孫詩無此語而與祭侯辭則正相近孔廣森亦謂祭侯辭卽貍首首章曾孫爲其次章若然鄭以曾孫爲章頭或是斷章取義疑未能明姑存以侯攷互詳梓人疏

凡樂掌其序事治其樂政序事次序用樂之事疏凡樂掌其序事者序經例當作敘石經及各本並誤凡樂官之事此官皆次序校治之小宰六敘云以敘作其事是也云治其樂政者政謂若正樂縣舞位及諸戒令皆是也注云序事次序用樂之事者賈疏云謂陳列樂器及作之次第皆序之使不錯繆詒讓案樂器次序若琴瑟在堂上金石匏竹在堂下及宮縣四面設縣之次是也作樂次序若金奏升歌下管閒歌合樂等所作之先後樂師皆序之也

凡國之小事用樂者令奏鐘鼓小事小祭祀之事疏注云小事小祭祀之事者據下文云饗食諸侯序其樂事

令奏鍾鼓令相如祭之儀則知自此以下至令相皆祭儀也春秋文二年經大事于大廟公羊傳以爲大祫彼大祭祀謂之大事則此小祭祀亦可謂之小事足相比例也賈疏云謂王玄冕所祭則天地及宗廟皆有鍾鼓樂師令之若大次二者之樂大司樂令之也此小祭有鍾鼓但無舞故舞師云小祭祀不興舞是也

凡樂成則告備 成謂所奏一竟書曰簫韶九成燕禮曰大師告于樂正曰正歌備

疏 注云成謂所奏一竟者司書注云成猶畢也說文音部云樂曲盡爲竟故云所奏一竟也引書曰簫韶九成者皐陶謨文僞孔本入益稷孔疏引鄭書注云成猶終也每曲一終必變更奏引以證樂一竟爲成之義凡天子諸侯之樂以升歌爲第一節下管爲第二節閒歌爲第三節合樂爲第四節每節皆三終大夫士之樂唯無下管而以笙入爲第二節餘三節並同天子諸侯又有金奏以迎尸送尸迎賓送賓謂之先樂明非樂之正也若與舞則大磬九終大夏大武皆六終書云九成卽九終也互詳大司樂疏又引燕禮曰大師告于樂正曰正歌備者鄭彼注云樂正於天子樂師也正歌者升歌及笙各三終閒歌三終合樂三終爲一備備亦成也賈疏云引燕禮者欲見彼諸侯燕禮大師告於樂正樂正告於賓與君此天子祭禮亦於樂成之時則大師告樂師樂師乃告王彼據燕禮此據祭禮事節栢當故引爲證也詒讓案鄭引燕禮者證諸侯小樂正告備與天子樂師告備同也燕禮記云下管新宮笙入三成注云三成謂三終也此以奏詩一終爲一成也樂記云武始而北出再成而滅商三成而南國是疆五成而分周公左召公右六成復綴以崇注云成猶奏也每奏武曲一終爲一成是奏曲一終爲一成也書九成義與彼同此經樂成則謂奏樂終畢歌管閒合衆節皆備爲成與書及禮記所謂成者義同而事異燕禮告備亦在升歌笙入閒歌合樂之後則凡樂無論幾成並衆節畢竟始一告備與此經正合賈疏謂一曲終

爲一成則樂師告備如是者六則六成餘八變九變亦然是謂三成
者樂師當三告備六成者當六告備八變九變者當八告備九告備
與禮經不合　詔來瞽皋舞鄭司農云瞽當爲鼓皋當爲告呼擊鼓者
其說非也　又告當舞者持鼓與舞俱來也鼓字或作
瞽詔來瞽或曰來勑也勑爾瞽率爾衆工奏爾悲誦肅肅雍雍毋怠
毋凶玄謂詔來瞽詔視瞭扶瞽者來入也皋之言號告國子當舞者
舞疏注鄭司農云瞽當爲鼓皋當爲告者阮元云說文夲部皋气皋
白之進也從夲從白禮祝曰皋登歌曰奏故皋奏皆從本周禮
曰詔來鼓皋舞皋告之也按先鄭以瞽爲鼓與許同詒讓案瞽從鼓
得聲故先鄭以瞽爲鼓許君從之皋告亦聲近惟說文以告訓皋不
破字先鄭讀皋爲告則以告破皋與許異云呼擊鼓者又告當舞者
持鼓與舞俱來也者鼓以節舞詩大雅賓之初筵云籥舞笙鼓毛傳
云秉籥而舞與笙鼓相應是舞當與鼓相應故詔告樂工持鼓又告
舞人使同時俱來云鼓字或作瞽詔來瞽或曰來勑也者此先鄭又
從別說不破瞽爲鼓而釋其義也說文力部云勑勞也爾雅釋詁云
勞來強事謂翦篲勤也彼釋文云來本又作勑是來勑字通故先鄭
引或說以勑訓來也俗書敕字亦或作勑與此音義皆別詳大宰疏
云勑爾瞽率爾衆工奏爾悲誦肅肅雍雍毋怠毋凶者證勑瞽義亦
通也誦頌之借字大戴禮記保傅篇云宴樂雅誦逆樂序亦以誦爲
頌是其證悲誦謂歌頌聲辭悲切也賈疏云似逸詩不知何從而出
故後鄭不從之惠士奇云凶者凶聲怠者慢聲大司樂之所禁也肅
肅則敬故聲無怠雍雍則和故聲無凶蓋逸詩也云玄謂詔來瞽詔
視瞭扶瞽者來入也者段玉裁云司農易瞽爲鼓又從別說來瞽爲
勑瞽者鄭君則從書作瞽而詔來訓爲詔視瞭扶瞽者來入與大鄭
異賈疏云按大祝云來瞽令皋舞注云來嗥者皆謂呼之入彼來爲
呼之者以彼來上無字故以來爲呼之義與此無異也云皋之言號

告國子當舞者舞者後鄭不破皋爲告而謂皋與號字通義亦爲告與先鄭訓同而讀異惠棟云說文周禮曰詔來鼓皋舞皋告之也戰國策曰商君告歸東觀漢記田邑傳云邑年三十歷卿大夫號歸號歸卽告歸也皋讀爲告告讀爲號皋告同音故大祝注云皋讀爲卒嗥呼之嗥漢書紀云高祖嘗告歸之田服虔云告音如嗥呼之嗥是告又讀爲嗥然則皋告嗥三字同物同音故二鄭所讀亦無兩義阮元云後鄭如字讀皋爲呼號卽告義也與許同

及徹帥學士而歌徹學士國子也鄭司農云謂將徹之時自有樂故帥學士而歌徹玄謂徹者歌雍雍在周頌臣工之什

疏及徹帥學士而歌徹者賈疏云此亦文承祭祀之下亦謂祭末至徹祭器之時樂師帥學士而歌徹但學士主舞瞽人主歌今云帥學士而歌徹者此絕讀之然後合義歌徹之時歌舞俱有謂帥學士使之舞歌者自是瞽人歌雍詩也徹者士宰君婦耳曾釗云學士非專爲舞而不歌下大胥職云秋頒學合聲聲卽歌也其合之者正預習之以待祭祀耳案曾謂學士不專爲舞是也竊謂歌詩雖是瞽矇專職當徹之時蓋小師帥瞽矇樂師帥學士咸相和而歌二官爲聯事也若如賈說則經歌字與帥學士不相冡於文不順其誤明矣又案儀禮經傳通解引尚書大傳說養老之禮云胥與就膳徹注云胥樂官也就成也胥成膳徹謂以樂食之也是饗食歌徹大小胥亦與其事經唯云帥學士者以胥卽樂師之屬文不具也又案歌雍亦在堂上與升歌同故論語八佾集解引包咸云作之於堂其舞則在堂下與歌不同處也　注云學士國子也者卽上文及師氏大司樂之國子也大胥先鄭注云學士謂卿大夫諸子學舞者互詳彼疏鄭司農云謂將徹之時自有樂故帥學士而歌徹者據內宗外宗祭祀並云以樂徹明將徹時自有節禮之樂與祭時樂神侑尸之樂不同故經特云歌徹但先鄭不言雍詩故後鄭補之云玄謂徹者歌雍者論語八佾篇云三

家者以雍徹子曰相維辟公天子穆穆奚取於三家之堂集解引馬融云雍周頌臣工篇名也天子祭於宗廟歌之以徹祭今三家亦作此樂皇疏云禮天子祭竟欲徹祭饌則使樂人先歌雍詩以樂神後乃徹祭器是也云雍在周頌臣工之什者毛詩序云雝禘大祖也雍即雝之隸變鄭詩周頌譜云周頌其作在周公攝政成王即位之初則周公制禮時已有雍詩故得歌之也

令相令視瞭扶工鄭司農云告當相瞽師者言當罷也瞽師盲者皆有相道之者故師冕見及階曰階也及席曰席也皆坐曰某在斯某在斯曰相師之道與

疏令相者此亦家上詔來瞽爲文謂令相瞽也以下文校之此亦謂祭儀鄉射禮云樂正適西方命弟子贊工遷樂于下弟子相工如初入彼樂正當此樂師則射禮亦有令相之事此文不具也 注云令視瞭扶工者眡瞭云凡樂事相瞽注云相謂扶工故知此令相即令視瞭也鄭司農云告當相瞽師者言當罷也者瞽師即瞽矇也先鄭意此文承上既徹則樂當罷故告相瞽者使知之也今審校文義容祭初工入時亦當令相不徒歌徹後鄭似亦不從此義故引之在後也云瞽師盲者皆有相道之者者爾雅釋詁云相道也瞽盲無目行慮有失誤蹶跌故使明目者相道之而行云故師冕見及階曰階也及席曰席也皆坐曰某在斯某在斯曰相師之道與者約論語衛靈公篇文證瞽當有相也

饗食諸侯序其樂事令奏鍾鼓令相如祭之儀

疏饗食諸侯序其樂事者序亦當作敘石經及各本並誤此即掌客云上公三饗三食三燕之等皆用樂也大司樂大饗亦奏九夏又仲尼燕居說大饗樂云入門而縣興升堂而樂闋下管象武夏籥序興客出以雍徹以振羽注云縣興金作也象武武舞也夏籥文舞也振羽振鷺及雍此饗樂之序見於經者彼記當從孔廣森金鶚讀下管象句武夏籥序興句象爲下管樂曲武夏籥謂大武大夏二舞序興與此序其樂

事義同鄭讀及彼注義並誤又郊特牲云饗禘有樂而食嘗無樂陰陽之義也孫希旦云鍾師凡饗食奏燕樂籥師賓客饗食鼓羽籥之舞是天子食禮有樂公食大夫禮不用樂食嘗無樂蓋諸侯之禮異於天子者與案孫說是也郊特牲孔疏引熊安生以食嘗無樂爲殷禮非是又燕禮樂事皆小樂正治之則樂師當亦兼序燕諸侯之樂事經唯云饗食者以燕輕於饗食又下文有燕射帥舞之文足以互明故不具也云如祭之儀者左襄十年傳云魯有禘樂賓祭用之是大饗食與大祭祀同樂故其序事令奏等並同賈疏云非直序樂令鍾鼓令相其中詔來瞽歌徹等皆如之但祭祀歌雍而徹饗食徹器亦歌雍知者下大師與此文皆云大饗亦如祭祀登歌下管故知皆同也

燕射帥射夫以弓矢舞

射夫衆耦也故書燕爲舞帥爲率射夫爲射矢鄭司農云舞當爲燕率當爲帥射矢書亦或爲射夫

【疏】燕射者王與諸侯諸臣因燕而射梓人注云燕謂勞使臣若與羣臣飲酒而射是也燕禮記云燕朝服于寢注云燕於路寢則燕射當同故賈鄉射疏亦謂燕射在寢詳梓人疏云帥射夫以弓矢舞者燕禮云若射則如鄉射之禮故此亦與鄉射與舞同詳鄉大夫疏 注云射夫衆耦也者詩小雅賓之初筵云射夫既同箋云射夫衆射者也大戴禮記投壺篇引詩云射夫命射彼命射當爲司射蓋衆耦與司射通得此稱矣賈疏云凡射有三番又天子六耦畿內諸侯四耦畿外諸侯三耦前番直六耦三耦等射所以誘射故也第二番六耦與衆耦俱射第三番又兼作樂經直云射夫鄭知衆耦者以其三番射皆弓矢舞若言六耦等不兼衆耦若言衆耦則兼三耦故鄭據衆耦而言也案鄭大司樂注釋弓矢舞爲執弓挾矢揖讓進退之儀故賈謂三番射皆有舞王引之謂舞當爲樂舞在歌樂之時則唯第三番以樂射乃有舞二說不同王說爲長詳大司樂疏云故書燕爲舞帥爲率射夫爲射矢鄭司農云舞當爲燕率當爲

帥射矢書亦或爲射夫者段玉裁云燕誤舞夫誤矢皆字之誤也率與帥則今人混用而漢人分別帥領之義必用從巾自聲字也是以司農以漢時字例正之二字古音本同毛詩率時農夫韓詩作帥時農夫周禮帥都建旗說文㫃部引作率都建旗聘禮注曰古文帥皆作率徐養原云說文率部率捕鳥畢也又巾部帥佩巾也或从兌作帨此二字各有本義又辵部達先道也此達領正字行部衛將衛也此將衛正字借率爲達爲衛從省也又因率而借帥取音同也詒讓案故書燕射作舞射射夫作射矢則文義不明帥領字本職前後數見此故書獨作率於字例亦岐互故二鄭並不從

樂出入令奏鍾鼓 樂出入謂笙歌舞者及其器 疏 注云樂出入謂笙歌舞者及其器者謂若笙入籥入之等笙歌舞謂樂人也凡樂自金石諸懸外人與器皆臨作時始入樂成則出亦奏鍾鼓以爲之節也

凡軍大獻教愷歌遂倡之 故書倡爲昌鄭司農云樂師主倡也昌當爲倡書亦或爲倡 疏 凡軍大獻教愷歌遂倡之者大司樂云王師大獻則令奏愷樂大司馬注引司馬法曰得意則愷樂愷歌示喜也是愷歌即作愷樂時所歌賈疏云軍事言凡者有大軍旅王自行小軍旅遣臣去故言凡以該之大獻者謂師克勝獻捷於祖廟也教愷歌者愷謂愷詩師還未至之時預教瞽矇入祖廟遂使樂師倡道爲之 注云故書倡爲昌者徐養原云說文人部倡樂也从人昌聲古蓋借用昌字今文加人段玉裁云倡唱古今字鄭司農云樂師主倡也者樂記一倡而三嘆注云倡發歌句也說文口部云唱導也此愷歌蓋亦以琴瑟歌詩若升歌閒歌諸節皆樂師先發以爲導而後衆工和之云昌當爲倡書亦或爲倡者先鄭以作昌無義故從或本作倡也

凡喪陳樂器則帥樂官 帥樂官往陳之 疏 凡喪陳樂器者賈疏云王家有大喪小喪皆有明器之樂器故亦言凡以該之詒讓案陳

樂器卽大司樂所云廞樂器也廞陳義同　注云帥樂官往陳之者猶大師云帥瞽而廞也彼大師止帥瞽矇以下此樂師爲衆樂官之長所帥者多故云帥樂官也賈疏云樂官亦謂笙師鎛師之屬廞樂藏之者也往陳之者謂如既夕禮陳器於祖廟之前庭及壙道東西者也

及序哭亦如之哭此樂器亦帥之

疏及序哭亦如之者序亦當爲敘九嬪外宗經可證石經及各本並誤　注云哭此樂器亦帥之者賈疏云按小宗伯云及執事眂葬獻器注云至將葬獻明器之材又獻素獻成皆於殯門外王不親哭有官代之彼據未葬獻材時小宗伯哭之此序哭明器之樂器文承陳樂器之下而云序哭謂使人持此樂器向壙及入壙之時序哭之也

凡樂官掌其政令聽其治訟

疏凡樂官掌其政令者政卽上文樂政令謂戒令也云聽其治訟者治謂陳請訟謂爭訟詳小宰疏賈疏云此以下大胥至司干皆無聽訟之事則皆樂師聽之耳

大胥掌學士之版以待致諸子鄭司農云學士謂卿大夫諸子學舞者版籍也今時鄉戶籍世謂之戶版大胥主此籍以待當召聚學舞者卿大夫之諸子則案此籍以召之漢大樂律曰卑者之子不得舞宗廟之酎除吏二千石到六百石及關內侯到五大夫子先取適子高七尺已上年十二到年三十顏色和順身體脩治者以爲舞人與古用卿大夫子同義

疏注鄭司農云學士謂卿大夫諸子學舞者者賈疏云按夏官諸子職云掌國子之倅則國中兼有元士之適子不言者以其漢法卑者之子不得舞宗廟之酎則元士之子不入故知卿大夫之諸子也知學舞者下云入學合舞故知也詒讓案經云學士卽諸子之在學者亦卽師氏大司樂諸子之國子皆通卿大夫士之適庶子言之先鄭此注不云士者文偶不具耳賈謂元士之子不入又謂此諸子皆適子並非也周天子之元士三命與漢除吏六百石五大夫尊卑亦

約略相近未可以卑者概之矣又文子世子云凡學世子及學士必時注云學士謂司徒論俊選所升於學者則俊選亦爲學士不徒國子也云版籍也今時鄉戶籍世謂之戶版者宮伯注義同云大胥主此籍以待當召聚學舞者卿大夫之諸子則案此籍以召之者大司馬先鄭注云致謂聚衆也謂卿大夫之子凡學舞者其名籍皆書於大胥之版籍及當學舞時則大胥案此名籍召而聚之學也引漢大樂律曰卑者之子不得舞宗廟之酎者大樂律漢律篇名續漢書百官志劉注載盧植禮記注引大樂律與此文並同又續漢禮儀志注云酎金律文帝所加以正月旦作酒八月成名酎酒因合諸侯助祭貢金云云除吏二千石到六百石及關內侯到五大夫子先取適子高七尺已上年十二到年三十顏色和順身體脩治以爲舞人與古用卿大夫子同義者已上釋文作以上是也今本並誤十二舊本依疏改二十今從宋婺州本舊注疏本賈疏云前漢紀注云漢承秦爵二十等五大夫九等爵關內侯十九爵列侯二十爵宗廟舞人用貴人子弟與周同故先鄭引以爲證也既云取七尺以上而云十二到三十則十二者誤當云二十至三十何者按鄉大夫職云國中自七尺以及六十野自六尺以及六十有五皆征之按韓詩二十從役與國中七尺同是七尺爲二十矣明不得爲十二也惠棟云續漢志補注引盧植禮注所載大樂律七尺作五尺鄭注論語云六尺謂年十五以上則五尺爲十二審矣賈疏失之案惠說亦通但漢制似依放周國子二十學大舞之法則究當如賈說十二作二十爲是續漢志注引漢律七尺作五尺或亦傳寫之誤恐未足據以糾賈也

春入學舍采合舞春始以學士入學宮而學之合舞等其進退使應節奏

鄭司農云舍采謂舞者皆持芬香之采或曰古者士見於君以雉爲摯見於師以菜爲摯菜直謂疏食菜羹之菜或曰學者皆人君卿大夫之子衣服采飾舍采者減損解釋盛服以下其師也

月令仲春之月上丁命樂正習舞釋采仲丁又命樂正入學習樂疏玄謂舍卽釋也采讀爲菜始入學必釋菜禮先師也菜蘋蘩之屬注云春始以學士入學宮而學之者諸子注云學大學也大戴禮記夏小正傳義同案經凡單言學者並指大學而言天子大學五其成均上庠東序瞽宗並爲教國子之學惟中學辟雍爲王饗射之學非學士所居詳大司樂諸子疏賈疏云歲初貴始云學宮者則文王世子云春誦夏弦皆於東序是也云合舞等其進退使應節奏者賈疏云謂等其舞者或進或退周旋使應八音合樂之節奏也鄭司農云舍采謂舞者皆持芬香之采者段玉裁云皆持芬香之采采當作菜采菜古通用案段校是也楚辭九章禮魂云傳芭兮代舞王注云芭巫所持之香草名也言祠祀作樂而歌巫持芭而舞是古時舞有持香草者然文王世子立學釋菜不舞則舍采非卽舞可知故後鄭不從二云或曰古者士見於君以雉爲摯見於師以菜爲摯者此別說亦與學記祭菜之文不合左莊二十四年傳御孫曰男贄大者玉帛小者禽鳥以章物也則男贄無用菜之文故後鄭亦不從二云菜直謂疏食菜羹之菜者此釋上二說並讀采爲菜也疏食菜羹論語鄉黨篇文二云或曰學者皆人君卿大夫之子衣服采飾舍采者減損解釋盛服以下其飾也者此又一說讀采如字士冠禮二云將冠者采衣紒注二云采衣未冠者所服引玉藻曰童子之節也緇布衣錦緣錦紳幷紐錦束髮皆朱錦也又襍記二云麻不加於采注二云采玄纁之衣喪大記二云不列采不入注二云列采正服之色是采有兩義一爲童子采飾之服一爲玄纁正色之服此注二云下其飾則所舍者當爲玄纁正色之服也此說與學記祭菜之文亦不合又夏小正傳有大舍菜若爲釋采服則不當二云大於義不通故後鄭亦不從其釋采之義先鄭二說並不及後鄭之善此外異說復有二家玉燭寶典引蔡氏月令章句二云釋者置也菜者鬯也鬱金香草釀以秬黍是謂秬鬯所以禮先聖

師也又呂氏春秋仲春紀云上丁命樂正入舞舍采高注云舍猶置也初入學官必禮先師置采帛於前以贄神也此二說與先後鄭諸說又異依蔡說則釋菜卽祼𢀖夏小正云正月初歲祭采始用暘也暘卽𢀖之借字蔡蓋隱據彼文然祭先聖先師用祼於古籍無徵依高說則釋菜卽釋幣以周云文王世子旣釁器用幣然後釋菜釋幣釋菜明爲二禮案黃說是也引月令仲春之月上丁命樂正習舞釋采仲丁又命樂正入學習樂者證入學合舞之事也采月令作菜鄭彼注云樂正樂官之長也命習舞者順萬物始出地故舞也將舞必釋菜於先師以禮之又注仲丁習樂云爲季春將合樂也習樂者習歌與八音此引以證舍菜合舞卽彼上丁釋菜習舞之事也案月令春習舞有二孟春云命樂正入學習舞注云爲仲春將釋菜是仲春釋菜之先已有習舞先鄭不引之者以孟春無釋菜仲春習舞禮尤盛故有釋采明此經春入學舍采合舞卽指仲春大習言之孟春初習禮略故經不具大戴禮記保傅盧注云仲春舍菜合舞卽本先鄭義也至仲春仲丁習樂自爲習歌與八音彼季春又云是月擇吉日大合樂天子乃帥三公九卿諸侯大夫親往視之彼大合樂之中雖兼有合舞然仲春習樂自與習舞爲二事後鄭月令注所說甚明於此經義本無當先鄭牽連引之耳孔疏亦云此仲春又云習舞釋菜皆以陽氣動故此仲春習舞則大胥春入學舍采合舞一也據人所學謂之習舞節奏齊同謂之合舞此亦謂之大合樂故文王世子云凡大合樂注春舍菜合舞秋頒學合聲孟春習之至仲春習而合之自是春秋常所合樂也非爲季春而習舞也故大胥春合舞秋合聲自是春秋之常事也案孔說甚析月令習舞云樂正卽大司樂此經大胥掌合舞者以大司樂爲樂官之長自當涖其事實則大胥所專掌也云玄謂舍卽釋也者據月令文王世子爲說也占夢注云舍讀爲釋古書釋采釋奠多作舍字又甸祝舍奠大史舍筭注義並同

說文手部云捨釋也古書捨字亦多作舍舍捨釋聲義並通云采讀爲菜者亦據月令文王世子以采爲菜之借字與先鄭前二說義異而讀同云始入學必釋菜禮先師也者賈疏云按文王世子云始立學釋菜不舞不授器舍卽釋也采卽菜也故以爲學子始入學釋菜禮先師也但學子始入學釋菜禮輕故不及先聖也其先師者鄭注文王世子云若漢禮有高堂生樂有制氏詩有毛公書有伏生詒讓案夏小正云二月丁亥萬用入學傳云萬也者干戚舞也入學也者大學也謂今時大舍采也學記云大學始教皮弁祭菜示敬道也注云祭菜禮先聖先師孔疏引皇侃云始教謂春時學士始入學也是並春時始入學禮先師之事與此經同又文王世子云始立學者旣興器用幣然後釋菜不舞不授器鄭注云釋菜告先聖先師以器成有時將用也不舞不授器釋菜禮輕也釋奠則舞舞則授器此別爲始立學時之釋菜行於釋奠釋幣之後與此春入學釋菜異依鄭彼注彼釋菜禮輕不舞不授器此釋菜合舞者月令孔疏謂將欲習舞必先釋菜釋菜之時不爲舞大胥舍菜合舞知釋菜在合舞之前文王世子疏說同黃以周云月令孟春入學習舞爲仲春釋菜有舞故先習之也鄭注云爲仲春將釋菜明釋菜本有舞也月令習舞釋菜大胥舍菜合舞皆屬並舉之辭無分先後文王世子釁器釋菜不舞明釁禮較殺也釋菜本有舞故別言之如無舞亦不煩更言矣大胥春入學舍菜合舞卽仲春之習舞釋菜鄭文王世子注釋菜禮輕釋奠則舞明釋菜之禮本輕於釋奠釋菜有舞有不舞不舞之釋菜較釋奠更輕故於此明其例孔疏誤會鄭意遂謂釋菜本無舞失之矣案黃說是也夏小正傳說大舍菜亦有干戚舞蓋釋菜禮自有大小小者不舞不授器大者有舞則授器故夏正特著大以示別異凡禮經有釋菜又有釋幣釋奠三者不同王制孔疏謂釋菜惟釋蘋藻而已無牲牢無幣帛是也凡釋菜唯用菜而無牲幣蓋與士昏禮婦奠

笄菜於舅姑之禮略同學記云祭菜則不設薦饌是與釋奠之禮異文王世子說始立學既用幣然後釋菜孔疏引熊安生云用幣則無菜用菜則無幣是與釋幣之禮亦異而無迎尸以下之事則又與釋奠釋幣同也禮先師者鄭文王世子注以爲即大司樂祭於瞽宗之樂祖是也文王世子云凡始立學者必釋奠于先聖先師又云天子視學祭先師先聖彼經皆以先師與先聖並舉又始立學釋菜注亦皆云告先聖先師世子又云凡學春官釋奠於其先師秋冬亦如之則唯舉先師不及先聖故孔疏及熊安生說綜合釋之文多淆舛大意謂始立學及器新成並重於四時釋奠天子視學亦重於學士春入學故皆兼及先聖先師其四時官釋奠及學士春入學則唯及先師不及先聖又謂學記皮弁祭菜即天子視學故注兼及先聖月令釋菜爲學士入學故注不及先聖學記疏又引此注云釋菜禮先師證春始入學不祭先聖賈疏說蓋同熊孔義今攷此經舍采合舞即大合樂雖爲學士入學而天子亦親視學故鄭文王世子注及保傅盧注並謂此春合舞秋合聲時皆天子視學而養老而文王世子天子視學祭先師先聖下又云登歌清廟下管象舞大武大合衆以事注云衆謂所合學士也是即大合樂之事也月令仲春習舞釋菜之下亦云天子親往視之是文王世子月令學記之視學與此經舍菜合舞皆一時事文王世子天子視學亦兼及先聖先師則此注及月令注不云先聖者自是文偶不備而熊賈孔並謂學子始入學釋菜禮輕故不及先聖則與文王世子經注並不合要之此經釋菜合舞即夏小正之入學亦即文王世子之天子視學既同在一時即不分二禮熊賈孔諸家並因注文不備強生分別非鄭義也云菜蘋蘩之屬者說文艸部云菜艸之可食者小爾雅廣物云菜謂之蔬左桓三年傳云蘋蘩薀藻之菜又鄭學記注云菜謂芹藻之屬蓋菜類甚多隨所有而祭之故云蘋蘩之屬

秋頒學合聲春使之學

秋頒其才藝所爲合聲亦等其曲折使應節奏【疏】秋頒學合聲者合聲卽合樂之聲音也月令大合樂在季春而秋無其事唯季秋上命樂正入學習吹注云爲將饗帝也春夏重舞秋冬重吹也孔疏疑卽此合聲之事大戴禮記保傅盧注則云仲秋班學合聲蓋以對仲春合舞推之其說較孔爲長又文王世子孔疏引熊氏云秋頒學合聲無釋菜之文則不釋菜也　注云春使之學秋頒其才藝所爲者賈疏云春物生之時學子入學秋物成之時頒分也分其才藝高下云合聲亦等其曲折使應節奏者賈疏云但舞與聲遞相合故鄭云合聲亦等其曲折使應節奏也

以六樂之會正舞位大同六樂之節奏正其位使相應也言爲大合樂習之【疏】以六樂之會正舞位者與諸子爲官聯也彼注云位佾處也凡舞天子八佾詳諸子疏春秋繁露三代改制質文篇云主天法商而王儛溢員主地法夏而王儛溢方主天法質而王儛溢橢主地法文而王儛溢衡以董子說推之則周舞佾其當衡與賈疏云六樂者卽六代之樂六舞雲門之等是也　注云大同六樂之節奏正其位使相應也者莊子養生主篇庖丁爲文惠君解牛奏刀騞然莫不中音合於桑林之舞乃中經首之會陸氏釋文引向秀司馬彪云經首咸池樂章也是舞與樂章相應謂之會也賈疏云大同者解經中會會合卽大同也謂六代之舞一一作之使節奏大同而無錯謬詒讓案文王世子云胥鼓南注引此經釋之云南南夷之樂也旄人鼓夷樂則以鼓節之依彼注義則此官兼掌正夷樂不徒六樂矣云言爲大合樂習之者賈疏云按月令仲春上丁命樂正習舞釋菜季春云大合樂則此云六樂之會爲季春大合樂習之也若然此六樂之會與上春入學舍采合舞者別矣按文王世子云凡大合樂必遂養老注大合樂謂春入學舍采合舞秋頒學合聲則是合舞合聲與大合樂又爲一者季秋大合樂與合舞合聲實別但春合舞秋合聲對春大合樂

不爲大然於四時而言亦爲大合樂何者文王世子云凡大合樂必遂養老其中含有合舞合聲必知含此二者以其言凡非一按月令仲春習舞釋菜天子親往視之季春云大合樂天子親往視之至仲春合聲雖不云天子親往視之視之可知若然三者天子親往視之同則皆有養老之事則春合舞秋合聲皆得爲大合樂文王世子以大合樂爲合舞合聲解之也案以鄭文王世子注義推之上文春合舞秋合聲通爲大合樂此正舞位謂凡有大合樂之時則大胥與學士豫習之非專指月令季春之大合樂也月令仲春習樂不云合聲亦無天子親往之事賈說並非也

以序出入舞者 以長幼次之使出入不紕錯 疏 以序出入舞者者序經例當作敘石經及各本並誤 注云以長幼次之使出入不紕錯者大傳注云紕繆錯也賈疏云凡在學皆以長幼爲齒令爲舞者八八六十四人所須爲舞之處皆當以長幼出入若使幼者在前則爲紕錯故云使出入不紕錯也

比樂官 比猶校也杜子春云次比樂官也鄭大夫讀比爲庀庀具也錄具樂官 疏 注云比猶校也者國語齊語云比校民之有道者韋注云比謂比方也校考舍也案凡考校必比方之而後差等見故引申之考校亦得爲比此比樂官鄭謂考校樂官之優劣也小胥野廬氏注並同杜子春云次比樂官也者世婦注云比次也謂次比樂官之職序與後鄭義小異云鄭大夫讀比爲庀庀具也者遂師先鄭注義同釋文出爲庀二字疑傳寫之誤云錄具樂官者樂官員數衆多恐有闕攝及不在故錄具之使之齊備然作比字於義得通不煩改讀故後鄭不從

展樂器 展謂陳數之 疏 展樂器者月令仲夏云命樂師脩鞀鞞鼓均琴瑟管簫執干戚戈羽調竽笙篪簧飭鐘磬柷敔彼樂師爲大胥之長歲一脩樂器此官則隨時展校之使無窳闕也 注云展謂陳數之者左成十年傳展車馬杜注云展陳也

凡祭祀之用樂

者以鼓徵學士擊鼓以召之文王世子曰大昕鼓徵所以警衆【疏】凡祭祀之用樂者以鼓徵學士者賈疏云則天地宗廟之祀用樂舞之處以鼓召學士選之當舞者往舞焉舞師云小祭祀不與舞注云小祭祀王玄冕所祭則亦不徵學士也　注云擊鼓以召之者爾雅釋言云徵召也必擊鼓者欲其皆聞之引文王世子者證以鼓徵學士之事鄭彼注云早昧爽擊鼓以召衆也警猶起也案彼爲天子視學警衆之事學記云入學鼓篋孔疏謂亦大胥擊鼓召之是也與此祭祀用樂徵召事異而以鼓警衆則同

序宮中之事【疏】序宮中之事者序亦當作敘宮中謂學宮中也凡學宮中教樂之事大胥並序次而正治之即樂師注云次序用樂之事是也

小胥掌學士之徵令而比之觵其不敬者比猶校也不敬謂慢期不時至也觵罰爵也詩云兕觵其觩【疏】掌學士之徵令而比之者賈疏云大胥掌學士之版以待召聚舞者小胥贊大胥爲徵令校比之知其在不云觵其不敬者者釋文云觵本或作觥案觥即觵之俗詳閭胥疏　注云比猶校也者大胥注同云不敬謂慢期不時至也者學樂作樂皆有定期若文王世子徵學士以大昕詩邶風簡兮毛傳云教國子弟以日中爲期是也及期而怠慢不至是爲不敬云觵罰爵也者飲失禮者之罰爵也亦詳閭胥疏引詩云兕觵其觩者小雅桑扈周頌絲衣兩篇文今詩觵並作觥鄭彼箋云兕觥罰爵也古之王者與羣臣燕飲上下無失禮者其罰爵徒觩然陳設而已引之者證此觵亦以兕角爲之

巡舞列而撻其怠慢者撻猶抶也抶以荆扑【疏】巡舞列而扑其怠慢者者此樂官之官刑也書舜典云扑作教刑又皋陶謨云撻以記之是也舞列舞者陳列爲行綴也白虎通義

禮樂篇云天子八佾佾者列也樂記云其治民勞者其舞行綴遠其
治民逸者其舞行綴短旣陳舞列小胥則行視糾督之　注云撻猶
抶也者閻胥注云撻扑也廣雅釋詁云抶撻擊也說文手部云抶笞
擊也云撻以荆扑者左文十八年傳邴歜以扑抶閻職杜注云扑箠
也鄉射記云楚扑長如笴刊本尺學記云夏楚二物收其威也注云
夏槄也楚荆也二者所以扑撻犯禮者案以荆長三尺爲箠以扑人
因謂荆箠爲荆扑呂氏春秋知化篇說葆申
束細荆五十以笞荆文王是也互詳司市疏

正樂縣之位王宮縣諸侯軒縣卿大夫判縣士特縣辨其聲

樂縣謂鍾磬之屬縣於筍虡者
鄭司農云宮縣四面縣軒縣去
其一面判縣又去其一面特縣又去其一面四面象宮室四面有牆
故謂之宮縣軒縣三面其形曲故春秋傳曰請曲縣繁纓以朝諸侯
之禮也故曰唯器與名不可以假人玄謂軒縣去南面辟王
也判縣左右之合又空北面特縣縣於東方或於階閒而已

疏

正樂
縣之
位者此辨天子諸侯卿大夫士樂縣差次之異亦樂官之官法也凡
鍾磬鼓鼙等無論特縣編縣皆在堂下堂上不得有縣大司樂疏引
鄭書注釋鳴球云磬縣也而以合堂上之樂玉磬和尊之也是鄭謂
凡縣皆在堂下玉磬雖尊亦然臯陶謨僞孔傳謂玉磬在廟堂孔疏
又謂堂上有歌鍾歌磬並誤云卿大夫判縣士特縣者釋文特作犆
云本亦作特案玉篇牛部云特犆同曲禮孔疏引熊氏云案春秋說
題辭樂無大夫士制鄭玄箴膏肓從題辭之義大夫士無樂小胥大
夫判縣士特縣者小胥所云娛身之樂及治人之樂則有之也故鄉
飲酒有工歌之樂是也說題辭云無樂者謂無祭祀之樂故特牲少
牢無樂案此經大夫士有樂縣左隱五年傳說舞佾大夫四士二是
又有樂舞春秋緯義與此及左傳義違鄭箴膏肓從之未詳其說熊
孔以爲大夫士有娛身治民之樂無祭祀之樂以調停其說祭祀重

於娛身治民乃反無樂於義未安少牢特牲無樂者經文自不具耳非大夫士祭祀無樂也曲禮〻云大夫無故不徹縣士無故不徹琴瑟孔疏以爲是不命之士若命士則特縣則此經士特縣謂命士也賈子新書審微篇〻云禮天子之樂宮縣諸侯之樂軒縣大夫直縣士有琴瑟彼直縣疑對曲縣言之卽此經之判縣然謂士止有琴瑟則是無縣公羊隱五年何注又引魯詩傳〻云天子食日舉樂諸侯不釋縣大夫士日琴瑟白虎通義禮樂篇亦〻云詩傳曰大夫士琴瑟御大夫士北面之臣非專事子民故但琴瑟而已是又謂縣止於諸侯自大夫以下並無縣二說不同而皆與此經不合蓋所聞之異也〻云辨其聲者既縣又察其聲協律與不也　注〻云樂縣謂鍾磬之屬縣於筍虡者者筍賈疏述注作簨筍簨字同虡釋文作虡葉鈔本釋文又作簴並虡之俗典庸器梓人經注並作筍虡陸賈本非賈疏〻云凡縣者通有鼓鎛亦縣之鄭直〻云鍾磬者據下成文而言鄭司農〻云宮縣四面縣者謂兩階閒北方南面一縣阼階東西面一縣西階西東面一縣廷中南方北面一縣凡四縣也又尚書大傳說天子有十二零鍾亦四面縣然與常縣不同詳樂師疏〻云軒縣去其一面者以宮縣四面去南方一面存東西北三面也〻云判縣又去其一面者以軒縣又去北方一面唯存東西二面也〻云特縣又去其一面者以判縣又去其西方一面唯存東方一面也方言〻云物無耦曰特爾雅釋水〻云士特舟公羊宣十二年徐疏引李巡云一舟曰特舟故一縣亦謂之特縣也〻云四面象宮室四面有牆故謂之宮縣者喪大記〻云君爲廬宮之注〻云宮謂圍障之也爾雅釋山〻云大山宮小山霍郭注〻云宮謂圍繞之此宮縣四面縣之亦取宮牆圍繞爲名周書大匡篇〻云樂不牆合孔注〻云牆合卽所謂宮縣是也〻云軒縣三面其形曲者家語正論篇王注〻云軒縣闕一面也故謂曲縣之樂江藩〻云軒說文曲輈藩車軒有曲義曲字篆文𠃊如軒縣之形〻云故春秋傳曰請曲縣繁纓以

朝諸侯之禮也故曰唯器與名不可以假人者賈疏云按成二年左氏傳云衛孫良夫將侵齊與齊師遇敗仲叔于奚救孫桓子桓子是以免既衛人賞之以邑辭請曲縣繁纓以朝許之仲尼聞之曰惜也不如多與之邑唯器與名不可以假人注云諸侯軒縣闕南方形如車輿是曲也引之者證軒爲曲義也案賈引左傳注蓋賈服義云玄謂軒縣去南面辟王也者惠士奇云何休曰天子周城諸侯軒城軒城者缺南面以受過也古者城闕其南方謂之歖其形曲軒縣曲一面蓋所以示謙歟江藩云軒縣之制見於儀禮以諸侯之制上推天子之制可以略言其槪大射儀云樂人宿縣于阼階東笙磬西面其南笙鍾其南鑮皆南陳建鼓在阼階西南鼓應鼙在其東南鼓此阼階之一肆也西階之西頌磬東面其南鍾其南鑮皆南陳一建鼓在其南東鼓朔鼙在其北此西階之一肆也一建鼓在西階之東南面此一縣僅設建鼓乃北面之一肆也蕩在建鼓之間鼗倚于頌磬西紘此二器倚而不縣者也雖東縣之建鼓應鼙移於阼階西又北面僅一建鼓與軒縣之制小異然宮縣之制可以由此推之矣宮縣四面皆縣一肆鍾一堵磬一堵有鑮有建鼓有應鼙西縣之制同於東縣惟笙磬笙鍾頌磬頌鍾應鼙朔鼙異其名耳據此則南面一肆北面一肆亦必有鍾磬鑮有鼓有鼙而鍾磬之名不可考鄭君云先擊朔鼙應鼙應之則南面北面之鼙亦可以名應鼙矣笙倚於堂鼗倚於紘與軒縣同此宮縣之大略也軒縣三面縣去南面一肆蓋諸侯之制降天子一等故去其一面焉其本制則三面皆縣大射儀北面一縣惟設一建鼓無鍾磬鑮者辟射位也一建鼓在西階之東南面注言面者國君於其羣臣備三面爾無鍾磬有鼓而已其爲諸侯則軒縣賈釋曰言國君合有三面爲辟射位又與羣臣射闕北面無鍾磬鑮直有一建鼓而已若與諸侯饗燕之類則依諸侯軒縣三面皆有鼓與鍾磬鑮賈釋注意明析之至蓋射在堂上縣在堂下物畫在

兩楹之閒鵠設於侯道之南苟不去北面一肆則矢及鍾磬矣然則天子射儀亦去北面一肆並去南面一肆若不去南面一肆則矢亦必及於南面一肆之鍾磬矣是天子射儀之樂縣與諸侯大射同也至東縣之建鼓應鼙移於阼階西者鄭注云鼓不在東縣南爲君也蓋此鼓與應鼙本屬東縣當如西縣以亥而南今移在阼階西故云不在東縣南也爲君者蓋大射君以臣爲賓君雖以宰夫爲主人然公席於阼階上西鄉則仍就主人之位是東縣一肆爲君設也西縣一肆爲賓設也鄭注奏樂先擊西鼙樂爲賓所由來也先擊西鼙君以賓禮臣而爲臣者不敢當此盛禮乃移東縣之鼓鼙於阼階之西所以尊君也鼓鼙之位當設於阼階西南面橫列之故經文云南鼓又云應鼙在其東也若東面則經當云東鼓不得云南鼓而應鼙亦在建鼓之北不得云在其東矣此大射樂縣異於軒縣之說也案江據大射儀推宮縣之制其說甚覈惟大射儀鼓皆用建鼓依明堂位說周制則當用縣鼓又禮器說祭樂云廟堂之下縣鼓在西應鼓在東此與大射禮所縣不同孔疏引熊安生謂此謂祭禮與大射射禮有異孫希旦云大射東方西方之縣皆鼓南鼙北不可以言東西此云縣鼓在西應鼓在東據階閒之縣言之也東方以應鼓與笙磬笙鍾相配階閒之鼙爲應鼙則磬亦笙磬鍾亦笙鍾也若天子宮縣則於南方亦備縣鍾磬鼙鼓而與階閒相對東方西方之縣同北上則階閒南方之縣同東上階閒爲應鼙則南方爲朔鼙階閒爲笙磬笙鍾則南方爲頌磬頌鍾也案孔熊江孫諸說異義並得通經注並無文未知孰是也云判縣左右之合又空北面者朝士注云判半分而合者判縣左右分列相對正合較軒縣又空北面也云特縣縣於東方或於階閒而已者賈疏云案鄉飲酒記云磬階閒縮霤注云縮從也霤以東西爲從是其階閒也案鄉射云縣於洗東北西面注云此縣謂磬也縣於東方辟射位也是其東方也詒讓案鄉射鄉飲酒皆

大夫主之而不用判縣者鄭鄉飲酒記注云大夫而特縣方賓鄉人
之賢者從士禮也江藩云鄉射禮鄭目錄云鄉大夫或在焉是鄉射
以士爲主鄉大夫往亦可不往亦可所以用士之犆縣也蓋犆縣本
在階閒辟射位乃移於東方也鄉射洗當東榮縣在洗東北西面則
近於坫矣凡縣鍾磬半爲堵全爲肆鍾磬者編縣之二八十六枚而在一虡謂之堵鍾一堵磬一堵謂之肆半
之者謂諸侯之卿大夫士也諸侯之卿大夫半天子之卿大夫西縣
鍾東縣磬士亦半天子之士縣磬而已鄭司農云以春秋傳曰歌鍾
二肆【疏】凡縣鍾磬半爲堵全爲肆者著縣鍾磬之通法也　注云鍾磬者編縣之二八十六枚而在一虡謂之堵者明單縣鍾或磬一
虡十六枚者並是半爲堵者也初學記樂部引三禮圖藝文類聚樂部
引五經要義說並同賈疏云經直言鍾磬不言鼓鎛鎛者周人縣鼓與
鎛之大鍾惟縣一而已不編縣故不言之其十二辰頭之零鍾亦縣
一而已今所言縣鍾磬者謂編縣之二八十六枚共在一虡者也鄭
必知有十六枚在一虡者案左氏隱五年考仲子之宮初獻六羽衆
仲云夫羽所以節八音而行八風故以八爲數樂縣之法取數於此
又倍之爲十六若漏刻四十八箭亦倍十二月二十四氣故以十六
爲數也是以淮南子云樂生於風亦是取數於八風之義也按昭二
十年晏子云六律七音服注云七律爲七器音黃鍾爲宮林鍾爲徵
大蔟爲商南呂爲羽姑洗爲角應鍾爲變宮蕤賓爲變徵外傳曰武
王克商歲在鶉火月在天駟日在析木之津辰在斗柄星在天黿鶉
火及天駟七列也南北之揆七同也鳧氏爲鍾以律計自倍半一縣
十九鍾鍾七律十二縣二百二十八鍾爲八十四律此一歲之閏數
此服以音定之以一縣十九鍾十二鍾當一月十二月十二辰辰加
七律之一鍾則十九鍾一月有七律當一月之小餘十二月八十四小
餘故云一歲之閏數案大射笙磬西面頌磬東面皆云其南鍾其南

鎛北方直有鼓無鐘磬辟射位則三面鐘磬鎛天子宮縣四面鐘磬鎛而已不見有十二縣服氏云十二縣非鄭義也隋書音樂志云初後周故事縣鐘磬法七正七倍合為十四長孫紹遠引國語有七律尚書大傳謂之七始宮商角徵羽為正變宮變徵為和加倍而有十四焉又梁武帝加以濁倍三七二十一而同為架雖取繁會聲不合古又後魏時公孫崇設鐘磬正倍參縣之牛弘等並以為非而據周官小胥職縣鐘磬半之為堵全之為肆鄭玄曰鐘磬編縣之二八十六而在一虡鐘一堵磬一堵謂之肆又引樂緯宮為君商為臣皆尊為置一副故加十四而縣十六又據漢成帝時犍為水濱得古磬十六枚此皆縣八之義也縣鐘磬法每虡準之縣八用七不取近周之法縣七也案據隋志梁魏周三朝樂縣之制並與此注不合隋人欲依附周縣十六之文而不通其義遂取七音於宮商各增一副苟欲充十六之數而虛縣其二不用所用實止七音仍與後周之制不異蓋牛弘等之謬也江藩云欲明宮縣之制必先求鐘磬之數賈不明康成之旨漫引服說而亦不辨其是非服氏所謂七律者宮商角徵羽變宮變徵也十二均分七律得八十四律即後世之七均八十四調也服以為天子盛樂必備此八十四調之樂器殊不知古人旋相為宮之法即用此十六枚之鐘磬耳如服說一虡十九鐘則一虡之內既有十二月鐘矣何必又加五音二變之聲服說非古制此鄭君所以不從也自有服說而編磬編鐘之制紊亂不倫有設十二鐘於辰位四面設編鐘編磬者北齊也以鐘磬七正七倍而縣十四者後周也以濁倍三七而縣二十一者梁武也以鐘磬參縣之正聲十二倍聲十二而縣二十四者魏公孫崇之說也主十六枚之說又加以宮商各一枚者隋牛弘之說也言人人殊茫無定說者皆不知鄭十六枚之義耳十六者十二辰之外加四清聲為十六也惟北宋用古制以十二枚為正鐘四枚為清鐘何謂四清聲黃鐘大呂太蔟夾鐘

之清聲清聲有六用之者四以姑仲之半律太高不能歌是以不用也論樂者但知半律倍律而不知用四清聲之故明朱載堉樂律全書云中聲之上有半律是為清聲中聲之下有倍律是為濁聲以人聲驗之十二律由濁而清黃大太夾姑仲蕤林夷南無應皆自然也繼以半黃大太夾雖清可歌至於姑仲則聲益高而揭不起或強揭起非自然矣十二律由清而濁應無南夷林蕤仲姑夾太大黃皆自然也繼以倍律應無南夷雖濁可歌至於林蕤則聲益低而咽不出或強歌出亦非自然矣鄭世子之論可謂發千古之未發十二均之中必用四清聲者八律還宮用清聲以變濁用濁聲以變清若無此四聲豈能移宮換羽乎案江說是也孔廣森金鶚亦並以編縣鍾磬十六為十二律加四清聲蓋十二律皆可倍可半而清聲止用四者自當以朱氏太高揭不起之論為是至賈引服虔說鍾十二縣備八十四律與此經注並不合依其說則每縣七律也但大師止有五音無七音則不以二變為調是每縣各當減二律十二縣為六十律乃協古制耳服氏十二縣之說江賈並斥其非徐養原云十二不必備陳樂與禮相表裏行此禮則奏此樂祀天神則陳黃鍾大呂二縣而已矣祭地祇則陳太蔟應鍾二縣而已矣冬至奏於圜丘則陳圜鍾黃鍾太蔟姑洗四縣而已矣夏至奏於方丘則陳函鍾太蔟姑洗南呂四縣而已矣從無一禮而偏奏十二均之樂亦無一樂而偏陳十二縣之鍾天子宮縣面皆一堵然則宜奏二均者每均二堵宜奏四均者每均一堵禮之大者樂不過四均四縣之外何所用之又云鍾特縣之法每均五鍾每鍾一虡五虡而成一堵有事陳於庭則左右各一堵儀禮笙鍾頌鍾之南皆有鑮說文鑮字注云堵以二與禮經合特縣者五虡為一均十二均凡六十虡編縣者每虡為一均十二均凡十二虡案依徐說則鍾雖備十二縣而陳於庭者仍止所用律均之縣不必備陳十二於義得通服意或當如是也六十調八十四

調之異詳大師疏云鍾一堵磬一堵謂之肆者藝文類聚引五經要義說同此明備鍾磬二堵而後成肆故大射儀注云有鍾有磬爲全國語晉語韋注左襄十一年杜注並云肆列也唐郊祀錄引三禮義宗云肆者陳也一縣鍾一縣磬合而成之一肆之中鍾十六磬十六合爲三十二案晏子春秋諫下篇云鍾鼓成肆則鼓亦有肆但不編縣耳賈疏云堵者若牆之一堵肆者行肆之名二物乃可爲半者一堵半其一肆故云半爲堵全爲肆也云半之者謂諸侯之卿大夫士也者天子宮縣則四面縣四肆諸侯軒縣則三面縣三肆天子卿大夫判縣則左右二肆士特縣則一肆皆不得有半故知半者謂諸侯之卿大夫士也云諸侯之卿大夫半天子之卿大夫西縣鍾東縣磬者賈疏云天子諸侯縣皆有鎛今以諸侯之卿大夫士半天子之卿大夫士言之則卿大夫士直有鍾磬無鎛也若有鎛不得半之耳必知諸侯卿大夫分鍾磬爲東西者以其諸侯卿大夫亦稱判縣故知諸侯卿大夫以天子卿大夫判縣之一肆分爲東西也夏炘云左傳鄭賂晉侯歌鍾二肆爲判縣之制以半賜魏絳絳分之爲左右故曰始有金石之樂此諸侯之卿大夫判縣西鍾東磬之證也云士亦半天子之士縣磬而已者賈疏云天子之士直有東方一肆二堵諸侯之士半之謂取一堵或於階閒或於東方也夏炘云鄉飲禮磬階閒縮霤鄭云大夫而特縣賓鄉人之賢者從士禮也此諸侯之士特縣無鍾磬半爲堵之證也鄭司農云以春秋傳曰歌鍾二肆者證縣鍾磬全爲肆之義段玉裁云當作鄭司農說孔繼汾黃丕烈校同江藩云襄十一年左傳鄭人賂晉侯歌鍾二肆及其鎛磬晉侯以樂之半賜魏絳魏絳於是乎始有金石之樂禮也杜注肆列也縣鍾十六爲一肆二肆三十二枚預妄以一堵爲一肆孔穎達強爲之說經明云半爲堵全爲肆預以半爲全與經文異且傳文歌鍾二肆者歌鍾和歌詩之鍾不言磬者省文耳孔疏所謂兼有磬矣下文云魏絳於是

乎始有金石之樂夫石磬也上文不言磬此言石者以足成上文之不言磬耳及其鏄磬者鏄卽大射南陳之鑮也磬非編磬之磬乃特磬耳孔云及其鏄磬者鏄是大鍾磬是大磬皆特縣之非編縣也據此則編縣之南亦當有特縣之磬如編鍾之南有特縣之鑮矣此磬非編縣故傳言及也晉侯以樂之半賜魏絳若從杜說樂之半則僅有縣鍾十六一堵矣安得云始有金石之樂乎案江說近是鄭賂晉鍾磬各有特縣編縣晉侯唯以編鍾編磬賜魏絳其特鍾特磬非大夫所得用蓋不以賜也杜注以鍾縣自得稱肆則是一虡二筍筍各八鍾共十六鍾謂之肆半肆謂之堵磬亦如之此與傳歌鍾二肆及國語晉語公賜魏絳歌鍾一肆之文亦自無迕然非鄭義也

周禮正義卷四十四

珍倣宋版印

西元二〇二四年三月一日重製一版

周禮正義 冊三（清孫詒讓撰）

平裝六冊基本定價肆仟柒佰元正
（郵運匯費另加）

發行人：張敏君
發行處：中華書局
臺北市內湖區舊宗路二段一八一巷八號五樓（5FL., No. 8, Lane 181, JIOU-TZUNG Rd., Sec 2, NEI HU, TAIPEI, 11494, TAIWAN）
客服電話：886-8797-8396
公司傳真：886-8797-8909
匯款帳戶：華南商業銀行西湖分行
179100026931
印刷：維中科技有限公司
海瑞印刷品有限公司

No. N0027-3

國家圖書館出版品預行編目(CIP)資料

周禮正義/(清)孫詒讓撰. -- 重製一版. -- 臺北市 : 中華書局, 2024.03
冊 ;　公分
ISBN 978-626-7349-08-3(全套 : 平裝)

1.CST: 周禮 2.CST: 研究考訂

573.1177　　113001478